CLASSIC
现代学术
经典精读

U0826442

中国考古学经典精读

主编 李伯谦 陈星灿

高等教育出版社·北京

图书在版编目（CIP）数据

中国考古学经典精读 / 李伯谦，陈星灿主编. -- 北京 : 高等教育出版社，2019.6（2025.10重印）
ISBN 978-7-04-051679-1

Ⅰ. ①中… Ⅱ. ①李… ②陈… Ⅲ. ①考古学－中国－文集 Ⅳ. ①K870.4-53

中国版本图书馆CIP数据核字(2019)第062472号

中国考古学经典精读
ZHONGGUO KAOGUXUE JINGDIAN JINGDU

策划编辑 梁宝贵 责任编辑 包小冰 封面设计 李小璐 版式设计 马 云
插图绘制 于 博 责任校对 马鑫蕊 责任印制 高 峰

出版发行 高等教育出版社
社 址 北京市西城区德外大街4号
邮政编码 100120
印 刷 固安县铭成印刷有限公司
开 本 787 mm×1092 mm 1/16
印 张 41.75
字 数 830千字
购书热线 010-58581118
咨询电话 400-810-0598

网 址 http://www.hep.edu.cn
http://www.hep.com.cn
网上订购 http://www.hepmall.com.cn
http://www.hepmall.com
http://www.hepmall.cn

版 次 2019年6月第1版
印 次 2025年10月第2次印刷
定 价 98.50元

物 料 号 51679-00
审 图 号：GS（2018）2255号

学术经典的文化使命
——“现代学术经典精读”系列丛书总序

张岂之

高等教育出版社组织编写一套“现代学术经典精读”系列丛书，邀请我写几句话。我觉得，通过高等教育出版社推出一些有新意的经典读物，有助于传承、弘扬和创新优秀的中华文化，我乐意承担撰写序言的工作。

中华民族拥有源远流长的文明史。中华文化凝结成为丰富的文化经典，亘古弥新，值得后来者不断发掘探讨。在中国思想文化史上，有一系列类似的著作带有研究的性质，比如研究《老子》的《解老》《喻老》(见于《韩非子》)，研究先秦诸子的《庄子·天下》《荀子·非十二子》《韩非子·显学》《吕氏春秋·不二》《尸子·广泽》《史记·论六家之要指》，后来更有系统探讨学术源流与道统的《伊洛渊源录》《近思录》《宋元学案》《明儒学案》等著作。这些成果一方面在梳理中国思想学术发展演变的脉络，另一方面在传承和弘扬中华学术精神，比如“和而不同”的学术精神，在中华学术史上作出了重大贡献。中华文化之所以能够五千多年连绵不断，最主要的原因在于文化传承与创新得以世代相传。这也叫做文化的“道统”，这个“道统”在今天应当发扬光大。

时至今日，学人们在学术园地辛勤耕耘，视野更加开阔，资料更加周详，方法更加新颖，文字更加平实，形式更加多样，文风更加规范，所凝聚的学术成果，同样也是人们传承和创新文化的重要参考。正是在这种意义上，我认为，高等教育出版社组织编辑出版“现代学术经典精读”系列丛书是有价值的。

当然，这不意味着本丛书所选著作、论文都是臻于完美、无以复加了。实际上，有研究经历的人都能明白，学术研究本是一个不断传承、推进的过程，不可能一劳永逸。在个人或团队的努力下，前后相继，共同促进学术的繁荣和创新，是学术研究中的常态，所以往往难以用僵化的思维去考量丰富多彩、不断发展的学术研究本身。这启示我们，面对现代思想学术史上的名著名篇，我们应尽可能发挥它们的榜样和示范作用；这些研究成果为后来者提供参考和借鉴，使它们在承传文化精神、创新研究成果方面发挥更加重要的作用，这意味着不能仅仅从研究形式或规范方面去估价这些成果，尽管规范和形式也是很重要的层面。

我有这样的体会：在学术研究方面，需要有包容与会通的精神，这样才能给新课题、新探讨提供可能，使学术的薪火能够代代相传。中国古代也很重视这种相互辩驳的学术精神和理念，明清之际著名思想家黄宗羲在《明儒学案》的《发凡》中明确地指出：“有一偏之见，有相反之论，学者于其不同处，正宜着眼理会，所谓一本而万殊也。以水济水，岂是学问！”

学术研究，文化传承，均要继往开来，不断推动学术创新与进步。中国古代学术著作，在梳理学术流变的过程中，侧重学术的继往开来，袭故弥新，“以复古为解放”（梁启超:《清代学术概论》），穷本溯源，辨别考证，展现了学术研究的发展脉络和成果。正是这种订正增补，反复斟酌，使中华文化长河滔滔不息，绵延不绝。即使在民族遭遇重创的危急关头，中华文化中卓著的学术精神依然能够鼓励世人勇挑重担，成长为民族发展的脊梁。因为，学术研究和文化经典承载有不朽的文化精神，所以学术兴替往往被视作民族精神生死存亡的大事。因此，引导人文学科的研究生阅读以往的经典和名著，不仅仅在于丰富其专业知识，而且在于在潜移默化中使其精神受到优秀文化精神的熏陶，这将是更加重要的教育目标。

以上写了这么多的话，无非是想说明在学术研究作品的研读中，应注意凸现其中所隐藏的文化精神，以此作为大学文化传承和创新的基础。我想，对“现代学术经典精读”系列丛书的宗旨和意义应有这样的理解。

“现代学术经典精读”系列丛书，旨在向研究生传播文化知识和科研经验，提高研究生的学术鉴别能力和学术素养，为研究生以及青年教师从事学术研究提供帮助。

这套丛书内容涵盖国务院学位委员会、教育部印发的《学位授予和人才培养学科目录（2011 年）》所涉文、史、哲、艺术等学科。每卷主编都是该学科领域学有专长的专家，选文尽可能突出学生必读的著名论文（或经典著作的节选），侧重 20 世纪的研究成果，其中不少是读者较难获得的论著。丛书编者希望所选论著大体上能反映学科研究的学术史体系，简要展现学科研究的发展历程、代表人物及其成果。前言由分卷主编撰写，主要介绍该领域学术史概况及论著遴选标准等，并对所选作品进行介绍和点评。每篇选文后附延伸阅读文献篇目。这使该丛书具有提纲挈领、扩展延伸的双重功能，编选应是有特色的。可见，高等教育出版社编辑出版的这套系列丛书，经过深思熟虑，又有在人文学科方面具有丰富教学、科研经验的专家学者主持，不但有益于大学人文学科的建设发展，而且为大学在文化传承创新方面提供了一种实施的途径，值得支持。

在浩如烟海的现代学术作品中甄别筛选出有代表性的精华论文或著作，的确并非易事，也难以避免取舍失当的不足。希望这套丛书能为研究生和年轻老师提供文化和研究的滋养，也希望读者朋友能为本丛书的编写提供更多的建议和意见。

是为序。

2012 年 12 月

目　　录

旧石器考古

新石器考古

青铜时代考古

秦汉及以后时期考古

绪　　言

我们所说的考古学不是宋代即形成的传统金石学，而是以田野调查发掘为特征的现代考古学，它是工业革命的产物，19 世纪中叶首先从欧洲兴起，随着开矿山、修铁路，经常有文物出土，为了科学地发掘和整理这些文物，借鉴地质学的地层学、古生物学的分类学，以地层学和类型学为基本理论方法的现代考古学应运而生。

20 世纪 20 年代初现代考古学开始传入中国，其原因有二：一是 19 世纪末 20 世纪初，一批又一批外国探险家、考古学家到中国肆意调查、发掘古遗址，劫掠古文物，刺激了有爱国之心的中国学者；二是在西学东渐和新文化运动影响下出现的疑古思潮对三皇五帝古史体系的否定，促使学术界产生“走考古学之路”重新研究中国古史的要求。以 1921 年瑞典人安特生发掘河南渑池仰韶村、1922 年北京大学成立中国第一个考古研究机构考古学研究室、1926 年李济发掘山西夏县西阴村、1928 年中国成立中央研究院历史语言研究所（简称“史语所”）并设立考古组发掘河南安阳殷墟为标志，以田野调查发掘为特征的现代考古学在中国迄今已有近百年的历史。从其发展过程考察，以 1949 年为界中国现代考古学可分为两个时期七个阶段。

第一个时期包含两个阶段。

第一阶段，从 20 世纪 20 年代至 1937 年抗日战争全面爆发，是初创和初步繁荣阶段。1921 年安特生在仰韶村的发掘和 1926 年李济在西阴村的发掘，是中国最早开始的田野考古工作；1928年至1937年史语所考古组在殷墟的发掘，以及同时期地质调查所在北京房山周口店的发掘，史语所考古组在山东历城城子崖、日照两城镇，河南浚县大赉店、浚县辛村、辉县琉璃阁等地的发掘，施昕更在浙江杭州良渚的发掘，北平研究院史学研究所等在陕西宝鸡斗鸡台的发掘，北大考古学社在河北易县燕下都的发掘，均取得重要成果，开创了初步繁荣的局面。

北京房山周口店的发掘，发现多个直立人头盖骨化石和现已灭绝的鬣狗、剑齿象、肿骨鹿等种类繁多的动物骨骼化石，证明直立人在中国的存在和中国也是研究人类起源和发展的重要地区；在城子崖、两城镇、大赉店和良渚的发掘，分别发现了以黑陶、灰陶为特征的龙山文化、良渚文化，推翻了中国文化西来说的种种臆猜；浚县辛村、辉县琉璃阁、易县燕下都的发掘发现了周代封国遗存，开启了周代考古的先河；殷墟的发掘，则发现了大批商代甲骨刻辞、宫殿基址、商王陵墓和青铜器、玉器及冶铸、制陶等手工业作坊坊址，将商代晚期历史由传说变成了信史。

这一阶段的考古工作，不仅有许多重要发现，而且培养和造就了以李济为首的，包括梁思永、郭宝钧、石璋如、刘燿（尹达）、高去寻、夏鼐、苏秉琦等在内的中国第一批考古学家。梁思永的《小屯、龙山与仰韶》和苏秉琦的《瓦鬲的研究》分别标志着作为现代考古学基本理论方法的考古地层学和考古类型学在中国的成熟。

第二阶段，从1937年至1949年中华人民共和国成立前。较大规模的田野考古工作基本停止，机构瘫痪，人员离散，资料转移甚或丢失。但在这种极为严峻的形势下，仍有不少学者矢志不渝坚持自己的本职工作，史语所考古组在殷墟发掘的资料辗转迁移途中仍不忘整理研究出版考古成果，并与中央博物院、北京大学文科研究所合组西北科学考察团，既做调查又做发掘，尹达到延安参加抗战，仍抽时间调查遗址，用考古材料写成《中国原始社会》一书。

1949年中华人民共和国成立至今是第二个时期，含第三、第四、第五、第六、第七共五个阶段。

第三阶段，1949年至1965年。1949年中华人民共和国成立前夕，原史语所考古组的李济、董作宾、石璋如、高去寻等去了台湾，他们继续整理殷墟发掘资料，参加一些台湾地区遗址的调查发掘，还创办了台湾大学考古人类学系，招收培养考古人类学学生。原史语所考古组的梁思永、郭宝钧、夏鼐等则留了下来，和原北平研究院史学研究所留下来的徐旭生、黄文弼、苏秉琦等于1950年重组成立了考古研究所，郑振铎任所长，梁思永、夏鼐任副所长，当年即由郭宝钧带队重赴殷墟发掘安阳西北冈武官村大墓，同时展开了河南辉县的发掘。

1952 年至 1954 年，为应对当时基本建设、逐步展开考古人才奇缺的局面，中央人民政府文化部社会文化事业管理局（文物局）、科学院考古研究所和北京大学联合举办了 4 期考古工作人员培训班，累计培养了 400 余名考古人员。北京大学历史系也在文物局和考古研究所支持下于 1952 年创办了考古学专业，首次在大学招收考古学本科生，其后四川大学、西北大学等高校也相继成立考古学专业，招收学生，这些学生毕业后补充到各地各级文物考古机构。

这个时期的重要考古发现，旧石器时代有云南元谋人、陕西蓝田人、山西丁村人、广东马坝人化石。新石器时代有江西万年仙人洞，仰韶文化西安半坡、宝鸡北首岭、华县泉护村、元君庙、陕县庙底沟、洛阳王湾等遗址；新发现新命名的有山东大汶口文化，湖北大溪文化、屈家岭文化、石家河文化，福建昙石山文化等。青铜时代有河南洛阳偃师二里头、郑州商城，河北邯郸涧沟、邢台曹演庄，山西侯马晋国遗址；山东益都苏埠屯商代大墓、河南陕县三门峡虢国墓地、湖南长沙楚墓等；秦汉以后有河南巩县铁生沟、荥阳古荥镇汉代冶铁遗址，陕西西安灞桥汉墓出土纸张，云南晋宁石寨山滇墓，陕西西安唐长安城和东西两市、大明宫麟德殿及含元殿遗址等。基于重要发现而出版的考古发掘报告，新石器时代有安志敏主笔的《庙底沟与三里桥》、石兴邦主笔的《西安半坡》、张云鹏主笔的《京山屈家岭》；青铜时代有安金槐主笔的《郑州二里岗》，郭宝钧、夏鼐、苏秉琦、安志敏等主笔的《辉县发掘报告》，张长寿主笔的《沣西发掘报告》，苏秉琦等主笔的《洛阳中州路（西工段）》；秦汉及以后时期有蒋若是主笔的《洛阳烧沟汉墓》、宿白主笔的《白沙宋墓》等。其中，《沣西发掘报告》依据墓葬随葬品组合及器物形制、花纹的变化，将西周墓葬分为从成康至西周晚期连续发展的五期，初步建立了宗周地区西周墓葬分期的标尺；《洛阳中州路（西工段）》“结语”部分依据墓葬随葬品组合和器物形制变化，将从春秋初期至战国晚期的墓葬分为七期，继而考察了各期之间变化的大小，发现三、四期之间的春秋、战国之际是发生重大变革的阶段，从而将考古年代学研究上升到了分析社会结构变化的高度；《洛阳烧沟汉墓》是运用考古类型学方法研究汉墓结构形制变化和分期的代表性作品，其关于铜镜、五铢钱的型式编年系统至今仍为汉代考古研究者广泛参考和使用；《白沙宋墓》是将考古学研究与历史文献研究密切结合的典范，素为学界所推崇。考古调查发掘、资料整理和撰写报告的实践，锻炼了研究者，从中涌现出了安金槐、蒋若是、麦英豪、李京华、蒋赞初、张云鹏、王劲、朱伯谦、牟永抗、李逸友、高至喜、周世荣、张学正、赵生琛、邹衡、俞伟超、郑振香、刘观民、黄展岳、马得志、吴汝祚、高明、黄景略、郑笑梅、张忠培、张森水、王克林、徐苹芳、张长寿等考古学家。在综合研究方面，苏秉琦的《关于仰韶文化的若干问题》和邹衡的《试论殷墟文化分期》最受瞩目，前者根据仰韶文化的诸多发现，对其分期、类型、特征、分区、社会发展阶段及其与其他文化的关系做了全面、系统深入的分析；后者依据地层关系、器物形制、花纹变化首次将殷墟文化分为四期，树立了殷墟分期的标尺。这两篇论文内容富有新意，是运用地层学、类型学方法研究文化遗存的代表作，在学界产生了广泛影响。在学科建设问题上，夏鼐发表的《关于考古学上文化的定名问题》尤为重要。针对当时学术界的不同意见，他引入了英国著名考古学家柴尔德的“考古学文化”概念，提出考古学文化是指在特定时间、特定地域范围内反复出现的具有共同特征的一群遗迹、遗物的总和。考古学文化命名的原则，按照惯例，通常是以最早发现的小地名予以命名，规范统一了大家的认识，极大地推进了研究的深入。

第四阶段，1966 年至 1976 年，考古基本处在停止状态。“文化大革命”初期，《考古》《文物》《考古学报》三大杂志被迫停刊，大学考古学专业被迫停止招生，各省文物考古机构人员下放，考古工作停滞不前。由于基本建设还在进行，此时期除了引起轰动的河北保定满城汉墓和长沙马王堆汉墓的发掘，还有一些重要发现，如旧石器时代有：湖北郧县人化石、山西阳高许家窑人化石、山西沁水下川遗址、河北阳原虎头梁遗址；新石器时代有：陕西临潼姜寨，河南郑州大河村，山东邹县野店、胶县三里河，江苏吴县草鞋山，浙江余姚河姆渡，湖北宜都红花套，四川巫山大溪，青海乐都柳湾，广西桂林甑皮岩，广东曲江石峡等遗址；青铜时代有：陕西宝鸡弶国墓地，湖北黄陂盘龙城、江陵楚都纪南城，江西清江吴城，河南罗山蟒张，山东益都苏埠屯、济南大辛庄、临淄河崖头，河北定州北庄子，北京房山琉璃河，内蒙古赤峰夏家店下层文化等；秦汉及以后有：陕西咸阳秦都、西安秦始皇陵兵马俑坑、汉长安城桂宫、杨家湾汉墓、汉宣帝杜陵、乾县唐永泰公主墓、懿德太子墓，西安唐长安兴化坊金银器窖藏坑，江苏徐州汉代楚王墓，山东临沂银雀山汉墓，北京大葆台汉墓、元大都等。这些发现和围绕着这些发现所写的发掘简报、报告及研究文章填补了考古学发展史上的缺环。这个时期综合研究难以开展，成果稀缺，除了张颔的《侯马盟书》，几乎没有重要的考古报告和论著问世。“文化大革命”后期，考古活动逐渐恢复。1972 年文物出版社在南京举办“中国长江下游新石器文化研讨会”，突破长期的思想禁锢，一改沉闷的学术空气，活跃了大家的思想；1975 年苏秉琦在吉林大学所作的题为《学科改造与建设》的报告，首次提出“建立马克思主义的、具有民族风格、民族气派的中国考古学”的任务，提出作为我国今后考古工作一个重要课题的开展考古学文化区系类型研究的指导方针，为下一阶段考古工作的活跃勃兴做了舆论准备。

第五阶段，1978 年至 1985 年，是考古工作的蓬勃发展阶段。1978 年党的十一届三中全会作出的改革开放的决定，对包括考古学在内的学术的繁荣具有重大意义。1979 年中国考古学会成立，召开了考古学规划会议，制订了 1978—1985 年的主要工作和研究课题，确定以中国古文化的区、系、类型和中国原始社会的解体与阶级、国家的产生，以及多民族国家的形成和发展问题为工作和研究的重点。1983 年北京大学考古学专业从历史系分出独立成系，标志着考古学成为独立学科的重要开始，自此许多高校的考古学专业相继成系，考古学的学科地位在学术界进一步得到了加强。同年，夏鼐应日本广播协会的邀请发表题为《中国文明的起源》的演讲，认为二里头遗址反映的面貌可以看作中国已进入文明社会的标志。1984 年，苏秉琦在辽宁朝阳考古座谈会上提出了文明起源、国家形成研究的“古文化、古城、古国”的研究路线，他说：“古文化是指原始文化，古城指城乡最初分化意义上的城和镇，而不必专指特定含义的城市，古国指高于部落之上的、稳定的、独立的政治实体。……现在提出把‘古文化、古城、古国’作为当前考古工作的重点与大课题，……将有利于本学科比较顺利的发展。”[①] 这一研究路线的提出，标志着与以前生搬马克思主义社会发展学说教条、硬套苏联把考古学简单理解为物质文化史经验路线的彻底决裂。在苏秉琦这一研究路线指引下，文明起源、国家形成发展研究逐步成为学术界关注的焦点，在发表的众多论著中，严文明的《龙山文化与龙山时代》一文，提出龙山时代是由原始氏族社会向文明国家社会过渡的时代的观点，影响甚大。1984 年，考古学对外开放的重大事件是北京大学考古学系邀请美国哈佛大学教授、美国科学院院士张光直来华讲学。他的“考古学专题六讲”简洁而精辟地介绍了北美考古界流行的理论与方法，特别是聚落考古、行为考古、过程考古、后过程考古以及文明演进模式理论等，在中国考古学界引起强烈反响，张光直成功架起中国考古学界与世界考古学界学术交流的桥梁。

---

① 苏秉琦：《辽西古文化古城古国》，《文物》1986 年第 8 期。

这一时期的考古发现举例如下：新石器时代有山东大汶口文化遗址群，湖北天门屈家岭文化、石家河文化遗址群，山西襄汾陶寺龙山文化墓地及遗址，河南登封王城岗龙山文化城址；青铜时代有河南偃师商城，陕西周原遗址及青铜器窖藏，山西曲沃晋国早期都城遗址，湖北随县曾侯乙墓、大冶铜绿山古铜矿；秦汉及以后有陕西咸阳秦都咸阳宫殿基址、江苏高邮天山汉墓等。这些考古发现为构建中国古文化区、系、类型体系提供了素材，为阶级、国家起源研究提供了物证。

这个时期出版的综合研究专著有苏秉琦的《苏秉琦考古学论述选集》、邹衡的《商周考古》和《夏商周考古学论文集》、俞伟超的《先秦两汉考古学论集》等。《苏秉琦考古学论述选集》收录的考古发掘报告以及他提出的建立考古学文化区、系、类型体系设想和包括建设田野考古基地在内的考古事业建设的建议，对中国考古事业的发展和学科建设，均具有示范和指导意义。邹衡的《商周考古》作为北京大学考古学系专业教材，较为全面系统地总结了自殷墟发掘以来商周考古的重大发现和研究成果，集中反映了对商周考古领域问题的见解；《夏商周考古学论文集》是邹衡关于夏、商、周文化的力作，分析深入，论证严密，代表了当时该领域最高研究水平。俞伟超的《先秦两汉考古论集》选收了其从20世纪60年代至80年代共20篇论文，其中《中国古代都城规划的发展阶段性》《周代用鼎制度研究》《汉代诸侯王与列侯墓葬的形制分析——兼论“周制”“汉制”与“晋制”的三阶段性》《古史分期问题的考古学观察》是其各论述领域分析最为细致精到、最具代表性的论文。

第六阶段，1986年至1995年，重大考古发现层出不穷，以文明起源为中心的学术讨论分外活跃。

这个阶段的重大考古发现，旧石器时代考古有：湖北郧县直立人化石产地、江陵鸡公山旧石器时代晚期人类活动面及石器制作场，江苏南京汤山直立人化石产地等；新石器时代有：江西万年仙人洞及吊桶环遗址，湖南道县玉蟾岩遗址、澧县城头山城址及稻田，河南郑州西山仰韶文化晚期城址，安徽含山凌家滩遗址，浙江余杭良渚文化瑶山、汇观山祭坛、莫角山遗址，江苏高邮龙虬庄遗址，内蒙古赤峰敖汉旗兴隆洼遗址，河南孟津妯娌遗址、辉县孟庄城址，山东邹平丁公龙山文化城址；青铜时代有：河南殷墟郭家庄160号大墓、殷墟花园庄甲骨窖藏、平顶山应国墓地、新郑郑韩故城郑国祭祀遗址、三门峡虢国国君墓，河北定州北庄子商代贵族墓地，山东滕州前掌大商周贵族墓地、长清仙人台邿国墓地，江西瑞昌商代铜矿遗址，山西曲沃北赵晋侯墓地、太原金胜村春秋晋国赵卿墓，北京军都山山戎墓地等；秦汉及以后有：江苏徐州北洞山西汉楚王墓，河南永城芒砀山西汉梁王墓，河北磁县湾漳北朝壁画墓等。其中江西万年仙人洞及吊桶环、湖南道县玉蟾岩和两广地区的一些洞穴遗址是较早确认的我国早期新石器时代遗址，湖南澧县稻田是最早确认的新石器时代较早期的稻田，江西瑞昌铜矿是迄今确认的可早到商代中期的铜矿，这些发现都改变了以往的认识。

这个阶段出版的考古报告有《曾侯乙墓》《北京大葆台汉墓》《侯马铸铜遗址》《宝鸡弜国墓地》《上马墓地》《琉璃河西周燕国墓地（1973—1977）》等。

在综合研究方面，严文明的《仰韶文化研究》对仰韶文化的分期、源流、类型、社会发展阶段、与其他文化关系做了深入分析，是1921年仰韶文化发现以来最为重要的一部研究著作。除此之外，其他研究则以中国古代文明起源与形成研究最为集中，苏秉琦、田昌五、佟柱臣、安志敏、邹衡、严文明、吴汝祚、张忠培、李绍连等先后著文、参与讨论，内容涉及文明的概念、文明的标志、文明发展的动力和过程、文明形成的时间等问题。苏秉琦《中华文明的新曙光》、佟柱臣《中国新石器时代文化的多中心发展和发展不平衡论——论中国新石器时代发展的规律和中国文明的起源》、严文明《中国史前文化的统一性与多样性》、张忠培《中国父系氏族制发展阶段的考古学考察》等论文影响甚大，其中苏秉琦提出的中华文明起源与形成的多元一体模式得到了学术界广泛认同。1989年，中国社会科学院考古研究所在时任所长、《考古》杂志主编徐苹芳的主持下组成了“文明起源”课题组，召开了文明起源座谈会。会后，课题组成员分赴各地进行有计划、有目的的学术考察，在深入研究基础上，于1991年正式召开了“中国文明起源研讨会”，会期长达13天，会上既有对重要遗址的进一步考察，也有不同观点的交锋与讨论。苏秉琦应邀在会上作了报告，会议将中国文明起源与形成研究推向了新的高度。

第七阶段，1996年至今。考古学科地位明显提升，体现考古成果的考古发掘报告加速出版面世，客观忠实报道发掘资料成为这一阶段考古报告一大特色，理论方法探讨日趋活跃，科技手段普遍采用，考古学参与的大型多学科综合研究成为研究主流，考古学与其他学科关系日益密切，对外交流更加频繁，公众考古渐次受到重视。

这一阶段的重要考古发现层出不穷，从时间来说，旧石器、新石器时代直至明清；从地域来说，几乎涵盖了各个省。

考古报告成倍增长，长江三峡水利工程考古系列报告基本出齐，南水北调工程考古项目报告陆续出版。《南京人化石地点》《南京直立人》《舞阳贾湖》《桂林甑皮岩》《河姆渡》《凌家滩》《澧县城头山》《肖家屋脊》《邓家湾》《潜山薛家岗》《反山》《瑶山》《良渚遗址群》《庙前》《界山》《常州新华》《好川墓地》《辉县孟庄》《新密新砦》《襄汾陶寺》《神木新华》《牛河梁》《二里头》《郑州大师姑》《郑州商城》《偃师商城》《盘龙城》《吴城》《荆州荆南寺》《三星堆祭祀坑》《垣曲商城》《新干商代大墓》《虎林山遗址》《鸟仑尾与狗头山》《福建晋江流域考古调查与研究》《鹿邑太清宫长子口墓》《南邠州·碾子坡》《洛阳北窑西周墓》《平顶山应国墓地》《梁带村芮国墓地》《崇信于家湾周墓》《三门峡虢国墓》《新郑郑国祭祀遗址》《天马——曲村》《随州擂鼓墩二号墓》《揭阳考古》《燕下都》《真山东周墓地》《印山越王陵》《鸿山越墓发掘报告》《淹城发掘报告》《军都山墓地》《太原晋国赵卿墓》《临猗程村墓地》《秦始皇陵园发掘报告》《秦始皇陵铜车马发掘报告》《里耶发掘报告》《长沙马王堆二、三号墓发掘报告》《长安汉墓》《芒砀山西汉梁王墓地》《徐州北洞山西汉楚王墓》《磁县湾漳北朝壁画墓》《北齐东安王娄睿墓》《鄂城六朝墓》《北魏洛阳永宁寺》《太原隋虞弘墓》《西安北周安伽墓》《法门寺考古发掘报告》《北宋皇陵》《磁州窑发掘报告》《龙泉东区窑址发掘报告》《新疆克孜尔石窟考古报告》等，从旧石器时代至明清应有尽有，遗址、陵墓、窑址、矿冶、寺、庙、石窟、简牍琳琅满目。围绕考古报告发表的论文，深刻地解析了其内含，阐发了其意义。

这一阶段的综合研究著作，一类是研究者十几、二十几年甚或更长时间内研究论文的汇集，涉及时空范围较广；一类是研究者对某一地域、某一问题的专题研究。前一类中，李济、石璋如、高去寻、尹达、夏鼐、苏秉琦、赵青芳、佟柱臣、安志敏、王仲殊、安金槐、许顺湛、麦英豪、邹衡、蒋赞初、朱伯谦、牟永抗、黄宣佩、李京华、徐苹芳、赵芝荃、胡谦盈、张长寿、俞伟超、杨建芳、林寿晋、李仰松、张森水、张忠培、王世民、王克林、严文明、杨泓、林向、童恩正、汪宁生、韩伟、张学海、李先登、郝本性、郑杰祥、杨育彬、徐恒彬、何介钧、朱非素、林沄、陈旭、李恭笃、高美璇、田广金、郭素新、蒋廷瑜、李昆声、杜金鹏等均有专著出版；后一类中，除少数资深研究人员，多数是中青年学者，尤其是在博士学位论文基础上修改增补完成的论著。其中，苏秉琦的《中国文明起源新探》，宿白的《中国石窟寺研究》，华觉明的《中国上古金属技术》，张长寿、陈公柔、王世民合著的《西周青铜器分期断代研究》，杨泓的《中国古兵器论丛》（增订本），陈铁梅的《定量考古学》，高广仁与邵望平合著的《海岱文化与齐鲁文明》，孙机的《汉代物质文化资料图说》，李伯谦的《中国青铜文化结构体系研究》，乌恩岳斯图的《北方草原考古学文化研究——青铜时代至早期铁器时代》，刘庆柱的《古代都城与帝陵的考古学研究》，张懋镕的《古文字与青铜器论集》，王立新的《早商文化研究》，滕铭予的《秦文化：从封国到帝国的考古学研究》，刘军社的《先周文化研究》，雷兴山的《先周文化探索》，曹玮的《周原遗址与西周铜器研究》，杨建华的《春秋战国时期中国北方文化带的形成》，彭裕商的《西周青铜器年代综合研究》，林梅村的《西域文明》，李水城的《半山与马厂彩陶研究》，张辛的《中原地区东周陶器墓葬研究》，冯时的《中国天文考古学》，齐东方的《唐代金银器研究》，孙华的《四川盆地的青铜文化》，王巍的《东亚地区古代铁器及冶铁术的传播与交流》，王幼平的《中国远古人类文化的源流》，白云翔的《先秦两汉铁器的考古学研究》，陈星灿的《中国史前考古学史研究（1895—1949）》，许宏的《先秦城市考古学研究》，段宏振的《赵都邯郸城研究》和《邢台商周遗址》，徐良高的《中国民族文化源新探》，印群的《黄河中下游地区的东周墓葬制度》，王青的《海岱地区周代墓葬研究》，刘毅的《明代帝王陵墓制度研究》，郑岩的《魏晋南北朝壁画墓研究》，李裕群的《北朝晚期石窟寺研究》，姜波的《汉唐都城礼制建筑研究》，李肖的《交河故城的形制布局》，张天恩的《关中商代文化研究》，高蒙河的《长江下游考古地理》，李海荣的《北方地区出土夏商周时期青铜器研究》，段勇的《商周青铜器幻想动物纹研究》，吴晓筠的《商周时期车马埋葬研究》，宋玲平的《晋系墓葬制度研究》，孙庆伟的《周代用玉制度研究》和《追迹三代》，梁云的《战国时代的东西差别》，方辉的《海岱地区青铜时代考古》，施劲松的《长江流域青铜器研究》，韩建业的《中国北方地区新石器时代文化研究》和《早期中国：中国文化圈的形成和发展》，裴安平的《中国史前聚落群聚形态研究》，张弛的《长江中下游地区史前聚落研究》和《社会权力的起源——中国史前葬仪中的社会与观念》，赵春青的《郑洛地区新石器时代聚落的演变》，郭伟民的《城头山遗址与洞庭湖区新石器时代文化》，戴向明的《陶器生产、聚落形态与社会变迁》，刘俊男的《长江中游地区文明进程研究》，赵宾福的《中国东北地区夏至战国时期的考古学文化研究》，徐昭峰的《夏夷商三种文化关系研究》，郭妍利的《商代青铜兵器研究》，徐坚的《时维礼崇：东周之前青铜兵器的物质文化研究》，郜向平的《商系墓葬研究》，李维明的《郑州青铜文化研究》，杜金鹏的《偃师商城初探》和《殷墟宫殿区建筑基址研究》，袁俊杰的《两周射礼研究》，何驽的《怎探古人何所思——精神文化考古理论与实践探索》，李刚的《中国北方青铜器的欧亚草原文化因素》，岳洪彬的《殷墟青铜器研究》，金正耀的《中国铅同位素考古》，吴小红与崔剑峰的《铅同位素考古研究》，陈建立的《中国古代金属冶铸技术文明新探》，袁靖的《科技考古文集》，赵志军的《植物考古学——理论方法和实践》等均具有特色，是各研究领域为学术界所称道的论著，代表了这一阶段最新研究成果。

这一阶段的标志性事件是1996年启动的国家重点科技攻关项目“夏商周断代工程”和2004年启动的国家重点科技攻关项目“中华文明探源工程”。“夏商周断代工程”涉及历史学、文献学、历史地理学、考古学、碳十四测年科学等学科，20余个单位、200余位研究人员参加。“夏商周断代工程”共设9个课题、36个专题，其中考古或与考古有关的专题24个。在原有考古工作基础上，项目组在北京、河北、河南、山西、陕西等地组织了一系列夏商周关键遗址的补充发掘，通过发掘和系列碳十四测年，建立了从河南龙山文化至东周时期的考古分期标尺和碳十四年代框架，并与其他学科的研究相整合，提出了夏代始年约在公元前2070年、夏商分界约在公元前1600年、盘庚迁殷约在公元前1300年、武王克商约在公元前1046年以及公元前841年以前的西周至晚商时期年表，基本上达到了“夏商周断代工程”原定的目标，出版了《夏商周断代工程1996—2000年阶段成果报告·简本》。“夏商周断代工程”之后，经过2001年至2003年的预研究，2004年正式启动了时间范围和地域范围均有较大扩充的“中华文明探源工程”，课题数量、参加学科和参加人数较“夏商周断代工程”成倍增加，成果不断涌现，迄今已进行了4期，正准备验收。通过“夏商周断代工程”和“中华文明探源工程”的实施，考古学界摸索出了一条人文社会科学与自然科学、技术科学密切结合开展课题研究的技术路线，锻炼培养了一批年富力强的科研人才，为今后相关研究课题的继续开展积累了经验、准备了力量。

回顾20世纪20年代中国考古学初兴以来近百年的发展历程，虽然经历过短暂的曲折和停滞，但总的发展趋势是进步的、向上的，甚至是迅速的。现在，从中央到省（自治区、直辖市）、市、县，管理文物考古博物馆和文化遗产保护事业的机构已臻于完备；除了国家级的中国社会科学院考古研究所，各省、自治区、直辖市甚至某些地区和县也有了专职的考古研究所；不少高校设置了考古学、博物馆学和文化遗产学专业甚至院系；国家文物局每年审批的考古发掘项目2 000余个，中国文物报社和中国考古学会从开始评选当年十大考古发现以来已评出200余项，中国社会科学院每年也评出六大考古新发现；专业期刊由原来的几家增加到了十几家，此外还有不少不定期出版的考古论文集刊；考古学研究的领域日益扩大，从陆地延伸到了水下甚至海洋，除了遗址、遗物的发掘研究，也涉及环境、生态、灾害乃至精神层面；考古的科技手段越来越多，遥感探测、碳十四测年、热释光测年、光释光测年、全球定位系统定位、孢粉分析、植硅石分析、脱氧核糖核酸（DNA）分析、遗物成分分析、中子活化分析、航空摄影、无人机测绘……可谓应有尽有；考古研究理论，既有马克思主义唯物辩证法的总的指导，也有从国外引入的针对研究某一特定领域或某一问题的各种中级理论、方法。通过几代考古工作者近一个世纪的努力，旧石器时代考古发现了丰富的早中晚各期遗址和人类化石，找到并提出了东亚现代人起源于中国大陆的证据及新说；新石器时代考古填补了旧、新石器过渡和新石器时代早期的空白，建立起了新石器时代考古学文化区系类型体系、分期序列和碳十四年代框架，提出了中国文明起源形成的“多元一体”模式和发展的“古国—王国—帝国”三阶段说；青铜时代考古与文献研究相结合，将过去视为传说的夏商周历史变成了信史；秦汉及以后考古总结出了秦汉到明清的社会结构、特点、演变规律及对中国和世界做出过重要贡献的发明创造，揭示出了几千年来虽王朝更迭不断但文化一直绵延不绝的根本原因，为更快更好地实现中华民族伟大复兴的中国梦找到了镜鉴。

当然，也必须看到，在不断取得进步的过程中，我国的考古学研究还有这样那样的不足和问题，与世界考古学相比，在一些方面还有差距。我们应该永远保持虚心的态度，虚心向我们的考古前辈学习，向国际考古学界的朋友们学习。

李伯谦

考古理论、方法

李济与《再谈中国上古史的重建问题》

经典导读

李济（1896—1979），字济之，湖北钟祥人。1911 年考入留美预备学校清华学堂，1918 年公费考取美国马萨诸塞州克拉克大学三年级攻读心理学，次年获文学学士学位并改读人口学专业研究生。1920 年获社会学硕士学位后，转入哈佛大学研究院攻读人类学，获人类学博士学位。1923 年毕业后回国，受聘于南开大学教授社会学，1925 年夏转入母校清华大学任国学研究院特约讲师，先后讲授“人文学”“普通人类学”“人体测量学”“考古学”等课程，后长期在中央研究院历史语言研究所任研究员兼考古组主任，1948 年赴台湾大学及历史语言研究所任教。李济著作等身，有《西阴村史前的遗存》（1927）、*The Formation of the Chinese People*：*An Anthropological Inquiry*（1928）、《殷墟器物·甲编：陶器（上辑）》（1956）、《殷墟出土青铜觚形器之研究》（1964）、*Anyang*（1977）等多部专著和后来结集的《李济考古学论文集》（上、下）、《李济考古学论文选集》《李济文集》。除此之外，他还主编过《安阳发掘报告》（1929—1933）、《田野考古报告》（又名《中国考古学报》，1936—1949）以及《中国考古报告集之一·城子崖》和《中国考古报告集之二·小屯》。后又主编了《中国考古报告集之三·侯家庄》等共 23 册、《古器物研究专刊》5 册等。

1924 年春天，因丁文江的鼓励，李济赴河南新郑做考古工作。这里的墓葬是一座因农民打井意外发现的古墓，他到达时墓葬已空，除找到几副人骨外，没有发现任何东西，“工作不用说是失败了”，但这是李济在中国从事考古工作的第一次，“在失败中，却获得了无数的宝贵经验”（李济语）。1926年，李济和袁复礼先后调查和发掘了山西夏县西阴村遗址。通过发现知道“这些彩陶都是中国有史以前的东西，也就是殷商以前的东西”（李济语）。这是中国人自己主持的第一次现代科学考古发掘，在发现和方法上都“具有开天辟地的意义”（张光直语）。从1929年安阳殷墟第二次发掘开始到1937年7月，李济领导了安阳的历次发掘（第二次至第十五次），其间还主持了山东历城城子崖遗址等的发掘工作。从安阳殷墟发掘开始到1948年，李济是中国考古事业和博物馆事业的领导者；他的一生都跟安阳殷墟的发掘、资料整理和研究分不开，也跟中国现代考古学的发生、发展和进步紧密地联系在一起。

李济是中国考古学之父。他一生为建立科学的考古学、人类学身体力行、摇旗呐喊，可谓筚路蓝缕、鞠躬尽瘁。他的许多研究都是示范性的。晚年他倡导“重建中国上古史”，主张用人类学的眼光、世界性的眼光和多学科的眼光重写中国上古史，并撰写了《再谈中国上古史的重建问题》一文。文章讨论了重建中国上古史的性质、研究材料的范围和选择，以及古史料的整理和古史的写作等问题，并给现代史学家提出若干意见。这篇文章发表时正当《中国上古史（待定稿）》（史前部分）编写之际，因此，这篇文章也可以说是编撰这部重要著作的纲领。此文不仅定义了“中国上古史”的内涵，还重点对材料的范围和材料的选择加以论述，提出只有通过人类起源的研究、与研究东亚地形有关的科学资料、人类的文化遗迹、体质人类学、“狭义的”考古学所发掘出来的资料、民族学和历代传下来的秦朝以前的记录共七门内容丰富的专题研究，才可能撰写出一部完备的中国上古史出来。此文发表至今已经过去了半个多世纪，但对于我们今天“重建中国上古史”仍然具有重要的参考价值。

—— **延伸阅读文献目录：**

1. 李济主编：《中国上古史（待定稿）》（史前部分），“中央研究院”历史语言研究所1962年版。
2. 夏鼐：《中国文明的起源》，文物出版社1985年版。
3. 张光直、李光谟主编：《李济考古学论文选集》，文物出版社

1990 年版。

4. 苏秉琦:《关于重建中国史前史的思考》,《考古》1991 年第12期。

5. 苏秉琦:《中国文明起源新探》,生活·读书·新知三联书店1999 年版。

6. 张光直:《中国考古学论文集》,生活·读书·新知三联书店1999 年版。

7. 张光直、李光谟主编:《李济文集》,上海人民出版社 2006年版。

8. 苏秉琦主编:《中国远古时代》,上海人民出版社 2010 年版。

9. 严文明:《重建早期中国的历史》,《国学研究》第 26 卷,北京大学出版社 2010 年版。

10. 王巍主编:《考古卷》(第一分册),钱伟长总主编:《20 世纪中国知名科学家学术成就概览》,科学出版社 2015 年版。

(陈星灿 撰)

—— 原文:《再谈中国上古史的重建问题》

经典原文

再谈中国上古史的重建问题*

李　济

八年前，我曾在与今天同样的场合，就是在蔡孑民先生87岁的纪念日，讲《中国上古史之重建工作及其问题》。今天，我又在蔡先生95岁诞辰纪念日，把这同样的题目再谈一次。

八年前所讲的重点，是由考古学的立场，说明若干考古工作的结果对上古史的贡献，及其相关的问题。这次所讲的着重点，却完全不一样。这个着重点是根据史学家察古今之变的立场，把中国上古史整个的问题，做一个全盘的讨论；所用的材料，都是近五十年来，很多科学家辛勤工作累集起来的。这些工作，大半是五四运动以后的北京大学，及国民政府成立以后的中央研究院所领导的。在这个时代的初期，这两个机关，都是蔡孑民先生所主持培植的。我今天把这些材料做一个总讨论，觉得这是最可以纪念这一位中国学术界最伟大的人物的诞辰。

一、引言

1954年的冬天，我从墨西哥讲学，经美国返国的时候，路过西雅图城；城内华盛顿州立大学附设的苏联与东亚研究所的几位朋友，留我在那里讲半年书；并且指定要我讲中国上古史。这是我对于中国上古史全部问题，作一个全盘打算的开始。这一路的思想，就我个人说，是一条新的路线；因为，我虽说是做了将近三十年的田野考古工作，并且常谈中国上古史的重建问题，直到那个时候为止，我却没有做过写中国上古史的这个梦。但是，环境的演变，逼迫着我在一个国外的大学里，讲中国上古史这门课程，我就不能不细心想想，这部历

* 本文系作者在1962年所作的一次讲演，原载《历史语言研究所集刊》第33本（1962年）。曾收入文物出版社1990年版《李济考古学论文选集》。

史究竟应该从何处讲起。

这一新的路线，虽说是鼓起了我不少的兴趣，却并没把我的全部时间占去。在这七年间，我也并没有把全副的精神用来对付这个问题；不过，这个兴趣既然是已经鼓动起来了，就好像是一股向下流的水，虽在流的途中遭遇着不少的障碍，仍是一直在向下流。我对于中国上古史的整个问题，在最近七年来，表面上虽然只是断断续续的活动，事实上却没有间断过。说得更切题一点，我最近七八年的工作，及若干研究问题的布置，多少都与这一主题有关。今天，我要趁这个机会，把我这几年所想到的，就是与重建中国上古史有关的意见，再提出来请诸位先生指教。

二、问题的性质

我想把这一件工作的讨论，用一个问题的方式提出。这当然不是一个简单的问题，这问题的复杂可能牵涉到与“人”的研究有关的若干科学——包括这些科学的研究范围。例如：“中国上古史”这一个名词，本身应有的含义，就应作个什么解释？为讨论的方便起见，我们可以把这五个字的名词，从最后一个字说起；就是从“史”字开始。传统的说法对于这个字虽说是没有严格的、固定的界说；但是，历史学家都不言而喻地同意：他们研究的范围即“史”的范围，全是有文字记录的事件。不过，现在我们又不能不承认有“史前史”或者“先史学”这些名词；并且在大学已有“史前史”这一课程；这就把史学家先前所默认的那一界说完全冲破了。我曾经翻阅过最近五十年以来，中国史学家所编的大学历史教科书；这里边，固然有很多谨慎的作者，仍旧抱守着那个旧的定义，把中国的历史，只从有文字记录的这一段开始说起；同时，也有不少的史学家，大量地利用新的地下出土的没有文字的史料。这派新的史学家的见解及方法，可以说是日日在那里滋长。他们的见解，就是最严格的保守派的史学家，也不能不加以注意。所以现在所谓“史料”，已经不能完全以“有文字记录”的材料为限。我们不但要照顾到这些新发现的哑巴材料，并且要给它们以很大的重量，作我们历史研究的根据。

第二说到“上古”，这又是不容易下简单界说的两个字。在中国这个区域，我们把人类的历史，究竟可以推到多远的过去？这可以说是我们今天所要讨论的一个很要紧的节目。这个问题的解决，大半要看各人对整个“人类的原始”问题是什么样的见解。简单一点说，这一个大问题中的大前提，包括着接受进化论的基本观念在内。在二十世纪中叶的时期，史学界里很少有人仍旧相信：人类是忽然从天上掉下来的。相反的，差不多所有有一点现代生物学基本常识的人都同意，人之所以为万物之灵者，是一步一步地演进出来的。但是，这一信念，就是由进化论这一基本观念发展出来的。再由此推引的人的初生问题，即：生物的演变，到了什么阶段，才能算是到了“人”的这个阶段？若是我们讲中国上古史，我们就不能不讲全部人类在中国这一区域演进的这一段历史。我们必须从人类在最早出现的日子开始讲起。早到什么时候？什么阶段？这个生物学家仍在争论中的问题，虽不在史学家研究的范围中，我们讲中国上古史，拿“上古”两个字说，却不能不追寻到人类原始的这一时代。

再说“中国”这两个字，似乎不应该有什么可以讨论的了！但是，把它与“上古”连带起来说，也发生了问题。因为，年代说远了，可能说到现代中国的地势与地形尚没有完成的那一时期。譬如：黄河、扬子江这两条大河流，可以说是历史学家历来认为与中国民族及中国文化的发展分不开的历史地理。但是，若推本寻源地讲中国上古史，就可以推到了一个时期，黄河与扬子江，这两条大水还没有统一它们的水道以前的洪荒时代。不但如此，就是分布在各省的大山脉，应该是比水道固定些吧！但是，地质学家告诉我们，中国有些山是在继续不断地活跃，常有大小不同的变动。如太行山、秦岭以及昆仑山、贺兰山等，都是活跃的山脉。它们现代的形态与高度的形成，是否比人类在这个区域出现的年龄老？这是一个富有意义的问题。

所以，把“中国上古史”这五个字连缀在一起，就构成了一大串与自然科学分不开的重要问题。换而言之，我们讲现代人类的上古史，固然大半属于人文科学的范围，同时也是很重要的自然科学研究的题目。

三、材料的范围

有了这些问题，我们谈中国上古史，第一个责任，就是根据现在可以得到的材料，来解答它们。我说可以得到的材料，也可说是现成的材料，在各博物馆及图书馆能查到的资料；不是悬想的，想做而尚未做到，想搜寻而尚未搜寻到的材料。据我个人涉猎所及，现在已经有的，与中国上古史有关的材料，虽说是不多，但也有一个相当的数量。这里边有很多是可以——至少部分地——解答我们刚才所提出来的各种问题。让我把它们列举出来，说明这一意见。

第一，在我们的问题中，一个最重要的项目，就是与“人类原始”有关的这一课题。讨论这个题目的资料，自从十九世纪末在爪哇发现“猿人”以来，可以说是已经累集到了“汗牛充栋”的程度了。这里边有很大的部分是与东亚这一区有关的。这一类材料的性质，固然大半是属于人体解剖学与生物学；同时，处处也要牵涉到人类原始的讨论，并且大部分都要讲到东亚现代地形尚未形成以前的地文与地理，以及气候、动植物移动的这些事实。此外，我们也应该了解，人类的原始，不是地球上任何区域所能限制的问题。人类的起源是一个全球性的、整个人类关怀的大问题。所以，与它有关的资料，在地球上各区域，处处都有发现的可能。能够看到这一点，我们同时也可以了解，这一类材料是如何的广泛了。

第二，与研究东亚地形有关的科学资料，这包括地质学、气象学、古生物学各种研究的结果。

第三，人类的文化遗迹。科学家对于人的起源，虽说是尚在争辩中，但是对于真正“人”的定义，人类学家已经渐渐同意到几个界说了。界说中最重要的，所谓真正“人”者，就是能制造工具的动物；只有“人”这个动物，照动物学家的定义，才能使用工具。这也就是“人为万物之灵”的定义。我们对于有文字记录以前的人类历史，虽感觉到荒渺难稽；但是，对于这些能做工具的动物所留下来的工具，已经有法子辨别，并且已经找出来相当的数量。在中国这一领域内，经过五十年来考古学家不断地研究与寻找，也把这些早期人类所留下来的使用过的工具找出了不少。这一类材料的寻找以及研究，我们叫作史前考古学。史前史所称道的人类的遗迹，大半是指这些古器物说的。

第四，体质人类学。这批材料是最接近现代人身的材料；这一类包括古代人所留下来的身体的遗骸。埋葬的风俗，在人类全部的历史过程中，是很晚的一个发展。但是自从这一发展开始，先前人类留下来的骸骨，就渐渐地保存在地下。时代愈晚，保存的方法愈比较地周密，留下来的骸骨，也渐渐地多了。

这些人骨的比较研究，可以说是构成了研究人类体质，尤其是在最近一万年内的人类体质演变的基本资料。有了这些资料，我们可以看出，人类身体与环境的关系，及他们分化的过程与可能的原因。史学家对于地球上分布的人类，向来是依照他们的习惯、语言及体质表面的不同点，加以类别；并曾经强调这些分别，做了若干推论。但是，就体质人类学说，好多这一类的推论是没有事实根据的。我们应该注意，只有体质研究的资料，是研究世界人种问题所需要的最正确的资料，更可以用作分析各民族历史中的若干趋势。

第五组资料包括"狭义的考古学"发掘出来的。所谓"狭义的考古学"资料，是指过去古器物学家一般所承认的考古资料，大半属于有文字记录的时期，也有较早的；但是，不会很早。具体一点说。大约是青铜时代，及这时代以后的历史。这门学问在我国发展很早；这是中国学术界一件很光辉的事件。因为在采集方法上与看法的不同，这批材料的价值，在过去都没得到它们应该得到的注意。现在，经过比较严格的采取方法，及审订标准，它们的重要性，就纯学术上说，也增加了不止十倍。这批材料，在地下保存得特别丰富。

第六组材料，乍听起来，与上古史似无关系；但是，这批材料已广泛地为史学家所利用，这便是民族学家所研究的对象。民族学也是包括很广的一门研究"人"的学问；这一工作，在过去大半集中在原始民族的风俗习惯，以及他们的体质上。直到现在，我们知道在世界若干角落，尚有好些原始民族生活着。譬如：与我国台湾相近的新几内亚、南洋群岛以及我国台湾的高山族；再推广一点，残留在中国大陆的若干原始文化。有关这些民族的文化与体质的研究，也构成了很大数量的一批资料。它们与上古史的研究有些什么关系？相信进化论学说的人，同时也相信：原始民族的生活方式，代表现在所谓"文明人"的老祖宗所经过的一个阶段。所谓"文明人"，很幸运地，有了比较聪明的祖先；这些祖先在比较早的时期，把他们的生活改善了。但是，到现在还滞留在原始生活状态人们的老祖宗，因为有一点守旧，就没有跟着改善；因此，他们的子孙，现在还保守着旧的习惯。所以，讲到文明人早期的历史，就资料说，尤其是在那没有文字记录的阶段，有很大的部分，是没有法子复原的。不过，根据古器物学的资料，再加上民族学所描写现代原始民族的风俗习惯，我们就可以把不能想象的、难以复原的古代风俗习惯，得到它们反射出来的若干比较可靠的影子。但是，这批资料的运用，也有它的限制；若是运用得超乎于比较参考范围过远，就可能引出很站不住的、甚至于荒谬可笑的议论。因为这些材料具有丰富的刺激性，容易引起史学家的幻想；它们虽然可以帮助我们解答好些上古史的问题，同时，也可能遮蔽研究史学的正当途径。

第七类，这是我要列举的最后一类，也是研究中国上古史最基本的资料。这自然是历代传下来的（有关）秦朝以前的记录。对于这一类材料的整理，本身已有一段很长的历史，这是大家所知道的。用这些记录，作上古史的史料，它们的价值，却极不相等；有不少的部分已经证明是后代人伪造的。如何辨别这些庞杂的资料，及评定它们的价值，均需要长期的训练与研习。经学、史学，在二千年前，本来已是专门之学；尤其是经学，在西汉的时代，就有官置的博士弟子专门照管它们；就是在民间，每一经的传习，也各自成家。后来，因为普遍的读经，一般人似乎把它们所需要的特别训练倒忘记了。在现代教育制度里，科学的部分，所占的时间已经是很多了。恢复普遍读经，这一运动大概是行不通的。但是，把经学当作一种专业研究及传习，不但是应该的，也是可以做得到的。我想，我们似乎可以恢复汉代为经学设博士弟子的优美传统，在大学里，把讲习经学一门也设专门讲座；至少要把研习经学这一课，与数学、物理同样待遇，或者更加重视。对这一倡议，有一点必须加以说明，就是我们必须把这一门学问的研究，安置在纯学术的基础上。有了这一类的经学研究，我们一定能在短期间得到长足的进步。如此，不但中国古代传下来的经学可以发扬，治中国上古史的人也可以受惠不浅。

四、材料的选择

这七门内容很丰富的专门研究，在现代学术上，是各自独立的，成了几种专门的学问。它们与上古史，究竟各有多少关系？却要看我们所悬拟的研究范围，以及着重点。就中国上古史说，亟待解决的问题，虽说是多方面的，但是，据我个人看来，有两个基本课题，比其他题目更为重要。这两个课题的一个，是构成中国民族的人种问题。通俗一点说，最早的中国人是从哪儿来的？或者说，是如何开始的？我们中国人的老祖宗，在有文字记录以前，过的是一种什么样的生活？这就引起了我们基本课题的第二个——中国文化的开始。我们所称的中国文化，在远古的时候，是种什么样的性质？表面上这两个题目的范围，都受了同一的限制，就是说，均以中国区域为限。如果我们要追踪它们开始的一段，我们也许发现，这两组研究，并不能在这个区域限制以内解决。

现在，先从第一个问题说起，中国人是哪儿来的？我们既不能承认司马迁的《五帝本纪》给了我们一个满意的答复；我们只有靠地下资料来处理它。地下资料究竟能解答多少？却是写上古史的人在现阶段尚难作充分说明的。对于解决这问题的困难，有一部分是晚期历史所造成的；因为，据体质人类学的材料说，中国民族的构成，在历史期间会经过若干变化。若推寻到历史以前，我们所面临的这一大问题中的小问题是，在那时候，黄河流域的中国人，是否全是现在中国人的祖宗？倒过来说，现在的中国人，是不是那时创造三代文化的人的子孙？对于这个问题，现在尚没有满意的解决。我们只能就比较简单的几方面，做一个研究的起点；现在，我们已经有的，可以供给解决这问题的地下资料，都由考古学及古生物学搜集得来。在这里，我们并不能花很多的时间讨论这一问题。不过，我们可以说，因为地下材料的发现，现代中国民族最重要的一个成分，可以说在黄河流域一带，已经具有远到新石器时代的历史了。就是说，在华北一带，新石器时代文化的创造者，他们的体质，与现代华北的中国人是没有什么分别的。但是我们的话只能说到这里。假如我们要进一步问到更早的时候，这就要牵涉到材料本身的问题，及整个黄种人，即所谓蒙古种形成的问题。这个问题，虽说是离我们现在的问题较远，但是在中国上古史中却是很重要的。说到蒙古种，在现代人种学上，他们早期的历史尚没有清楚的交代。蒙古种的形成，也许就在东亚这个区域，地域上与中国很接近。他们早期的形成，也就构成了中国民族早期最重要的一段历史。要解决这个问题，我们只有从搜寻更多的地下材料着手。过去五十年来所发现的这一类有关的资料虽是不多，不过东寻西找的结果，出现了若干线索；譬如：研究北京人出名的魏敦瑞教授，他就在北京人的身上，认出来若干体质特征为蒙古种人的。这并不是说北京人与蒙古种人有什么直接关系，至少我们没有任何证据做这一个判断。但是，生物学家可以说，由北京人的体质，经过相当的时间，可以进化到现代蒙古种人所具有的更进步的体质。这虽然只是一个悬想，同时，从北京人到现代人距离也相当远，时间至少在三十万年以上，这中间，生物的演变很难说定；不过，在没有更好的材料以前，我们要说中国上古史，却有时不能不提出这一类悬想来。以上我提出这一个问题有关的材料，不但要说出它的重要性，同时也要说出它的复杂性。这问题的解决，也需要一长时期的研究与材料的搜寻。这是写上古史的人，不能随便地或轻易地放过的问题。我们必须认清它的真实性；这问题的本身，不但是一个体质人类学的课题，也是一个文化人类学的课题，更是一个历史的基本课题。它所牵涉的范围，可以说与所有研究“人”的科学有关。换句话说，我认为要明白中国民族本身是如何开始的，我们必须先了解蒙古种的原始。但是，蒙古种的原始，与现代人类的原始问题是分不开的。就东亚这一区域说，我们在最近的一百二十万年中所经过的地形的变动，及各种重要的哺乳类动物的演变，已经有若干资料，可以供给我们研究这一大问题的若干方面。这批资料，描写了这个区域内一百二十万年上下的环境演变。在这一百二十万年中，东亚的气候与地形，至少经过了五次大变迁。就华北一带说，化石学家把哺乳类动物的品种的演变，作过很详细的比较。1941 年，在中国工作将近二十年的一位法国籍古生物学家德日进神甫，在北京出版了一本书：《早期的人在中国》(*Early Man in China*)；里边附了一张哺乳类动物化石的地层分布表，详列着这个区域内自上新统初期起，到更新统晚期止，五个分期的动物化石。其中最早的一期，即上新统初期，采集所得的哺乳动物化石经过鉴定的有 22 种；这 22 种哺乳类动物的寿命，直延到最后一期即更新统末期的，只有 5 种，其余 17 种都灭绝了。中期的，即上新统晚期，或更新统早期，收集的哺乳类动物化石有 43 种；但是，传到最后一期，也只有 22 种，约全数的一半。最后的一期，即第五期的哺乳类化石，只有 32 种；里面有 5 种不见于早期，而是最后一期出现的。这 5 种里边包括着现代人的老祖宗，即“有辩的荷谟”(Homo sapiens)。我把这批材料提出来，想借用它说明：经最近五十年来科学家的努力，我们对于东亚这个区域，尤其是中国这一部分地形的演变以及动植物的变迁，已经具有一轮廓的知识了。因此，我们可以说，我们对这一百二十万年的中国的环境，应该有了真正的了解，不是荒渺难稽了。有了这些知识的背景，我们再谈人类的原始，尤其是与晚期历史有亲切关系的现代蒙古种人，已经有了一个很坚固的开始；至少我们应该知道，哪些话我们可以说，哪些话我们不应该说；自然，我们离解决这问题尚远。假如我们能够顺这条路追寻下去，终有到达的一天。

由此我们再转移到中国文化的原始问题。我们若是承认中国民族问题，与全部人类的原始问题是分不开的，我们同时也应该承认，中国文化早期阶段，只是人类早期文化的一面，好像希腊、埃及、两河流域文化，只是人类文化的几个面。假如我们有了这个了解，我们对于中国区域内最近所发现的若干史前材料，也就可以比较容易地得到一种适当的解释。古生物学家说，东亚所见的早期的哺乳类动物化石，实在只是普遍分布在欧、亚、非三洲，留在这一区域的代表。换而言之，那时候的地形，即上新统初期的地形及气候，可以使那时的高等动物，也就是哺乳类动物，毫无阻碍地西到大西洋，东到太平洋，南到印度洋，到处游动生活着。这种情形虽说是因为山脉河流的改变，渐渐地也随着改变了，但是对于较晚出现的。自称为万物之灵的人类仍旧存在着。早期人类在旧大陆的移动，是相当自由的。因此，早期人类文化地域性的发展，也没有晚期那么普遍。就是晚期，近代史学家已渐渐地证明，人类的文化，比人类自己的足迹，传播的范围要宽广得多。我这个意思就是说，人类的文化普遍性是自然的，地方性是偶然的。假如我们说中国上古史所表现的事实，很多部分与别的区域的上古史类似，这个并不奇怪。最近半个世纪以来，考古学家与地质学家所累集的这类知识，已经相当丰富了。自北京人直到新石器时代最后的一期，我们发现了记录在史前的每一阶段的文化留在中国的遗迹。这些文化并且常与别区域类似阶段的文化有若干相像的地方。这一点证明了我上边所说的意义。假如我们一定要强调这些文化地方性的色彩，或者认为这些文化只有在这个区域是比较早的，或者与其他区域没有关系——这些说法，常常可以把我们领到死胡同里去。但是，这并不是说，文化绝对没有地方性的色彩；地方性的色彩，往往是解释某一区域，在某一阶段文化很重要的一个说法。不过，像别的说法一样，也只能解释现象的一部分。在中国，我们已经见到的史前材料，也有不少可以证明，完全是由这个区域环境造成的。譬如，蒙古种人本身的若干品质，有一部分也许完全是地方环境发育出来的。旧石器时代以后，新石器时代的文化中，有不少成分完全是东方性的。这些我们必须分别处理，然后可以得到清楚的认识。归根结底说，我们应该知道，人类的文化是累集的。人类所经验的最现实的一件事实，就是在这累集的过程中，无论他的智慧发展到多高，他必须借重环境的资源所供给的材料，然后他的智慧才能得到发展。环境的不同，就是造成地方色彩的基本原因。人类智慧的普遍相同，也就是创造文化普遍性的基本原因。我们从人类学、古生物学、史前考古学以及民族学的资料所得到的，有关这两个基本问题的答案及解释，证实了以上的说法。

五、古史料的整理与古史的写作

整理田野考古发掘所得的资料，一个最迫切的问题，就是如何把地下发掘的资料，与传下来的记录资料连缀起来。这是一个普遍的考古问题，也是中国区域考古家所面临的问题。譬如，在四十年前，仰韶文化才出现的时候，考古家所研讨的，就是仰韶文化在中国上古史里所占的时间与地位。跟着仰韶文化的发现，就有更老的旧石器时代文化与北京人等一大串更惊人的发现。这当然更引出来这些资料对中国上古史的意义，及它们与现代中国文化的关系等问题。1928 年开始，在蔡院长领导下的中央研究院的考古工作也开始了。我们选择的第一个发掘地点，就是大家所知道的河南安阳的殷墟遗址。殷墟考古工作的重要，及它为全世界注目的原因，就是在这个遗址中，我们发掘出来了大批中国最早的文字材料，即大家所知道的甲骨文。甲骨文的最初出现，远在安阳发掘以前三十年。经过了这次发掘工作，它的价值更为稳定了。研究院的发掘，便是把这批材料加以科学的裁判。与这批文字同时出现并同样重要的，还有大量的其他实物；这些实物有一大部分，可以与早期的即没有文字记录的史前实物——如陶器、石器等，做一种比较研究。由此可以看出它们的若干“亲属”关系。又有一部分可以与晚期，即殷以后周秦历史期间的实物——如青铜器、玉器等，做一种比较研究。所以我们有殷墟的发掘，可以说我们得到了一批承上启下，具有连锁性的考古资料；它把史前的文化与历史的文化作了一个强有力的联系。三十年来研究的结果，从事这一类工作的人，当然经验过许许多多的曲折。有好多问题，直到现在尚不能解决。不过，也有若干重要的结论，似乎可以用作奠定新的中国上古史写作的基础。这些结论也是多方面的，极复杂的。如何选择，也要看用这些材料的人对于上古史的看法。这批材料所供给我们的，就我个人看来，一种最重要的贡献，便是历史学家可以对于殷商文化的真实性质，得到一个比较清楚的认识。这个认识是什么呢？就是，假若我们专论这个阶段——即殷商时代的中国文化，它已经到了一种高度的发展。它发展的背景，我们认为是一种普遍传播在太平洋沿岸的原始文化。在这种原始文化的底子上，殷商人建筑了一种伟大的青铜文化。而青铜文化本身却有它复杂的来源；这些来源中，有一部分，我认为是与两河流域——即中央亚细亚有密切关系的。若是我们把欧、亚、非大陆在最近一百二十万年所经过的变迁，及动植物移动的历史弄清楚了，这一现象可以说并不奇怪。史学家研究这一阶段文化，所面临的最要紧的问题，一部分是要如何把殷商的考古材料与史前的考古材料比较贯穿；同时要把若干不能解释的成分，找出它们可能的来源。这些问题，在我看来，都不是凭想象所能解决的。它们的解决，需要更广阔的田野考古工作，及更深度的比较研究。

在大学教书人的心中，以及教育界，普遍存在的一个问题，就是如何写一部中国上古史。对于这一工作有兴趣的人，在他开始工作以前，似乎应该考虑以下几个条件：(1) 想要知道我们祖宗的过去，是人们很普遍的兴趣。在先前，人们都以说故事的方法，讲人类的开始。在知识初期发展的儿童们，没有一个对说故事不感到深厚兴趣的。比较成熟一点的民族，尤其是有文字的民族，差不多都有一种创世的传说。埃及、巴比伦、中国，以及墨西哥，都是很好的例子。这些传说，虽说大部分是想象的，但也并不是完全没有实际的根据。到现在，历史这门学问，虽说是已经科学化了；但是，科学的事实，并不能满足人类普遍的要求，因为，它们是干燥的、严峻的，不能随着感情转动的事实。它是没有血肉的一堆枯骨。把这些事实如何点活？在枯骨上如何加些血肉？不但是科学家的工作，也应该是历史学家更重要的课题。(2) 但是，科学家无论如何努力，仍不能应付有血肉、有灵魂的一般人类感情中的愿望；所以，历史学家在这一方面，就不能不用些想象的力量。说得简单一些，一个历史学家，不但应该根据科学的事实写历史，同时也应该用文学的手段写历史。这里边有冲突没有？这是一个大问题。代表文学界最高境界的诗人，在他高兴的时候，也许可以用历史的故事，写出动人听闻的史诗，如印度的故事诗与荷马的故事诗。但是，若说要他们完全遵照科学家意见写诗，那就好像强迫一个少女，遵照体质人类学家的意见化妆一样。我们常听说，文学家说科学家是动物界里的爬虫：站不起来，也飞不动，只能挨着地面爬；意思就是说，科学家只能抱着一大堆事实。文学家是灵活的飞鸟，在空中翱翔，有他们的想象。至于文学家写文章，是不是完全造谎？完全凭想象？事实上并不如此，文学家所表现的是另外一种人类生活的事实，说得神秘一点，文学家所描写的是人类的灵魂、情绪，以及喜怒哀乐的变动，不是任何实物所能表现的人类的内心生活。我们也可以说，这是人类历史最重要的一面，却是考古学及其他若干有关的科学，不能找出直接材料的部分。因此，我个人的意见，觉得要预备写一部中国上古史，我们不但要参照铁的事实，也需要若干活的想象。但是，这个想象力应该是有控制的；换一句话说，对于若干科学的事实，不能因为我们的好恶而有所取舍。就是说，无论我们用任何文学手段写上古史，都不应该写出违背存在的科学事实。尤其是对于时间问题，现在的科学家，已经有若干方法把它标定，所以对好些历史事实，在时间程序上，已经作了一种肯定的安排。历史学家必须没有条件地接受与承认。但是，科学事实的发现是一种累集的工作。无论它发展到什么阶段，尤其在历史方面，总是不可能完备的，总有若干空白，若干缺口。这些空白缺口，不完备的部分，如何补充它？如何描写它？这就完全要看文学家的手段了。我希望不久的将来，有一部这样的中国上古史出现。

六、可以供史学家参考的几条意见

第一，史学家应该充分地采用自然科学研究的成果，尤其是与研究人类有亲切关系的部门。譬如：地质学家、古生物学家，近半世纪来，研究东亚的材料所得到的成绩，把地球近一百二十万年在这一区域的演变，已经很清楚地报道出来。在这一长期间运行不息的变动环境中，所有高级动物的新陈代谢，以及最早的人类在这儿出现的故事，可以说得不但“持之有故，言之成理”，并且到了相当准确的程度。“高岸为谷，深谷为陵”，已由诗人的想象演化成了科学的描写。

第二，但是我们要小心，科学成绩的价值也是不相等的；因为它受到社会一般的重视，冒牌的科学，甚至于有计划的欺骗，都在科学界发生过。不过这一类的事件尚可以辨别；最应该防备的，是借用科学的理论，发挥个人的偏见。这些不成熟的半吊子的科学历史观，已经在中国的史学界出现过不止一次了。譬如：有一位研究中国古代史的外国籍的汉学家，曾经把若干少数民族在中国境内近代地域的分布情形，用作解释二千年前的中国历史，并作了若干推论，说中国文化受了很大的土耳其的影响。这完全是对于民族学的一种误解。我们现在知道，有不少的史学家想利用各种时髦的社会学理论解释中国上古史。但是他们不但对于社会学这门学问本身没有下过功夫，连中国上古史的原始资料也认识不了许多。不过一般的读者因为他们说法新颖，往往就被迷住了。这一类的发展，对史学这门学问本身是不幸的。

第三，中国历史是人类全部历史中最光荣的一面，只有把它放在全体人类历史的背景下看，它的光辉才更显得鲜明。把它关在一间老屋子内孤芳自赏的日子已经过去了。

1962 年 1 月 11 日

（选自《李济文集》第 1 卷，上海人民出版社 2006 年版）

梁思永与《小屯、龙山与仰韶》

经典导读

梁思永（1904—1954），广东新会（今江门市新会区）人，梁启超次子。1923年毕业于清华学校留美预备班，因父亲的建议，入哈佛大学研究院学习考古学和人类学，其间曾参加印第安人古代遗址的发掘，并对东亚考古学问题作过特别的研究。为了解国内考古的具体情况，曾一度回国在清华国学研究院任助教，整理清华所藏山西夏县西阴村仰韶文化遗址出土的陶片，以英文写成名为《山西西阴村史前遗址的新石器时代的陶器》专刊发表。1930 年夏毕业后归国，参加中央研究院历史语言研究所考古组工作。1930 年秋季赴黑龙江发掘齐齐哈尔昂昂溪遗址，写成《昂昂溪史前遗址》发掘报告，后发表于中央研究院历史语言研究所集刊第 4 本第 1 分册；同年冬，转道通辽入热河，调查了查不干庙、双井与陈家窝子、赤峰等遗址，写成《热河查不干庙、林西、双井、赤峰等处所采集之新石器时代石器与陶片》一文，后发表于历史语言研究所 1936 年出版的《田野考古报告》第 1 册。1931 年春，参加安阳小屯及后冈的发掘；同年秋，参加山东历城龙山镇城子崖遗址第二次发掘，又回安阳后冈，参加春季未完工之发掘。从 1932 年春至 1934 年春，因病卧床两年，病愈后于秋季赴安阳主持西北冈殷王陵的发掘，直到 1935 年完工。西北冈殷王陵的发掘，收获颇丰，田野工作结束后便着手编写发掘报告，但 1937 年抗日战争全面爆发，打断了原来的编写考古报告的计划。随着机关和标本的辗转南迁，虽一有机会便拿出标本整理，但终难如愿。1941年初，肺结核病发作，从此时好时坏，再也无力接续这项工作。1950年中国科学院考古研究所成立，被任命为副所长，以体弱多病之躯，全力投入所务和考古工作规划，不意心脏病突发，于1954年去世。

梁思永从事田野考古工作时间虽短，但他的勤奋、执着却给同行留下了深刻的印象，他在田野发掘基础上写出的《小屯、龙山与仰韶》《后冈发掘小记》《龙山文化——中国文明的史前期之一》等论文，对于刚刚起步的以田野调查发掘为特征的中国考古学的发展所起的推动作用是巨大的。

《小屯、龙山与仰韶》一文正式发表是1935年，但它的初稿早在后冈发掘结束不久甚至是发掘期间就形成了，因为这在作为它的补充的发表在1933年6月历史语言研究所《安阳发掘报告》第4期上的《后冈发掘小记》一文中就已经提到了。

20世纪20年代安特生发现了仰韶文化，1929年秋季李济在小屯发现了一块带彩陶片，1930年秋季吴金鼎在山东省龙山镇城子崖发现了龙山文化的遗址。在后冈发掘之前，学术界对小屯殷墟文化、龙山文化、仰韶文化三者之间的关系的认识并不十分清楚。

正如《小屯、龙山与仰韶》一文指出的，正是后冈的发掘，特别是1931年秋季的第二次发掘，发现了小屯、龙山、仰韶三叠层，才使我们“知道龙山文化的时代早于小屯，而仰韶文化又早于龙山”，从而解决了当时已发现的三种考古学文化的先后次序这一关键问题。同时，后冈发掘的实践，也为如何划分地层提供了科学的标准：以土质土色（参考包含物）的差异判断和划分地层，而不应主观地以往常惯用的按一定的深度划分地层，从而标志着考古地层学（或曰层位学）到这时才真正走向成熟。

《小屯、龙山与仰韶》一文从小屯、龙山和仰韶三者之间文化关系的推理入手，由猜测到系统研究，再到比较，继而得出研究结果，说理方式令人折服，是梁思永严谨的、科学的研究的集中体现，值得我们学习。

—— **延伸阅读文献目录：**

1. 梁思永：《后冈发掘小记》，《安阳发掘报告》1933年第4期。
2. 梁思永：《龙山文化——中国文明的史前期之一》，《考古学报》1954年第7册。

3. 梁思永：《殷墟发掘展览目录》，中国科学院考古研究所编：《梁思永考古论文集》，科学出版社 1959 年版。

（陈星灿 撰）

—— 原文：《小屯、龙山与仰韶》

经典原文

小屯、龙山与仰韶

梁思永

自从安特生发现仰韶文化之后，它的时代和文化的关系始终未曾确定。格拉尼在他1930年出版的《中华文化》里还说我们没有确实的证据来证明仰韶不是与殷周青铜文化同时的石骨文化（看Marcel Granet：*Chinese Civilization*，P.65）。徐中舒先生在他二十年[①]发表的《再论小屯与仰韶》一文里还在讨论仰韶文化是一种胡文化或一种华文化（看《安阳发掘报告》第三期第五篇）。李济先生十八年秋季在小屯发现一块带彩陶片的情形虽然给我们一个很清楚的暗示，但是证据的力量还是很薄弱（看《安阳发掘报告》第二期，李济：《小屯与仰韶》）。

仰韶问题的讨论正在这个阶梯的时候，吴金鼎先生十九年秋季在山东龙山镇城子崖发现了龙山黑陶文化的遗址。于是小屯、龙山与仰韶的问题由此而产生。根据挖掘城子崖所得的知识，我们只知道在龙山黑陶文化之上还有一层春秋战国时代的文化遗物。依现在通行的年代表计算殷末距春秋初年约四百年，所以我们不能利用上述的事实作为龙山文化比小屯文化时代早的证据。而龙山和仰韶又同是石骨文化，所以我们也无从决定它们先后的次序。

二十年春季我们在后冈（在安阳城西北，高楼庄北地，临洹水南岸，西北去小屯约1公里）工作，第一次得到小屯与龙山文化关系的线索。但还是不分明。同年秋季我们在第二百四十一、三、四和第二百八十三、四坑挖得这三期文化先后次序的确然的证据。我们于是知道龙山文化的时代早于小屯，而仰韶文化又早于龙山。

我们所得的证据就是考古学上最实在最简单的地下自然的层次。我们现在把坑位和地下情形略叙一下。第二百四十一、三、四三坑位在全冈最高的中北部，排列在一条南北线上，二百四十一坑的北端去第二百四四坑的南端三十公

---

① 二十年是指民国二十年（1931年），本文中其他年份亦同此。——编者注

尺[①]——中间第二十一、二、三公尺未掘。第二百八十三、四两坑位在冈的西部，也是排列在一条南北线上，第二百八十三坑的北端去第二百八十四坑的南端二十公尺——中间第九公尺至第十三公尺被近代墓葬扰乱。地下的情形，分为两部分列表如下。

文化期	出土遗物	深度	第二百四十一、三、四坑土层
近代小屯	磁片，厚重灰陶片	0.0—0.2 公尺	耕土
	厚重灰陶片，带彩陶片 1 块，大块兽骨，骨锥，卜骨，石斧，炭渣，铜锈	0.2—1.0 公尺	浅灰土（土色与小屯灰土同）
小屯	厚重灰陶片，白陶片 1 块，带彩陶片 1 块，大块兽骨，骨锥，卜骨，蚌刀，石斧，月牙形石刀	1.0—2.0 公尺	灰褐土
小屯与龙山	厚重灰陶片，黑陶片，带彩陶片 1 块，兽骨，骨锥，蚌刀，石斧	2.0—3.0 公尺	深灰土，中有烧炭土一片
龙山	黑陶片，薄灰陶片，篮纹，方格纹陶片	3.0—4.0 公尺	绿土（绿土坑深至 7.00 公尺）
	不出文化遗物	4.0— 公尺	黄土

文化期	出土遗物	深度	第二百八十三、四坑土层
近代龙山	砖，瓦	0.0—0.3 公尺	耕土
	黑陶片，光面灰陶片，薄绳纹陶片，篮纹，方格纹陶片，尖骨器，骨凿，蚌刀，石锛，石斧，砺石	0.3—2.0 公尺	绿土（北段 1.5 公尺深处有“白灰面”一层，南段有绿坑土深至 3.5 公尺）
仰韶	光面红陶片，粗陶片，带彩陶片（这层出土遗物极少）	2.0—3.0 公尺	褐色“鸡矢瓣土”
仰韶	带彩陶钵，光面红陶片，粗陶片，尖骨器，琢成石器	3.0—5.0 公尺	深灰土
	不出文化遗物	5.0— 公尺	黄沙土

① 1 公尺 =1 米，本文中其他长度单位亦同此。——编者注

这两个表完全是撮要的性质，所以和实际的土层不免有出入之处。但是图版一的两幅地层图可以校正这过于整齐的印象，并且表现出详细的情形。从这两图我们看出土层的深度不是全层一律的，有厚处薄处，是高低不平的；又可以看出第二百四十一、四坑的小绿土坑和坑里分层的绿土，和第二百八十三坑包含仰韶遗物的深灰土层向下倾斜的情形。不过这地层图也有它的短处。第二百四十一、三、四坑里，不但浅灰、灰褐、深灰三土层的界线不清楚，深灰土和绿土之间夹有一段灰绿混合的土，也没有显明的分界。这情形是很值得我们注意的，因为在城子崖上下两文化层之间也有同样一层混合土。第二百八十三、四坑的情形都与地层图完全符合：绿土和褐色“鸡矢瓣土”之间、“鸡矢瓣土”和深灰土之间确有很显明的界线。

地下情形既如上述，后冈遗址上曾经过三期文化和这三期文化先后的次序自然都成为无疑问的事实了。现在我们可以大略审查代表这三期文化的三层土层的内容看它们所包含的是否如前两表所列的，小屯、龙山和仰韶的遗物。每层里只挑选那层所包含的文化遗物中最显著的器物做代表。

倒着原来堆积的次序由上往下按层揭，从时代最迟的上层（第二百四十一、三、四坑的上三土层）看起。在这三个坑里上层，除了地面十分之二公尺厚的耕土外，虽然分为三土层——最上一层的浅灰土出遗物最多，尤其是重厚的大陶片和残碎的大兽骨（土色与遗物及堆积情形完全和小屯灰土层相同），中间一层灰褐土出遗物较少，最下一层深灰土出遗物比较最上层稍少，近层底渐与绿土遗物混合——但是它们所包含的都是同一期文化的遗物，所以可以作为一层看待。这层出土的主要器物（图版二：一）：

陶类有：厚重绳纹灰色，素灰色，光面，压纹，划纹，刻纹白色，带釉各种陶片；牛头，圜络等凸饰，小孔耳，“将军盔”的仰口边，肥鬲足，圈足。

骨类有：双棱单脊方角平底簇（看《安阳发掘报告第二期》，李济：《民国十八年秋季发掘殷墟之经过及其重要发现》，第二四二面，插图二，Ⅲ.2.乙），单孔刀，猪牛骨，鹿角。

石类有：斧，单孔斧，刀，白石单孔刀，圆柱形白石筒。

其他：字骨，卜骨，卜甲，铜锈。

这些都是在小屯最常见，或最贵重的东西，包含它们的上层属于小屯期是没有疑问的。

中层（第二百四十一、三、四坑的下层和第二百八十三、四坑的上层）完全是绿土；虽然也分为颜色深浅的多少土层，但是遗物的内容全层一致。土层间或遇着一片炉火留下的烧炭土或一片建筑物留下的“白灰面”。土里含有多量的炭屑，与城子崖出黑陶的黑土层的情形相似。这层出土主要器物（图版二：二）：

陶类有：光面黑色，光面灰色，粗沙，麻皮，压纹，镟纹，划纹，绳纹，席纹，方格，各种陶片；仰口边，颈边，小碗盖，杯钮盖，竖置宽耳，横置窄耳，绳式耳，半月式耳，圈足（高，矮，粗，细各种），尖鬲足，鼎足（“鬼脸式”，三角，长方），豆把，甑底，甗箆。

骨类有：圆锥式和三棱平边圆形平底式簇（看《安阳发掘报告第二期》第二百四二面，插图二，工.0.0，IV.1. 乙式），鱼镖，凿，铲，狗骨。

石类有：斧，锛，三棱平边圆形平底式簇。

其他：卜骨。

这些都是在城子崖下层最常见或最特殊的东西，包含它们的中层属于龙山期是没有疑问的。

下层（第二百八十三、四坑的下两层）虽然分成很清楚的上下两层，但是上面褐色“鸡矢瓣土”里包含的遗物和下面深灰色土里的差不多完全没有分别，只是“鸡矢瓣土”里的遗物比较少而其中粗陶鼎足比较多，近上面出两片带黑彩的红陶片。这层出的主要器物（图版二：三）：

陶类有：带红彩的红陶片，红边灰腹的光面陶片，厚红光面陶片，划纹红陶片，绳纹红陶片，粗灰陶片，亮红陶片，大口圜底，大口平底钵，高脚，短脚鼎，圈口瓶。

骨类有：尖骨器。

石类有：锛，石丸。

这些，虽然有点分别，但都是仰韶特有或常见的东西，所以这层所包含的无疑是仰韶文化的遗物。至于它们是属于安特生所定的仰韶文化期的哪一期却很是问题。在陶质方面绝对可以和仰韶村或西阴村的陶片比美。在形制方面却比较六期里任何一期都简单。宽口居最大多数，圆底多，平底少（几乎没有正式的平底）。尖底，颈边都没有，圈口和鼎足可以说是例外。在花纹方面也比较任何一期都简单。带彩陶片上的花纹几乎可以说只有四种：沿口宽边，沿口直线，沿口斜线，错置斜线三角；差不多全是浅红色陶片上画红色花纹的。这用红颜色画花纹的习惯和仰韶文化的前五期用黑颜色画花纹的习惯也不一样。红颜色只有画在浅红色上才显；陶胎红色的浅淡大概是因为火力不强烈或没有用深红颜料或特别的陶料的缘故。这都是陶业比较幼稚的现象。划纹红陶片上的花纹也只有错置斜线三角，交线三角两种。这种划纹陶片是六期都没有的，而又与小屯期的划纹绝对不相同的。这下层的陶器的花纹和形制虽然简单但是毫不衰败，也没有退化的痕迹。单根据以上的事实我们就可以把后冈下层的文化放到仰韶文化的早期，在仰韶期之前。但是此外我们还可以举出几个时代较早的旁证。一、红边灰腹的陶器可以认作全红陶器的先驱。二、沿口带一道黑色宽边的陶片，只见于褐色“鸡矢瓣土”层的上层。三、花纹比较复杂的两片带彩陶，一片出于上层，一片出于中上层间的混合土里；李济先生在小屯挖得的那一片彩陶的花纹也很复杂。四、绳纹陶片的数量很小，席纹，方格纹的陶片又完全没有。五、出琢成的石器，而不出半月式石刀或蚌刀。所以我认为后冈下层文化比较仰韶期时代早的推论大概是可靠的。但是所早的时间也很有限，因为后冈下层里已含有仰韶最特殊的大口钵，高脚鼎和圈口瓶。

仰韶、龙山和小屯这三个文化虽然有时间先后的分别，但是它们都曾占领过后冈这遗址，所以在地理分布上至少有一个共同点。这共同点告诉我们这三个文化的分布区域最少有一处接壤的地方。我们现在可以查看这历史和地理的关系有没有在这三个文化的遗物里留下点痕。

关于小屯与仰韶文化之异同，李济先生在他的《小屯与仰韶》一文里有详尽的讨论（《安阳发掘报告》，第二期，第四篇），我们不必再多叙述。我们把讨论的范围限制于龙山文化与小屯、仰韶两文化的关系。以后冈龙山层出土的实物和后冈、仰韶层出土的比较，除了鼎类三实足的陶器之外，几乎没有其他的相同的器物。但是和仰韶村出土的实物比较，却有很多相似的地方。龙山极普通的篮纹，方格纹陶片常出现于仰韶（看安特生:《中华远古之文化》，第十五版第一、第七图；第十六版第一、第八图；第一七版第一图）；龙山主要的光面黑色和灰色陶片也屡见于仰韶（见前引书：第七版第三、第四图；第十五版第二图；第十六版第四图）。仰韶有几种陶器的形制完全属于龙山陶器形制的系统（见前引书：第七版第四、第六图；第十五版第七图；第十六版第二、第四图）。这两种文化的陶工都好用各式高矮的圈足（并且在圈足上作圆孔）和竖置耳，又好用镟纹，压纹做装饰。这两个文化既然有这样多相似的地方，在考究它们相似的原因之先我们应该将它们共有的实物的系统关系弄清楚。从地理分布上观察，鬲、甗、甑、仰口杯、钻洞高圈足、光面黑色、灰色、镞纹、压纹、篮纹、方格纹的陶片全部是龙山文化的产物。它们在城子崖下层是很普通的东西，而在出彩陶的遗址里只见于仰韶村和甘肃彩陶文化的后三期。不但远在甘肃的仰韶文化前三期的遗址不出这几种陶器，就是近在山西夏县西阴村的仰韶遗址也没有这几种陶器。根据以上的事实，我们可以断定龙山文化与仰韶彩陶文化曾发生过密切的关系。

这关系可以有两种的解释：一、仰韶村本是彩陶文化的领土，被龙山文化侵入；二、仰韶村本是龙山文化的领土，被彩陶文化侵入。这两种解释在这两种文化接触的事实上，虽然似乎没有多少分别，但是在它们侵入河南北部的时间的先后上却有很大的分别。依照第一个解释，仰韶彩陶文化就比龙山文化早入河南北部；依照第二个解释，仰韶彩陶文化就比龙山文化晚进河南北部。我们现在对于这两种文化的知识虽然还不允许我们绝对的采取一种解释，但是所有的证据都指向第一个，“仰韶本是彩陶文化的领土被龙山文化侵入”的解释。一、在龙山文化没有达到仰韶村之前，仰韶式的彩陶文化已伸展到后冈。彩陶文化黄河流域分布的中心偏西，伸展的方向由西而东是已成立的事实，它的势力先达仰韶村然后到后冈是自然的程序。我们现在也有相当的凭据证明龙山文化在黄河流域的分布的中心偏东，伸展的方向由东而西。它的势力先达到后冈然后到仰韶村也是自然的程序。所以彩陶文化比龙山文化先占领仰韶村，龙山式的器物是外货，或是受了外来影响后的产物。二、仰韶村出土的遗物包含的有彩陶文化所有陶器的成分（参看李济:《西阴村史前的遗存》；梁思永：《西阴村新石器时代的陶器》），而缺少龙山文化最精彩的出品。三、除陶器之外，其他的遗物也有很大的分别。仰韶村的石斧、石锛、石镞都是龙山文化没有的（看安特生：《中华远古之文化》第六版）。龙山文化的石斧、石镞、骨簇、骨铲、骨凿和蚌刀、蚌锯也都是仰韶村没有的。这现象表示仰韶村的彩陶文化有它特殊的石骨用具，而外来的龙山陶器没有把它同文化的石、骨、蚌器带来。换一句话说，仰韶村的遗存里有全部彩陶文化的遗物而只有龙山文化的几种陶器。四、时代比较仰韶期稍早的后冈彩陶文化层差不多完全没有龙山文化的器物；地方在仰韶村以西，而属于仰韶期的西阴村也差不多完全没有龙山文化的器物。有了这四条证据，我们至少可以暂时接受这第一个解释。仰韶彩陶文化自黄河上游向下游发展达到河南北部的安阳县高楼庄后冈和渑池县仰韶村之后，自黄河下游向上游发展的龙山文化才侵入河南北部。它先到后冈，占领了彩陶文化早期就废弃的遗址，后到仰韶村，遇着发达已过了最高点的彩陶文化。

转过来看龙山与小屯的关系，形势却大不相同了。比较这两个文化的陶器的结果，我们可以把小屯的陶器分为三种：一、纯粹龙山式陶器，如光面黑色、篮纹、方格纹陶器、高矮圈足、钻孔圈足、小杯盖、钮盖、宽耳，形制制作完全与龙山相同。二、由龙山式陶器演化出来的陶器，如鬲、甗、甑、皿等。三、龙山文化所没有的陶器，如划纹光面灰色陶器，刻纹白色，深灰色陶器，带釉陶器，“将军盔”，长把盖，小孔耳，牛头饰。由这分类我们就可以断定小屯的陶作对龙山陶作是一种承继者的关系。但是龙山期到小屯期之间大概经过相当的时间和几代的承继者，因为，小屯的遗存里纯粹龙山式的陶器很少；鬲、甗、皿等器都已演化出几种已定的式样；划纹、刻纹、带釉等龙山文化没有的陶片已很多。在小屯其他的遗物里也可以找到这疏远的承继关系。例如，小屯虽然有Ⅰ.0.0式和Ⅳ.1.甲式的簇，但是龙山没有的簇居多数。又如石斧，大部小屯出土的石斧是龙山没有的，但是内中也有和龙山相似的石斧。蚌器骨器里我们也可以举出同样的例子。

前段的讨论只着眼于小屯遗存的大体，对于内中龙山文化没有的一部分并未加以特别的注意。实际上小屯遗存里最贵重的器物——如字骨、字甲、铜器、花石、花骨、白陶片等——都包含在这一部分里。这一部分东西大半是帝王的珍宝，所以它们的来源大概是不会在城子崖的龙山文化里找到的。但是其余不十分贵重的器物，如划浪纹带釉陶器、三角划纹陶器，也似乎与龙山文化没有什么关系。三角划纹的陶器中有几种的陶质和形制与龙山陶器很相似，不过龙山陶器上从来未见过这种三角划纹的装饰，并且这饰纹似乎是在绳纹陶器上演化出来的。它们或者是来自一种时代比较龙山文化晚的文化。辽、吉、热河三省的新石器时代陶片上常见浪形，三角形的划纹；日本新石器时代的陶器上也有同样花纹。这几处陶器的时间的关系我们现在还不十分清楚，所以不能用作正式比较的材料，但是它们都属于一个系统是没有多少疑问的。还有，三角划纹陶片上常见的牛头：只有牧牛的文化里才能产生这种装饰，恐怕不是畜狗的龙山文化或豢猪的仰韶文化所能创造的。而离黄河下游最近的牧牛区域也就是长城以北的几省。至于文字，青铜以及附带的装饰花纹是否和牛头划纹陶器来自一源，是现在还不能解决的问题。

后冈遗存里可以用作断定年代的遗物，只有二十年春季在白灰坑二的小屯灰土坑上层所得的一块字骨。这块字骨上共有四个字。董作宾先生在他尚未发表的《释后冈出土的一片卜辞》一文里将这四个字认作“丙辰受年”；并且根据书体判定：“此版时代，可断其在文丁帝乙之世，即殷之末季。”从这块字骨在地层里的位置，我们可以断定后冈的上层（即小屯文化层）的堆积，同小屯遗址的堆积一样，到了公历纪元前 12 世纪的末年就停止了。这只给我们后冈小屯文化层最晚的年代。至于这层的最早，即开始堆积的年代，我们只能靠在小屯所得的知识来推定。我们读历史知道殷代文化和政治的中心在公历纪元前 15 世纪的末年移到小屯；近年来小屯遗址出土的甲骨卜辞证明历史的记载与事实很相近。因此我们可以断定小屯的遗存最迟在公历纪元前 15 世纪的末年就起首堆积了。后冈离小屯只一公里，上层堆积的开始与小屯同时是意中之事。如果然是公历纪元前 15 世纪末年开始，后冈上层两公尺差不多三百年就堆积成了。

计算上层（小屯文化）的年代，我们还多少有所凭借。讨论中层与下层的年代，我们就完全进了假定的理论的境界。仰韶彩陶文化与西方彩陶文化之关系及彩陶文化之年代问题已经过许多考古家详细的研究，所以我们一时不必再做这番功夫，只采用安特生由这研究而编成的甘肃仰韶文化年代表作为讨论的出发点。安特生在他的《甘肃考古记》的“甘肃远古文化之绝对年代”一节里将甘肃的彩陶文化分为六期：

第一：齐家期　公元前 3500 年至公元前 3200 年

第二：仰韶期　公元前3200年至公元前2900年

第三：马厂期　公元前2900年至公元前2600年

第四：辛店期　公元前2600年至公元前2300年

第五：寺洼期　公元前2300年至公元前2000年

第六：沙井期　公元前2000年至公元前1700年

根据这年代表，彩陶文化在公历纪元前3500年出现于甘肃，由甘肃沿黄河向东发展，沿途留下了不少的遗址，公元前3200年来到仰韶村，占据了三百年，公元前2900年突然消灭或移往他处。不过我们在后冈所发现的（二公尺厚的下层的）彩陶遗存，如果如上述比仰韶村的时代早，按这年表彩陶就几乎没有由西方发展到河南的时间了！补救这困难的方法理论上虽然有两个：一、将齐家期的时代提早；二、将仰韶期的时代推晚；然而实际上只有第二个方法。因为若是将齐家期的时代提早，时间上要和彩陶文化西来的假定和这假定根据的事实发生冲突。但是若依照第二个方法，将仰韶期的时代推晚，又发生推晚多少年，到什么时候的问题。这问题是一时解决不了的，但是有两件与这问题有关系的事实我们应该特别注意，因为它们指示给我们解决这问题的方向。一、安特生在他的Der Weg über die Steppen（Bulletin No.1, Ostasiatiska Samlingarna p.153）一文里，因为甘肃沙井期的遗存里曾出现斯西安式（Scythian）的铜器，将沙井期的时代推晚了一千余年。二、甘肃彩陶文化的六期里，齐家期与仰韶期之间似乎隔了很长的时间，辛店与寺洼，寺洼与沙井期间也隔了相当的时间。安特生在《甘肃考古记》英文第二十四面也承认"It is quite possible that additional stages will be found to link up such ceramic groups which now seem to follow abruptly，the one upon the other." 若是我们依着这两件事实所指示的方向修改安特生的甘肃年代表，可以造成下列的表：

第一：齐家期

第二：仰韶期

第三：马厂期

第四：辛店期

第五：寺洼期

第六：沙井期

第一：齐家期　公元前 3500 年至公元前 3200 年

第二：×× 期　公元前 3200 年至公元前 2900 年

第三：后冈期　公元前 2900 年至公元前 2600 年

第四：仰韶期　公元前 2600 年至公元前 2300 年

第五：马厂期　公元前 2300 年至公元前 2000 年

第六：辛店期　公元前 2000 年至公元前 1700 年

第七：×× 期　公元前 1700 年至公元前 1400 年

第八：寺洼期　公元前 1400 年至公元前 1100 年

第九：×× 期　公元前 1100 年至公元前 800 年

第十：沙井期　公元前 800 年—

这年代表，虽然没有坚固的根基，但是有几点可取之处。一、保留充分的时间给齐家与仰韶，辛店与寺洼，寺洼与沙井间文化的变迁。二、将后冈的彩陶遗存插入相当的位置。三、将彩陶文化由甘肃发展到河南所费的时间延长，并预备相当的工夫给彩陶文化在河南演化出仰韶期的文化。四、把沙井期推晚到与斯西安前后的时代。仰韶期与马厂期（两期很相似）合并的时间和我根据渤海、黄海、东海、南海沿岸新石器时代文化与仰韶期文化比较所得的仰韶期年代，公元前 2500 年至公元前 2000 年，只差 100 年；和法朗士（L. Franz）根据美索布达米亚彩陶比较所得的公元前 2700 年（安特生《甘肃考古记》英文第二十五面）只差二百年。但它依然不过只是为方便归纳现有的事实到一起的一个假定而已。

若是我们更进一步试用这年代表来计算：龙山文化（后冈中层）应该在公元前 2300 年至公元前 2000 年之间——下层堆积停止了三百年之后中层才开始堆积——仰韶彩陶文化在河南消灭之后。但是龙山文化在占领后冈之前，已在公元前 2500 年左右侵入仰韶村。它在河南有了相当的势力之后，渐渐向西发展，沿途与先在的彩陶文化混合，大约在公元前 2000 年出现于甘肃，与辛店期的彩陶文化混合。

假若后冈中层的堆积在公元前 2000 年就停止了，中层与上层之间有六百年时间的间隔。在这期间小屯文化的陶制器物有充分演化的时间；但是否能演化出兽形装饰、青铜器、文字等小屯文化的精华，是个不易解决的问题。

最后让我们撇开这些过于清楚，仿佛很实在的假定，回到模糊的事实，总结我们由后冈的工作所得到关于仰韶、龙山和小屯文化的间接的知识。龙山文化最早期的时代比仰韶期的彩陶文化的时代早；它向西方有过几期的发展——例如早一期的到了仰韶村，晚一期的只达到后冈。彩陶文化向东方也有过几期的发展——我们知道的有达到后冈的早一期，和达到仰韶村的晚一期——但是与龙山文化接触之后就失去它伸张的力量，渐衰败消灭，或移避他方。龙山文化和小屯文化不是衔接的，小屯文化的一部分是由龙山文化承继得来，其余不是从龙山文化承继来的那部分大概代表一种在黄河下游比龙山晚的文化。这文化在它没有出现于小屯之前必定有一段很长的历史。要想解决殷代青铜、文字、兽形装饰的问题，还有待于这（小屯文化前身的）文化的遗存的发现。

■ 图版二

一、后冈上层（即小屯文化层）出土器物：

1. 厚重绳纹陶钵　×4（原形大小四分之一）
2. 小孔陶耳带牛头凸饰　×2
3. 小孔陶耳　×3
4. 划纹绳纹陶片
5. 划纹陶片
6. 刻纹白陶片　×4
7. 刻纹白陶片　×1
8. 卜骨　×5
9. 卜龟
10. 骨簇　×3
11. 石器
12. 石斧　×4
13. 石刀　×3

二、后冈中层（即龙山文化层）出土器物：

14. 划纹黑陶文 ×4

15. 半月形陶耳

16. 壶形光面小陶器

17. 陶作的纺坠

18. 划纹黑陶片

19. 砖红色小陶器

20. 隔鬲

21. 方格纹陶片

22. 篮纹陶片带宽耳（即宽压纹）

23. 黑陶带耳底

24. “鬼脸式”陶鼎足，侧面

25. 小碗盖

26a. 陶甑

26b. 陶甑底面

27. 骨凿

28. 绳形陶耳 ×3

29. “鬼脸式”陶鼎足，正面 ×4

30. 划纹黑陶片

31. 骨鱼镖

32. 骨簇

33. 骨簇

34. 蚌刀

三、后冈下层（即仰韶文化层）出土器物：

35. 琢成石器，残 ×4

36. 琢成石器，残 ×2

37. 陶鼎足

38. 陶鼎足 ×4

39. 陶鼎足 ×3

40. 粗陶鼎 ×5

41. 划纹红陶片　×4
42. 划纹红陶片
43. 带红色花纹的红陶片
44. 陶器的圈口　×2
45. 沿口红色宽边的红陶片
46. 大口带红色花纹的红陶钵　×6
47. 带红色花纹的红陶片

（选自《庆祝蔡元培先生六十五岁论文集》，1933 年）

尹达与《论中国新石器时代的分期问题——关于安特生中国新石器时代分期理论的分析》

经典导读

尹达（1906—1983），原名刘耀，字照林，又名虚谷，河南滑县人。1928年考入河南大学本科，先入哲学系，后转入国文系。大学毕业后，成为中央研究院历史语言研究所研究生。1934年秋，研究生毕业，任历史语言研究所助理。1931年3月作为河南大学“函送学生”参加安阳殷墟发掘团，赴安阳后冈参加由梁思永主持的发掘。1932年5月，主持浚县大赉店史前遗址发掘，同年秋，参加辛村西周卫国墓地发掘。1933年至1934年春，先后主持后冈遗址第三、第四次发掘。1934年秋，参加梁思永主持的安阳侯家庄西北岗殷陵的发掘，负责清理M1001号大墓。1936年夏初，参加梁思永主持的山东日照两城镇发掘，负责瓦屋村遗址。抗日战争全面爆发后，中央研究院历史语言研究所辗转南迁，考古工作难以正常进行。面对祖国危亡的严峻形势，他毅然告别同伴，奔赴陕北参加抗战工作。1937年底到达延安，1938年1月改用母姓，始称尹达。1938年11月，到陕北公学关中分校任教。1939年2月，调入马克思列宁学院，任历史研究室研究员，兼陕北公学总校教员。不久，尹达恢复考古研究，在范文澜主持下参与编写《中国通史简编》，先后写出《中国新石器时代》长篇论文和《中国原始社会》一书。1941年7月调任中共中央出版局出版科科长，1945年11月调入中共中央宣传部负责出版工作。1946年5月调离延安，到晋冀鲁豫边区任北方大学教员兼图书馆馆长。1948 年 7 月，北方大学与华北联合大学合并成立华北大学，任教务长。1949 年，中国人民大学成立，任研究部副部长，兼中国历史研究室主任。1953 年 9 月，调任北京大学副教务长，同年 12 月调入中国科学院，协助郭沫若筹建成立历史研究所，任副所长。1954 年 6 月，兼任考古研究所副所长。1959—1962 年，兼任考古研究所所长。1980 年，被选为中国历史学会常务理事。1979 年、1983 年，被推选为中国考古学会第一、第二届副理事长。

尹达的考古学研究集中在中国新石器时代和原始社会，重视多学科、多角度的交叉研究与综合研究，是中国现代考古学奠基人之一。其重要学术贡献主要集中在三个方面，分别以《新石器时代》《中国原始社会》《中国史学发展史》三本著作为代表。

安特生，瑞典人，最早在中国进行考古的外国学者之一，是 1921 年仰韶遗址的发掘者和“仰韶文化”的命名者，在中国东北、中原腹地和西北甘青地区做过许多考古调查发掘。安特生作出的结论被当时的学术界奉为“圭臬”，没有多少人提出疑问。20 世纪 40 年代安特生相继发表了《中国史前史研究》(1943)、《朱家寨遗址》(1945)、《河南史前遗址》(1947)。尹达发现“安特生在这些新的报告里，对于分期问题的意见，只是过去的见解之继续发展而已；其基本观点并没有改变；他的旧说在我国的影响尚未清除，其新著却又在我国一部分历史学者中发生了影响”，“还在使用着以至传播着他的理论”。1955 年 4 月，尹达写成《论中国新石器时代的分期问题——关于安特生中国新石器时代分期理论的分析》一文，指出安特生中国新石器时代分期错误。尹达追求真理、敢于向权威挑战的精神和举动，值得敬佩和学习。

《论中国新石器时代的分期问题——关于安特生中国新石器时代分期理论的分析》针对安特生新报告中的观点，重点考察了先前未及深入的不召寨、齐家坪的遗存。第一部分“引言”，对安特生在我国新石器时代分期中的一些论断提出质疑，指出安特生企图复活久已陈腐了的李希霍芬的“中国文化西来说”，我们需要“清除他在我国文化起源问题上所企图复活的陈腐理论的偏见”。第二部分“安特生的中国新石器时代分期问题的基本论点”，逐步分析了安特生论点，提出质疑。第三部分“从不召寨和仰韶村遗址的再分析说到安特生分期的基本论点”，指出“不召寨是纯粹的龙山文化遗址；仰韶村遗址里有龙山文化的墓葬。河南西部有龙山文化和仰韶文化两种遗址的存在。大体上仰韶文化早于龙山文化。那么，安特生所假设的‘单色陶器’早于‘彩色陶器’的基点就站不住了，他为这一错误论点所作的辩护也就不攻自破了”。第四部分“关于齐家坪遗址及其他”，作出结论，“齐家坪遗址确属另一系统的文化遗存，不得和仰韶文化混为一谈”，“它晚于仰韶文化。安特生把齐家期放在仰韶期前面是错误的”。尹达最后强调，“我们应当用科学的方法，综合大量的关于我国新石器时代的新资料，早日建立起我国新石器时代分期的标准来。”

这篇文章收集资料丰富，论证严密，论据可信，至今仍是研究仰韶文化和龙山文化关系不可不读的经典论述。

—— 延伸阅读文献目录：

1. 尹达：《中国新石器时代》，生活·读书·新知三联书店 1955 年版。
2. 尹达：《新石器时代考古工作的回顾与展望》，《考古》1963 年第 11 期。
3. 尹达主编：《中国史学发展史》，中州古籍出版社 1985 年版。
4. 王巍主编：《考古卷》第一分册，钱伟长总主编：《20 世纪中国知名科学家学术成就概览》，科学出版社 2015 年版。

（李伯谦 撰）

—— 原文：《论中国新石器时代的分期问题——关于安特生中国新石器时代分期理论的分析》

经典原文

论中国新石器时代的分期问题
——关于安特生中国新石器时代分期理论的分析

尹　达

一、引言

1921年瑞典人安特生在河南渑池的仰韶村发掘了新石器时代的村落遗址，他认为这遗址代表着中国新石器时代晚期的一种文化，名之为“仰韶文化”，1923年他发表了《中华远古之文化》一文。1923年至1924年他又在甘肃一带作了考古调查，且曾作试掘，发见了不少新石器时代的遗存，1925年他发表了《甘肃考古记》。他根据所调查的材料，把甘肃的远古时代分为以下六期：

新石器时代之末期，与新石器时代及铜器时代之过渡期：
　　齐家期，
　　仰韶期，
　　马厂期。
紫铜器时代及青铜器时代之初期：
　　辛店期，
　　寺洼期，
　　沙井期。[①]

他并且进一步推算出六期的绝对年代。从此，研究我国远古历史的一部分学者即奉为圭臬，流传于论文、书籍以至于教科书中，甚且和我国的古代传说强作联系，推演出一些似是而非的说法，使我国古代社会的面貌愈益失真。安特生

① 安特生：《甘肃考古记》，第19~20页。

的见解，我国个别考古学者虽曾企图作某些修改和补充，但总不曾触及其错误的根本之处。

1937年，我曾根据我国考古学者新发见的一些新石器时代的材料，分析了安特生对于我国新石器时代分期中的一些论断，发见其分期的基本理论根本是错误的，他对于材料的掌握和处理也是错误的，写了《龙山文化与仰韶文化之分析》一文。这篇文稿经过抗日战争，总算不曾遗失，于1947年在《中国考古学报》第二册上发表了。1937年以后，因为工作的关系没有可能再去钻研这些问题，直到1954年的冬天，才看到安特生及其同事的以下四种著作：

（一）安特生：《中国史前史研究》(Researches into the Prehistory of the Chinese)，《远东古物馆馆刊》(*Bulletin of the Museum of Far Eastern Antiqiuties*)，第15期，1943年出版。

（二）安特生：《朱家寨遗址》(The Site of Chu Ch'ia Chai)，《远东古物馆馆刊》，第17期，1945年出版。

（三）比林-阿尔提：《甘肃齐家坪与罗汉堂遗址》(The Site of Chi Ch'ia Ping and Lo Han T'ang in Kansu)，《远东古物馆馆刊》，第18期，1946年出版。

（四）安特生：《河南史前遗址》(Prehistoric Sites in Honan)，《远东古物馆馆刊》，第19期，1947年出版。

安特生在这些新的报告里，对于分期问题的意见，只是过去的见解之继续发展而已，其基本观点并没有改变；他的旧说在我国的影响尚未清除，其新著却又在我国一部分历史学者中发生了影响。我国部分的历史学者以为安特生是中国新石器时代考古的“权威”，因之信而不疑，还在使用着以至传播着他的理论。

我们必须了解，安特生的这种理论不仅仅关涉到我国新石器时代的分期问题；而且也关联着我国文化的起源问题；他在甘肃作一年考古调查，即用形而上学的方法，把甘肃新石器时代的陶器和近东新石器时代的陶器作片面比较，企图复活久已陈腐了的李希霍芬的“中国文化西来说”；他说：

> 著者因联想李希霍芬之意见，谓中国人民乃迁自中国土尔基斯坦（即新疆），此即为中国文化之发源地。但受西方民族之影响。[①]

① 安特生：《甘肃考古记》，第36页及第35~45页，“文化之迁移”部分。

他在错误的理论基础上，费了不少篇幅为这种陈腐的“西来说”寻找根据；这种民族偏见是应当引起我们的注视的。因此，我们继续揭发他在中国新石器时代分期问题上的错误，打破他这一分期的体系，清除他在我国新石器时代分期问题上所造成的混乱，从而清除他在我国文化起源问题上所企图复活的陈腐理论的偏见，就是十分必要的事了。

下面将逐步分析安特生在研究我国新石器时代分期问题中的一些基本论点。

二、安特生的中国新石器时代分期问题的基本论点

安特生在1925年发表《甘肃考古记》时，对中国新石器时代的分期问题，曾作了分析，并将甘肃的一些遗址归纳到六个时期里。他的分期理论和具体的六期，我国的考古学者久已有所怀疑。1937年，我们对安特生在仰韶村所得的材料也曾加以分析，指出他把仰韶文化遗物和龙山文化遗物弄混了，因而从“单色陶器”和“彩色陶器”这一基点出发，认为“单色陶器”早于“彩色陶器”。这是安特生对中国新石器时代分期的基础；这一点错了，那么，他的分期工作就必然错误。安特生根据这一基点，分析齐家坪遗址，因而将齐家期作为最早的一期，当然是错误的，具体分析齐家坪遗址的内容就很清楚地看出来了。关于这方面我在《龙山文化与仰韶文化之分析》一文中，已有比较详细的分析了。

安特生于1937年又到我国来过；当时我们曾就我国新石器时代分期的看法提出不同的意见，并把一些具体的论据——新材料让他看过；最初他还很坚持自己的意见，经过反复交谈，也不得不承认他的看法有自相矛盾之处。1943年，他发表了《中国史前史研究》这部著作，在这本书里关于分期问题虽然作了某些修改，但是其所依据的理论原则基本上并没有改变。

我们把他在1925年写的《甘肃考古记》和1943年写的《中国史前史研究》对比一下，就可以很清楚地看出来，他在分期上，也就是对“相对年代”的看法上并没有什么改变，而只是把绝对年代往后推迟了一千多年而已。现在我们把他对各期具体年代估计的变化都排出来，成为下表，以便于了解他的具

体变化：

时代		石器时代晚期			铜器时代		
分期相对年代		齐家期	仰韶期	马厂期	辛店期	寺洼期	沙井期
绝对年代（纪元前）	安特生 1925 年的意见	3500—3200	3200—2900	2900—2600	2600—2300	2300—2000	2000—1700
	安特生 1943 年的意见	2500—2200	2200—1700	1700—1300	1300—1000	1000—700	700—500

在这里应当首先研究一下他的分期序列的基本原则，分析他确定“相对年代”的可靠程度。假如“相对年代”基本上是对的，那么，“绝对年代”才有所依托，才有基础，才有被人相信的可能；假如“相对年代”不甚可靠，也就是说分期的标准弄错了，那么，“绝对年代”也就失掉了依据，也就无从说起了。

首先分析一下安特生对于甘肃考古材料的相对年代的估计：

安特生把齐家期放在仰韶期以前，他说齐家坪是一个较大而丰富的遗址，这期的遗址广布甘肃各地。

1937 年在南京时，我们向他提出“齐家期不应放在仰韶期以前”的问题时，他曾多方辩解，未能改变其原来的看法。到 1943 年他还在说：

> 关于齐家文化的时代问题，我也很愿意将他加以可能的修改，因为这文化期的家畜事业颇为进步。

但他一再考虑之后，仍然以为齐家坪“不得不放在仰韶以前”；其实他在齐家坪并没有找“齐家期早于仰韶期”的层位关系；他基本上还是 1925 年写《甘肃考古记》时的论点：

> 齐家坪之遗址论之，其陶器尽为单色。一部类似仰韶之单色陶器……①

① 安特生：《中国史前史研究》，第 281 页；安特生：《甘肃考古记》，第 171 页，关于齐家坪遗址，比林－阿尔提的《甘肃齐家坪与罗汉堂遗址》已有详细叙述，详《远东古物馆馆刊》第 18 期，第 194 页。

由此可知，他的理论的基础是建筑在他对于仰韶村遗址的看法上。事实是：仰韶村遗址包含着仰韶文化遗物（即以“彩色陶器”为基本特征的一种文化），也包含着龙山遗物（即以“单色陶器”为基本特征的一种文化）。他未能把这两种文化遗物分析清楚，而笼统地混在一起，以为“单色陶器”应早于“彩色陶器”，因而推出“齐家期早于仰韶期”的结论。当他知道安阳后冈发现了仰韶文化早于龙山文化的层位关系以后，他还以为：

> 仰韶和龙山的确实关系还不十分清楚。因为后冈一地的层位关系，有人以为仰韶早于龙山，但是仰韶村、西阴村、沙锅屯和其他遗址，甚至甘肃的遗址，都有黑陶与彩陶同时存在的事。①

事实上发见仰韶早于龙山的层位关系的，不仅仅限于安阳的后冈；安阳的同乐寨和高井台子，浚县的大赉店和刘庄，也都有相同的层位关系的发见。在山西和陕西境内都存在着仰韶和龙山两种文化遗物，它们是否同时，是否在一个地方而又同一时间存在着，还有待于今后科学的发掘和研究；安特生所说的那些地方，也仅仅是一般调查中所得的印象，还有进一步探究的必要。就我们现有的知识看，可以肯定龙山文化和仰韶文化是两种文化遗存，不能混为一谈；现有的材料证明，仰韶早于龙山，至少在河南北部甚至河南西部是可以肯定的。

三、从不召寨和仰韶村遗址的再分析说到安特生分期的基本论点

安特生在 1947 年发表了《河南史前遗址》，在这里他把河南渑池县的仰韶村和不召寨遗址的材料公布了，使我们有可能根据这些材料去具体分析不召寨和仰韶村这两个遗址。

在安特生公布的材料里，很明确地证实了在仰韶村西约 5 里的不召寨遗址是龙山文化系统的新石器时代的遗存，其中并无仰韶文化系统的遗物。也就是安特生所说的只有“单色陶器”没有“彩色陶器”。

---

① 安特生：《中国史前史研究》，第 292 页。

1937年，我曾仔细分析了安特生在《中华远古之文化》一书里所公布的关于不召寨遗址的部分陶器，认为不召寨遗址系龙山文化系统的遗存。现在安特生在《河南史前遗址》一书里，已把他在不召寨遗址里所得的全部材料公布了，我们仔细阅读关于不召寨陶器的说明，审视关于不召寨全部陶器的照片（《河南史前遗址》图版80至107），龙山文化系统陶器的特征十分显著；可以肯定说不召寨遗址系纯粹的龙山文化遗存。安特生自已也不得不承认不召寨遗物中含有“晚期型式”的东西，也不能不说不召寨遗址很可能晚于仰韶村遗址了。[①]

从安特生所发表的不召寨陶器的照片分析，这些陶器和河南北部所发见的龙山文化遗址的陶器确属一个系统，其形制、纹饰以及制作方法等各方面都没有更大的区别。1951年中国科学院的考古研究所曾在不召寨作过调查，已证实不召寨属于龙山文化系统。夏鼐先生说：

> 陶片有光面黑陶、压印方格纹陶、篮纹陶、绳纹陶、鬲腿、器把等，几乎都是灰黑色陶。红陶片极少，彩陶尚未发见过。显然的，这遗址的文化是属于龙山文化系统的。[②]

河南北部的龙山文化遗址已经证明晚于当地的仰韶文化遗存，那么，不召寨遗址既属于龙山文化系统，且和河南北部的龙山文化没有更大区别，它大体上应当是晚于仰韶文化的遗存了。

我们既然确认不召寨遗址是龙山文化系统的遗存，那么，进一步分析仰韶村遗址，就有了可靠的依据了。

从安特生的报告里我们知道不召寨纯为“单色陶器”，没有仰韶村遗址中所见的“彩陶片”；另一方面，除彩陶以外，不召寨和仰韶村其余的陶器大都是相同的[③]；这也就是说，仰韶村和不召寨的区别，只是仰韶村有些彩陶片。那么，我们根据这些基本的情况去分析仰韶村遗址的内容，就有了着手的基点了。

---

① 参看安特生：《河南史前遗址》，载《远东古物馆馆刊》第19期，第122页。

② 夏鼐：《河南渑池的史前遗址》，载《科学通报》1951年第2卷第9期，第937页。

③ 参看安特生：《河南史前遗址》，载《远东古物馆馆刊》第19期，第122页。

从安特生所写的《河南史前遗址》里，可以看出他虽然在1937年也曾见到了龙山文化的一些陶器，但是他对龙山文化的内容并无全面而系统的认识，且存在着某些模糊不清的观念；因之，对仰韶村遗址的复杂现象就感到难以处理，对层位堆积及遗物的分析，就必然陷于自相矛盾的境地。

安特生在1921年发掘了仰韶村遗址；当时，他对于仰韶村遗址中的陶器只看到了"单色"和"彩色"的存在，而对这些陶器并没有更明确的分析。1937年，他初步了解了在中国有龙山文化的存在以后，知道仰韶村遗址本身又存在着黑色陶器——龙山文化的特征。因之，1947年他印出的《河南史前遗址》里，就不能不对仰韶村遗址的堆积情况重加检查。

安特生选择了他认为没有经过扰乱的第二和第三地点，从文化堆积的层位关系上加以检查[①]，认为红色、灰色及黑色的陶器在仰韶村遗址的各层里都有；因之，他说：

> 照我们现有的知识看来，我不能不把仰韶村这个大遗址作为一个含有很丰富的而多样性的陶业，包括红色、黑色、灰色等各种陶器的同一时期的遗存。[②]

安特生在《河南史前遗址》里有不少地方谈到红陶、黑陶和灰陶的问题；从他的分类和分析中，看到他把问题的关键几乎全部归于陶器的颜色方面了。他以为：

> 黑陶并不是一个有明确分界的陶器群。在这些陶器里，即使形式一样，一个标本可以是黑色的，而另一个可以是深灰色的；这样不明确的情势，迫使我建立了一个大的"灰黑陶器"群。从上述事实所得的结果，我们不得不将仰韶村的全部遗物视为代表着一个以非常丰富而多样性的陶器为特征的单一的文化时期。[③]

---

① 安特生：《河南史前遗址》，载《远东古物馆馆刊》第19期，第25页。
② 安特生：《河南史前遗址》，载《远东古物馆馆刊》第19期，第30页。
③ 安特生：《河南史前遗址》，载《远东古物馆馆刊》第19期，第31页。

在这里，首先分析一下黑色陶器和灰色陶器的关系，对我们以后解决仰韶村遗址的问题是有很大帮助的。龙山文化遗存的主要特征是黑色而光亮的陶器，但这绝不是说它仅仅存在着黑色陶器；实际上，在龙山文化遗存中还存在着不少的灰色陶器，也有少量的红色陶器①。在研究新石器时代的陶器时，假如只是片面地强调颜色，从而孤立地把它作为主要的断代标准，就必然会走入迷途，造成混乱。如果作为一个整体去看龙山文化遗存中的陶器，全面而系统地从形式、色泽及制作等各方面加以分析，那么，安特生在这里所反复讨论的黑陶和灰陶，实际上不过是龙山文化系统的陶器遗存而已。在安特生所写的《河南史前遗址》的图版1至40中及这些图版的说明中，都可以得到充分的证明，用不着把这种文化的陶器机械地按颜色分为什么“黑陶群”“灰陶群”或“灰黑陶群”，这种形式主义的逻辑的推论，只能把人们导入迷宫，从而产生一系列的糊涂观念。

这就是说：仰韶村遗址中的黑色陶器和灰色陶器统属于龙山文化系统，安特生在黑色陶器和灰色陶器上的许多议论，都是多余的事。

仰韶村遗址里还存在着黑色陶器和彩色陶器的关系问题。就安特生在《河南史前遗址》及《中国史前史研究》两书中所发表的有关仰韶村遗址的全部材料分析，仰韶村遗址里所出的陶器大部分属于龙山文化系统，一部分属于仰韶文化系统，安特生《河南史前遗址》的图版1至40基本上属于龙山文化系统，图版41至50基本上属于仰韶文化系统。在这里凡属于龙山文化系统的陶器，不少可以看出原来的形式，而凡属于仰韶文化系统的大都是一些破碎陶片，从数量上看龙山文化系统的陶片占了压倒的优势。安特生也说：“在仰韶村不曾找到一件完整的彩色陶器。”②安特生在仰韶村遗址所发见的一些墓葬，绝大多数只有骨骸，并无随葬遗物③，其中仅仅有一个墓葬（安特生称之为墓q）发见了5件陶器。这个墓葬据安特生的观察是没有被扰乱过的，5件陶器和骨骸伴出④。这些陶器属于中国新石器时代的仰韶文化呢？还是属于龙山文化呢？从安

① 参看梁思永：《龙山文化》，载《考古学报》第7册，第5～14页。

② 安特生：《河南史前遗址》，载《远东古物馆馆刊》第19期，第55页。

③ 参看夏鼐：《河南渑池的史前遗址》，载《科学通报》1951年第2卷第9期，第936页。

④ 安特生：《中国史前史研究》，第246页；《河南史前遗址》，载《远东古物馆馆刊》第19期，第27页。

特生的说明里可以得到答复：

> 在仰韶村找到了一些墓葬，特别是在大的村落墓地一二[①]，其中只有一个墓发见了些陶器（《中国史前史研究》，图版200）。这五件全属于单色陶器群的陶器，像从仰韶村普通的单色日用陶器系统里拿出来的一样。这座仰韶村的墓q和甘肃的有高度特征的（半山式）随葬彩陶没有什么关系。[②]

在这里已经有了明确地交待了，如果把安特生在《中国史前史研究》第246至247页关于这5件陶器的说明和同书图版200的照片对照着分析一下，就知道它们确实属于“单色陶器群”，更确切地说它们属于龙山文化系统。

安特生在仰韶村遗址所发掘的部分，据说还不及整个遗址的“千分之一”，他所得的陶器大部分是龙山文化遗存。安特生在1947年的正式报告里说，他在仰韶村遗址发掘的17个地点中，只有两处做得比较仔细，把出土物的深度记下来了。据他的观察，这些陶片分布在文化堆积的各层之中。

1951年，中国科学院的考古研究所曾经在渑池县作过考古调查，证实了不召寨遗址属于龙山系统，在不召寨西约5里的下城头发见了仰韶文化遗址，在杨河北发现了和不召寨相同的龙山文化遗址。调查团并在仰韶村遗址用一星期的工夫，开了一条探沟，发见了以下的现象：

> 在第二层的原来文化堆积中，我们发见了仰韶式的陶片（例如红底黑彩或深红彩的罐或碗，小口尖底的红陶瓶，灰褐夹砂的陶鼎等），但也发见龙山式的陶片（例如薄片磨光黑陶，压印方格纹灰陶，压印篮纹灰陶，残豆柄，内褐外黑的陶片，绳纹鬲，带流的陶杯等）。此外又有磨光小石磅，有孔石刀，打制石器，泥制弹丸，残陶环等。食物残余的兽骨也有几块，似乎是猪骨。这些出土物证明这里的仰韶和龙山的遗物，确是混在一起；又证明打制石器也是当时的制品。[③]

---

① 安特生：《中国史前史研究》，第244~247页。

② 安特生：《河南史前遗址》，载《远东古物馆馆刊》第19期，第123页。

③ 夏鼐：《河南渑池的史前遗址》，载《科学通报》1951年第2卷第9期，第935页。

夏鼐先生说："因为时间的限制，我们不能发掘短时间不能完工的深厚文化层；所发掘选择的这条探沟的文化层，最深处约只一公尺六寸。"他们在另一个地方，曾发掘了一个灰坑，其中遗物的情况如下：

> 出土物中陶片占最多数，以灰褐色陶为主，有少量的红陶及彩陶片。有两片磨光黑陶薄片；其中一片表面绘以朱色粗线及小圆点，是在陶器烧后涂上去的，乃是前所未见的。仰韶文化的彩陶，以前所知道的，都是在烧窑以前绘涂上去的。此外又有木炭细块、残陶环、小石刀、陶纺轮、打制粗石器等物。这灰坑的发掘，可以证实了第一探沟的结果，使我们能确定这里的文化是一种仰韶和龙山的混合文化。在灰坑底层又曾发见了一片颇为别致的彩陶，红底深红彩，是属于仰韶系统的；但是器壁曲折度很大，厚度又薄，有点近似龙山的陶器形式，这正可以代表一种混合文化中所产生的陶器。①

调查团经过了这次探掘，认为仰韶村遗址的"文化是一种仰韶和龙山的混合文化"。在这次的探掘中，虽然已经发见了这种现象，但其中所存在的某些问题，还有待进一步地探讨，正如夏鼐先生所说：要想对于仰韶村新石器文化作"更进一步的了解，需要规模更大的发掘"才有可能。

我们了解河南西部新石器时代末期的一般情况，对于解决仰韶村的问题将会有相当的帮助。就河南西部所已发见的现象分析②，大体如下：

一、河南西部确实存在着两种新石器时代末期的文化遗存——仰韶文化和龙山文化，且这两种文化遗址往往相距很近；不召寨遗址和河南北部龙山文化又非常相近。在河南北部，既已发见了三处龙山文化在上而仰韶文化在下的叠压堆积现象，那么，在河南西部也很可能发现这种叠压堆积的现象。深望考古学者注意把这种层位关系弄清楚；因为，这将是解决龙山文化和仰韶文化在河南西部的先后序列的关键。

二、就现在调查和探掘的情形看，在河南西部的个别新石器时代遗址的文化层中曾发现了仰韶式的陶片，也曾发现了龙山式的陶片；这就是说，这种文

① 夏鼐：《河南渑池的史前遗址》，载《科学通报》1951年第2卷第9期，第937页。

② 参看安志敏、王伯洪：《河南陕县灵宝考古调查记》，载《科学通报》1954年7月号，第79~81页。

化遗址很可能真正会含有仰韶和龙山两种文化系统的因素，也就是说两种文化的“混合文化”。就现有的材料说，也还只是问题的提出；像这样较为复杂的问题，我希望能够全面而系统地作些典型发掘，对这两种有复杂因素的文化遗址的全貌作一较彻底的认识。

以上是河南西部的一般情况；现在让我们重新回到仰韶村遗址，作进一步的分析。

仰韶村遗址是一个相当丰富的遗址，安特生曾说：

> 仰韶村遗址是我在华北作过的发掘工作中所遇到的最大的史前村落遗址之一。这一老村落的面积，东北到西南长九〇〇公尺，西北到东南宽约三〇〇公尺。文化堆积丰富的地方，厚四公尺，一般厚二公尺。[①]

仰韶村这样丰富的遗址，安特生所发掘的也只是其中的一小部分，1951 年中国科学院考古研究所也只是作了一次探掘，当然还不能说将这遗址所含有的复杂因素已经完全解决。就目前在这遗址所见到的现象加以分析，可以综合如下：

一、从安特生在仰韶村遗址所发见的墓 q 中的 5 件陶器看，它们确属龙山文化系统，而不含有仰韶文化的因素；这证明它是纯粹龙山文化系统的遗存。

二、从安特生在仰韶村遗址所发见的大量陶器看，属于龙山文化系统者多，而属于仰韶文化系统的较少，他在这里没有找到一件完整的彩色陶器，这反映着仰韶村遗址中龙山文化的因素是存在的。

三、从目前在仰韶村遗址所发见的文化堆积的层位关系说，在安特生认为没有混乱的个别探沟和考古所试掘的一条深沟的堆积情形中，似乎都说明龙山式和仰韶式陶片在各层都有。

纯粹龙山文化墓葬的发见，说明这遗址似曾有纯粹龙山文化居民住过。从现在所知道的堆积情形说，似乎是龙山文化和仰韶文化在这里业已合流，而成为一种所谓“混合文化”。这里就发生矛盾了。这矛盾的解决，就需要把仰韶村这一丰富而复杂的遗址，作一次系统而科学的发掘工作。这在我国新石器时

① 安特生：《河南史前遗址》，载《远东古物馆馆刊》第 19 期，第 23 页。

代的研究中是一个重要的课题，只有把它弄清楚了，过去安特生所造成的混乱才会停止下来。

从以上分析看，不召寨是纯粹的龙山文化遗址；仰韶村遗址里有龙山文化的墓葬。河南西部有龙山文化和仰韶文化两种遗址的存在。大体上仰韶文化早于龙山文化。那么，安特生所假设的“单色陶器”早于“彩色陶器”的基点就站不住了，他为这一错误论点所作的辩护也就不攻自破了。

四、关于齐家坪遗址及其他

齐家期是否早于仰韶呢？在1937年，我分析了安特生所曾发表的有关齐家坪的材料之后，曾说它不可能早于仰韶期，可能是晚于仰韶期的一种文化遗存；这意见已经证实是正确的了。1945年，夏鼐先生曾在甘肃的宁定县作过考古调查，在魏家咀附近的阳洼湾找到齐家型的墓葬，并且找到了齐家坪式文化遗存和仰韶期的层位关系。他说：

> 我们居然找到了齐家文化期的墓葬。新发见的结果，不仅对于齐家时代的埋葬风俗及人种特征方面，供给新材料；并且意外地又供给地层上的证据，使我们能确定这文化与甘肃仰韶文化二者年代先后的关系。①

夏鼐先生找到的年代先后关系，并不符合安特生的推测，相反的是：

> 这次我们发掘所得的地层上的证据，可以证明甘肃仰韶文化是应该较齐家文化为早。②

因此，我们说安特生关于甘肃新石器时代的相对年代排列的第一期就是错误的，齐家期不应当放在仰韶期之前；正确的序列应当是齐家期在仰韶期之后。

---

① 夏鼐：《齐家期墓葬的新发现及其年代的改订》，载《中国考古学报》第5册，第101页。

② 夏鼐：《齐家期墓葬的新发现及其年代的改订》，载《中国考古学报》第5册，第113页。

更准确些说，齐家坪遗址是晚于仰韶期文化[①]遗存的另一种不同于仰韶文化系统的文化遗存，为了明确醒目，我们可径名之为“齐家文化”[②]；目前所知，它大体上分布在甘肃一带。

关于齐家坪的问题，夏鼐先生在《齐家期墓葬的新发现及其年代的改订》一文里已经有详细论证，我这里就不再多说了。

至于其他各期的序列，安特生真正找它们堆积的层位关系的，只有仰韶期和辛店期；此外就“只是推测，并无证据”。

辛店期和寺洼期的先后关系也还不是定论，也还有作进一步研究的必要。1949年，夏鼐先生在甘肃的寺洼山发掘之后，对安特生的意见提出了不同的看法。他说：

> 至于寺洼文化和洮河流域的齐家和辛店二期的先后关系，安特生氏因为齐家文化尚在石器时代，并无铜器；辛店虽有铜器，但尚不多；所以将二者都放在寺洼文化之前。很清楚的，安特生氏这一假设根据是很薄弱的，尤其是寺洼期和辛店期的前后关系，更难确定。[③]

夏鼐先生批判安特生的意见之后，说：“辛店和寺洼可能是同一时代的两种文化……。”[④]那么，安特生对于辛店和寺洼这两期的安排就不能说不能改移了。

根据中国考古学者发掘所得新资料，已经证实了齐家期不应早于仰韶期，且动摇了辛店期早于寺洼期的说法。其他“只是出于推测”而没有确实证据的几期，当然也并不是定论。

综合以上所述，我们说安特生对中国新石器时代分期的理论基础是很不巩固的；因之，他对于甘肃新石器时代的“相对年代”的估计也必然是错误的，

---

① 这里所用的“仰韶文化”，是指以红地彩绘为主要特征的一种文化。安特生把仰韶村作为这一文化的标准遗址，将仰韶村这一地名作为这种文化遗存的名称；现在暂用这一名词，将来把仰韶村遗址弄清楚了，这一名词也会改变的。

② 参看裴文中：《西北考古调查记》（英文），载《李四光先生六十岁纪念论文集》，1984年版，第115页。

③ 夏鼐：《临洮寺洼山发掘记》，载《中国考古学报》第4册，第123~124页。

④ 夏鼐：《临洮寺洼山发掘记》，载《中国考古学报》第4册，第124页。

我们不能听之任之，使之长期在我国流行下去。

既然他所估计的“相对年代”根本上是靠不住的，那么他从这一“相对年代”的估计出发，去估计中国新石器时代以及铜器时代的“绝对年代”，自然是无根之谈，不足为凭了。

综合以上的分析，我们可作如下结语：

安特生对于中国新石器时代分期问题的基本论点，建筑在“单色陶器”早于“彩色陶器”之上；从我国考古学的新资料中证明这样的理论是错误的。

不召寨这个以“单色陶器”为特征的中国新石器时代的遗址，不属于仰韶文化系统，而属于龙山文化系统；它是晚于仰韶文化系统的遗存，不能把它和仰韶文化混为一谈。

就安特生发现的材料分析，仰韶村遗址中确有龙山文化的墓葬；就遗址中的陶器说，有龙山式的，也有仰韶式的，弄清楚这一复杂现象，尚有待于未来的发掘工作。

齐家坪遗址确属另一系统的文化遗存，不得和仰韶文化混为一谈；目前所知，它晚于仰韶文化。安特生把齐家期放在仰韶期前面是错误的。

安特生由于在这些遗址的认识上有了错误，因之，他为甘肃新石器时代的各期所安排的“相对年代”也就错了。

由于安特生对我国新石器时代的相对年代安排错了，所以他关于绝对年代的估计也就必然是错误的，我们必须予以抛弃。

我们应当用科学的方法，综合大量的关于我国新石器时代的新资料，早日建立起我国新石器时代分期的标准来。

1955 年 4 月 7 日

（选自《考古学报》1955 年第 1 期）

夏鼐与《关于考古学上文化的定名问题》

经典导读

夏鼐（1910—1985），浙江温州人。1934 年从清华大学历史系毕业，考取清华大学留美公费生的考古学部门，1935 年以实习生身份参加中央研究院历史语言研究所考古组在安阳殷墟西北岗殷陵区的发掘，开始从事田野考古工作。同年夏，去英国留学，入伦敦大学师从惠勒（M. Wheeler）、伽丁纳尔（A. H. Gardiner）等教授攻读埃及考古学，其间曾参加惠勒主持的梅登堡（Maiden Castle）山城遗址的发掘。1938 年，随同英国考察团参加埃及阿尔曼特（Armant）的调查发掘、巴勒斯坦泰尔·丢维尔（Tell Duweir）的发掘。1939 年，从伦敦大学毕业，在埃及开罗博物馆工作一年。1941 年，在格兰维尔（S. Glanville）教授指导下研究埃及出土的各种珠子，写出《古埃及串珠》长篇论文（英文），后获伦敦大学埃及考古学博士学位。1942 年，回国后任中央博物院筹备处专门设计委员，参加四川彭山县豆芽房、寨子山汉代崖墓发掘。1943 年，到中央研究院历史语言研究所考古组工作。1944 年，参加由中央研究院历史语言研究所、中央博物院筹备处、北京大学文科研究所等联合组成的西北科学考察团，和向达一起负责甘肃的工作，调查发掘了敦煌佛爷庙、月牙泉的北朝和唐代墓葬。1945 年，调查发掘甘肃省宁定阳洼湾和临洮寺洼山史前墓葬、武威喇嘛湾唐代吐谷浑墓葬以及兰州附近的史前遗址。1947 年，中央研究院历史语言研究所所长傅斯年出国考察，夏鼐受命代行所务。1948 年晋升为研究员，发表《齐家期墓葬的新发现及其年代的改订》等论文。1949年春，退居家乡温州。同年秋，应聘浙江大学人类学系，讲授考古学和史前史。1950年，中国科学院考古研究所成立后，任研究员、副所长。1962年，任考古研究所所长。1982年，任中国社会科学院副院长、考古研究所名誉所长。在任考古研究所副所长、所长期间，除所内领导工作，还参加、主持或指导了河南辉县遗址，湖南长沙战国和汉代墓葬、长沙马王堆汉墓，黄河水库库区，北京昌平明定陵，河北满城汉墓，陕西西安丰镐遗址和汉唐城址等的调查发掘；参与组织领导了由中央文化部、中国科学院、北京大学联合举办的四届考古工作人员培训班；参与《考古学研究十二年工作规划》的制订、中国考古学会的成立、《中国大百科全书·考古卷》的编写；结集出版了《考古学论文集》《考古学和科技史》以及在日本广播协会（NHK）的讲演集《中国文明的起源》等著作，发表了许多重要的论文。1985年，突发脑出血去世。

《关于考古学上文化的定名问题》是夏鼐有关考古学基本理论方面一篇重要论文。在田野考古学诞生以后相当长的一段时间内，学界对考古出土的遗迹、遗物，一般只有“期”的概念而没有“文化”的概念。考古学上最早使用“文化”一词始于英国著名考古学家柴尔德（Vere Gordon Childe），但人们对“文化”内涵的理解不一样，对考古学文化划分的标准、定名的条件和如何命名，也是各行其是。以田野调查发掘为特征的现代考古学自20世纪20年代传入中国，特别是新中国成立以来，虽有不小的发展，但在这一基本问题上仍存在错误和模糊认识，这篇文章正是针对这种混乱状况提出来的。

文章指出，“考古学上的‘文化’，是表示考古学遗迹中（尤其是原始社会的遗迹中），所观察到的共同体。……具体地举例来讲，我们在考古工作中，发现某几种特定类型的陶器和某类型的石斧和石刀以及某类型的骨器和装饰品，经常地在某一类型的墓葬（或某一类型的住宅遗址）中共同出土。这样一群的特定类型的东西合在一起，我们叫它为一种‘文化’。因为这一群东西是共同存在于同一文化层或墓葬中，这表示它们是属于同一时代遗留下来的。因为它们的一起出现是经常的现象，并不是个别的孤立的事实，这表示它们是属于同一社会的产品。这个社会因为有共同的传统，所以留下来这些考古学遗迹的共同体。”文章在对考古学文化的含义做出科学阐释之后，又对命名的条件和如何命名提出了明确的要求，从而澄清了在考古学文化上的错误认识和误解，成为广大考古工作者遵循的原则，极大地推进了考古学学科的发展。

—— 延伸阅读文献目录：

1. 夏鼐：《齐家期墓葬的新发现及其年代的改订》,《中国考古学报》1948 年第 3 期。
2. 夏鼐：《什么是考古学》,《考古》1984 年第 10 期。
3. 夏鼐：《临洮寺洼山发掘记》,《中国考古学报》1949 年第 4 期。
4. 夏鼐：《作为古代中非交通关系证据的瓷器》,《文物》1963 年第 1 期。
5. 夏鼐：《我国古代蚕、桑、丝、绸的历史》,《考古》1972 年第 2 期。
6. 夏鼐：《综述中国出土的波斯萨珊朝银币》,《考古学报》1974 年第 1 期。
7. 夏鼐：《中国考古学和中国科技史》,《考古》1984 年第 5 期。
8. 夏鼐：《中国文明的起源》，文物出版社 1985 年版。
9. 中国社会科学院科研局组织编选：《夏鼐集》，中国社会科学出版社 2008 年版。

（李伯谦 撰）

—— 原文：《关于考古学上文化的定名问题》

经典原文

关于考古学上文化的定名问题

夏 鼐

在这次编写“十年考古”座谈会上，好几位同志提起了我国考古学上文化的定名问题。在会议结束时，尹达同志也曾对这问题作了简要的解说。我现在想对这问题提出一些不成熟的意见，以便引起大家的讨论；或许对于这问题的解决，有所帮助。

我们先要弄清楚什么是考古学上的所谓“文化”。在考古学的文章中，常常出现“文化”这一名词。有时这是指一般用语中的“文化”，便是指人类社会在生产斗争和阶级斗争中，在科学、技术、艺术、教育方面和精神生活及其他方面所达到的总成就。例如我们说到“文化遗产”或“物质文化”时，便是这种意义。但是在更多的场合中，尤其是涉及原始社会时，例如我们说到“仰韶文化”或“彩陶文化”时，这“文化”是考古学上的特别术语，是有它一种特定的含义。这是某一个社会（尤其是原始社会）的文化在物质方面遗留下来可供我们观察到的一群东西的总称。因为它常常以地名或特征的东西（如陶器）来定名，有人误会以为是某一地方或某一陶系。于是对于在某一地区所发现的遗物或碰到某一类陶系的陶片，便匆遽地以为它便是属于某一种文化。有人问起京戏《乌盆记》中张别古所拿着的乌盆是否属于“黑陶文化”，这种看法当然是不正确的。考古学上的“文化”，是表示考古学遗迹中（尤其是原始社会的遗迹中），所观察到的共同体（关于“考古学文化”的释义，可参阅《苏联大百科全书》第2版，第24卷，第31页；译文见《考古通讯》1956年第3期，第89~90页）。这是一个复杂的共同体，上面那种错误的看法，显然是太过于片面性了。具体地举例来讲，我们在考古工作中，发现某几种特定类型的陶器和某类型的石斧和石刀以及某类型的骨器和装饰品，经常地在某一类型的墓葬（或某一类型的住宅遗址）中共同出土。这样一群的特定类型的东西合在一起，我们叫它为一种“文化”。因为这一群东西是共同存在于同一文化层或墓葬中，这表示它们是属于同一时代遗留下来的。因为它们的一起出现是经常的现象，并不是个别的孤立的事实，这表示它们是属于同一社会的产品。这个社会因为有共同的传统，所以留下来这些考古学遗迹的共同体。考古学所研究的破铜、烂铁、碎陶片，并不是因为它们古香古色，因之对它们本身发生兴趣，而是想通过它们来研究古代各个社会的社会经济情况和生活面貌。

既然弄清楚什么是“文化”，我们可以“言归正传”，讨论一下“文化”的命名问题。实际上，这里面包括两个问题：（1）在什么条件下，我们可以认为一群遗物和遗迹是一个前所未知的特定的共同体而给予它们以一个新的“文化”名称？换言之，在什么条件下可以命名的问题。（2）给予这些新的“共同体”以怎么样的名称？换言之，即如何命名的问题。

因为后一问题比较简单，所以先加谈论。考古学上对于原始社会的“文化”，大多数是以第一次发现的典型的遗迹的小地名为名。这是有它的历史渊源的。19 世纪 60 年代法国考古学家莫尔蒂耶发表他研究法国旧石器文化的成果时，他仿照地质学上地史分期的命名办法，用第一次发现的典型遗迹的地方来命名，例如“莫斯特”“索留特累”“马格德林”等名称。这些原是考古学上时期的名称，但实际上是兼指“时期”和“文化”的。后来对于中石器、新石器、铜器和铁器时代的原始社会的命名，也常常采用这种以典型遗迹的小地名为时期和文化名称的办法。到了 20 世纪第一次世界大战以后，因为考古发现的地理范围扩大了，才认识到这些名称以作为“文化”的名称为妥。如果用以作“时期”名称，那只能适用于欧洲某一地区范围以内而已，绝不能作为全球性的时期名称。所以一般的趋势是用它们来指“文化”而不指时期。我们应该将“文化”和“时期”两个概念加以区别，否则会引起思想上的混乱。

这种用小地名来做“文化”名称的办法，被采用得最为普遍，例如我国考古学上的“周口店文化”“丁村文化”“仰韶文化”“龙山文化”，苏联的“特里波列文化”，巴基斯坦的“哈拉巴文化”。另外也有以一地区或流域的名称来命名的，这多是事后已弄清楚这一文化的分布区域的大致范围而加以命名的。例如我国的“河套文化”、欧洲的“多瑙河文化”、苏联的“白海文化”、巴基斯坦的“印度河文化”（现在多称为“哈拉巴文化”）。也有以某一文化中特征的事物来命名的，例如我国的“细石器文化”“彩陶文化”和“黑陶文化”，西欧的“钟形陶器文化”和“巨石文化”。至于时代较晚的原始社会，因为它们毗邻的各个社会中有些已有文字记录，所以这些文化有时便用文字记录上的族名来命名，例如我国的“巴蜀文化”、苏联的“斯基泰文化”、西欧的“克勒特文化”和“高卢文化”。至于历史时期中的“殷周文化”“秦汉文化”或“隋唐文化”，这里所用的“文化”一词，严格言之，是指一般用语中的“文化”，便是指汉族在特定的时期中各方面的总成就，包括物质文化以外的一切文字记录上所提及的各方面的总成就。这与考古学上含有特定意义的“文化”，严格说来，是要加以区别的。

“命名”的原来目标，是想用简单的名称来充分表示一种特定的含义。使用时大家互相了解，不致引起误解。命名的适合与否，似乎可以用这个标准来判断。像尹达同志在座谈会中所指出的，旧有的名称如果并不引起误解的，可以保留使用；否则可以考虑另起一个新的名称。这种新的名称以及新发现的各种文化的名称如何命名，似乎可以采用最通行的办法，便是以第一次发现的典型遗迹（不论是一个墓地或居住遗址）的小地名为名。我很赞同这办法。旧的名称既已通行，如果并不引起误会，那么，“约定俗成”，似可不必多所更动，反而引起混乱。例如苏联考古学家也承认“舍利文化”用“舍利”这名称不大适合，但是仍不肯追随西欧考古学家们将它改名为“阿布维利”，便是由于这个缘故（见叶菲明柯：《原始社会》，1953年版，第106页）。至于新的名称的命名办法，虽然考古学上惯例并不一致，但我们应该采用最为通行的办法，因为它有简便而确切的优点。以族名来命名的办法，只能适用于较晚的一些文化，并且须要精确的考据；否则乱扣帽子，产生许多谬论，反而引起历史研究的混乱。除非考据得确实无疑，否则最好仍以小地名命名而另行指出这文化可能属于某一族。苏联吉谢列夫同志以为西伯利亚的塔加尔文化可能属于中国史上的丁零族，但并不直接称它为“丁零文化”，这是比较审慎的科学态度。以地名或流域来命名的办法，须要先知道这一文化的分布地区范围。这便在长期工作之后还会随着新发现而须要加以修改的。至于以某一特征来命名的办法，容易将片面性的特征作为整个文化，而忘记了“文化”是一个复杂的共同体。例如有人碰到彩陶片便称为“彩陶文化”。像苏联考古学家所说的，这些“文化”是“在不同的族的共同体在形成过程中所产生的”（《考古通讯》，1956年第3期，第90页）“文化”应该是表示“一定地区内独特地存在着的族的共同体”。如果不论时间、地点和其他一切条件，只要有了彩陶片，便都属于同一文化，这样便失去了“文化”的原有意义。至于有些文化现今有两个不同的名称，却是指同一种文化，例如“仰韶文化”和“彩陶文化”。那么，为了名词的统一，我主张应该两者中选择其一，作为标准名词。在上面这个例子中，我个人的意见是主张采用“仰韶”一名，因为“彩陶文化”一名容易引起误解，并且已经引起过一些误解。关于选择“文化”名词这一问题，最好采用群众路线办法来解决。例如可以在全国性的考古会议上大家就某一文化的名称，展开争辩，然后得出基本一致的意见，决定采用某一名称，以求统一。

现在我们可以讨论在什么条件之下可以命名这一问题。像尹达同志所指出的，我们在过去太保守了。在具有适当的条件下，我们可以并且应该另起一些新的“文化”名称。什么是适当的条件呢？那天，因为时间关系，他没有来得及详加说明；在这里我想就以下三点详细地谈一谈。

第一点是：一种“文化”必须有一群的特征。像英国的进步的考古学家柴尔德所说的：一种文化必须是有一群具有明确的特征的类型品。这些类型品是经常地、独有地共同伴出（V. Gordon Childe，*Piecing Together the Past：The Interpretation of Archaeological Data*，1956，pp.123–128）。一种文化如果没有特征，便无法与另一种文化区分开来。我们要求这些特征最好是有一群的，而不是孤独的一种东西。因为不仅是一种形式的陶器（例如瓦鬲），或一种陶器纹饰（例如绳纹），不足以构成一种文化；便是只有一种陶系（例如黑色蛋壳陶系），也仍不足以构成一种文化，而须要有和这作为特征的陶系之外共同伴出的其他可作为特征的东西。这样一群的特征的类型品，才构成独特的一种文化。我们并不要求这文化中所有作为特征的类型品在每一个墓地或每一个居住址中都全部出现。但至少在两处出现，并且出现不止一件。另有一点须加注意，所谓作为特征的东西，并不一定是最重要的东西。有些在经济生活上占非常重要地位的事物，例如种植谷物和养畜豕羊，如果它们是属于较为普遍性的东西，在很长的时间中为广大地区内的各个共同体所使用，那么，它们便不足作为某一文化的特征，虽然描写这一文化的主要内容时仍必须提到它们。而某一些较不重要的遗物，例如特定类型的石环，或特定类型的陶罐，因为它们的发现是限于某一文化的遗存中，反而可以作为这文化的特征之一。一种文化中所特有的一群特征，是别的文化所没有的。这并不是说，别的文化遗存中绝对不偶尔包含有这一群特征性的类型品中之一二，但是不会包含全部整群。这种偶然出现，可能由于两种文化的接触关系。马克思说：“不同的共同体在各自的自然环境中，找到不同的生产资料和不同的生活资料。因此，它们的生产方式、生活方式和产品，也就各不相同。这种自然的差别，在共同体接触时，引起了产品的相互交换。”（《资本论》，第1卷，人民出版社1956年版，第423~424页）。最后，这些作为特征的类型，应该是明确的类型。例如，谈到陶器，必须是用某种资料以某种制法所制成的某种（或某几种）形式的和某种（或某几种）纹饰的陶器，而不是像“灰陶”或“彩陶”那样空泛的不明确的类型。一种类型可以有不同的分型作为某一文化中不同分支的特征，而这些分型比起总类型来将会更为明确。这里另外还有一个问题，便是那些可以算是两个不同的文化，那些只是由于地区或时代关系而形成的一个文化的两个分支。这里各人可能有不同的看法，所以最好留待将来有机会时再加详细讨论。

第二点是：共同伴出的这一群类型，最好是发现不止一处。换言之，不仅在一个墓地中几个墓葬内，或一个居住址中几座住宅内发现，而是在不同的墓地和居住址中都发现过它们在一起的。如果一种文化确是代表一个族的共同体，它的分布绝不会限于一个墓地或一处居住址的。族的共同体活动于一定限度的地域内，它的遗迹也将分布于这一地区内的几个地点。只有在较多的处所都发现有这一文化的遗存，我们才会知道它的分布的范围；我们才会认识到哪些是它的主要内容（包括作为特征的东西），哪些只个别的遗迹中例外的东西，因之，可以确定这一文化的内容的变异的限度。当然最初发现时，可能只找到一处。但是我们必须继续发现几处，才有可以互相比较的资料，才可把它建立于巩固的基础上。

第三点是：我们必须对于这一文化的内容有相当充分的知识。换言之，在所发现的属于这一文化的居住址或墓地中，必须至少有一处做过比较全面而深入的研究，以便了解这一文化的主要内容。我们在上面说过的，文化是表示一个共同体。只有深入研究之后，才能认识到哪些是它的特征；哪些虽不是特征，但在它的生活中是占重要地位的；另有一些既不重要，也不算特征，但仍是构成这一文化的一些元素。这样一来，我们才能对这文化有全面的了解。如果仅在地面上捡到几片陶片或石器，便匆促地给它加上一个新的“文化”名称，这是不妥当的。

总之，在考古学上一种新的文化类型的成立，应当具备着必不可少的一定条件。如果应有的条件都具备了，而我们还迟疑不决，不敢给它以应有的新的名称，那就未免太保守了；这就会使一定不同类型的文化遗存长时间地混淆在一起，因此延缓了对于古代社会研究工作进展的速度。如果还不具备这一种文化类型所应有的条件，而我们看到某些片面的个别的现象，就匆匆忙忙地给它一个新的名称，那就未免有些冒失了；这就会造成一些不应有的混乱，因而使古代社会的研究工作发生不必要的纠纷。根本问题在于对古代文化遗存的实事求是的科学分析。在这里踟蹰不前是不好的，轻率浮夸更是要不得的。考古工作者对于文化的命名问题，应当具有严肃的科学态度。

如果对于上述的三点加以充分考虑后，觉得有必要提出一个新的“文化”名称，我们便可以提出。当然事先要掌握有比较充分的资料，作了比较深入的分析，有了比较全面的了解；只有这样，才能提出这文化的所以区别于别的文化的主要特征是些什么，同时也应该描写这文化中其他虽非特征的而是重要的内容，并且，如果可能的话，确定它的时代和分布区域以及它和别的文化的关系。这样提出来后，最后一道手续，是像尹达同志所说的，采取“群众路线”来加以审查。我以为最好是在全国性考古会议上展开充分的争辩。如果认为它条件具备了，可以成为一个新的“文化”，就可以采用。否则可以暂且搁置一下，经过继续的探索，有了更充分的了解之后，再加采用。

在本文开端时，我已声明过，本文只是想提出一些未成熟的意见，以便引起大家的讨论。所以，最后是希望大家提出批评。

（选自《考古》1959 年第 4 期）

苏秉琦与《关于考古学文化的区系类型问题》

经典导读

苏秉琦（1909—1997），河北高阳人。1934年北京师范大学史学系毕业后，入北平研究院史学研究会（1937年改所），1934年至1935年发掘陕西宝鸡斗鸡台遗址沟东区墓葬，1936年至1937年进行整理。1937年，随单位南迁昆明，依带出的文字、图片资料继续整理并着手编写发掘报告，于1941年首先完成报告首篇《陕西省宝鸡县斗鸡台发掘所得瓦鬲的研究》，1944—1945年完成全部报告《斗鸡台东区墓葬》。按照原定计划，不久即可出版，无奈战争之故，首篇原稿丢失，报告之文字线图部分迟至1948年始得付梓。《陕西省宝鸡县斗鸡台发掘所得瓦鬲的研究》依手头留存稿改为《瓦鬲的研究》，作为报告之一部分出版。《瓦鬲的研究》首创类—型—式的类型学分析方法，被学术界认为是中国考古类型学成熟的标志。报告图版则因故迟至1954年才由科学出版社作为内部资料出版。1950年中国科学院考古研究所成立，参加发掘团赴河南辉县发掘，1951年赴陕西沣河流域调查，写出《西安附近古文化遗存的类型与分布》一文。1952年，作为筹划者和导师之一参加全国考古工作人员培训班，参与创建北京大学考古学专业，任考古教研室主任。1954年主持洛阳中州路西工段发掘，开始在北京大学讲授课程“战国秦汉考古”（讲义经整理于2014年出版）。1959年，《洛阳中州路（西工段）》考古发掘报告出版，由其执笔结语，被认为是由类型学研究上升到探索社会关系的开创性著作。1965 年，发表《关于仰韶文化的若干问题》，由器物的类型学研究扩大到了考古学文化类型的研究。1981 年，发表《关于考古学文化的区系类型问题》，标志着考古学文化区系类型理论的正式形成。从 20 世纪 80 年代到 90 年代，其研究重心转移到中国文明起源问题，提出了中国文明起源的“满天星斗说”、中国文明形成的“多元一体”模式、中国文明演进的“古国—方国—帝国”三个阶段、中国文明生成的“原生型、次生型、续生型”三类型说等一系列论断。其重要论文和讲话先后结集为《苏秉琦考古学论述选集》《华人 · 龙的传人 · 中国人》。1997 年，出版《中国文明起源新探》。

《关于考古学文化的区系类型问题》一文发表于《文物》1981 年第 5 期，率先提出中国考古学的区系类型学说。考古学文化的区系类型问题不是凭空提出来的，它是一系列重要考古发现的新材料提出的要求，同时也是器物形态学合乎逻辑的发展。正如俞伟超、张忠培在《苏秉琦考古学论述选集》编后记中所言：“研究我国考古学文化区、系、类型这一课题的提出，是苏秉琦先生几十年来运用类型学方法研究各种考古遗存后的必然结果，也是我国考古研究深入到一定程度时的必然产物。”它要求“在准确划分文化类型的基础上，在按大的区域内以其文化内涵的异同归纳为若干文化系统。这里，区是块块，系是条条，类型则是分支”。因为只有“通过文化类型的划分和文化内涵的深入了解以及它们之间相互关系的探索”，才能“达到恢复历史原貌的目的”。

在《关于考古学文化的区系类型问题》一文中，苏秉琦根据考古材料的积累及其特征，将新石器至早期青铜时代的考古遗存划分为六大区系：陕豫晋邻境地区、山东及邻省一部分地区、湖北和邻近地区、长江下游地区、以鄱阳湖—珠江三角洲为中轴的南方地区和以长城地带为重心的北方地区。在此基础上，苏秉琦将我国版图区分为面向内陆和面向海洋两大部分，指出“在这广大的地域内，古代劳动人民从很早的时候起就有着交往活动，越往后这种交往活动就越密切”。

考古学文化区系类型理论、方法的提出和实践，极大地改变了以往人们对中国古代文化分布格局及其在文明发展中作用的认识，加深了对考古学文化的理解，让考古学研究不仅仅停留在对一个考古学文化的研究，而且要对超出考古学文化之上的考古学遗存做进一步的归纳，是中国考古学思想发展史上的一场革命。

—— 延伸阅读文献目录：

1. 苏秉琦：《从楚文化探索中提出的问题》,《历史教学问题》1982 年第 1 期。
2. 苏秉琦：《苏秉琦考古学论述选集》，文物出版社 1984 年版。
3. 苏秉琦：《苏秉琦文集》，文物出版社 2009 年版。
4. 王巍主编：《考古卷》第一分册，钱伟长总主编：《20 世纪中国知名科学家学术成就概览》，科学出版社 2015 年版。

（李伯谦 撰）

—— 原文：《关于考古学文化的区系类型问题》

经典原文

关于考古学文化的区系类型问题

苏秉琦　殷玮璋

考古学文化的区、系、类型问题，是我国考古学，特别是新石器时代考古学的一项基本任务。

1979年4月，在西安召开的全国考古学规划会议上，我们曾经提出这个问题，目的在引起各地的同志们在今后的工作中予以重视，并适当地把它列入今后的工作计划之中。这里，我们对这个问题再作些探讨，以期与同志们进一步讨论。

*　　　*　　　*

关于我国考古学文化的区、系、类型的划分，是我国考古工作获得飞跃发展后提到我们面前的一个新课题。

近代考古学在中国出现的时间并不长，但这一学科获得的发展却相当迅速。特别是新中国成立以来，考古发现无论从上下所跨的时代或涉及问题的广度来说，都是空前的。很多空白已被填补，不少重大的课题被提到我们的面前。我国的考古学已经初步建立起自己的体系。这一切都表明我国考古学的发展已经进入新的阶段。这是我们今天提出探讨区、系、类型这一课题的前提。

以新石器时代考古来说，新中国成立前的工作主要局限于黄河流域的少数几个地点，而且工作很不深入。例如仰韶文化或龙山文化，对它们的特征、分期、分布、时代等都不是很清楚的。新中国成立以来，全国发现了大批新石器时代遗址，不少遗址已经试掘或正式发掘。已被命名的考古学文化有数十种之多，其中有些文化的内涵、分期、年代等都了解得比较清楚。碳十四测定年代的方法和其他自然科学手段应用于考古学，为建立比较可靠的史前时期的编年起到重要的作用，从而使这一时期的研究工作置于可靠依据的基础之上。在这种情况下，作一些基础性的研究，组织并推进一些重大的学术课题的研究，将有助于我们事业的发展。

在我国辽阔的国土上，迄今发现的新石器时代遗址有6 000处之多。它们的时代绝大多数是距今7 000年至4 000年间的遗存，就其文化面貌来说也有诸多差异。这些差异与变化意味着什么呢？在已经命名的数十种考古学文化中，除了一部分可能存在前后承继的关系外，其他各种考古学文化溯其渊源又是什么关系呢？

过去有一种看法，认为黄河流域是中华民族的摇篮，我国的民族文化先从这里发展起来，然后向四处扩展；其他地区的文化比较落后，只是在它的影响下才得以发展。这种看法是不全面的。在历史上，黄河流域确曾起到重要的作用，特别是在文明时期，它常常居于主导的地位。但是，在同一时期内，其他地区的古代文化也以各自的特点和途径在发展着。各地发现的考古材料越来越多地证明了这一点。同时，影响总是相互的，中原给各地以影响；各地也给中原以影响。在经历了几千年的发展之后，目前全国有56个民族，在史前时期，部落和部族的数目一定更多。它们在各自活动的地域内为开发祖国，在同大自然的斗争中创造出丰富多彩的物质文化是可以理解的。

目前还有这样一种倾向：即把某种考古学文化与文献上的某个族人为地联系起来，把它说成是××族的文化。从长远来说，进行这样一项工作可能是研究工作的一个方面；但在现在，在对各地的考古学文化的内涵、特征、与其他文化的关系以及上下的源流等的认识还很不充分，还不具备做这种探索或考订的时候，似应先做些基础性的研究，积累起必要的原始素材，以备为进一步的研究工作打下牢固的基础。

为了进行考古学文化的区、系、类型的划分，各地同志应立足于本地区的考古工作，着力于把该地区的文化面貌及相互间的关系搞清楚。要选择若干处典型遗址进行科学的发掘，以获取可资分析的典型材料。然后，在准确划分文化类型的基础上，在较大的区域内以其文化内涵的异同归纳为若干文化系统。这里，区是块块，系是条条，类型则是分支。经过一段时间的努力之后，有关区、系、类型的课题必将会出现突破并取得重要成果。

*　　　*　　　*

迄至目前为止，我国已有24个省、市、自治区发现了旧石器时代的遗存。这说明，早在一万年前，我国很多地方已经适合于人类的生存、繁衍，因而留下了他们进行生产劳动的踪迹。到了新石器时代，人们活动的领域更加广阔了，他们在征服自然界，进行物质资料的生产方面跨出了重要的一步。假如我们拿这一时期的遗址分布图与今天的人口分布图加以对照，那么不难发现：我国今天的人口稠密区恰恰也是古遗址分布比较密集的地区。这种情况是耐人寻味的。

不过，人们所在活动地域的自然条件不同，获取生活资料的方法不同，他们的生活方式也应该是各有特色的。这样，表现在他们的产品，即我们今天接触到的生产工具、生活用器以至其他遗存所表现出的差异也就可以理解了。当时，人们以血缘为纽带，并强固地维系在氏族、部落之中。这样，不同的人们共同体所遗留的物质文化遗存有其独有的特征也是必然的。今天我们恰可根据这些物质文化面貌的特征去区分不同的文化类型，同时，通过文化类型的划分和文化内涵的深入了解以及它们之间相互关系的探索，以达到恢复历史原貌的目的。

由于各地区考古工作的发展很不平衡，要在今天对全国的考古学文化进行区、系、类型的详细划分，难度是相当大的。不过，假如我们以已公布的材料为依据，以典型的发掘材料为骨干，借助于调查试掘的材料，那么我们在目前的人口稠密地区内，依各地区文化内涵的差异和特点；它们的发展道路（阶段性和规律性），及其源流等方面，可以划分的区域当不下十块之多。这里，我们试对这些地区的文化面貌作一些简单的分析，跟同志们一起讨论。

（一）陕豫晋邻境地区

这个地区是历史进入文明时代以来我国的腹心地区，也是仰韶文化的主要分布区。这里工作做得较多，材料比较丰富，但问题也不少。不过，就我们所要讨论的这个问题而言，有些现象是很重要的。例如丁村遗址中的出土物，与山西境内其他不同时期的旧石器时代遗存在文化面貌上有不少共同之处。有趣的是丁村遗址（汾河西岸）中也有细石器，层位关系清楚，距今26 000年以上，是迄今发现最早的细石器。它与沁水下川的细石器遗存，在文化面貌上也有连续性。尤其值得注意的是：无论中条山北侧的西阴村，还是南侧的东庄村、西王村以及垣曲境内发现的仰韶文化遗存中，除其他特征有相似之处外，都含有细石器。这或可说明山上山下的文化之间具有承继关系，应在今后的工作中注意探寻。

至于仰韶文化，虽然武安磁山、新郑裴李岗或华县老官台都发现了距今七八千年的较早遗存，为探讨仰韶文化的起源提供了线索，可是迄今只有宝鸡北首岭遗址的下层遗存，从地层与器物两个方面提供了较直接的可资讨论的资料。

众所周知：半坡类型与庙底沟类型文化都是各有特点并经历了很长一个阶段的古文化遗存。华县泉护村、元君庙和临潼姜寨等地的发掘，则进一步揭示了它们的内涵。在这两种类型的遗存中，都有小口尖底瓶（它们的形制各有特点）和彩绘的装饰花纹（主要是鱼、鸟、花卉，多为黑彩）。它们各为该两类型的代表性器物，并在阶段性变化中各具特征而可以排出序列来。但从北首岭下层到中、上层的材料中看到，这两种不同形制的小口瓶却是共生平行发展的。不过，在经历了一段时间之后，约在庙底沟类型的后期，两者又逐渐统一起来，而为另一种新的文化型所代替。

在豫北、冀南地区，被称为后冈类型和大司空村类型的两种遗存，也不排除与半坡、庙底沟类型文化发展过程中出现的类似情况。问题在于它们本身的发生、发展（分期）与相互关系等，都缺乏必要的材料可以说明。更不能因磁山、裴李岗在这一地区，就简单地把它们说成是这两种类型的前身，因为还缺乏如宝鸡北首岭那样的材料。

南阳—襄阳地区的仰韶文化遗存也有特色。典型器物中的罐形釜不饰绳纹；高颈小口瓶的变化与庙底沟类型相似，但自有特点；鼎、圈座自成序列；彩陶花纹中的阴阳三角纹、叶瓣纹也自成序列。镇平也发现了与裴李岗类似的早期遗存，可以推断该地区的古代文化有其源流，并经历了独特的发展过程。

（二）山东及邻省一部分地区

围绕泰山发现的被人们称为大汶口文化和龙山文化的遗存比较密集，这一地区也是我国一个重要的古文化中心。有一个时期，因为工作做得不多，认识不深，出现了孤立地对待这两种文化的情况。在两者的关系方面，概念也很含糊。就它们的范围来说，被不恰当地夸大了。近几年来新发现的材料，使我们对大汶口—龙山文化的认识逐步明确了。它们分布的范围基本上围绕着泰山，并且自成一个系统。

大汶河上游的新泰，曾经发现过旧石器地点。但是这方面的工作做得太少，所以对大汶口—龙山文化的起源还很不清楚。不过，兖州西桑园等地发现的新石器时代较早的遗存，为我们最终解决这个问题缩短了距离。特别是近年在大汶河北岸、兖州王因和滕县北辛这三个遗址的发掘，证明它们的遗存可以相互补充。北辛是类似磁山，裴李岗那样的单独存在的代表；王因遗址的下层则类似北首岭下层那样提供了两者间衔接关系的线索；而在大汶河北岸遗址则找到了王因—大汶口（专指已发表报告的河南岸遗址）两者间衔接关系的线索，这样，就可以把大汶口文化的上限推至距今 7 000 余年。

我们从器物的形态上看到，北辛的典型器类如堆纹带腰釜跟王因等大汶口文化中的釜形鼎的发展序列互相衔接。这种鼎则一直延续到大汶口文化的后期，是大汶口文化中的代表性器物之一。北辛发现的三足杯，不仅与王因遗址的三足杯可以衔接，近年的工作成果还表明，大汶口文化中的三足杯和它后期出现的高脚杯，都与龙山文化中常见的黑蛋壳陶杯连接起来。至于鬶的变化，是从实足变为空足和袋足。在大汶口文化的中晚期，这三种器形曾共存过一段；后来，尤其到了龙山文化中，鬶的器形才变为空足和袋足两种。由于在几种器类上都能看到这样一些变化，因而使这两种文化之间本来很模糊的关系逐渐清楚了。不过，综合这一地区的文化遗存，可以看到两者的活动中心却并不完全一致。大汶口文化的分布以泰山为中心。龙山文化最初发现的蛋壳陶虽然是在历城的城子崖，但它的老家却在鲁东南的临沂，昌潍地区。

大汶口—龙山文化的特征十分突出。除陶器以外，生产工具中以出土大量石铲而引人注目。这里出土的石铲从早到晚，由厚变薄，越做越精。

但是，山东境内的新石器时代遗存并非仅此一个系统。胶东半岛的古文化遗存就另有特色。虽然这一带的考古工作比较少，材料比较零散，但从半岛顶端的荣成到黄县的沿海一侧遗址中看到，农耕工具很少出土，陶器中筒式的夹砂陶使用类似铆钉状附件作把手，甚至到了铜器时代还保持了这种传统痕迹——在同类器上加有泥饼。假如把长岛的出土物与辽东半岛上旅顺郭家村和长海广鹿等地的出土物加以比较，却可发现两者有很多相似之处。例如，在长岛缺乏农耕工具，而大量使用鲍鱼壳作工具，甚至打制或磨制的石刀，形制也与鲍鱼壳相近似。这种工具既利于切割，也便于刮削。此外，辽东半岛的两处遗址虽似缺乏用鲍鱼壳制作的工具，但是，却大量出有类似前者的石刀。这种情况，应与当时的生活方式有关。

不能低估这一地区的生产力发展水平。山东发现的商周青铜器地点，以胶东一带为最多。烟台地区17个县市中，有13个出有商周青铜器。不过，与偃师二里头、郑州二里冈相似的早商遗存却只在济南一带发现。这或可说明，山东及其邻近地区的古文化发展是经历了独特的道路的，

（三）湖北和邻近地区

这里的考古学文化以它们的特征和变化情况及分布地域大致可分为三块：汉水中游地区、鄂西地区、鄂东地区。

属汉水中游的南阳、襄阳地区的仰韶文化，上面曾经提到过，它们的特征是很突出的。这里是仰韶文化的边缘地区，处于长江与黄河两大流域的连接点上，是很值得重视的。

宜昌及其周围的地区，新石器时代文化的面貌也很有特色，并有其自己的渊源。命名为大溪文化的巫山大溪及县城下压的遗址就有时代较早的遗存，而宜都红花套、枝江关庙山等遗址所包含的不同时期的文化层，表明它们经历了很长时期并且自成系统。例如：盂簋类器、盘豆类器都具有高、低圈足两种；支座、圈座、器盖的形制富于变化；器物上压印有点、圆圈、方格等几何纹样，彩绘的绚索纹从早到晚自成系列。

鄂城周围的鄂东地区是尤为重要的一块。虽然过去在几个地点（京山屈家岭、黄冈螺蛳山、武昌放鹰台、天门石家河等）做过一些工作，但材料较少，本身分层分期有困难，它们的相互关系缺乏深入分析的条件。不过，如参照其他两个地区的材料也可以看出它曾经历过同它们大致类似的几个阶段。如富有特色的细泥薄胎光面陶杯、碗、高颈壶、彩绘纺轮等，器表的彩绘纹样中圆点和罗网纹的变化都有规律可循。

这三个区域的文化遗存既有区别又有联系。从物质遗存的比较研究中可以发现，一个区域与另外两个区域的相互影响、渗透比较清楚。距今约5 000年至4 000年期间，鄂东这一块文化的发展，对其他两块的影响给人以深刻的印象。这里迄今出有商周青铜器地点和遗址，多在洞庭湖周围和古云梦泽的东侧（即在屈家岭文化分布区的东南侧）。无论是新石器时代的遗址还是商周时期的古文化遗址在这里都相当集中。特别值得一提的是，近年在这一地区发掘的大量春秋时期楚墓所出随葬陶器组合中颇具特色的高颈壶与高脚“鼎—鬲”或称“楚式鬲”（在鬲的三个实脚外再附加柱状脚构成似鼎的鬲）。前者可以追溯

到屈家岭文化，后者可以追溯到商周以前的同类器，说明这一地区文化的源远流长。

（四）长江下游地区

过去对这一地区的历史发展状况认识不足。近十多年来的工作，使人们认识到这里也是我国重要的古文化中心之一。从这一地区古文化面貌的差异及其分布的情况来看，似可分为三个区域：宁镇地区、太湖地区、宁绍地区。当然，它们之间既有差别，也有联系。

1. 太湖地区的材料较多，对它的重要性认识也比较清楚。先后发掘的几批材料，揭示了这一地区独特的文化面貌和它们的变化情况。

对这一地区古文化遗存认识的过程与黄河流域下游的情况很相似。这里也是先认识时代较晚的良渚文化，后认识时代较早的马家浜文化。吴县草鞋山、张陵山等地提供的地层关系以及后来在桐乡罗家角的发掘，证明这里的早晚关系为马家浜文化—良渚文化—青铜文化，而且它们之间有很密切的关系。以溧水神仙洞为代表的洞穴堆积，为探索这一地区新石器时代早期遗存提供了线索。至于早到距今 7 000 年前的，以及晚至 4 000 余年的新石器时代文化面貌和它们的变化情况也粗知轮廓了。马家浜文化中的陶器自有其组合，如宽平檐腰带的釜、有类似腰带的鼎、豆、壶以及大穿孔石斧（钺）等。中期阶段可以青浦崧泽遗址的主要遗存为代表，再后是良渚文化。

围绕太湖附近，古文化遗址的分布相当密集。它们在各个不同阶段中分布情况是否有规律，当然也需要考虑。我们注意到包括马家浜文化—良渚文化的多层堆积遗址集中分布在太湖东北侧，在太湖东南侧则良渚文化比较发达，位于太湖西南侧的浙江嘉兴地区则发现商周青铜器的地点较多，有的出在良渚文化—几何印纹陶遗址附近（多数出在几何印纹陶遗址附近）。这类遗址多是几何印纹硬陶与釉陶或原始瓷共生，青铜器具有当地铸造的特征，釉陶或原始瓷的特征更为明显。

2. 宁绍平原的早期遗存以余姚河姆渡下层为代表，时间与马家浜文化相当。它的文化特征明显，如陶器组合中缺乏鼎、豆，使用的炊器多为有子母口的圆底釜（有支垫），水器为带流的盉。这些器物都各有其变化的系列。生产工具也很有特色，如骨耜和小型的石凿、石锛等。马家浜文化中多见的大石斧钺，这里仅在后期出现。这种文化可能自有渊源。种种迹象表明，在稍后阶段，这里与太湖地区古文化的关系更加密切。这一地区也有良渚文化和几何印纹陶的遗存，而且越到后来，两者的关系也越密切。

3. 宁镇地区：南京北阴阳营遗址的出土物很有特色。陶器中有罐式鼎、带把鼎，盉、盂、盘、豆等，它们也自成组合。生产工具中的有肩石铲、有肩石斧、新月形石刀等与其他地方的同类器有明显的差异。虽然还没有发现比它更早的遗存，但当不排除有其自成系统的可能。在发展过程中也有类似崧泽那样的阶段。最近在安徽潜山薛家冈遗址发现了相当于北阴阳营这一阶段的遗存，特征也多相近，表明该文化类型的分布，西北部已到达今安徽省境。北阴阳营上层有几何形印纹软陶、硬陶和釉陶等，突出的是还出有类似偃师二里头、郑州二里冈时期的陶鬲和镞、刀等小件青铜器。这或许跟它处于南北通道有关。类似这样一种现象在鄂中、湘西也能看到。

（五）以鄱阳湖—珠江三角洲为中轴的南方地区

这一地区从现在提供的情况看也可分为三块：

1. 赣北地区已知时代较早的有万年仙人洞遗址。它有上下两层堆积，典型器物的变化序列反映了这一地区新石器时代较早的两个阶段。它的特征主要是几何印纹陶的萌芽，下层只出单一的夹砂陶。时代当在距今 7 000 年以前。

修水山背、清江筑卫城与吴城等地的遗存，在年代上不能与万年仙人洞遗址相衔接，但估计其间的差距是工作上的缺环，而不是实际上的空白，因为在这一地区的东、西、南三面都有距今 7 000 年至 5 000 年间的遗存。筑卫城的几何印纹陶相当发达，一直晚至商周时代，陶器上盛行的印纹包括三类：① 圆点、圆圈、重圆圈；② 方格、菱形、回纹、重菱形、米字形纹；③ 平行曲折线纹和雷纹等。这三类花纹都有其变化的规律。几何印纹在距今 5 000 年至 3 000 年间是最发达的阶段，以后或趋于简化，或立体化了。大约在距今 4 000 年前后，这里也进入青铜时代。

2. 北江流域也有类似万年仙人洞下层的堆积，如在始兴玲珑岩发现了在胶结层中包含单一夹砂陶和打制石器的遗存。马坝石峡发现的稍晚的遗存，特征明显，有阶段性变化。工具中有肩、有段的锛、镬、铲等自成系列；陶器组合上，盘形鼎、带盖豆、平底圈足或平底三足盘等都很有特色，并且自成系列。

在石峡还能见到晚至商周时代的遗存，其中的青铜靴形斧尤为突出。

3. 珠江三角洲一带也有新石器时代较早的遗存，南海西樵山是一处很有希望的大遗址，可能包含旧石器时代晚期和新石器时代早晚不同时期的遗存。打制、琢制的石器大量存在，可惜缺乏进一步分析的条件。佛山河宕遗址的时代约与石峡相当，但没有看到时间较早的青铜器。可是汕头地区的饶平发现了相当早商时代的铜戈、玉戈、石戈，还有釉陶尊。韶关地区和汕头地区出土的石戈，从最原始的无栏戈到有栏的戈，其发生发展的过程是中原所没有见到的。

（六）以长城地带为重心的北方地区

这里由东向西可分为：① 以昭盟为中心的地区；② 河套地区；③ 以陇东为中心的甘青宁地区。

在昭盟，历年来发现的两种新石器时代文化遗存与两种青铜文化遗存有交错存在的情况，使我们对这一地区的认识比较清楚了。这对了解我国北方地区的古文化面貌及其发展是一把钥匙。

红山文化与富河文化的交错地带在老哈河和西拉木伦河一带。这两种文化在这一带有早晚之分，但从分布来说，红山文化向西南延伸；富河文化则向东北方向延伸。虽然红山文化与仰韶文化有关，但各有渊源，不能混为一谈。它的较早阶段跟半坡、庙底沟类型的时间差不多；更早的遗存，在沈阳新乐等地的发现给我们提供了线索。但是，真正足以代表红山、富河两种新石器文化的早期或其原始阶段的遗址是什么样子，还有待今后的工作予以回答。

这里发现的两种青铜文化——夏家店下层文化与夏家店上层文化——也在赤峰附近交错。近期在赤峰附近的小河沿、石棚山这两个遗址的发掘，提供了红山文化后期可能与夏家店下层文化相衔接的线索。那么，富河文化是否也有可能与夏家店上层文化衔接呢？就这两种文化的分布范围和时间来说也不无可能。这只能留待今后工作中给予解决。比较清楚的是：敖汉旗大甸子遗址清理的大批夏家店下层文化墓葬，所用的彩绘陶器具有礼器的特征，彩绘的图案自成系列，表明这是该地区土生土长的一种文化。出土的青铜器标志这一文化已经进入青铜时代，而且物质文化的发展达到了较高的水平。这一文化实际所跨的时间要比目前碳十四测定的两个年代数据要长。

河套地区：巴盟、乌盟曾发现出有旧石器的地点多处，其中最重要的一处是位于呼市东郊的大窑村。这多处旧石器地点属旧石器时代的不同阶段。有一种龟背形刮削器，它的器型和加工方法有其特色。大窑村遗址土坡下属全新世的土层中出有细石器——石刀、柱状石核、刮削器、尖状器等，它们与新石器时代的细石器很相似。同当地黄土层底部角砾层的旧石器文化晚期遗存可能有渊源关系。这种堆积情况也同晋南地区的丁村汾河西岸相似。

新石器时代遗址发掘的不多。现已发现两种含彩陶的新石器时代遗址和两种不含彩陶的晚期新石器文化遗址邻近并有交错的现象。前者的代表性遗址，一在乌盟的清水河，出有花叶纹、鱼形纹彩陶和壶形口和双唇小口尖底瓶；一在乌盟的托克托，出方格网纹、锯齿纹彩陶，无小口尖底瓶。后者（两种不含彩陶的晚期新石器文化）的代表性遗址，一在伊盟准旗，典型陶器组合是鬲、盆、高领罐；一在伊盟的伊金霍洛旗，代表性的陶器组合是斝、鬲、豆、单耳罐、双耳罐等。鬲的特征是在扁平鋬着壁处加铆钉状小泥饼，还有铜锥同出。晚期还出有青铜刀和早期商式鬲共生。近年在晋西北、陕东北临近黄河的地带发现出商周青铜器的地点多处，大多有过去所谓“鄂尔多斯式”特征。这说明，该地区出现青铜器的时代也比较早。

对该地区的文化遗存虽然要注意它与中原同时期文化有类似的一面，但对其独特的一面应给予更多的重视，不能简单地把该地的文化理解为从中原传过去的。

以陇东为中心的甘青宁地区，近几年来有不少重要的发现。在秦安发现的典型堆积层次，表明这里有和宝鸡北首岭下层类似的较早遗存和包括仰韶文化不同时期的层次，而且看到了仰韶文化后期与马家窑文化衔接的线索。至于马家窑文化诸类型的关系，其细节还有不清楚的地方。应该看到：陇山（六盘山）东西两侧古文化的发展道路是有差异的。在东侧，继仰韶文化之后发展起来的是以客省庄二期为代表的新石器晚期文化。在西侧，继仰韶文化之后发展起来的则是马家窑文化和有关诸类型以及齐家文化的遗址。因此，在考虑陇山两侧古文化的渊源时，如果简单地归为同源显然并不妥当，应在积累更多的科学资料的基础上再予推定。这一地区青铜文化的类型更加复杂，详细情况这里不再叙述。但要指出的是，这里进入青铜时代的时间并不晚于商代。根据现有的线索，倒可以认为它是我国又一个较早发明青铜器的地区。

在对我国人口密集地区的古代文化的区、系、类型作了以上探讨之后，我们还应补充以下几点。

假如从昭盟地区看富河文化、夏家店上层文化的分布和影响，我们看到的线索是：它们向东北三省的西侧和内蒙古的东三盟方向延伸，北边可以到贝加尔湖地区。辽东辽西的文化面貌有接近之处，但区别也很大。在西边的甘青地区，沿河西走廊到新疆东部一带，古文化面貌也有很多相似之处，可以把这里出现的细石器和彩陶，看作甘青地区古文化的延伸。近年在西藏的林芝、墨脱和昌都的卡若等地发现的遗存，它们的文化面貌各有特点，但又有与陇东一带古文化接近的因素。就文化关系来说，陇东地区与其东、西北、西南三面的文化都有关系，似处于三岔路口。至于河套地区（包括晋西北与陕东北沿黄河一带），如果从出土的青铜器看，它既有与中原青铜文化相似之处，也与西伯利亚的青铜文化（如斯基泰文化）有联系，它正处于南北的通道上。

在南方地区，有段石器的分布地域可以延伸到南太平洋、新西兰；而几何印纹陶的分布地域则遍及整个东南亚地区。有趣的是，如果我们把我国的版图分为面向内陆和面向海洋两部分的话，那么还可以看到这样一种情况：面向内陆的部分，多出彩陶和细石器；面向海洋的部分则主要是黑陶、几何印纹陶，有段和有肩石器的分布区域，民俗方面还有拔牙的习俗。当然，要强调指出的是，在这广大的地域内，古代劳动人民从很早的时候起就有着交往活动，越往后这种交往活动就越密切。这个问题在此不再详述。

在我们结束这篇文章时作这样一个说明或许是必要的：我们这里所作的有关新石器时代考古文化区、系、类型的探讨，只是基于现有资料所作的探索。说不上是对各地区工作成果的概括。何况我国的面积那么大，古文化面貌又那样丰富多彩，要在一篇不长的文章中把这样一个重大的课题阐述清楚，实在是件力不从心的难事。但是这个问题确很重要，既有理论意义，也有现实意义。我们认为，这项工作还是大家来做。如果由于大家的协同努力，在不太远的时间内能在这方面出现新的突破的话，那么我们或可以说这篇短文起到了抛砖引玉的作用了。

（选自《文物》1981年第5期）

佟柱臣与《中国新石器时代文化的多中心发展论和发展不平衡论——论中国新石器时代文化发展的规律和中国文明的起源》

经典导读

佟柱臣（1920—2011），辽宁黑山人。1939 年考入吉林高等师范学校历史地理系。1941 年毕业，先后在辽宁省凌源县的中学、赤峰师范学院任教。1946 年，进入沈阳博物院任副研究员，正式投身考古研究。1949 年，调入北京历史博物馆（今中国国家博物馆）工作，历任副设计员、陈列部副主任、考古部副主任、学术委员会委员等职。在历史博物馆工作期间，除筹办“中国原始社会陈列”“中国通史陈列”外，还为北京大学考古学专业学生讲授“考古材料的陈列”课程，并参与筹建文化部文化学院文物博物馆系。1961 年，调入中国科学院考古研究所工作，先后任副研究员、研究员、第一研究室（新石器时代）副主任、学术委员会委员等职。1978 年，被聘为中国社会科学院研究生院教授。2006 年，被评为中国社会科学院荣誉学部委员。2009 年，被文化部、国家文物局授予“中国文物、博物馆事业杰出人物”称号。1941—1943 年，佟柱臣工作之余利用时间坚持野外调查，先后发现了辽宁石匠沟、牛河梁等多处新石器和青铜时代遗址以及夏家店遗址、东八家石城址和分布于英金河北岸百余里的一段战国燕北长城遗址。1944 年，跟随李文信参加赤峰猴头沟辽代瓦缸窑窑址的发掘。1950 年，参加由中央文化部文物局组织的东北考古发掘团，随裴文中赴吉林发掘西团山石棺墓群并撰写发掘报告。

佟柱臣自 20 世纪 40 年代初涉足考古以来，发表了大量论著，在中国东北考古、中国新石器时代考古、中国边疆民族考古、中国古代文明的起源和早期国家形成等多个方面，均做出重要贡献。发表论文百余篇，多被收入其《中国东北地区和新石器时代考古论集》(1989)。1985 年退休之后，他还出版了两部数百万字的巨著：《中国边疆民族物质文化史》(1991) 和《中国新石器研究》(1998)。晚年还出版了《中国考古学要论》(2004) 和《中国辽瓷研究》(2010)。

《中国新石器时代文化的多中心发展论和发展不平衡论——论中国新石器时代文化发展的规律和中国文明的起源》，综合当时最新的考古材料，明确指出中国的新石器时代，并不存在从一个地点起源的问题，从旧石器时代发展而来的新石器时代文化，形成了若干中心，又作多中心的发展。这些多中心的文化，发展有迟有速、有高有低，受到强烈的不平衡规律支配，呈现出不平衡的发展状态。

佟柱臣把中国的新石器时代文化分为马家窑文化、半坡文化、庙底沟文化、大汶口文化、河姆渡文化、马家浜文化和屈家岭文化七个系统，认为这“若干个文化系统中心，就是我国若干个部族文化连续发展的结果”，在指出多中心的发展是我国新石器时代文化发展的实际和发展规律的基础上，又认为黄河中下游豫西晋南地区的庙底沟文化系统，最终发展出灿烂的二里头文化，率先进入文明社会，因此他认为“黄河中下游是中国文明的摇篮的论断是不错的”。

佟柱臣是中国文明起源多元论最初的倡导者之一。此文既是对中国文明起源多元论的理论概括，又是对当时“满天星斗”式的“中国文明起源多元论”的一种匡正。

—— 延伸阅读文献目录：

1. 佟柱臣：《吉林新石器文化的三种类型》,《考古学报》1957 年第 3 期。
2. 佟柱臣：《佟柱臣自传》,《文献》丛刊编辑部、《图书馆学研究》编辑部编：《中国当代社会科学家》(第 9 辑)，书目文献出版社 1986 年版。
3. 佟柱臣：《中国东北地区与新石器时代考古论集》，文物出版社

1989 年版。
4. 佟柱臣：《中国边疆民族物质文化史》，巴蜀书社 1991 年版。
5. 佟柱臣：《中国新石器研究》，巴蜀书社 1995 年版。
6. 王巍主编：《考古学卷》第一分册，钱伟长总主编：《20 世纪中国知名科学家学术成就概览》，科学出版社 2015 年版。

（陈星灿 撰）

—— 原文：《中国新石器时代文化的多中心发展论和发展不平衡论——论中国新石器时代文化发展的规律和中国文明的起源》

经典原文

中国新石器时代文化的多中心发展论和发展不平衡论

——论中国新石器时代文化发展的规律和中国文明的起源

佟柱臣

中国幅员辽阔，新石器时代文化丰富而复杂。那么这个文化到底是怎样开始的呢？有没有从一个地点起源向四方传播的迹象呢？根据辩证唯物主义与历史唯物主义的观点，考察了当前我国考古材料的实际，我认为：中国的新石器时代阶段，并不存在从一个地点起源的问题。而是从旧石器时代晚期起，经过中石器时代，向着新石器时代延续发展下来的。延续发展下来的新石器时代文化，又形成若干个中心，因此，作多中心发展。这些多中心的文化，发展有迟有速、有高有低，受到强烈的不平衡规律支配，因而又呈现不平衡状态。

远在20世纪30年代，安特生（J. G. Andersson）认为新疆是中国仰韶文化的发源地，然后迁入黄河河谷[①②]。我国考古学者裴文中[③]和尹达[④]两位先生，共同指出他这个意见无论在理论上和方法上都是不对的。但是实际情况如何，迄今仍感茫然。所以像这样的新石器时代关键性学术课题，实有全面研究的必要。

一

我所以说中国新石器时代文化没有从一个地点起源并向四方传播，是因

① J. G. Andersson, 1923. An Early Chinese Culture, *Bulletin of the Geological Survey of China*, No. 5, Part 1, pp. 34−42.

② J. G. Andersson, 1925. Preliminary Report on Archaeological Research in Kansu, *Memoirs of the Geological Survey of China*, Series A, No. 5, pp. 40−51.

③ 裴文中：《中国史前时期之研究》，1948年版，第194、195页。

④ 尹达：《中国新石器时代》，1955年版，第121、124页。

为观察到了中国新石器时代通过中石器时代和旧石器时代晚期文化发生的连续性。

旧石器时代晚期遗址，据统计，有北京周口店山顶洞、河北省阳原虎头梁、山西省沁水下川、内蒙古自治区清水河、黑龙江省呼玛十八站、辽宁省营口金牛山上层、山东省沂源一号洞、河南省安阳小南海、江苏省泗洪下草湾、浙江省建德乌龟洞、湖南省桂阳岩砦洞、江西省乐平涌山岩、广西壮族自治区柳江柳江人洞、贵州省普定穿洞、云南省路南安仁村、四川省资阳黄鳝溪、陕西省蓝田涝池河沟、甘肃省庆源巨家塬、青海省可可西里、宁夏回族自治区水洞沟、台湾省台南菜寮溪等，共69个地点[①②]，广布于我国的21个省、市、自治区。这些中国旧石器时代晚期文化经过中石器时代，孕育了中国新石器时代文化，奠定了中国新石器时代文化的基础。

旧石器时代晚期与新石器时代的连续性[③]，首先反映在石器的形制上，如山西朔县峙峪的指甲形刮削器，已经具备了新石器时代细石器同类器的雏形，特别是有肩扇形刃的斧状器，开始了有肩新石器的先河[④]。安阳小南海的条形石片[⑤]，虽然稍厚一些，无疑是新石器时代细石器中石叶的原始形式。下川的锥状石核、条形石片、圆头刮削器、指甲形刮削器，都可以在新石器时代细石器中找到相似的器形。而长9厘米的梯形锛形器[⑥]，更应是新石器中石锛的祖型。广西崇左矮洞、来宾麒麟山盖头洞、柳州白莲洞旧石器时代晚期砾石砍砸器[⑦]，与

① 邱中郎：《我国旧石器时代地点分布》，《化石》1979年第4期，第16~18页。

② 张森水：《我国南方旧石器时代晚期文化的若干问题》，《人类学学报》1983年第2卷第3期，第218~228页。

③ 佟柱臣：《新的发现、新的年代测定对中国石器时代考古学提出的新问题》，《社会科学战线》1979年第1期，第214页。

④ 贾兰坡、盖培、尤玉柱：《山西峙峪旧石器时代遗址发掘报告》，《考古学报》1972年第1期，第48~52页。

⑤ 安志敏：《河南安阳小南海旧石器时代洞穴堆积的试掘》，《考古学报》1965年第1期，第8~10页。

⑥ 王建等：《下川文化——山西下川遗址调查报告》，《考古学报》1978年第3期，第263~281页。

⑦ 贾兰坡、丘中郎：《广西洞穴中打击石器的时代》，《古脊椎与古人类》1960年第2卷第1期，第64~68页。

柳州鲤鱼嘴下层[①]、桂林甑皮岩[②]等新石器时代早期、中期的砾石砍砸器，形式非常相似。这些实例都证明新石器时代文化是旧石器时代晚期以来发展的必然结果。

其次反映在石器工艺上的连续性上，峙峪石墨装饰品的一面和边缘上，都有清晰的砥痕，山顶洞的小砾石上，有斜平行砥痕。峙峪的石墨装饰品从一面钻孔、山顶洞的砾石和石珠从两面钻孔、山顶洞的海蚶有打孔、山顶洞的骨针和獾牙有穿孔[③]等，可以证明新石器时代的一些作孔工艺，从旧石器时代晚期已经开始了。

同时华北旧石器晚期石器沿着长宽等比的小型化或长宽不等比细化方向发展，而华南贵州穿洞的石器，也趋向变小。所以石器更接近成形，种类有所增多，器形渐趋细小化[④]，这些都标志着复合工具或镶嵌工具的出现，加之石刃刀的使用，表明渔猎经济达到了高峰。

这些遍布中国大陆和台湾的旧石器时代晚期文化，经过中石器时代之后，在各地前后不同的出现了新石器时代文化，这就是中国新石器时代文化产生的基础。

中国新石器时代文化开始既明，以后则形成了若干个文化系统中心。它们既有地层学上的序列，又有类型学上的演变。现在已经露出一些端倪的，在黄河流域，有洮河流域的马家窑文化系统中心，有渭河流域的半坡文化系统中心，有豫西晋南的庙底沟文化系统中心，有海岱地区的大汶口文化系统中心。在长江流域，有宁绍平原的河姆渡文化系统中心，有太湖地区的马家浜文化系统中心，有江汉平原的屈家岭文化系统中心。当然，全国其他省市和自治区还有更多的文化系统中心，有待考古材料的进一步积累，才能揭露，但是作者相信，这些若干文化系统中心才是我国若干部族文化产生的历史条件，也是我国新石器时代文化的实际面貌（见表 6.1、图 6.1）。

---

① 柳州市博物馆、广西壮族自治区文物工作队：《柳州市大龙潭鲤鱼嘴新石器时代贝丘遗址》，《考古》1983 年第 9 期，第 771 页。

② 广西壮族自治区文物工作队、桂林市革命委员会文物管理委员会：《广西桂林甑皮岩遗址的试掘》，《考古》1976 年第 3 期，第 177 页。

③ Pei Wen Chung, 1939. The Upper Cave Industry of Choukoutien. *Palaeontologia Sinica*, new series D, No. 9, fig. 11, 12, pp. Ⅰ, Ⅳ, Ⅴ.

④ 丘中郎、李炎贤：《二十六年的中国旧石器时代考古》，《古人类论文集》，1978 年版，第 63 页。

表 6.1　中国新石器时代诸文化系统编年比较表

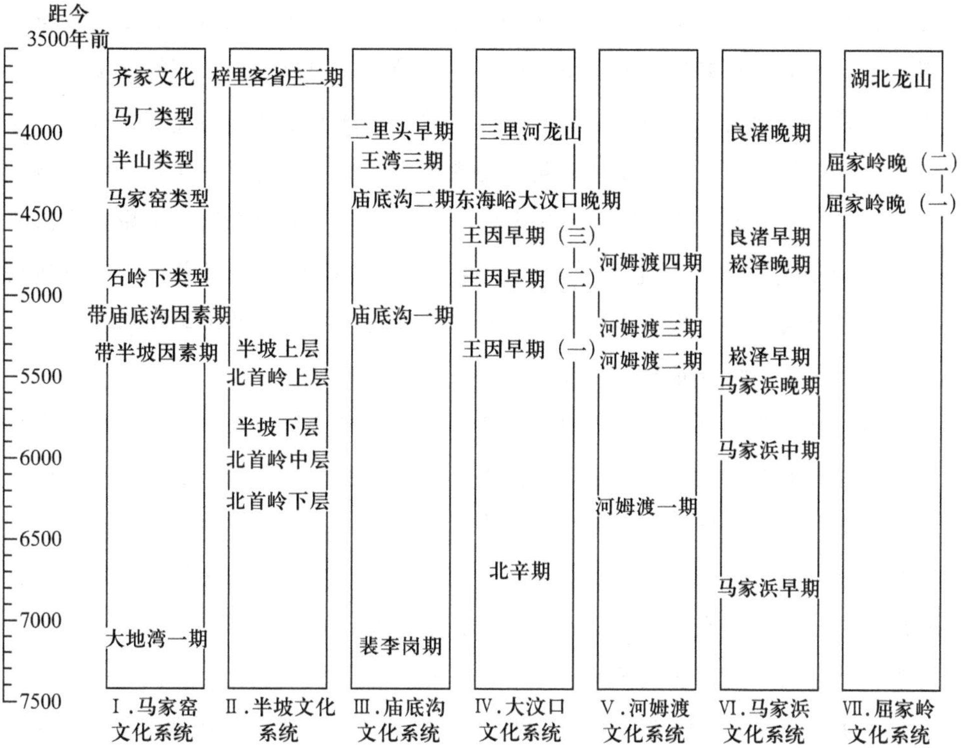

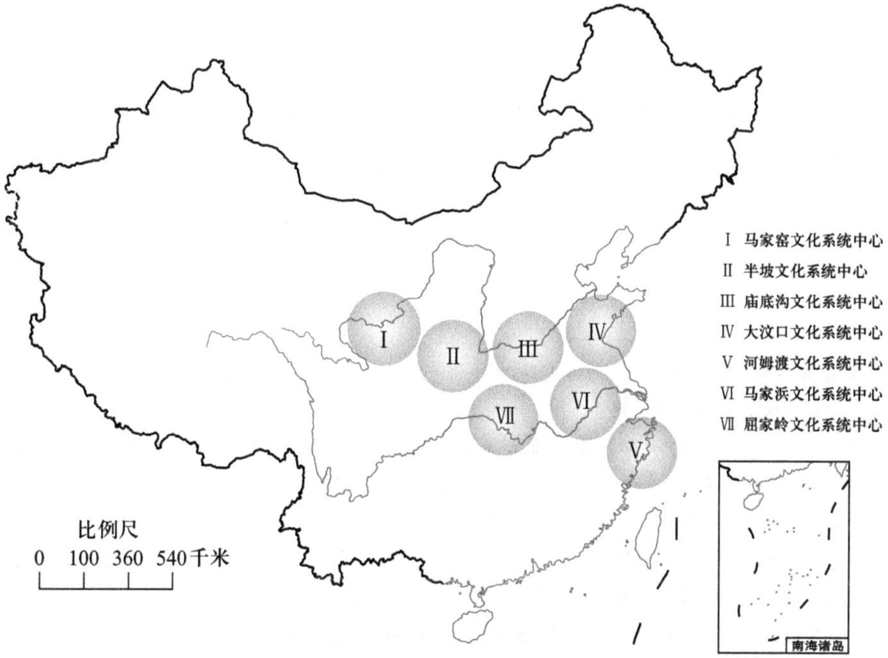

图 6.1　中国新石器时代文化多中心发展示意图

（一）马家窑文化系统中心：马家窑文化系统，已经有了完整的地层依据，在秦安大地湾，有大地湾一期①、带半坡因素期、带庙底沟因素期、石岭下类型四个地层。临洮马家窑、天水罗家沟②则有带庙底沟因素期、石岭下类型、马家窑类型三个地层。永登蒋家坪有马厂类型打破马家窑类型的地层。永昌鸳鸯池有马厂类型打破半山类型的地层。临洮瓦家坪有齐家文化压在马家窑类型之上的地层③。因此在甘肃地区，从大地湾一期→带半坡因素期→带庙底沟因素期→石岭下类型→马家窑类型→半山类型→马厂类型→齐家文化，这个地层的序列是很清楚的。据目前发现的资料，大地湾一期至石岭下类型属新石器时代。从马家窑类型至齐家文化属铜石并用时代。

马家窑文化系统发展的过程，以陶钵与小口尖底瓶为例，大地湾一期有绳纹圜底钵和绳纹三足圜底钵，其特点都是圜底，可与北首岭下层、老官台同类器相对比，但还未出现小口尖底瓶。带半坡因素期，圜底钵继续存在，而形制更加规整，同时出现了葫芦口尖底瓶，接近半坡上层。带庙底沟因素期，陶钵圜底渐平，小口尖底瓶发展成重唇束腰，这一特征也曾见于半坡上层。石岭下类型，钵已见平底，出现了平口广肩尖底瓶，器形有所变化。马家窑类型，钵仍是平底，小口尖底瓶仍是平口广肩④，形式与石岭下类型的非常相似。至半山类型，仍见敛口平底钵，已有鸡冠耳⑤，小口尖底瓶已经不见，而出现了有鋬高腹瓶。马厂类型与半山类型一样，共见平底钵和有鋬高腹瓶。但平唇束腰部分仍见小口尖底瓶的遗制。至于齐家文化，出现平底碗，并有高腹平底瓶⑥，去小口尖底瓶形制已经很远。如此从大地湾一期至带庙底沟因素期，钵均圜底。石岭下类型至马厂类型，钵成平底。至齐家文化，钵已为平底碗所代替。从带半坡因素期至马家窑类型，都是小口尖底瓶。但是到半山类型小口尖底瓶为高腹

---

① 甘肃省博物馆、秦安县文化馆大地湾发掘小组：《甘肃秦安大地湾新石器时代早期遗存》，《文物》1981年第4期，第1、2页。

② 甘肃省博物馆、北京大学历史系考古专业连城考古发掘队：《从马家窑类型驳瓦西里耶夫的“中国文化西来说”》，《文物》1976年第3期，第26、27页。

③ 甘肃省博物馆：《甘肃古文化遗存》，《考古学报》1960年第2期，第20页。

④ 张学正、张朋川、郭德勇：《谈马家窑、半山、马厂类型的分期和相互关系》，《中国考古学会第一次年会论文集》，文物出版社1980年版，第50~71页。

⑤ 甘肃省博物馆：《甘肃彩陶》，文物出版社1979年版，图版85。

⑥ 谢端琚：《试论齐家文化与陕西龙山文化的关系》，《文物》1979年第10期，第60~68页。

平底瓶所代替。所以马家窑文化系统的发展过程，还是很明确的。因这个文化主要分布在洮河流域一带，所以洮河流域是马家窑文化系统中心（见图6.2）。

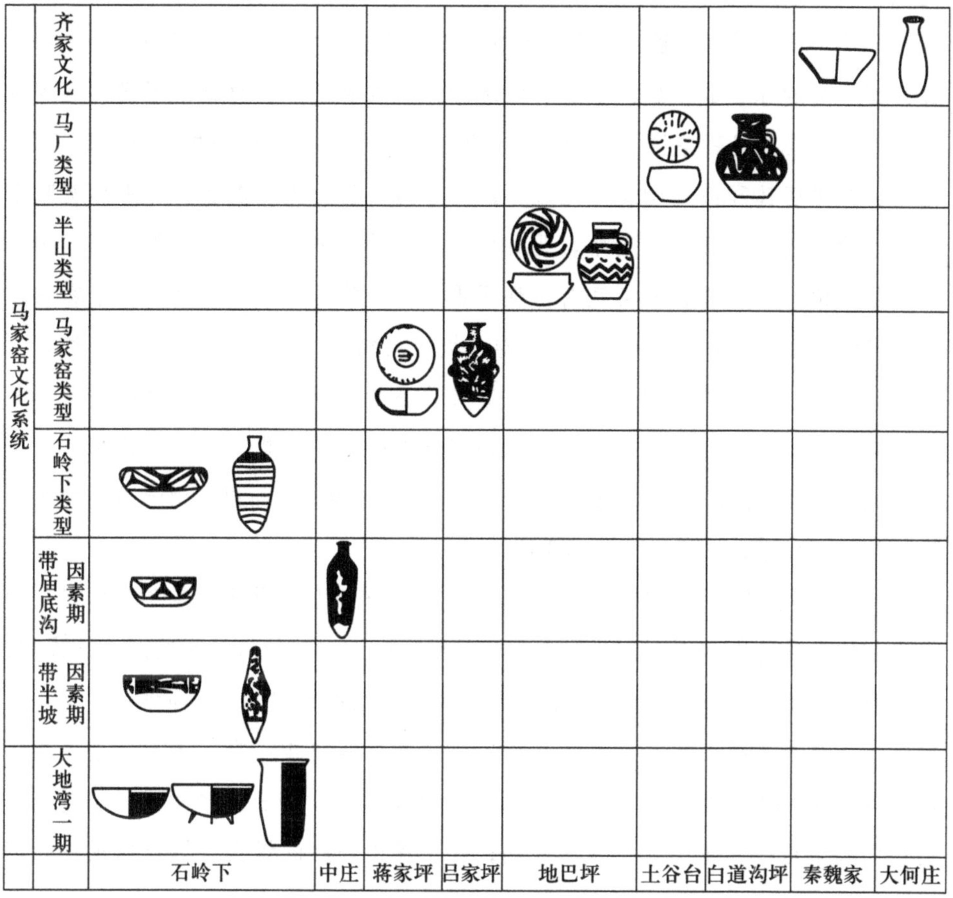

图6.2　马家窑文化系统器物比较图

（二）半坡文化系统中心：半坡文化系统在地层上，半坡下层，相当宝鸡北首岭中层[①]，晚于北首岭下层。同北首岭下层[②]相当的有老官台[③]和元君庙下层。而北首岭下层、北首岭中层、北首岭上层，是互相叠压、互相联系的[④]。华

① 巩启明：《试论仰韶文化》，第3页（油印稿）。

② 中国社会科学院考古研究所宝鸡工作队：《一九七七年宝鸡北首岭遗址发掘简报》，《考古》1979年第2期，第106页。

③ 苏秉琦：《关于仰韶文化的若干问题》，《考古学报》1965年第1期，第55页。

④ 中国社会科学院考古研究所：《宝鸡北首岭》，文物出版社1983年版，第122~126页。

县梓里村，则是客省庄二期文化压在半坡文化之上的地层[1]。所以北首岭下层→半坡下层→半坡上层→梓里村上层，虽然其间仍有缺环，但地层的先后序列还是无问题的。

半坡文化[2]是以人面纹、鱼纹和变体鱼纹为特征的文化[3]，半坡下层有圜底钵，而上层的钵已成平底；下层有圆腹罐，上层有近似折腹罐；下层有葫芦口尖底瓶，上层有长颈束腰尖底瓶[4]，与此相对应的早于半坡下层的北首岭下层，则有大口平底钵和敛口圆腹平底罐，到北首岭中层有大口圜底钵、平唇圆腹平底绳纹罐和直唇鼓腹小平底瓶。北首岭上层有敛口平底钵，敛口平唇圆腹罐近似下层，但有鸡冠耳，而尖底瓶出现了重唇，表明了器形的变化。至于客省庄二期多斜壁直口平底碗和高领罐[5]，与半坡上层相比，发生了显著变化，这是由于在时间上中间有缺环的缘故。从半坡文化系统中既看到各层器物的联系，又看到各层器物的差异，这是半坡文化系统发展的必然过程。半坡文化系统分布的地域，东至华阴，西达宝鸡，北抵邠县，南至户县[6]。所以渭河流域的关中地区是半坡文化系统中心（见图 6.3）。

（三）庙底沟文化系统中心：庙底沟文化系统，虽然叠压地层不多，但从物质文化的发展阶段和碳十四测定上看，早于庙底沟一期的地层有新郑裴李岗期，在庙底沟一期之后有庙底沟二期，是从仰韶向龙山的过渡层[7]，即龙山早期。同样证实这种地层关系的，洛阳有王湾一期，相当庙底沟一期；王湾二期，相当庙底沟二期；而王湾三期，相当河南龙山文化晚期[8]，与三里桥龙山地层是一致的。同属于这一期地层的有煤山一期，晚于煤山一期的煤山二期与二里头一期

① 西北大学历史系考古教研室：《陕西华县梓里村发掘收获》，第 1 页（油印稿）。

② 半坡文化当前考古学界称为半坡类型，它和庙底沟类型一样同属仰韶文化，但是两者颇有差别：（1）半坡彩陶多直线纹，庙底沟彩陶多曲线纹；（2）半坡时间早，庙底沟时间晚；（3）半坡最后延续为客省庄二期文化，庙底沟最后延续为河南龙山文化；（4）半坡文化分布在关中，庙底沟文化分布在豫西晋南。因此作者分别称为半坡文化和庙底沟文化。

③ 石兴邦：《半坡氏族公社》，陕西人民出版社 1979 年版，第 136~147 页。

④ 中国科学院考古研究所、陕西省西安半坡博物馆：《西安半坡》，文物出版社 1963 年版，图一一一。

⑤ 中国科学院考古研究所：《沣西发掘报告》，文物出版社 1962 年版，图三九：1、12。

⑥ 梁星彭：《关于仰韶文化的几个问题》，《考古》1979 年第 3 期，第 260 页。

⑦ 中国科学院考古研究所：《庙底沟与三里桥》，文物出版社 1959 年版，第 111~113 页。

⑧ 北京大学考古实习队：《洛阳王湾遗址发掘简报》，《考古》1961 年第 4 期，第 175~178 页。

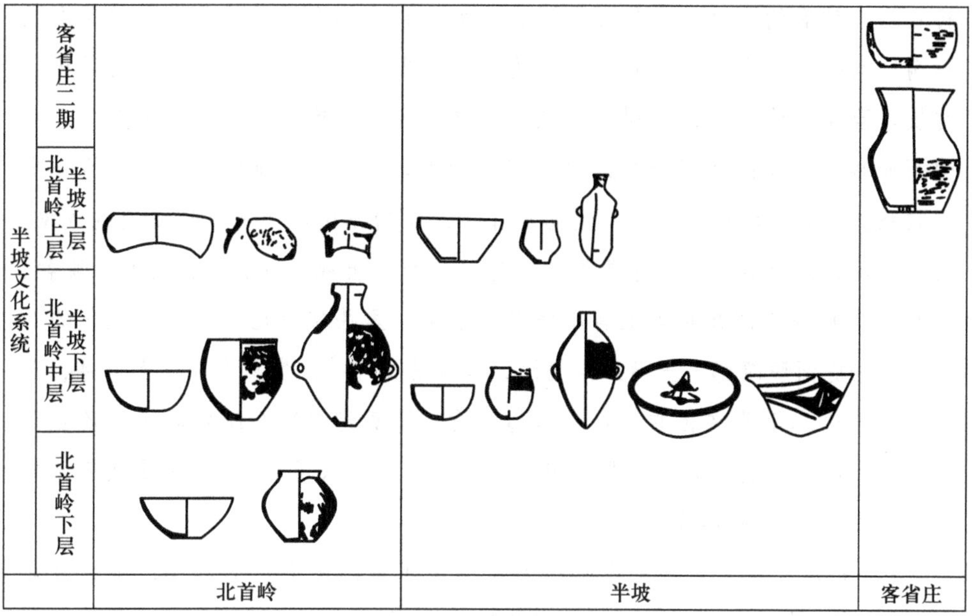

图 6.3　半坡文化系统器物比较图

相当，煤山三期与二里头二期相当，另外矬李地层大致也是从庙底沟仰韶→三里桥龙山→二里头的地层①。所以从裴李岗期到庙底沟一期之间虽然尚有些空白，但是从庙底沟一期→庙底沟二期→王湾三期·三里桥龙山·煤山一期→二里头一期。这个地层序列，是庙底沟文化系统发展的过程，而庙底沟二期证实了河南龙山早期的出现，在连续上是个关键层次，因而这个序列是可信的。

从物质文化上看，裴李岗有圜底近平钵和圜底三足钵，也有敞口深腹罐、弯月形双耳圆腹壶、敞口圆腹锥足鼎②，这些器形可与磁山·老官台同类器相对比，是属于早期形制。至于裴李岗与庙底沟一期之间器形尚不太衔接，暗示中间距离较大。但是磁山 172 号灰坑有曲折纹彩陶片，表明早期已经出现彩陶③；磁县界段营出土的弯月形耳圆腹壶，也说明河北仰韶文化见到了裴李岗器形，磁山与界段营虽然不属于这个文化系统，但是可以作为旁证。其次

① 洛阳博物馆：《洛阳矬李遗址试掘简报》，《考古》1978 年第 1 期，第 17 页。

② 开封地区文物管理委员会、新郑县文物管理委员会、郑州大学历史系考古专业：《裴李岗一九七八年发掘简报》，《考古》1979 年第 3 期，第 200 页，图五。

③ 安志敏：《裴李岗、磁山和仰韶——试论中原新石器时代文化的渊源及发展》，《考古》1979 年第 4 期，第 337 页，图一。

庙底沟一期有的陶钵已成平底，还有釜形鼎和重唇尖底瓶以及繁缛的花瓣纹彩陶图案等，既表示了庙底沟文化的特征，也显示了比裴李岗类型有了极大发展。至庙底沟二期，出现了平底碗，钵已少见，罐的形制接近一期，还有圆腹鼎和袋足斝以及交错斜线纹彩陶盆和小口尖底瓶，证实了与庙底沟一期的联系，但新出现的篮纹等，透露出介于三里桥龙山与王湾三期之间的迹象。王湾三期，碗仍是平底，罐腹更深，斝成平底，出现了鬶和鬲，更有折腹盆，表明比庙底沟二期在种类上有所增多。至于二里头文化已是探索夏文化的对象，如平底深腹罐都与王湾三期接近，而鼎底渐平[①]，鬶身更高，大口尊、三足盘也代表二里头文化的特点。总起来看，庙底沟文化系统发展过程还是很清楚的。而这个文化系统主要分布在大河南北，所以豫西[②]、晋南是庙底沟文化系统中心（见图 6.4）。

（四）大汶口文化系统中心：大汶口文化系统中最早的地层，是滕县北辛[③]，与北辛相似的也见于兖州王因第五层和大汶口遗址下层。其次大汶口文化早期，王因四层代表早期（一），三层代表早期（二），二层代表早期（三）[④]，大汶口文化中期有大汶口遗址早期、中期墓葬和西夏侯下层墓。大汶口文化晚期有大汶口遗址晚期墓葬和西夏侯上层墓。日照东海峪的地层是非常关键的，它的下层相当大汶口文化晚期，中层为从大汶口文化晚期向山东龙山文化的过渡层[⑤]，第一次证实了山东龙山文化源于大汶口文化。而上层则属山东龙山文化早期。如此从北辛文化→大汶口文化早期［王因早期（一）（二）（三）］→大汶口文化中期→大汶口文化晚期→东海峪大汶口文化晚期向山东龙山文化的过渡期→山东龙山文化早期，这个文化发展序列是很明确的。

---

① 中国科学院考古研究所洛阳发掘队：《河南偃师二里头遗址发掘简报》，《考古》1965 年第 5 期，第 218、219 页，图六、图七。

② 李仰松：《从河南龙山文化的几个类型谈夏文化的若干问题》，《中国考古学会第一次年会论文集》，文物出版社 1980 年版，第 41~45 页。安金槐：《试论河南龙山文化与夏商文化的关系》，《中国考古学会第二次年会论文集》，文物出版社 1982 年版，第 154、155 页。

③ 中国社会科学院考古研究所山东队、山东省滕县博物馆：《山东滕县北辛遗址发掘报告》，《考古学报》1984 年第 2 期，第 159、189 页。

④ 中国社会科学院考古研究所山东工作队，济宁地区文物局：《山东兖州王因新石器时代遗址发掘简报》，《考古》1979 年第 1 期，第 5~14 页转第 26 页。

⑤ 山东省博物馆、日照县文化馆东海峪发掘小组：《一九七五年东海峪遗址的发掘》，《考古》1976 年第 6 期，第 378~381 页。

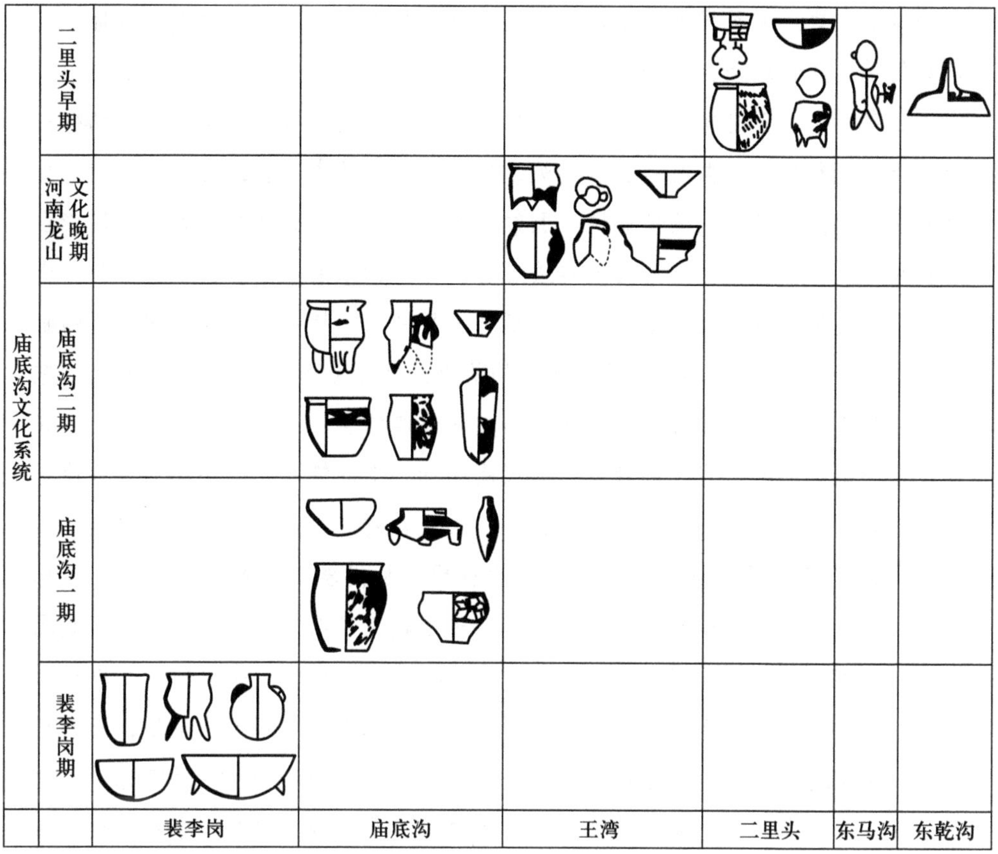

图 6.4　庙底沟文化系统器物比较图

从物质文化上看，最早北辛文化中的罐形鼎、圜底钵和小口双耳壶，都与裴李岗的同类器形相似，证明这是较早一段的遗存。到大汶口文化早期，王因早期（一）的釜形鼎、罐形鼎虽然折腹部分更加规整，但是其为圜底这一点还是与北辛一致的。同时出现了粗而短的觚形器，到王因早期（二），器体变细，上有弦纹，喇叭形口，到王因早期（三），器体中间有凸棱，形式更加别致。这一时期的折腹彩陶盆，肩上红地绘白彩连山纹套饰菱形纹，花纹十分瑰丽。值得注意的这一期出现了实足鬶①，它是山东目前最早出鬶的地层，也是鬶起源于山东大汶口文化的最好证明。直到大汶口遗址早期，这两期都是实足鬶，可是到了大汶口遗址中期，出现了高裆袋足鬶，以三个袋足为腹，没有明

① 高广仁、邵望平：《史前陶鬶初论》，《考古学报》1981 年第 4 期，图二：1。

显的腹部，鬶从实足发展成空足，形式上起了很大变化。同时大汶口遗址早期虽然仍见圜底折腹鼎，但是已有平底折腹鼎，鼎开始见平底。大汶口遗址中期出现了高柄杯，器身矮而粗，到大汶口文化晚期即大汶口遗址晚期，高柄杯出现束腰、柄径很细，并有镂孔、喇叭形座。至于鬶已成圆腹，袋足变短。此外有彩陶背水壶，其颈上绘黑彩同心圆纹，肩部绘黑地白彩涡纹，腹部绘黑彩白边三角形纹，图案艳丽。与大汶口遗址晚期相当的东海峪下层，也出土了与大汶口遗址晚期同样的圆腹鬶、黑陶高柄杯与平底鼎。特别是莒县陵阳河灰陶缸上的文字符号①，已经达到了文字出现的前夜，也是大汶口文化晚期的精英。东海峪中层是大汶口文化晚期向山东龙山文化过渡的层位，这个层位中仍见平底鼎，是下层平底鼎形式上的延续，而黑陶高柄杯上的镂孔，比下层的更加玲珑剔透。到东海峪上层出现了宽沿高柄杯，形式益发展。陶鬶的腹部成筒状，颈部仰天，呈直颈了。特别是鬼脸鼎足的出现，是代表山东龙山文化的重要标志。综上所述，从北辛到王因到大汶口遗址早期都可以看到圜底鼎，是圜底鼎形式的延续。王因早期（三），开始出现实足鬶，大汶口遗址中期开始出现袋足鬶，直接延续到山东龙山文化晚期。而觚形器代表大汶口文化早期，高柄杯则从大汶口遗址中期发展到山东龙山文化晚期。这些器形上的联系和变化②，说明了大汶口文化系统的具体演变过程。大汶口文化系统主要分布在泰山至东海之间，所以海岱地区③是大汶口文化系统中心（见图 6.5）。

（五）河姆渡文化系统中心：河姆渡文化在地层上以河姆渡遗址为代表④，其第四层为河姆渡第一期文化；第三层为河姆渡第二期文化；第二层为河姆渡第三期文化；第一层为河姆渡第四期文化。这四期文化是前后相连的，构成了单一的文化系统。余姚朱山见河姆渡四、三、二层。慈溪童家岙见河姆渡四、三层，宁波妙山见河姆渡四、三、二、一层，舟山群岛定海十字路见河姆渡二

---

① 山东省文物管理处、济南市博物馆：《大汶口》，文物出版社 1974 年版，图九四：1、6。

② 高广仁：《试论大汶口文化的分期》，《考古学报》1978 年第 4 期，第 399~419 页。吴汝祚：《论大汶口文化的类型与分期》，《考古学报》1982 年第 3 期，第 261~281 页。

③ 高广仁、邵望平：《中华文明发祥地之一——海岱历史文化区》，《史前研究》1984 年第 1 期，第 11 页。

④ 浙江省文物管理委员会、浙江省博物馆：《河姆渡遗址第一期发掘报告》，《考古学报》1978 年第 1 期，第 39~93 页。河姆渡遗址考古队：《河姆渡遗址第二期发掘的主要收获》，《文物》1980 年第 5 期，第 1~11 页。

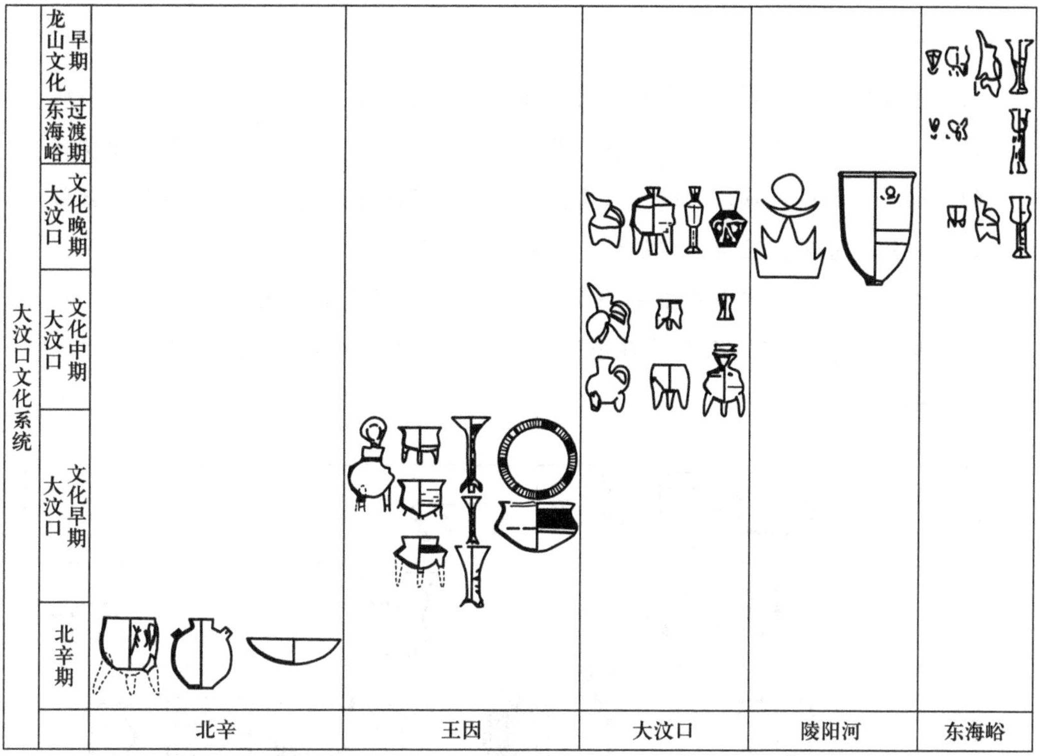

图 6.5　大汶口文化系统器物比较图

层，扩家墩见河姆渡一层。所以早期主要见于宁绍平原上，晚期更扩展至舟山群岛一带。

河姆渡文化系统各层器物的变化，以陶釜为例①。四层下部的陶釜，虽有敛口、敞口、直口之别，但多数短腰圆腹，形式简单。到四层上部，陶釜出现了明显变化，虽然仍有敛口、敞口之分，但是，(1) 腰部加长；(2) 多成束腰；(3) 腰脊突出；(4) 出现腰沿釜；(5) 釜壁多见折角。因而造型很美，形式多样，反映河姆渡文化到了四层上部饮食生活有了很大程度的改进。同样也为四层下部和四层上部在编年上提供了形式上的依据。到三层，形式的丰富仍在继续，有敛口束腰起脊釜和直口束腰起脊釜、直口折腹釜，还有一些矮体扁腹釜和高体圆腹釜，口颈均很短，器体较扁。从圜底来看，仍为四层同类釜的继续。到二层，扁腹釜数量增多，有的更有双鼻，也有直沿的腰沿釜，束腰釜形式减少，但是大敞口、长颈、束腰、折腹高体釜，在形式上仍很别致。表明从

① 牟永抗：《试论河姆渡文化》，《中国考古学会第一次年会论文集》，文物出版社 1980 年版，第 104 页。

四层上部出现的束腰釜，依然有所发展。第一层陶釜，更趋向于扁腹釜和折腹釜。但是从一件残釜颈部片上看，敛口，颈外有凸棱，显然是一种长颈束腰釜的上部，造型很新颖。如此可以看出从四层下部陶釜形式简单，到四层上部陶釜形式骤然复杂，三层仍在继续，并有新的器形出现。至二层、一层陶釜形式又趋向简单。各层陶釜既有联系又有差异，证实了这个文化系统的发展过程。它主要分布在宁绍平原兼及舟山群岛，所以宁绍平原是河姆渡文化系统中心（见图 6.6）。

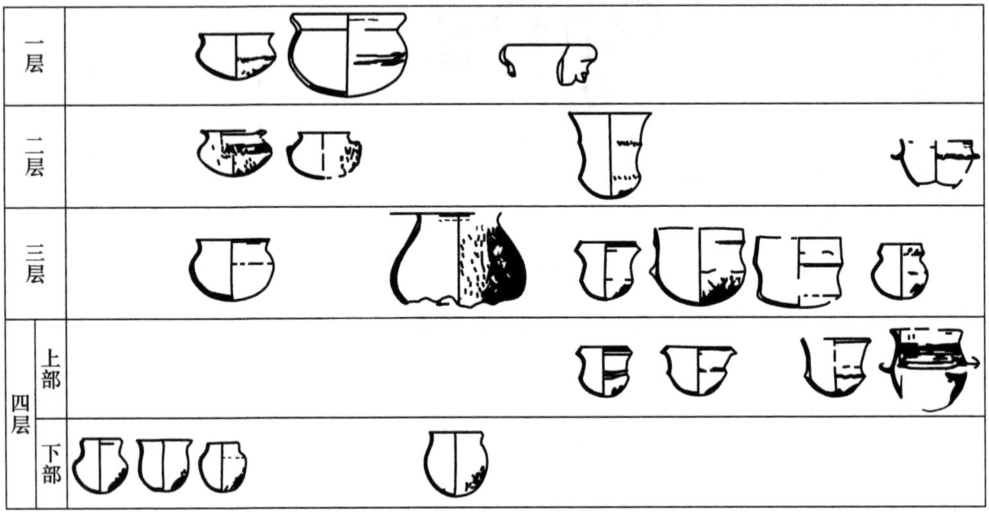

图 6.6　河姆渡文化系统陶釜比较图

（六）马家浜文化系统中心：马家浜文化中地层比较复杂的还是桐乡罗家角遗址，这个遗址的最下层——第四层为罗家角一期，第三层为罗家角二期，第二层为罗家角三期，第一层为罗家角四期[①]。这四层同属于马家浜文化。晚于马家浜文化的有崧泽文化，从吴县草鞋山地层可以得到证明。这个地层厚 11 米，在已经揭露的地层中是罕见的。从第十层到第八层为马家浜文化层。第七层则为从马家浜文化向崧泽文化的过渡层。第六层属于崧泽文化层。第五层遗物很少。第四层至第二层为良渚文化层[②]。证实了从马家浜文化→崧泽文化→良

① 罗家角考古队：《桐乡罗家角遗址发掘报告》，《浙江省文物考古所学刊》，文物出版社 1981 年版，第 1～42 页。

② 南京博物院：《江苏吴县草鞋山遗址》，《文物资料丛刊》第 3 辑，文物出版社 1980 年版，第 1～14 页。

渚文化连续发展的全过程。

从物质文化上看，罗家角四层虽然也有敛口束腰釜，但是各层较多的还是腰沿釜，这种腰沿与河姆渡不同处，即河姆渡多直沿，而罗家角多斜沿，也是这两个文化区分的主要标志。草鞋山马家浜文化与罗家角一样仍见圜底釜和筒形釜，但沿较窄，同时有敛口圆腹锥足鼎和喇叭形圈足豆[1]，豆盘斜直，颈部很粗。至崧泽文化期，陶器已用轮制，腰沿釜不见，鼎出现扁凿形足，豆盘外面起棱，盖上镂孔刻花，张陵山更出土竹节状豆，表明崧泽文化有了进一步变化。草鞋山的良渚文化多属黑皮陶，釜形鼎的凿形足上刻花，豆盘折壁下面有弦纹镂孔喇叭形座。特别是刻有鸟纹、波折纹的有盖贯耳壶，是草鞋山良渚文化的代表器物。此外钱山漾的鱼鳍足鼎[2]、寺墩的袋足有鋬鬶，都表明良渚文化比崧泽文化进了一大步，而登上了马家浜文化系统的顶峰。这个文化系统主要分布在浙北、苏南，所以太湖地区是马家浜文化系统中心（见图 6.7）。

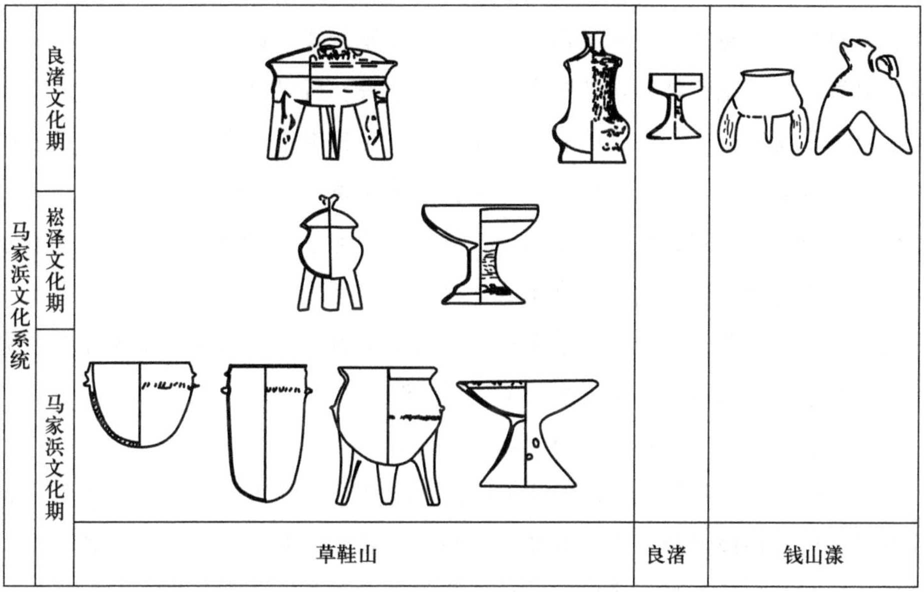

图 6.7　马家浜文化系统器物比较图

① 汪遵国：《太湖地区原始文化的分析》，《中国考古学会第一次年会论文集》，文物出版社 1980 年版，第 111～123 页。

② 黄宣佩：《关于良渚文化若干问题的认识》，《中国考古学会第一次年会论文集》，文物出版社 1980 年版，第 125 页。

（七）屈家岭文化系统中心：屈家岭文化的地层较复杂，鄂北屈家岭文化下面有仰韶文化层，鄂西屈家岭文化下面有大溪文化层，因而它的前身文化是源于大溪文化，还是源于带有仰韶因素的地方类型文化，现在还不清楚。但是在京山，屈家岭文化有从早期到晚期的地层①，是单一存在的。而郧县青龙泉二期，则是屈家岭文化内涵。晚于青龙泉二期的青龙泉三期②，也称湖北龙山文化，以后则有黄陂盘龙城商代文化，可以探讨其去向。所以从屈家岭文化→湖北龙山文化→商代盘龙城期，这个地层序列，还是很明确的。

屈家岭文化以薄胎彩陶碗、扁腹壶、高圈足怀和彩陶纺轮为特征。这种特征是其他文化所不见的。如以鼎为例，在屈家岭中期可以看到盘状凿形足鼎，但是到屈家岭晚期则成折腹凿形足鼎。青龙泉三期这种形制仍在继续，无大变化，到湖北龙山晚期的房县七里河的鼎则从圜底变成微凸底，凿形足更高，至商代盘龙城期鼎成平底，而鼎足稍曲，鼎在各期的演变中还是很清楚的。至于屈家岭文化与湖北龙山文化的联系，如青龙泉二期豆，豆盘很浅，圈足座上有镂孔。到屈家岭晚期天门石家河豆盘转深，豆座转矮，镂孔亦少。至青龙泉三期，则豆盘外面见凸棱，显然是由于轮制的结果。所以这些器形，都反映了从屈家岭文化向湖北龙山文化的转变。屈家岭文化三期中的扁腹壶虽然在颈上和圈足部分各有些变化，但是扁腹这一点，完全反映了屈家岭文化的个性。盘龙城的绳纹敛口锥足鬲，在这个地区也只是到商代才出现的器形③，以前是不见的。这也为湖北龙山晚期至商盘龙城期提供了编年依据。属于新石器时代晚期的屈家岭文化，其分布地域，北至丹江，西至鄂西，南至湘北，东至鄂东，所以江汉平原是屈家岭文化系统中心（见图 6.8）。

综合上述各个文化系统中心，可以概括如下：

（一）每个文化系统中的相近两期，物质文化非常相似，表明了文化上的连续性。而间隔较远的两期，物质文化变化显著，表明了文化上的差异性。这种连续性和差异性是每个文化系统从低级到高级发展过程中出现的必然结果。

① 中国科学院考古研究所：《京山屈家岭》，科学出版社 1965 年版，第 4~69 页。

② 长办文物考古队直属工作队：《一九五八至一九六一年湖北郧县和均县发掘简报》，《考古》1961 年第 10 期，第 519~530 页。

③ 王劲：《楚文化渊源初探》，《中国考古学会第二次年会论文集 1980》，文物出版社 1982 年版，图二。

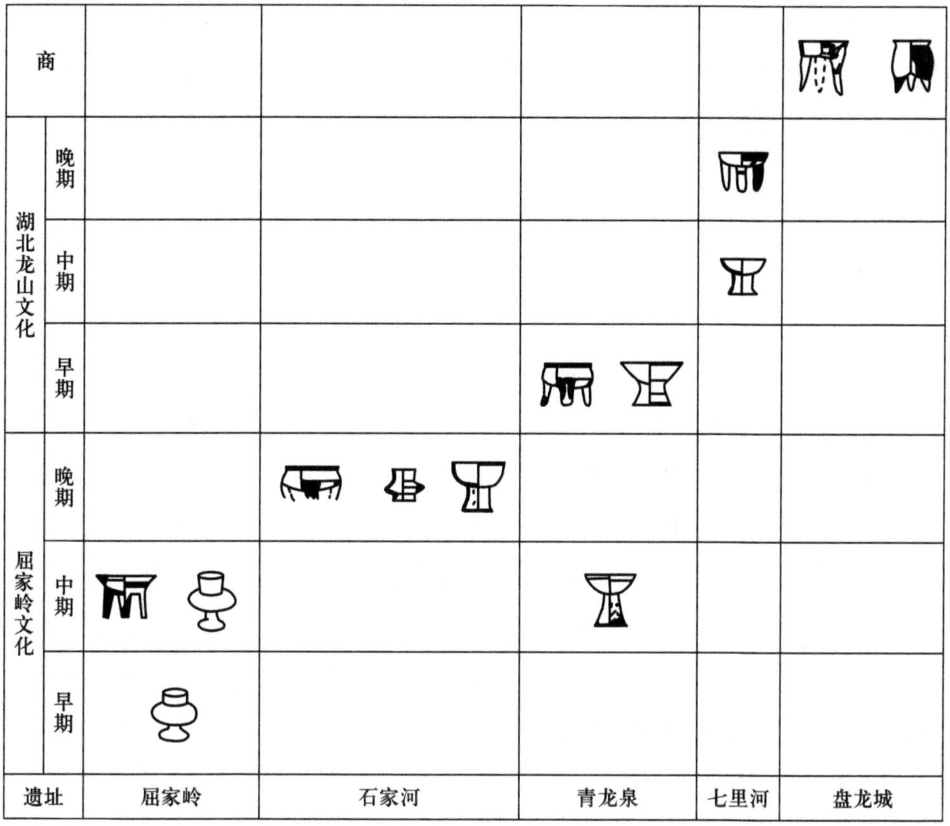

图 6.8　屈家岭文化系统器物比较图

（二）各个文化系统都各有自己的内涵和个性，不能互相拼合，相邻的两个文化系统，固然互见影响的痕迹，但是从整体上看，还是完全不同的各自独立发展的文化系统。

（三）各个文化系统，都有明确的分布地域，在每个地域之内只有一个文化系统，而没有并存的另外的文化系统，所以这些文化系统中心，是居住在这个中心的部族文化的反映，亦即居住于某一地域的某一部族所创造的物质文化。

（四）这七个文化系统中心，只代表黄河流域和长江中下游部分地区的现象，今后全国其他广大地域随着考古材料的积累，将会有更多的文化系统中心出现。

如此可以证明中国从旧石器时代晚期经过中石器时代向新石器时代是连续发展的。而这种连续发展又是在我国辽阔的土地上广泛展开的。当进入新石器时代以后，经过长期的孕育和各自所具备的特点形成了若干个文化系统中心。这若干个文化系统中心，就是我国若干个部族文化连续发展的结果。因此多中心的发展是我国新石器时代文化发展的实际，也是我国新石器时代文化发展的规律。遵照这种实际，归纳并提出多中心发展论，是有依据的。那种认为从一个地点起源然后向四方传播的理论，是不符合实际的，也是没有依据的。

二

中国新石器时代的若干文化系统，并不是按同样速度发展的，也不是按同样水平发展的。而是发展有快有慢，水平有高有低，呈现不平衡状态。

在前述的七个文化系统中，发展最快、水平最高的仍然是黄河中下游豫西晋南的庙底沟文化系统，这个文化系统到了王湾三期，登封王城岗的灰坑中已经发现了残铜片，郑州董砦出土了指甲大小的方铜片[①]，牛砦也发现了冶铜的迹象。这些都证明到了王湾三期，已经出现了铜器，生产力有了新的提高。特别是进一步发展到二里头文化时期，它的时间经过碳十四测定（半衰期，距今 5 730 年），ZK680 距今 3 915±150 年（1965 年 BC）、ZK285 距今 3 555±80 年（1605 年 BC），与夏代纪年公元前 21—公元前 16 世纪相吻合。因此二里头文化，是探索夏文化的对象，是探讨国家起源的对象[②]，也是探讨中国文明起源的对象[③]。

（一）二里头文化进入青铜时代，生产力有了新的飞跃。相当二里头一期的煤山二期，发现了冶铜坩埚片，东下冯早期灰坑内，出土了铜渣、铜斧和石范、陶范；二里头三期有铜渣、坩埚片和陶范，并发现了铜锥、铜刀、铜凿、铜锛、铜鱼钩、铜镞、铜戈、铜戚、铜爵和铜铃[④]，呈现了清新的青铜文明。

（二）冶铜等新的劳动部门出现以后，社会上发生了第二次大分工。二里头大片铜器铸造场，表明出现了冶铸业；大量的骨料和骨器半成品，表明出现

① 严文明：《论中国的铜石并用时代》，《史前研究》1984 年第 1 期，第 38 页。

② 佟柱臣：《从二里头类型文化试谈中国的国家起源问题》，《文物》1975 年第 6 期，第 29~33 页。

③ 夏鼐：《中国文明的起源》，文物出版社 1984 年版，第 173~177 页。

④ 佟柱臣：《二里头文化和商代金属器代替石骨蚌器的过程》，《中原文物》1983 年第 2 期，第 1 页。

了制骨业；若干觚、爵、盉等酒器的出土，表明出现了酿酒业。这些都说明手工业已脱离农业而出现了。

（三）二里头的贝、石贝、骨贝的出土，表明开始了货币流通，出现了商人阶层。

（四）二里头出土的戚、戈、镞各种长兵和短兵，表明已经出现了军队。

（五）二里头出土的东西长108米、南北宽约100米的廊庑回环，殿顶四阿，包括堂、庑、门、庭在内的大宫殿址，表明王者已经出现，国家已经出现，都市已经出现。

（六）陶器上的Ⅰ、Ⅱ、Ⅲ、囟、爪、个、卄、X、ꟽ、▽、Ⅱ、个、卅、木、V、卌、丫、Ⅱ、卄、囟、乂、勿、卄、卟各种文字符号，更是跨入文明社会的重要标志。

以上诸点，都暗示在豫西晋南的伊、洛、河、济之间，是中国三代第一个王朝——夏代出现的地区，这是铁一般的客观史实，因此说黄河中下游是中国文明的摇篮的论断是不错的。如果说在20世纪30年代还是一句推量的话，那么在今天已经为二里头文化证实得差不多了。

那么在黄河中下游已经进入文明社会的时候，周围一些地区发展的情况如何呢？这需要加以比较（见图6.9）。

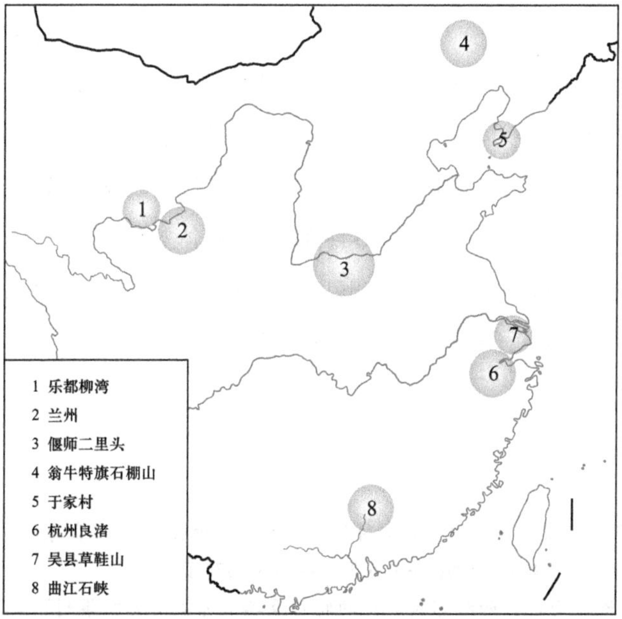

图6.9　公元前21—公元前16世纪二里头文化与周围诸文化比较图

在西北方面，甘肃半山类型以青岗岔 F1 的碳十四数据为例，ZK25，距今 4 015±100 年（2015 年 BC），另外几个数据也距今 3 900—3 800 年之间，所以半山类型的时间，大致与二里头文化相当。虽然甘肃东乡林家遗址的马家窑类型中发现了弧背凹刃窄柄青铜刀，但是半山类型中仍见打制的盘状器和刮削器，而且壶、瓶、瓮、碗、盆诸器，依然装饰有繁缛的彩绘，一部分盆、碗更施内彩。这些纹饰多用红、黑两彩，并交错勾绘出锯齿纹、网格纹、涡纹、弧线纹、菱形花格纹，使瑰丽的彩陶艺术登上了顶峰。可是这个类型仍属于聚落遗址所产生的文化，与二里头反映都市文化是大相径庭的。

其次我们再与青海乐都柳湾的马厂类型比较一下，柳湾已有八个碳十四测定数据，其中属于马厂早期的 M281 的碳十四标本 BK75009，距今 3 860±90 年（1910 年 BC），大概相当二里头中期。墓葬中的随葬器物，仍以石斧、石锛、石刀为主，彩陶虽稍简化，以红、黑两彩勾绘出的波折纹、四大圆圈纹、蛙形纹、三角纹、菱格纹、回形纹①，仍很醒目，其水平依然低于二里头文化。

在东北部，内蒙古翁牛特旗石棚山的墓葬遗存，为红山文化晚期，有两个碳十四测定数据，ZK740—0，距今 3 785±100 年（1835 年 BC）；ZK542—0，距今 3 640±120 年（1690 年 BC）。大致相当二里头文化中晚期。墓中不仅出土了石铲和石镞，而且出土装嵌石刃的骨刀。至于陶器则有鸟形彩陶壶、敛口彩陶钵、彩陶豆、双颈壶、双颈连通壶、有把壶、镂孔豆、高足杯等。纹饰主要是黑彩，分为直线纹、复线纹、复线三角形纹、回纹以及动物纹②等，虽然在原始文化中仍不失为精品，但与二里头文化相比，就显得稍逊一个阶段了。

辽东半岛上的于家村遗址，其下层 T3F3 有三个数据，ZK567，为 T3F3 地面木炭，距今 4 085±100 年（2135 年 BC），大体相当二里头早期。这种遗存虽然受到了一定的山东龙山文化影响，但是仍属一种地方类型文化，虽然也有一些农业迹象，但渔猎经济很发达。陶器多夹砂黑褐陶，手制，纹饰有弦纹和

---

① 青海省文物管理处考古队、中国社会科学院考古研究所青海队：《青海乐都柳湾原始社会墓地反映出的问题》，《考古》1976 年第 6 期，第 365～377 页。

② 李恭笃：《试论辽西地区两种彩陶文化的特征及其关系》，《文物集刊》第 2 辑，1980 年版，第 126～132 页。

划纹，器形有壶、罐、豆、钵、碗、杯，多为平底器，少三足器[①]，鼎、鬲、鬶都不见，其炊爨方法原始，难与二里头文化相互比较。

南方的良渚文化是长江流域中下游最有代表性的一种晚期文化，它的时间，据碳十四测定，钱山漾竹绳（ZK50），距今4 140±85年（2190年BC）；雀幕桥M1木椁板（ZK242），距今3 940±95年（1890年BC）；金山亭林木炭（ZK254），距今3 840±95年（1890年BC）。所以良渚文化晚期大致与二里头文化早期相当，而良渚文化早期比二里头文化稍早，良渚文化中的工具以三角形石器和耘田形器为代表，而耘田形器证实农业达到了极高的水平。且大量的灰陶和黑衣灰陶都是轮制，器形有高领罐、细把豆、袋足鬶、实足盉等。如草鞋山则有黑皮陶罐、带盖刻划纹编织纹贯耳壶、黑衣红陶簋和玉琮等。所有这些在物质文化上都达到了长江流域原始文化的最高水平。同时各地出土的大量礼器——玉琮，暗示氏族中，贵族已经出现，但是仍然没有达到二里头文化国家出现的阶段。

在最南方，石峡文化是珠江流域发展水平最高的文化。其石器抛光之精，是全国新石器时代仅见的一种工艺。三晚层中M26的木炭标本BK75050，据碳十四测定，距今4 020±100年（2070年BC），也大致与二里头文化相当。石峡已经出现稻作农业，并有大量的轮制陶，器形有鼎、釜、甑、鬶、三圈足豆、壶、杯、觯形器以及罐、瓮等，非常复杂，这说明饮食生活的丰富。而玉琮、玉璧、玉玦、玉瑗[②]等的出土，则反映了私有财富和统治阶层的出现。石峡文化与良渚文化一样，虽然都各代表当地的最高文化，而且可能已经出现了金属，但与进入文明社会的二里头文化相较，仍逊一筹。

经过这样一番比较以后，在公元前21世纪至公元前16世纪之间，各地出现的不平衡现象是很清楚的。对于这些不平衡现象，可进一步作如下分析：

（一）虽然马厂类型已经发现了青铜器，而良渚文化、石峡文化估计也进入了青铜时代，但是像二里头文化那样，既出土青铜兵器，又出土青铜容器，青铜文化水平达到这样高度的，在当时，也只有豫西晋南一处。因此生产力的

---

① 旅顺博物馆、辽宁省博物馆：《旅顺于家村遗址发掘简报》，《考古学集刊》第1集，中国社会科学出版社1981年版，第88~103页。

② 广东省博物馆、曲江县文化局石峡发掘小组：《广东曲江石峡墓葬发掘简报》，《文物》1978年第7期，第1~15页。

显著发展，是出现国家、出现文明社会的基本动力。

（二）从当时的文化发展水平比较，二里头文化第一，良渚文化第二，石峡文化第三，而半山类型、马厂类型、石棚山遗存、于家村遗存均居末位，因为这些类型尚处于瑰丽多彩的彩陶阶段，与二里头文化所达到的阶段，显然相差一截。

（三）半山类型、马厂类型和二里头文化均属粟作经济，良渚文化、石峡文化均属稻作经济。虽然北方属于同一经济类型，但是二里头文化酿酒业的兴盛，暗示二里头文化的粟作经济格外发达，是产生文明的基础。

（四）无论半山类型、马厂类型、石棚山遗存、于家村遗存、良渚文化、石峡文化，其聚落遗址均属于部落文化阶段，唯二里头文化出现大片夯土的宫殿址，是进入国家阶段的重要标志。

由于以上的一些不平衡现象的存在，因而作者又提出了新石器时代文化发展不平衡论。

如此，我国新石器时代存在若干文化系统中心，是我国新石器时代文化发展的规律，也是若干部族文化形成的基础。在不平衡规律的支配下，其中夏人建立的夏王朝，在我国三代历史上，是最早出现的国家，也是最先进入文明社会的。

中国新石器时代文化发展的规律和中国文明的起源，是中国新石器时代考古学中关键性的学术课题，笔者多年到全国考察了这个问题，因而首先提出了这个肤浅之见，以就教于海内外贤者。

（选自《文物》1986年第2期）

童恩正与《试论我国从东北至西南的边地半月形文化传播带》

经典导读

童恩正（1935—1997），湖南宁乡人。1956 年考入四川大学历史系，就读“考古专门化”（即考古专业）。大学期间，即跟随考古人类学家冯汉骥赴四川忠县㽏井沟考察新石器时代遗址，1959 年参加巫山大溪的考古发掘。1960 年，出版小说《古峡迷雾》，影响很大，所以 1961 年毕业即被分配到峨眉电影制片厂当编剧。在冯汉骥的引荐下，童恩正次年调回四川大学历史系任教并担任冯汉骥的助手。1963 年，参加四川广汉三星堆遗址的发掘；1964 年，到四川西北的茂县、理县和汶川作石棺葬的调查和发掘；1974 年，主持甘孜藏族自治州石棺葬的发掘；1975 年，主持西昌大石墓发掘；1976 年，带学生到云南晋宁石寨山考古实习；1978—1979 年，主持西藏昌都卡若遗址的发掘；20 世纪 70 年代末到 80 年代中期，作为主力参加了先后由裴文中和贾兰坡领衔的广西柳州白莲洞洞穴遗址考古项目；1982—1984 年，和民族学家李绍明一起领导了横断山区怒江、澜沧江、金沙江、雅砻江、大渡河和岷江六江流域民族综合科学考察工作。历任四川大学历史系讲师、副教授、教授、四川大学博物馆馆长等职务。1984 年被选为中国古代铜鼓研究会理事长，1989 年当选中国考古学会理事，1990 年被选为德国考古研究院通讯院士。1989 年秋，移居美国，先后执教于美国华盛顿州立大学、宾夕法尼亚大学、匹兹堡大学、洛杉矶加州大学、华盛顿大学等，开设“中国考古学”“古代中国”“华南考古”“古代中国艺术”“东亚考古”等20余门课程，培养大批学生，桃李满天下。

童恩正是人类学派的考古学家。他在西南地区考古学、民族学和文化人类学的调查和研究方面，都有重要贡献。他也是一名作家，出版过一系列科幻小说和科普作品，其《古峡迷雾》和《珊瑚岛上的死光》等书均深受读者喜爱，引领不少青年人走上考古之路。在西南地区考古方面，他有专著《古代的巴蜀》(1979)、主编中国田野考古报告《昌都卡若》(1985)等；文化人类学方面，他有专著《文化人类学》(1989)、论文《中国北方与南方古代文明发展轨迹之异同》(1994)等。其重要论文收入《中国西南民族考古论文集》(1990)，学术作品和文学作品一同集结为《童恩正文集》(1998)。

《试论我国从东北至西南的边地半月形文化传播带》一文从文化因素的对比入手，探讨从石器时代到铜器时代中国边地半月形文化传播带的存在及其产生的规律。文章从东北、西北到西南地区众多共同的文化因素，比如细石器、石棺葬、大石墓—石棚、石头建筑遗迹以及凹窝球形石器、双孔半月形石刀、石范、人形茎青铜剑、曲刃矛、双大耳罐、动物纹饰等文化遗物出发，指出新石器时代和青铜时代的众多民族，曾在中国东北至西南地区形成了一个“边地半月形文化传播带”。文章从出土器物的类型风格、建筑遗迹、葬具、葬俗等各个方面的考古学因素，探讨了从东北到西南这一半月形地带之内古文化之间的内在联系。

文章认为，“边地半月形文化传播带”产生的原因，一方面是其生态环境的相似，主要地貌为山地或高原、太阳辐射年总量大致相近、年平均气温接近、植物生长期相近、降水量相差不大、干燥度指数接近，植被与土壤的分布接近；另一方面，不同部族集团之间的经济活动和风俗习惯相似，他们沿着“边地半月形文化传播带”进行迁徙。

童恩正提出的“边地半月形文化传播带”理论，不仅有利于我们深入研究中国东北、西北和西南各民族的文化交流、适应和传播，而且对于深入探索中国古代文明多元发展的曲折历程很有助益。

—— **延伸阅读文献目录：**

1. 童恩正：《中国西南民族考古论文集》，文物出版社1990年版。

2. 童恩正:《中国北方与南方古代文明发展轨迹之异同》,《中国社会科学》1994年第5期。
3. 童恩正:《中国古代的巫》,《中国社会科学》1995年第5期。
4. 童恩正:《童恩正文集·学术系列:人类与文化》,重庆出版社1998年版。
5. 王巍主编:《考古卷》第二分册,钱伟长总主编:《20世纪中国知名科学家学术成就概览》,科学出版社2015年版。

(陈星灿 撰)

—— 原文:《试论我国从东北至西南的边地半月形文化传播带》

经典原文

试论我国从东北至西南的边地半月形文化传播带

童恩正

如果我们站在号称“世界屋脊”的青藏高原上纵目遥望祖国大地，就会发现在高原的东北，有几道山脉连续地向东延伸，这就是青海的祁连山脉，宁夏的贺兰山脉，内蒙古的阴山山脉，直至辽宁、吉林境内的大兴安岭。而在高原的西南部，也有几道山脉向南延伸，这就是由四川西部通向云南西北部的横断山脉。这一北一南的两列山峰及其邻近的高地，在地理上如同一双有力的臂膀，屏障着祖国的腹心地区——黄河中下游和长江中下游肥沃的平原和盆地；在文化上，这一地带则自有其渊源，带有显著的特色，构成了古代华夏文明的边缘地带。

尽管这一高地绵延万里，从东北至西南成一半月形环绕着中原大地，但是从新石器时代后期直至铜器时代，活动于这一区域之内的为数众多的民族却留下了若干共同的文化因素，这些文化因素的相似之处是如此的明显，以致难以全部用“偶合”来解释。因此我们如果能从头绪纷繁的文化现象中分析出这些共同之点，并且进而探讨产生这些共同性的原因，当有助于我们对于社会文化与生态环境之间的辩证关系的认识，增加我们对于古代边地民族之间的相互关系的了解。

所谓考古学文化，是需要通过一定数量、并具有一定特征的物质遗留来体现的。它既包括了人类制造的器物（生产工具、生活用具、装饰品等）、建筑（房屋、墓葬、宗教设施等）或其他遗迹（人类活动留下的痕迹，动植物遗留），同时也包括了这些遗物或遗迹上的某些特质，如制造技术、装饰风格、原材料选择、习惯措施等。此种构成某一考古学文化的基本因素，我们可以称之为“文化因素”（Culture Element）[①]。不论每一文化因素的性质如何，但均有

① 这里我们是借用了文化人类学上的一个名词，但其解释则与文化人类学习惯的解释有别。参考 Clark Wissler, *Man and Culture*, New York, 1923, p.51。

一共同特点，即它们都是通过物质来显示的。我们一般对不同的考古学文化进行比较研究，实质上乃是对这些文化因素进行对比研究。文化因素之间的相似性愈多，则考古学文化之间的关系愈加密切。个别的或少数的文化因素的相似，可以用不同地区在相似环境下独立发明来解释，但是如果相似的因素比较多，并且是在相当长的一段历史时期内反复出现，我们就需要从其他方面来考察其原因了。

在以下的讨论中，我们即是从文化因素的对比入手，探讨从石器时代到铜器时代中国边地半月形文化传播带的存在及其产生的规律。

一、细石器

我国细石的分布，大致可以分为北、西两线。北线起自东北，沿内蒙古、宁夏、甘肃、青海、新疆而西。佟柱臣先生曾将北方和东北的细石器分为西拉木伦河流域地区、河套地区、巴丹吉林沙漠地区、浑善达克沙漠地区、呼伦贝尔草原地区、松嫩平原地区[①]。西线见于黄河上游兰州雁儿湾马家窑文化遗址[②]、景泰张家台半山类型文化墓地[③]、酒泉下河清马厂类型文化遗址和永昌鸳鸯池墓地[④]，以及武威皇娘娘台齐家文化遗址[⑤]。由此而南，细石器在青藏高原有着广泛的分布。见于报道的地点有黑河、托托河沿（海拔 4 300 米）[⑥]，聂拉木县亚里村（海拔 4 300 米），羊圈（海拔 4 900 米）[⑦]，双湖县玛尼、绥绍拉西侧、绥绍拉西北、色乌岗东北，申扎县珠洛勒、卢令、罗马松、加吓日阿嘎、捧康、改扎、雄梅、不金雄、亚司、查勒多、洛扎、巴家、东乡、尼隆（以上地点海拔为 4 500—5 200 米）[⑧]，普兰县马法木湖东北岸（海拔 4 630 米），日土县帕也曲

① 佟柱臣：《试论中国北方和东北地区含有细石器的诸文化问题》，《考古学报》1979 年第 4 期。

② 甘肃省文物管理委员会：《兰州新石器时代的文化遗存》，《考古学报》1957 年第 1 期。

③ 甘肃省博物馆：《甘肃景泰张家台新石器时代的墓葬》，《考古》1976 年第 3 期。

④ 甘肃省博物馆文物工作队等：《永昌鸳鸯池新石器时代墓地的发掘》，《考古》1974 年第 5 期。

⑤ 甘肃省博物馆：《甘肃武威皇娘娘台遗址发掘报告》，《考古》1960 年第 2 期。

⑥ 邱中郎：《青藏高原旧石器的发现》，*Vertebrata palasiatica*, Vol.2, No.2–3, pp.157–163。

⑦ 戴尔俭：《西藏聂拉木县发现的石器》，《考古》1972 年第 1 期。

⑧ 安志敏等：《藏北申扎、双湖的旧石器和细石器》，《考古》1979 年第 6 期。

真沟北岸（海拔 5 200 米），吉隆县戳错龙湖西北岸（海拔 4 620 米）[①]。经过科学发掘的含细石器的遗址则有四川炉霍甲洛呷妥（海拔 3 800 米）[②]，以及西藏昌都卡若新石器时代遗址（海拔 3 100 米）[③]。在西南地区发现细石器的最南地点，是云南的元谋盆地[④]（见图 7.1）。

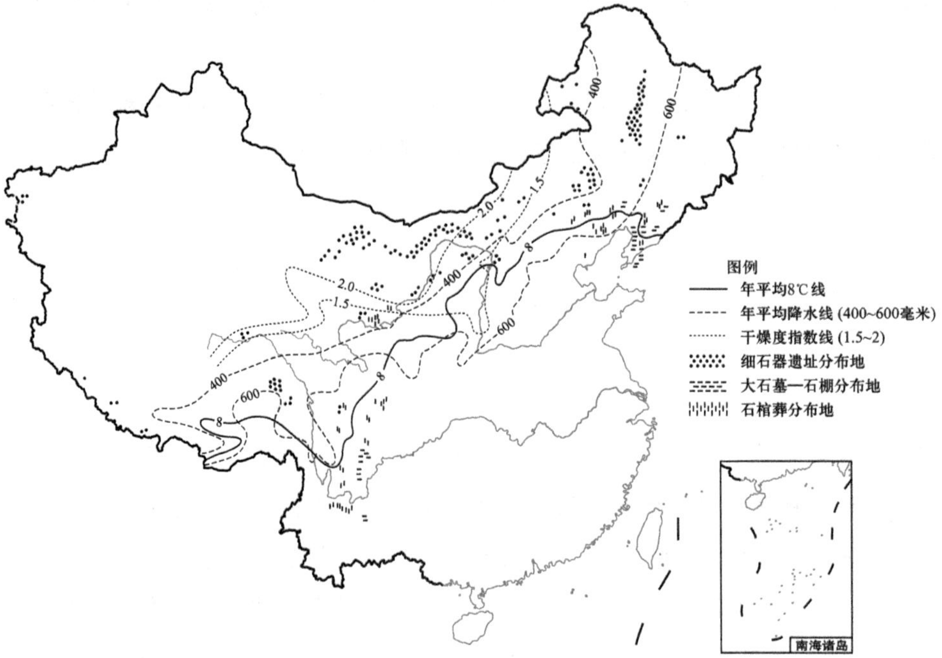

图 7.1　细石器、大石墓—石棚、石棺的分布与自然环境的关系示意图

北线和西线的细石器具有若干共同之点，如均不见几何形细石器，均有楔形石核、船底形石核、锥状石核和柱状石核，有相应的从上述石核上剥离下来的细石片和细石叶，器形有刮削器、尖状器、刃片、箭镞等，这些均属于我国华北细石器工艺传统[⑤]。不过西藏的细石器，仍然带有某些地方特点，

① 刘泽纯等：《西藏高原马法木湖东北岸等三个地点的细石器》，《南京大学学报》（哲学社会科学版）1981 年第 4 期。

② 陈明芳：《炉霍石棺葬族属刍议——兼论炉霍石棺葬与草原细石器的关系》，中国石棺葬学术讨论会论文，1985 年。

③ 西藏自治区文物管理委员会等：《昌都卡若》，文物出版社 1985 年版。

④ 周国兴等：《云南元谋盆地的细石器遗存》，《北京自然博物馆研究报告》1980 年第 5 期。

⑤ 贾兰坡：《中国细石器的特征和它的传统，起源与分布》，《古脊椎动物与人类》1978 年第 16 卷第 2 期。

如其中所出的带侧翼的圆锥形石核和棱柱状石核、半圆锥形石核和柱状石核、漏斗形石核刮器、弧底三角形圆刮器、隆脊宽刃短刮器、利用细石片制的长刮器等，这些均少见于其他的地区。但是这些变异（variety），主要应视为时代的差异，而非系统的不同。就严格的科学意义来讲，细石器都应该是用间接打击法产生的，但我国的细石器中亦包括了部分用锤击法或砸击法产生的石片石器或石核石器，仅仅由于其体积细小，故一般研究者仍将它归纳入细石器之中。

佟柱臣先生指出："在我国这样实际情况下，细石器到底代表个什么概念呢？我以为它是在我国的草原沙漠地区以及与其邻接的地带，在有石英、玛瑙、石髓、燧石等石材的条件下，一定技法一定形式，而反映在工具上的一种含义。"[①] 这种将细石器的产生与一定的生态环境相联系的意见，无疑是正确的。中国南方的细石器，主要集中于西藏，发现细石器的地点海拔均在 3 000 米以上，多属高山灌丛草原区，其自然环境接近北方草原沙漠地区；强烈的新构造运动引起的高原的隆起，河流的下切侵蚀，冰川的搬运，使本地区基岩大面积裸露，石英、玛瑙、石髓、燧石等石材易得，故而具备产生细石器的条件。

细石器是经常作为一种复合工具而使用的，所以镶嵌石刃的骨刀梗，亦见于我们所讨论的这一地带之内，如黑龙江昂昂溪遗址[②]、内蒙古富河沟门遗址[③]以及甘肃永昌鸳鸯池[④]、景泰张家台[⑤]、青海西宁朱家寨[⑥]等地。它们与细石器一起，构成了边地半月形文化传播带的重要的共同因素。

---

① 佟柱臣：《试论中国北方和东北地区含有细石器的诸文化问题》，《考古学报》1979 年第 4 期。

② 梁思永《昂昂溪史前遗址》，《梁思永考古论文集》，科学出版社 1959 年版，图一九。

③ 中国科学院考古研究所内蒙古工作队：《内蒙古巴林左旗富河沟门遗址发掘简报》，《考古》1964 年第 1 期，图三：19，图版壹：8。

④ 甘肃省博物馆文物工作队等：《永昌鸳鸯池新石器时代墓地的发掘》，《考古》1974 年第 5 期，图版伍：1 上，图九：9、10，图一〇。

⑤ 甘肃省博物馆：《甘肃景泰张家台新石器时代的墓葬》，《考古》1976 年第 3 期，图六。

⑥ Andersson，J.G.1945："The Site of Chu Chia Chai"，*BMFEA*，No.17。

二、石棺葬

石棺是我国古代边地民族常见的一种葬具，它出现于新石器时代后期，延续至铁器时代；但其鼎盛时期，却在铜器时代。此种文化因素，虽然为不同的时代不同的文化所共有，不能用“石棺葬文化”来概括，但其形制的演变和分布的规律，仍然可以给予我们很多启示。

就形制而言，石棺葬又可分为石盖土坑墓、石盖积石墓、石盖石棺墓三类，但由于其文化内涵相同，且有时在同一墓地出现，所以我们仍以石棺葬统名之（见图 7.2）。

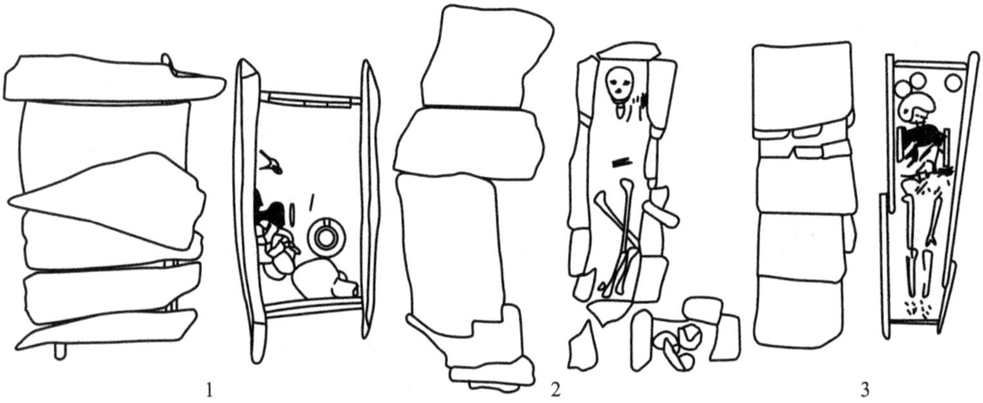

1. 景泰张家台 M1　2. 吉林西团山 M8　3. 茂汶营盘山 M9

图 7.2　石棺结构比较图

中国有关石棺的最早记载，见于《史记·秦本纪》：“是时蜚廉为纣石北方，还，无所报，为坛霍太山而报，得石棺。”但考古学上石棺葬最初出现的雏形，可能是属于仰韶文化的陕西华县元君庙墓地458号墓，该墓“穴底有二层台，台上堆砌数层砾石，形成石棺”[①]。其次是属于陕西龙山文化的神木县石峁墓地，其结构“是在坑底和四壁衬铺石板，上面再盖上石板成棺材状（石板是根据石头的自然层理，经敲砸而得）”[②]。在西北地区，则见于景泰张家台墓

① 中国社会科学院考古研究所编：《新中国的考古发现和研究》，文物出版社 1984 年版，第 64 页。

② 戴应新：《陕西神木县石峁龙山文化遗址调查》，《考古》1977 年第 3 期。

地，在清理的22座墓葬中，有石棺墓11座，不但数量多，而且形制固定，已经是长方形有底有盖的规整石棺了[①]。

进入铜器时代以后，石棺葬发展成为我国北部和西部边地民族普遍的葬式。其分布仍然是从东北开始，沿华北的北部边缘（大致以长城为界）向西，在甘青地区折向西南，经青藏高原东部直达云南西北部的横断山脉地区，而大致与前一历史时期细石器的分布地带相重合。

在此广袤的地域之内，石棺葬又有地区的差别。每一局部地区的石棺葬均与不同的考古学文化、不同的民族集团相联系。

在东北地区，石棺葬的分布可以分为四个亚区。

第一个亚区在吉林省境内，从威虎岭以西至东辽河流域。见于报道的墓葬地点有吉林西团山[②]、骚达沟[③]、小团山、东梁岗[④]，永吉旺起屯[⑤]，江北土城子[⑥]，蛟河山头屯、小南沟[⑦]，永吉星星哨水库[⑧]，吉林长蛇山[⑨]、猴石山[⑩]等，均属于西团山文化，其时代约从西周到战国，一般学者均认为这是古代肃慎族的遗留[⑪]。

第二个亚区在辽宁省西部，即辽河以西的西拉木伦河、英金河、老哈河、大凌河、小凌河诸流域。见于报道的石棺葬有赤峰红山[⑫]、宁城南山根[⑬]、喀左南洞沟[⑭]以及朝阳十二台营子[⑮]等地。属于夏家店上层文化的范畴，其时代约为西

① 甘肃省博物馆：《甘肃景泰张家台新石器时代的墓葬》，《考古》1976年第3期。

② 东北考古发掘团：《吉林西团山石棺墓发掘报告》，《考古学报》1964年第1期。

③ 段一平等：《对吉林骚达沟石棺墓的认识与说明》，《先秦史研究动态》1985年第1期。

④ 吉林市博物馆：《吉林口前蓝旗小团山、红旗东梁岗石棺墓清理简报》，《文物》1983年第9期。

⑤ 刘法祥：《吉林省永吉县旺起屯新石器时代石棺墓发掘简报》，《考古》1960年第7期。

⑥ 吉林省博物馆：《吉林江北土城子古文化遗址及石棺墓》，《考古学报》1957年第1期。

⑦ 匡瑜：《吉林蛟河县石棺墓清理》，《考古》1964年第2期。

⑧ 吉林市文物管理委员会等：《永吉星星哨水库石棺墓及遗址调查》，《考古》1978年第3期。

⑨ 吉林省文物工作队：《吉林长蛇山遗址的发掘》，《考古》1980年第2期。

⑩ 吉林地区考古短训班：《吉林猴石山遗址发掘简报》，《考古》1980年第2期。

⑪ 靳枫毅：《论中国东北地区含曲刃青铜短剑的文化遗存（下）》，《考古学报》1983年第1期。

⑫ 吕遵谔：《内蒙赤峰红山考古调查报告》，《考古学报》1958年第3期。

⑬ 辽宁省昭乌达盟文物工作站等：《宁城县南山根的石椁墓》，《考古学报》1973年第2期。

⑭ 辽宁省博物馆等：《辽宁喀左南洞沟石椁墓》，《考古》1977年第6期。

⑮ 朱贵：《辽宁朝阳十二台营子青铜短剑墓》，《考古学报》1960年第1期。

周早期至战国中期，可能是属于古代东胡族的遗留[①]。

第三个亚区在河北省北部，从七老图山至云雾山一线，包括燕山山地及滦河流域在内。发现石棺葬的地点有丰宁皮匠沟[②]、围场东家营子[③]、平泉东南沟[④]、唐山[⑤]等地。其时代约从西周早期至春秋晚期，有人推测这是周代山戎的文化[⑥]。

第四个亚区在辽宁省辽河以东的区域，向南包括辽东半岛在内。发现地点有抚顺大伙房[⑦]，辽阳二道河子[⑧]，清原县门脸[⑨]、土口子中学[⑩]，辽阳市接官厅[⑪]以及新金县安波公社[⑫]等地。这类石棺葬随葬器物有方銎扇形铜斧（或斧范）、凿、小刀、横耳圆腹陶罐等，而以一种有圆柱状的茎与脊、刃成曲线的青铜短剑为其特征，时代约在春秋，论者以为属东夷族系[⑬]。

在黄河上游，属于铜器时代的石棺葬发现较少，但近年来在青海民和县簸箕掌、山城台、瓦窑台、郭家台、原土台等地发现了一批石棺葬[⑭]，属于辛店文化甲组遗存，其时代在西周晚期至春秋前期，估计今后在甘肃西南部和青海东部还会有类似的发现。这一发现之所以重要，是由于它首次证明了在黄河上游的古代民族中，有一支是有采用石棺葬的习惯的，这就提供了解决南方西藏、四川石棺葬的来龙去脉的线索。关于这批石棺葬的族属，俞伟超教授曾经指出："根据卡约、寺洼及辛店的分布区域，就知道它们是以羌人为

① 靳枫毅：《论中国东北地区含曲刃青铜短剑的文化遗存（下）》，《考古学报》1983年第1期。
② 郑绍宗：《中国长城地带石棺墓之研究》，中国石棺葬学术讨论会论文，1985年。
③ 郑绍宗：《中国长城地带石棺墓之研究》，中国石棺葬学术讨论会论文，1985年。
④ 河北省博物馆等：《河北平泉东南沟夏家店上层文化墓葬》，《考古》1977年第1期。
⑤ 安志敏：《唐山石棺墓及其相关的遗物》，《考古学报》1954年第1期。
⑥ 靳枫毅：《论中国东北地区含曲刃青铜短剑的文化遗存（下）》，《考古学报》1983年第1期。
⑦ 孙守道等：《辽宁寺儿堡等地青铜短剑与大伙房石棺墓》，《考古》1964年第6期。
⑧ 辽阳市文物管理所：《辽阳二道河子石棺墓》，《考古》1977年第5期。
⑨ 清原县文化局：《辽宁清原县门脸石棺墓》，《考古》1981年第2期。
⑩ 清原县文化局等：《辽宁清原县近年发现一批石棺墓》，《考古》1982年第2期。
⑪ 辽阳市文物管理所：《辽阳市接官厅石棺墓群》，《考古》1983年第1期。
⑫ 许玉林等：《新金双房石棚和石盖石棺墓》，《文物资料丛刊》1983年第7期。
⑬ 靳枫毅：《论中国东北地区含曲刃青铜短剑的文化遗存（下）》，《考古学报》1983年第1期。
⑭ 高东陆等：《青海民和境内发现的石棺葬》，中国石棺葬学术讨论会论文，1985年。

主体的西戎诸部落的遗存。”[①]俞伟超教授谈到“以羌人为主体的西戎诸部落”而不肯定他们全部是羌人，这是十分审慎而正确的。因为在甘肃中南部地区后代泛称的羌族中，有一支实即从战国到西汉见于历史的氐族。《三国志·魏书·乌丸鲜卑东夷传》裴松之注引《魏略·西戎传》，追述氐族的历史时说：“此盖乃昔所谓西戎在于街、冀、豲道者也，今虽都统于郡国，然故自有王侯在其虚落间。”按汉之街泉在今甘肃秦安县，冀县在今甘谷县，豲道在今陇西县，均在泾渭二水上游之间。《后汉书·西羌传》载：“景帝时，（羌）研种留何率种人求守陇西塞，于是徙留何等于狄道、安故，至临洮、氐道、羌道县。”据《汉书·百官公卿表（上）》：“（县）有蛮夷曰道”，此处之氐道，当指先秦时氐人聚居的地区，其地在今甘肃南部西汉水上游一带。足见氐人虽然长期与羌人杂居，在西周时同以“西戎”一名而见于历史，但是他们自有其传统和独特的文化，在汉世的区别还是很清楚的。关于甘肃南部之氐，西汉前期司马迁写《史记·西南夷列传》时还能确凿地辨明：“自冉駹以东北，君长以什数，白马最大，皆氐类也。”但到五百余年后南朝宋范晔写《后汉书·西羌传》时，记载这一支氐族，就说“或为白马种，广汉羌是也”，又将之混入了羌的系统。考虑到西北能明确定为羌族文化者均不见石棺葬（如东部的齐家文化，西部的火烧沟类型文化），则留下石棺葬的民族是属于氐族的可能性还是存在的。

在青海境内，石棺葬的分布折向南方，而盛行于青藏高原之东部，包括了四川的川西高原、西藏的藏东高山峡谷区和云南滇西北横断山高山峡谷区。在此区域之内，亦可分为四个亚区。

第一个亚区位于四川阿坝藏族自治州岷江上游，发现地点有汶川县萝葡

---

① 俞伟超：《关于“卡约文化”和“辛店文化”的新认识》，《中亚学刊》第1辑，中华书局1983年版。

寨、大布瓦寨，理县于达寨、龙袍寨①、佳山寨②，茂汶城关③、营盘山④、撮箕山、桌子坝、西清地、上南庄⑤等地。这批墓葬的时代早者为春秋，晚者可达西汉末年，其族属据作者管见，当为冉駹夷中，“六夷、七羌、九氐”中之氐族⑥。

第二个亚区在大渡河—青衣江流域。发现的地点有宝兴瓦西沟口⑦、陇东老场桥头⑧、汉源大窑⑨等地。大窑石棺葬不出双耳罐，但出一种单口双联罐，形制古朴，陶质疏松，原报告定在秦汉之际，实际上恐不会晚于战国。陇东石棺葬有用东汉砖砌棺壁之现象，又出土了货泉，其为东汉遗留无疑。

在西汉时，今宝兴为青衣县。《水经注》卷三六：“青衣水出青水县西蒙山，东与沫水合也”，注曰：“县，故青衣羌国也。”可见其主要居民为羌族。汉源县为旄牛县，《后汉书·南蛮西南夷列传》：“至天汉四年，并蜀为西部，置两都尉，一居旄牛，主徼外夷，一居青衣，主汉人。”此处之徼外夷，无疑应包括《后汉书·西羌列传》中列举之“或为牦牛种，越巂羌是也”之羌族，按旄、牦同字异写，旄牛县之得名，当由于该地之牦牛种羌人，足证这一带的居民主要为羌族。直至唐代，这里的居民成分变化仍然不大。《旧唐书·地理志》记“雅州”：“都督一十九州，并生羌、生獠羁縻州”，可见羌族仍为主要

① Graham, D. C.1944. “An Archaeological Find in the Chiang Region”, *Journal of the West China Border Research Society* (*JWCBRS*), Vol.15, Ser.A, pp.34–37. Liu, En-Lan, 1944. “Tribes of Li-Fan County in Northwest Szechwan”, *JWCBRS*, Vol.15, Ser.A, pp.1–10.
Cheng, Te-kun, 1946. “The Slate Tomb Culture of Li-Fan”, *Harvard Journal of Asiatic Studies*, June, pp.63–80.
冯汉骥：《岷江上游的石棺葬文化》，《工商导报》1951年4月20日（成都）。
李绍明：《四川理县发现很多石棺葬》，《文物参考资料》1955年第7期。
冯汉骥、童恩正：《岷江上游的石棺葬》，《考古学报》1973年第2期。

② 凌曼立：《四川理番县佳山寨史前拾遗》，《考古人类学刊》第21~22期合刊，1963年（台湾）。

③ 四川省文管会等：《四川茂汶羌族自治县石棺葬发掘报告》，《文物资料丛刊》1983年第7辑。

④ 茂汶羌族自治县文化馆：《四川茂汶营盘山的石棺葬》，《考古》1981年第5期。

⑤ 徐学书：《试论岷江上游“石棺葬”的源流》，中国石棺葬学术讨论会论文，1985年。

⑥ 童恩正：《近年来中国西南民族地区战国秦汉时代的考古发现及其研究》，《考古学报》1980年第4期。

⑦ 宝兴县文化馆：《四川宝兴县汉代石棺墓》，《考古》1982年第4期。

⑧ 杨文成：《四川宝兴的石棺墓》，《考古与文物》1983年第6期。
杨文成：《关于陇东石棺墓群的几个问题》，中国石棺葬学术讨论会论文，1985年。

⑨ 汉源县文化馆：《四川汉源大窑石棺葬清理简报》，《考古与文物》1983年第4期。

居民集团之一。所以我们推测，这一亚区的石棺葬可能与传说中的青衣羌、髦牛羌有关。

第三个亚区在金沙江—雅砻江流域。发现的地点有鑪霍甲洛呷妥[①]，雅江呷拉[②]，木里麦地隆公社[③]，盐边渔门、永兴、惠民等区[④]，巴塘扎金顶[⑤]等地。其中扎金顶M4木棺的碳十四测定年代为公元前1285年（经树轮校正）[⑥]，约当商代后期。甲洛呷妥石棺葬出大量细石器、骨器，不见川滇地区石棺葬的典型器物——双大耳罐和缠缑状柄山字格铜剑，这可能是其时代较早的一种表现，估计其时代亦可能在商周之际。呷拉的石棺葬则可能在战国晚期。至于木里和盐边的石棺葬，由于目前资料太少，还难以断定。这一地区的民族关系非常复杂，在汉代仍被称为“徼外蛮夷”，所谓“自汶山以西，前世所不至，正朔所未加”[⑦]。仅《后汉书·南蛮西南夷列传》及《张王种陈列传》所载即有筰都、白狼、槃木、唐菆、楼薄、汙衍等“百余国”。“其人皆被发左衽，言语多好譬类，居处略与汶山夷同。”[⑧]但是值得注意的是，《后汉书》是将这些民族均附于筰都夷一节中叙述的，足见其大的族系相同。目前我们仅能推测康定以西的雅江、巴塘一线的石棺葬可能和白狼有关[⑨]；而雅砻江下游木里、盐边一带的石棺葬则可能和筰都夷有关[⑩]。不过他们都是属于大的氐羌族系，恐怕是没有问题的。

第四个亚区在滇西北横断山高山峡谷区。这里的石棺葬可视为金沙江—雅砻江亚区石棺葬文化向南的延续，故二者的关系相当紧密。目前发现的地点有德钦

---

① 陈显双：《铲霍县发现“石棺葬”墓群》，《四川文物》1984年第4期。

② 甘孜藏族自治州文化馆等：《四川雅江呷拉石棺葬清理简报》，《考古与文物》1983年第4期。

③ 黄承忠：《木里县发现石棺葬》，《凉山彝族奴隶制研究》，1980年第1期。

④ 二滩水电站渡口段联合考古调查组：《二滩水电站淹没区渡口段考古调查简报》，《凉山彝族奴隶制研究》1981年第1期。

⑤ 甘孜考古队：《四川巴塘、雅江的石板墓》，《考古》1981年第3期。

⑥ 中国社会科学院考古研究所实验室：《放射性碳素测定年代报告（七）》，《考古》1980年第4期。

⑦《后汉书·南蛮西南夷列传》。

⑧《后汉书·南蛮西南夷列传》。

⑨（清）李元《蜀水经》卷八：“打箭炉（今康定），汉旄牛缴外白狼王地也。”

⑩ 西汉时越嶲郡以“筰”命名之县有三，即定筰（今盐源县）、筰秦（今盐源县）、大筰（今盐边县），均在雅砻江下游。

永芝[①]、纳古[②]，丽江大具、金江、石鼓、巨甸、桃花、红岩、格子、古渡、马鞍山[③]，永仁菜园子[④]、维的[⑤]，祥云检村[⑥]，元谋大墩子、下棋柳[⑦]，姚安黄牛山[⑧]等地。

这批墓葬的时代，早者如永仁菜园子、维的，元谋大墩子，可达商代（本地可能还是新石器时代）；晚者如祥云检村的石棺墓，则可以到西汉前期。关于此亚区石棺葬的族属，可能仍然是筰系民族，大致相当于汉代的嶲、昆明[⑨]，魏晋时的摩沙夷[⑩]，唐代的施蛮、顺蛮、磨蛮、磨些蛮[⑪]，以及徙莫祇蛮和俭望蛮[⑫]之属。

就现有资料而言，发现的石棺葬以西北地区最早，西南次之，东北又次之。这三个大区虽然相隔甚远，但石棺的结构却惊人地相似。我们似有理由可以推测，石棺原为黄河上游某一氐羌系统的民族（其中以氐族的可能性较大）所采用的一种葬具，以后才传播到“西南夷”和东北的“胡”“戎”诸民族中去的。

三、大石墓—石棚

大石墓或称石棚，其基本结构是以巨石树立作四壁，顶部再覆以大石，构

① 云南省博物馆文物工作队：《云南德钦永芝发现的古墓葬》，《考古》1975年第4期。

② 云南省博物馆文物工作队：《云南德钦县纳古石棺墓》，《考古》1983年第3期。

③ 木基元：《丽江金沙江河谷石棺葬初探》，中国石棺葬学术讨论会论文，1985年。

④ 马长舟：《永仁县发现新石器时代石板墓》，《云南文物》1983年第13期。

⑤ 阚勇：《滇西石棺葬文化初论》，中国石棺葬学术讨论会论文，1985年。

⑥ 何超雄：《祥云检村发掘三座石棺墓》，《云南文物》1979年第8期。大理文管所：《祥云县禾甸公社再次发现石棺墓》，《云南文物》1983年第13期。云南省大理白族自治州文物管理所：《云南祥云县检村石棺墓》，《考古》1984年第12期。

⑦ 阚勇：《滇西石棺葬文化初论》，中国石棺葬学术讨论会论文，1985年。

⑧ 姚安县文化馆：《云南姚安西教场黄牛山石棺墓》，《考古》1984年第7期。

⑨《史记·西南夷列传》：“（邛都）其外西自同师以东，北至楪榆，名为嶲、昆明。”

⑩《华阳国志·蜀志》：“定筰县：筰，夷也。汶山曰夷，南中曰昆明，汉嘉、越嶲曰筰，蜀曰邛，皆夷种也。县在郡西。渡泸水，宾刚徼，曰摩沙夷。”

⑪《蛮书》卷四：“施蛮，本乌蛮种类也。铁桥（今丽江巨甸）西北大施赕、小施赕、剑寻赕皆其所居之地。”“顺蛮，本乌蛮种类，初与施蛮部落参居剑、共诸川。”“磨蛮，亦乌蛮种类也。铁桥上下及大婆、小婆、三探览（今丽江县一带）、昆池（今盐源县）等川，皆其所居之地也。”“磨些蛮，在施蛮外。”

⑫《新唐书·南蛮传下》：“爨蛮之西，有徒莫祇蛮、俭望蛮，贞观二十三年内属，以其地为傍、望、览、邱、求五州（在今楚雄、牟定、广通、禄丰、易门一带）。”

成方形或长方形墓穴。这类墓葬多半是一种氏族的丛葬墓，且常与二次葬相联系，如待死者肌肉腐朽后拾骨入葬，或者火化后将骨灰放入。另有一种则以大小不一的石块砌成四壁，以石板盖顶，且有分隔为数室者。此种墓之规模较石棺葬为大，有人称之为积石墓，故亦列入本节讨论。

大石墓—石棚在我国之分布，恰与石棺葬一样，仍然是集中在两大地区，即东北与西南。在东北，大石墓—石棚比较集中发现于辽宁省之东部，在盖县、复县①、旅大市、金县、庄河县、岫岩县、营口县、海城县、清原县、新宾县②、开原县③等地均有分布。积石墓则见于辽宁阜新县胡头沟④、旅顺老铁山、营城子公社、双岛公社、长海县蛤仙岛⑤以及大连于家村砣头⑥等地。

关于此类墓葬之时代，积石墓出土遗物呈现出新石器时代晚期的风貌，约当中原之商末周初；而大石墓—石棚则多为春秋战国时代的遗存。一般论者认为其创造的民族可能和大肃慎族系有关。

在西南，类似之墓葬主要集中于四川西南部凉山彝族自治州之安宁河流域以及与之毗邻的云南省金沙江以南之地，在安宁河流域，先后在越西、冕宁、喜德、普格、西昌、德昌、米易等县发现了大石墓—石棚近百座⑦，经正式发掘的地点有：西昌坝河堡子⑧、河西公社⑨、西郊公社⑩、礼州公社⑪，冕宁三块石⑫，德

① 符松子：《辽宁省新发现两座石棚》，《考古通讯》1956 年第 2 期。

② 许玉林等：《辽东半岛石棚综述》，《辽宁大学学报》（哲学社会科学版）1981 年第 1 期。

③ 辽宁省博物馆：《辽东半岛石棚的新发现》，《考古》1985 年第 2 期。

④ 方殿春等：《辽宁阜新县胡头沟红山文化玉器墓的发现》，《文物》1984 年第 6 期。

⑤ 旅大市文物管理组：《旅顺老铁山积石墓》，《考古》1978 年第 2 期。

⑥ 旅顺市博物馆等：《大连于家村砣头积石墓地》，《文物》1983 年第 9 期。

⑦ 刘世旭：《试论川西南大石墓的起源与分期》，《考古》1985 年第 6 期。

⑧ 四川省金沙江渡口西昌段、安宁河流域联合考古调查队：《西昌坝河堡子大石墓发掘简报》，《考古》1976 年第 5 期。

⑨ 西昌地区博物馆：《西昌河西大石墓群》，《考古》1978 年第 2 期。

⑩ 西昌地区博物馆：《西昌西郊公社一大队第一号墓清理发掘简报》，《凉山彝族奴隶制研究》1978 年第 2 期。

⑪ 刘世旭：《试论川西南大石墓的起源与分期》，《考古》1985 年第 6 期。

⑫ 西昌地区博物馆等：《冕宁县三块石古墓葬清理发掘简报》，《凉山彝族奴隶制研究》1978 年第 2 期。

昌五一公社[①]，喜德拉克公社[②]，米易挂榜公社[③]等地。这批大石墓的时代，其上限可达春秋，下限至于东汉，笔者认为是古代邛都夷的遗存。

在云南境内金沙江以南的地区，大石墓—石棚有确切材料报道者有两处，其中弥渡县苴力清理的10座属于大石墓[④]，而祥云县检村M1为多室积石墓[⑤]。两处墓葬的时代均为战国。其族属笔者认为可能属于洱海地区与滇族关系密切的一种农业民族，或与楪榆、靡非之属有关[⑥]。

在西南地区与东北地区之间，迄今并未发现大石墓—石棚，这也就是说，缺乏传播的中间环节，所以其间的关系究竟若何，我们目前不能加以附会。但是两地之间在墓葬结构和葬式方面的这种相似，却是值得进一步研究的。

在此还想附带讨论一下火葬的问题。此种葬俗出现于新石器时代末期，它普遍发现于辽宁南部的石棚和石棺墓中，在内蒙古昭乌达盟石棚山氏族墓地、甘肃寺洼文化墓葬中亦有发现[⑦]，而在西南地区四川岷江上游石棺葬中，火化骨殖再用石棺埋藏的现象也是常见的。此种葬俗曾被内地民族视为怪异，认为不合“仁义之道”[⑧]，但在本文所讨论的半月形文化传播带之内，它的分布却是相当广泛的。

四、石头建筑遗迹

古代某些民族之所以兴建石棺葬，大石墓—石棚这一形式的墓葬，其最本

① 西昌地区博物馆等：《德昌县五一公社果园大队古墓葬清理发掘简报》，《凉山彝族奴隶制研究》1978年第2期。

② 凉山彝族地区考古队：《四川凉山喜德拉克公社大石墓》，《考古》1978年第2期。

③ 席克定等：《米易考古调查记》，《雅砻江下游考察报告》，中国西南民族学会编印，1983年。

④ 云南省文物工作队：《弥渡苴力战国石墓》，《云南文物》1982年第12期。

⑤ 何超雄：《祥云检村发掘三座石棺墓》，《云南文物》1979年第8期。大理文管所：《祥云县禾甸公社再次发现石棺墓》，《云南文物》1983年第13期。云南省大理白族自治州文物管理所：《云南祥云县检村石棺墓》，《考古》1984年第12期。

⑥《史记·西南夷列传·正义》注“靡莫之属”：“靡非在姚州北，去京西南四千九百三十五里，即靡莫之夷。”又注“楪榆”：“汉楪榆县在泽西益都。靡非，本楪榆王属国也。”

⑦ 李恭笃：《辽宁东部地区青铜文化初探》，《考古》1985年第6期。

⑧ 参见《墨子·节葬》。

质的原因，还在于人们在生产和生活的实践中，对于石质建筑有所熟悉，有所应用，最后才能产生宗教信仰上的观念。根据古人事死如事生的习惯，为死者兴建的幽宅，往往模仿生前的住宅，所以石质坟墓的出现，亦与其他的实用建筑有关。

我国黄河流域新石器时代的居住习惯，从最早的属于磁山—裴李岗文化的河南莪沟遗址的房屋开始，就是一种半地穴式房屋，而且以后历经仰韶文化和龙山文化而无变化[①]，在长江流域，人们则习惯居住干栏式建筑，从最早的河姆渡文化即是如此[②]，其后的大溪文化、屈家岭文化、马家浜文化、良渚文化等虽发展了一种地面竹木结构的房屋，但与此同时仍保留了干栏式房屋的传统[③]。唯有在边地半月形文化传播带中，从新石器时代到青铜时代存在着一种石头建筑的遗存。它从另外一个侧面，反映出这一地带文化因素的某些共同性。

在青藏高原东部盛行石棺葬的区域之中，石建筑具有古老的传统。《后汉书·南蛮西南夷列传》记冉駹夷："皆依山居止，累石为室，高者至十余丈，为邛笼。"《隋书·附国传》记附国人："……垒石为礫而居，……其礫高至十余丈，下至五六丈，每级丈余，以木隔之。基方三四步，礫上方二三步，状似浮图。"此种建筑，唐代称之为"雕"或"鵰舍"，遗风至今犹存。现在西藏东部、四川甘孜、阿坝两藏族自治州的藏、羌、嘉戎诸族人民的房屋，仍然保存了石砌的传统。在昌都卡若新石器时代遗址中，其晚期建筑全部是半地穴式石墙房屋[④]，类似的用石块砌墙的半地穴住屋遗迹还见于属夏家店下层文化的赤峰蜘蛛山遗址 F4 和 F5[⑤]、药王庙遗址 F1[⑥]，属于西团山文化的吉林泡子沿前山遗址

---

① 河南省博物馆等:《河南密县莪沟北岗新石器时代遗址发掘简报》,《文物》1979 年第 5 期。

② 浙江省文物管理委员会等:《河姆渡遗址第一期发掘报告》,《考古学报》1978 年第 1 期。河姆渡遗址考古队:《浙江河姆渡遗址第二期发掘的主要收获》,《文物》1980 年第 5 期。

③ 安志敏:《"干栏" 式建筑的考古研究》,《考古学报》1963 年第 2 期。

④ 西藏自治区文物管理委员会等:《昌都卡若》，文物出版社 1985 年版。

⑤ 中国社会科学院考古研究所内蒙古工作队:《赤峰蜘蛛山遗址的发掘》,《考古学报》1979 年第 2 期。

⑥ 中国社会科学院考古研究所内蒙古工作队:《赤峰药王庙、夏家店遗址试掘报告》,《考古学报》1974 年第 1 期。

房屋 F1—F4[①]、长蛇山遗址房屋[②]及猴石山遗址房屋[③]等（见图 7.3）。

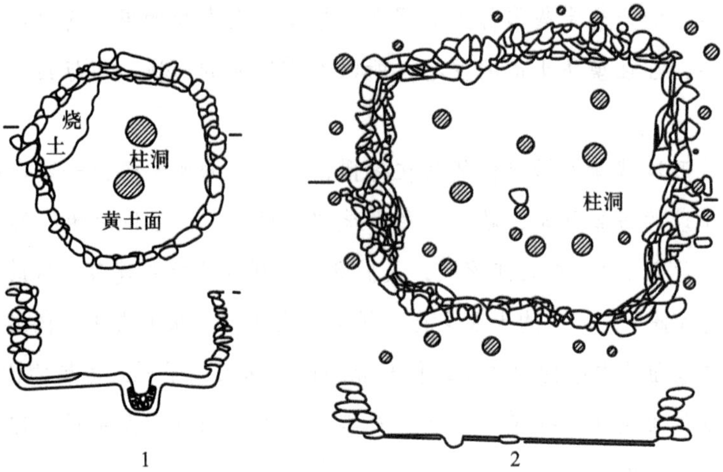

1. 药王庙 F1　2. 卡若 F12

图 7.3　石头建筑房屋遗存

除此以外，卡若遗址还发现了石墙基、圆石台、石围圈[④]等建筑遗迹。其中圆石台、石围圈等可能和原始宗教信仰有关，在全国其他原始文化中并不多见。但在属于红山文化的辽宁喀左县东山嘴遗址中，却发现了与之类似的石墙基、石圈形台址、多圆形石基址等遗迹[⑤]。在阜新县胡头沟，也发现了石围圈遗迹[⑥]。这种通过类似的建筑遗存而反映出来的意识形态中的某些一致性，同样是我们不应该忽视的。

五、其他文化遗物

在东北和西南之间，除了建筑、葬式和墓葬结构等方面的相似以外，两地

① 吉林市博物馆：《吉林市泡子沿前山遗址和墓葬》，《考古》1985 年第 6 期。
② 吉林省文物工作队：《吉林长蛇山遗址的发掘》，《考古》1980 年第 2 期。
③ 吉林地区考古短训班：《吉林猴石山遗址发掘简报》，《考古》1980 年第 2 期。
④ 西藏自治区文物管理委员会等：《昌都卡若》，文物出版社 1985 年版，第 45 页。
⑤ 郭大顺等：《辽宁省喀左县东山嘴红山文化建筑群址发掘简报》，《文物》1984 年第 11 期。
⑥ 方殿春等：《辽宁阜新县胡头沟红山文化玉器墓的发现》，《文物》1984 年第 6 期。

遗址及墓葬中所出文化遗物，也存在着若干联系。由于这些联系往往是以个别因素出现，所以长期以来，学术界并没有给予足够的注意。但是如果我们仔细审查从新石器时代到铜器时代中国边地文化的全部内容，则我们可以发现此种联系的存在是不容否认的。

在我国的东北和西南地区，均出一种两面有凹窝的球状石器和圆形穿孔石器，尽管各地命名不同，但其大小形状则相去不远。如卡若遗址所出Ⅲ型研磨器①及Ⅲ型重石②实即夏家店下层文化所出球形石器③(见图7.4)；卡若遗址之Ⅰ型重石④即夏家店下层文化之穿孔石器⑤，上层文化之环形器⑥(见图7.5)。类似的器物还见于内蒙古林西⑦、吉林永吉杨屯⑧及舒兰黄鱼圈珠山⑨等处。所谓球形

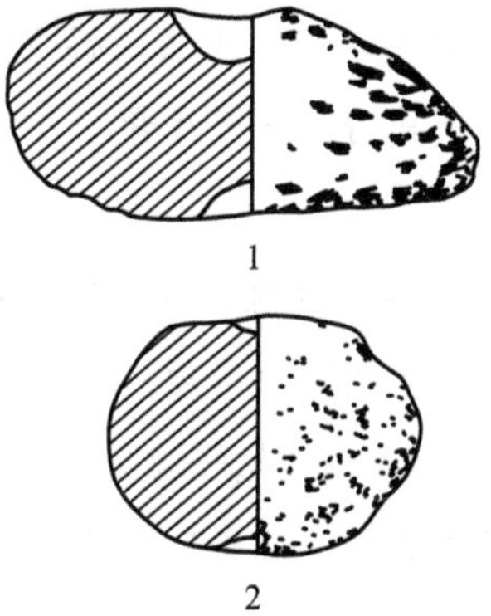

1. 卡若　2. 夏家店下层文化

图7.4　球形石器

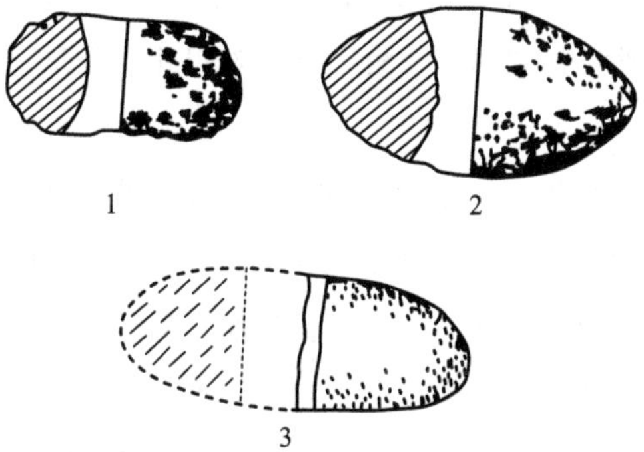

1. 卡若　2. 夏家店上层文化　3. 夏家店下层文化

图7.5　穿孔石器

---

① 西藏自治区文物管理委员会等：《昌都卡若》，文物出版社1985年版，图六二：12。

② 西藏自治区文物管理委员会等：《昌都卡若》，文物出版社1985年版，图六二：1。

③ 中国社会科学院考古研究所内蒙古工作队：《赤峰药王庙、夏家店遗址试掘报告》，《考古学报》1974年第1期，图一八：5，图版捌：7。

④ 西藏自治区文物管理委员会等：《昌都卡若》，文物出版社1985年版，图六二：3，11。

⑤ 中国社会科学院考古研究所内蒙古工作队：《赤峰药王庙、夏家店遗址试掘报告》，《考古学报》1974年第1期，图一八：7。

⑥ 中国社会科学院考古研究所内蒙古工作队：《赤峰药王庙、夏家店遗址试掘报告》，《考古学报》1974年第1期，图二四：10，图版壹贰：3。

⑦ 内蒙古自治区文化局文物工作组：《内蒙古自治区发现的细石器文化遗址》，《考古学报》1957年第1期，图二：11。

吕遵谔：《内蒙林西考古调查》，《考古学报》1960年第1期，图七：2。

⑧ 刘振华：《永吉杨屯遗址试掘简报》，《文物》1973年第8期，图七：15。

⑨ 吉林省文物工作队：《吉林舒兰黄鱼圈珠山遗址清理简报》，《考古》1985年第4期，图十二：4。

石器，可能是用作投掷的工具；而穿孔石器，则可能安装短柄用以砍砸[①]，这二者都是与狩猎的经济活动有关的。

在西南地区新石器时代的遗址中，具有特征性的器物之一就是一种单孔或双孔的半月形石刀，刃开在弯曲的弓背的一侧。1939年，考古界前辈吴金鼎、曾昭燏等人在云南大理发掘时，即注意到了这一点。他们指出：

> 此次在苍洱境发现之史前文化，其本质颇异于华北之仰韶龙山两文化。虽与华北文化不无关系，而地方色彩甚重。最显著之特点，即断线压文与半月形石刀。断线压文陶在华北少见，今日所知者，只甘肃及热河有之，而在苍洱境则极为发达，占饰文陶之一重要部分。半月形石刀开刃法，苍洱与华北不同。以弓为喻，华北刀刃开于弓弦，苍洱境所出者刃开于弓背。

在应用上，华北式适于割，苍洱式适于切[②]。此处吴、曾两氏虽未明言半月形文化传播带的问题，却意识到了边地文化与华北文化之间的两项区别，这无疑是正确的。此类石刀以后在四川西昌礼州遗址[③]、云南元谋大墩子遗址[④]、宾川白羊村遗址[⑤]、昌都卡若遗址[⑥]等地均有发现，但它同时又是东北西团山文化石棺葬中出土的典型器物之一，见于吉林西团山[⑦]、小团山、东梁岗[⑧]，长蛇山[⑨]，永

---

① 王培新：《吉林延边出土的环状石器及其用途》，《文物》1985年第4期。

② 吴金鼎等：《云南苍洱境考古报告》，1942年，国立中央博物院专刊乙种之一。

③ 礼州遗址联台考古发掘队：《四川西昌礼州新石器时代遗址》，《考古学报》1980年第4期。

④ 云南省博物馆：《元谋大墩子新石器时代遗址》，《考古学报》1977年第1期，图十一：13，图版伍：5。

⑤ 云南省博物馆：《云南宾川白羊村遗址》，《考古学报》1981年第3期，图十三：22。

⑥ 西藏自治区文物管理委员会等：《昌都卡若》，文物出版社1985年版，图六一：2、8，图四三：6、1。

⑦ 东北考古发掘团：《吉林西团山石棺墓发掘报告》，《考古学报》1964年第1期，图八：1，图十一：1。

⑧ 吉林市博物馆：《吉林口前蓝旗小团山、红旗东梁岗石棺墓清理简报》，《文物》1983年第9期，图五、六。

⑨ 吉林省文物工作队：《吉林长蛇山遗址的发掘》，《考古》1980年第2期，图七：18、19。

吉星星哨[①]、杨屯[②]，舒兰黄鱼圈珠山[③]等地（见图7.6）。就其时代来看，是西南早而东北迟，其间自不能排斥由南到北文化传播的可能性。

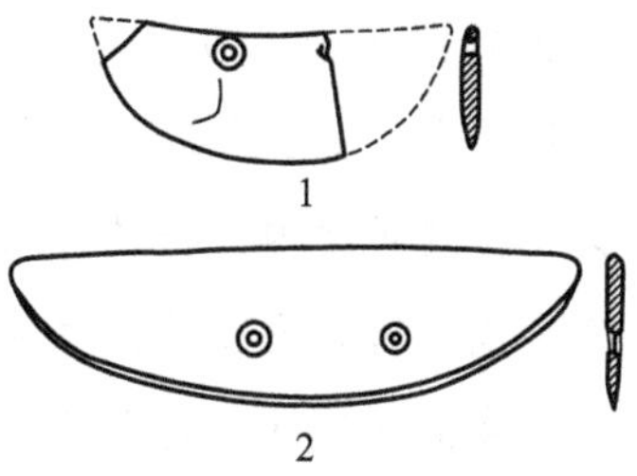

1. 元谋大墩子　2. 吉林西团山

图 7.6　双孔半月形石刀

青藏高原东南部新石器时代另一特征器物就是一种长宽比值很大的条形石斧或石锛，它见于西藏昌都卡若遗址[④]，四川汶川、理县[⑤]，云南宾川白羊村遗址[⑥]等地。而在黄河上游，则见于甘肃兰州西坡坬[⑦]和东乡[⑧]马家窑文化遗址、武威皇娘娘台齐家文化遗址[⑨]，青海民和县核桃庄马厂类型遗址[⑩]。值得注意的是，在东北它又常见于西团山文化之中，如吉林长蛇山石棺葬[⑪]、泡子沿前山石棺葬[⑫]，珲春一松亭遗址[⑬]等，此外在辽宁本溪县庙后山洞穴墓地亦有出土[⑭]。

进入铜器时代以后，这一地带之间相同的文化因素更加显著。即以铸铜技术而言，在我国中原地区，铜器时代的早期虽曾使用过石范，但至少从二里头

---

① 吉林市文物管理委员会等：《永吉星星哨水库石棺墓及遗址调查》，《考古》1978 年第 3 期，图七：7。

② 刘振华：《永吉杨屯遗址试掘简报》，《文物》1973 年第 8 期，图七：10。

③ 吉林省文物工作队：《吉林舒兰黄鱼圈珠山遗址清理简报》，《考古》1985 年第 4 期，图十一：1、2。

④ 西藏自治区文物管理委员会等：《昌都卡若》，文物出版社 1985 年版，图五九：5、9，图四一：2，图四二：1。

⑤ 四川大学历史系考古教研组：《四川理县、汶川县考古调查简报》，《考古》1965 年第 12 期，图三：1、2、3、4。

⑥ 云南省博物馆：《云南宾川白羊村遗址》，《考古学报》1981 年第 3 期，图一三：20，图版拾叁：1。

⑦ 甘肃省博物馆：《甘肃兰州西坡遗址发掘简报》，《考古》1960 年第 9 期，图 2：1。

⑧ 资料现存甘肃省博物馆。

⑨ 甘肃省博物馆：《甘肃武威皇娘娘台遗址发掘报告》，《考古》1960 年第 2 期，图五：1、9，图七。

⑩ 资料现存青海省文物管理处考古队。

⑪ 吉林省文物工作队：《吉林长蛇山遗址的发掘》，《考古》1980 年第 2 期，图七：3。

⑫ 吉林市博物馆：《吉林市泡子沿前山遗址和墓葬》，《考古》1985 年第 6 期，图十：7。

⑬ 李云铎：《吉林珲春南团山一松亭遗址调查》，《文物》1973 年第 8 期，图八：13，图九：4。

⑭ 辽宁省博物馆等：《辽宁本溪县庙后山洞穴墓地发掘简报》，《考古》1985 年第 6 期，图五：9，图一〇：3。

文化时期开始（约公元前1900—公元前1600年），其青铜铸造业主要就是使用陶范[①]。以后历商周而下，直至铸铁业开始，情况仍是如此。但在边地半月形文化传播带之内，铸造技术似乎是循着另外一种传统发展，这就是铸造简单的工具或兵器时用石范，而铸造较复杂的容器或装饰品时用失腊铸造法。

在亚洲地区，迄今所知最早的石范，是泰国东北能诺他遗址第四层出土之两对砂石斧范，其时代约在公元前2100年[②]。以后较多的发现于中南半岛其他较迟的青铜时代遗址中[③]。在我国西南地区，云南剑川海门口遗址曾发现过片麻岩制成的斧范[④]（碳十四测定时代距今3 115±90年），剑川沙溪墓葬中出土过钺范[⑤]，四川会理瓦石田遗址曾出土红砂石戈范，其时代约在战国[⑥]。而在东北及其邻近地区，石范却是石棺葬中常见的随葬物。在唐山雹神庙，曾发现过五件，计斧范一，刀范二，矛范三，均用辉长岩制成。赤峰红山后也发现过斧范[⑦]。在辽阳二道河子[⑧]、新金县安波公社[⑨]的石棺葬以及凌源县三官甸青铜短剑墓[⑩]中，均曾出土过滑石斧范。因此石范的长期而普遍的使用，也应该视为这些边地民族的青铜文化特征之一。

在青铜器的器形方面，东北地区、华北长城沿线与西南地区之间的相似更加引人注意。其中国内外学者讨论的最多的，首推青铜动物形纹饰。

在我国辽宁西部、冀北、内蒙古、宁夏沿长城一带，曾经出土过许多以

① 中国科学院考古研究所洛阳发掘队：《河南偃师二里头遗址发掘简报》，《考古》1965年第5期。

② Bayard, D. T. 1969. "Excavation at Non Nok Tha, Northeastern Thailand, 1968", *Asian Perspectives*, Vol.13. pp.109–143.

③ Davidsion, J. H. C. S. 1979. "Archaeology in Northern Viet-Nam since 1954", *Early South East Asia*, edited by R. B. Smith and W. Watson, Oxford University Press, pp.98–124.

④ 曹献民：《云南青铜器铸造技术》，《云南青铜器论丛》，文物出版社1981年版，第203~209页。

⑤ 王大道：《曲靖珠街石范铸造的调查及云南青铜器铸造的几个问题》，《考古》1983年第11期。

⑥ 童恩正：《我国西南地区青铜戈的研究》，《考古学报》1979年第4期，图七。

⑦ 安志敏：《唐山石棺墓及其相关的遗物》，《考古学报》1954年第7册，图3~图6。

⑧ 辽阳市文物管理所：《辽阳二道河子石棺墓》，《考古》1977年第5期，图二：1。

⑨ 许玉林等：《新金双房石棚和石盖石棺墓》，《文物资料丛刊》1983年第7期，图七：3。

⑩ 辽宁省博物馆：《辽宁凌源县三官甸青铜短剑墓》，《考古》1985年第2期。

各种动物为主题的饰物或纹饰，被学术界公认为北方游牧民族的遗留①。但在西南一角，动物形纹饰亦颇盛行。如四川理县龙袍寨石棺葬中，即曾出土过鸟形饰②，其形状与宁城南山根石椁墓所出十分接近③。在以云南晋宁石寨山、江川李家山为代表的滇文化中，各种动物形饰物或纹饰更是以其生动多彩而闻名于世。特别是豹、虎等猛兽咬噬鹿、野猪的图像，野兽捕食牛、猪等家畜的图像，动物互相扭结格斗的图像，骑士战争或狩猎的图像等，均是北方草原文化常见的题材。如果说稍有区别的话，那就是滇文化的遗物多立体铸品，表现细腻，比例匀称，形象逼真，显示了更加娴熟的冶铸能力和更高的艺术水平。其中如晋宁石寨山所出之“四牛骑士盖虎耳细腰铜贮贝器”“七牛锥顶形铜贮贝器”“豹狼争鹿镂花铜饰物”“二虎噬猪镂花铜饰物”“虎牛搏斗镂花铜饰物”“二豹噬猪镂花铜饰物”“二虎噬牛镂花铜饰物”“二兽噬鹿镂花铜饰物”“三兽噬牛镂花铜饰物”“一虎捕鹿镂花铜饰物”“一虎背牛镂花铜饰物”“三虎背牛镂花铜饰物”“骑士猎猪镂花铜饰物”“骑士猎鹿镂花铜饰物”“一人三犬猎鹿镂花铜饰物”“骑士镂花铜饰物”④等，均是典型的产品，更不用说大量的单独铸造的牛头、孔雀、枭头，带有兔、鹿、鹰、鱼、蛇、凤的杖头饰，以及戈、矛、斧、钺、啄等兵器上的立雕动物装饰了。又如江川李家山墓地所出铜臂甲上线刻虎、豹、猪、鱼、蜂的图像，立鹿针线筒、立牛针线盒、立牛壶、双牛枕、虎牛案、二人猎鹿饰物、二人猎野猪饰物、一虎噬猪饰物、三狼噬羊饰物、鹿形扣饰、伏牛杖头饰⑤等。还有一点不能忽视者，即滇文化中出土相当数量的长方形透雕铜饰物，其中或铸有动物，或铸有祀典场

---

① Bunker, E. C. and others, 1970. “Animal style”, *Art from East to West*, Asia House Grallery Publication, pp.105–113.
乌恩：《中国北方青铜透雕带饰》，《考古学报》1983 年第 1 期。

② 冯汉骥、童恩正：《岷江上游的石棺葬》，《考古学报》1973 年第 2 期，图版陆：8。

③ 靳枫毅：《论中国东北地区含曲刃青铜短剑的文化遗存（上）》，《考古学报》1982 年第 4 期，图一：29。

④ 云南省博物馆：《云南晋宁石寨山古墓群发掘报告》，文物出版社 1959 年版，图版伍捌，图版伍玖，图版柒肆：1、2，图版柒伍：1、2，图版柒陆：1、2，图版柒柒：1、2，图版柒捌：1、2，图版柒玖：1、2，图版捌拾：1、2。

⑤ 云南省博物馆：《云南江川李家山古墓群发掘报告》，《考古学报》1975 年第 2 期，图二五，图版拾：1，图三三：4、5、6，图版拾伍：3，图三四：4、5、6，图三六，图版拾叁：2，图版拾肆：3，图版拾捌：1，图版拾玖：1，图版贰拾：4，图五二：4、7、10。

景，或有几何形花纹，其风格完全同于北方草原地区的青铜透雕带饰[①]，不同之处仅在于滇文化的饰物多镶嵌绿松石、玛瑙或玉石，因而更加华丽而已。

除动物纹饰以外，我们还可以从滇文化中观察到与东北地区青铜文化，特别是夏家店上层文化有联系的另外一些因素。如滇文化中常见的一种曲刃剑[②]，在全国非常罕见，但在辽西、沈阳地区的夏家店上层文化石棺葬、辽东地区于家上层文化的石棺墓、大石墓—石棚中，以及吉长地区的西团山文化的石棺葬中，均是常见之物[③]。东北和西南所出曲刃剑其茎、格部分虽不相同，其弯曲的刃部特征却相一致。滇文化中另有一种茎作人形的青铜剑，如石寨山之Ⅻ式剑[④]及李家山之Ⅱ型三式剑[⑤]、Ⅲ型一式剑[⑥]，其作风亦不见于中原地区，而在宁城南山根东区石椁墓中则有出土[⑦]（见图 7.7）。

滇文化中还有一种长骹曲刃矛，横剖面呈圆形的筩直贯前锋，在滇池类型[⑧]及洱海类型[⑨]墓葬中均有出土。但此类型的矛却见于吉林永吉星星哨水库[⑩]，被称为“葫芦形矛”（见图 7.8）。其余在吉林长蛇山遗址[⑪]、辽宁清原县石棺墓[⑫]

---

① 乌恩：《中国北方青铜透雕带饰》，《考古学报》1983 年第 1 期。

② 云南省博物馆：《云南晋宁石寨山古墓群发掘报告》，文物出版社 1959 年版，图九：8、9、10、11、15、16。

③ 何超雄：《祥云检村发掘三座石棺墓》，《云南文物》1979 年第 8 期。大理文管所：《祥云县禾甸公社再次发现石棺墓》，《云南文物》1983 年第 13 期。
云南省大理白族自治州文物管理所：《云南祥云县检村石棺墓》，《考古》1984 年第 12 期。

④ 云南省博物馆：《云南晋宁石寨山古墓群发掘报告》，文物出版社 1959 年版，图版贰捌：1、2、3，图九：13。

⑤ 云南省博物馆：《云南江川李家山古墓群发掘报告》，《考古学报》1975 年第 2 期，图一八：2。

⑥ 云南省博物馆：《云南江川李家山古墓群发掘报告》，《考古学报》1975 年第 2 期，图五二：1。

⑦ 靳枫毅：《论中国东北地区含曲刃青铜短剑的文化遗存（下）》，《考古学报》1983 年第 1 期，图一八：1。

⑧ 云南省博物馆：《云南晋宁石寨山古墓群发掘报告》，文物出版社 1959 年版，图版贰叁：5。

⑨ 云南文物工作队：《云南祥云大波那木椁铜棺墓清理报告》，《考古》1964 年第 12 期，图七：8。
大理县文化馆：《云南大理收集到一批汉代铜器》，《考古》1966 年第 4 期，图三：11。

⑩ 吉林市文物管理委员会等：《永吉星星哨水库石棺墓及遗址调查》，《考古》1978 年第 3 期，图六：5。

⑪ 吉林省文物工作队：《吉林长蛇山遗址的发掘》，《考古》1980 年第 2 期，图版 6：3，图一一：1。

⑫ 清原县文化局等：《辽宁清原县近年发现一批石棺墓》，《考古》1982 年第 2 期，图二：8。

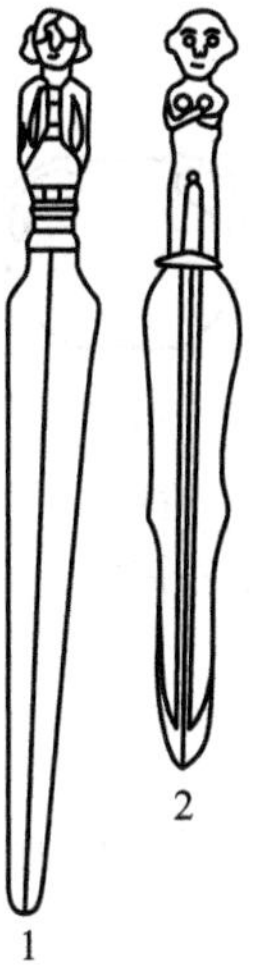

1. 江川李家山　2. 宁城南山根东区

图 7.7　人形茎青铜剑

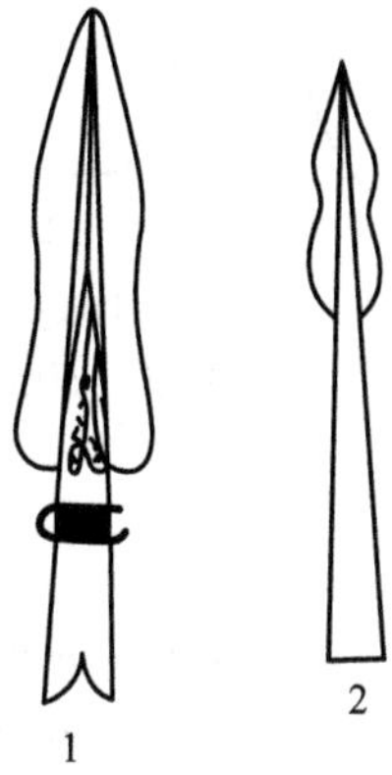

1. 祥云大波那　2. 永吉星星哨水库

图 7.8　曲刃矛

亦有出土，唯形式略有发展。

关于滇文化中存在以动物纹饰为代表的北方草原民族的因素，这一点早为国外学者所注意。如最早研究滇文化的美国学者哈斯金斯（J. F. Haskins）①、德国学者德麦玲（Magdalene von Dewall）②、日本学者白鸟芳郎③等均曾论及此事，但是由于他们没有看到这一边地文化传播带的存在，所以难于正确解释其来源。如奥地利学者海因·革尔登（R. von Heine Geldern）认为这种文化因素是从西方传来的，则是缺乏根据的假定④。

从川西高原至滇西北横断山区，石棺葬的内涵与西北、内蒙古、东北的青铜文化相似之处更加显著。西南所出的双大耳罐与西北辛店、寺洼系统文化的双大耳罐形制相近，这一点已为学术界所公认（见图 7.9）。最足异者，甘肃玉门“骟马”类型文化出土一种双耳罐，在与双耳成直角之颈肩之间有錾状乳钉，形制很奇特⑤，但同类器物亦见于云南宁蒗大兴镇古墓群⑥（见图 7.10）。德

① Haskins, J. F. 1963: “Cache at Stone-Fortress-Hill”, *National History*, Vol.72, No.2, pp.30–39.

② Dewall, M. 1967: “The Tien Culture of South-West China”, *Antiquity*, Vol.41, No.161, pp.8–21.

③ 白鸟芳郎：《从石寨山文化看斯基泰系统文化的影响》，《云南文物》1980 年第 10 期。

④ 白鸟芳郎：《石寨山文化的承担者——中国西南地区所见斯基泰文化的影响》，《民族研究译丛》第 1 辑，1982 年。

⑤ 甘肃省博物馆：《甘肃古文化遗存》，《考古学报》1960 年第 2 期，图九：2。

⑥ 云南省博物馆文物工作队：《云南宁蒗县大兴镇古墓葬》，《考古》1983 年第 3 期，图六：2。

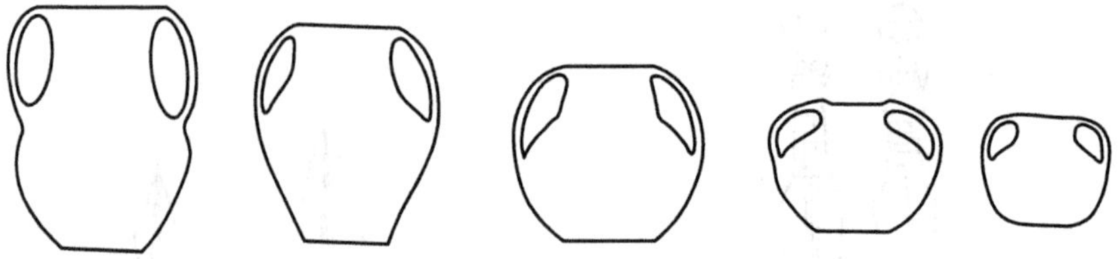

1. 甘肃永靖张家嘴辛店文化　2. 茂汶城关石棺葬
3. 雅江石棺葬　4. 巴塘石棺葬　5. 德钦纳古石棺葬

图 7.9　双大耳罐

钦纳古所出茎首作双饼形的短剑[①]，是长城以北战国时代最常见的一种形式，高浜秀《鄂尔多斯青铜短剑的型式分类》一文中FI式、FⅡ式、GⅡ式、GⅢ式均属此类[②]（见图7.11）。另一柄青铜短剑茎部弯曲成两段，前段扁平，后段中空，断面呈枣形，上有线条形镂孔[③]。这种形制奇特的剑绝不见于其他地区，仅河北昌平（今北京昌平区——编者注）西周墓所出曲柄青铜匕首与之相似，唯后者中空之茎柄端为铜铃而已（见图7.12）[④]。类似的剑，日本东京国立博物馆还藏有一柄，高浜秀也是将它列入"鄂尔多斯"青铜剑范畴的[⑤]。

宁蒗大兴墓葬中所出铜柄铁剑，剑首亦作双饼形，茎为镂孔纽辫状[⑥]，其形制同于宁城南山根石椁墓Ⅱ式刀[⑦]（见图7.13）。此地所出之Ⅰ式斧[⑧]，则同于南山根一式E型斧[⑨]。更令人寻味的是，四川茂汶营盘山石棺葬曾出土两柄青铜

① 云南省博物馆文物工作队：《云南德钦县纳古石棺墓》，《考古》1983年第3期，图七：2，图八：左。

② 高浜秀：《オルドス青铜短剑の形式分类》，东京国立博物馆纪要，十八号，1983年，图57~66，图70~73。

③ 云南省博物馆文物工作队：《云南德钦县纳古石棺墓》，《考古》1983年第3期，图七：3，图八：中。

④ 北京市文物管理处：《北京地区的又一重要考古收获——昌平白浮西周木椁墓的新启示》，《考古》1976年第4期，图版叁：2，图八：4。

⑤ 高浜秀：《オルドス青铜短剑の形式分类》，东京国立博物馆纪要，十八号，1983年，图9。

⑥ 云南省博物馆文物工作队：《云南宁蒗县大兴镇古墓葬》，《考古》1983年第3期，图五：4。

⑦ 辽宁省昭乌达盟文物工作站等：《宁城县南山根的石椁墓》，《考古学报》1973年第2期，图版玖：5。

⑧ 云南省博物馆文物工作队：《云南宁蒗县大兴镇古墓葬》，《考古》1983年第3期，图五：5。

⑨ 辽宁省昭乌达盟文物工作站等：《宁城县南山根的石椁墓》，《考古学报》1973年第2期，图版捌：1。

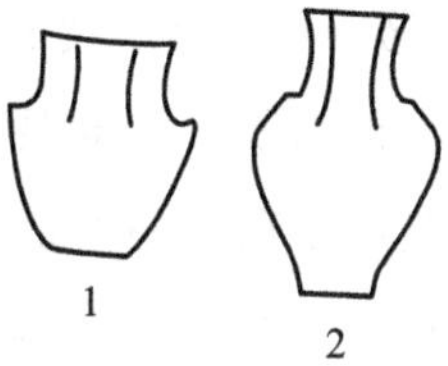

1. 甘肃玉门　2. 云南宁蒗

图 7.10　带乳钉的双耳罐

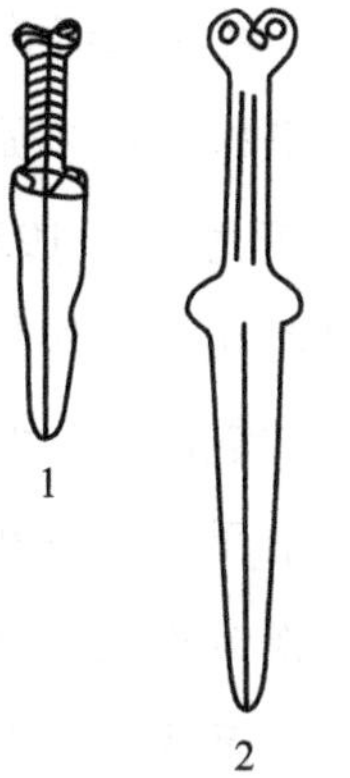

1. 德钦纳古　2. 内蒙古和林格尔

图 7.11　双饼形茎首青铜剑

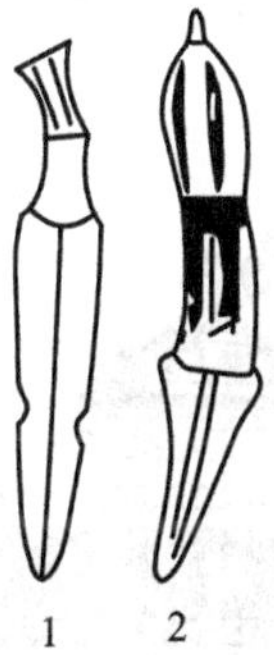

1. 德钦纳古　2. 河北昌平（今北京昌平区）

图 7.12　曲茎剑

1. 宁蒗大兴镇　2. 宁城南山根

图 7.13　纽辫状刀剑柄

剑，茎、刃间一侧有扁平钩形格，剑首向两侧横出[①]。此种剑在其他地区绝无渊源，但与南山根所出Ⅲ式 C 型剑则有类似之处[②]，所不同的是南山根的剑两侧均有钩形格，而营盘山的剑仅一侧有格。除此之外，夏家店上层文化石棺葬[③]及

① 茂汶羌族自治县文化馆：《四川茂汉营盘山的石棺葬》，《考古》1981 年第 5 期，图 14。

② 辽宁省昭乌达盟文物工作站等：《宁城县南山根的石椁墓》，《考古学报》1973 年第 2 期，图版陆：4。

③ 中国科学院考古研究所内蒙古工作队：《宁城南山根遗址发掘报告》，《考古学报》1975 年第 1 期，图十九：12。

北方草原文化常见之连珠纽饰，亦见于汶川萝葡寨[①]、茂汶城关[②]之石棺葬中。

就是在仿造中原铜器方面，西南地区和东北地区在个别器物上呈现出的相似性也是令人吃惊的。如1959年四川彭县竹瓦街曾出土两罍，盖顶蟠一立体蜥蜴状龙，肩部两耳之间饰象纹二，象纹之间饰牛首纹，腹部饰饕餮纹，圈足上饰夔纹一周[③]，其作风与中原传统之罍有别。冯汉骥先生认为：这两件罍“形状和花纹虽大体上同于晚殷和早周的同类器皿，但骤视之则颇具有独特的地方风格，所以可以视为蜀土本地所铸。其样式和花纹虽取诸当时的中原铜器，但组合意趣不同，故而显出地方的色彩”[④]。但是即使是这样一种具有浓郁的地方色彩的器物，在辽宁喀左县北洞村也曾发现，原报告定名为“龙凤纹罍”。编者认为：“此罍与四川彭县竹瓦街西周初年窖藏坑所出罍酷似”[⑤]（见图7.14）。此种地方产的器物，居然从形状到装饰细部都能一致，当然绝非偶然，而是有其内在原因的。

1. 彭县竹瓦街　2. 喀左北洞村

图7.14　盘龙盖罍

---

① 冯汉骥、童恩正：《岷江上游的石棺葬》，《考古学报》1973年第2期，图一三，图版陆：9。

② 四川省文管会等：《四川茂汶羌族自治县石棺葬发掘报告》，《文物资料丛刊》第7辑，1983年，图一二：11、12。

③ 王家佑：《记四川彭县竹瓦街出土的铜器》，《文物》1961年第11期，封二图2。

④ 冯汉骥：《四川彭县出土的铜器》，《文物》1980年第12期。

⑤ 喀左县文化馆等：《辽宁喀左县北洞村出土的殷周青铜器》，《考古》1974年第6期，图版壹：1，图四，图五：1。

当我们探讨古代西南地区与东北地区的文化联系时，除了从器物类型（type）上加以观察以外，还可以从风格（style）上予以比较。这也就是说，两地同类器物虽然在形制上存在差异，但均具有某种共同的独特的作风。如陶器或铜器两体相连的风格，少见于黄河中下游或长江中下游的古文明传统中，在本文所讨论的边地半月形文化传播带中，却是比较常见的。如昌都卡若遗址所出双体兽形罐①、汉源大窑石棺葬所出单口双联罐②，其作风即近似于辽宁敖汉旗新惠镇石羊石虎山墓葬所出双耳双口壶③，类似的器物亦见于翁牛特旗解放营子公社石棚山墓地④（见图 7.15），均属辽西小河沿类型的新石器时代文化。四川西昌礼州遗址出土一种双联罐⑤，实际上是用两个双耳罐用泥条并联在一起，此种作风亦见于甘肃临夏齐家文化的一种双联罐，惟后者是用两个敞口罐并联，高颈无耳⑥。宝鸡竹园沟一号西周墓所出单鋬双联罐，其构思亦与此相同⑦（见图 7.16）。又如川西地区战国时代蜀文化的墓中常见一种铜双剑鞘，两剑室相连，可以并排插两柄青铜短剑⑧，而此种双联剑鞘又仅见于南山根石椁墓⑨。两地遗物形制虽不相同，但双剑并列之风格却相一致。

---

① 周国兴等：《云南元谋盘地的细石器遗存》，《北京自然博物馆研究报告》第 5 期，1980 年，图六六：6，图版五四：1。

② 汉源县文化馆：《四川汉源大窑石棺葬清理简报》，《考古与文物》1983 年第 4 期，图二：1。

③ 郭大顺等：《以辽河流域为中心的新石器文化》，《考古学报》1985 年第 4 期，图六：2。

④ 辽宁省博物馆文物工作队：《概述辽宁省考古新收获》，《文物考古工作三十年》，文物出版社 1979 年版。

⑤ 礼州遗址联合考古发掘队：《四川西昌礼州新石器时代遗址》，《考古学报》1980 年第 4 期，图十：10，图版肆：1。

⑥ 资料现存甘肃博物馆。

⑦ 宝鸡市博物馆等：《宝鸡竹园沟等地的西周墓》，《考古》1978 年第 5 期，图 8。

⑧ 四川省博物馆：《成都西郊战国墓》，《考古》1983 年第 7 期，图版叁：1，图四：11。

⑨ 辽宁省昭乌达盟文物工作站等：《宁城县南山根的石椁墓》，《考古学报》1973 年第 2 期，图版柒：4、6。

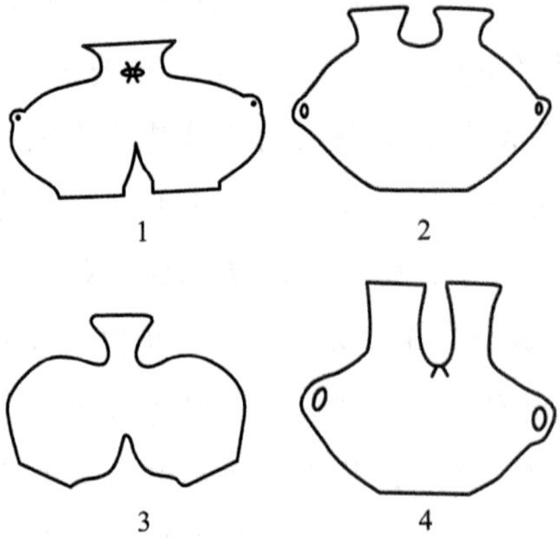

1. 昌都卜若　2. 汉源大窑
3. 敖汉旗石羊石虎山　4. 翁牛特旗石棚山

图 7.15　双体罐

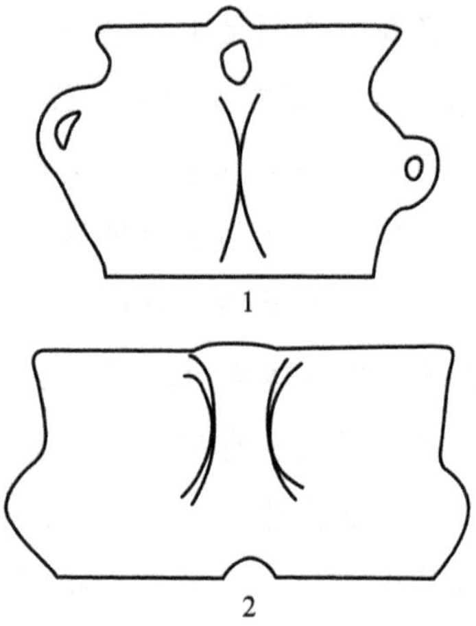

1. 四川礼州　2. 宝鸡竹园沟

图 7.16　双联罐

六、结论

在以上的各节里，我们从出土器物的类型风格、建筑遗迹、葬具、葬俗等各个方面的考古学因素，探讨了从东北到西南这一半月形地带之内古文化之间的内在联系。我们并不想简单地将这些联系全部归结为民族间直接迁徙或交往的结果。因为在这纵横数千里的空间、上下几千年的时间之中，单纯依据这些薄弱的材料，是难以勾画出一幅边地民族移动的全景的。我们的初步看法是：这些现象产生的原因，其中既有民族的直接迁徙、融合和交往，也有间接的观念的传播，甚至不排斥某些因素有两地独立发明的可能性。但是不论直接传播也好，间接传播也好，都必须具备某些客观条件。只有当传播的一方和接受的一方存在共同的需要和共同的物质环境时，此种传播才会产生。即使以两地的独立发明而言，类似的客观和主观条件仍然是刺激这种发明的前提。否则我们就难以解释，为什么东北与华北边地出现的某些文化因素，没有影响到与之毗邻的中原地区，反而影响到了远在千里之外的西南边陲；与此相反，西南地区的某些文化因素，没有影响到与之山水相连的江汉平原，而在西北或东北反而出现了其相似物。

决定每一考古学文化的内涵和性质的最本质的因素，归根结底还是直接生活的生产和再生产。正如马克思所指出的："物质生活的生产方式制约着整个社会生活、政治生活和精神生活的过程。"①但是人类的生产，是离不开一定的自然环境的。如地理位置、海拔高度、太阳辐射、气温、雨量、土壤、动植物和矿物资源等条件，又制约着人类的一切生产活动。所以恩格斯曾经写道："政治经济学家说：劳动是一切财富的源泉。其实劳动和自然界一起才是一切财富的源泉。自然界为劳动提供材料，劳动把材料变为财富。"②还应当指出的是，越是在人类历史的早期阶段，当人类改造自然、利用自然的能力还相对地处于低下的阶段时，自然环境对人类社会的制约能力就越大，在人类文化中留下的烙印就越深。这样，当我们探讨这一边地半月形地带内呈现某种文化同一性的原因时，首先应当考虑的，就是其生态环境。

边地半月形文化传播带的位置，恰好从两面环绕了黄河中游的黄土高原，大致东起大兴安岭南段，北以长城为界，西抵河湟地区再折向南方，沿青藏高原东部直达云南西北部。在此范围之内，生态环境呈现出很多的相似之点，其主要表现如下：

1. 半月形文化传播带的主要地貌为山地或高原，平均海拔在1 000~3 500米。大致而言，从大兴安岭南段及西辽河平原，经锡林郭勒高原至鄂尔多斯一线，即北纬40度附近，海拔为1 000~1 500米；在六盘山以西，黄河上游河湟一带，即北纬37度附近，黄土高原的海拔高度在2 000米左右；而在青藏高原的东南部，北纬33度至26度之间，平均海拔高度在3 000米以上。这也就是说，从东北到西南，半月形地带的高度呈阶梯状递增，呈现出一种纬度高地形低、地形高纬度低的互为补偿的自然条件。这就使本地区的太阳辐射、气温、降水量、湿润程度、植物生长期、动植物资源等方面，均具有相当的一致性。

2. 我国各地太阳辐射年总数大致在80~200千卡/平方厘米之间，其中140千卡/平方厘米等值线约从大兴安岭西麓向西南至云南和西藏交界处，该线西部的年辐射总量高于东部。边地半月形文化传播带位于该等值线以西，其年辐射总数大致相近。

---

① 马克思：《政治经济学批判序言》，《马克思恩格斯选集》第1卷，人民出版社1972年版，第82页。

② 恩格斯：《自然辩证法》，《马克思恩格斯选集》第20卷，人民出版社1971年版，第509页。

3. 我国的气温冬季（以 1 月为标准）可以用 0 ℃作为标准，而夏季（以 7 月为标准）则在 20 ℃~28 ℃之间。但东北、内蒙古一带，由于纬度较高，气温偏低，一般冬季温度在 −10 ℃~−22 ℃之间。而青藏高原因地形的影响超过了纬度的影响，所以除少数谷地外，其冬季温度亦在 −10 ℃~−20 ℃之间。至于夏季温度，则从东北、内蒙古至青藏高原均低于 20 ℃。如果我们在地图上将全年平均气温 8 ℃的等值线画出，则可发现它东起辽宁，越过河北大部，经内蒙古南部、甘肃南部、川西高原而达西藏南部，基本上与边地半月形文化传播带的内侧边沿相重合。换句话说，这就意味着此地带的年平均温度相当接近。

4. 我国主要农作物及大多数木本植物的生长期（即日平均气温在 5 ℃以上的持续时间）在东北北部最短，是 130 天；在北纬 25° 以南则是全年。不过在边地半月形文化传播带之内，从北到南生长期均相近，同为 200 天上下。

5. 我国降水量的空间分布的基本趋势，一是从南到北递减，一是从东到西递减，这样，等雨量线就呈东北—西南走向。边地半月形文化传播带，大致位于年降水量 400 毫米及 600 毫米两条等雨量线之间，其降水量也是相差不大的。

6. 由于太阳辐射总和及降水量的相近，就决定了这一地区湿润程度的相近。所谓湿润度，是指降水量与可能蒸发量的比值，其倒数称干燥度指数。我国干燥度指数的分布，在秦岭、淮河一线以南均 <1.0，属湿润气候类型。东北、华北在 1.0~1.5 之间，属半湿润气候类型。贺兰山以西均超过 4.0，属荒漠气候类型。而边地半月形文化传播带，大部分位于 1.5~2.0 两条干燥度等值线之间，属于半干旱气候类型。

7. 我国植被与土壤的水平分布，因受季风和地形的影响，从东南向西北依次出现森林、草原、荒漠三大基本区域。大致从大兴安岭经黄土高原东南边缘到横断山脉，迄于藏南，此线以东为森林区域；从内蒙古中部向西南到青藏高原西部，此线以西为荒漠区域。边地半月形文化传播带恰好位于这两线之间，同属于草原和高山灌丛、草甸区域①。

应当指出的是，以上所列举的各项资料，全是当代的记录，因此它与新

---

① 任美锷等：《中国自然地理纲要》，商务印书馆 1979 年版。

石器时代至铜器时代的条件，是有一定的出入的。但是考虑到最近5 000年以来，我国气温的波动并不是很激烈的，“从仰韶文化到安阳殷墟，大部分时间的年平均温度高于现在2 ℃左右。一月温度大约比现在高3 ℃~5 ℃。”[①]以后虽有一系列的上下摆动，但范围均在1 ℃~2 ℃之内。所以这些条件虽然不能与古代全部重合，但是还有其一定的参考价值。

综上所述，这一从东北绵延到西南的半月形地带，其自然景观十分相近。它既非干旱的大漠荒原，又非湿润的丘陵盆地，而是一种基本上由高原灌丛与草原组成的地带。这种相似在古代的记载中，反映得也十分清楚。如华北沿长城一线，自古是游牧民族与农业民族分界之所。东汉末年，蔡邕即曾说过：“天设山河，秦筑长城，汉起塞垣，所以别内外，异殊俗也。”[②]在中原以西，所谓华戎的分界大约在渭水上游之天水一带。汉张衡《西京赋》：“右有陇坻之隘，隔阂华戎”，即是指的当时华夏族活动的西界。在更南的川西高原，“汉区”与“徼外”的界线就是成都平原西北的岷山。明代王元正咏岷山诗：“百灵擘断昆仑山，移来坤维参井间。内作金城障三蜀，外列碉硐居百蛮。”[③]其概念完全是一样的。至于这一地带的自然风光，唐王之涣《凉州词》形容西北景象时说：“黄河远上白云间，一片孤城万仞山”；而杜甫《西山三首》描述岷山的情景却是：“彝界荒山顶，番州积雪边。”唐岑参《白雪歌送武判官归京》记塞北气候是：“北风卷地白草折，胡天八月即飞雪”，而清代陈克绳记松州（今四川松潘）却是：“六月飞霜五月裘，墨云恶浪古松州。”[④]足见这一半月形地带留给诗人文士的印象全是相似的。

自从新石器时代晚期以来，在这半月形的地带之内，一直是畜牧或半农半牧的民族繁衍生息的场所。就与前文所述考古学文化有关系的民族而言，即有肃慎、东胡、山戎、匈奴、氐、羌、冉駹、筰嶲、昆明等。由于他们所处的生态环境的相近，就决定了他们的经济活动和风俗习惯的相似。这一点我们仍然可以从文献记载中得到证明。《后汉书·乌桓鲜卑列传》记东北民族的情况是：“乌桓者，本东胡也。……俗善骑射，弋猎禽兽为事。随水草放牧，居无常

① 竺可桢：《中国近五千年来气候变迁的初步研究》，《考古学报》1972年第1期。

②《后汉书·乌桓鲜卑列传》。

③ 同治《理番厅志》，卷五。

④ 同治《理番厅志》，卷五。

处。以穹庐为舍，东开向日。食肉饮酪，以毛毳为衣。"《史记·匈奴列传》记内蒙古阴山南北的民族情况是："匈奴父子乃同穹庐而卧"，"匈奴之俗，人食畜肉，饮其汁，衣其皮。畜食草饮水，随时转移。"《周书·异域上》记甘肃南部之宕昌羌："其屋，织犛牛尾及羖羊毛覆之，……皆衣裘褐，牧养犛牛、羊、豕以供其食。"《后汉书·南蛮西南夷列传》记川西高原之民族情况是："其山有六夷、七羌、九氐，各有部落。其王侯颇知文书，而法严重。贵妇人，党母族，死则烧其尸。土气多寒，在盛夏冰犹不释。……又土地刚卤，不生谷粟麻菽，惟以麦为资，而宜畜牧。"直至清代，陈克绳《薛城杂咏》形容当地的风俗仍然是："最怜氐羌俗，终古限华夷。氊帐牛羊乳，穹庐虎豹皮。"[①] 均是写实之作。再往南，在云南洱海地区，《史记·西南夷列传》记当地民族云："……西自同师以东，北至楪榆，名为嶲、昆明，皆编发，随畜迁徙，毋常处，毋君长，地方可数千里。"《新唐书·南蛮传》更明确说昆明蛮"人辫首，左衽，与突厥同"。可见完全是北方民族南下的结果。这些文献记载说明，在漫长的历史发展过程之中，居住于这一半月形地带中的民族，其风俗习惯保持了何等紧密的联系，由于这些联系的存在，在正常的情况下，就使直接或间接的文化传播得以顺利进行；而当这些古代民族因自然的或人为的原因需要迁徙时，往往也是选择与自己习惯的环境相似、居住着与自己经济活动相同的民族的地区，从而更加强了彼此之间的文化的共同性。考古学文化作为古代人们各项物质遗物的抽象和概括，是必然要反映出生态环境的特点以及受其制约的社会生产、生活和意识形态各方面的特点的。我们在以上各节列举的从新石器时代到铜器时代这一半月形地带之内物质文化的相似，最终还是由这些基本的客观因素所决定的。

除了生态环境方面的原因，亦即人对自然的适应关系以外，这一地带之内文化面貌的相似，还须要从社会方面的原因，亦即不同的人类集团互相适应的关系中加以考察。从考古学资料来看，从新石器时代后期开始，我国黄河中下游地区的农耕民族与长城线以外的游牧民族或半农半牧民族在经济类型、生活习惯、宗教信仰各个方面，就已经出现了很大的差异。进入铜器时代以后，由于以华夏族为核心的农业民族在文化上高于北方的游牧民族，形成了一种文化

① 同治《理番厅志》，卷五。

优越感；也由于游牧民族一般而言在经济上需要依赖于农业民族并有时通过掠夺来达到目的，彼此斗争，造成华夏族的敌忾心理。此种对立在阶级社会中由于双方统治阶级的利用而更趋尖锐，最终在华夏族中形成了严格的“夷夏”观念，这就从行动上阻止了北方民族的南下或西部民族的东进，从思想上限制了他们文化的传播。当北方或西南边陲的民族需要迁徙时，由于这种人为的压力，往往只能顺长城线及青藏高原东部移动，这就是形成边地半月形文化传播带的另一原因。

关于新石器时代中原文化对边地文化的排斥现象，从边地文化中常见中原文化的因素，而中原文化中少见边地文化的因素这一事实中即可看出。如长城以北的细石器文化虽然延续的时间很长，西北地区的马家窑系统的文化虽然发展的水平很高，但其主流始终不能进入中原地区。在历史传说中，还有黄帝“北逐荤粥”[①]的记载，可见农业民族与游牧民族的冲突，在那时已经开始了。

进入铜器时代以后，中原王朝对边地民族的征战可谓史不绝书。如殷代后期卜辞中的北伐鬼方，西伐羌方[②]，周代虢季子白盘、兮甲盘，不娶簋之伐玁狁，小盂鼎之伐鬼方[③]。《史记·匈奴列传》曾总结春秋时代从西面至北面少数民族分布的情况是：“自陇以西有绵诸、绲戎、翟、豲之戎，岐、梁山、泾、漆之北有义渠、大荔、乌氏、朐衍之戎。而晋北有林胡、楼烦之戎，燕北有东胡、山戎。”到了战国，以上诸戎除被秦、晋、燕等国同化者外，开始合并成几个大的族系，头绪更加清楚。概括而言，西部为氐羌族系的集居地，以大荔、义渠，白马等为代表[④]；北部有匈奴、林胡、楼烦；东北有东胡、山戎、肃慎[⑤]。而中原各国与他们的关系史，基本上是以“寇边”和“攘夷”的交错史而见于记载的。范晔曾经总结为“王政修则宾服，德教失则寇乱”[⑥]，虽是站在中原正统的立场上说话的，但也反映出了农业民族与游牧民族或半农半牧民族之间因经济类型不同而引起的矛盾。

---

①《史记·五帝本纪》。

② 李学勤：《殷代地理简论》，科学出版社1959年版。

③ 郭沫若：《两周金文辞大系图录考释》上册。

④《后汉书·西羌传》。

⑤《后汉书·东夷列传》，《后汉书·西羌传》。

⑥《后汉书·西羌传》。

至迟到了春秋时代，中原民族在长期与边地民族发生矛盾的基础上，形成了“中国”（指内地各国）与“徼外”、“夏”与“夷”对立，一方为正统、一方为异端的思想。所谓“尊王攘夷”“严夷夏之防”的观点，构成了新兴儒家的思想基础。在行动上，排斥边地民族深入内地，所谓“夷狄不入中国”[①]；在文化上，只允许边地民族被内地文化所同化，而拒绝内地民族吸收边地文化，恰如孟子所言：“吾闻用夏变夷者，未闻变于夷者也。”[②]这种传统的偏见，在战国时代赵公子成反对武灵王胡服骑射的一段话中，表现得淋漓尽致：“中国者，聪明睿智之所居也，万物财用之所聚也，贤圣之所教也，仁义之所施也，诗书礼乐之所用也，异敏技艺之所试也，远方之所观赴也，蛮夷之所义行也。”[③]而对于边地民族，则认为：“夫戎狄，冒没轻儳，贪而不让，其血气不治，若禽兽焉。”[④]这种“非我族类，其心必异”[⑤]的思想，在以后历代封建统治者的民族政策中，曾经打下过深深的烙印，造成了大量的流血事件和悲剧。正是由于华夏族这种源远流长的心理上的凝聚力和文化上的排他性，就促使北方和西方的边地民族的文化传播，始终不能纵贯中华大地，而只能围绕其边缘进行。

从新石器时代到西周，北方边地民族按由东而西而南的模式进行迁徙的文字记载虽告阙如，但从四川汶川姜维城遗址和建山寨遗址发现的彩陶来看，可见马家窑文化的影响已经深入四川，这可以作为氐羌民族早期南迁之证据[⑥]。至少从公元前5世纪开始，当北部或西部的民族因故需要迁徙时，循着这一路线游动的记载可谓史不绝书。其最著者，如“周贞王八年（前461年），秦厉公灭大荔，取其地。赵亦灭代戎，即北戎也。韩、魏复共稍并伊、洛、阴戎，灭之。其遗脱者皆逃走，西踰汧陇”[⑦]。到公元前4世纪中期，“秦献公初立，欲复穆公之迹，兵临渭首，灭狄豲戎。忍季父卬畏秦之威，将其种人附落而南，出赐支河曲西数千里，与众羌绝远，不复交通。其后子孙分别，各自为种，任随所之。或为牦牛种，越巂羌是也；或为白马种，广汉羌是也；或为参狼种，武

①《春秋穀梁传·襄公三十年》。

②《孟子·滕文公章句上》。

③《战国策·赵策二》。

④《国语·周语中》。

⑤《左传·成公四年》。

⑥ 安志敏：《略论我国新石器时代文化的年代问题》，《考古》1972年第6期。

⑦《后汉书·西羌传》。

都羌是也”[①]。按越巂羌在汉代居住在今四川汉源、天全、荥经诸县以及凉山彝族自治州之东部；白马羌居住在今四川绵阳地区北部及甘肃武都地区之南部；参狼羌分布在今武都地区白龙江一带，构成了西南诸羌主要的组成部分。又如魏晋时，辽东鲜卑族之吐谷浑因与弟若洛廆发生矛盾，乃率部而西，先附阴山，占上陇，出罕开（甘肃夏河）、西零（青海西宁），“自枹罕以东千余里，暨甘松（青海东南部），西至河南南界昂城、龙涸，自洮水西南极白兰，数千里中，逐水草，庐帐居，以肉骆为粮，西北诸杂种谓之为‘阿柴虏’”[②]。当谯纵乱蜀时，吐谷浑部最后向南拓土至龙涸、平康（今松潘一带），深入到了岷江上游。《元和郡县图志》卷三二记：“龙涸故城，俗名防浑城，在（卫山）县（今茂汶县）北十一里。县之北境旧是吐谷浑所居，故曰防浑城”。这可以说是一次典型的沿边地半月形地带的迁徙。其时代虽然较后，但仍可以为我们提供一个方面的参考。

在前面诸节的讨论中，我们首先是从中国由东北至西南边地文化因素的相似，假设这一半月形文化传播带的存在；接着又从生态环境的相似以及不同经济类型的部族集团之间的关系两个方面，探讨了这一文化传播带产生的原因。本文的目的，是试图将考古学文化放在一定的生态环境、一定的社会背景之下考察，进行多学科的综合研究，从而提出一些新的问题，以增进我们对古代社会现象的全面了解。这种尝试是否恰当，作者并无把握。聊以此文作为引玉之砖，愿意听取国内外学术界的批评。

1986 年 1 月 9 日定稿于四川大学铮楼蜗居

（选自《文物与考古论集》，文物出版社 1987 年版）

①《后汉书·西羌传》。

②《宋书·鲜卑吐谷浑传》。

旧石器考古

裴文中与《中国的旧石器时代——附中石器时代》

经典导读

裴文中（1904—1982），河北丰南人。1927年毕业于北京大学地质系。1928年开始参加北京周口店遗址的发掘工作。1929年12月发现北京猿人第一个头盖骨化石，随后又发现北京猿人的石制品与用火遗存。裴文中在周口店的发现使得直立人分类系统地位得以确认，将人类历史向前提早了数十万年，为中国与世界科学的发展做出了非常重要的贡献。

裴文中先后主持发掘过周口店第一地点、第十五地点与山顶洞等一系列重要的旧石器时代遗址，撰写了大量关于中国旧石器时代考古、第四纪哺乳动物与中国古人类演化发展与生存环境的论文和专著。这些重要的发现与学术著作奠定了中国旧石器时代考古的学科基础，也推动了古人类学、第四纪哺乳动物学等学科在我国的确立与发展。这些贡献使得裴文中成为学术界与世人景仰的科学家和中国旧石器时代考古学科的奠基人。

裴文中的著作既有大量单个遗址与具体学术课题的研究探讨，也有众多关于这个学科发展体系与理论框架的构建著述。前者如周口店第一地点、第十五地点与山顶洞等遗址的研究报告，后者有《中国史前时期之研究》《中国石器时代的文化》等专著。其专门的研究论文更是数量众多，如《中国第四纪哺乳动物区划及地层的划分》《中国原始人类的生活环境》等。在裴文中众多论著中，对于中国旧石器时代考古学科发展影响最大者，无疑是关于中国旧石器时代及其文化发展框架进行系统讨论的论文《中国的旧石器时代——附中石器时代》。此文原文 1965 年刊载于《日本の考古学》Ⅰ，由安志敏翻译，并收入《裴文中史前考古学论文集》(1987)。内容相近的讨论还有《中国旧石器时代的文化》(1955) 等。

《中国的旧石器时代——附中石器时代》一文对中国旧石器时代考古研究有着极为重要的影响，是对中国旧石器时代三分法分期方案的讨论，即早期、中期和晚期。裴文中指出中国的旧石器时代的划分，应该与中国第四纪地理学的时代划分，以及古人类体质特征发展演化的阶段相联系。他在分期断代方面尤其强调，作为研究的基本方法问题，不要仅从石器形态的类似情况着眼，更要着重于地质学等，特别是从第四纪哺乳动物群的总体进化的阶段性特点来考虑研究对象的时代。这一观点在当时尚无有效的测年技术提供可靠的绝对年代数据的情况下是尤为重要的认识，即使在各种测年技术不断发展、年代测定数据不断增加的当今，也仍有很重要的意义。

这篇文章第二个有重要影响的论述是对中国旧石器时代文化发展特点的认识，指出从文化性质方面来看，中国旧石器文化在不同时期的发展是一脉相承地独立发展，形成自己的完整体系。中国旧石器文化发展体系与欧洲旧石器文化的联系很少，即使有相同或相近之处，也只是有文化交流或平行发展所致。这一论述与近些年来提出的对于中国旧石器文化发展以区域渐进为主、交流为辅的认识有很密切的关系，后者应该是在此基础上发展完善的结果。

这篇文章的第三个需要我们关注的是作者对中国旧石器时代早期文化研究的观察角度与细致认识。裴文中在对以北京猿人为代表的中国旧石器时代早期文化的论述时指出，直立人本身的体质特征、生活环境与文化特征与发展情况均需要予以观察探讨，并且需要联系起来综合研究，开创了旧石器时代考古多学科综合研究之先河。尤其值得思考的是，裴文中虽然指出北京猿人石器制作技术有所发展，但更强调出自上、下不同层位的石器仍基本相同，没有超出同一文化的范畴。此外在对新发现的蓝田人及匼河石制品论述之时，他亦从古人类体质特征、生存时代与石器文化等多角度进行了综合考虑。

到 20 世纪 60 年代中期，虽然中国境内古人类化石与旧石器时代文化的发现仍然很有限，但裴文中对中国旧石器时代中期古人类与旧石器文化的概括认识仍对我们有很重要的启示，尤其是对丁村文化的定义。他指出发现于山西汾河流域丁村遗址的旧石器，有其特殊的加工技术与典型的石器类型，发现在相当于黄土底砾层，广泛分布在山西各地，可称之为丁村文化。

对于旧石器时代晚期文化的研究，裴文中仍注重从人类体质与文化发展两个角度来讨论，指出旧石器时代晚期已经达到“新人”即目前所称的晚期智人阶段。对这一阶段发现讨论的重点则是发现于西北与华北地区的河套人与河套文化、山顶洞人与山顶洞文化。他以较多的篇幅讨论山顶洞文化发展的情况，并由此说明中国旧石器时代文化与社会的发展已经进入新阶段。

最后以中石器时代的简要介绍来结束全文。因为发现的材料很少，文化性质也尚未完全确定，此文认为中国的中石器时代文化并不发达，仅有的陕西大荔沙苑文化是否是中石器文化也有待于进一步工作确定。

—— 延伸阅读文献目录：

1. 裴文中：《中国旧石器时代的文化》，《科学通报》1955 年第 1 期。
2. 裴文中：《旧石器研究》，中国科学院编译出版委员会主编：《十年来的中国科学——古生物学》，科学出版社 1959 年版。
3. 裴文中：《中国原始人类的生活环境》，《古脊椎动物与古人类》1960 年第 1 期。
4. 裴文中：《中国石器时代》，中国青年出版社 1980 年版。
5. 贾兰坡：《中国大陆上的远古居民》，天津人民出版社 1987 年版。
6. 张森水：《中国旧石器文化》，天津科学技术出版社 1987 年版。
7. 高星：《关于“中国旧石器时代中期”的探讨》，《人类学学报》1999 年第 1 期。
8. 王幼平：《中国远古人类文化的源流》，科学出版社 2005 年版。

（王幼平 撰）

—— 原文：《中国的旧石器时代——附中石器时代》

经典原文

中国的旧石器时代
——附中石器时代

裴文中

中国的旧石器时代，同关于中国第四纪地质学的时代划分，以及人类体质形态发展的三个阶段——猿人（Pithecanthropicinae or Archanthropus Stage），古人（Neandelthaloid or Paleanthropus Stage）、新人（Sapiens or Neoanthropus Stage）相当，可划分为早期（下部）、中期（中部）和晚期（上部）三个阶段。这些旧石器时代各个时期的代表，在中国都有所发现。从文化性质上来看，各个时期的文化一脉相承地独立发展，自己形成一个完整的体系。中国旧石器时代的文化体系，同欧洲旧石器文化的关系很少，至于某些异同之处，当是由于文化交流或平行发展的结果。因此，过去和现在的部分考古学者所主张的“中国民族和中国文化由西方传来”的说法，事实上是缺乏根据的。

目前，中国旧石器时代的考古学，古人类学及其调查研究，同新中国的其他科学事业一样得到了飞跃发展，预计今后将会有更重要的发现。如 1963 年陕西蓝田发现的中国猿人蓝田种（*Sinanthropus lantianensis*），即其一例，但是这里只限于记述 1964 年 10 月以前的发现[①]。

本文主要概述近年来中国旧石器时代的研究成果，特别是有关人类化石和遗物，以及当时生存的哺乳动物群的研究。至于中国石器时代同西欧的对比，在世界学者中有着各式各样的意见。作为基本的方法问题，我们主张不要从石器形态的类似上着眼，而要用地质学的根据来进行对比。即以第四纪动物群的总体进化的各阶段为基础，而不能用个别的动物种属来决定时代。关于这个问题，这里不做深入讨论，读者可参照文后所附的参考文献。此外，关于中国石器时代人类的社会组织正在讨论中，这里也只能简单地提到，等以后有机会再

① 在本稿寄出以前，中国科学院古脊椎动物与古人类研究所公布，在陕西省蓝田公王岭更新世中期的红色土中，发现一个蓝田猿人的头盖骨化石。

详细叙述。

本文是在短期内写成的，许多青年同志给予了帮助，由于插图不够齐备，只好从已出版的书籍中选用，谨表示歉意。本文初稿完成后，曾蒙古脊椎动物与古人类研究所有关学者如杨钟健教授、吴汝康教授、周明镇教授、贾兰坡教授和刘宪亭先生等提出若干修正意见。

一、旧石器时代早期

（一）中国猿人及其生活环境

“我国是历史文化悠久的国家，是人类发祥地之一。从四五十万年以前起，远古的人类就已经劳动、生息、繁衍在祖国的土地上。”（郭沫若:《中国史纲》，人民出版社，1962 年）。

在中国人民的首都——北京附近的周口店，以及山西省和陕西省，我们发现了旧石器时代初期的人类化石及其遗物。根据这些发掘和科学研究，为中国历史的第一页提供了丰富的资料，并证实了恩格斯“劳动创造人”的理论。

旧石器时代初期，即人类历史的最古时期，中国出现一种“人类”，称为中国猿人（*Sinanthropus*）①。

中国猿人最初发现于北京西南约 48 公里周口店的一个山洞中，学名为中国猿人北京种（*Sinanthropus pekinensis*），简称“北京人”（Peking man）。

从体质形态上，它属于人类进化史上第一阶段——“猿人阶段”，生活于更新世中期。通过长期的发掘和研究，发现较多的人类化石，还有他们制作的石器以及共存的大量哺乳动物化石。因而对中国猿人北京种的知识，远比其他猿人丰富。

① 近来有些人类学者，特别是美国和英国的学者，主张取消中国猿人的属名，而把它和爪哇猿人（Pithecanthropus）包括在人属（Homo）内。还有人主张中国猿人北京种是爪哇猿人的同义语（sinonymy）。但是，著者不同意这种意见，著者认为中国发现的中国猿人和爪哇发现的直立猿人，在体质形态上仍有一定的差别。这种差别在人类学上，应分为两个属（不是古生物上的动物种），我们不能把一种“人”的化石，来等同于其他的动物化石，也就是不能用古生物的方法代替人类学的方法来研究人类化石。

中国猿人北京种已具有人类的基本特征。在长期的劳动中，双手适应于复杂的动作，日渐灵巧。他们的上肢骨与现代人极为近似，除上膊骨的骨壁较厚、髓腔较小外，完全具有现代人的形式。锁骨也与现代人没有特殊差别，腕骨中的月骨也具有现代人的一切特征。由于长期直立行走，中国猿人北京种的下肢骨，与现代人没有什么区别。股骨的主要形状，例如大小、形状，比例以及肌肉的附着点等，都和现代人相似。但是股骨干的内侧缘显著隆起，最向前弯曲的部分在骨干中部以下周径最小之处，这些特征类似大型的猿类。

中国猿人的脑髓较现代的大型猿类发达。平均脑量为 1 043 立方厘米，比大型猿类大两倍以上，属于现代人的脑量变异范围之内[①]。

从体质形态以及中国猿人北京种制作石器，能够劳动等方面判断，他们应具有有音节的语言。一部分西方学者认为，北京人是其他更进步人类的猎获物，而共出的石器为那些人类所制作，这是毫无根据的[②]。

中国猿人北京种具有人类的基本特征，同时与现在的大型的猿类也有相似的性质。非常显著的是眉嵴（Torus supra-orbitalis）相当突出，左右连在一起，嘴向前突出，额骨低平，牙齿粗壮，齿根硕大等特征，这说明他们处于从猿演变成人类的第一步。中国猿人、爪哇直立猿人（*Pithecanthropus erectus*）、海德堡人（*Homo heidelbergensis*）、阿拉特人（*Athlanthropus*）、南非的特勒人（*Telanthropus*）等，都是人类进化中同一阶段的人类。至于不能劳动、不能制作工具的具有似人性质的猿类，可分类为似人（Hominoidea Simpson）或似猿（Anthropoidea Mivart），与人类有着根本不同的性质。

周口店附近现在的地理环境，与中国猿人北京种生活的时期（更新世中期，约四五十万年前）并无多大差异。周口店西侧的低山由奥陶纪石灰岩构成，因受到侵蚀作用的影响，其中生成许多小的洞穴和裂隙。中国猿人北京种选择其中一个非常大的洞穴居住，长期在那里繁衍。我们将这个大的洞穴称为周口店第一地点，又称为中国猿人地点（猿人洞）。

---

① 吴汝康、贾兰坡：《周口店新发现的中国猿人化石》，《古生物学报》1954 年第 2 卷第 3 期。吴汝康：《中国发现的各种人类化石及其在人类进化上的意义》，《中国人类化石的发现及研究》，科学出版社 1955 年版。

② 裴文中译：《中国猿人》，《地质评论》第 2 卷第 3 期（Boule，M. Le Sinanthrope. *L'anthropologie*, 1937, T. 47.）。

经过多年的发掘，我们在该地点发现了与中国猿人北京种共存的大量动物化石。根据这些材料的研究，可能了解中国猿人北京种在周口店山洞中长期居住繁衍时期的地理环境①。

简而言之，当中国猿人北京种居住于周口店的山洞中时，周口店附近的气候仍相当温暖、湿润。周口店北部为山地（北京西山），由于适当的温度和雨量，密林丛生，森林中生活着猕猴（*Macaca*）、野猪（*Sus*）和斑鹿（*Pseudaxis*），野猪和斑鹿是人类狩猎的好对象。周口店的东南，即现在的河北平原上，有宽广的草原，草地上有马（*Equus*）、羚羊（*Cazella*）、转角羚羊（*Spiroceros*）、象类（*Elephas*）和若干牛类（*Bison*）。此外更重要的还有成群的肿骨鹿（*Sinomegaceros pachyosteus*），它们秋末冬初迁移到这里生活，成为中国猿人北京种的主要狩猎对象。

在中国猿人北京种居住洞穴的东边，有一条小河，从山里蜿蜒流来。目前的周口店河水量不多，但四五十万年以前的水量却是相当大的。并且某些地方由于河泥沉淀，可能形成宽阔的湖泊。在河湖中及其湿润的岸边，河狸（*Castor*）、水獭（*Lutra*）、水牛（*Bubalus*），犀牛（*Rhinoceros*）等在这里生活。周口店东南的平原上有广大的沙洲，可能在干燥时期成为沙漠，这里生活着鸵鸟和骆驼等。在石灰岩的洞穴中生活有洞熊（*Ursus spelaeus*）、鬣狗（*Hyaena sinensis*）。其他适应性较强的小型动物，例如许多种类的啮齿类（*Rodents*）也非常多，这里不一一列举。

总之，当时周口店自然环境的优越之处在于复杂变化的地形里栖息着许多种类的动物，构成中国猿人狩猎生活的有利条件。中国猿人北京种无疑居住在山洞中，过着集体的生活。集体劳动，发挥集体的智慧。他们的人群比动物群更有组织性，形成了原始社会的初期形式——“原始群”。他们通过集体的力量和智慧进行狩猎，以鹿和野猪等为主要的狩猎对象。

（二）中国猿人的文化

中国猿人在比较优越的自然环境中过着集体的生活，在共同劳动中创造了

① 周明镇：《脊椎动物化石上可能看到的中国化石人类生活的自然环境》，《中国人类化石的发现与研究》，科学出版社 1955 年版。裴文中：《中国原始人类的生活环境》，《古脊椎动物与古人类》1960 年第 2 卷第 1 期。

人类最原始的文化。首先是使用火，其次是制作各式各样的石器，在与自然的斗争中，长远地繁殖了子孙后代。他们不像其他第四纪哺乳动物化石那样，在自然界中逐渐绝灭。

（1）中国猿人的用火。发掘北京人居住的洞穴时，我们从堆积层里发现木炭、灰烬以及烧过的土块、石头和骨头。这不是天然野火造成的，而是有意识管理的用火痕迹。周口店洞穴中所发现的动物化石不下四五十种，只有北京人能够管理火和用火，任何其他动物是不可能用火的。因此，科学工作者确认，北京人已经能够用火。

我们现在尚无从证明北京人是否发明人工取火的方法。他们非常可能只是利用天然产生的火和保存“火种”的方法，长期地用火。在今天用火，是一件极普通的事情，但是在人类文化发展史上，在人类同自然的斗争史上，却是一个划时代的大事件。人类用火，使生活上发生极大的变化。最初是用来防御野兽袭击的最简单的方法，当北京人掌握用火以后，就不再怕那些野兽了。他们燃起篝火或拿起火把，就可以赶走大群的野兽。我们可以想象在掌握用火以前，北京人走出洞穴去猎取食物，必须留一些勇敢的人防守洞穴，以防止野兽（例如洞熊，鬣狗）侵入和占据山洞。但自从用火以后，就再没有这个必要了，只要在洞口点上篝火，野兽绝不敢靠近。这样就可以用更多的人力去从事各种生产活动，以改善生活。另外，北京人用火烧烤食物，使食物容易消化和增加营养，对人类体质的发展产生了很大的影响。

从前的考古学者认为，人类发明用火开始于二三十万年以前的尼安德特人（Neandelthal man），这是由于在欧洲还没有发现尼安德特人以前的人类化石和遗物，仅在尼安德特人所居住的山洞中发现火的痕迹，还不能够证明在此以前的人类已经用火。北京人用火的发现，至少可以把人类用火的历史提早到四五十万年以前。这不仅在考古学上有着非常重大的意义，对于人类物质文化的发展也给予了相当大的影响。

（2）中国猿人使用的石器。北京人以前的猿类，多半是只使用天然的石块。北京人最初打制的石器，不定形的部分居多，仅在上面有锐利的薄刃，用以切割物品。这是中国猿人文化的特征之一。北京人所使用的石器，主要采用两种原料。一种是质地稍软的砂岩和火成岩等，大抵都是从附近河床采来的砾石。北京人采集这种石头，用另一块石头多次打击，制成厚的刃部，它可以打碎兽骨和制作武器（图8.1）。另外的一种原料是质地坚硬的石英及其他硅质矿物。有的石英来自河床中被磨圆的砾石，但大部分好像直接采自岩脉中。北京人采集这些石头，打制成石片，用它的锐利薄刃来切割兽皮和兽肉（图8.2）。这种石英砾石非常坚硬，相当不容易打击。北京人在劳动经验中，发现了打击石英的特殊方法，即用一较大的石块作为石砧，用一只手握住石英放在石砧上，另一只手拿石锤连续打击。用这种“砸击法”从石英石块的周围剥下石片。这种石片一般细长，在两端有打击的痕迹（图8.2，1、2）。这是北京人石器中的特殊器物，这种技术被称为“两极打击”。

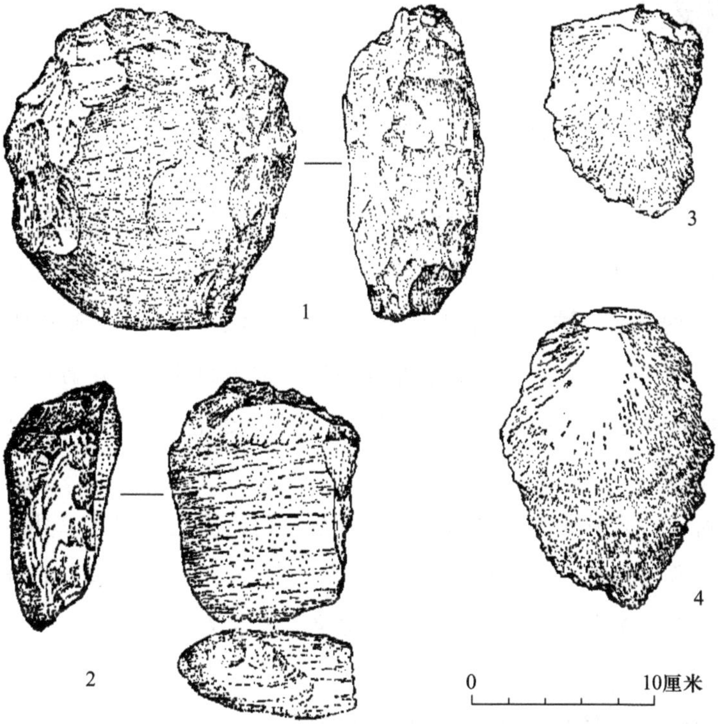

图8.1　中国猿人使用的砾石石器和石片

此外，北京人有时也采用燧石、玉髓等硅质岩石做原料，来打制石器（图8.2）。由于周口店一带缺少这类原料，因而在他们的石器中，用这类原料的非常少见。凡是这类原料制作的石器，加工的痕迹比较显著，具有较进步的性质。

北京人长期居住在周口店洞穴中，通过长期的共同劳动，吸取经验和教

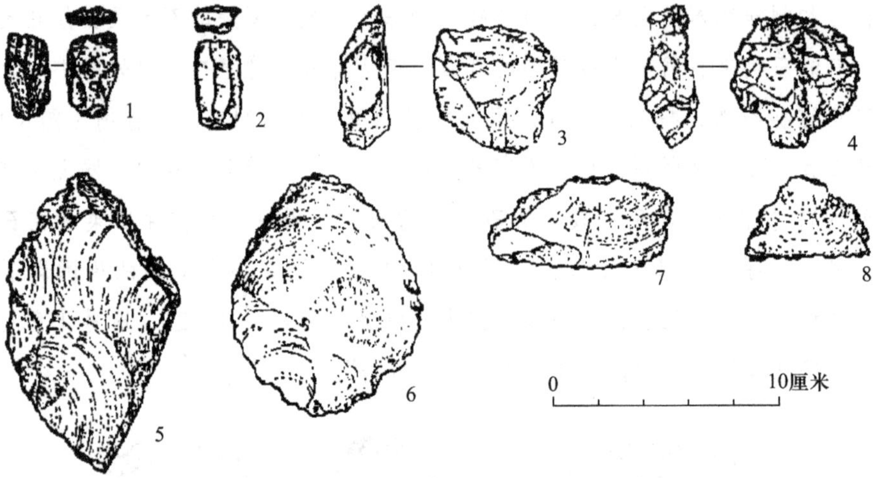

1~4. 周口店第1地点　5~8. 周口店第15地点

图 8.2　**中国猿人使用的燧石石英石器**

训，到了后期，石器的制作技术有了显著的提高。但是上层的石器，基本上与下层相同，仍不超出同一文化的范畴。从周口店第一地点的上部堆积中，我们曾发现大量的石器，它们的基本性质和下部相同，只是从外形及偶然的特征上，可以看出一定的进步。步日耶等强调这种进步的性质，片面地与欧洲不同时期的石器相对比[①]。这就助长了在周口店洞穴中还生存有更进步的他种人类的错误认识[②]。

如前所述，只有北京人可以证明猿人阶段的人类已经制作工具，用双手劳动，这意味着他代表人类开始使用工具的一个阶段。因而北京人的研究和北京人文化的发现，在人类发展史上具有非常重要的意义。

（三）蓝田中国猿人和匼河文化的新发现

（1）中国猿人蓝田种的发现。1963年6—8月，中国科学院古脊椎动物与古人类研究所的黄万波、汤英俊和张宏三人，在陕西省蓝田县陈家窝子发现一

---

① Breuil, H. L'Etat. Actuel de nos Connaissances sus les Industries Paléolitheques de Choukoutien, *L'Anthropologie*, T. 45, pp. 740-746, 1935.

② Boule, M. et Vollois, V. Les Hommes Fossiles. 4-me ed. 1952, p. 149. 参见裴文中译：《中国猿人》,《地质评论》第2卷第3期。

个猿人的下颌骨。除下颌枝（ramus）的后部残缺外，下颌体保存完整。除左侧犬齿—门齿的齿冠在发掘时损坏外，其他牙齿保存完整，牙齿的磨蚀程度比较严重。

蓝田人的下颌骨，已由吴汝康教授进行研究，并发表了报告[①]。据他的意见，蓝田猿人下颌骨的前部倾斜角小（55°），联合部（symphysis）的高度和颏孔（foramen mandibularis）的高度的差别极大，臼齿列角（angles of molor series）大（27.5°）。蓝田标本的数值，都属于北京种下颌骨的变异范围。蓝田标本上的各种隆起（Torus）都不甚明显。牙齿的尺寸，大于周口店标本中的女性，而小于男性。吴汝康把蓝田下颌骨给予新的种名，称其为中国猿人蓝田种（*Sinanthropus lantianensis*）[②]。

从与中国猿人蓝田种同时生存的哺乳动物化石观察，其地质时代为中部更新世，即旧石器时代的初期。与蓝田猿人一起发现若干石器，可惜由于所使用原料的关系，这些石器的制作痕迹不太清楚，今后有了更多的发现，就可以查明它们的文化性质。

（2）山西芮城的“匼河文化”。1957 年和 1959 年，王择义在山西芮城县的匼河附近，发现出土许多石器的地点。1960 年，贾兰坡和王建等在匼河再次进行发掘（图 8.3）。同年 9 月 13 日，新华社的报道如下：专家们对匼河古人类文化遗址的研究，已得到基本的结论，即它比中国猿人文化更古老（《山西日报》1960 年 9 月 14 日）。1961 年《考古》第 7 期，发表了这项研究工作的简报，1962 年发表正式报告[③]。

这些报告发表后，在中国学术界引起了热烈的讨论。贾兰坡等认为“匼河文化”是中国山西西南部比中国猿人文化古老的另一种更原始的文化。裴文中、邱中郎等不同意这种说法，从石器、动物化石及地质学来考虑，主张其地

---

① 吴汝康：《陕西蓝田发现的猿人下颌骨化石》，《古脊椎动物与古人类》1964 年第 8 卷第 2 期。

② 新华社 1965 年 11 月 4 日发表消息：在陕西蓝田公王岭的红色土中，发现一个猿人头盖骨。由于正式的论文还没有发表，本文不予介绍。

③ 贾兰坡、王择义、王建：《匼河——山西西南部旧石器时代初期文化遗址》，《中国科学院古脊椎动物与古人类研究所甲种专刊》1962 年第 5 号。

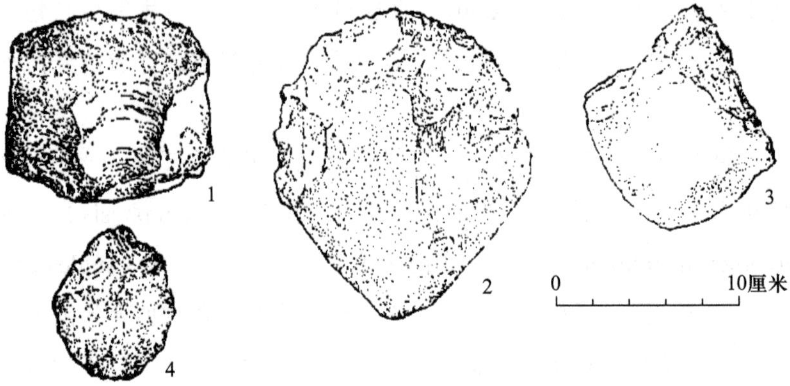

1. 匼河　2. 垣曲　3. 陕县　4. 交城

图 8.3　中国各地的砍砸器

质时代与周口店相当，属于中国猿人文化的延长，并不存在其他的文化[①]。目前尚在争论之中。

二、旧石器时代中期

（一）人类化石

猿人由于不断地劳动，双手变得愈来愈灵巧，制作更加精致的石器，使用这种精致的石器，从事生产，改造自然。在改造自然中，也改造了人类本身。猿人的脑髓，由于劳动逐渐发达，愈来愈聪明，更具备了与自然斗争的条件。在体质形态上所残留的猿的性质逐渐消失，从而由猿人发展到"古人阶段"，人类完成了更大的进步。

（1）马坝人。中国发现的古人阶段的人类化石，较早期的为"马坝人"[②]。马坝人的头盖骨化石，1958 年发现于广东韶关（原曲江县）马坝附近的石灰岩洞穴中。与马坝人共生的哺乳动物化石有鬣狗（*Hyaena sinensis*）、

---

① 裴文中：《中国猿人是否是最原始的"人"？》，《新建设》1962 年第 4 期。邱中郎，《匼河文化遗址的时代问题》，《古脊椎动物与古人类》1962 年第 6 卷第 3 期。

② 吴汝康、彭如策：《广东韶关马坝发现的早期古人类型人类化石》，《古脊椎动物与古人类》1959 年第 1 卷第 4 期。

熊（*Ursus*）、大熊猫（*Ailuropoda*）、犀（*Rhinoceros*），貘（*Tapirus*）、野猪（*Sus*）、鹿类（*Cervidae*）等。这里的标准化石为中国华南山洞中晚期的剑齿象—大熊猫动物群（*Ailuropoda–Stegodon Fauna*）①，其时代为更新世晚期。

马坝人化石保存了头盖骨前边的大部分，包括额骨、头顶骨、右眼窝（Orbit）和鼻骨的大部分。据吴汝康和彭如策的观察，马坝人具有下列的特征：

① 马坝人的眉上骨（Torus supra–orbitalis）突出显著，不同于猿人；但眉上骨后的额骨部分明显收缩，与猿人相类似。

② 马坝人的眼窝上缘，略呈圆弧形，与一般的尼安德特人相似，不像猿人那种平直的窝缘。

③ 马坝人的鼻骨与猿人、尼安德特人相似，远比现代人宽。

④ 马坝人的头骨比较厚，但不及中国猿人和爪哇梭罗人（Solo man）那样厚，与尼安德特人相似。

吴汝康、彭如策根据上述特征，得出以下的结论：马坝人代表中国发现的“古人阶段”的早期人类，大体相当于欧洲发现的尼安德特人。

非常可惜的是，我们还没有发现马坝人使用的石器，不能了解它的文化性质。

（2）丁村人。1953年，王择义在山西襄汾县丁村一带发现许多旧石器和哺乳动物化石。1954年，中国科学院古脊椎动物与古人类研究所在这里进行大规模的发掘，发现大量旧石器、哺乳动物化石以及三枚人类牙齿。1955年，发表了简报②，1958年，发表正式报告③。

根据三枚牙齿的研究，吴汝康教授认为，从三枚牙齿的形态上，丁村人是介于中国猿人和现代人之间的人类，与尼安德特人，特别是同河套人比较接近。此外，丁村人的牙齿还具有若干特征，他们同蒙古人比较接近，与白种人的关系则比较远④。

---

① 裴文中：《广西柳城巨猿洞及其他山洞的第四纪哺乳动物》，《古脊椎动物与古人类》1962年第6卷第3期。

② 贾兰坡：《山西襄汾县丁村人类化石及旧石器发掘简报》，《中国人类化石的发现与研究》，1955年。

③ 裴文中主编：《山西襄汾县丁村旧石器时代遗址发掘报告》，《古脊椎动物与古人类研究所甲种专刊》1958年第2号。

④ 裴文中主编：《山西襄汾县丁村旧石器时代遗址发掘报告》，《古脊椎动物与古人类研究所甲种专刊》1958年第2号。

根据地质，地层以及哺乳动物化石的研究，裴文中，贾兰坡、王择义认为，丁村的地质年代，不与华北的红色土层、周口店期（周口店第1地点即代表中国猿人的时期）或上三门系相当，而与黄土期（Q_3）相当，接近于萨拉乌苏河期[①]。据周明镇研究丁村软体动物化石的结果，认为其时代相当于周口店晚期，而与黄土期早期相当[②]。

（二）丁村文化

我们从丁村的数处遗址中，发掘出大量的石器，除丁村附近有广泛的分布外，在山西各个地区也都发现与其类似的石器，我们命名为丁村文化。这个文化的石核为多面体，没有发现打击以前的修整痕迹。石片都大而厚，短宽的剥离面与打击面的角度，一般大于120°，接近90°的很少。这是由于丁村人的打片方法，可能是双手持石块，在石砧上碰击而成，这和欧洲克拉克当文化的制作方法相似。石片中具有第二次加工或使用痕迹者比较多。石器的形状，也有一定的类型，明显地表现出丁村人的石器比北京人更进了一步。

石器中有一种鹤嘴状石器（图8.4，1~3），用很厚的一块长石片打成三棱形的尖状，具有多种用途。还有一种薄石片制成的尖状器（图8.4，4~6）。有的尖状器仅有使用的痕迹，全部是用较薄的三角形石片制成。此外，还有长大的石片，由两边加工成比较精致的石器（图8.4，7、8）。

从丁村旧石器时代石器的总体来观察，它代表山西汾河流域广泛分布的一种旧石器时代中期的文化，稍早于河套人的文化，大体相当于黄土层基底砾石层中石器的时代[③]。

---

① 贾兰坡：《山西襄汾县丁村人类化石及旧石器发掘简报》，《中国人类化石的发现与研究》1955年。

② 周明镇：《软体动物化石》，《山西襄汾县丁村旧石器时代遗址发掘报告》，1958年。

③ Teilhard de Chardin, P. and Young, C. C. Preliminary Observations on the Pre-Loessic and Post-Pontian Formations in Western Shansi and Northern Shansi. Geol. Mem. Ser. A, No.8, Peking, 1930, pp. 32–35.

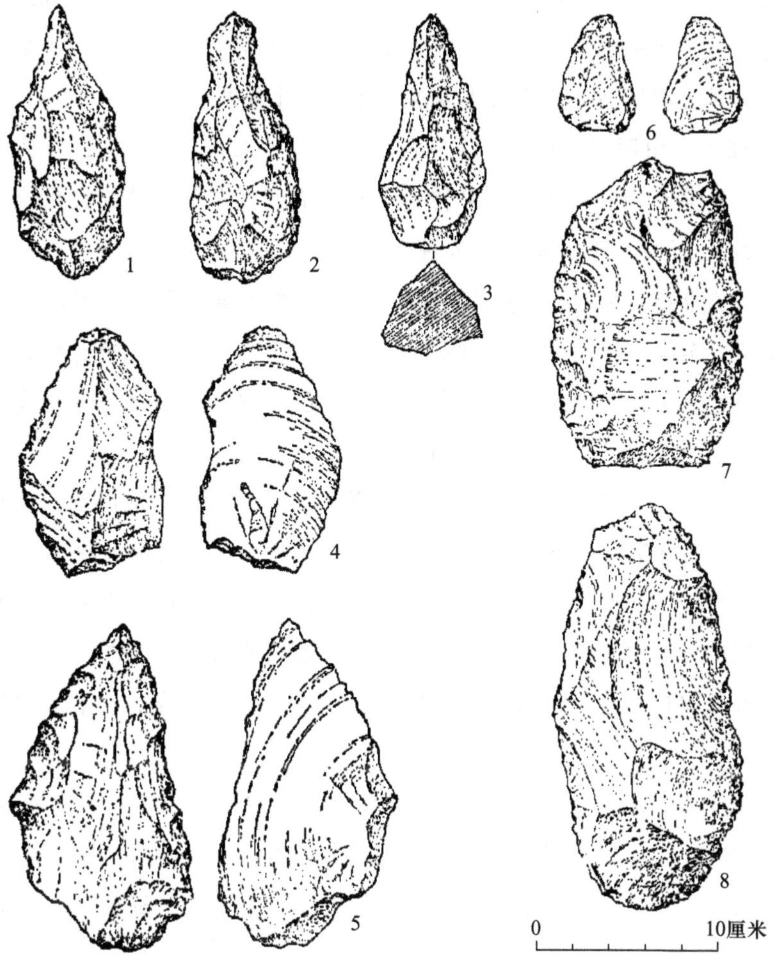

1~3. 三棱大鹤嘴尖状器 4~6. 尖状器 7、8. 砍砸器

图 8.4 丁村文化的石器

三、旧石器时代晚期

（一）人类化石

人类由于不断劳动，古人又向更高的阶段发展，残存于古人的原始体质特征逐渐消失，达到与现代人同样的阶段，被称为“新人阶段”或“智人化石阶段”（Neoanthropus stage or Homo sapiens fossilis stage）。从体质形态上观察，

这种新人化石和现代人（*Homo sapiens*），只有人类学上所谓人种（race）的区别，而没有种（species）的区别。这些新人已发展成现代人种，只是在文化上同现代人有很大的区别，属于人类发展史上的一个阶段。

1. 柳江人。中国所发现的新人阶段化石，以柳江人为最古老，在体质形态上，具有若干蒙古人种的性质。可惜的是还没有发现与其有关的文化遗物（石器、骨器等），不能说明具有蒙古人种特征的柳江人文化。

柳江人是1958年在广西柳江县新兴农场的通天岩山洞中发现的，有一个完整的头骨、若干四肢骨和脊椎骨等。根据对与柳江人共生的哺乳动物化石的研究，证明它属于更新世晚期。据吴汝康的研究[①]，柳江人与世界各地发现的新人化石如欧洲的克鲁马农人（Cromagnon man）等具有共同的特征。只是关于头骨的研究，如头骨为中头型，颧骨较大并向前突出，鼻骨低而宽，犬齿窝不显著，上门齿呈铲形等特征，都表示柳江人更接近于现代蒙古人种[②]。

2. 资阳人。从地质时代和体质形态上，中国发现的新人化石中，晚于柳江人的是资阳人。资阳人发现于四川省资阳县城东黄鳝溪的南岸。头骨是1951年建设成渝铁路时，在桥梁工程中由工人们发现的。1952年，由裴文中等进行了发掘。

据裴文中的研究，这里发现的动物化石可分为两类。一类较早，属于更新世中期，如剑齿象（*Stegodon*）、犀牛等；另一类时代较晚，如麂（*Muntiacus*）、猛犸（*Mammothus*）等。资阳人与后一类化石共生，其时代为更新世晚期[③]。

又据吴汝康的研究，资阳人的头骨具有一定的原始性质，如眉骨较现代人显著，额骨和顶骨比现代人扁平。从一般性质来观察，已具有新人的特征，应属于新人化石阶段。但是从形态上，比欧洲的克鲁马努人可能具有原始性，它比中国发现的山顶洞人要原始，较柳江人稍有进步[④]。

---

① 吴汝康：《广西柳江发现的人类化石》，《古脊椎动物与古人类》1959年第1卷第3期。

② 吴汝康：《广西柳江发现的人类化石》，《古脊椎动物与古人类》1959年第1卷第3期。

③ 裴文中：《四川资阳黄鳝溪人类及其他哺乳动物化石发掘简报》，《科学通报》1952年第3卷第10期。

④ 裴文中、吴汝康：《资阳人》，《中国科学院古脊椎动物与古人类研究所甲种专刊》1957年第1号。

在黄鳝溪地点的正式发掘中，除一件骨锥（bone awl）外，并未发现任何文化遗物。资阳人所使用的骨锥，以三棱形的骨片磨成，尖端很短，可能是用刮削的方法制成的。

以前我们一般认为中国旧石器时代中期的代表是河套文化，同时河套人也是中国更新世晚期人类化石的代表。这种过去的说法，是由若干法国人在内蒙古自治区伊克昭盟乌审旗萨拉乌苏河和宁夏回族自治区灵武县水洞沟的研究中所得出的结论。他们认为这两个地点包含哺乳动物化石、石器和人类化石的地层，属于更新世晚期，相当于华北地区的“黄土时期”。从石器文化上看，它们又与欧洲的莫斯特文化、奥瑞纳文化相当①。中华人民共和国成立后，汪宇平在萨拉乌苏河又发现更多的人类化石，经过吴汝康的研究②，对过去法国人的结论，需要再讨论。

最近，裴文中、李有恒等在萨拉乌苏河一带和水洞沟作了进一步的研究③，贾兰坡等也对水洞沟石器作了再研究④，确定了河套文化的地质时代，可能属于更新世晚期之末叶，比过去法国人所主张的地质时代要更晚一些。关于河套文化的性质，是独立发展的，与西欧的莫斯特文化和奥瑞纳文化除表面上的形状以外，没有任何共同的性质。这是从石器制作方法，即由石器本质研究上所得到的结果，只从一部分的表面来分析问题，是不会完全正确的⑤。

据 1963 年发掘水洞沟的结果，赋存河套文化的地层是一种似黄土的粉砂岩，被叠压在包含磨制石器的新石器时代地层之下⑥，其时代可能为更新世晚期的末叶。其中大量的石器目前正在研究中，还没有得出结论，不过从制作方法上同西欧旧石器文化进行对比是非常困难的，仅在地质时代上可以对比。如果从地质时代观察，它可能与西欧的奥瑞纳文化和马格德林文化的时代相当。

---

① Boule, M. et al. Le Paleolithique de la Chine. Arch. Institut Pal Hum, No.4, 1928, Paries.

② 吴汝康：《河套人类顶骨和股骨化石》，《古脊椎动物学报》1958 年第 2 卷第 4 期。

③ 裴文中、李有恒：《萨拉乌苏河系初步探讨》，《古脊椎动物与古人类》1964 年第 8 卷第 2 期。

④ 贾兰坡、盖培、李炎贤：《水洞沟旧石器时代遗址的新材料》，《古脊椎动物与古人类》1964 年第 8 卷第 1 期。

⑤ Л. С. Васильев. О роли внешних влияний в возникновении китайской цивичизации. Народы Азии и Африки. 1964, No.2, стр. 123–135.

⑥ 裴文中、李有恒：《萨拉乌苏河系初步探讨》，《古脊椎动物与古人类》1964 年第 8 卷第 2 期。

据吴汝康对河套人新材料的研究，河套人新材料的性质比欧洲的尼安德特人更接近于现代人[①]。再者，1963 年和 1964 年发现的河套人新材料[②]，也更多地具有新人的性质，和欧洲的尼安德特人则好像没有什么关系。

（二）河套人和河套文化

根据目前的资料综观萨拉乌苏河和水洞沟两个地点的石器，对河套文化可认识如下。

河套人从河床上采集砾石，打制石片制作工具。由于石英的砾石非常坚硬，没有相当的技术，是不可能打制成石器的。我们发现的石片中，长石片非常多，可以看出河套文化石器制作技术的进步。

河套人将石英打成碎片，从中选择适合多种用途的石片，加工成各式各样的工具。有的制成尖状器（图 8.5，3、5），用来切割兽皮和兽肉；有的利用长石片的一端制成弧形刃，以刮削骨或皮上的肉或脂肪（图 8.5，1、2）。其他还有许多石片，也是一端薄刃，用来作为切割和刮削的工具。一部分人认为河套遗址发现的石器中有雕刻用的雕刻器。但是据我们观察，所谓的雕刻器并不清楚，不像欧洲旧石器时代晚期的雕刻器那样典型。

我们观察河套人的石器，比北京人的石器远为进步，较丁村的石器也具有一定的进步性质。河套人的石器已有简单的类型，河套人在石器的使用上，已能适应不同的要求，制作各式各样的工具。

从技术上观察，河套人对石器的第二次加工，仍然采用自由打击的方法，并没有其他方法的帮助，因而打击的痕迹呈不整齐的锯齿状。它同欧洲的莫斯特文化—奥瑞纳文化制作石器的方法不同，是继承了中国猿人和丁村人的技术[③]。

从河套人使用工具的总体性质上，反映河套人的生产力有了一定的发展，这自然会影响到生产关系，也使社会组织发生变化。河套人以前的中国猿人和丁村人，都过着“原始群”的生活，到了河套人时期，“原始氏族社会”大体

① 吴汝康：《河套人类顶骨和股骨化石》，《古脊椎动物学报》1958 年第 2 卷第 4 期。

② 中国科学院考古研究所编：《新中国的考古收获》，文物出版社 1961 年版。

③ 汪宇平：《内蒙伊盟乌审旗发现人类化石》，《古脊椎动物与古人类》1963 年第 7 卷第 2 期。李有恒：《“河套人”的新材料》，《古脊椎动物与古人类》1963 年第 7 卷第 4 期。

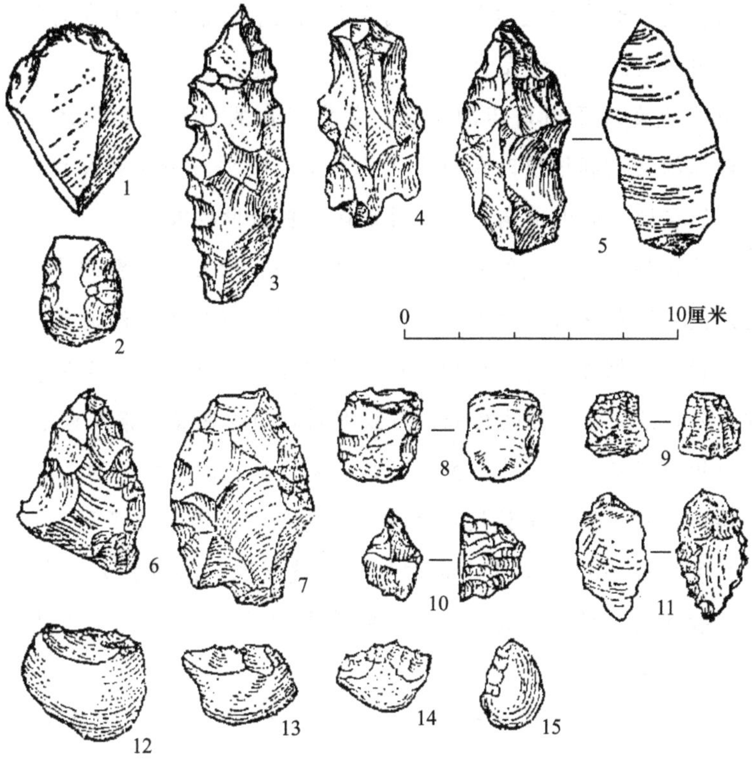

1~5. 水洞沟　6~15. 萨拉乌苏河

图 8.5　河套文化的石器

已经萌芽。这个群体中的成员限于血缘上的近亲，已开始与外族通婚，选举善于劳动的人（无论男女）作为“首领”，组织生产（狩猎），分配生产品（猎物）。但从石器上看，河套人的生产力并不那样高。总之，它处在原始氏族社会的萌芽阶段，还没有到达形成的阶段。

（三）山顶洞人和山顶洞文化

随着人类的活动范围的扩大，生活的需要也日益增加，特别是开发水生生物（鱼类）的生活资源，仅使用少数石器无法满足他们的要求。于是，人类进而用兽骨、鹿角来制作工具。同时由于劳动的锻炼，思想意识也得到发展。另外，还创造了装饰品和艺术品。人类的社会组织也得到进一步发展，选举“首领”，可能形成了氏族。从墓制上观察，“首领”死后，随葬品多于其他人。

在中国，这一时代的人类以山顶洞人为代表。可能由于保存的关系，我们没有发现山顶洞人的艺术作品[①]。

山顶洞人也发现于周口店的山区，他们居住的山洞位于北京人住地的上面，二者堆积的性质和地质时代有很大的差别。根据与山顶洞人共存的哺乳动物观察，他们在周口店山顶洞居住的时期接近更新世的末叶[②]。

周口店的山顶洞中，我们发现许多人类化石，有三个完整的头骨和许多肢骨。毫无疑问，这些化石已经是真人化石，但是当开始发现的时候，产生了若干不正确的说法。例如作过初步研究的魏敦瑞把山顶洞人的三个完整头骨代表三种人种，一种是蒙古人种的祖先，与欧洲同时期的克鲁马努人有相当的关系；一种与北极的爱斯基摩人有关；另一种则与南洋群岛的美拉尼西亚人有关[③]。

魏敦瑞的这种说法与承认反动的种族优劣论和人类起源多元说有联系。这三个不同的头骨化石在周口店山顶洞里一起被发现，因而裴文中在1952年曾提出反对魏敦瑞的见解。裴文中主张那时的人种尚未分化，也未定型，因而生存在同一个山洞中。

山顶洞中发现的三个完整的头骨，只是个体的不同，而不是人种的区别。其中之一没有移往他处依然居住在中国的土地上，经过数万年之久，性质固定了，就成为现代的蒙古人种。再者，具有其他性质的个体，向北方移动，经过长久的岁月，后来固定在北极附近。由于长期在北方居住的结果，逐渐形成一种固定的性质，成为现代的爱斯基摩人。第三种向南移动，经过数万年到达南洋群岛，成为现代的美拉尼西亚人种。我们还有别的证据，来推论美拉尼西亚人是由北向南移动的。越南的新石器时代山洞中，曾发现非常多的美拉尼西亚人骨，这就是他们南迁过程中的证据[④]。

最近吴新智对周口店山顶洞人的三个完整头骨进行了详细的研究。据头骨测量的结果，和新中国成立后在中国发现的新人阶段化石相比较，这三个头

---

① Pei, W. C. A Preliminary Report on the Late Palaeolithic Cave of Choukoutien. Bul. Geol. Soc. China, Vol. XIII, pp. 327–358, 1934.

② Pei, W. C. The Upper Cave Fauna of Choukoutien. Palaeontologia Sinica. N. S. C. No. 10, 1940.

③ Weidnreich, F. On the Earliest Representatives of Mordern Mankind on the Soil of East Asia. Pek. Nat. Hist. Bull., Vol. 13, No. 3, pp. 161–174, 1939.

④ 裴文中：《中国石器时代的文化》（第一、二版），中国青年出版社1952年版、1954年版。

骨都属于蒙古人种的范畴，具有若干原始性质，代表中国人民的祖先，绝没有任何爱斯基摩人和美拉尼西亚人的特殊性质。看来，魏敦瑞的说法是没有根据的①。

山顶洞人时代，人类已经能够制作比较精致的各种各样的石器。但是，周口店地区极少良好的石材（例如燧石），由于这种自然环境的制约，当时的人类扩大了生活的方式，山顶洞人的工具发展到骨角器方面。我们在山顶洞中曾发现一件鹿角，表面用石器刮平，后来经过摩擦使用，闪闪有光，表面好像刻有花纹，由于侵蚀的关系，花纹已经不清楚了（图 8.6，1）。山顶洞人还能够制作骨针，首先将兽骨刮成细长的圆棒，一端磨尖，另一端穿孔（图 8.6，2）。毫无疑义，这种骨针是缝制衣服的用具，因而可以推论山顶洞人已用兽皮来缝制衣服。

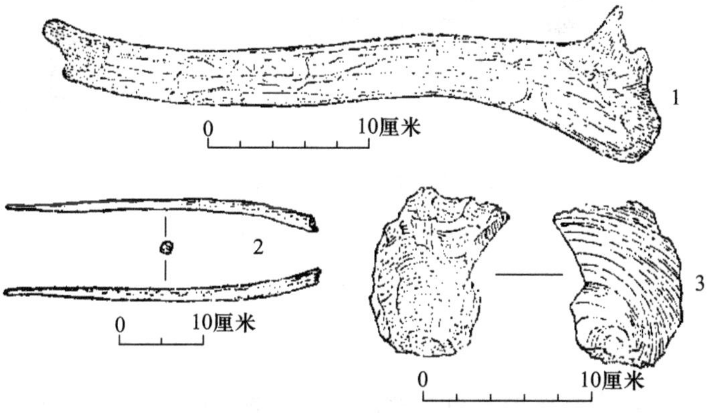

1. 鹿角棒　2. 骨针　3. 燧石石器

图 8.6　山顶洞人使用的器物

山顶洞人还用骨头来制作装饰品，例如把大的鸟骨切成小段，用石器将表面刮光，并刻成许多短道，可能表现着一定的意义。其意义我们迄今还弄不清楚（图 8.7，7）。另外，还有用狐、狼的犬齿制成的装饰品（图 8.7，1~4）。山顶洞人用石器在这些牙根上钻孔，用皮带穿起来，佩戴在颈上和身体上。用狐和狼的犬齿制作装饰品，也可能还有别的意义，例如表现所狩猎的动物数量。

① 吴新智：《周口店山顶洞人化石的研究》，《古脊椎动物与古人类》1961 年第 5 卷第 3 期。

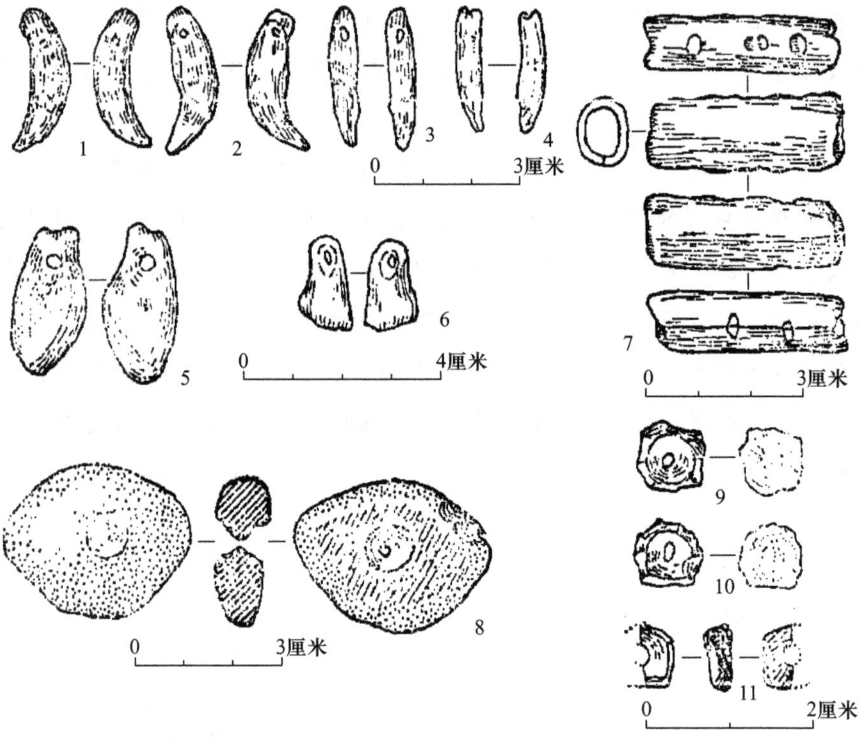

1~6. 牙饰　7. 鸟骨管　8~11. 石珠

图 8.7　山顶洞人的装饰品

山顶洞人最高技术的代表物是小石珠和有孔的小砾石，它们都是装饰品（图 8.7，8~10）。小石珠的一面磨制，小砾石的孔用锥钻成。磨制和钻孔的技术是新石器时代渐渐广泛采用的，旧石器时代人类的山顶洞人已有了这种技术，是值得注意的。此外，山顶洞人从海滨采来魁蛤的蛤壳（或者是交换来的），在蛤壳的顶部研磨穿孔，作为装饰品。这表现他们的交通能力已远达海滨。

山顶洞人还用赤铁矿制成颜料，把装饰品染成红色。埋葬死者时，他们在尸体旁的土石上撒上赤铁矿的粉末将土石染成红色。红色是石器时代任何人类最常用的颜色。如果推测其原因，可能是红色的颜料易于寻找，又有驱逐野兽的作用。这在世界各种人类中广泛地存在，与特定的文化无关。

要之，山顶洞人的文化，很大程度上阐明了人类文化的起源。从石器的使用发展为骨角器的广泛应用，是由原始向文明发展的一个阶段，这标志着人类历史的划时代的变化。从这些器物的制作技术观察，山顶洞人在劳动经验中学习到钻孔和研磨的技术，这种技术后来（新石器时代）得到高度发展。

从山顶洞人的工具制作技术及其所制作的工具及装饰品来观察，他们已经有相当高的生产力，因而他们之间的生产关系一定发生了变革，社会组织也和过去不同了。由社会组织的发展规律来推测，山顶洞人已到达原始氏族社会的最繁荣阶段，即有一个非常有力的“首领”来统治整个氏族。由于他有特殊的权力，死后也随葬了丰富的物品。

山顶洞人以后，人类历史又进入了一个新的阶段——新石器时代，社会组织方面也到达母系氏族社会的阶段，因超出本文的范围，故不赘述。

四、中石器时代

考古学者在欧洲发现的中石器时代遗址，具有一种特殊性，研究的结果表明，中石器时代明显地有着一定的过渡性质。但是，在中国，中石器时代文化并不发达。除中国北方的细石器文化的第一期“扎赉期”和广西山洞中的打制石器曾被裴文中误作为中石器时代之外，目前仅有在陕西大荔县发现的“沙苑文化”，或许属于中国中石器时代，不过它依然有属于新石器时代早期的可能性。

中国北方，一般在长城以北的地区，细石器文化的分布非常广泛。裴文中在 1947 年，曾根据当时不准确的材料，错误地把中国细石器文化最古的一期“扎赉期”作为中石器时代①，直到 1953 年还继续着这种说法。嗣后，裴文中和其他同志再度对所谓扎赉期文化遗址地区（如哈尔滨附近的顾乡屯和内蒙古自治区的扎赉诺尔）进行调查研究，发现所谓扎赉期的细石器文化中有陶器的存在，除了混乱的地层之外，如前人所指出的那样②，并没有与第四纪哺乳动物化石共存的。因而裴文中在 1954 年正式取消了扎赉期的说法，也否定了细石器文化中的中石器时代部分③。

---

① 裴文中：《中国细石器文化略说》，《燕京学报》1947 年第 33 期；裴文中：《中国史前时期之研究》，商务印书馆 1948 年版。

② 在扎赉诺尔或哈尔滨顾乡屯，含有第四纪哺乳动物化石的地区内发现细石器，前人文章中屡有提及，裴文中等的调查研究报告尚未发表。

③ 裴文中：《中国石器时代》（第三版），中国青年出版社 1963 年版。

1935年裴文中研究了广西山洞中发现的打制石器，当时由于材料不充分，也误认它们可能属于中石器时代[①]。但是，裴文中于1956—1960年对广西山洞采集的资料进行再研究时，发现在出土大量打制石器的地层中，也包含磨制石斧和陶器。同时在新石器时代的地层中，也有大量的打制石器。因而这些打制石器属于中石器的说法，需要更正[②]。

陕西省大荔县沙苑地区发现出土细石器和石片石器，被命名为"沙苑文化"[③]。据《新中国考古的收获》的叙述，沙苑文化中的细石器与中国北方细石器文化的石器基本一致[④]，但是制作技术稍为原始，如两面加工的石器比较少见，石器上保留原来的砾石面。石片石器是沙苑文化中比较典型的工具，在长城以北的细石器文化中非常少见，特别是单面加工的尖状器（图8.8）尤为罕

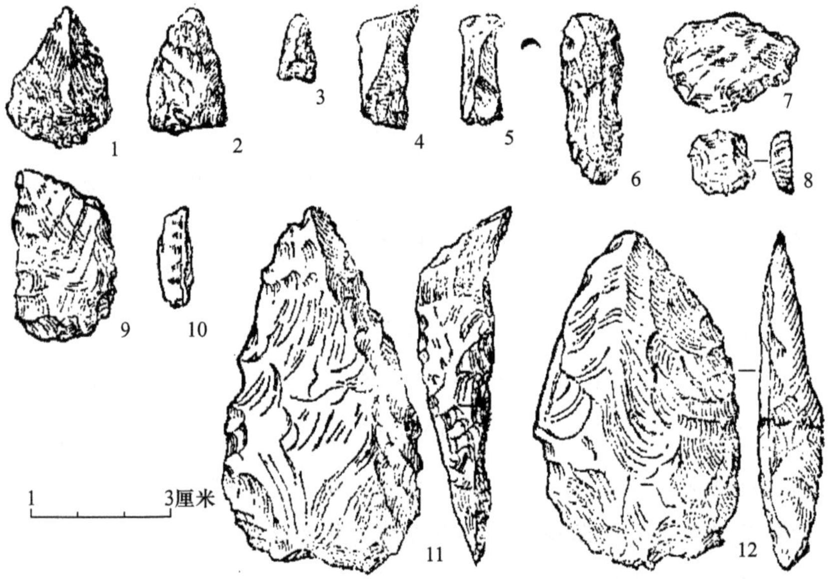

1~3. 石镞　4~5. 小石片　6~8. 刮削器　9、10. 尖状器　11、12. 石片尖状器

图8.8　沙苑文化的石器

① Pei, W. C. On a Mesolithic (?) Industry of the Caves of Kwangsi. Bull. Geol. Soc. China. Vol. XⅣ, pp. 393-408.

② 裴文中：《柳城巨猿洞的发掘与广西其他山洞的探查报告》，《古脊椎动物与古人类研究所甲种专刊》第10号，1965年。

③ 安志敏、吴汝祚：《陕西朝邑大荔沙苑地区的石器时代遗存》，《考古学报》1957年第3期。

④ 中国科学院考古研究所编：《新中国的考古收获》，文物出版社1961年版。

见。从沙苑文化的全部文化遗物观察，当时人类主要从事狩猎生活，可能处于母系氏族社会的初期。目前尚未发现新石器时代的陶片，可能属于中石器时代，但也不排除早期新石器时代的可能性。这有待于考古学者的进一步工作。

（原载《日本の考古学》Ⅰ，第221~232页，1965年，安志敏译）

附记：

新中国成立以来，先生发表过三篇总结中国旧石器文化的论文，即《中国旧石器时代的文化》(《中国人类化石的发现与研究》，1955年)、《旧石器研究》(《十年来的中国科学——古生物学》，1959年)和本篇。而本篇是其中最后的一篇，对历来的论点也做了若干改变，故编入本书。由于本篇先译成日文，再转译回来，难免与原意有不符之处，但大的轮廓基本上是正确的。

（安志敏）

（选自《裴文中史前考古学论文集》，文物出版社1987年版）

贾兰坡与《中国细石器的特征和它的传统、起源与分布》

经典导读

贾兰坡（1908—2001），河北玉田人。1929年中学毕业后，应聘加入中国地质调查所，参加该所新生代研究室在周口店组织的考古发掘工作。工作伊始，他从练习生做起，经过刻苦学习与不断实践，迅速成为周口店发掘项目的专家。1953年，裴文中赴法学习，贾兰坡开始主持周口店北京猿人遗址的发掘。1936年11月，贾兰坡在数周内连续发掘出土3具北京猿人头骨化石，使周口店龙骨山再次成为世人瞩目的焦点，为中国古人类学与史前考古做出重要贡献。由于对旧石器时代考古及相关学科研究所做出的重要贡献，贾兰坡先后当选中国科学院院士、美国科学院外籍院士以及第三世界科学院院士。

从周口店遗址的发掘与研究起步，贾兰坡在他长达70年的学术生涯中，先后主持过多项旧石器时代遗址的发掘、调查与研究工作，撰写了数量众多的学术专著与论文。《旧石器时代文化》（1957）、《中国大陆上的远古居民》（1978）、《人类的黎明》（1983）等专著是对中国旧石器时代人类与文化发展演化的系统论述。《泥河湾期的地层才是人类最早的脚踏地》（1957）、《试述中国旧石器时代初期石器文化的相互关系》（1957）、《水洞沟旧石器时代遗址的新材料》（1964）、《山西峙峪遗址旧石器时代遗址发掘报告》（1972）以及《中国细石器的特征和它的传统、起源与分布》（1978）等，则对华北与中国最早的人类与旧石器文化出现的时代、华北旧石器工业两大系统以及中国细石器的特征、文化传统、起源与分布等问题进行了深入探讨和阐释。

贾兰坡对中国旧石器时代考古研究影响最深远的成果是华北旧石器时代文化两大系统说。这一假说是在贾兰坡与盖培、尤玉柱等学者合作的峙峪遗址发掘报告的讨论部分首次提出，在后来的许家窑遗址发掘报告以及《中国大陆上的远古居民》等著述中进一步阐述完善的。这一假说提出在华北的旧石器时代存在着以刮削器、雕刻器等小型石片石器为特色的周口店—峙峪系、以大石片砍砸器、大三棱尖状器为特色的匼河—丁村系两大系统。尤其是峙峪遗址的发现，是周口店第一地点到细石器文化发展关键的中间环节。两大系统说的提出，虽然由于时代所限，当时发现的旧石器时代考古材料还不足以反映华北及中国旧石器时代文化的全貌，在此基础上提出的假说难免有所局限，但这一假说的提出使研究者逐渐将研究的关注点从单个遗址、具体文化材料转移到对区域文化发展的整体思考研究。就此而言，两大系统说的提出对推动中国旧石器时代考古研究的发展来说，仍是非常重要的标志。

在贾兰坡的诸多学术著述之中，《中国细石器的特征和它的传统、起源与分布》一文尤为重要。这篇文章在整体上进一步发展了华北两大系统说的观点，对中国的细石器的特征、文化传统、起源与分布特点等问题进行了集中阐释、是中国旧石器时代考古，尤其是在细石器文化研究领域的一篇非常重要的文章。

此文最主要的贡献是厘清了中国境内发现的细石器的时代归属，将原来一直放在旧石器时代以后新石器及中石器时代的细石器提早到旧石器时代晚期来讨论，认为辽宁凌源西八间房的细石器属于旧石器时代晚期后段。峙峪发现的小长石片与扇形石核，也当看作细石器的早期产品。尽管对细石器早期的文化归属即细石器属性尚有不同意见，但目前对于中国旧石器时代晚期的细石器文化的存在，则早已成为共识。

这篇文章的另一重要贡献是阐明了中国细石器文化与技术传统。从世界范围来观察，贾兰坡将细石器划分为地中海系统与东北亚—北美系统。地中海系统的特点是各种几何形细石器产品占据主导地位；东北亚—北美系统则以薄长石叶（贾兰坡所说的薄长石叶即目前通称的细石叶）为主要特征区别于前者。中国细石器无疑与东北亚—北美系统为同一传统。

贾兰坡不但将中国细石器归入东北亚细石器传统，还进一步阐释这一传统的可能起源地就在华北地区，前述的峙峪遗址的发现就是华北起源论的关键证据。而就华北两大系统的发展趋势来看，此文将细石器文化的起源进一步追溯到华北旧石器文化的小石器文化传统，即周口店—峙峪系为细石器传统的源头。此文还进一步讨论了中国细石器技术常见的石核类型，如棱柱状和锥状石核、楔形石核与扇形石核等。这些讨论为中国细石器技术与文化研究的进一步发展奠定了非常重要的基础。

—— 延伸阅读文献目录：

1. 裴文中：《中国细石器文化略说》，《中国史前时期之研究》，商务印书馆 1948 年版。
2. 贾兰坡、盖培、尤玉柱：《山西峙峪遗址旧石器时代遗址发掘报告》，《考古学报》1972 年第 1 期。
3. 盖培、卫奇：《虎头梁旧石器时代晚期遗址的发现》，《古脊椎动物与古人类》1977 年第 4 期。
4. 贾兰坡：《中国大陆上的远古居民》，天津人民出版社 1978 年版。
5. 王建、王向前、陈哲英：《下川文化——山西下川遗址调查报告》，《考古学报》1978 年第 3 期。
6. 安志敏：《中国细石器发现一百年》，《考古》2000 年第 5 期。
7. 王益人：《贾兰坡与华北两大旧石器传统》，《人类学学报》2002 年第 3 期。

（王幼平 撰）

—— 原文：《中国细石器的特征和它的传统、起源与分布》

中国细石器的特征和它的传统、起源与分布

贾兰坡

远古人类使用的打制石器，一般地说，在发展过程中是从大变小的；特别是从旧石器时代晚期起，在世界范围内广泛地出现了被称为“细石器”的细小石器。细石器在亚洲、非洲、欧洲、北美洲和澳大利亚的许多地方都发现过。

在欧洲发现的以“阿齐尔－塔德努瓦文化期（Azilian–Tardenoisian）为代表，石器的特征主要是器型为几何形——斜方形、不等边三角形和新月形等。当时的考古学家相信，这一文化盛行于旧石器时代结束和新石器时代开始阶段，从而把这一文化时代称为“中石器时代”。

经过后来的发现证明，细石器的分布并非仅限于欧洲，在非洲以及亚洲西部、印度，直至澳大利亚都有发现；而且也并非只限于所谓之“中石器时代”，实际上远在旧石器时代晚期即已出现，在南非（阿扎尼亚）奥伦治河中游史密斯菲尔德文化第 6 期的细石器文化组合中含有玻璃珠，时代被认为距今或为 200 多万年前。

亚洲的细石器是 20 世纪 20 年代首先在蒙古发现的，相继在我国的北部又有多次发现。当时我国是一个半封建半殖民地国家，无论是帝国主义分子组成的团体还是个人都掠取了我国的大量标本，其中有很大一部分是细石器材料。

世界上的细石器，有它们的共同特点，石器多很小，主要是用细小的石叶加工成的，目的又多是为了镶嵌，即把细石器镶嵌在骨、角或木柄上作为生产工具和武器。在巴勒斯坦的“中石器时代”发现有镶细石器的角和骨制的直把镰刀柄；在丹麦的“中石器时代”发现有镶新月形刀片的曲镰柄；在瑞典的“中石器时代”发现有由细石器组成的倒刺和尖头的鱼叉，此外还有箭杆的前半段，并表示用树胶固定细石器的尖头和倒刺的位置；现在澳大利亚当地人还用细石器镶嵌锯刀。在我国，除多次发现了为镶嵌细石器的骨刀把和匕首的骨把外，1973 年在甘肃省永昌县鸳鸯池的新石器时代的古墓群中还发现了仍然镶

嵌着的细石叶的骨刀和骨匕首①。这一发现之所以重要，是因为它证实了在我国和相邻地区发现的细石器文化组合中细小石叶的确凿用途。

细石器是随着复合工具的发展而发展起来的，没有时代更早的复合工具的发明，也就不可能有为镶嵌使用的细石器出现，两者有很密切的继承关系。细石器虽然也是复合工具，但和最初的复合工具有着十分明显的不同。最初的复合工具只是把石器捆绑在木柄上；而把骨或角的柄刻出沟槽，把若干的刀片连接镶嵌到沟槽里，则是细石器文化的特点。

几何形的细石器，根据现有的材料来看，以围绕地中海地区的发现物为最早，很可能起源于地中海地带，因此可以把它称为“地中海细石器传统”。这一传统技术，向北传播到北欧，向南传播到南非；向东传播，于距今 10 000 年前后到达印度北部，于距今 5 000—3 000 年前到达了澳大利亚。

世界上的细石器，虽然有着一定的共同性，甚至有些石器类型在所有的细石器组合中也基本上存在。例如拇指盖状小刮削器、船底形刮削器、尖状器和雕刻器等，不仅在几何形细石器传统（即地中海传统）中见到，在我国和相邻地区也经常发现。但由于空间和时间的不同，我国以及相邻地区的细石器和几何形传统也保持着一定的区别。下面首先谈一谈中国细石器的特征。

一、中国细石器的特征

中国以及东亚、北亚和北美的细石器，总的来说属于同一传统。在这一传统的组合中，除了有与几何形细石器类似的尖状器、雕刻器、刮削器、箭头等外，以长薄的石叶最为突出，可以说是这一传统的重要组成部分。它和几何形器物，有相同的用途，都是镶嵌用的刀片。

关于旧石器时代初期和中期的长石片（elongated flake）曾有人解释为应具两侧平行到半平行的边缘，它的长度至少大于宽度的两倍，横断面不是平凸的、三角形的、半三角形的，就是长方形的，常常是不等四边形的，在背面或

① 甘肃省博物馆文物工作队、武威地区文物普查队：《永昌鸳鸯池新石器时代墓地的发掘》，《考古》1974 年第 5 期。

多或少的具有纵脊；在石叶（blade）的背面应有两个或更多的先前剥落的石叶疤痕和同方向的同心波纹[①]。

从我国及其相邻地区的细石器文化组合中发现有相当大的比例的石片，绝大部分是用锤状物直接从台面上击落的，台面常常不修理，宽大于长的石片随处可见；有时也能见到两极石片和石核（图9.1：21及22）。在细石器文化遗址中可以说几乎普遍都有各式各样刮削器、尖状器、石砧、雕刻器等存在，显然是用直接方法从石核打落的石片加工成的。

至于细石器文化组合中的细石叶，用上边的定义来解释是不够的，首先应当说明的是，多是用间接方法剥落；虽然断面呈平凸或三角形，背面有一个以上的纵脊，但宽和长之比有的接近1/10，厚和长之比有的接近1/20，有的细小到不足1克重。

所见的石叶中，有许多截断了一头（图9.1：1~10）或两头（图9.1：11~20），使石叶变短。截断一头或两头，并非偶然，因为用间接法从石核剥落的石叶两头向内弓曲；截断的目的是为了作为刀片使用，把它连接镶嵌在骨把上使彼此接口平齐，减少间隙。有的刀片有使用痕迹；有的一侧边缘有轻敲细击的痕迹，反而使刃口变钝，失去锋利。看来，这种加工后变钝的边缘并非使用的刃口，而是为了把这一缘镶嵌到骨柄的沟槽之内使其稳固。

生产上述石叶的石核是值得研究的，因为从石核上可以了解到生产石叶的技术和程序。在我国的许多细石器文化遗址中，常见到的石核有盘状石核、多面体石核、两极石核、棱柱状石核、锥形石核（铅笔头形石核）、楔形石核和扇形石核（船形石核）等。前三种石核，在我国的旧石器时代遗址，特别是周口店北京人遗址、许家窑遗址和峙峪遗址所常见；最重要的是后四种，几乎为我国及其相邻地区的细石器组合中所专有，而在几何形细石器组合中则很少见到。为此有必要对这些石核作比较详细的介绍。

棱柱状石核和锥形石核（Prismatic and conical cores）：

1975年，我们参观了黑龙江省齐齐哈尔市玉器厂，有位老工人在新中国成

① Bordes, F. and Crabtree, D. The Corbiac blade technique and other experiments. *Tebiwa*, Vol.12, No.2, 1969, p.1.

1~10. 截去一头的石叶　11~20. 截去两头的石叶　21、22. 新石器时代的细石器文化遗址中的两极石核　23~25. 从石核上具有交互打击的垂直边缘上剥落下来的石叶　26、27. 锥形（或铅笔头形）石核　28. 楔形石核　29. 半楔形石核　30. 从中部断开的两面加工的舌形器物。均原大。

图 9.1

立前是制做烟袋嘴的，他特意为我们表演了这种手工艺的过程。这次表演使我对细石器的研究得到了很大的启发。

他先把一块玛瑙，用小铁锤打击成长条形，然后用大铁钳沿周围边缘咬啃，把长条的玛瑙制成圆柱状的荒坯（图9.2：1），最后才琢磨成烟袋嘴；打击荒坯时，曾由玛瑙石块上剥落下碎块和碎片达150片之多。这使我相信拥有细石器技术的人们，在从棱柱状石核上剥落石叶之前，也必然先打制成荒坯（尽管他们使用的是不同性质的工具），然后再沿着被修理过的台面的周围边棱用间接法剥落石叶。

我这样说并非猜测，是可以找到证据的。在袁复礼教授于1932年从宁夏回族自治区北部银根所采的细石器中，就有截去两头并沿着周身从不同的方向打成的柱状的黄色火石的荒坯（图9.2：2）；特别是它的一侧有用交互方法打击的边棱和烟袋嘴的荒坯相比也基本相同。

把石核的荒坯的两头都打击成台面，从两头剥落石叶，最后则成为棱柱状石核（图9.2：3及4）；如果从一头剥落石叶，最后则形成锥形石核（图9.1：26及27）。我们在银根的材料中，还见到横断面呈桃形、上大下小的石核，它的一侧满布剥落石叶的疤痕，另一侧保留有交互敲击出来的垂直锐棱。这样的石核，过去也常常被称为“石核刮削器”（core-scraper），其实可称为“半锥形石核”（subconical core）（图9.2：7及8），因为从细石器文化遗址中还发现许多横断面呈三角形的石叶，背面具有交互打击痕迹纵脊，显然是从半锥形石核上剥落下来的垂直锐棱部分（图9.1，23~25）。

无论是棱柱状石核还是锥形石核，台面一般都被修理过。修理的目的，据我观察的结果，并非单纯地为了使台面平整，而更主要是使台面出现细碎的鳞片状疤痕，用间接法打制石叶则不致使中间物体（即棍棒状物）的尖头滑动，易于掌握。总之，棱柱状石核和锥形石核虽然在地区性上有一定的意义，而在技术上二者并没有什么区别。据我个人观察，除了上粗下细的荒坯，从粗端剥落石叶，必然形成锥形石核；即使是两端等大的石核荒坯，如果只从一端剥落石叶，最后也会形成锥形石核，因为剥落的石叶的尾端不仅都向内弯，一般也多较厚。

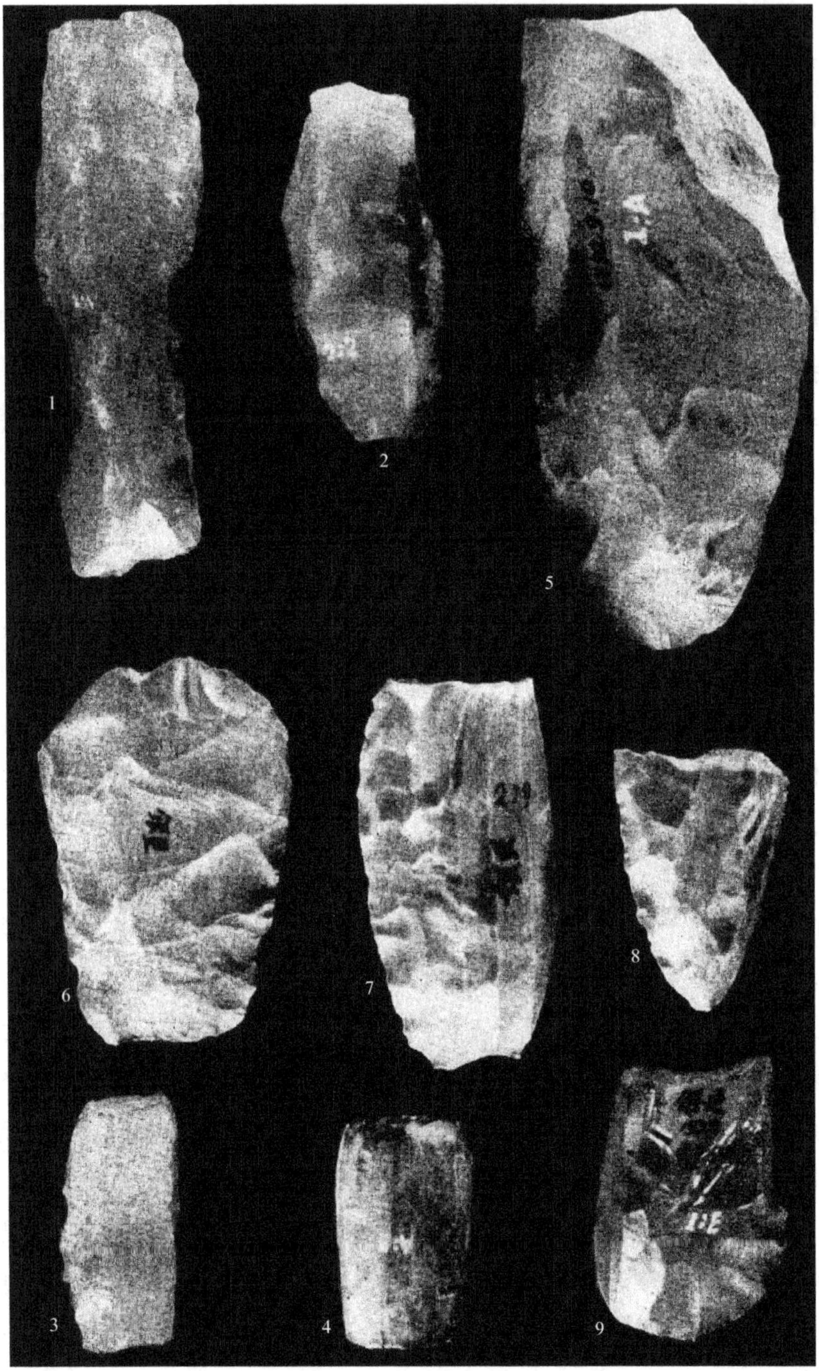

1. 现代人打制的烟袋嘴的荒坯　2. 新石器时代的细石器文化遗址中的棱柱状石核的荒坯　3. 新石器时代的细石器文化遗址中的棱柱状石核，其上尚保留一部分荒坯的表皮　4. 棱柱状石核　5、6. 从两面加工的舌形器物　7. 半锥形石核　8. 半锥形石核　9. 楔形石核。均原大。

图 9.2

楔形石核和扇形石核（Wedge-shaped core and Fan-shaped or boat-shaped core）

关于这两种石核，过去在名称使用上常常混为一谈，有时名为戈壁石核或楔形石核，有时也称为扇形石核。为了说明方便起见，在此作了调整，用楔形石核和扇形石核来说明它们的性质。

这两种石核从20世纪20年代起即引起人们注意，因为它们的代表性很强。后来有人把这样的石核作为东北亚和北美细石器文化联系的证据①。关于它们的打制方法，也有人进行过种种推测，认为是把一个从两面加工的椭圆形的石核，从一侧边截去一片，使它出现台面，然后再从一头沿着台面剥落石片②。由于没有剥落过石叶的弧形边缘上仍保存着从两面加工痕迹，因而又被看成既是石核又是刮削器，也常常被称为"石核刮削器"③。

最近我对上述石核进行了比较观察，发现华北地区的细石器文化组合中，常见有从两面加工的舌形器物（图9.2：5及6）（从痕迹的长而浅来看，是经过用木棒或骨棒精致地修理）；并发现有很多这类石核是从舌型器物改制而成的，因为有许多楔形石核恰为舌形器物的1/2，而扇形石核恰为舌形器物的1/4。

这也就是说，如果把舌形器物从一面的中部截成两半（图9.3：1），再把断面（A缘）修理成台面，然后从和台面相邻的一侧边缘挨次用间接法剥落石叶，即成"半楔形石核"（图9.1：29；图9.2：7及8）；从两侧边缘挨剥落石叶，即成楔形石核（图9.1：28；图9.2：9）。

扇形石核，据我个人见解，在技术上也并没有什么特殊的意义。我认为如果把已截断的舌形器物的一半，垂直地再从中间剖开，即把舌形器物四分（图9.3：2），把新的断口（B缘）修理成台面，然后从和台面正角相交的一侧（即A缘）剥落石叶，即形成扇形石核（图9.3：3及4）。

---

① Teilhard de Chardin, P. On the Presumable Existence of a World-Wide Sub-Arctic Sheet of Human Culture at the Dawn of the Neolithic. *Bull. Geol. Soc. China*, 1939–1940, Vol. XIX, pp.333–339.

② Smith, Jason W. The Northeast Asian–Northwest Microblade Tradition. *Journal of Field Archaeology*, Vol.1, No.3/4, 1974.

③ 戴尔俭：《西藏聂拉木县发现的石器》，《考古》1972年第1期。

1. 把舌形器物由中间剖为两半，将断面（A缘）修理成台面，然后用间接法从与台面相交的一侧边缘，剥落石叶，即形成半楔形石核；如果从与台面相交的两侧边缘剥落石叶，即形成楔形石核　2. 把已剖开的舌形器物的一半，再顺着长轴由中间剖开，把B缘修理成台面，然后从相接的A缘用间接法剥落石叶，即形成扇形（或船形）石核　3、4. 新石器时代的细石器文化遗址中的扇形石核。

图 9.3

至于舌形器物，是否为了打击这类石核而特意加工的，还是利用使残了的舌形器物？我个人的意见趋向于后者，因为舌形器物的加工都比较精致，尺寸厚薄虽然不尽相同，但周围边缘都具有锋利或比较锋利的刃口，可作为刮刀使用。

■ 二、细石器文化在我国的分布

细石器文化在我国分布得相当广泛，据我所知（包括已公布的和未公布的）在河北省、北京市、辽宁省、吉林省、黑龙江省、山西省、陕西省、河南省、宁夏回族自治区、甘肃省、新疆维吾尔自治区、青海省、西藏自治区、云南省共 14 个省、市、自治区和地方，或多或少都有细石器文化发现；最近在广东省南海县西樵山也有出露。

它们的分布的情况，就现有材料来说，在华北平原的最南界为河南许昌灵井（地理坐标东经 113.58°，北纬 34.1°）[①]；往北达到黑龙江省的八大关（东经 119.30°，北纬 50°），在黑龙江省最靠东部的地点是乌苏里江西岸绕河县附近（东经 134.0°，北纬 46.45°）；往西达到新疆喀什市（东经 76.0°，北纬 39.25°）；在西藏自治区达到喜马拉雅山下的聂拉木县亚里村（东经约 28.55°，北纬 28.12°）；在云南达到元谋县上那蚌村（东经 101.58°，北纬 25.38°）。

从细石器的地理分布，可以看出当时人们生活的大致轮廓。它们绝大多数都分布在沙漠草原或高山地带，平原地区则很少发现，这说明细石器文化时代的人们最初是过着以狩猎为主，以采集为辅的经济生活。当旧石器时代结束转变到新石器时代，经济出现了巨大革命——从狩猎发展出畜牧业，从采集转变到农业。在中国北部的新石器时代，特别是在稍后的阶段里，广泛出现了细石器和农业工具——石锄、石斧等——混合文化，是亦农亦猎（还有驯养家畜）的标志。

根据现有的资料还可以作出这样的推测：在旧石器时代晚期，正当末次冰期达到高峰的时候，冰雪侵占了北部广大地区（特别是山区），寒冷的气候

① 周国兴：《河南许昌灵井的石器时代遗存》，《考古》1974 年第 2 期。

迫使某些野兽南迁，在当时的条件下，有些猎人为了追寻野兽也会向南移动。到了距今大约1万年前后，冰期结束，气候逐渐变为温暖，高纬度的冰雪融解，不仅使广大地区从冰雪中裸露出来，融化的冰水也会形成许多河流和湖泊，草木丛生，野兽和鱼增多，为渔猎提供了条件，当然有的猎人也必然向北迁移。例如在我国的内蒙古自治区的北部在像铺着彩色缤纷地毯般的辽阔大草原上，今天的居民虽然不多，而零散的细石器却发现不少。在蒙古也是如此，例如在南戈壁省，平均每8公里才有1人；但从考古学上证实在新石器时代，居民的密度却比现在为大，在南戈壁省达尔鄂博苏木的巴彦扎格（即沙巴拉克），当新石器时代的时候，那里的情况和今天相比已有很大的差别，因为从那里曾发现过大批细石器、陶片、动物遗骨和炉灶残迹，还有保留良好的石器制造场。

目前，发现细石器最多的省份，据有关博物馆考古工作者统计是黑龙江省和内蒙古，两地均发现有60处左右遗址（距离较近而性质相同的地点都作为一处看待，如果按点计算，仅黑龙江省嫩江流域就有上百个点）；其次是吉林省（约有40处）、宁夏、甘肃、新疆、河北、山西、陕西等地。

在我国所发现的海拔最高的细石器地点有两处，一处是西藏的黑河附近[①]（东经92.0°，北纬31.27°）；另一处即西藏聂拉木县亚里村，两处海拔均为4 300米。在这样高的地点有细石器发现，除了把它们看作当时猎人的临时宿营地之外，还应从地质角度考虑全新世地壳上升的幅度。

关于我国的细石器技术是在何时结束和失传的问题，过去很少有人讨论。在黑龙江（现为内蒙古自治区——编者著）呼伦贝尔盟陈巴尔虎旗完工附近的汉墓中即发现有用细石器技术制造的圆盘状刮削器和石镞等[②]；据说，在达赉湖（呼伦池）北岸木图纳亚河东岸的东汉时期的鲜卑墓中也曾发现过用同样技术制作石镞。1975年我们在辽宁省（今为内蒙古自治区——编者著）昭乌达盟克什克腾旗好鲁库种羊场区域内发现有两处具有细石器成分的地点，一处是墓葬，一处是居住遗址，两处都有辽代（公元916—1125年）陶片共存——这是目前在我国所见到的最晚的具有细石器成分的地点。

---

① 邱中郎：《青藏高原旧石器的发现》，《古脊椎动物学报》1958年第2卷第2~3期。

② 内蒙古自治区文物工作队：《内蒙古陈巴尔虎旗完工古墓清理简报》，《考古》1965年第6期。

三、东亚、北亚和北美的细石器的起源与分布

虽然有的作者根据扇形石核作过亚传统的划分，但还未见有谁否定东亚、北亚和北美的细石器属于同一传统。可是对于这一传统的细石器起源的说法则是各式各样的。德日进和马林杰（J. Maringer）等人认为我国北部的细石器文化起源于西伯利亚叶尼塞河上游一带，首先进入蒙古的沙巴拉克（Sabarak）或我国的东北部，然后向南分布[①]；莫兰（V. J. Morlan）认为可能是由一种欧洲人（奥瑞纳文化期）导出西伯利亚的细石器工业；莫查诺夫（Y. A. Mochanov）认为可能是中国的中部；奥克拉德尼克夫（A. P. Okladnikov）根据在蒙古莫力特山口（Molytynam）发现的发展程序，发表了认为是土著起源的证据；史密斯同意后一说法，认为奥克拉德尼克夫的主张是合适的，特别是把旧石器时代晚期全华北、蒙古和南西伯利亚看作社会文化独立发展的辽阔地的话[②]。

当我们研究山西省朔县峙峪文化（据碳十四测定距今为28 135±1 330年）的时候，曾经说过："这个问题的解决取决于在亚洲地区的更新世晚期的石器文化中找到发达的细石器技术的萌芽和组成细石器文化的石器的原始类型。"[③]在同一论文中，根据华北各地的发现，把华北的旧石器时代文化分为两大系统，一个是"匼河－丁村系"（或称"大石片砍斫器－三棱大尖状器传统"，属于这个传统的文化有陕西蓝田县公王岭蓝田人文化[④]、山西芮城匼河文化[⑤]、山西襄汾县丁村文化[⑥]，最后发展到山西怀仁县鹅毛口文化[⑦]；另一个是"周口店第

① Teilhard de Chardin, P. et Pei, W. C. *Le Neolithique de la Chine*. Peking, 1944. Maringer, J. Contribution to the Prehistory of Mongolia. *Reports from the Scientific Expeditions of the North-Western Provinces of China*. Bubl. 34, Stockholm, 1950.

② Smith, Jason W. The Northeast Asian–Northwest Microblade Tradition. *Journal of Field Archaeology*, Vol.1, No.3/4, 1974.

③ 贾兰坡、盖培、尤玉柱：《山西峙峪旧石器时代遗址发掘报告》，《考古学报》1972年第1期。

④ 戴尔俭：《陕西蓝田公王岭及其附近的旧石器》，《古脊椎动物与古人类》1966年第10卷第1期。

⑤ 贾兰坡、王择义、王建：《匼河》，《中国科学院古脊椎动物与古人类研究所甲种专刊第五号》，科学出版社1972年版。

⑥ 裴文中等：《山西襄汾县丁村旧石器时代遗址发掘报告》，《中国科学院古脊椎动物与古人类研究所甲种专刊第二号》，科学出版社1958年版。

⑦ 贾兰坡、尤玉柱：《山西怀仁鹅毛口石器制造厂遗址》，《考古学报》1973年第2期。

一地点（北京人遗址）－峙峪系”（简称“第一地点－峙峪系”（或称“船底形刮削器—雕刻器传统”），属于这一传统的文化有周口店北京人文化[①]、山西阳高县许家窑文化[②]、山西朔县峙峪文化[③]、河南安阳小南海文化[④]，最后发展成为“中石器时代”以及再晚的细石器文化。由于这个传统的古老地点都集中在华北地带，因此使我们相信它起源于华北地区。

我们之所以把这一传统的细石器追溯到北京人文化，是因为在石器的组合中不仅有大量的细小的石器存在，而且有许多类型——如两极石核和石片、各种小型尖状器、各式各样的刮削器（包括船底形刮削器）和雕刻器等，在许家窑文化、峙峪文化和以后的细石器文化组合中也都存在。在“匼河－丁村系”中，虽然也有小型器物发现，但无论是在比例上和在类型的一致性上都不能和“第一地点－峙峪系”的相比。

虽然可以把这一传统的细石器的起源，追溯到北京人时期，但和“中石器时代”及其以后的细石器文化最接近的是峙峪文化。在峙峪文化的组合中不仅见到有在细石器文化中普遍存在的石镞、拇指盖状刮削器（圆盘状小刮削器）等，还有扇形石核。峙峪的扇形石核，虽然没有“中石器时代”及其以后的细石器文化中的典型，但已初具规模；而且，1975年我们在辽宁省（今为内蒙古自治区——编者著）昭乌达盟林西锅撑山新石器时代的细石器文化遗址中也见到过同样的石核。此外，在峙峪文化遗址中还见到代表细石器文化特征的长石叶，有的两侧呈平行或半平行，有的呈梭形、断面有的平凸呈梯形，有的呈三角形；长和宽之比约为3∶1，长和厚之比约为10∶1。像这样的石叶在新石器时代细石器文化组合中也普遍存在。峙峪遗址的石叶，从台面的细小、打击泡（即半锥体）圆而凸来看，可以认为是用间接法剥落的——到目前为止，这是在我国所见到的最早的用间接法剥落的石叶。

根据最近的调查的结果来看，细石器向北分布的途径可能是从我国的宁夏、内蒙古经过蒙古和我国的东北部分布到西伯利亚的，最后通过白令海峡分

① Teilhard de Chardin, P. and Pei, W. C. The Lithic Industry of the Sinanthropus Deposits in Choukoutien. *Bull. Geol. Soc. China*, Vol. XI , 1932.

② 贾兰坡、卫奇：《山西阳高县许家窑旧石器时代文化遗址》，《考古学报》1976年第2期。

③ 贾兰坡、盖培、尤玉柱：《山西峙峪旧石器时代遗址发掘报告》，《考古学报》1972年第1期。

④ 安志敏：《河南安阳小南海旧石器时代洞穴堆积的试掘》，《考古学报》1965年第1期。

布到北美。在宁夏、内蒙古和黑龙江省的北部地区都发现了不少的细石器文化地点。不过绝大部分的材料都暴露于地表，有的地点仅有细石器文化发现，有的和陶片与磨光石器混合在一起。在我国的东北部既有地层又有化石根据，可以看作旧石器时代晚期后一阶段的遗址有辽宁省陵源县西八间房①；黑龙江省（今为内蒙古自治区——编者著）扎赉诺尔遗址的时代也较早，用碳十四测定地层内的树木距今为 11 460±230 年。

在东西伯利亚，虽然报道了一些据说是属于旧石器时代晚期的材料，但提供的证据不足，因为有的是根据器型、技术的粗细、石锈的厚薄和有无陶器等现象来估计，或者是和日本已用碳十四测定出年龄的材料对比的。经过碳十四测定并具有细石器成分的有阿尔丹河右岸的维克尼－图伊特斯卡亚（Verkhne-Troitskaia）地点，距今为 18 300±180 年，但知道的材料太少，只有 1 件扇形石核和刀形刮削器；还有印迪吉尔卡（Indigirka）盆地的比里勒克（Berelekh）地点（位置在北纬 70°，这是世界上最靠北的一个地点），经碳十四测定距今为 11 830±110 年或 12 240±160 年②。总之，从贝加尔湖往东直到白令海峡，到现在为止还未发现超过距今 18 000 年的材料，蒙古也没有；因此细石器文化既不可能来自于欧洲，也不可能起源于贝加尔湖地区和蒙古。根据我们的研究与此种说法恰恰相反，而是起源于华北。关于此种文化分布到美洲的时间，我同意这样的看法：大致在距今 10 000 年前这个传统的细石器已渡过白令海峡陆桥达到阿拉斯加的西北部；至少说占据亚北极美洲的西北部的费尔班克斯－海莱湖（Fairbanks-Healy Lake）地区大致是距今 11 000 年，并且随着威斯康星冰川的退缩到达加拿大的不列颠哥伦比亚大约是在距今 9 000 年③。

日本的细石器文化无疑地是从亚洲大陆传播过去的，传播的途径可能有两条主要通路，一条是通过鞑靼海峡到达库页岛，然后向南分布；一条是从堪察加半岛经千岛群岛向南分布。因为细石器在我国从华北向东北部的分布面，愈

---

① 辽宁省博物馆：《凌源西八间房旧石器时代文化地点》，《古脊椎动物与古人类》1973 年第 11 卷第 2 期，223~226 页。

② Powers, W. R. Palaeolithic Man in Northeast Asia. *Arctic Anthropology*, Vol. Ⅹ, No.2, 1973, pp.1-106.

③ Smith, Jason W. The Northeast Asian-Northwest Microblade Tradition. *Journal of Field Archaeology*, Vol.1, No.3/4, 1974.

往北也愈广、愈靠东。到目前为止，在河北省发现的材料只限于东经 118° 以西；在辽宁省只限于东经 123° 以西，在吉林省是在 126° 以西，在黑龙江省北纬 46° 以南分布到 126° 以西，在北纬 48° 则分布到了东经 133.15° 。当然，朝鲜半岛可能也是一条途径。

从华北向西分布的途径是，经过河西走廊分布到新疆，在天山北路和南路都有细石器文化遗存发现，往西达到喀什市。其实往西分布得还很远，在苏联的阿什哈德附近的沙地里，在乌斯秋尔特高原上，在乌兹博依和其他地区采集许多与青铜时代陶器共存的细石器，而在所有的细石器遗址上，都发现有棱柱状石核和圆锥形石核，并且在绝大多数的哈萨克斯坦遗址中，根本没有几何形工具①。

可能是在向西分布的过程中，大概是沿着黄河上游也向南传播，因为在青藏高原的黑河留下了属于这一传统的细石器材料，往南一直分布到喜马拉雅山下的聂拉木县。向南传播的过程中又向东传播到云南，最后还可能分布到广东。

（选自《古脊椎动物与古人类》1978 年第 2 期）

① 佛尔莫佐夫：《苏联亚洲部分细石器遗迹》，《考古》1960 年第 4 期。

吕遵谔与《20 世纪中国旧石器时代考古的回顾与瞻望》

经典导读

吕遵谔（1928—2015），山东福山人。1953 年毕业于北京大学历史系，毕业后留校在历史系考古学专业任教。主要从事旧石器时代考古和古人类学的教学与研究。1984 年晋升为教授，1986 年为博士生导师。长期从事旧石器时代考古发掘与研究工作，先后主持多项旧石器时代遗址的发掘，获重大考古发现。1984 年秋，在辽宁营口发现著名的金牛山人化石以及用火遗迹等。1988 年，主持发掘了河北涞水县北边桥遗址，发现涞水人化石及伴存的石制品与动物化石等。1993 年主持江苏南京江宁汤山葫芦洞遗址，发现南京人二号头骨及一枚直立人牙齿化石。这些发现为中国旧石器时代考古与古人类学研究做出了非常重要的贡献。

沂源人、南京人、金牛山人、涞水人以及鸽子洞人等一系列重要的古人类化石的发现与研究，丰富了中国古人类化石宝库与研究的内容，扩展了学术界对于东亚地区远古人类演化的复杂历程的认识。尤其重要的是金牛山人和涞水人的发现与研究，改写了我们对于中国远古人类直线演化发展的传统认识，使多元复杂的中国古人类演化图景得以逐渐清晰。

吕遵谔在旧石器时代考古发现与研究方面成果显著。从 20 世纪 70 年代后期到 80 年代初，先后多次亲临内蒙古呼和浩特东郊的大窑遗址现场指导发掘，并确定该遗址石器制造场的性质。主持 1980 年至 1981 年初的四川资阳鲤鱼桥地点的发掘，提出了“鲤鱼桥文化”的命名。他长期致力于旧石器考古发掘方法的改进并做出重要贡献，在金牛山遗址成功地揭示出以火塘为中心的金牛山人的活动遗迹。他提倡实验考古学，并对发现于辽宁海城仙人洞的骨、角制品进行实验研究，完成《海城小孤山仙人洞鱼镖头的复制和使用研究》(《考古学报》1995 年第 1 期）等论文。

21 世纪初，吕遵谔主编完成《中国考古学研究的世纪回顾 · 旧石器时代考古卷》，并撰写总论《20 世纪中国旧石器时代考古的回顾与前瞻》，分旧石器时代考古简史、关于在我国寻找人类祖先及其文化问题的一些看法，以及旧石器时代考古问题与瞻望三节进行总结讨论。

“旧石器时代考古简史”一节按年代顺序，将中国旧石器时代考古工作历史分为 5 阶段：创业期（1920—1937）、艰难期（1938—1948）、发展期（1949—1966）、沉闷期（1967—1978）和辉煌期（1979—现在）分别阐述介绍。作为一位差不多与中国旧石器时代考古学科同龄，并一直从事这门学科教学与研究的学者，吕遵谔目睹过学科创业与发展的辉煌历史，也深切体验到战乱与“文化大革命”等对旧石器时代考古工作所带来破坏干扰的艰难与苦闷，对于学科的发展与取得的成就则显示出由衷的喜悦与欣慰。

“关于在我国寻找人类祖先及其文化问题的一些看法”一节，则是针对出现在中国旧石器时代考古发掘与研究过程中出现的一些重大问题进行讨论，特别是对年代最早、在国内外史前考古学界影响巨大的“重庆巫山龙骨坡”“安徽繁昌人字洞”以及“河北蔚县大南沟”等发现与研究情况进行总结分析，指出问题的关键所在，并提出努力的方向。尤其重要的是强调实事求是与科学精神，指出在重大发现面前更要慎重对待，要特别注意避免出现似是而非的情况，以免给学科发展带来负面的影响。

在“旧石器时代考古问题与瞻望”一节，首先指出长期以来限制学科发展的主要瓶颈是面对繁重的任务，中国从事旧石器考古专业的人员太少，在各地区之间的发展也极不平衡；进而指出旧石器考古发掘不规范、简单粗糙，研究工作也有待改进等问题。

针对中国旧石器考古学科面临的问题，吕遵谔提出在面对信息网络与旧石器时代考古全球化发展的趋势之际，要注意与国际接轨，规范旧石器考古的学术用语；建立旧石器文化序列的标尺，考虑器物组合的类型与技术特征，并兼顾古人类自身的发展，按照时代序列建立分期，为国内外的研究对比提供条件；建议加强实验考古学研究，以此检验旧石器考古研究中出现的问题，尤其是针对早期人类与文化研究中出现各种争论来进行实验研究，更是解决问题的有效途径；加强学术交流，尤有必要建立在考古学会之下的“旧石器考古分会”，来讨论专门的学术问题，拥有自己的出版物，以此推动学科发展；加强国际交流合作，取长补短，提高工作与研究水平，扩大中国旧石器考古的国际影响。

—— 延伸阅读文献目录：

1. 吕遵谔：《金牛山人的时代及其演化的地位》，《辽海文物学刊》1989 年第 1 期。
2. 吕遵谔：《海城小孤山仙人洞鱼镖头的复制和使用研究》，《考古学报》1995 年第 1 期。
3. 吕遵谔：《金牛山遗址 1993、1994 年发掘的收获和时代的探讨》，辽宁省文物考古研究所编：《东北亚旧石器文化》，白山文化出版社 1996 年版。
4. 吕遵谔：《中国考古学研究的世纪回顾 · 旧石器时代考古卷》，科学出版社 2004 年版。
5. 王幼平：《旧石器时代考古》，文物出版社 2000 年版。

（王幼平 撰）

—— 原文：《20 世纪中国旧石器时代考古的回顾与瞻望》

经典原文

20世纪中国旧石器时代考古的回顾与瞻望

吕遵谔

一、旧石器时代考古学简史

中国旧石器时代考古学和中国考古学一样是在外来力量影响和推动下产生的。因此，在其初期，似可以说是受外人控制的历史。旧石器文化研究最早的是从法英两国开始的。首先是法国考古学家波尔特（Boucher de Perthes，Jacques，1788—1868）于1838年在法国索姆河畔发现旧石器，认为是原始人类制造和使用的工具，是法国北部曾有史前人类活动的证据。1868年，英国考古学家和地质学家对在索姆河畔发现的石器进行了核查，确定了旧石器文化的发现。后来，拉尔泰（Eduard Larted）依据动物化石把旧石器时代分为初、中、晚三个时期。1868年，法国考古学家莫尔蒂耶（Cabriele de Mortillet）首次用考古学方法将欧洲旧石器时代文化进行了分期并用第一次发现的地点作为各文化期的名称。后来法国考古学家步日耶（Breuil，Henri-E'douard-Prosper，1877—1961）在莫尔蒂耶分期的基础上提出在莫斯特文化期（Mousterian）和梭鲁特文化期（Soulutrean）之间增添奥瑞纳文化期（Aurigmacian），从而完备了成为世界旧石器时代分期标准的法国旧石器时代年表。直到今天，该分期年表仍被应用。

我国旧石器时代考古学起步较晚，开始于20世纪20年代之初。在此以前，我国未见报道过旧石器时代遗物的发现。当时许多人也不相信中国存在过石器时代。中国旧石器时代考古学的产生是和我国半封建半殖民地受外强文化侵略有关，如当时的俄、英、美、德、法和日本等国的所谓探险者，都纷纷来我国西北地区盗掘和掠夺诸多文物。如英籍考古学家斯坦因（Stein，Aurel，1862—1943）在英属印度政府支持下，于1900—1916年先后三次进入我国新疆、甘肃地区，进行大规模的地理测量和考古调查。在这期间，他盗掘了许多古代遗址、掠走了大量文物，其中包括敦煌莫高窟藏经洞的大批写经和幡。1930年他计划对我国西北地区进行第四次考察，由于我国学术界人士反对而未能得逞。又如法国东方学家伯希和（Pelliot，Paul，1878—1945），1900—1902年曾三次来中国搜集图书资料。在京期间曾参与使馆区镇压义和团起义的活动。1905年8月，他受法国金石铭文与文艺学院和法国中亚考察委员会的委派于1906年8月底进入我国新疆喀什地区和甘肃的敦煌石窟进行了广泛的考察，并盗掘了库车附近的佛寺遗址，掠走了大量的珍贵文物，包括死文字文献。特别是1908年2—5月，继英国斯坦因之后，又攫取了敦煌写经精华部分数千卷及幡幢、绘画等珍贵的文物。这些文物和文献资料都在《伯希和考察队丛刊》和《伯希和考察队考古学丛刊》发表。

由于外强势力多次对我国进行文化侵略，盗掘和偷抢了大量珍贵文物，引起了国内有识之士的激烈反对，入侵者不得不改变单枪匹马的方式以双方合作的方式进行考古调查研究。如瑞典地理学家和探险家斯文赫定（Sven Anders，Hedin，1865—1952）从1893—1907年先后三次进入塔克拉玛干大沙漠，直到罗布淖尔、甘肃和内蒙古等地，绘制500余幅地图，收集到许多佉卢文和汉文文书，并对西藏高原和喜马拉雅山进行地理考察。而第四次考察则与中国学术团体联合共同组成“西北科学考察团”，双方分任团长在内蒙古、宁夏、甘肃和新疆等地进行多学科的大规模综合考察。

我国旧石器时代考古学就是在外强力量单枪匹马地来我国寻找动物化石、进行旧石器调查的过程中萌芽而产生的。1921—1925年，美国自然历史博物馆中亚探险家古生物学家葛兰阶（Walter Granger）到四川万县盐井沟收购化石，当地居民挖掘洞穴、裂隙和“天坑”中埋藏的动物化石，一麻袋一麻袋地廉价卖给葛兰阶，装船运往美国。葛兰阶在江南搜寻古人类化石并调查旧石器。他采集的所谓“旧石器”，都是没有层位、时代不详或“假石器”。1920年，法国神父桑志华（Emile Licent）在甘肃省庆阳的赵家岔和辛家沟进行调查时，发现了1件石核和2件石片。这是我国第一批有正式记录的旧石器。1921年，瑞典地质和考古学家安特生（J. G. Andersson，1874—1960）和奥地利古生物学家师丹斯基（Otto Zdansky）到周口店调查，据当地人提供的线索发现了周口店第1地点，即北京人化石产地，但未发掘。1922年桑志华在内蒙古自治区发现并发掘了萨拉乌苏遗址。1923年，巴黎国立博物馆派遣古生物学家德日进（Pierre Teilhard de Chardin，1881—1955）和桑志华二人到鄂尔多斯一带调查，在今宁夏回族自治区灵武县水洞沟发现了一处内容丰富的旧石器时代晚期遗址，随后他们又再次发掘了萨拉乌苏遗址，发现了大量哺乳动物化石和石器及一颗人类幼儿的左上外侧门齿。该幼儿牙齿化石经加拿大籍古人类学家步达生（Davison Black，1884—1934）研究后，定名为“鄂尔多斯牙齿”（Ordos Tooth），即习惯上称为“河套人”。

这些零星的发现不仅说明中国大地上曾生活过古老人类有新石器时代的文化存在，更有旧石器时代古老的人类化石和文化发展繁衍。同时也刺激我国学术界投入寻找古人类化石和旧石器时代的考古调查。至此，国外力量在中国单枪匹马的进行考古调查和盗掘的历史结束。

根据我国旧石器时代考古工作开展的情况，大致可以将我国旧石器时代考古的历史划分为如下 5 个阶段：

1. 创业期（1920—1937 年）

这一阶段是中国旧石器时代考古学的萌芽期，像初生婴儿在蹒跚学步但健康地成长起来。自 1921 年安特生和师丹斯基在周口店龙骨山北坡发现了北京人遗址，1921 年和 1923 年先后发掘获得两枚人类牙齿化石并被定为人属。由于这一重要的发现，1927 年由瑞典古脊椎动物学家步林（Birger Bohlin）和中国地质学家李捷对第 1 地点，即北京人遗址进行大规模系统地发掘，获得一枚人的左下恒臼齿。先后发现的这三枚人牙，经北京协和医学院解剖科主任步达生研究后，命名为“北京中国猿人”（*Sinanthropus pekinensis*），现改称为“北京直立人”（*Homo erectus pekinensis*）。1929 年，中国考古学家裴文中独自主持周口店第 1 地点的发掘，于 12 月 2 日下午发现了一个完整的北京人头盖骨。以后又发掘了石器和用火遗迹，从而确定了在人类演化过程中有直立人阶段的存在，为“从猿到人”的伟大学说提供了有力的证据。在发掘第一地点的同时，还发掘了周口店第 3 地点、第 9 地点、第 13 地点、第 14 地点、第 15 地点和山顶洞遗址（详细情况参见《中国考古学研究的世纪回顾——旧石器时代考古卷》《周口店遗址》）。因裴文中于 1935 年赴法国从师布日耶攻读旧石器时代考古，所以周口店的工作就由贾兰坡负责。于 1936 年 11 月 15 日连续发现两个完整的北京人头盖骨，于 11 天之后，即 1936 年 11 月 26 日又发现一个更为完整的北京人的头盖骨。因此，研究北京人的魏敦瑞（Frang，Weidenreich，1873—1948）说："自1929年裴文中先生发现之后，即无头骨发现，此次在11天之间，发现三个完整头盖骨，实出人意料。"①

1936年是发掘工作丰收的一年，除零星发现北京人的化石以外，11月份发现3个较完整的头盖骨。1937年收获也不错，春季陆续发现了北京人牙齿、头骨碎片、下颌骨残片和1块眉嵴骨。其中眉嵴骨是1936年11月15日发现的第二个头盖骨所缺失的部分，二者可以复原。特别是从8—9层的29水平层发现了一块左侧上颌骨，上面还带有6颗牙齿。这件上颌骨过去从未发现过。有了这件标本就可以复原北京人的面部。这一季度的发掘除了成批的发现动物化石和不少石器以外，还发现了一副几乎完整的葛氏斑鹿和两副几乎完整的肿骨鹿的骨架，这也是从前未发现过的。

由于"卢沟桥事变"，1937年的发掘于7月9日挖完第29水平层就停工了。在发掘工作人员撤离周口店之前，由于担心日本人前来发掘，所以将发掘的层面又用土、石填盖了30厘米厚。果然，1942年4或5月，日本军部的人把发现北京人第一个头盖骨的裴文中先生，带到周口店，逼问其工作和发现情况，并扬言要发掘周口店。但最后未能实现，可能和发掘面被回填有关。

中国旧石器时代创业期，匆匆地走过了17个年头。在这期间于甘肃庆阳首先发现有地层记录的打制石器，确立了我国旧石器时代的存在。接着在发现和发掘了内蒙古萨拉乌苏遗址并获得河套人的牙齿；在宁夏回族自治区发掘了水洞沟遗址。当然，这一时期最重要的发现和工作当推周口店北京人遗址的发现和发掘及研究，发现意义重大，收获颇丰。在北京人遗址共发现北京人的材料约40余个个体，其中完整的头盖骨5个。北京人制作和使用的石制品10万余件；用火遗迹多处；哺乳动物化石90余种。根据古生物地层学认为，北京人的时代距今约50万年。当时气候温暖湿润，人们过着采集狩猎的生活。

值得一提的是旧石器田野发掘方法的改进。因为1927—1931年的发掘因未严格控制地层的上下关系，记录也不详细，给研究工作造成很多困难。1932年起改用"方格法"，即在发掘面上布"方"（一平方米，深半米为一方）每方都有各自的编号，按方发掘，挖出的土石也按方堆积摆放，经过筛选再处理。

---

① 引自贾兰坡等：《周口店发掘记》，第108页。

发掘前按每深半米为一水平层，每水平层都绘制同样比例的平面图。每隔 2 米绘制了同样比例的南北向和东西向的剖面图并标出自然层。重要的标本都需经过测量，都绘在平面和剖面图上。除这些规定以外还有“照相纪录”和文字纪录。为此，中国旧石器时代具备了科学的发掘方法，为以后的研究打下了良好的基础。为了改进繁重的运土工作，改用架装钢索空中的滑轮运输，这种方法比人工抬运效率提高了 33 倍。

在这一时期除重点发掘第 1 地点以外，还发掘了第 13 地点、第 15 地点及山顶洞遗址。根据发掘所得的资料观察和研究，可以认为周口店时代最早的是第 13 地点，第 1 地点底部堆积相当于第 13 地点，再晚些是第 1 地点中部堆积，属于典型的北京人时代，第 1 地点的上部堆积和第 15 地点的时代相当。上述地点的地质时代都属于中更新世中、晚期，科技测年的时代为距今 20 万～70 万年。而山顶洞遗址则属于晚更新世，距今 18 000 年。

创业期的收获是巨大的。就北京人遗址而言，硕果累累，对研究当时人类的体质特征、文化内涵及古地理环境和气候都是重要的原始资料。

2. 艰难期（1938—1948 年）

这一阶段是处于抗日战争和解放战争时期。我国旧石器时代考古学亦即周口店遗址的研究和工作，受到了极大的摧残和破坏。“卢沟桥事变”后，日军进驻了房山县城，不久龙骨山也驻了日军。他们在龙骨山顶修建了碉堡，在山上挖了战壕并用铁丝网将龙骨山圈了起来。一时间原本生气勃勃的龙骨山变成了人不能入，鸟不愿前进的恐怖禁区。不仅如此，日军还将留守龙骨山的发掘工人赵万华、董仲元和莆元昌三人于 1938 年 5 月 3 日以“抗日便衣队”的罪名绑赴房山县城，严刑拷问当地抗日人员的去向和姓名。三位工人大义凛然，宁死不屈，没有使敌人得到任何东西。他们被日军用刺刀挑腹杀害了。死的时候，横眉立目，毫不屈服，表现了中华男儿的气概。日本侵略者欠下中国人民的这笔血债，我们后人永远不会忘记。

“多行不义必自毙”，千真万确。北京解放之初，笔者曾在龙骨山见到一块高约 1 米，宽约 40 厘米，厚约 10 厘米的石碑，上面刻有“大日本皇军牺牲纪念碑”。后来这块碑石被工人搬到老牛沟边上的开水房外作打开水的垫脚石，后来就不知到何处去了。如果找到这块碑，可以放进北京猿人展览馆内，标出说明，让参观的群众永远记住龙骨山曾受过日本侵略者的摧残，破坏我龙骨山并遭受我国人民的反抗这段历史。

这一时期最重要的事件，是北京人化石丢失和大量发掘资料及标本被日军掠夺并被焚毁。北京人化石丢失和当时的协和医学院有关。因为北京人的全部化石都放在协和医学院保管。如此重要的标本而且是中国人发现和发掘的，为什么不由中国有关单位保管却要放在协和医学院呢？事情是这样：自从1921年和1923年发现北京人牙齿化石经步达生研究以后，他很高兴并决定将周口店的发掘和研究纳入他和安特生合作的中亚考察计划中，为了实现他的设想，于1926年10月5日他向北京协和医学院行政委员会写了报告，建议由美国洛克菲勒基金会出钱资助发掘周口店和筹建一个体质人类学研究机构。10月16日，步达生又找中国地质调查所负责人翁文灏商量促成他的计划。步达生提出："① 本研究项目采取同中国地质调查所合作的方式进行；② 所获得的材料准备用于研究，人类及类人猿化石由我掌握研究，论文在《中国古生物志》上发表。其他方面的材料则由地质调查所研究并永久保管。"10月18日翁文灏给步达生的回信答复说："关于周口店研究：我完全赞同您对周口店研究所提出的建议。……我对于提出的有关材料分配和人类及其他化石的研究成果都在《中国古生物志》上发表的建议深感满意。……根据这个建议留在您处的骨骼材料应永久保管在中国……。"

1927年2月上旬，中国地质调查所与北京协和医学院订立了发掘周口店的协议书，共计四款，其主要内容第一款：由洛克菲勒基金会赠予24 000美元作为到1929年底两年期间的研究专款。第二款：协和医学院解剖科主任步达生博士在双方指定的其他专家协助之下负责野外工作。第三款：一切采集到的标本归中国地质调查所所有，但人类学材料在不运出中国的前提下，由北京协和医学院保管以供研究之用。第四款：一切研究成果均在《中国古生物志》或中国地质调查所其他刊物上以及在中国地质学会的出版物上发表。

从上述步达生给翁文灏的信件及协议书可看出，经费和人类化石研究权由洛克菲勒基金会控制，中国学者只能进行动物化石及地层和其他方面的研究工作，而田野的负责工作和人类化石的研究权由洛克菲勒基金会指定专人负责和研究。所以步达生于1934年3月15日去世后，则由洛克菲勒基金会聘请德国犹太人魏敦瑞来华接替步达生研究北京人和山顶洞人化石，并任新生代研究室名誉主任。不难看出，当时周口店的工作实质上是由美国洛克菲勒基金会控制。

步达生即在协和医学院解剖科工作，据协议书规定北京人和山顶洞人化石只能在该院保存，具体地点是该院B楼底层步达生和魏敦瑞的工作室，化石放在保险柜内。

1941年，日美关系日趋紧张。在北京的美国侨民纷纷回国，北京人化石的安全成了人们焦心的问题。研究来研究去最后决定将化石运往美国保存。

约在1941年10月或11月将北京人和山顶洞人及一些灵长类化石装了两个大木箱。一个箱子上标有CAD1字样，另一箱标着CAD2。箱子装好后即送到协和医学院总务长博文（Trevor Bowen）的办公室，当天就被送到楼下4号保险室内，过了一夜又被运走，运到何处便不知道了。1941年12月7日发生了日军偷袭珍珠港事件，第二天即12月8日，日军即占领了包括协和医学院在内的美国在北京、天津和秦皇岛等地的机构，北京人化石在几个美国人手里弄得下落不明，至今渺无音息！

不仅重要的北京人化石丢失，就连保存在协和医学院办公楼周口店第1地点、第3地点、第9地点、第13地点、第14地点、第15地点、山顶洞及在国内其他地点发现的动物化石67箱及出版书籍30箱都被日军运走，一部分被焚毁。多年来调查，发掘采集到的十分重要的研究标本和文献资料遭到日军的野蛮破坏，许多资料、图书和标本在东皇城根焚毁，让人十分痛恨和惋惜。物受损失，人也遭殃。凡是接触过北京人化石的人都受到日本宪兵队的调查、抄家和逮捕。发现北京人化石的裴文中先生就受到宪兵队的盘查，并说：最近两个礼拜中，不许你出门，而且要“永远地”在家，随时等宪兵队来谈话。在另一次的谈话后，裴文中先生的居住证被没收了。日本宪兵队并抄走了裴文中先生的大量图书和资料。后来，裴先生将其部分图书捐赠北京大学历史系考古学专业时，还有一些成捆的图书在麻绳的结扣处贴着“大日本宪兵司令部”的封章。北京协和医学院解剖科的马文昭教授也因北京人化石下落问题进过日本宪兵队。就连在博文办公室工作的服务员常文学也被捉进了宪兵队。

大约在1942年的秋天，忽然得到消息说北京人化石在天津找到了。日本人要找一个认识北京人的人去辨认真假。但该人到天津下火车时被日本人拦住，并说：在天津找到的东西和北京人无关，让该人当即返回北京。从此以后，日本人再也不提“北京人”的事了，直到日本投降，“北京人”的消息杳然，日本人也再也没有寻找。

日本帝国主义投降后，原新生代研究室的工作人员集中力量清理被日军破坏的标本和资料，一直到1948年底。

因为新中国成立以前的旧石器考古工作，主要是周口店的发掘，国内其他处没有发现，因此，这一时期的成果和情况，只能以周口店的工作为代表。

3. 发展期（1949—1966年）

中华人民共和国成立以来，由于社会制度的变革给科学的发展提供了十分有利的条件，中国旧石器时代考古学得到了迅速的发展。在这一时期短短的18年中，据初步统计发现的重要人类化石地点和旧石器地点近20处，积累了大量的标本和资料。

新中国的成立，为周口店带来曙光。以前在整理被日寇破坏和弄乱的标本工作仍在进行。在大堆的碎骨片中找出了北京人的肱骨和胫骼各一小段。另外的工作是向人民政府交接新生代研究室的财产——整理完毕的标本清册。最重要的是停止了12年之久的周口店发掘工作恢复了。这时正是国家的艰难时期，可谓百废待兴，经济很困难，但政府十分重视周口店的发掘工作。1949年9月27日开始继12年以前发掘完毕的29水平层发掘30水平层，发现了2颗猿人下臼齿和1颗上内侧门齿。以后经过1951、1958、1959、1960和1966年5次发掘，共获得北京人牙齿2枚、石器若干和大量哺乳动物化石。通过发掘证明了洞穴的底部堆积，其时代和第13地点相同，在13层堆积中发现1件用砂岩石片制成的石器，进一步证明，早在北京人遗址底部堆积形成的时期这里已经有人类活动了。

这一时期，北京人遗址另一个重大发现是1959年在第10层中发现1件比较完整的属于老年女性的北京人下颌骨，同层所出化石有扁角鹿和肿骨鹿共存，证明第10层是处于由北京人时代的早期向中期过渡的阶段。

最重大的发现是1966年在南裂隙靠近1934年发现北京人化石的“H”地的南边，发现北京人的1块额骨、1块枕骨和1枚牙齿化石。两块头骨碎片竟能够与1934年及1936年发现的第5号头骨的2块颞骨可以“天衣无缝”地拼成一个近乎完整的头盖骨。经过研究得知第5号头骨是已发现的北京人头骨中有进步的形态特征最多的一个，这说明在几十万年前向现代人类方向发展过程中，北京人的体质形态发展很缓慢，而文化发展却较快。另外，这次发掘还发现了一段赤鹿角基部，该动物在第15地点发现过，说明北京人遗址的顶部堆积的时代和第15地点相当，已经接近晚更新世了。

从新中国成立到“文化大革命”这一时期，周口店的发掘是时断时续的，其规模远不如抗战前那段时间。但这个时期全国范围的调查、发现和发掘工作却有着极大的发展。

20世纪50年代前，一些学者在西南地区寻找旧石器时代人类存在的证据，经过30多年的努力，始终未取得有说服力的结果。从1913年起，埃德加（J. H. Edgar）在四川境内搜集旧石器时代文化遗物。1921年纳尔逊（N. C. Nelson）在长江流域曾采集到一些石器。1931年鲍尔斯（G. T. Bowles），1935年格雷厄姆（D. C. Graham）在埃德加主持下研究了在四川发现的标本，宣称在四川找到旧石器时代的石器和骨器。据裴文中观察不是人工制作的器物或属于新石器时代（裴文中，1955）。

近30年来，南方旧石器时代考古工作有了很大的发展，在云南、贵州、广西、四川、广东、湖南、湖北、江西、浙江、安徽、江苏、台湾都程度不同地发现了人类化石或旧石器时代文化遗物，使我们更多地了解我国旧石器时代的文化内涵，一些过时的说法需作修改或补充。同时也出现一些新的问题。

从1949年到1966年的18年中，我国旧石器时代遗址、地点和人类化石地点，就目前接触的资料统计有26处。按发现的早晚排列如资阳人及其文化（四川，1951）、丁村人及其文化（山西襄汾县，1953）、长阳人（湖北，1956）、来宾人（广西，1956）、白莲洞（广西柳州，1956）、霍霍西里（青海，1956）、里村西沟（山西曲沃，1956）、建平人（辽宁，1957）、匼河（山西芮城，1957）、柳江人（广西，1958）、南海峪（山西，1958）、马坝人（广东，1958）、北京人下颌骨（北京周口店，1959）、新太人（山东，1960）、富林文化（四川汉源，1960）、新洞人（北京周口店，1960）、清和屯（黑龙江何市，1960年发现，1993年试掘）、西侯度（山西芮城，1960）、路南（云南，1961）、蓝田人及其文化（陕西，1963）、峙峪人及其文化（山西朔县，1963）、安图人（吉林，1963~1964）、丽江人[①]（云南，1964）、观音洞文化（贵州黔

① 在1960年以前，云南省博物馆从丽江收集到三根人类股骨化石，但未研究。1964年在丽江漾西公社木家桥发现一人类头骨化石。1977年云南省博物馆进行过报道。

西，1964）、元谋人及石制品（云南，1965）、山东一号洞（山东沂源，1965）等。以上地点有的是人类化石和文化遗存一起发现，有的则是只发现人类化石而没有文化遗物，有的只有石制品。以上的地点或遗址多经过发掘并发表了研究报告或简报。其中重要的有资阳人及其文化、丁村人及其文化、蓝田人及石制品、元谋人和观音洞文化。

资阳人化石地点在四川省资阳县黄鳝溪岸畔。1951 年修建成渝铁路，在建黄鳝溪大桥时发现 1 个完整的头骨和 1 件骨锥及 1 批动物化石。资阳人代表一个 50 岁以上的女性个体。因为该地点地层堆积较复杂，且是修桥工人挖出，具体层位不详，故有人认为资阳人是新石器时代。1980 年以来，在这一带做过多次调查，确定了其出土层位。据放射性碳素和铀系法的测定，资阳人的年代为旧石器时代晚期，碳十四测年为距今 37 000~40 000 年。

资阳人化石是中华人民共和国成立后第一次发现的，对于以后在这一地区寻找人类化石和旧石器文化提供了有益的线索。

丁村人文化遗存是 1953 年因修机场取砂而发现的。1954 年 9 月发掘，除了发现 3 枚人牙化石和 2 000 余件石制品外，还发现大量的动物化石，为研究这一时期人类的历史提供了丰富可靠的资料。特别重要的是，这一地点从发现、发掘到出版研究报告都是中国人自己干的，没有花外国人的一分钱，也不受国外势力的操纵。由于种种原因 20 世纪 50 年代初期从事旧石器时代考古的人寥若晨星，对丁村的大规模调查发掘和研究，也培养了一批新生力量。丁村发掘报告的编写是在参加工作的主要人员各抒己见讨论的基础上分工撰写，既简述了众人的意见，也写进了自己的看法，贯彻了学术上“百家争鸣，百花齐放”的方针。丁村的研究工作原本是想为后人树立一个样板，即在集体讨论的基础上充分发挥个人的思考能力，将研究工作做得更好。可惜的是，这种好的作风没有被后人接受和继承下来，而是走入了各干各的“自扫门前雪”的路径。丁村地点的工作不足之处是没有进行综合研究，尽管参与写报告的专家不少，但没有利用学科之间的成果，否则发掘报告的内容会更丰富多彩。这可能是因那时人力短缺的原因。

丁村的工作开展以后，山西省的旧石器考古工作搞得有声有色。相继有匼河、南海峪、西侯度、峙峪和下川文化的发现。同时，也为山西省培养了一批旧石器考古工作者和专家。

蓝田人是继北京人之后在我国发现的又一重要的直立人化石。1963 年在陕西省蓝田县城北 10 公里的陈家窝村附近的红色土中发现了一个老年女性下颌骨；1964 年在蓝田县城东北 17 公里的公王岭含钙质结核的淡黄色粉砂质黏土中，发现 1 个代表 30 多岁的女性头骨。两地都伴出大量动物化石。过去认为这两处地点时代相同，为中更新世。后来对两地动物群详细研究，认为公王岭的动物群为早更新世晚期，陈家窝的动物群为中更新世早期。用古地磁法测得的数据是：公王岭距今 75 万 ~80 万年或 98 万年，陈家窝距今 65 万年或 53 万年。后来又有报道古地磁的测年的新数据，公王岭为距今 110 万—115 万年，陈家窝为 65 万年。因为蓝田人发现于两个不同的地点，且时代有早晚之别，故可分别称为公王岭蓝田人和陈家窝蓝田人。

通过研究，蓝田人的时代早于北京人。头骨比北京人更为原始，下颌骨则与北京人相似但又有区别。

这一时期的另一重要的工作是长江以南、云贵高原旧石器人类化石和文化遗物的发现。20 世纪 50 年代以前的旧石器时代考古工作重点是周口店，南方只做了些有限的调查，因而处于空白。南方的重要发现当属元谋人，因为它是目前我国发现最早的人类化石，但因为是采集不是发掘所得，故对于其所产地层和时代曾有不同的看法，关于用火也是值得探讨的问题。（详见《中国考古学研究的世纪回顾——旧石器时代考古卷》西南地区）

观音洞遗址是目前云贵高原发现时代较早的一处洞穴遗址（见《中国考古学研究的世纪回顾——旧石器时代考古卷》西南地区观音洞），但在时代上有不同的看法。如研究者根据地层、动物化石和文化遗物确定观音洞的文化时代为旧石器时代初期，并可分为早、晚两期，即 B 组和 A 组。而用铀系法测定的年代，B 组为距今 11.9±0.3 万年（第二层）和原研究者的意见相差较大。后来用铀系法对该地点的第 6 层用两种样品——碳酸岩和骨化石做年龄测定，碳酸岩的年龄较早，为距今 18.1±1.7（1.4）万年，骨化石的年龄为 7.3±0.3 万年，二者相差竟达 10 万年以上，让人难以相信哪组年龄值较为准确，所测数据让人无所适从。用铀系法测骨化石年代偏晚而测碳酸岩则年龄偏早的现象，不仅是观音洞一处，如对北京人遗址和南京人年代都存在同样的情况。这个问题困扰着我们，迫切希望从事年代学工作的同志早日解决这个问题，否则会对旧石器的研究造成越来越多的困难。

4. 沉闷期（1967—1978年）

这一时期经历了12年。在这12年中，尤其是知识分子，遇到了生活的波折，走着坎坎坷坷的道路，也有不少的人丢下事业撒手人寰。许多人在“事出有因，查无实据”的情况下受着煎熬，人们在朝不保夕的顾虑中，哪还有心思去搞工作，何况当时就不允许你搞业务。在这种不知何时阶级斗争就临头的日子里，人们惶惶不安小小心心地生活着。旧石器时代考古和其他工作都停了下来，珍贵的时光就这样白白地度过。一直到1973年时，史无前例的运动才稍缓下来，人们稍缓一口气抓起荒废多年的业务争分夺秒地将损失补回来。到1978年，总算一切恢复正常。

在这一时期，尽管人们思想沉闷，搞业务困难，但旧石器发现却是收获很大。1967—1978年的12年中，发现的人类化石和文化遗址（地点）计有长滨文化（台湾台东县，1968），下川文化（山西，沁水，1970），桐梓人（贵州，1971），左镇人（台湾，台南，1971），九龙口（云南马关，1972），西畴人（云南，1972），西八间房（辽宁，1972），虎头梁[①]（河北阳原，1972），窖头沟（陕西长武，1972），石龙头（湖北大冶，1972），禹门口（陕西，韩城，1973），大窑石器制造场（内蒙古保合少，1973），百色（广西，1973），硝灰洞人及石制品（贵州水城，1973），鸽子洞［辽宁（今为内蒙古自治区——编者著）喀喇沁左翼，1973］，淅川[②]（河南，1973），四家村、下棋柳、新村、火车站和老鸦塘5个地点（云南元谋，1973）计21处之多。1974—1978年发现的有许家窑人及其文化（山西阳高，1974）、猫猫洞人及其文化（贵州兴义，1974）、龙潭山（云南呈贡，1974）、郧县人（湖北郧县梅铺，1975）、黄龙人（陕西，1975）、呼玛十八站4处（黑龙江，1975—1976）、铜梁（四川，1976）、兔子洼（湖北房县，1976）、莲花湾（湖北房县，1977）、刘家岔（甘肃环县，1977）、周家油坊（吉林榆树，1977）、小长梁（河北阳原，1978）、庙后山人及其石制品（辽宁本溪，1978）、杏花山人（河南南召，1978）、穿洞人及其文化（贵州普定，1978）白岩脚洞（贵州普定，1978）、洞中岩人牙（广东封开，1978）。

---

① 在虎头梁附近共发现发掘9处地点。

② 从淅川县收购到13枚人类牙齿化石，产地不详。其形态尺寸有的和早期直立人相似，有的则接近晚期直立人。

在沉闷时期中，尽管人们的思想受到冲击，但重要的人类化石和旧石器文化却发现了近50处，收获还是很大的。其中重要的有小长梁、大荔人及其文化、大窑石器制作场、虎头梁和下川文化等处。

小长梁位于河北省阳原县泥河湾盆地桑干河右岸官亭村西北500米处，1978年发现，该地点是目前我国最早的旧石器时代地点之一。文化遗物出自下泥河湾组的顶部，推测其年代为距今100万年。也有的学者认为其时代更早，距今接近200万年。

小长梁发现的重要意义是其石制品都很细小，有的加工很精致，若把它放在旧石器时代晚期小石器和细石器中不会有什么人反对，因此曾引起多方面专家学者的注意，也曾有过地层和时代上的争论①。1981年在其附近又发现东谷坨地点，其时代和小长梁相近，石制品制作也较进步。因而肯定了小长梁的时代也很早。由此可见，① 在此有发现直立人化石的可能。② 还应有比小长梁更早的文化存在，是否是在泥河湾盆地发现，则要看以后的工作了。

大荔人及其文化的重要意义是：时代为中更新世晚期，人头骨标本较完整，对于研究这一时期人类的体质特征以及由直立人向智人过渡体质上特有的性状是很重要的资料。同时代的石制品对了解黄河以东和黄河以西的旧石器文化的发展和变化情况十分有益。

大窑石器制作场是1973年发现的，1976年进行了发掘，证实是一处面积达200万平方米的旧石器时代晚期的石器制作场，后来又在附近发现了一处时代由旧石器时代早期连续到晚期的石器制作场。它是目前我国发现的唯一一处时代长久、地层堆积连续的旧石器制作场，对了解远古人类在此采石就地制造工具和生产的重要资料。

虎头梁地点也位于泥河湾盆地，1972~1974年，在桑干河左岸以虎头梁为中心在不到20公里的范围内发现了9处遗址。虎头梁遗址的时代为旧石器时代晚期的较晚阶段，和周口店山顶洞遗址时代略同或稍晚，但在文化内涵上二者差别甚大。虎头梁的石制品以楔状石核和尖状器为主要特征，制作加工十分精致，属于华北小石器传统，对研究华北旧石器文化向新石器文化过渡有很大的参考价值。

---

① 最近有人研究，认为小长梁石器制作技术并不进步。

下川文化是1970年发现于山西沁县下川山间盆地边缘，第二阶段地表面和阶地顶部灰褐色砂质黏土层里，石制品由两部分组成，一部分是由燧石等原料制成的细石核，细石叶、加工精致、类型丰富的石叶石器；另一种是用脉石英、砂岩和石英岩制成的粗大石器。前者数量最多。下川遗址发现的重要性在于其时代较晚，距今2.4万—1.6万年，其文化内涵以细石器工业为主，工具类型繁多，加工精致，且有专门化的倾向，而且出现了个别的新石器时代流行的器物。另外，下川文化分布范围很广，在沁水、阳城、垣曲三县均有其遗存。下川文化的发现，对于研究华北地区旧、新石器时代的过渡和它们之间的关系具有重要的意义。

5. 辉煌期（1979年—现在）

随着形势的发展，我国旧石器时代考古学也蒸蒸日上地发展。其实从“四人帮”被粉碎以后，旧石器时代考古的兴旺势头就表现出来。如1978年一年中有记录可查的重要的和较重要的人类化石地点和旧石器遗址就有7处。自1979年进入辉煌期以来，发现就更多。按发现先后的时间排列有蒲县薛关（山西，1979），洛阳凯旋路（河南，1979），大龙潭（广西柳州，1980），和县人（安徽，1980），马鞍山北麓岩厦（贵州桐梓，1980），饶河小南山（黑龙江饶河，1980），龙岗寺等7个地点（汉中地区南郑，1980），大龙潭贝丘下部堆积（广西柳州，1980），顾乡屯（黑龙江哈尔滨，20世纪80年代初），东谷坨（河北阳原，1981），小孤山（辽宁海城，1981），硝洞（云南沧源，1981），上崖洞（山东沂源，1981），沂源人（山东沂源，1981），莲花洞人类牙齿（江苏丹徒，1981），锡水洞（陕西蝌川，1981），漠河（黑龙江，1981），巢县人（安徽，1982），草海（贵州威宁，1982），昂昂溪（黑龙江，1982），前阳人（辽宁东沟，1982），阎家岗（黑龙江哈尔滨，1982），小站（山西大同，1982），王家院（贵州咸宁，1982），河口（云南，1982），桃花洞人及石制品（贵州六枝特区，1983），山自造（山西大同，1983），金牛山人及其文化（辽宁大石桥，1984），织机洞（河南荥阳，1984），塔水河人类化石及石制品（山西陵川，1985），汉中盆地勉县、城固、洋县境内10个地点（陕西，1985），太湖三山岛（江苏吴县，1985），樟脑洞（湖北房县，1986），学田（黑龙江五常，1986），洛南人牙齿化石（陕西，1987），小空山（河南南召，1987），大桥屯（吉林榆树，

1988），马鞍山南麓岩厦（贵州桐梓，1989），安康（陕西，1989），马鞍山南洞人牙化石及石制品（贵州桐梓，1989），孟加泉人类化石和石制品（河北玉田，1990），盘县大洞化石及石制品（贵州六盘水，1990），仙人洞（吉林桦甸，1991），吉林地区三处地点（吉林，1991），抚松仙人洞（吉林，1992—1994），鸡公山（湖北荆州，1992），南京人（江苏江宁，1993），烟墩堡（重庆丰都，1994），龙牙洞（陕西洛南，1995），王府井广场（北京，1996），交界镇洞穴（黑龙江阿城，1996），洛阳北窑（河南洛阳，1997），黑龙江洞穴遗址（黑龙江阿城，1997），七里坪（河南滦川，1998）。

1979—1999年，20年来发现的旧石器和人类化石地点达70个，其中不乏重要的遗址和地点，如安徽的和县人和巢县人、江苏的南京人、辽宁的小孤山和金牛山人及其文化、河北泥河湾盆地的东谷坨、贵州的盘县大洞、湖北的鸡公山和三峡地区的丰都烟墩堡等。这些地点的具体内容，可参考《中国考古学研究的世纪回顾——旧石器时代考古卷》有关章节。

关于我国的“砾石石器工业”是旧石器时代重要的文化内容，早在20世纪80年代初，在陕西梁山地表采集到800余件人工石制品，分布范围东西长约10公里，南北宽约2公里，包括龙岗寺、营盘梁、黄家山、白虎寨、中梁山、土地岭和苏家山等地。石制品原料多为石英岩、脉石英和火山岩等砾石。器型有砍砸器、尖状器、刮削器和石球等。石器的制作方法比较原始，多用直接锤击，加工者较少，石器大都保留砾石面，因为是地表采集，其地质时代据原作者的意见为中更新世，相当于旧石器时代中期。到1985年，在汉水上游勉县、城固和洋县等地也发现了众多的砾石石器工业，而进一步引起学术界的注意，则“砾石工业”这一名词被普遍承认。1987年，在湖南怀化市新晃侗族自治县大桥溪、长乐坪、曹家溪、沙湾及石坞溪等地发现了砾石石器工业的石制品，岩性和打制方法及类型和北方的砾石工业一样。后来在湘、沣、沅水系范围内都有发现，尤以沣水流域发现最多。湖南的砾石工业目前已发现200处地点（参见《中国考古学研究的世纪回顾——旧石器时代考古卷》长江中游地区的旧石器时代考古中的湖南地区）。1988年，依湖南发现砾石工业的经验，安徽省文物研究所，在长江下游南岸的水阳江地区先后发现砾石工业地点20余处（参见《中国考古学研究的世纪回顾——旧石器时代考古卷》长江下游地区的旧石器时代考古二之1）。紧接着在江西、湖北、广东、广西等地都有砾石石器工业发现。长江以南砾石工业的特征和北方的十分相近，都是以石英和石英岩等为原料，用直接锤击法做成大型尖状器和砍斫器，也有用从砾石上打下来的较大石片制成砍斫器和刮削器。石器很原始、粗放。南方的砾石工业和北方的一样，都是在旷野露天地点发现，其时代由旧石器时代初期至晚期，而洞穴中几乎没有这种遗存。

由于近年来的许多发现，可以看出中国旧石器大致可以长江为界分为两个大区，即南方以砾石工业为主的大型砾石工业区，北方则以中小型石片为主的石片文化区。在两大区内也各有不同的分布，如南方大区的西南部，因岩溶地貌发育，洞穴众多，其文化并不是砾石工业；北方大区的西部，即陕西，包括秦岭以南汉水流域，分布的是砾石工业（洞穴除外）；而秦岭以北，包括蓝田、乾县及部分汾河流域，也有大型石制品，但不是典型的砾石工业。在秦岭南坡的洛南盆地中，近几年发现近40个旷野地点，其石制品类型和汉水上游发现的雷同，其时代由旧石器时代早期到晚期都有。

由洛南沿南洛河东行，至河南境内，卢氏县也发现了砾石工业的石制品，只是尺寸稍小些。1978年，在洛阳北窑旷野地点发现石器工业则以中小型石片为主，在同一时代的地层中只采取到少数中型砾石为原料的石制品。在洛河将注入黄河处的巩义的发现，和洛阳北窑的相似，也是中小型石片为多，但其原料和个别大型石片、砾石石核和砾石工业相近。洛阳和巩义石制品的时代经测定皆为10万~12万年。再往东去，则是1984年在荥阳织机洞发现的丰富的石制品，原料以石英为主，属小型，与砾石工业完全不同，而和华北中小型石片工业相似。自1987年在湖南怀化首先发现地层和时代可靠的砾石工业遗存以来，加上一些重要新地点的发现，多年来考古工作者想解决的我国南北旧石器文化的关系被提到了议程上来，但由于在黄河和长江过渡地带没有发现或很少发现有关的地点，因此很难解决这一重大问题。最近几年由于洛阳、卢氏、栾川和巩义的发现，再做些工作，可能解决这一地区砾石工业的来龙去脉甚至于解决它和华北中小型石片工业的关系。

一条很重要的线索是在卢氏以北之三门峡市曾发现多处砾石工业地点，并多以大型尖状器为特征。去年，在洛阳市滦川县七里坪发现若干砾石工业地点，原料、器形及打制方法和洛南盆地旷野地点发现的很相近。这两个地点的发现，前者对于研究北方地区这一小片砾石工业本身及和其他文化起纽带关系的因素；而后者对于弄清洛阳地区和南方（首先是湖北）的砾石工业能起桥梁作用。只有首先搞清楚各个小区的砾石工业的文化内涵和关系，才能探讨我国南北两大地区的石器文化的渊源和关系。解决我国南北两大区旧石器文化的关系是一个目前很重要而有意义的问题，希望青年的旧石器考古工作者能挑起这副重担。

如何工作的问题，想谈谈个人的看法，不一定正确，但在实际的基础上可以补充改进。首先不妨做做两河的工作，即洛阳市的洛河和伊河。沿着这两条河寻找理想的剖面，简捷的办法可以调查砖瓦厂，石制品多和重要地点不妨做些小规模的试掘以了解层位和时代。洛河可由卢氏开始顺河而下，其中洛宁、宜阳、洛阳和偃师是重点。在调查中要注意旷野地点中是否不仅有砾石工业的遗存，也有中小石片遗存。若有中小型石片遗存意义就更大。因为在华北都是中小石片石器为主。上游的洛南东河村花石浪山的龙牙洞内就发现以中、小石片为主的遗存，而在商县境内的腰市上集窑场内也有原料为石英的中小型石片旷野遗存。因此不管是砾石工业还是石片工业对了解这两个工业都是有益的。滦川位于伊河上游而该地岩溶地貌较发育，洞穴很多，可能发现较早时期的人类住址。县城东南之七里坪窑场内于1998年发现较典型的砾石工业遗存。最近栾川县文管所来函告知在县城附近又发现几处砾石工业遗存。因此顺伊河两岸进行调查，重点是嵩县陆浑水库库区及伊川一带。有重要的线索也可小规模试掘。再一条路线就是由卢氏往北直到三门峡市。1957年，在潼关县城南，潼川河两岸张家湾村附近的红色土堆积中就曾发现过1件石英砾石制作的砍斫器，同时在地表采集到3件石英岩砍斫器。在张家湾之北的卧龙铺南沟红色土堆积中也发现过石英石片。1957年在河南陕县南10公里之张家湾附近仓龙涧东岸和赵家湾两处地点。在灵室东南之孟村弘家河东岸地表曾采集到3件石制品。1963年秋，在三门峡市附近发现水沟（又称水磨沟）和会兴沟等6处旧石器地点。但在三门峡市和卢氏间却是空白。时过30余年，仍然没有什么新的发现。如果能在这空白地区无论发现砾石工业抑或石片工业，那么就可以和洛河流域的石制品拉上关系。同样，摸清了洛河和伊河流域的情况，就可以对洛阳市到三门峡这一大片的旧石器文化有新的了解。这样做不但对洛阳地区自身的旧石器文化的产生和发展做到胸中有数，也很有可能在此基础上为了解我国南北两大地区的旧石器文化的关系提供重要的线索。

■ 二、关于在我国寻找人类祖先及其文化问题的一些看法

人类起源是多数人感兴趣和关心的问题，特别是人类从何地起源已争论了近百年也未解决。由于近20多年以来，在非洲发现了众多的古猿化石和早期直立人化石，最早的年代达到距今260万年，因而不少的学者认为人类起源于非洲，然后向世界各地发展，这种假说，即人类起源单地区——非洲。但也有一些学者根据世界各地发现的古人类化石的对比研究认为，人类起源应是多地区的。目前国际学术界有的是同意单地区论，也有的是支持多地区论。我国的古人类学家多数是同意后者。因为我国有多种类型的地理环境和气候，以及存在第三纪晚期和第四纪早期的堆积剖面，而且已发现了距今170万年的元谋人化石和100多万年前的文化遗物，因此，很有可能我国也是人类起源地之一。但要证实和解决这个问题，则要发现和非洲同时代的甚至于早的或距今接近260万年的人类化石或人类制作的生产工具——石器。

近几年来，我国一些考古工作者和单位在寻找早期人类祖先和文化，也有一些新的重要的发现。现就几项重要工作和发现，谈谈个人的意见，不当之处望同行指正批评。

1. 龙骨坡发现了距今200万年的人类化石和石制品

1984年，由重庆市博物馆、中国科学院古脊椎动物与古人类研究所、万县地区博物馆和巫山县文物管理所等单位组成对长江三峡地区新生代地层古生物考察队，拉开了在青藏高原东部寻找人类祖先及其文化的序幕。1984年在四川省巫山县庙宇镇龙坪村西坡（又称龙骨坡）发现了一个盛产脊椎动物化石的洞穴。1985年10月在龙骨坡发现了1段左侧残破下颌骨，带有P4-M1两颗牙齿，1986年又发现了1枚右上内侧门齿。经研究，1991年命名为“巫山直立人”（*Homo erectus wushanensis*）。其时代为距今200万年。这一鉴定结果公布后，立即引起国内外的评论。评论的焦点是这两件标本的分类地位及其系统位置。

争论的结果是：① 原著者黄万波和美国艾奥瓦大学人类系石汉（Russell Ciochion）认为，龙骨坡的标本比亚洲的直立人更为原始，而同东非早更新世的匠人（*Homo ergaster*）和能人（*Homo habilis*）的关系密切；② Bernard Wood和Alan Turner认为，是能人和直立人（*Homo erectus*）之间的过渡类

型，即匠人；③ 材料太少，尊重原著者意见，即为人属；④ 下颌骨残片为猿类的，也许是禄丰古猿的后代（Milford H. Wolpoff; Dennis A, Etler; Jeffrey H. Schwartz, Lan Tattersall）；⑤ 门齿为后期混入堆积中的晚期智人（王谦）。对巫山人的性质、系统、地位争论的主要分歧，在于巫山人的属性，是人类？还是猿类？若干国内外来访者有法国、澳大利亚的人类学家、台湾自然科学博物馆的古人类学家认为，龙骨坡的标本属于人类。到目前为止，我国的古人类学家尚未公开表示意见，据说有的人则持反对态度。

关于龙骨坡的2件有争议的标本是人还是猿，则发现的石制品是关键，如果是人工打制或制做的，则砝码自然倾向于是人，反之，则否定是人。发现的2件石制品是1985—1988年发掘所得，经研究，其原料皆为安山岩。一件为凸刃砍砸器，另一件为砸击石锤，并发表了研究报告。

本文著者曾见过龙骨坡出土的石制品，对第一次发现的2件石制品之一，即凸刃砍砸器，看去一些特征不像是人工打的，但也有一部分特征像是人工打的，因此不好定位。另一件砾石砸击石锤，表面的痕迹较清楚，自然力无法形成，而且原料非当地所产（安山岩），似可以肯定是人工使用的结果。

1997年，龙骨坡第二阶段第一次发掘中，发现大量石制品，从中选择了7件进行研究并发表了报告。新发现的石制品原料是6件为泥晶灰岩，1件是含砾屑灰岩。研究结果认为，7件器物中，2件为手镐，大型薄刃斧和小型薄刃斧各1件，砍砸器1件，使用的石片和小型石片各1件。一般来说，原始人类对制作石器的原料是有选择的。要求：① 硬度大，最好在7°左右；② 具有一定的韧性和脆性，即容易打下理想的石片；③ 产量多，在居地附近容易找到。尽管如此，但在实际发现中则要视遗址附近所产石料的情况，不能完全局限在这三点上。如燧石和火山玻璃（即黑曜石）是制作石器最理想的原料，但在我国这种材料产量很少。石英脆性很大，但缺乏韧性，一打就粉碎，一般说不适宜制作石器，但在北京人的遗址中却有大量的石英制品被发现。在一些遗址也常见到用石英制作石器。石灰岩质软、硬度低，一般认为不宜作石器的原料，但在发掘中却经常碰到用石灰岩制作石器，如周口店第15地点发现有大量小型石灰岩石片。我在法国也见到一些欧洲的遗址存在着大量灰岩石片和石核。而龙骨坡周围基岩系嘉陵江（巴东组）灰岩，盆地内有紫红色泥岩和页岩。后二者的硬度都没有石灰岩大，当时人若是制造工具则只有选择灰岩了。从龙骨坡洞穴中发现的7件石制品看，不敢明确肯定它们就是人工制品，但从上述情况看，这里缺乏其他硬度大的岩石，由于灰岩质软，打击不出轮廓鲜明、特征明显的介壳面，再加上200多万年前的石制品是什么样子也未见过，不好一下肯定，因此建议我们的实验考古学实验室可以协助龙骨坡巫山古人类研究所做些石灰岩石器人工打制、使用和自然破碎的实验工作，验证龙骨坡出土的石制品真伪问题。该研究所也同意合作进行研究，但最后因经费匮乏而未能实现。

在1998年对龙骨坡第二阶段第二次发掘时，工作人员特别注意有人工打击和使用特征的块状石灰岩。我见到的5件标本原料多为硅质灰岩，比一般石灰岩硬一些，标本多呈块状，在边棱上有明显的因使用而被磨损的痕迹，有的边缘很光，有的则布有因砍斫而崩掉的细屑和小疤，刃缘连续长度约10厘米左右，而不是一小点或一小段。磨损的边缘有的则很光滑，但不是经水磨的，因为器身其他有棱脊处皆无磨光现象。器型较大和沉重，适于手执砍斫树木或刮挖之用。尤其是其中2件刃部打击痕迹较清晰，使用痕迹也很明显。为确定这些标本是否是石器，建议进行模拟试验及刃缘的微痕观察。

本文著者也观察了龙骨坡发掘在地层中出土的一批碎骨片。骨片的表面多有被食肉类和啮齿类动物啃咬的痕迹。有一件骨片似有被人工砍过的痕迹，但痕迹底部被污物填塞，需清洗后进行显微镜观察。另有2件骨片的边缘各具有十分类似人工敲骨取髓剥落骨片疤的痕迹。建议先不慌肯定，待和人工打击的典型骨片对比研究和进行微痕观察后再确定。

要解决发现的化石是猿还是人的问题，看来，短时期很难得出满意的结果。如果对发现的石制品和碎骨片进行实验考古学的研究，得出满意的结论，则既对解决人类化石的属性有所助益，也会解决一些人对石制品的怀疑。这样，问题会迎刃而解。希望主管方面能早日安排，解决这一世人瞩目的问题。

巫山龙骨坡的工作从1984年开始，一直到目前。在长长的16年中从调查、发掘、整理资料到分析研究，花去了工作人员的多少心血，是可想而知的，有劳动就会有收获，于1991年出版了34万字的报告——《巫山猿人遗址》。由于发现重要，在1996年被中央批准为国家重点文物保护单位。1998年9月23日在重庆市巫山县隆重召开了“青藏高原东部寻找人类祖先及其文化”首届国际学术研讨会，出席会议的国内代表85人，分别来自北京、重庆、江苏等13个省市和自治区；国际代表7人，分别来自韩国、日本和印度尼西亚，共 92 人。这次会议值得一提的是每位发言者报告结束后，讨论十分热烈，学术空气异常浓厚。不少代表会后说：在一个民办的学术研讨会上，看到了今后科学发展的道路应是多层次的。

与首届国际学术研讨会同时，成立了“龙骨坡巫山古人类研究所”。该所的性质是民营公助的民间科研机构。隶属关系是归中华炎黄文化研究会领导；接受巫山县人民政府的指导；组织上是独立的法人单位，经济上是自负盈亏的实体。研究所的正副所长，分别为黄万波和徐自强。黄万波在中国科学院古脊椎动物与古人类研究所工作，1993 年退休。1984 年利用国家自然科学基金资助与重庆市自然博物馆、万县地区博物馆和巫山县文物管理所等单位组成科学调查队，在巫山进行了为期 5 年的野外考察和发掘工作，3 年的室内分析和研究工作，取得了预期的成果，1991 年出版了《巫山猿人遗址》报告。徐自强原在中国国家图书馆分馆任常务副馆长，1995 年退休后即和黄万波合作搞巫山龙骨坡工作。1997 年发掘龙骨坡，但缺乏经费，徐自强和巫山县政府商谈，由县政府资助了发掘费，1998 年发掘仍无经费而向国家文物局申请，由国家文物局拨款，但发掘时拨款尚未到位，于是黄、徐二人自掏腰包凑了 3 万元勉强将发掘工作完成，这时已经是 11 月上旬。等回到北京向研究所报销（国家文物局将款拨到重庆市，重庆市又将该款转拨到挂靠的古脊椎动物与古人类研究所），但已跨年度不予报销，至今这 3 万元仍未解决。1998 年的国际会议是他们自筹经费召开的。

龙骨坡巫山古人类研究所是民营公助的民间科研机构，后面还有很多工作要做，但因为没有钱而使计划不能实施。他们目前最大的困难就是没有经费。黄、徐二位都已退休，且儿孙满堂，完全可以怡享天年逗孙儿之乐。但他们却把工作看得很重，将余热全部贡献给考古事业，这种精神真是值得学习。祝愿龙骨坡巫山古人类研究所克服重重困难，在青藏高原东部寻找人类祖先及其文化方面取得更大的成果。

2. 繁昌发现了距今 200 万～240 万年的石制品和骨器

如上所述，我国的地理环境和古气候，适于早期人类生存和发展，而且已经发现了距今 100 万年左右的人类文化遗物和 170 万年的元谋人化石。再进行细致的调查和发掘，很有可能发现和非洲同时代的人类化石，加上我国古人类学家多主张多地区起源说，因此，在1996年秋季启动了在我国寻找距今200万~250万年的最早的人类祖先的工程——“攀登计划”。这一计划由国家拨巨资，由中国科学院古脊椎动物与古人类研究所付诸实现。

1998年春季，旧石器时代考古一个重大的发现是在安徽繁昌地区含有脊椎动物化石的新生代晚期的裂隙堆积中，发现了包括大型灵长类的大批哺乳动物化石和一批人工打制的石片及若干件有人工砍砸痕迹的管状骨和骨片。经该所专家鉴定石片和骨片是人工制作的有关类型的石器和骨器。对动物化石的鉴定有50多种，全部是绝灭种。动物群与巫山龙骨坡动物组合比较相似，其地质时代不晚于龙骨坡动物群，约在距今200万~240万年间。由于这是“攀登计划”中的项目，所以繁昌的发现十分引人关注。电视台和各种媒体广为报道，一时间成为考古界同行的热门话题。

化石地点位于安徽省长江南岸繁昌县孙村水泥厂采石场癞痢山西南坡，在三叠纪薄层灰岩中发育有裂隙，纵剖面呈人字形，故称之为“人字洞”。堆积物出露厚度近30米，自上而下可分为5层。脊椎动物化石、人工打制的石片产于厚约10米的第3层和第4层棕红色包含大块角砾的亚黏土中。

原发现者称“人字洞的石制品和具有人工砍砸痕迹的动物碎骨，是东亚地区迄今已知最早出现的人类活动遗迹之一，说明早更新世早期在我国南方长江下游地区就有古人类的活动”。这个结论关系到人类起源是单中心还是多中心。如果这个结论是正确的话，则人类不仅起源于非洲，中国也是起源地之一，则单中心说不攻自破。这个结论一旦发表，国际上的古人类学者、考古学者都要看一下发现的标本，如果都认为鉴定错误，石片和骨片不是人工打制的石器和骨器，则会闹出国际笑话。因为繁昌不像巫山龙骨坡发现人的化石，尽管有不同意见，还可讨论，而繁昌问题的焦点是：发现的石器和骨器是否无误，若经过国内外学者鉴定多不承认是人工打制的石制品和骨器，则繁昌作为寻找人类祖先的发现便无意义。但是众多的灵长类化石在长江下游地区尚属首次发现，材料之丰富实属罕见，这对研究灵长类的演化及其地史分布，是十分重要的材料。

繁昌新发现既然如此重要，国内从事旧石器研究的同志都翘首以待希望能亲眼看见新发现的标本。1998年11月适逢我国旧石器考古前辈贾兰坡院士90华诞，繁昌考古队将新发现的标本在大厅内展出，参加祝贺会议的众多人都仔细地观察了标本，承举办者同意还可手持标本就近观察。据会下交换意见，国内同行大约 10 人都表示不是人工的，因为制作原料主要是小的铁矿石，沉重而十分坚硬，且尺寸较小，就是现代人用铁锤也很难将其打下石片。本文著者曾研究过骨器问题，并对大型食肉动物啃咬的和人工打击骨片的区别做过较系统的实验研究，观察繁昌出土的骨片，认为骨片上人工打击的痕迹不清楚，不像人的行为，而有两处是被大型动物咬过留下的痕变，和人工打击的疤痕有明显的区别。至于那件大型食草动物的下颌骨从联合处一分为二，在一侧的前端有顺长轴裂下一骨片留下的痕迹，似为由高处坠落被碰下的，也非人工打击。他们研究所也有七八位同志从事旧石器研究工作，其中除最早鉴定是人工打制的石器和骨器的 1 位专家以外，另有 2 位同志同意是人工打制的，其他人都不表态，而私下却都摇头。

国家文物局从 20 世纪 90 年代开始，每年从全国考古发现中评出十大发现项目。繁昌是申报项目之一。但在由全国考古专家组成的评议委员会上，该项目却未被通过。按说如此重大意义的发现会被全体委员一致通过，结果却相反，认为繁昌的发现是不是真是人工打制的，旧石器考古界尚有争议，而发现单位也未召开过一次专业人员的论证会，而只由该所内个别专家鉴定，有些草率。而且因为牵涉国际学术问题，若国际上的学者看到后不认为是人工的，我们代表全国最高水平的评论会却评审通过，岂不闹出了国际笑话？因而未予评议。由此也可看出繁昌的发现还存在着不同的意见。有较大的争议，不要过早地下结论。事与愿违，媒体却把这个问题炒得很热。让了解情况的人感觉“谎话说上一百遍就会变真”似的。其他报纸不说，就以《北京晚报》而言，在 1999 年 1 月 8 日 20 版（环球探索）以《寻找第一把石刀》为题，发表了中国科学院古脊椎动物与古人类研究所某研究员“一直有一个‘梦’，在中国寻找第一把石刀”，高兴地看到自己将会梦圆有时；因为他对繁昌人字洞（其实是裂隙——本文著者注）发掘品中，鉴别发现其中有 50 多件可以确定为具有明显人工打击痕迹的旧石器。同一报道还引国家“九五”“攀登”研究计划安徽课题组组长，周口店古人类研究中心主任的话说：“目前我们还没有对富含化石层进行系统挖掘，很可能将在今年发现 200 万年前的古人类化石。”我们不能要求媒体记者报道处处是正确，因为他们不是专业工作者。而对被采访者则要要求严格，因为他们是当事人，是负责者。我认为任何考古工作者谁也不能说你发现的石制品是“第一把石刀”，你这个梦是终生不能圆的。何况是不是“石刀”还成问题。至于“将在今年发现200万年前的古人类化石”的许愿，是不是说得早了点？

1999年3月9日《北京晚报》第3版又以《考古专家认为，繁昌人字洞藏有亚洲最早人类遗物》为题作了报道，内容和1月8日报道相似，但对“石器”和“骨器”有进一步论述，“据介绍，这批石器以刮削器为主，没有砍砸器，反映了当时人类仍以采集为主，几乎还没有狩猎的能力；……另一方面，这里的骨器加工比较精细，刃口稳定，说明当时人类侧重于加工骨器。”按器物形态学分析，砍砸器是既能砍也能砸的双重用途的工具，刮削器也是既能刮又能削，考古学没有机械规定刮削器就是采集经济专用工具，而砍砸器就是为狩猎经济服务。决定古代人经济形态有多种因素，若只根据刮削器和砍砸器的有无确定200万年前的人类的生活，看来也太简单了。何况繁昌“石制品”的原料以铁矿石为主，分量虽沉重，但尺寸很小，无法做砍砸器。目前所知国内外旧石器遗址中还未见到用铁矿石为主作为制作石器的原料的报道。关于骨器的认定就更难让人理解，“加工比较精细，刃口稳定”。这种描述既可说是人类打的，也可说是动物啃咬的结果。我们知道大型食肉类动物进食时也会将骨头咬碎、甚至于在破裂的骨片边缘留下一个一个的缺口，很像人类敲骨取髓打破似的。尤其是鬣狗其牙齿粗短健壮，咬肌很发达，因此能将骨头咬碎吞下，所以其粪便内含有大量骨渣，因而能成为粪化石。据报道，人字洞发现有鬣狗化石，也有剑齿虎和其他食肉类动物化石。我们知道大型食肉动物尽管齿式和每个牙齿细部不同，但牙齿的形态和基本特征相似，即除门齿外其他牙齿都有圆锥形尖，而各牙齿排列顺序一致，因而咬过的骨头上的咬痕很规整，很一致。这就给人一种“加工比较精细，刃口稳定”的感觉。其实，动物咬碎的骨片及其咬痕，和人工敲骨取髓而破碎的骨片有明显的不同。著者曾于1982年指导研究生做过为时一年的骨器研究。其中一项是大型食肉动物咬碎的骨片和人工敲骨取髓破碎骨片的区别。每周到北京动物园取回老虎和猞猁等大型食肉动物吃过的剩肉，其中含有咬过的碎骨，经过煮、漂，在显微镜下观察，并和我们敲骨取髓打碎的骨片进行比较，另外到有关博物馆和研究所观察旧石器时代遗址中出土的碎骨，总结出二者不同的特征，对于区别动物啃咬和人工打制骨片很有帮助。我们有幸观察了繁昌人字洞所出的骨器，看不出是人类制作的。

1999年10月24日《北京晚报》第9版又发了个消息，报道说："我国科学院在安徽繁昌发现了一批距今大约200多万年的石制品，经专家鉴定后认为，这不仅是我国境内发现的第一把'石刀'，也是迄今已知欧亚大陆上最古老的文化遗物……"繁昌人字洞动物群全都是灭绝种，属一级灭绝的占很高的比例，还有第三纪残留种，其时代十分古老，在距今200万～240万年间应无问题。因此发现的石制品则是"迄今已知欧亚大陆上最古老的文化遗物"。据文献载在欧亚大陆的西部，法国的居特教授在法国中央高原的希雅克发现了5件石制品和大量哺乳动物化石。覆盖在这些石制品和哺乳动物化石之上的玄武岩经同位素年龄测定，其绝对年龄为190万年。这样，这些石制品的年龄至少在190万年以上。法国第四纪地质学家博尼费也在中央高原另一地点圣艾博勒，发现了4件石制品，其同位素年龄也在200万年左右[①]。今年10月份在《科学通报》发表了汤英俊等的文章，该文章记述了在河北蔚县盆地东窑子头大南沟发现了1件淡褐色细质石英岩石核，其时代为上新世，大约距今300万年[②]。看！怎能说繁昌发现"是迄今已知欧亚大陆上最古老的文化遗物"？

1999年11月5日《北京晚报》第9版又发表了"人字洞"旧石器遗址又有重大发现的报道。文中仍把"人字洞"称为旧石器遗址，把发现的石制品仍称为"中国第一把石刀"。

应当说明的是，在1999年10月中旬，中国科学院古脊椎动物与古人类研究所在北京召开了"北京猿人第一头盖骨发现70周年纪念及国际学术研讨会"。参加大会的除国内人士以外，还有日本、法国、比利时、德国、印度、韩国、以色列和瑞士等国近70名学者。在论文宣读时我国代表宣读了安徽繁昌的发现，并将石制品分出了一些类型，将发现的典型标本摆出让参加会议者观看。论文报告完毕，就有两人站起来反对，他们认为繁昌的发现根本不是人工制品。其他的人包括外国学者都未表态。但会下不少人（中、外皆有）对繁昌的发现摇头和耸肩，表示怀疑或否定。会议结束后，大会特别组织了去繁昌参观（或叫地质旅游），亲眼看一下人字洞及堆积，以加深印象。地质旅游回京的外国老朋友到北京大学访问，谈起了对繁昌问题的看法，据我所知，和

① 董颜：《追根溯源——寻找我们的祖先》，《龙骨坡史前文化志》，1999年第1期，第164页。
② 汤英俊等：《河北蔚县上新世旧石器的发现》，《科学通报》，1999年第19期。

我接触过的外国朋友都明确说不是者有11位之多，另外美国的著名考古学者，谈起此问题，情绪很激动，连连摇头，并说到繁昌看了现场并在黑板上绘图说明人字洞不是洞而是裂隙，上面的堆积已被破坏，剩下的一些从上面沿裂隙塌下来形成“洞”内之堆积。因此，既不是人工制品，堆积也非原生的。从他谈话的语气似乎说搞发掘和搞旧石器研究的连这点都搞不清楚，奇怪!

按一般常规论，在国际会议开完后就已能看出参加会议多数人对繁昌问题的看法，不要再通过新闻媒体报道“第一把石刀”的问题（当然其他重要发现仍可报道），以免再出问题。但相反，《北京晚报》于国际会议结束后12天（10月24日）仍然报道，而且在11月5日报道中仍把人字洞称为旧石器遗址。作为新闻媒体来说，对更新的新闻，似乎太迟钝了。

在人类起源问题上，我是多地区论者，很希望在我国的土地上发现距今200万~250万年的古人类化石，以结束走出非洲说。尽管我国第三纪后期生态景观和环境及气候很适于早期人类生活，而且在“人字洞”发现了众多的大型灵长类化石，对于发现早期人类遗骸是很有可能的，但科学毕竟是科学，来不得半点虚假。我认为繁昌的其他发现十分重要，众多的大型灵长类化石在长江下游发现十分罕见，对研究灵长类的演化及其地史的分布是十分珍贵的材料。最近报道在“人字洞”又发现了一具属于上新世晚期的十分完整的剑齿虎化石，是世界上已知最早的也是保存最为完整的剑齿虎化石。这确是“人字洞”的又一重大发现。著者衷心希望并期待在古人类化石方面，有突破性的进展。

3. 蔚县发现距今300万年最早的石器

这两年真是好事连篇。《科学时报》1999年9月26日第2版登载了一段令人鼓舞的报道：中国发现世界上最早的石器，“石器出土于华北桑干河畔河北省蔚县东窑子头村的大南沟东陡壁剖面上”。1990年7月30日在湖相沉积地层的下部发现1件清楚的人工加工痕迹的淡褐色细质石英岩石核。石核以形状不规整的石块为素材加工而成，外表仍保留原有形状的石皮。标本体积较大，长113毫米，宽106毫米，厚72毫米，重1 019克。在原素材的形体上从三个方面进行打片形成石核，打击点明显，放射线清楚，剥片面上的石片疤不深，形状有四边形、半圆形和三角形等。石核的边刃有崩痕，边角或凸棱有坑点和细的疤，可能为使用过程中砸击的痕迹。发现的哺乳动物化石有假河狸、中国貉、变异猞猁、轭齿象、长鼻三趾马、贺风三趾马和进步古麟等。这个动物群和第四纪哺乳动物群不同，具有更古老的性质，多是上新世或更早生活的一些代表。通过动物群的研究，地层无疑是属于上新世，根据磁性地层学研究，石核的时代约近于300万年。

这真是一个天大的发现，中国发现了全世界最早的石器。因为只有人类才能制造工具，尽管这次没有发现人类遗骸，但有最早的石器，也就是有了最早的人类化石。这就解决了人类不仅是起源于非洲，而亚洲也是人类起源地之一。“攀登计划”在繁昌尚未完成，但在蔚县完成了！

冷静下来仔细一考虑，觉得这个发现也存在着一些说不清的问题：

（1）这个发现是1990年7月30日的事，这样重大的发现为什么当时不报道和发表文章？为什么在9年以后在中国找寻最早远祖的时候才报道？是否是因为当时发现时对这件石核是否地层中所出存在着争论而搁浅。今日受到繁昌发现的影响而重新研究才有惊人的报道？

（2）如此重要的发现应当附有器物出土时在地层某位置的照片，以立存照，说明器物是从地层中出土的。考古学中大忌的事就是器物“脱层”。“脱层”的标本再好，与研究却无大用。另外，不知该石核上是否尚保存有该层位的土壤和钙质薄壳，因为这也是查询脱层标本的依据。因为我没有看到标本，不敢臆测。

（3）在报告结束的致谢一项写有：“在完成本文过程中得到×××院士、×××、×××和×××教授及×××副教授的支持和帮助……”这一项写得很含糊，是怎样的支持和帮助。这些专家教授是否说了① 是人工制品，② 是发现于地层中，时代无误。我想，他们都是治学严谨的学者，他们可能会说是人工制品，而不会说是发现于地层中。因为他们都没有亲自参加那次调查。

（4）原文著者都是搞哺乳动物化石和地质及环境学的专家，对于发现距今300万年的古人类文化遗物的重要性是很清楚的。既然地层中有这一件，也很可能还有其他石制品，一般地质工作者和考古工作者发现1件后会继续追查。即使当时没有条件发掘，过后总是可以进行发掘的，为什么时过9年也没有再进行工作？不理解。

（5）从文章中的绘图和照片看，我认为是人工打制的。不会是天然撞击的。照片和线图都做得很好，很清楚，但越看越“面熟”，仔细回忆原来和丁村发现的石球很相似，也和许家窑的石球相似。从大南沟发现的石核整体来看，打击技术还是很进步的，不像是300万年前的人类能打制出来的。因此，我怀疑是后期人类的制品。很可能是“脱层”的标本。

（6）对大南沟的调查是1990年，据说当时除该文的前两位著者以外，还有另一位同志参加工作。据这位同志讲：标本不是地层中出的，而是在地表上捡的。当时采集了6件，丢了1件，发表的是5件中的1件。假若这话是真的，这又算怎么一回事呢？

（7）大南沟的发现无疑是重要的，尽管存在着这样和那样的问题，是可以解决的。既然从地层中发现了石核，按一般规律不会只此1件，通过发掘还可能找到其他最早人类的遗物。通过研究，对这一阶段人类的文化内涵会有新的了解。目前国际上发现最早的旧石器是距今260万年。在蔚县盆地能发现较多的距今300万年的遗存，对人类起源于非洲假说自然是个严重的挑战。

在我国寻找人类的祖先，是一件天大的好事，对那些长期在野外辛苦工作的同行们表示战友般的致意，祝愿您们在寻找人类祖先和其原始文化方面取得更大的成绩。

科学毕竟是科学，要以实事求是的精神来对待它，尤其是在重大发现的面前，要特别慎重地做出结论。不要一时冲动，或抱有其他杂念，而要对您从事的事业负责。真的假不了，假的也真不了。是真的他也跑不了，一些似是而非的东西一时不能决断可先放一阵再说，也可借助众人的智慧开论证会解决，然后再发报道。这样做对自己对事业都有好处。

以上意见，只是个人的浅见，有些话可能说得不对，就教于诸位同行。

三、旧石器时代考古问题与瞻望

由以上所述，我国旧石器时代考古学自中华人民共和国成立以来得到了空前的发展，就是在史无前例的“文革”期间，全国各地还发现了近50处地点和遗址，其中不乏意义重大如小长梁、大窑、虎头梁及下川等处。从1927—

1948年，20多年中我国发现和发掘的旧石器时代遗址和地点仅有七八处，新中国成立以来发现的遗址和地点粗略统计达千余处，其中发掘和研究的在100处以上。从海南之滨到北疆漠河，东起山东沿海，西到新疆都有发现而且时代连续，自成体系，文化内涵之丰富，颇为复杂，因此急需旧石器考古工作者去开发研究。

从1990年开始，国家文物局每年在全国考古工作中评出10个有重大发现意义的项目。有关旧石器考古的有1990年为湖北郧县人及文化、1992年为湖北鸡公山旧石器遗址、1993年为贵州盘县大洞、1994年为南京直立人化石、1995年为湖南蛤蟆洞（新旧石器过渡阶段）、1996年为重庆市烟墩堡遗址、1997年为陕西洛南龙牙洞遗址、1998年为河北泥河湾于家沟（新旧石器过渡阶段）。另外，1984年在辽宁发现的金牛山人及其文化遗址在1985年被评为全国当年考古工作的五大发现之一，国家教委颁发了大学文科首次重奖，并获国际十大科技进步奖。

中华人民共和国成立以来的旧石器时代考古学尽管形势大好，收获重大，但和其他各段考古学相比，仍显薄弱，与国际同行相比，差距很大。目前存在的问题主要有：

1. 专业人员太少，任务很重

因为搞旧石器考古和其他阶段考古不同，爬山钻洞，多在山区工作，条件较差要吃苦，所以体质要好。另外这个学科的共性较强，需要参考国际上的发现和资料及进行学术交流，故外文的基础要强。旧石器时代考古学虽然是文科，其目的是研究人类早期的历史，但需要利用自然科学的一些手段并需具备地质学、古动物学及人类学的专业知识，因此许多人不愿意干这行。就大学的情况看，许多人都搞其他段考古，而不愿意从事旧石器时代考古的教学和研究工作，所以在大学搞旧石器考古的人员也极少。我国虽然发现了1 000多处旧石器遗址和地点，但经正式发掘和研究过的不足1/10。全国从事旧古器考古的人员据不完全统计，不足50人，其中有20多人已退休，而且有近10个省和自治区连一个搞旧石器考古的都没有。因此培养接班人是亟待解决的问题。这么重的任务，何时能完成。

2. 工作不平衡

我国旧石器考古工作很不平衡，东西部地区工作很弱，有的省份因为没有从事旧石器考古的工作人员，所以没有什么重要发现，就是省和省之间地区发现也较少，甲省有重要发现，而和它相邻的乙省却无什么发现，这样就妨碍了小范围的区域性文化的认识和影响到对我国旧石器文化的全面的了解。

3. 田野调查和发掘方法需要改进

旧石器研究的内容和新石器及以后考古不同，但在取得研究资料方面方法是基本相同的，也就是说利用科学的考古发掘方法所取得的资料，在进行研究时既方便也会得出正确的结论，否则便会有相反的结果。目前我国旧石器发掘方法多不规范，尤其是试掘更是粗糙，有人评论旧石器发掘是挖萝卜坑，也有人在发掘洞穴时将上层非旧石器（晚期文化）大镐刨掉，也不使用手铲仔细发掘。近年来由于和国际合作，对发掘方法有了很大的改进，但和一些国家比起来仍有差距。尤其是在室内分析整理利用显微镜和其他先进精密仪器处理沉积物方面，显得差距犹大。在这方面我们迫切需要赶上去。

4. 研究工作的落后

目前我国旧石器的研究工作仍是沿用传统的方法统计分类。分类细而复杂，如刮削器分为单刃、复刃、直刃、凹刃、凸刃、单凹刃、复凹刃、单凸刃、双凸刃等，尖状器有什么单尖、正尖、歪尖、锐尖和钝尖等。至于这些不同形式的尖和刃是作何用途，其工作效率怎样，却没有论述。锐尖是否是刚制作不久，使用时间不长，尚未崩损？钝尖是否因使用时间较长而崩损等一些有关器物的使用问题，却根本不予记述。整篇文章除详细描述以外，就是长长的器物统计表。在研究中，关于器物的分类不是以该物的功能和使用而分，却是以其形状而定。砍砸器需要一定的重量，但在一些报告中却常见一些砍砸器重量很轻，不如当刮削器使用。这种情况都是分类没有一定的标准，因人而异。如果将某专家分好类的器物给他弄乱，再让他分类，就可能使原来的器类变成另一种器型。

另外，研究术语使用很乱，没有一定的规范，其实是同一种器物，不同的人研究可以叫成两种器物。在术语使用上也很混乱，你这样叫，他那样说，其实说的是同一部位，就是同一个人写的文章，前后使用的术语也不统一。看来器物称谓和学术术语的统一势在必行。

以上诸问题如果能改进则旧石器考古的调查、发掘和研究将会有很大的进步，因此，旧石器时代考古今后工作应注意下列几点：

（1）随着科学的飞速发展，信息网络全球化，旧石器考古的材料越积累越多，研究工作越来越深入，而各自为政的研究模式已经越来越不能适应形势的变化。为了促进我国旧石器时代考古的发展和人才的成长，研究工作迫切需要规范化。首先要规范旧石器时代考古的学术术语和石器的分类。根据我国语言和词义结合考古学发现器物的实际情况，进行器物的分类和命名，并统一在研究中使用的术语称谓，以便和国际接轨。

（2）建立旧石器文化序列标尺。首先考虑的是时代相同，在这个基础上，确定器物组合的类型特征相同以及各种器物制作工艺是否相同。这一阶段（或时代）的器物组合和工艺流程在总的文化序列标尺中是独特的，和上、下阶段的文化内容（或文化期）都不同。按时代的序列划分几个大的文化期。在大文化期中还可分成若干小期，而形成我国旧石器时代文化序列标尺。这个标尺不仅以器物组合和特征为基础，而且还要考虑古人类的体质特征和文化期的吻合。这个标尺既可以指导国内的研究工作，也可以和国际旧石器文化进行对比。

（3）加强实验考古学的研究。目前旧石器考古学的研究中，有许多似是而非的东西，连关于最根本的基础研究也存在着主观臆测的问题。如上述繁昌发现距今200万～240万年的石器和骨器问题就是一个很好的例子。如果你具有实验考古学的知识或通过实验考古学的研究，就不会闹出国际笑话。同样，关于龙骨坡发现的石器也存在是否是人工制品的争议。许多文章都提到了发现骨器。因为一般理解敲骨取髓只是从骨面向腔面将骨骼敲碎，取髓而食，而骨片上由腔面向骨表面破裂的疤痕，不能解释是敲骨取髓所致，无另外的解释，而只能是人工制作或加工骨器所打击的结果。因此这件骨片就是骨器。其实，大型食肉动物进食时会将骨骼咬碎，也能在骨片的边缘处由腔面向骨表面咬出破碎的疤痕，很像人工打的。但通过实验考古学的研究，可以得出人工打击剥落的骨片疤痕与动物咬碎的疤痕具有不同的特征，二者完全可以分开。这样，就不会将动物啃咬和人工打击的骨片混淆而得出错误的结论。同样道理也可将人工打击的石片和天然破碎的石片区别开来，避免了研究上的错误。实验考古学的作用不仅如上所述，更重要的是通过实验可以了解工具制作的全过程以及工具在使用中磨损程度和在劳动过程中所发挥的作用，从而了解人类生活的情况和生产力推动历史发展的过程。

（4）加强学术讨论。我国旧石器时代考古不管是田野工作还是研究工作，都存在不少的问题，在各自为政的工作和研究中，或大或小的学术问题不会得到很好和及时的解决。如果能经常进行学术讨论和经验交流，借助众人的智慧和经验，对分析和解决学术问题是很有裨益的。由于研究者分散在全国，集中在一起开会比较困难。因此建议在考古学会下成立一个"旧石器考古分会"，或由旧石器考古工作者自发地组成一个学术团体。这个团体拥有一个自己的正式或非正式的不定期出版物。会员可以将工作中碰到的困难或问题，通过刊物征求大家的意见。召集人也可以将国内外旧石器考古动态学术研究等问题，通过刊物传达给全体会员。在必要和可行的情况下，召集人可以发起在某地召开学术会议，在会议上大家可以心平气和各抒己见，就确定的问题发表意见，最后由召集人集中大家的意见做出决定，通过全体会员的确认作为结论。

这个委员会主要的任务是开展学术讨论和解决旧石器考古有关问题，讨论的问题可分：① 地点性。如关于西侯度发现的石制品是人工的还是天然的或其他原因造成的？② 地区性。如洛南龙牙洞的中小型石片石器和旷野地点大型的砾石工业石制品的关系；旷野地点发现的砾石工业和蓝田地区的石制品和汉水上游石制品的关系。再如洛阳地区的小型石片石器和旷野砾石工业的关系；洛阳地区旧石器文化的来龙去脉等问题。③ 全国性。如中国南北两大地区的旧石器文化的关系和有关文化的区域类型等问题。

（5）加强国际合作。旧石器时代考古学的共性很强，国外的一些资料可以对比和参考，田野发掘方法也有共同点，而且他们研究的手段比我们要先进。通过合作既可以了解对方的研究方法、所取得的成果和各文化期石器制作的工艺，也可取长补短，提高我们的工作和研究水平。通过合作或交流，宣传我国旧石器考古的收获和发现的重大意义。

旧石器考古学今后的工作应该是：

（1）尽一切可能解决上述存在的问题，为工作和研究扫清障碍，使旧石器考古学能更上一个台阶。

（2）可以不以找地点和遗址为主，注意力放在分析本区或小范围已经发现的地点和线索上，确定突破点，花一两年，或更长点时间突破某一课题（最好选择突破一个课题可以带动另一个课题）。这样可以解决某地区文化内涵以及和周边文化的关系的问题。当然有重要的线索和发现还是不能放过。也可以打破省的界限，邻省之间进行合作，突破和解决共同关心的课题。这样，使旧石器时代考古走出一条新路。

中国是旧石器时代文化十分丰富的国家，在东亚地区占绝对优势。中国旧石器的考古历史悠久，我们的前辈做了大量的工作，成绩斐然。但是由于过去长年工作在封闭状况下自我发展，虽然作了大量地点的发现和资料的报道，但因为各自为政的研究工作和缺乏浓厚的学术讨论，加上年轻工作者受约于晋级、提工资、出国等问题，对老先生的学术观点不敢发表不同的意见，严重影响我国旧石器时代考古工作的发展和人才的成长。因此，旧石器考古的同行们有必要相互交流，能在一些共同关心的问题方面取得共识和相互理解，从而为我国旧石器时代考古再造辉煌。

注：文中第一部分的参考文献很多，而在本书后面相关的章节中都已引用，为了避免重复，从略。

文中第二部分曾载于《中国文物报》2000 年 1 月 26 日第 3 版。

（选自《中国考古学研究的世纪回顾——旧石器时代考古卷》，
科学出版社 2004 年版）

张森水与《中国北方旧石器工业的区域渐进与文化交流》

经典导读

张森水（1931—2007），浙江仙居人。1952年考入北京大学历史系考古学专业，1956年毕业到中国科学院古脊椎动物与古人类研究所工作，历任该所助理研究员、副研究员、研究员。长期兼任国家文物局考古专家组成员，为中国旧石器时代考古发掘、研究及文化遗产保护事业等，都做出过非常重要的贡献。

从开始旧石器时代考古工作之初，张森水即两度到内蒙古的托克托县、清水河县与准格尔旗等地调查，发现60余处旧石器地点，采集到大量重要标本，完成调查报告。其田野考古足迹遍及大江南北，从塞外的东北边陲到西南的四川盆地与云贵高原，北京周口店、山西襄汾丁村、宁夏灵武水洞沟与贵州黔西观音洞很多重要的旧石器时代遗址都留下过他工作的身影。20世纪70年代以后，在东北地区主持发掘辽宁喀左鸽子洞、营口金牛山及邻近的内蒙古扎赉诺尔；在华北与西北地区发掘河北玉田孟家泉、陕西大荔甜水沟；在西南地区发掘四川汉源富林、贵州普定穿洞与桐梓马鞍山等。通过对这些发掘资料的潜心研究，完成多篇重要的研究报告与论文，如《富林文化》等，对学科发展产生重要影响。

对周口店北京猿人遗址与石器的研究是张森水重要的学术贡献之一。从参加工作开始，张森水即参与周口店北京猿人石器整理，1985年，与裴文中共同完成出版了专著《中国猿人石器研究》。2004年，编纂出版《周口店遗址志》。除了出版专著，他还有大量关于北京猿人文化与石器的专题论文发表。

20 世纪 80 年代以来，中国南方旧石器时代考古进展迅速，发现大量露天遗址，出土了数量众多的以砾石为原料加工的大型石制品。这些砾石石器与北方地区的发现呈现出完全不同的文化面貌。张森水先后撰写《我国南方旧石器时代晚期文化的若干问题》等多篇论文，将此概括为“南北二元结构”，提出中国旧石器文化的南北二元结构假说。

随着旧石器遗址发现与发掘数量增多，中国旧石器时代文化相关资料不断积累增加，中国旧石器文化发展特点与成因逐渐成为张森水研究的重点。他先后完成《中国旧石器文化》等专著以及相关论文，如《中国北方旧石器工业的区域渐进与文化交流》《管窥新中国旧石器考古学的重大发展》等。这些专著和论文进一步梳理、构建中国旧石器时代文化发展的编年框架，提出并逐渐完善中国旧石器文化以“区域渐进为主，交流为辅”的发展道路的认识。

1990 年张森水在《人类学学报》上发表的《中国北方旧石器工业的区域渐进与文化交流》一文尤为重要。此文系统地分析了当时已经在中国北方地区发现的早、中、晚不同时代，具有不同技术与文化特点的旧石器工业，提出旧石器时代早期以来，中国北方地区长期流行以小石片石器为主的旧石器工业，其发展缓慢，且早期缺少与外部文化交流。到距今三万年前后，北方旧石器工业则明显可见来自外部的影响，促成了此后北方与南方晚期文化多元发展的格局。

此文首先提出并界定了（石器）工业和组合的概念。在旧石器时代早期阶段的北方地区，划分出北京猿人石器工业和四道沟组合；到中期仍有由早期北京猿人石器工业发展而来的小石制品（石器）工业主导，亦可见发展的四道沟组合存在。到距今三万年前后的晚期，则更丰富，出现小石器工业与长石片（石叶）– 细石器两种主要工业并存，其下又分别出现多种亚类型。前者主要是继承了早、中期小石器工业的特点，并有所发展；后者则展现出石叶和细石器等全新的技术特点与文化面貌。

此文进而指出由早到晚贯穿北方地区的小石器工业，是主导北方地区旧石器文化发展的主工业。小石器工业主要特点是以直接打击技术生产小型石片石器。主工业的发展明显有长宽等比小型化的趋势，但无预制石核技术，也未见硬锤加工以外的修理技术。这一特点明显有别于欧洲、西亚与南亚等旧西方大陆的旧石器文化，构成非常鲜明的区域特色。

对于中国北方小石器工业区域特点成因的探讨，此文主要归结为长期连续发展继承性占主导地位，明显影响到创新发展；而劣质石器原料较多，也明显影响到石器技术进步与加工精致化的发展；从早到晚的小石器工业或称石器技术模式的长期流行，不见手斧、勒瓦娄哇等技术交流的影响痕迹，是导致长期独立发展的另一重要因素。

此文尤其重视文化交流的影响作用，特别强调距今三万年前后，长石片（石叶）－细石器技术的出现等现象，将其归结为文化交流的结果，提出文化交流结束了原来缓慢发展的小石器工业占主导地位的局面，代之而来的多元发展的趋势促进了此后中国北方与南方各地旧石器文化的快速发展。

—— **延伸阅读文献目录：**

1. 裴文中、张森水：《中国猿人石器研究》，科学出版社1985年版。
2. 张森水：《中国旧石器文化》，天津科学技术出版社1987年版。
3. 吴汝康等主编：《中国远古人类》，科学出版社1989年版。
4. 张森水：《管窥新中国旧石器考古学的重大发展》，《人类学学报》1999年第3期。
5. 张森水：《近20年来中国旧石器考古学的进展与思考》，《第四纪研究》2001年第1期。
6. 高星、裴树文：《中国古人类石器技术与生存模式的考古学阐释》，《第四纪研究》2006年第4期。

（王幼平 撰）

—— **原文：《中国北方旧石器工业的区域渐进与文化交流》**

经典原文

中国北方旧石器工业的区域渐进与文化交流

张森水

一、引言

我国北方旧石器时代文化研究已有70年历史，在中外学者几代人的努力下，积累了较丰富的资料，使对若干问题的探讨有了可能。本文所指的空间，大体是指秦岭以北、大青山以南、贺兰山以东和七老图山以西（E.105°—117°，N.34°—41°）的广大地区（以下简称中国北方）；所指的时间是始于陕西省蓝田县公王岭含石器层位的时代，终止于旧石器时代结束，即从约距今100万年开始到1万年止。

在拟将讨论的问题中，没有包括被认为地质时代属于早更新世的材料。它们或因本身性质存疑，或因断代证据不足。依目前欧亚大陆旧石器时代早期文化遗物的发现，笔者相信，在中国北纬45°以南地区将会找到早更新世人类活动的遗存。

在中国北方较重要的旧石器文化地点[①]至少有73处（匼河、大荔、丁村和虎头梁等地点群均依一处计算），其中属于旧石器时代早期的18处，中期26处，晚期27处，时代待定的2处。在这些地点中，出土物的内涵不甚相同，其中人化石与石制品等共出者14处，只有人化石的1处，人化石与哺乳动物化石共存者也有1处，石制品与哺乳动物化石共存者29处，仅发现石制品的28处。

若以一地点出土石制品100件以上者为重要地点，则属于早期者3处，中期8处，晚期14处。陕西蓝田公王岭地点出石制品不多，但因时代较早，因此，也被看作与以上地点具有同等地位的地点。从不同时代不同地点找到的石

① 地点是指发现文化遗物或人化石的最小空间单元，包括通常所说的遗址或采集点。

制品具有文化上的多样性，并且起着不同的作用，述要如下：

二、工业与组合[①]

我国旧石器工业有多种式样，早为学者所指出，近年来有了更深入的认识，中国北方旧石器工业也不例外，兹将有代表性的工业或组合按时间序列述要于后。

1. 旧石器时代早期

（1）北京猿人工业。这里不是单指北京猿人石制品组合的特点，而是作为具有以下特点的石制品组合或组[②]的代表。除将提到的四道沟组合外，本文研究区内同期的、不同地点如公王岭地点、甘肃泾川大岭上和匼河 60：54 地点等出土的石制品均属之，其特点如下：

存在大量的、长度少于 40 毫米的小石制品。打片用三种方法：锤击法、砸击法和碰砧法，前者是重要的方法。锤击石核多宽体，长宽指数超过 100。石核在打片前或打片过程中均极少修整，以上两种情况既影响石片的长度，也对石片形态产生不良影响，故使所产生的石片长宽差距不大，长宽指数在 80 左右，形态多不定型，偶含定型石片，恐非有意生产。使用石片比较多。

石器毛坯以石片为主，受初级产品的影响，包含相当数量的断片，在一定程度上影响石器的形态。常见的石器分三大类：刮削器、尖刃器、砍砸器，每类均可再分若干亚型，一些地点也曾找到过石锥、雕刻器或石球。在刮削器类中单刃多于两刃和复刃。刃口多较锐，刃角以 60~70° 者为常见。修理工作简单、粗糙，修理疤多单层，仅见于毛坯近缘，刃缘往往呈多缺口状或波纹状。

（2）四道沟组合。它以内蒙古自治区呼和浩特市大窑村四道沟中段第 4 层以下出土的石制品为代表。其特点是：大多数石制品是粗大的，长度在 60 毫米以上的超过 60%。石核不修整，用硬锤交互打击生产石片，故绝大多数是

① 工业（Industry）是指时代和性质相近的多个组合的集合体；组合（Assemblage）的含义是同一时间阶段的多层文化遗址出土遗物的总体。

② 组（Component）指一个层位出土的石制品的总体。

多面体石核。在组合中石核和石片数量少，后者形制不规整，石器比率高达91.8%。石器类型简单，刮削器最多，占79.5%；砍砸器次之，占18.9%；尖刃器极少，仅占1.6%。修理石器主要用交互打击法，占石器的74.5%，为国内所没有的。

2. 旧石器时代中期

中国北方旧石器时代中期，在工业发展上是个承上启下的关键时期。依现有资料，它继承有余，发展甚微，石制品显得古朴，前期的工业或组合的特点基本上被此时人类所继承。但不是绝对的驻足不前，继续向着变小方向发展，与此相应，砍砸器在数量上渐趋减少，不同工业或组合还有其他变化。

（1）小石制品工业①。它的已知的发现区大体上与早期者相当（E.107° 29′—115° 55′，N.35° 38′—39° 40′）。这一工业由较多的有代表性组合所组成，如周口店第15地点、许家窑人、大荔人和丁村人组合等。这些组合除有上述共同的变化外，还有重要的差异，这就是砸击产品在数量上的减少，显示出砸击技术的中衰。

这一工业特点，已如上述，基本上保留早期的诸特点，大荔人等组合由已发表的资料足以证明，无须赘述，这里需要着重论述一下丁村人组合为什么归入这个工业中。

这里所指的丁村人组合不包括丁村地点群的全部石制品，仅指含丁村人化石地点（54：100地点）1954年各层出土的石制品的特点，系笔者分地点研究的新成果。至于其余丁村各地点石制品的归属问题，待分地点研究后另行讨论。

丁村人组合的特点：打片基本上用锤击法，宽体石核占大多数，石核也不予制，所产生的石片形态多不规则，宽型石片较多（这是有别于其他组合的特点之一），长宽指数为100，与同时代石片相比要大一些（可能是另一特点），长40毫米以下的石片占51.9%，长60毫米以上者占23.0%。石器32件，主

① 小石制品工业与早期的“北京猿人工业”没有本质的区别，但这里未用早期工业的名称，而另起一名称，仅表示它们属于不同的时代。

要用石片做成，小型的和中型的各有12件，其余的为大型，其所占的比例大于同时代的组合。石器类型有刮削器、尖刃器、雕刻器、石锥和砍砸器（仅1件），未见三棱大尖刃器（尖刃砍砸器）。修理石器用硬锤加工，且以向背面加工为主，刃口多较锐，刃角在70°以下者占74.2%。丁村人组合上述特点基本上具有小石制品工业的一般性质，它略大一些以及宽型石片较多，可能与原料有关，用粉砂岩和角页岩为主要原料①不像石英那样能生产大量的小石片和较多的长型石片。

（2）以中型石制品为主体的组②。其代表地点同四道沟组合，其特点亦如其祖型，稍不同者，中型石制品增加，由早期的占34.2%增至占44.3%；另外砍砸器数量减少，由早期的占11.8%而变为6.4%。附带说明一下，据报道在四道沟地点还发现有旧石器时代晚期的石制品，至今尚无详细报道，据介绍，其一般性质与其前类似，故在旧石器时代晚期中，不再叙述。

3. 旧石器时代晚期

这个时代的中国北方工业更具多样性，大体可分为两个工业，就中还可再分若干个亚工业类型。

（1）以直接打击③的小石器为主的工业（下简称小石器工业）。这一工业总的说来，继承了先期工业，保留了其主要成分，但也看到一些发展，石制品进一步小型化，砸击产品量稍有回升，雕刻器、石锥等小工具有所增加，石球和砍砸器濒于绝迹，个别的出现了组合内涵多样性，除石制品外还生产出大量的装饰品，骨器及其他反映意识发展的艺术品等。

这一工业所包含遗物式样纷繁，存在几个组合，大体可以归纳为三类：直承单一类，远承简单类和组合内涵多样类。

直承单一类：这是最多的一类，地点遍布本文研究区内，其内涵简单，只有石制品，无其他遗物共存（少量的骨制品例外），其石制品显得相当古朴，好像是全面继承了小石制品工业，其有代表性组合如甘肃环县楼房子、内蒙古乌审旗的“萨拉乌苏”、山西朔县的峙峪和河北迁安爪村等组合。

---

① 刘源：《丁村石制品再观察》，《人类学学报》1988年第7卷第4期，第306~313页。

② 定名理由如前；中型指长度41~60毫米。

③ 着重区别细石器工业的间接打击和压制技术，并不意味着此前工业不是直接打击的。

远承简单类：本类以河南安阳小南海组合为代表，它的内涵简单，基本上只有石制品，特点如前一类，所不同的是它以砸击法为主要打片方法，存在大量的砸击石片和石核，这些遗物可与北京猿人晚期文化者相比较，颇有越时代继承之感。

组合内涵多样类：它的代表组合是北京周口店山顶洞出土的文化遗物。从这里发现的石制品非常少，人工痕迹清楚的仅25件，每34.4 m^3仅出土1件，而且十分古朴，但与此相反，在制作骨器、使用钻孔和磨光技术方面，却达到了很高的水平，从遗址中发现了1枚骨针、1件磨制的鹿角以及用石、骨和蚌壳等做的装饰品141件。

（2）长石片－细石器工业。长石片是指由预制好的石核上打下长度超过宽度一倍以上的、中上部两侧几近平行的、宽度超过10毫米的石片，并用它制成以手握式为主的各式工具；细石器亚工业是指从预制定型（锥状、楔状、柱状和半锥状等）的细石核上用压制技术有序地生产石叶，并选用这些初级产品主要用压制技术制成各类工具，既有复合式的，也有简单手握的。

在中国北方旧石器时代晚期，这一工业，尤其是其中的细石器工业情况相当复杂。一般说来长石片工业是细石器工业的祖型。若从工业分类考虑，这一工业可分为长石片组合、单一典型细石器工业亚型和多成分混合细石器工业亚型，其各自内涵和特点略述于后：

第一类长石片组合，以宁夏灵武县水洞沟旧石器文化层的石制品为代表。在这一组合中，有相当数量的长石片、少量的石叶，以及生产这些石制品的石核都是预制定型的，有长方形、半锥形、三角形和柱形；在石器中有一部分是用长石片做的，较重要的有长身端刮器、雕刻器和少部分尖刃器和刮削器。

第二类单一典型细石器工业亚型，内涵简单，只有石制品，其中包括各式的细石核（楔状、柱状、锥状和半锥状等）、大量的石叶、用石叶等制的尖刃器、端刮器、雕刻器、琢背小石刀和镞（?）等，与其相伴出的有锤击石核、石片及用石片做的短尖石锥、短身端刮器、刮削器、尖刃器等。这一亚型已发现的地点相当多，如山西沁水下川地点群、山西榆社县岗峪，以及河北阳原县油房地点、滦县东灰山村和迁安爪村“上文化层”等；山东和江苏交界的马陵山地区亦有多处发现，因断代资料贫乏，是否属于旧石器时代晚期还有待进一步研究。

第三类多成分的混合细石器工业亚型，情况相当复杂，在每个地点的石制品中包含有典型的细石器工业制品，也有大量的非细石器工业的石制品，个别的还包括骨、角等制品，大体可分三类：

甲类　其组成包括细石器、加工精致的刮削器和尖刃器，它们都是用指墊法加工成的，和用比较古朴的石片和石核加工成的石器：刮削器、尖刃器、石锥和砍砸器等。它的已知分布区在黄河沿岸一个较大区域（E.106° 40′—111° 25′，N.36° 27′—40° 03′）。

乙类　其内涵除大量细石器工业制品外，还有加工精致新月型刮削器、两面加工的双尖尖刃器、尾端有凹槽的和单肩的尖刃器，同出土还有装饰品，其代表地点是河北阳原虎头梁地点群。

丙类　典型的细石器与丁村工业在一起，其代表地点是山西襄汾柴寺丁家沟，从这个地点发现了锥状石核、楔状石核、石叶以及其他细小石器；还有砍砸器、三棱大尖刃器、石球和刮削器等。它们发现于汾河 T_2 底部沙砾层中。

三、主工业的区域特点

如上所述，中国北方旧石器时代存在多种工业或组合，有一种工业起主导作用，影响着工业发展，把它叫做主工业，它就是由一套直接打击的、以小石制品为主的跨时代的多个组合构成。其余的分布区有限，作用甚微。细石器工业又当别论，见后文。主工业见于本文研究区的旧石器时代早期到晚期。它的定型期可能在北京猿人文化晚期，似有自身的发展趋势，并具有区域的特点。所谓区域特点是与欧洲、西亚和印度半岛的旧石器时代主工业相比较而言的，后者以下简称西方主工业。

中国北方旧石器时代主工业是向着长宽等比小型化方向发展的。石制品的长度和宽度不断变小，但其长宽指数相对稳定（见表 11.1）。西方主工业则不然，它是沿着长度不等比小型化方向发展，其长宽指数变化大，石器和石片尤其如此，石核则显得曲折。

表 11.1　若干重要旧石器遗址石制品组合的测量和长宽指数（单位：毫米）

地点与层位	蓝田公王岭				北京猿人遗址																							
项目					10				8—9				Q11				6				4—5				1—3　△			
数值 / 类型	长	宽	厘	指数	长	宽	厚	指数	长	宽	厚	指数	长	宽	厚	指数	长	宽	厚	指数	长	宽	厚	指数	长	宽	厚	指数
砸击石核									67.6	43.4	33.4	64	35.3	21.8	19.8	62	35.0	21.6	17.0	62	37.0	24.8	17.9	67	36.8	24.9	18.1	67
锤击石核					69.3	78.6	70.1	113	73.2	84.9	71.5	116	61.0	73.9	60.1	121	55.5	62.2	50.7	110	50.9	59.4	49.9	117	73.7	89.8	80.5	124
砸击石片					41.1	24.7	11.0	60	34.9	23.8	12.1	68	35.1	22.1	10.6	63	33.6	21.4	10.7	62	31.8	19.4	10.1	61	29.8	19.0	9.8	64
锤击石片					45.5	39.3	13.0	86	61.6	48.9	19.5	79	51.6	41.6	14.5	80	38.6	32.9	11.2	85	36.9	30.7	11.1	83	37.8	30.8	13.5	81
刮削器	36.9	34.4		87	48.1	36.1	17.2	75	51.8	42.1	18.5	81	42.8	33.4	14.5	78	33.7	25.1	13.2	75	33.9	24.7	12.7	73	34.9	24.6	13.8	70
尖刃器					41.7	30.8	16.5	74	41.6	34.0	12.7	82	39.1	27.1	13.7	69	29.8	23.1	10.8	77	31.2	23.5	11.9	71	31.9	21.2	11.6	66
石锥																					29.9	24.7	10.1	83	34.8	20.5	9.9	60
雕刻器									57.0	30.5	16.5	54	35.0	24.0	11.5	69	32.8	22.0	12.7	67	32.2	22.1	12.3	69	31.1	23.0	10.9	74
砍砸器					128.4	86.2	55.8	67	115.8	95.9	46.5	83	108.9	92.1	56.1	81	122.2	85.8	57.4	85	104.9	84.1	46.3	80	103.4	76.5	43.6	74

续表

地点与层位 / 项目 / 数值 / 类型	匼河								大荔地区								襄汾 丁村 54：100				安阳 小南海				汉源 富林镇				桐梓 马鞍山 3—6 层			
	6054				6055				87006				80009																			
	长	宽	厚	指数	长	宽	厚	指数	长	宽	厚	指数	长	宽	厚	指数	长	宽	厚	指数	长	宽	厚	指数	长	宽	厚	指数	长	宽	厚	指数
砸击石核									30.0	18.6	12.8	60	28.3	17.8	15.5	63					25.6	10.3	10.4	40					34.5	24.1	13.4	70
锤击石核	83.3	90.0	60.0	108	52.5	64.2	44.2	122	27.6	37.0	26.8	134	32.5	43.2	32.0	122	50.5	63.0	48.0	125	40.3	26.3	22.8	65	17.3	25.6	17.8	147	41.3	46.9	29.1	114
砸击石片					33.0	30.0	15.0	91	38.0	20.2	10.3	53	37.0	21.1	11.1	57					26.2	9.9	4.8	38	19.0	12.6	5.5	67	28.7	22.8	6.6	79
锤击石片	72.6	68.6	24.4	94	44.0	39.6	15.5	87	33.8	27.9	11.3	83	32.8	31.0	12.2	95	48.0	48.0	15.1	100	38.4	30.5	8.5	79	14.9	13.0	3.6	88	32.1	35.3	11.5	110
刮削器	57.4	54.0	20.2	94					33.0	22.7	12.0	68	32.5	34.4	12.5	75	47.7	41.1	17.1	86	37.5	24.1	11.1	64	26.8	19.3	9.6	72	42.7	30.8	13.7	72
尖刃器	34.0	27.0	13.0	79					28.4	21.1	10.6	74	26.4	20.6	11.6	78	35.4	25.6	10.8	72	31.6	20.5	7.8	65					40.0	33.5	13.0	83
石锥									22.9	19.0	9.0	83	27.3	20.2	12.3	74													20.0	19.0	10.0	95
雕刻器									24.4	16.7	8.1	68	30.0	27.0	9.3	90	50.5	24.5	15.5	49												
砍砸器	115.7	97.4	42.3	84													112.0	61.0	41.0	54	50.0	40.0	20.0	80					100.6	75.0	36.4	75

说明：1. 指数指长宽指数，长宽指数 $=\frac{宽}{长}\times 100$；2. △包括 L.3 的标本；3. 北京猿人各类石器先分类合并再求各大类的平均值和指数；4. 安阳小南海的石制品依编号分类（石器依安志敏，石核与石片依笔者）标本的测量值（依安志敏）分别求出各类平均值和指数；5. 富林刮削器类中包括原自成一类的端刮器在内；6. 匼河各类石制品依标本刃器分实测，除锤击石片和石核外，其余各类虽记录于 6054 地点栏内，实则代表匼河地点群，如砸击石片出自 6055 地点，而尖来自 6056，“三棱大尖状器”归入砍砸器中。

主工业的石核是以不预制的宽体者为主，在打片前无法获悉素材隐患，不仅影响石片长度和形态，会产生较多的断片和残块，用它们制成的石器，必然影响质量，显得较短而不定型。西方主工业情况大不一样，从中、晚阿舍利文化始，愈来愈重视石核的预制，多数石核是长型的，相对来说，所产生的石片不断引长，形态越趋规整，用它为毛坯制成的石器也不断地使形态变得更精美，长宽指数也渐变小。

从修理技术方面看，主工业基本上是用硬锤直接加工，致使石器刃缘不整，西方主工业从阿舍利文化后期至旧石器时代晚期的早期广泛使用软锤加工，对生产精致的石器起良好的作用。此外，还有某些时代性的工艺差别，如在旧石器时代早期，主工业极少用交互打击，中期未用莫斯特技术，晚期则不用压制技术等。与此有一定关系的是石器类型上也有差别，在旧石器时代早期主工业中手斧为罕见工具，中期没有类似莫斯特刮削器和手斧，与莫斯特尖刃器相像的也仅有一或二例，晚期的则未见矛头类和投射类的有尖石器，也不存在细石器工业的某些产品。

四、主工业发展缓慢原因的探讨

中国北方主工业除了以上提到的不断小型化外，还可以看到另外一些变化，如砸击技术的应用，经历了一个马鞍形的发展过程，砍砸器渐趋减少，及至基本消失，与此相应小工具有不断增加趋势等。虽有这些变化，总感到是量的弱变，加工技术的改进比之于类型更不明显，即使是后者，进步亦不显著，例如峙峪人组合，以往被认为是相当进步的，若将它与北京猿人晚期文化（或更早些）的石制品相比，无论从类型或加工技术均可找到对比的资料，更不用说小南海组合，被认为“遥承周口店文化”[①]。为什么主工业的发展处于滞缓状态？笔者依目前我国旧石器考古学和相关学科的研究成果，作了以下几点揣测。

① 安志敏：《河南安阳小南海旧石器时代洞穴堆积的试掘》，《考古学报》1965年第1期，第1~27页。

1. 继承性影响创造性

前已提及，主工业的定型可能在北京猿人时代晚期，也是从那个时候起，在本文研究区内，食肉动物种属明显地减少，古人类处于以草原为主的环境中，已经定型的主工业大体上能适应在这样环境下从事生产和基本上能满足日常的需要。

从我国人类化石发展的连续性考虑，难以排除我国北方旧石器时代中期的人类是北京猿人的后裔，他们会接受先辈经验，生产出类似的石制品，加之对环境的适应性，代代相传，就可能出现善于继承、疏于创造的情况。如果不是这样，那么某些方面发生变化，则在石制品的生产上会有所反映，例如大荔人组合石制品原料质优的占比例较高，燧石在组合中占45.8%，在工具中占82.5%，又如小南海组合燧石制品占90%以上，但在石制品生产方面无论质或生产率都看不出明显的提高。从这个侧面或许也能反映，使用传统的工艺，在相当程度上影响创造才能。

2. 原料质劣影响技术的发挥

主工业产品质量提高不显，与原料质的不佳有一定的关系。尽管以上提到有个别几个地点优质石料占比例较大，在那里传统因素可能起更大的作用，但就绝大多数地点而言，石制品的原料，质粗、多节理以及受搬运影响者占有相当高的比例。石制品原料是多种多样的，经初步鉴定约有50种。这些石料基本上是就地取材，因受当地岩石资源的制约，虽有一定的选择性，仍不得不利用相当数量质劣的原料，例如北京猿人组合，脉石英和砂岩石制品占90%以上，周口店第15地点组合石制品原料情况与第1地点者相仿，许家窑人组合中亦有大量的脉石英和石英砂岩制品，丁村地点群则大量用角页岩和粉砂岩为原料，分别占56.1%和32.7%，质优之燧石仅占7.6%[①]（笔者依提供的各类百分比，先求出原件数，再算出所占百分比）。在主工业中，常常可以看到个别石器形制精美，都是用质地优良的原料做的，这也说明其与原料的关系。

---

① 刘源：《丁村石制品再观察》，《人类学学报》1988年第7卷第4期，第306~313页。

3. 缺乏文化交流，有碍工业发展

在讨论主工业特点中已经提到，至少在旧石器时代早、中期，西方主工业某些技术如预制石核技术、修理石器的莫斯特技术以及使用软锤等基本上不见于主工业；在类型方面，缺乏龟盖形和长方形石核、三角形和长三角形石片也极少；手斧、莫斯特尖刃器和刮削器也是罕见工具。这表明与西方主工业似不存在交流，还有人认为“华北旧石器时代早期的文化处于完全隔绝的状态”[①]。有关文化交流问题，另行探讨。

五、文化交流与意义

主工业在旧石器时代早、中与西方主工业似没有发生过交流前已提到，但是否可认为在本文研究区内，在旧石器文化发展过程中，不曾与邻近地区有过交流，是需要探讨的一个问题。

在中国北方，大量的装饰品和一些磨制的骨、角制品与主工业一起出现，可以理解为处于相当发展阶段的古人类可以创造出类似的器物，因此，不一定看作交流的产物。

在主工业分布区内，在旧石器时代晚期，出现了新的工业，长石片－细石器工业，以及在相当广的地区，使用莫斯特技术制造出一批形制精美的尖刃器和刮削器，以及矛头形的和有肩的或带凹槽的石器。对其来源作如下的初步地探索。

关于水洞沟组合，在石制品中有用莫斯特技术加工的器物和类似奥瑞纳期的长石片以及用长石片做的石器，早为人所指出[②]，笔者还注意到更老古的“四边形石核”[③]，依这些石制品的性质，笔者曾提出，它“很可能是文化交流的结果”[④]。

---

① Aigner, J., 1978. Important Archaeological Remains from North China. In: *Early Paleolithic in South and East Asia*. Ed. Fumiko Ikawa-Smith, Mouton, Publishers, Hague Paris.

② Boule, M. et al., 1928. Le Paléolithique de la Chine. *Arch. Inst. Pal. Mem*. 4 Masson, Paris.

③ Паничикина, М. З., 1959. Палеолитические Нуклеусы. Археолокический Сборник, 1: 7−77。

④ 张森水：《中国旧石器文化》，天津科学技术出版社 1987 年版。

关于细石器亚工业，目前主要发现于山西和河北两省，已如上述，山东和苏北发现含细石器亚工业产品的地点不少，肯定它是旧石器时代遗物为时尚早。在本文研究区以外尚有黑龙江省昂昂溪的大兴屯，辽宁凌源西八间房石制品或许与此工业有关。其起源众说纷纭，莫衷一是，笔者不拟在此讨论，但注意到以下的事实，目前发现于中国北方的被认为是旧石器时代的细石器工业产品，无论从技术上或类型上都是相当成熟的，但年代差距甚大，下川上文化层（富含细石器工业）碳十四年代为距今16 400—23 900年，丁家沟为距今26 400±800年（蚌壳）或大于4万年（炭粒），薛关为距今13 550±150年，虎头梁为距今11 000±210年，大兴屯为距今11 800±150年。结合邻近或更远地区细石器工业生产和发展的时间，后3个数据比较合理，前两地点的年代偏老，尤其是丁家沟地点用炭作样品竟大于距今4万年，不得不使人想到测试样品存在问题。由于水流的搬运，有可能将古老的炭屑带入其中。由目前年代测试和已发现的中国北方旧石器时代晚期细石器工业的成熟程度，它可以看作交流产物的可能性之一。因为在它的北邻广泛分布着细石器工业，也有时代相当早的，例如苏联西伯利亚东部阿尔丹（Алдан）遗址的碳十四年龄应大于距今18 000年[①]。如果排除那些因样品或技术原因造成年龄偏老的实例，把已发现的旧石器时代的细石器工业暂定为距今15 000年后，那么上述推论不无合理之处。当然也不排除它从水洞沟组合中演变成细石器亚工业。若如此，则中间应有缺环。水洞沟旧石器文化层的年代，依碳十四分别为距今17 250±210B. P.（动物骨骼），26 230±800B. P.（钙质结核），铀系年代为38 000±200或34 000±200B. P.。铀系年代从西方主工业发展情况及与其关系看，是偏早的。

河套地区那套精致的石器无疑是使用莫斯特技术做的，是发生文化交流的重要证据，类似石器发现于苏联的斯达罗什尼耶遗址（Староселъе）[②]和蒙古人

---

① 在阿尔丹遗址出土的最古老形态相近的石核发现于Верхне-Троидкая遗址的地层中，该遗址上覆地层碳十四年代为18 300±180年（ЛЕ-905），同层出土还有猛犸象、羊、犀牛、野牛、马和麝牛化石。Мочанов, Ю. А., 1972. Новые Данные о Беригомоском пути заселения Америки. *Советская Этл ография*（2）: 98-101.

② Формозов, А. А., 1958. Пещерная стоянка и её место в палеолите. *Материалы и Исследовалия по Археологии СССР*, 71: 5-124.

民共和国境内，前者时代定为莫斯特末期，后者被看作是旧石器时代晚期的早期[①]，可能早于河套地区发现的这套精致石器的时代，至今仅有的碳十四年代数据为距今 13 550±150 年。

在虎头梁遗址群中曾发现有意思的带凹槽和有肩的石器，前者是钝尖尖刃器，一面遗满修理疤，刃缘匀称，前端的尖刃呈小圆头形，由尖端向两侧徐徐展宽，至末端稍内敛，而后将根部制成稍内凹的浅槽结构，它与美洲的克罗维斯（Clovis）投射尖刃器中的一类颇相像，后者是锐尖尖刃器，其一侧中下部因重击而变窄，若单肩状，原研究把它与美洲桑地亚（Sandia）尖刃器进行了对比[②]。克罗维斯工业的出现一般认为在距今 12 000—11 000 年前[③]。虎头梁发现这两类石器可能是与美洲发生文化交流的证迹，至少在今后研究中国和美洲旧石器文化关系中，应当注意双向交流的问题。

在旧石器时代晚期中国北方主工业也发现于中国南方，在四川、贵州、湖北等省均有发现，其年代可靠者均定为旧石器时代晚期，如富林文化，马鞍山上文化层，碳十四年代为距今 15 100±1 500 年。中国北方主工业也见于其东西两侧地区，向东可包括吉林榆树周家油房的组合，向西，青海小柴达木湖的石制品应属之，其时代，原研究认为“将距今 30 000a 左右作为石器地点的年代也许是比较恰当的”[④]，甚至可能抵达藏北高原，有代表性的石制品发现于各斤地点，其时代“早到旧石器时代晚期，也可能晚到新石器时代”[⑤]。

在旧石器时代早、中期，中国北方主工业还没有资料证明已越过秦岭和贺兰山以西地区，但向东已进入辽宁境内，有代表性的是金牛山组合。与邻近地区的旧石器组合相比，虽有不少学者指出过与周口店北京猿人组合有相似之

① Деревянко, А. П., Д., Дорж, П. С. Васиьевский, В. Е. Леречев, В. Т. Петрин, 1985. Археолокичеcкий иследования в Монголии. Памятники Левоьержья Реки. Кобдо 1–50.

② 盖培、卫奇：《虎头梁旧石器时代晚期遗址的发现》，《古脊椎动物与古人类》1977 年第 4 期，第 287～300 页。

③ Coles, J. M. and E. S. Higgs, 1969. *The Archaeology of Early Man*. The University Press, Faber and Faber, London.

④ 黄慰文、陈克造、袁宝印：《青海小柴达木湖的旧石器》，《中国—澳大利亚第四纪学术讨论会论文集》，科学出版社 1987 年版，第 168～175 页。

⑤ 钱方、吴锡浩、黄慰文：《藏北高原各听石器初步观察》，《人类学学报》1988 年第 7 卷第 1 期，第 75～82 页。

处，如“我国石壮里的石器和周口店的石器相同之处很多”①，日本所谓前期旧石器文化也有与周口店或丁村文化的石制品对比。中国北方主工业与邻近地区的旧石器工业确实能从类型或技术上找到一些非主要的对比材料，巴基斯坦的梭安文化亦大体如此，但不包括梭安B相和晚克拉克当期②的长方形石核和似长石片。从现有资料看，与其把它们看作存在文化交流，还更有可能是因某种偶然因素，如原料或素材相近，或因处于相当的发展时代等，造成文化上的趋同现象，实际上并不存在亲缘关系。

这里值得一提的是在欧洲地中海沿岸也发现时代属于中更新（依有年代测试数据，最早的超过70万年，最晚的为距今179 000年）的小石器工业，在斯沃博特（Svoboda）综述的13个地点中，只有Arago地点有手斧，“为数不多的手斧集中于E层”。这些地点石制品组合的主要特点与周口店者酷似，故斯沃博达认为，“进一步研究的急迫任务是与直立人（*Homo erectus*）文化遗存和中国的小石器工业进行对比”③。同文还提到在晚更新世早期也存在小石器工业。地中海沿岸的小石器工业在时间上其早期虽与中国北方者相当，但有相当强的区域性，也有时间上的局限性，不像本文所研究的以小石制品为主的工业时间上绵延不断，空间上不断扩大，一直是该区的主工业；再则，两地相距甚远，尽管工业上存在相似性，还难以确认存在过文化交流。究竟如何客观地理解这样的文化现象，还有待深入研究。

通过以上粗浅的分析，中国北方主工业，在旧石器时代早、中期看不到清楚的文化交流，文化交流明显地发生可能是在距今30 000年后，使得中国北方和南方文化更具多样性；新技术的应用，提高了生产率，部分地克服了原料质劣的影响，制出了形制精美的石器；细石器工业出现后，逐步改变了旧石器时代晚期后一阶段以至更晚时期的北方的工业格局，在旧石器时代结束后的几千年时间里，成为北纬35°以北地区的主体工业。文化交流加快了传统工业的解体，增进了旧石器文化发展速度，促进生产的发展和文化的繁荣。

---

① 金元龙、崔茂藏、郑永和：《韩国旧石器文化研究》，三和印刷株式会社1981年版。

② Paterson, T. and H. Drummond, 1962. Soan-The Palaeolithic of Pakistan. *Memoir of the Department of Archaeology. Pakistan*, 2: 1-171.

③ Svobada, J., 1987. Lithic industries of the Arago, Vértesszöllös, and Bilzingsleben Hominids: Comparison and Evolutionary Interpretation. *Curr. Anthrop.*, 28: 219-227.

由小石器为主的工业和细石器工业发展看，达到它的成熟期后，有一个相对停滞或发展缓慢阶段，通过文化交流，有利于突破传统，创造出新的工业或文化。这一切说明原始文化交流在史前文化发展中具有何等重要意义。

（选自《人类学学报》1990年第4期）

新石器考古

石兴邦与《黄河上游的父系氏族社会——齐家文化社会经济形态的探索》

经典导读

石兴邦，1923 年生，陕西铜川耀县（今耀州区）人。1949 年毕业于南京大学边政系，同年考入浙江大学人类学系，随夏鼐、吴定良等攻读研究生。1950 年，学业未满，即随导师夏鼐到中国科学院考古研究所工作。先后参加了辉县琉璃阁、西安半坡的发掘。1954—1957 年，在他的主持下，中国科学院考古研究所先后对半坡遗址进行了五次大规模的考古发掘，发掘面积 1 万平方米，发现了房基、窖穴、窑址、墓葬、圈栏等遗迹及数以千计的遗物，第一次比较完整地揭露出中国新石器时代的聚落遗址。1963 年，他主编的《西安半坡：原始氏族公社聚落遗址》出版，不仅为研究中国史前文化提供了一个范本，而且奠定了他在中国考古界的地位。1957—1960 年，他担任长江流域考古队直属队队长，参加了三峡地区的考古调查，参与辅导长江流域各省的考古工作。1961 年，他调任组建不久的陕西省考古研究所副所长。1961—1976 年，他排除各种政治运动的干扰，组织了咸阳原九个陵区的考古调查，主持发掘了杨家湾汉墓，还参加了长沙马王堆三号墓后期的发掘工作，并应邀为长江水利委员会举办的考古训练班授课。1976 年，他重回中国科学院考古研究所工作，并担任第一研究室副主任、研究员，还被聘为中国社会科学院研究生院考古学系教授。自 1978 年开始，他先后主持发掘山西沁水下川、陕西临潼白家村等遗址。1984

年，任陕西省考古研究所所长。次年，任陕西省社会科学院副院长，兼任西北大学历史系教授。其间除组织全所考古工作、建立铜川耀州窑等多个考古工作站外，还先后担任秦始皇陵考古队和法门寺考古队队长，指导这两处著名遗址的发掘工作，开创了陕西考古工作的新局面。1989 年退休后，一直担任陕西考古研究所（院）的名誉所（院）长。

石兴邦是人类学派的考古学家。他主持发掘和研究的西安半坡遗址，采取了聚落考古的方法；他对遗迹、器物的分类和解释，也采用了文化人类学的方法。在半坡报告中，他第一次采取了多学科合作的研究方法，把人骨、兽骨和孢粉分析作为附录纳入报告，开创了中国考古学研究的新形式。1959 年，他根据新的考古材料，与安志敏、张光直等一起，不约而同地提出龙山文化是由仰韶文化发展而来的，从而终结了仰韶文化在西、龙山文化在东的中国史前文化二元对立说。20 世纪 70 年代末以来，根据对中国新石器时代文化的系统考察，他又提出“关于中国新石器时代文化的体系问题”，先后发表了数篇论文，把中国新石器时代文化分为三个系统：以稻作农业为主的青莲岗文化及南方文化诸部族、以粟作农业为主的半坡仰韶文化系统诸部族和以狩猎畜牧或游牧为主的北方细石器文化系统诸部族。这个体系形成于 7 000 年前，经过长期的融合，最后形成以中原地区为中心的庙底沟氏族部落文化，并最终发展成夏商周三代青铜文化。这是对中国史前文化多元发展的另一种描述形式。他对仰韶文化及彩陶纹饰的研究、对东方沿海和东南地区古代文化中鸟类图像和鸟祖崇拜的研究、对下川细石器的研究、对前仰韶文化的发现和研究、通过考古材料对史前氏族社会制度的研究，以及对田野考古方法的探索等，都为中国史前考古学的进步和发展做出了贡献。他先后主持编写了《西安半坡：原始氏族公社聚落遗址》（1963）、《临潼白家村》（1994）等多部考古发掘报告，还发表了《半坡氏族公社》（1979）等数十篇论文。他的主要论文结集为《石兴邦考古论文集》（2015），另有《叩访远古的村庄：石兴邦口述考古》（2013）。

《黄河上游的父系氏族社会——齐家文化社会经济形态的探索》一文，1961 年发表于《考古》，石兴邦根据当时的考古材料，从几个方面入手，试图勾勒出齐家文化的社会经济形态和社会性质。

石兴邦认为齐家文化与渭水流域的客省庄第二期文化有较为密切的血缘关系，比如二者都处于父系氏族社会阶段，农耕与渔猎生活方式基本相同，陶器中的一部分基本特征也是一致的，都用卜骨，房屋建筑中都采用白灰面等。但是，他又不认同两者属于同一文化系统，因为两者还有更基本的不同之处，比如房屋的形式不同，经济生活中农业和畜牧的比例不同，埋葬习俗不同，陶器特别是彩陶的风格不同，齐家文化更接近马家窑文化系统，客省庄第二期文化更接近仰韶文化系统。

石兴邦还认为齐家文化可能比客省庄第二期文化经历了更长的一个时期，当渭水中游地区周族文化开始繁衍的时候，齐家文化的余波或逐渐地消失，或它的一部分逐渐融入周族文化及其周围的其他文化中。他在文章最后指出，进入奴隶社会的周族文化，是继承了齐家文化和客省庄二期文化发展起来的，因此提出应加强对齐家文化的研究。

—— 延伸阅读文献目录：

1. 一丁：《关于齐家文化主要经济形态的探讨》，《考古》1961 年第 7 期。
2. 石兴邦口述、关中牛编著：《叩访远古的村庄：石兴邦口述考古》，陕西师范大学出版总社有限公司 2013 年版。
3. 石兴邦：《石兴邦考古论文集》，陕西师范大学出版总社有限公司 2015 年版。
4. 王巍主编：《考古卷》第一分册，钱伟长总主编：《20 世纪中国知名科学家学术成就概览》，科学出版社 2015 年版。

（陈星灿 撰）

—— 原文：《黄河上游的父系氏族社会——齐家文化社会经济形态的探索》

经典原文

黄河上游的父系氏族社会
——齐家文化社会经济形态的探索

石兴邦

黄河上游是我国原始社会考古重要地区之一，这里蕴藏着丰富的物质文化遗存，多年来，经过考古工作者的辛勤劳动，已经收到了丰美的果实。

我们根据所取得的这些成绩，对黄河上游地区原始氏族公社时期的历史，能够初步勾画出一个总体的轮廓和发展的时代序列：以发达的新石器时代文化为特征的马家窑文化，处在母系氏族公社的阶段；处在父系氏族公社状况下的齐家文化，已经进入了铜石并用时代；在齐家文化之后，我们确凿知道的，在这里曾并存着三个不同的文化共同体，这就是辛店文化、卡窑文化和寺洼文化。在这一阶段的三个文化中，已经普遍地使用青铜器。他们大概是处在程度不同的崩溃中的原始公社阶段。其中辛店文化与马家窑文化和齐家文化有着较为密切的发展关系，而其他两种文化，可能是同时不同“族”的遗存。

在这些不同时期与不同性质的原始文化中，齐家文化的资料较为丰富，使我们能够较多地清楚地知道这一文化的面貌。本文就根据这些资料和已取得的研究成果，来概括地阐明原始社会这一阶段的人们的社会经济形态及其有关的若干问题。

一、反映齐家文化父系氏族公社经济形态的一些基本事实

齐家文化由于生产力进一步发展和社会关系变革过程中所起的推进作用，比马家窑文化进入了一个较高的发展阶段。这里的人们比马家窑文化的人们开拓了更广阔的生存空间和生产部门。它们足迹所到，除黄河上游及其支流洮河、湟水、大夏河流域河谷地带的马家窑文化固有的地域外，远及渭河上游、

河两走廊和西汉水流域一带。我们概括这一历史时期总图景是：它们经营着父系氏族公社的社会生活，过着相对定居的聚落生活，开始使用铜器，畜牧与农业为其主要的生产活动。这些事实，是从考古资料中反映出来的，在有关考古发掘与研究的报告和论文中①，已有了较为详细的报道和阐述。为了更明确地比较起见，我想再作一次较为综合的概括的叙述。

（一）体现经济生活方面的事实

第一，齐家文化时代的人们过着相对定居的村社生活。他们所经营聚落，是建立在最便于生活的河谷附近的阶地上（图 12.1），分布相当稠密。聚落一般占地约三四万平方米，有相当长时间的居住后的文化堆积；住屋和窖穴交结在一起；公共墓地设在居址的附近。住所是方形或长方形圆角的半地穴式的房子，与仰韶文化中的方形房子很相类似。它的面积一般约 12~16 平方米，与龙山文化住室的规模相差不多。在建筑上表现出进步的地方，是在屋内居住面和周壁的下部，涂抹一层坚硬的光滑整齐的白灰面。基层垫上草泥土或加夯实。墙壁中往往有木架支撑。这种房子，复原起来像一个钝尖的方锥体，顶部向内收缩成穹庐的样式。在每个房子正对门口的中央，设一个圆形或方形的火塘，火膛部分的建造多用坚实的夯筑法作成。门前有一狭窄的过道。这里值得

---

① 这篇文章主要是根据下面一些论著和材料而编写成的：

1. 夏鼐：《齐家期墓葬的新发现及其年代的改订》，《中国考古学报》1948 年第 3 册。
2. 任步云：《甘肃秦安县新石器时代居住遗址》，《考古通讯》1958 年第 5 期。
3. 甘肃省文物管理委员会：《渭河上游天水、甘谷两县考古调查简报》，《考古通讯》1958 年第 5 期。
4. 甘肃省文物管理委员会：《甘肃渭河上游渭源、陇西、武山三县考古调查》，《考古通讯》1958 年第 7 期。
5. 甘肃省文物管理委员会：《甘肃临洮、临夏两县考古调查简报》，《考古通讯》1958 年第 9 期。
6. 甘肃省博物馆：《甘肃古文化遗存》，《考古学报》1960 年第 2 期。
7. 甘肃省博物馆：《甘肃武威皇娘娘台遗址发掘报告》，《考古学报》1960 年第 2 期。
8. 安志敏：《甘肃远古文化及其有关的几个问题》，《考古通讯》1956 年第 6 期。
9. 黄河水库考古队甘肃分队：《甘肃永靖县张家咀遗址发掘简报》，《考古》1959 年第 4 期。
10. 黄河水库考古队甘肃分队：《临夏大何庄、秦魏家两处齐家文化遗址发掘简报》，《考古》1960 年第 3 期。
11. M. Bylin-Althin. The Sites of Ch'i Chia P'ing and Lo Han T'ang in Kansu. *BMFEA*. No.18, 1946.
12. J. G. Andersson. Researches into the Prehistory of the Chinese. *BMFEA*. No.15, 1943.

注意的是一些房子的门户开在房屋较窄的一边，和黄河中下游人们住屋的习惯有些不同（图 12.2）。

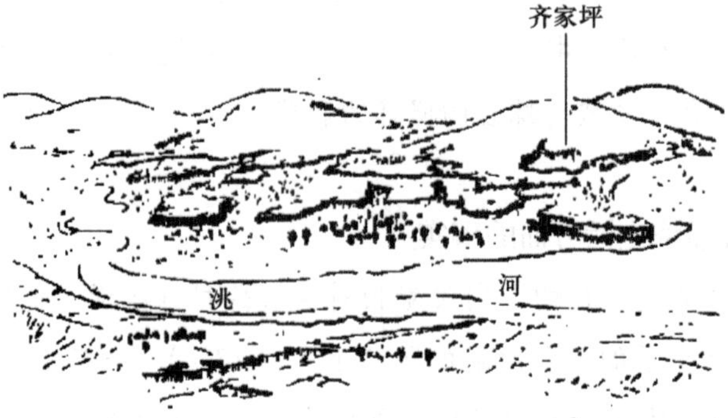

图 12.1　齐家文化时代人们生活的自然环境（齐家坪遗址，依裴文中先生原图绘制）

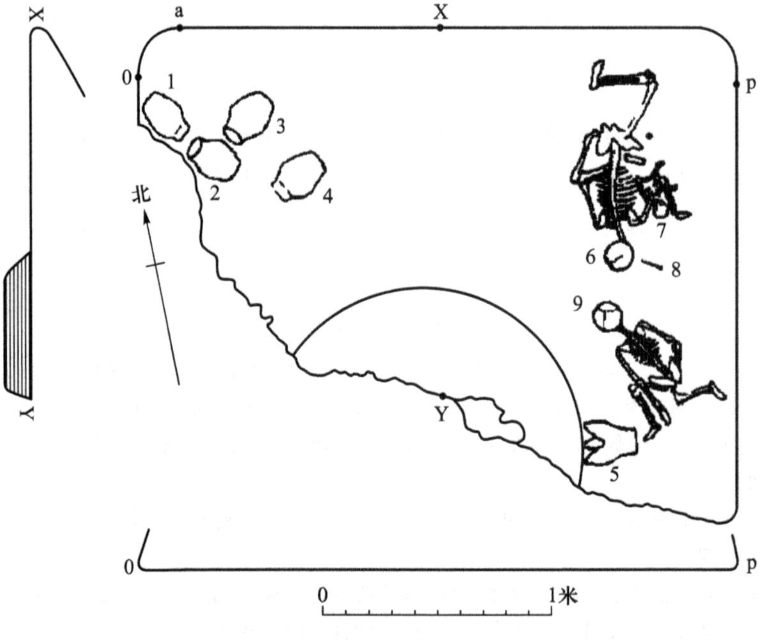

1~4. 绳纹陶罐　5. 鬶　6. 人骨（女）　7. 婴儿骨骼　8. 骨锥　9. 孩童骨骼

图 12.2　齐家坪发现之房屋遗迹情况（依裴文中先生原图）

在住所的周围，挖凿了许多储藏东西的窖穴。这些窖穴的形状有圆形袋状的、椭圆锅底状的、圆形直壁的、长方形圆角直壁的，个别的是方形的。各类窖穴，有的遗址使用其中主要的一种，有的则几种并用，不过所占比重不同。

这可能与利用的时代先后有关，也可能是使用习惯不同，或者是储藏东西的种类有别。

从房屋分布的规律性、错综交迭的窖穴以及文化堆积的深厚情况观察，每个聚落都生活过相当长的时期。

第二，齐家文化的人们主要从事畜牧、农业生产活动。畜牧和农业在当时经济生活中占着同等重要的地位，甚至畜牧比农业占着更重要的地位。农作物已发现的只有粟一种，与仰韶文化、龙山文化是相同的。家畜有猪、狗、牛和羊四种，为数相当多。狩猎活动只占比较少的比重。

畜牧业在当时虽然居于重要地位，从物质文化遗存来说，除了遗址及墓葬中的兽骨外，其他方面是难以列举的，而农业生产则有许多迹象可据。齐家文化的农业与马家窑文化相比是要发达一些。

从事农业和与农业生产有关的工具，有下列一些种类：作为砍劈的石斧，收割庄稼的石刀、石镰和挖土用的骨铲等。

狩猎的工具和武器，只有矛头和箭头两类。矛头有石制的和骨制的。箭头有铤。细石器箭头则与“细石器文化”中尾部呈平直或向内作凹弧状的三角形典型器物相同。

除上面这些主要的工具外，在齐家文化的打制工具中有独具的典型器物——大型盘状敲砸器，两面有便于手抓的窝槽。另外，刮削器、尖状器或钻穿器，也常用在生产或工艺制造上。

第三，齐家文化人们日常所使用的陶器是别具风格的，其中主要一部分和客省庄文化中的陶器是类同的。主要的典型器物是安弗拉式罐、侈口高领深腹双耳罐和夹砂粗陶的侈口鼓腹罐。另外经常见的还有鬲、盉、斝、盂、杯、盆、碗、壶和甑等十余种不同的类型。这些陶器大致可分作两群：一群是以侈口高领深腹双耳罐为主；另一群是以安弗拉式双耳罐为主，总共可以分成20种39个型（参看图12.3），计有：1. 长颈细腹瓶（三型），2. 安弗拉式罐（四型），3. 侈口高颈深腹双耳罐（三型），4. 矮体盂形双耳罐（四型），5. 直口矮体双耳罐（五型），6. 侈口鼓腹罐（两型），7. 直口直腹罐（两型），8. 双耳耸肩罐（两型），9. 直口鼓腹壶（一型），10. 平唇直腹罐（两型），11. 束腰平底盉（两型），12. 鬲（两型），13. 鬶（一型），14. 翻唇浅腹盆（一型），15. 碗（一型），16. 敞口浅腹钵（一型），17. 喇叭口形的杯（一型），18. 浅盘圈足豆（一型），19. 与平唇直腹罐类同的甑（一型），20. 斝（一型）。

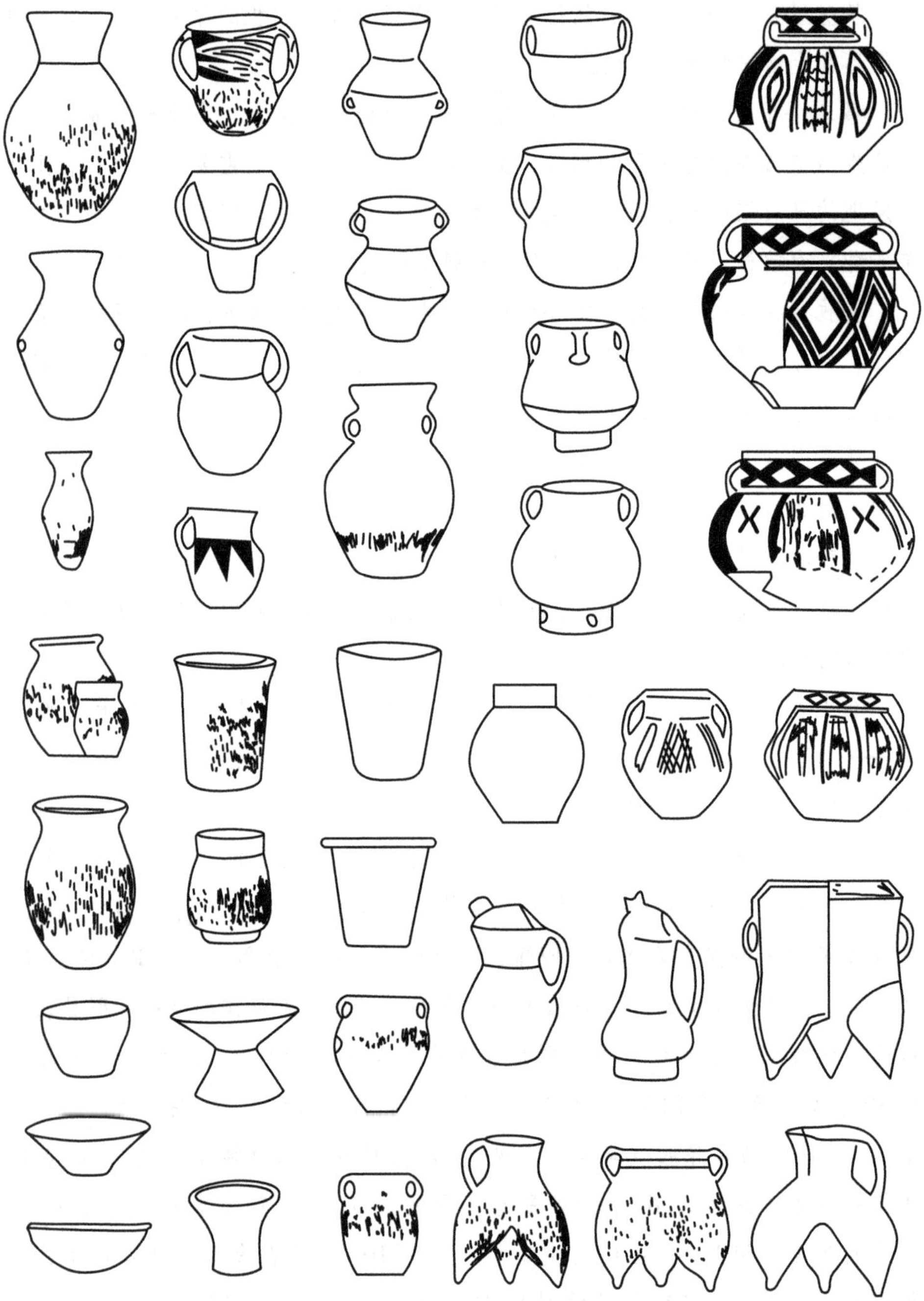

图 12.3　齐家文化人们使用的陶器（示意图）

以上各种陶器皿，主要用三种质料不同的陶土做成。

第一类，是表面经过磨光的红色或橙黄色的细泥陶，是齐家文化的主要陶系。

第二类，是表面粗糙饰有绳纹的夹砂粗陶，黑灰色或灰色，多为罐类。

第三类，介于前两者之间，陶土夹有少量的细沙，火候低，器壁有气孔，颜色为褐色（近砖红色），或灰白色（近黄色）。灰色陶表面往往有砖红色的斑点，属于这类的器物以饰有篦纹的陶器为主。

陶器上的纹饰，有篮纹、绳纹、划纹、印纹、附加堆纹、篦纹，还有少部分彩绘饰纹，其中以篮纹和绳纹为主，篦纹颇少。纹饰因陶质与器形的不同而有所差异。篦纹现在只在个别遗址中发现，似乎不是齐家文化的主要纹饰，可能有其另外根据。彩绘纹饰在齐家文化中比较起来是为数较少的，在皇娘娘台墓葬中发现得较多。

（二）工艺技术的特征

齐家文化中手工艺技术有其特征，尤其是冶炼紫铜的金属手工艺的出现，在我国原始社会史上，有很重大的意义。这里着重对制铜和制陶方法加以叙述。

第一，关于紫铜器的制造技术。

齐家文化的铜器，在墓葬和遗址中都有发现，化验后，证明是紫铜。铜的出现在我国原始社会的工艺技术上是一个飞跃。当时制造铜器是采取两种方法：一种是冷锻法，器物是直接锤击而成的；另一种方法是模铸，器物用单范做成，一般都很简单，技术带有原始的性质。

当时用紫铜作的东西，多是工艺工具和装饰品，计有刀、锥、凿和环状、片状的装饰品。

第二，制造陶器的方法。

齐家文化陶器的制法，一般较马家窑文化陶器进步，基本方法还是手制，用泥条盘筑法加模制成的。其各部具体的工序和方法，因器型与质料不同而有差异。它的制法，夏鼐先生在《齐家期墓葬的新发现及其年代的改订》[①]一文

① 夏鼐：《齐家期墓葬的新发现及其年代的改订》，《中国考古学报》1948年第3册，第7页。

中，论述甚详，这里不再赘述。

前述第二类的粗砂陶，制法和第一类相同，但多饰绳纹。绳纹似乎是用粗绳垂直着或平行着放置在内模上，或许用线穿过各绳缝成一袋而做成的。器的颈部，底部另外做好，在模子中时就附加到器腹上去了。这种陶器比较粗糙，因此表面上往往有一层细匀的色衣。烧制的火候较低，约在 600 ℃。

第三类陶器，在器壁上没有留下任何制作的痕迹，推测它也是用于模子制的。因器壁较薄，可能是用泥片一片片地贴附在模子上的。颈、腹分别制成。底部与壁分开做，是后加上去的，底部或是由内向外垫压而成，或是由腹下部压缩而成，往往向内凹陷。

除制铜制陶之外，在制石、制骨和纺织等工艺方面与仰韶文化和马家窑文化基本相同，另外这时的纺织手工业也比较发达些了。

（三）精神生活面貌

体现意识形态之一的埋葬习俗和葬制有关的资料，我们知道的比龙山文化还多。在杨洼湾、皇娘娘台、大何庄和秦魏家等遗址，总共发现了 200 多座墓葬，各地埋葬情况不一，但基本特征相同。其中以皇娘娘台和秦魏家的比较具有代表性。

在秦魏家所发现的氏族公共墓地，埋葬得很有规律，已经被揭露出来的共 103 座墓，分成 6 排，墓坑位置排列很整齐，头向西北，有单人墓，也有合葬。合葬墓，有成人与成人、成人与小孩、小孩与小孩三种情况，多数是一男一女的。男的仰卧伸直，女的侧身屈肢。在皇娘娘台曾发现有一男二女合葬的情形，男子居中，女子分列左右，均面向男子作侧身屈肢葬。成人和小孩合葬墓中，小孩多放在大人的旁边，也有压在大人腹下的[①]，或放在大人大腿之间。小孩和小孩埋葬，在皇娘娘台发现 4 个在一起，作侧身屈肢。另外还有少数是采用二次埋葬制的。

大多数墓葬有随葬品，以陶器为主，有一定的组合。最常见的是安弗拉式罐，侈口高领深腹双耳罐，敛口罐各若干，并碗或豆各一件而组合起来，多放置在人骨头足的两侧，有些在器物下还垫一至三层小块砾石。除陶器外，还

① 裴文中等：《甘肃史前考古报告初稿》（未刊稿）。

有绿松石、小铜器等装饰品和生活用具如骨匕和骨针等物。很少随葬生产工具。装饰品放在佩带的部位。作为食具的骨匕放在腰部或碗内。铜环是作戒指用的，多发现在手指旁。有的墓中以猪头随葬，少的3个，多的达68个之多。随葬品的数量多少不一，以陶器而论，少的只有1件。在皇娘娘台发现一座墓葬中就有28件，并有石斧、石刀、石枪头等工具和武器。这种情况，可能代表相当有地位的氏族成员或者是一个氏族首领。上面所提到的一男二女合葬墓也有陶器16件之多，右侧女骨腰部有1个铜铲，右臂肘部有1件石璧，两个女骨架颈部都佩带有穿孔的绿松石小珠子。有些还放一些小的白石块。有些用卜骨和粮食。此外，在少数人骨架头部或手臂骨上留有红色染料痕迹，有些有布纹的遗留，应为当时着衣埋葬的证据。

除了正式的埋葬外，以废弃的竖窖穴作葬坑用的，也相当普遍。这些墓葬中也有随葬品，而且是非常精致的彩陶。这可能是对氏族成员中特殊身份的人的不同处理。

从齐家墓葬中至少可以看出以下几点：

1. 人们对死后在另一世界继续生活的关怀。

2. 妇女已降于从属男子的地位，为父系制度确立的证据。尤其是一男二女合葬，如果不是妻姊妹婚的遗留，也许是一夫二妻。夫妻合葬和母子合葬，可以说明当时社会机构的组织和父系家庭制度的实体。

3. 随葬品中，类别、数量与时间先后所表示的不同，证明财富的增长与财富聚集的不平衡日益显著，可以影射出原始公社在逐渐的崩溃中的演变事实。例如猪头随葬一事，自然可以显示畜牧业在当时社会经济生活中的地位；同时，也可以推论为财富积累不平衡的发展，即猪头多少，表示财富多少。这可从民族学的资料中找到证据，像我们兄弟民族佧佤族（今称佤族——编者注）杀牛后，留下下颚骨以表示财富的多少。以猪头随葬，在我国原始氏族公社末期是相当普遍的一种习俗。在湖北的青龙泉、乱石堆都有发现，大体上可以代表这一历史阶段的经济特征和社会性质。

4. 二次葬的流行，证明当时人对待现实生活与另一鬼魂世界的生活，有了区别。因为二次葬的意义，普遍的认识死肉是人世间的东西，把它去掉后再正式埋葬，才能到另一个鬼魂世界去（夏鼐：《临洮寺洼山发掘记》，《中国考古学报》第4册）。

5. 埋葬中使用红色颜料（一般是用赭石）撒在人骨上或其附近的事情是值得注意的。这种情况在后来的辛店文化中更为普遍。对于这种迹象的解释，有人认为是崇拜火或崇拜太阳的遗迹，有人则认为是具有宗教上的魔术意义，更有人认为涂红具有实用意义，涂在身上可以预防寒冷以保护身体。在我国奴隶占有制的殷周时代的埋葬中，用硃红很普遍，它也具有相当多的宗教信念上的意义。这种迹象的出现，应该是有所来由的。

齐家文化和龙山文化一样，流行占卜之俗。也可能在当时社会中已经出现了巫觋之类的人，也许还有一些宗教仪式。卜骨在遗址墓葬中都有发现。卜骨取材于牛、羊和猪的肩胛骨，以羊的为最多。大部分卜骨只利用自然骨面而加以灼炙，只有少数有轻微的刮削痕迹。在皇娘娘台发现个别的牛肩胛骨上，似有钻穿的圆孔和二联钻的印迹，在这些骨臼背面部分，都有明显的刮削修治遗痕。当时攻治术虽然原始，但已开始使用。齐家文化的卜骨，从上述一些现象观察，似较龙山文化的进步。

此外，在陶器纹饰方面，除装饰作用外，有些花纹还有象征原始生活或意识的意义存在。例如一个陶器耳上有一附加的蛇形花纹，有人推测有动物崇拜并表示多丰繁殖的意思；还有垂下的密集篦纹，是象征阳光与多雨。[①] 这些也只能是一种推测，还难予以证实。

二、齐家文化的社会性质及其有关问题

前面已提到齐家文化是处在相当发达的父系氏族社会阶段，这一立论主要之点是当时金属手工业已经出现，有发达的畜牧业和较马家窑文化时期更进步的农业，同时还根据了埋葬制度所体现的意识形态等方面来推测的。

齐家文化在经济方面的显著特点，是畜牧业占着与农业相等或更主要的地位。随着畜牧业的发展，饲养畜群成为新的谋生手段，男子也日渐地参加于较发展的农业劳动之中，生活资料的获得主要成为男子的事情，因而家庭内男子占据优越的地位。在形成畜牧业日益占重要地位的经济生活的历史条件下，正

① M. Bylin-Althin. The Sites of Ch'i Chia P'ing and Lo Han T'ang in Kansu. *BMFEA*. No.18, 1946.

如恩格斯所揭示的“最初对它们的驯养及以后对它们的照管都是男性的事情。因此，牲畜是属于他们的；用牲畜换来的商品和奴隶，也是属于他们的”[①]。畜牧业的发达，这就增强了男子在经济上的地位。同时，男子在日益发展的农业生产中的地位也越来越重要了，这样便把妇女排挤到次要的地位。这种形势演变的结果，确立了男子在家庭中的统治权，于是父权制就建立起来，母权制颠覆下去了。这种发展的过程和变革的情况，在齐家文化的物质文化遗存及埋葬制度方面存在着相当明显的迹象。

齐家文化中的男女合葬一事，很能够说明以畜牧业占主要地位的在父系氏族制度下的社会实质。齐家文化中的男女合葬，与仰韶文化中的合葬制显然有不同意义。由葬式观察、男子占绝对的统治地位，是以男子为主，妇女居于屈从和附属的地位。另一方面是以妇女陪葬的问题，这些墓葬都是一次埋葬，男女并不一定在同时死去，以男子为主体，必然是以妇女为附而陪葬的。这一现象的存在，是有真实的社会经济基础为背景的。关于在原始社会中，男女合葬一事，目前存在着有两种不同的解释[②]：一种解释，认为随葬的是妻子，即所谓的“杀妻殉葬”。这在苏联境内，从第聂伯河一直到伏尔加河一带牧人部落的原始遗迹中到处可以看到；另一种说法，认为男女合葬陪葬的不是妻子而是女奴，理由是在原始的掠夺战争中，对待俘虏多半是杀掉男子，而把妇女作为妻室或留下作奴隶，在主人死后埋葬时，“经常用强制手段把女奴和男尸一起埋葬在侧穴里。”所以在原始奴隶制中，妇女是最早沦为奴隶的。

在齐家文化中也许前者的可能性大些，因为首先应从经济方面考察，畜牧业在当时似乎占着优越的地位，是氏族内部生产发展的结果；再由葬式观察，他们是夫妻关系的可能性不大。用女奴随葬，在这时可能有，但还不会那样普遍。在原始社会的这一阶段，部落之间的掠夺战争是有的，在战争中所捉俘虏，有可能变为奴隶，尤其是妇女。

由于父权的建立，男子成为主要生产资料和生活资料的所有者，在家庭生活中和社会上都占有支配地位。因此，婚姻关系也由对偶婚而过渡到一夫一妻制，从社会发展阶段与经济特点观察，齐家文化也正是处在形成这一婚姻形态

---

①《马克思恩格斯文选》(两卷集)，第2卷，1955年，莫斯科，第309页。

② A. B. 阿尔茨霍夫斯基：《考古学通论》，科学出版社1956年版，第72~73页。

的野蛮的中级阶段向高级阶段的交界线上。

齐家文化的社会职能进一步臻于完善，第一次出现了较明确的社会分工，基本上改变了像马家窑文化的那种男女老幼之间的自然分工的情况。男子从事畜牧和农业，妇女被排挤于家务劳动或次要的农业劳动或其他社会劳动中，尤其金属手工艺的出现，更加促进了这种分工的进一步深化。齐家文化与马家窑文化不同之处是手工艺有了新的发展，这对当时社会生产力的发展起着很大的作用，它不仅在金属本身使用得如何广泛，而且间接地促进了其他手工艺技术及生产的发展。

这种金属技艺，尽管还很粗劣，但为生产的进一步发展创造了条件。制造铜器不像制造石器、骨器和陶器那样的简易，氏族成员中大部分人可以担任，而要有经验和相当技巧的人才能胜任。

在这里我想借用民族学的材料来类比地说明齐家文化的社会性质及其演变趋势。如果说被莫尔根发现的、被恩格斯所天才论证过的易洛魁印第安人是以农业经济为基础的母系氏族社会的典型例子，那么我觉得那发和印第安部落是以畜牧兼农业经济为基础的父权制社会向私有制过渡的典型例子。那发和印第安部落在17世纪以前还是种植玉米、南瓜、豆角等的农业部落，过着母系氏族社会生活。17世纪后，一部分受到外力的影响，以从事畜牧绵羊、山羊、牛和马的畜牧业兴盛起来，那发和人的生活便起了变化，农业降于次要的地位。这时，铸造银器的手工业，在氏族内部也发达起来了。主要的生产部门——畜牧业、农业和金属手工业，都操在男子手里，母系氏族制度开始毁灭，父权制度渐产生，妇女仅从事纺织业和家务劳动。由于财富的积累，遂产生了父亲把遗产传给儿子的意图。养畜者的富裕家庭，出现了一夫多妻制度。

那发和族的由母系向父权制、由农业而畜牧业以至私有制的出现的具体过程，和齐家文化的社会经济形态颇有类似之处，借此也可以推断出有类同经济形态的社会在其发展中的趋势。

由齐家文化的具体材料及有关的比较资料来观察，母系氏族向父系氏族的过渡，大体上是开始于社会第一次分工（即畜牧业与农业分工），而完成于第二次社会分工（即手工业与农业分工）。

齐家文化既然是这样发达的一个父系氏族社会，那么我们在探索时就应看到社会发展的两个方面：一方面要看到构成氏族社会发展基础的氏族公社的组织原则，即维持全氏族生活的重要原则仍然存在，人们还是生活在集体共有与集体分享为前提的原始共产主义原则之下，像公共墓地的井然有序，就是一个证明；但在另一方面，历史发展的趋势表现在氏族内部，是由于社会分工的日益强化和财富初步有了分化，原来个人的劳动表现为社会有机体的一个成员的机能有转变为分散的个人劳动的可能。例如墓葬中随葬品的多寡的悬殊，尤其体现财富多寡的猪头数目的悬殊；农业、畜牧业和手工业生产的分工和发展，导致妇女地位的改变等。同时因父权制的确立，影响到部落与部落之间的关系，原来赖以联系的血缘纽带也日渐松弛，对外交易日益频繁，间接直接地使氏族内部出现了财富的分化。这种分化，是私有制，是阶级产生的催化剂，最初大概是在一些家族之间，或者在社会上据有较高权力和地位的首领或战士方面而逐渐形成的。这就是私有制和阶级发生的胎儿时期。因为“在历史上出现的最初的阶级对立，是同个体婚制下的夫妻间的对抗的发展同时发生的，而最初的阶级压迫是跟男性对女性的奴役同时发生的”。[①]这在齐家文化的后期应当表现得日益明显。大概在黄河上游，齐家文化的父权制建立不久，就用金属的刀子割断了原始社会的脐带。

*　　　*　　　*

这里再谈一下，齐家文化的来龙去脉及其与周围邻近诸原始文化的关系问题。

前面已经说过，齐家文化是在马家窑文化的基础上发展起来的，它们之间有明确的层位关系，在物质文化与意识形态方面，也有承袭的因素存在，这一点已为一部分同志所承认。齐家文化发展的去向如何，在辛店文化中可以找到与之较多的类似之处。在渭河上游与客省庄第二期文化接触的地区，对周族文化的形成，也有一定的关系。

在这里，我们必须澄清安特生等人过去对齐家文化方面所造成的一些错误的谬论。第一，关于齐家文化与马家窑文化的相对年代方面，安特生唯心主义地、孤立地以单色陶器早于彩色陶器一点而把齐家文化的时代过早地估计到马家窑文化之前，这一点，在20世纪40年代已为我国先进的考古学者科学的研

---

①《马克思恩格斯文选》(两卷集)，第2卷，1955年，莫斯科，第223页。

究所推翻[①]。新中国成立以来所发现的一系列事实也确凿地证明了齐家文化是晚于马家窑文化的。第二，齐家文化与周围原始文化的关系问题上，安特生主观地根据齐家文化中某些遗址所采集的少许篦纹陶片和某些石制工具原料的特点，便把齐家文化与北欧到西伯利亚一带的所谓“篦纹陶文化”拉在一起，因其都用篦纹这种制作方法上的相同，而视为关系非常切近的一群。这种说法，实质上是资产阶级反动的“文化圈”理论的翻版，是错误的。齐家文化中有篦纹陶是事实，但为数很少。我们在新中国成立后所做的大量工作中，所发现的篦纹陶是微不足道的，而且是零星地分布在一部分遗址中，它既不是齐家文化的主要构成因素之一，更不能以此决定它与所谓北欧一带“篦纹陶文化”有若何密切的关系。安特生在他的著作中，在篦纹陶方面，不论文字的叙述或图版的排配，都给了相当重要的地位，其用意是很明显的。我们再就齐家文化中的篦纹陶与北欧西伯利亚一带篦纹陶加以比较，就可以看出它们之间毫无类同之处。这一点比林－阿尔齐在他们的专著中曾提出过[②]：第一在器物的形制方面，没有任何特点是一致的；第二在制作技术上齐家文化中器壁薄技术精高；第三在篦纹的风格上，北欧篦纹陶文化中占比重很大的压有粗洞的装饰，在齐家文化中都没有，而且在一般花纹的任何方面没有根本类同之处。齐家文化中存在篦纹陶只是部分遗址有所发现，可能另有原因，也许与细石器文化中的某些文化有着关系，有待我们以后的探索。

此外，安特生还以齐家文化中一部分石器使用板岩（slate）制成，与北欧篦纹陶文化中之石器的用料相同，也认为是其密切关系之一。这些论点都是片面的，因为齐家文化中的石器，主要用绿岩（green stone）制成，只有少数的凿子和矛头才用板岩制作。退一步讲，即使使用板岩，相离数千里甚至万里以外的原始氏族部落，用同类的岩石制造工具，倒可以说明它们之间是没有任何关系的。因为，在原始时代，除了一些特制工具的用料以外（如旧石器时代打制石器用的燧石），一般使用制造工具的材料都是就地取材的。

在齐家文化遗址中，发现有相当典型的我国北方沙漠草原地带所谓“细

① 尹达：《龙山文化与仰韶文化之分析》，《论中国新石器时代的分期问题——关于安特生中国新石器时代分期理论的分析》，见尹达：《中国新石器时代》，生活·读书·新知三联书店 1955 年版。夏鼐：《齐家期墓葬的新发现及其年代的改订》，《中国考古学报》1948 年第 3 册。

② M. Bylin-Althin. The Sites of Ch’i Chia P’ing and Lo Han T’ang in Kansu. *BMFEA*, No.18, 1946.

石器文化”中的一些工具。这些工具，在齐家文化中出现，不是偶然的，由齐家文化的特点与所处的自然条件来说，有细石器这种工具是不可避免的，但我们并不能以此使齐家文化是属于“细石器文化”的范畴。在某些文化因素方面的类同，这可以证明那时两个地区之间的部族在不断地接触和相互影响着。这也是构成中国远古文化发展与融合的历史事实之一。齐家文化与渭水流域的客省庄第二期文化却有较为更密切的血缘关系。客省庄第二期文化是与龙山文化系统的遗存同时并具有同一性质的，都是继仰韶文化和马家窑文化以后的发展阶段。

齐家文化与客省庄第二期文化关系最密切的地方[①]，表现在下面几个方面：均处在父系氏族社会阶段；农耕与渔猎生产方式基本相同；日常用具的陶器中一部分基本特征是一致的，如鬶、盉、安弗拉式双耳罐和高颈折肩罐，以及大量采用篮纹等，还有卜骨的广泛使用，房屋建筑中用白灰面涂抹等建筑上的技术也一样。因为有这些相同之点，所以有些同志认为它们属于一个文化系统。这种看法，从目前来说是欠妥当的。因为相同之外，还有更基本的不同之处，如房屋的形制不同，经济生活中农业，畜牧的比重不同，埋葬习俗不同，陶器中齐家文化以黄色或红色作主导而客省庄第二期文化则以灰色作主要的成分，二者彩陶风格也各异。同时，从文化发展的时代关系讲，齐家文化早期的特征更近于马家窑文化系统的东西，而客省庄第二期文化则接近于仰韶文化。这证明它们是从两个不同系统的文化发展而来的。由已有的线索观察，在齐家文化的晚期，器物特征更多地接近于客省庄第二期文化，可能是由于它们接触的频繁所形成的。齐家文化可能比客省庄第二期文化经历过更长的一个时期。当渭水中游是周族文化开始繁衍的时候，齐家文化的余波或逐渐地消失，或者它的一部分因素就融汇在周族文化及其周围的其他文化之中。因此，从严格的考古文化的定名上来说，齐家文化与客省庄第二期文化不能认为是一个文化，我们不能以文化正体中的一部分因素当作主要的全面的因素来估计，或者从部分类似之点较多地肯定了它的共同之处。

虽然如此，齐家文化从黄河流域远古文化中基本的构成部分，属于我国原始社会文化的总的范畴之内的一个阶段和分支。从我国历史发展的实际情况观

---

① 考古研究所沣西发掘队：《1955—1957 年陕西长安沣西发掘简报》，《考古》1959 年第 10 期。

察，我们可以这样说，进入奴隶社会的周族文化是继承了齐家文化和客省庄第二期文化而发展起来的。正如殷族文化继承河南龙山文化在东边发展起来的情况一样，虽然它们在早一阶段是有所区分的。

由于齐家文化在我国原始社会文化史中占有这样重要的一个位置，所以深入地研究它，可以提供我们解决黄河流域原始社会方面一些重大问题，因为：

第一，齐家文化是铜器使用的开始，深入探索可以找到金属使用在我国具体历史中的规律和特点，同时，进而可以导致解决我国青铜文化的发生和发展问题。

第二，齐家文化是黄河上游整个原始社会文化研究工作中的“轴心”，抓住它，并深刻地去探索，能够多方面地解决黄河上游原始社会文化关系中一系列的问题，既可以追溯出它们的来路轨迹，而且也可以正确地了解它们的前进路向，甚至周族文化在原始社会阶段的文化关系，也可以得到一定程度的解决。

第三，齐家文化的社会经济形态对农业与畜牧业在原始社会中的地位及其影响是有特别意义的，对解开我国类似地区和文化的特点提供了一个有用的钥匙。

由于上面这些原因，我们希望在黄河上游的原始社会考古研究中，对齐家文化的研究能够特别予以注意，这会给我们许多注意的问题带来满意的解释。

后记：

这篇文章所用的一些材料和附图1、2，是裴文中先生《甘肃史前考古报告初稿》中的，承裴先生应允采用，特此谨向裴先生致谢。

（选自《考古》1961年第1期）

安志敏与《试论黄河流域新石器时代文化》

经典导读

安志敏（1924—2005），山东烟台人。1948 年毕业于中国大学史学系，1949 年考取北京大学文科研究所史学部考古组研究生，师从梁思永。1950 年 10 月，进入中国科学院考古研究所（1977 年改属中国社会科学院）工作，历任助理员、副研究员、研究员、第一研究室主任、《考古》主编、副所长等。1986 年被授予德国考古研究院通讯院士。曾参加和主持多项考古工作，足迹遍及黄河、长江流域和东北各地。他的主要研究领域是中国新石器时代考古学，也涉足旧石器时代考古学和历史时期考古学，在黄河流域新石器时代考古、中国史前考古学的综合研究、史前文化的交流和互动及中国文明起源的研究等方面，都做出重要贡献。他通过庙底沟遗址的发掘，发现仰韶文化与龙山文化的过渡地层，提出“庙底沟二期文化”的命名，厘清了仰韶文化与龙山文化的关系；提出仰韶文化庙底沟类型、半坡类型、“典型龙山文化”、“河南龙山文化”和“陕西龙山文化”等概念，有利于深入讨论仰韶文化和龙山文化的内涵和谱系，认识中国古代文明发展的连续性。曾对中国史前文化的年代和关系问题进行深入研究，在承认全国几个主要地区区域史前文化存在并因交流日多而出现融合的基础上，更强调中原史前文化的进步性，强调中原史前文化对周围地区的辐射和影响；深入探讨远古文化的远距离交流问题，比如史前中国与日本列岛远古文化的关系，以及中国考古学上许多专门问题。安志敏一生勤奋，从 1945 年发表第一篇文章起，总共发表专著 10 余种以及论文近 400 篇。他参与编写或主编的报告有《辉县发掘报告》（1956）、《庙底沟与三里桥》（1959）、《洛阳中州路（西工段）》（1959）、《双砣子与岗上——辽东史前文化的发现和研究》（1996）等，许多论著被翻译成英语、日语、德语等各种文字发表。主要论文结集为《中国新石器考古论集》（1982）和《东亚考古论集》（1998）。

《试论黄河流域新石器时代文化》一文发表于《考古》1959 年第 10 期，是安志敏在中华人民共和国成立十周年之际发表的综述性文章，根据当时最新的考古发现，提出若干新的认识。

安志敏在文中首次提出仰韶文化的类型概念，把它分成半坡和庙底沟两个类型；讨论了甘肃仰韶文化的性质及分期，把“唐汪式陶器”从“马厂期”里分离出来。在划分龙山文化分布区域的基础上，提出典型龙山文化（或山东龙山文化）、河南龙山文化、陕西龙山文化和庙底沟二期文化等名称，并分析它们之间的异同及其渊源关系。根据庙底沟二期文化的发现，首次解决了从仰韶文化发展为河南龙山文化的过渡关系问题；提出花厅村、岗上村和堡头一类遗存（即后来的大汶口文化）可能与龙山文化的某些联系，认为山东龙山文化不同于河南龙山文化而可能另有来源。明确了河南龙山文化与商代文化之间的继承关系，提出“洛达庙层”为代表的遗存（即后来的二里头文化），是今后值得注意的一个研究对象。提出齐家文化与陕西龙山文化有着密切的关系，齐家文化的年代下限较晚，甚至已经进入青铜时代等。这些观点，多被后来的考古发现和研究所证实。

《试论黄河流域新石器时代文化》一文中对中原地区从仰韶文化向龙山文化转变的发现，开启了中国文明起源的中原中心说，也彻底否定了仰韶在西、龙山在东的中国史前文化的二元对立说。

—— **延伸阅读文献目录：**

1. 安志敏：《略论我国新石器时代文化的年代问题》，《考古》1972 年第 6 期。
2. 安志敏：《略论三十年来我国的新石器时代考古》，《考古》1979 年第 5 期。
3. 安志敏：《中国新石器考古论集》，文物出版社 1982 年版。

4. 安志敏：《东亚考古论集》，香港中文大学中国考古艺术研究中心 1998 年版。
5. 王巍主编：《考古卷》第一分册，钱伟长总主编：《20 世纪中国知名科学家学术成就概览》，科学出版社 2015 年版。

（陈星灿 撰）

—— 原文：《试论黄河流域新石器时代文化》

经典原文

试论黄河流域新石器时代文化

安志敏

■ 一、序言

黄河流域是中国文明的摇篮。我们的祖先从远古时代起，便生长、活动在这块肥沃的土地上，奠定了中国历史的发展基础。黄河流域的新石器时代人类承袭着旧石器时代文化并有了更高的发展。经过生产力的提高与长期繁荣，终于创造了优秀的青铜文化。

黄河流域的新石器时代考古从30多年前开始工作以来，主要文化的系统与发展顺序，已有了初步的轮廓。但在新中国成立以前，受了旧社会的限制，新石器时代的考古工作得不到应有的发展，也缺乏比较有系统的大规模发掘工作。尤其是一些不正确的观点，一直影响很深。新中国成立以来，随着国家社会主义建设事业的发展，考古工作也得到了飞跃前进。在短短的十年当中，新的发现以及总的工作量都成百倍地超过了新中国成立以前。如西安半坡的发掘，三门峡、刘家峡水库的调查发掘以及许多其他工作，都是规模较大而且收获丰富，这是新中国成立以前所无法想象的。由于新资料的大批出现，基本上动摇了旧有的知识基础，所以需要重新来认识它们。

目前，考古工作的任务十分繁重，发现的资料众多，但还难于及时整理，因此，想利用新发现的资料进行比较研究还是有一定的限制。不过，目前的工作已经透露出不少新的线索，而且所接触到的许多实际考古资料，也给我们很大的启发。因此想根据所接触到的局部资料，来谈几点不成熟的看法。希望这篇文章能对所讨论的有关问题起一点作用。通过讨论，也希望在今后田野工作中着重地解决一些关键性的问题。因为篇幅的限制，在这里省略了全部脚注，许多比较专门性的问题也暂时从略。

二、关于新石器时代的早期遗存

关于中石器时代和新石器时代早期的遗存，在黄河流域是一个尚未解决的问题，甚至连线索都很少。尽管过去曾有人把齐家文化当作较早的遗存，但已被中国考古工作者否定了。最近发现的许多地层证据，都证明它是晚于甘肃仰韶文化而大约和龙山文化同时期的一种带有地方性的文化遗存。此外，也有人曾把宝鸡载家沟的灰陶当作早期遗存，虽有人附和此说，但它实际上属于龙山文化系统，所谓早期的说法是不能够成立的。

黄河三门峡水库考古调查工作中，在陕西朝邑、大荔的沙苑地区发现了15处地点散布着石器。由于沙丘流动，不见原生地层，也没有发现早期的陶片（仅有少数汉代及其以后的陶片）。在这里共采集了石器500多件，除个别的遗物外，都具有原始性，当是较早期的遗存。

这里的发现以石器为主，有细石器和石片石器两种。细石器中有石核、石叶、小石片、尖状器、石镞、刮削器等。基本形制和我国北方地区的细石器文化产物完全一致。至于石片石器却比较特殊，有石片、尖状器、刮削器等。其中的尖状器和刮削器无论在形制及制法上都具有一定的原始性。此处也发现了2件磨制的石镞和1件璜形石饰，可能是较晚时期的龙山文化产物，与上述石器无关。总之，石片石器是这里的特点，虽有典型的细石器，但还不能称它为细石器文化。因为这里的石片石器便是细石器文化中所没有的，所以我们暂称之为“沙苑文化”，以资和细石器文化相区别。石片石器和细石器是否共生也没有明确的证据，但两者时常发现于同一地点，因此共生的可能性也不是完全没有的。至于它的年代因为缺乏地层证据，一时还不容易解决。缺乏陶片是早期象征之一，同时和附近以农业经济为主的仰韶文化、龙山文化，在文化性质上也有显著的差别，因此沙苑文化很可能是包括了中石器时代到新石器时代初期的遗存。不过这只是一种假设，还有待于进一步证实。

最近在内蒙古托克托县、清水河、准格尔旗和山西偏关县等地也发现了31处散布石器的地点，同样也是缺乏地层关系。在所采集的石器中也有典型的石片石器，如尖状器和刮削器等。张森水同志认为这批石器是属于旧石器晚期的遗物，听说不少的地点除了石片石器以外，也有细石器在一起，但在报告中并没有提到有细石器。这些石器的年代上限也可能会早到旧石器时代晚期，当没有充分的地层证明以前，还难加以肯定。据我们的看法，认为这里的石器无论质料、制法以及器形都和沙苑地区一致，在地理分布上也比较接近。因此，内蒙古等地和沙苑地区的石器可能是属于同一个系统的文化。这个类型的文化在黄河流域也可能有更多的分布，目前的发现还只是一个开端。

根据沙苑文化中不见早期陶片，它的下限也不可能晚于新石器时代初期，它很可能是仰韶文化以前的遗存。黄河流域有丰富的旧石器时代和新石器时代较晚的遗存，其中间当还有其他的遗存相联系着。以沙苑地区为代表的石器，便可能是其中的一个发展阶段。至少，目前的发现是一些有力的线索。问题的主要关键是在于地层，希望在不久的将来能够获得彻底解决。

三、仰韶文化

仰韶文化是1921年在河南渑池县仰韶村所首先发现的，这里有精美的彩陶与石器共存，就定名为“仰韶文化”或称为“彩陶文化”，认为是属于新石器时代晚期的一种遗存。嗣后，发现不断地增多，分布范围也逐渐扩大，以至于把许多与仰韶文化无关的彩陶也都联系在一起，因而在文化名称以及定义上都陷于混乱。

由于仰韶文化中有彩陶，“彩陶文化”的名称也就被人们所习用，甚至于比“仰韶文化”更加普遍，并且两者时常并用。因为彩陶文化的概念不够清楚，也就容易使人联想到凡有彩陶的遗址都属于“彩陶文化”，并把许多与“仰韶文化”无关的新石器时代或青铜器时代的彩陶也都收入“彩陶文化”。因此“彩陶文化”一词在定义上是比较含混的。我们的意见还是应当采用“仰韶文化”。这样，不仅可以表现出整个文化的具体内容，同时也符合了考古学上的命名通例。

“仰韶文化”是指以河南渑池县仰韶村为代表的一种新石器时代的遗存，彩陶只是其中的一项因素，还包括许多其他的文化因素。从定义上看，它是比“彩陶文化”狭窄，而所代表的文化性质也更加具体。不过关于仰韶文化的性质及其内涵，一直是不够明确的。严格地讲仰韶文化所以取名的仰韶村便不是一处典型的遗址，在过去的发掘工作中，存在着严重的缺点，以致许多关键问题都没有能够弄清楚。如当仰韶村的遗物发表以后，中国的考古工作者曾指出其中含有龙山文化遗物，因而主张仰韶村应当是包含了早晚不同时期的堆积。但是安特生自己否认上述的看法，强调在这里彩陶与黑陶是共存的，是属于一个时期的。我们在新中国成立后的一次调查中，曾指出这里似乎是一种“仰韶和龙山的混合文化”，但问题也还没有彻底解决。在渑池以西的许多遗址的调查或发掘中，所发现的仰韶和龙山两种文化，不仅有层次上的分别，在文化内容上也互不相同，并不见有所谓“混合”的痕迹。据最近在河南陕县庙底沟和三里桥两个新石器时代遗址的发掘（在仰韶村西约50公里），基本上明确了仰韶村遗址的文化内涵。因为上述两个遗址的不同层次和不同文化的遗物都见于仰韶村，印证了安特生发表的所谓仰韶文化的遗物，实际上是包含了仰韶、龙山早期、龙山晚期和东周四个时期的遗物。由此对于仰韶文化的定义以及许多混乱的概念都可以得到一定程度的澄清。

新中国成立以来，在仰韶文化遗址的发掘研究上有了很大的收获。例如西安半坡的发掘、黄河水库的调查发掘以及其他的许多工作，不仅阐明了仰韶文化的基本性质，同时也解决了不少的问题。据目前的知识，仰韶文化是黄河流域中下游的一种较早的文化。各地的遗存，除了具有若干地方性以外，还可以分成不同的类型，可能代表着时间上的早晚。至于黄河上游的“甘肃仰韶文化”显然属于另外一个系统，也可称其为“马家窑文化”，和仰韶文化不能混为一谈。

仰韶文化是以河南为中心，而分布于河北、山西、陕西以及甘肃的渭河上游。山东境内虽然也发现零星的彩陶，但是还未见明确的仰韶文化遗存。甘肃的洮河流域以及青海的湟水流域，虽也发现少数遗址，但在这里不是主要的。仰韶文化在黄河中下游是一种主要的新石器文化，经过长期的繁荣与发展，文化面貌虽然由于地理分布及时代不同而有所差异，但其基本性质是一致的。在豫、晋、陕三省发现了不少的地层证据，都是压在龙山文化层的下面，因此它的年代下限也就十分清楚了。

仰韶文化的内容是比较复杂的，不准备在这里进行分析。据目前的资料，大体上有两种类型：一种是以西安半坡为代表；另外一种是以河南陕县庙底沟为代表。其主要区别是前者彩陶数量较少，花纹比较简单，圜底的陶钵十分普遍；后一种则彩陶数量多，花纹复杂，不见圜底钵，但深腹曲壁的碗、盆十分普遍。这两种类型往往交错存在，说明绝不是由于地方性的区别，而可能是代表着时间上的早晚，可惜还没有发现明确的地层证据。除此而外，可能还有其他的类型，但目前还不清楚。上述的几种类型，至少对仰韶文化分期问题，已提供了有力的线索。

甘肃仰韶文化主要分布在甘肃、青海一带，虽然近似仰韶文化，但具有它自己的特点，可暂称其为甘肃仰韶文化以资区别。它主要分布在甘肃的洮河流域、河西走廊以及青海的湟水流域。至于甘肃的渭河上游，却主要是仰韶文化，但也有少数甘肃仰韶文化遗址，可见其分布的东端仅到渭河上游，西限至于酒泉，北限进入宁夏回族自治区，甚至于也分布到内蒙古的南部。南限还不甚清楚，最近在四川巫山火爆溪发现了1件彩陶瓶，其陶质、纹饰有些和甘肃仰韶文化相似，但还不能说明它们之间有什么关系。从地理分布以及文化内容上都很清楚地表现了它是仰韶文化以外的另一种文化，则称其为“马家窑文化”更恰当一些。

过去对甘肃仰韶文化的研究，存在着许多问题。如安特生曾将甘肃仰韶文化分成住地与葬地两种。以甘肃临洮县马家窑和青海西宁十里堡代表住地；以甘肃广通半山和青海民和马厂沿（应作塬）代表葬地，而称其为“半山期”“马厂期”。认为马家窑和半山的年代相等，所代表的时间稍早；十里堡和马厂沿的年代相等，所代表的时期稍晚，两者有相继承的关系。根据我们在甘肃、青海的调查经验，马家窑式的彩陶普遍见于甘肃仰韶文化遗址中。至于十里堡则可能属于另外的一个文化系统，所代表的时代也晚于齐家文化，因陶器上具有比较特殊的特征，我们曾暂称其为“唐汪式陶器”，与甘肃仰韶文化毫无关系。半山和马厂虽可能有早晚的继承关系，不过安特生的分期只是根据器型和花纹来判断，根本缺乏地层上的证据，因而某些新发现的标本，我们也很难根据安特生的分期标准将它们划分到哪一期去。同时住地和葬地虽可能有着一定的区别，但也绝不像安特生所强调的那样严格。例如我们在甘肃、青海所调查的甘肃仰韶文化住地，主要都是马家窑式陶片，但也常杂有马厂式陶片；另外，也有一些住地却主要是马厂式陶片。因此所谓住地和葬地的区别是值得怀疑的。至于安特生在1943年所发表的著作中，又把甘肃仰韶文化的住地分成早、中、晚三期，而分别以青海贵德罗汉堂、甘肃临洮马家窑和青海西宁朱家寨作为代表。事实证明这些推断都是不足凭信的。关于甘肃仰韶文化的性质和分期还需要更详密的调查、精确的发掘和更深入的研究，才能使这些问题彻底解决。

据最近在甘肃临洮马家窑所发现的地层证据，甘肃仰韶文化层迭压在仰韶文化层的上面，至少可以说明在洮河流域的甘肃仰韶文化可能是晚于仰韶文化的。同时，在渭河上游的仰韶文化遗址中也往往有甘肃仰韶文化的遗物，还没有发现清楚的地层证据，则仰韶与甘肃仰韶同时并存的可能性也不是没有的。总之，两者基本上是属于不同系统的新石器文化，而不应该再混为一谈。

尽管过去认为仰韶文化是新石器时代晚期的遗存，而把绝对年代定得过迟。根据今天的资料，仰韶文化是经过长期的发展过程的，而其后的龙山文化也同样经过了长期的发展，则将仰韶文化的绝对年代适当地提早还是有必要的。在还没有利用放射性碳素方法进行断定年代以前，我们还不便于做过多的臆测，但我们也绝不相信仰韶文化的绝对年代仅在公元前2000年左右。仰韶文化是黄河流域的一种较早的遗存。至于东北、内蒙古、新疆以及长江流域的许多具有彩陶的新石器文化或青铜器文化，它们的年代都比较晚，可能都受了仰韶文化不同程度的影响，因而产生了不同特征的彩陶。黄河流域是中国古代文明的摇篮，从这里也可以得到一些证明。

四、龙山文化

龙山文化是1928年在山东历城县城子崖首先发现的。这里有薄黑有光泽的黑陶与石器共存，因定名为“龙山文化”，或称“黑陶文化”，认为它是属于新石器时代晚期的一种文化。后来，同样类型遗址的发现日渐增多，甚至于把一些毫无关系的遗存也收入龙山文化。因之，对文化名称及其定义上较仰韶文化更为混乱。

往往有人认为“黑陶”即是龙山文化的特征，而忽略了其他因素，这是一个主要的错误。许多所谓“仰韶与龙山混合文化”的遗址，至少一部分是由于有“黑陶”的存在而产生了误解。从遗址地理分布的不同，在文化面貌上也表现了显著的差异。它们彼此间的特点往往是距离愈近则愈相似，否则相差很大。这些文化性质并不完全相同的遗址，究竟是属于龙山文化还是分属于不同的文化系统，一时还无法解决，在目前暂时都收入“龙山文化”，待今后进一步分析。

新中国成立以来，对龙山文化的知识，首先是分布范围扩大了，过去空白点的河北、山西、陕西等地都发现了龙山文化遗存，长江中下游的许多新石器文化遗址也显然是受了龙山文化的影响。甘肃地区的齐家文化也显得和龙山文化有了比较密切的关系。而较重要的是在河南陕县庙底沟发现的所谓“庙底沟第二期文化”，是属于龙山早期的遗存。它具有由仰韶到龙山的过渡性质，最低说明了豫、晋、陕一带的龙山文化是由仰韶文化中发展来的，对中国古代文明发展的连续性上提供了有力的线索。

龙山文化的分布是以黄河中下游及沿海地区为中心。在黄河上游及长江中下游也分布着近似龙山文化或具有龙山文化因素的遗存。为了叙述方便起见，可以分作下列三区。

（一）沿海地区——典型的龙山文化

以山东历城县城子崖以及日照两城镇为代表。同样类型的遗址分布于山东、河北及辽东半岛一带的沿海地区。彼此之间虽有所区别，基本上还属于同一个范畴。这里的特点，陶器主要是轮制的，有较多的典型黑陶（包括蛋壳陶）。陶面以素面及磨光为主，也有相当数量的划纹。绳纹、篮纹及方格纹均甚少见，或根本缺乏。陶壁的转折常是棱角突出。器型以平底为主，有大量的三足器和圈足器。这里鬶多鬲少（或不见鬲），有甗无斝，鼎类颇多，罐类以矮肥型式的为主。以这个地区总的情况来看，不仅各遗址之间彼此不同，同时，在山东由东向西也颇有变化（以城子崖及两城镇为例）。如典型的黑陶及陶鬶愈东愈多；而陶鬲及绳纹、篮纹、方格纹等则愈西愈多。两者相反，究竟是代表地方性还是时代上的差别呢？颇值得进一步研究。尽管过去认为两城镇所代表的年代较早，但这里出土遗物的进步特征相当大，特别是有云雷纹的黑陶片以及各种形状的玉器，都是年代较晚的有力象征。山东境内至今尚未发现明确的仰韶文化遗存。在平阴于家林、滕县岗上村、栖霞、宁阳堡头等地都发现过彩陶片，都和仰韶文化不同。特别是岗上村的遗存和江苏新沂花厅村等非常接近，可能有比较密切的关系。总之，以城子崖或两城镇为代表的典型的龙山文化可能是一种较晚的遗存。至于最近所发现的许多缺乏黑陶或具有彩陶的遗存可能是它的前身。这些问题还有待于继续研究。

（二）中原地区

这一区包括河南、山西、陕西一带的龙山遗址，也包括了河北省南部的一些遗址。它们在文化性质上和沿海地区的龙山文化有显著的区别。由于时代和地区的不同，可以分为三种类型，分叙如下。

1. 庙底沟第二期文化

这是最近在河南陕县庙底沟所首先搞清楚的。同样类型的遗存过去在山西万荣县荆村，新中国成立后在河南洛阳孙旗屯、郑州林山砦都曾经发现过，但都被认为属于仰韶文化。1956—1957 年在庙底沟遗址的发掘中，发现它是迭压在仰韶层的上面，而且在文化性质上具有从仰韶到龙山的过渡性质，因此把它定为龙山早期，而暂称它为“庙底沟第二期文化”以作为识别的标志。最近在山西平陆盘南村，陕西华县柳子镇、华阴横阵村等地的发掘中也遇到同样类型的遗址，都是迭压在仰韶层的上面，可见它的分布是相当广泛的。

它的陶器以手制为主，不见轮制的痕迹，也不见龙山式的典型黑陶。纹饰以篮纹为主，绳纹次之，方格纹极少见。器型颇多大型者，常见的有鼎、斝、灶、盆、碗、豆、杯、罐、小口尖底瓶等。这里有斝无鬲，鼎也不少，很多器型好像承袭仰韶文化。尤以小口尖底瓶、菱形带纹的彩陶、涂红衣的彩陶杯都可能是受了仰韶文化的影响。它应是较早的一种遗存。在石器中磨制石器增多，还有新兴的型式出现（如半月型石刀、石镰），这也是它的进步象征之一。同时它又和河南龙山文化处在同一个地区，如陕县庙底沟和三里桥是隔河相对的两个遗址，两处龙山文化的内容互不相同。前者属于庙底沟第二期文化；而后者则属于河南龙山文化。两者之不同，显然是由于年代先后的关系。从河南龙山文化的许多特征也可以很清楚地看出它是承袭庙底沟二期文化而发展的。根据龙山早期遗存的确定，解决了中原地区龙山文化的起源问题。过去一直认为仰韶文化和龙山文化是来源不同的两种文化，但还有许多问题不容易解决。从庙底沟第二期文化的发现，便很清楚地告诉我们河南龙山文化是从仰韶文化发展来的，而它便是一种过渡性质的遗存。通过它的存在可以说明中国古代文明发展的连续性，在研究黄河流域新石器文化的发展和交替上是具有重大意义的。

2. 河南龙山文化

这一文化内容包括河南及河北南部的龙山遗址，在文化性质上既不同于沿海地区的龙山文化，也不同于上述的“庙底沟第二期文化”，由于所代表时代或地方性比较显著，曾暂称其为“河南龙山文化”以资区别。陶器的特征是：轮制陶器占相当的比例；典型黑陶不如沿海地区那样丰富；绳纹、篮纹和方格纹约占半数以上，而以绳纹为最多，方格纹较丰富也是这里比较突出的特点。这里鬲多而鬶少，有斝少甗，鼎也不多，以敛口深腹小平底的罐类为主，也有许多双耳和单耳的浅腹杯。从河南地区总的情况上来看，由东向西也是有所变化的。如愈西则绳纹、篮纹、方格纹愈多，鬲也加多（相反地鼎减少），但典型的黑陶却相应地减少。至于豫西地区（特别是渑池以西），普遍大量出现带鋬的陶鬲、单耳、双耳的罐、杯等和陕西龙山文化颇为接近；但又具有龙山文化的典型陶器（如小口高颈罐等），说明这个地区在文化性质上和东西方有着密切的联系。由于有不同地区特点的陶器共存，也说明它和沿海地区以及陕西龙山文化的年代大体相当，而河南龙山文化却很清楚地是承袭庙底沟第二期文化发展而来的。

3. 陕西龙山文化

陕西龙山文化在文化性质上有它的地理特点，既接近于河南龙山文化，又接近于甘肃地区的齐家文化。陶器以手制为主，轮制所占的比例极少。纹饰以绳纹为主，篮纹次之，而方格纹极少。器形有鬲、斝、罐、双耳罐（或三耳）、盘、豆等。以鬲为最多，也有鬶、盉等，但鼎极稀少。鬲、罐均与豫西近似，双耳罐却极似齐家文化的产物，这种器型虽也见于豫西，但不如这里普遍。它的文化性质虽和龙山文化有较多的差别，但基本上还是属于龙山文化的范畴，可能和河南龙山文化及齐家文化的年代相当。因为在陕西地区也有庙底沟第二期文化的存在，也应该是陕西龙山文化的前身。不过它的下限可能比河南龙山文化结束的年代要晚得多。

（三）江浙地区

长江下游最近也发现了许多近似龙山文化的遗址与文化遗存，性质也互不相同，由于工作做得不够，还比较难于进行分析。江苏地区所谓“青莲冈文化”，以至于湖北地区的所谓“屈家岭文化”，都不可否认地与龙山文化有着密切的联系，其中如江苏花厅村的遗存有鬶等存在，和龙山遗存的关系更为密切。最近，在山东境内也发现了一些类似的遗存（如滕县冈上村、宁阳堡头等），甚而有的还有彩陶，这些与沿海地区的龙山文化可能有着某些联系。其次，在浙江杭州良渚等地所发现的遗存，虽与典型的龙山文化近似，但这里的陶壁较厚，黑色不够纯净，往往褪成灰色，鬶、鬲比较少见（仅在浙江吴兴钱山漾发现几件陶鬶）。长江下游一带的新石器文化遗址，与沿海地区的龙山文化有着密切的联系，它们之间的关系，还有待今后进一步分析。

根据以上的分区叙述，我们可以看出各区之间的地方性是非常显著的。究竟这些不同地区的不同特征的文化是属于一种文化的不同面貌呢？还是分属于不同的文化系统，都值得进一步去研究。虽然在目前暂时把它们都收入“龙山文化”，等认识清楚以后，将它们分开对待还是有必要的。这也是我们今后发掘或研究工作中的迫切任务。

最后值得一提的是齐家文化，它是甘肃、青海的一种新石器文化，过去曾错误地把它作为早于仰韶文化的一期。根据许多地层关系，已证实它是晚于仰韶文化和甘肃仰韶文化的一种遗存。从文化性质上看，虽接近于陕西龙山文化，但也具有它自己的特点。如陶器是以手制为主，不见轮制及典型的黑陶；泥质红陶占较多的比例；并有少量的彩陶。据我们调查的经验，齐家文化的陶器似可分为两群：一群是以敛口高颈深腹的双耳陶罐为主，表面涂白色陶衣，所谓“安弗拉式”双耳罐及鬲均比较少见；另外一群是以小口双耳罐和盉形器为主，鬲较多，也有斝、盉等残片。以上两群可能代表着不同的时代。齐家文化面貌比较接近于陕西龙山文化，甚至于在渭河流域两者还不容易区分开。它们是否属于同一个文化还是不同的两个类型，还有待于进一步研究。不过在洮河流域陶鬲较少，其他陶器也略不同于渭河上游，则两者之间也或存在着一定的区别。至于齐家文化和陕西龙山文化的年代可能相等，不过齐家文化的下限可能更晚，甚至已进入青铜器时代。

五、仰韶文化与龙山文化的关系

自从1931年在河南安阳后冈发现关于仰韶文化层和龙山文化层的交迭证

据以后，在豫北也发现了许多同样的情况。新中国成立以后，在豫西、晋南、关中等地普遍发现了明确的地层证据，则两者的相对年代已无可怀疑了。但是关于两者之间的关系，过去曾有一些不同的看法，基本上认为仰韶和龙山文化各具有不同的来源，而很少注意到两者之间是否有渊源关系。在过去所发表的著作中，一般的意见均认为当仰韶文化发达于豫、晋、陕的时候，龙山文化起源于东方，由东向西发展逐渐代替了仰韶文化。也有的认为由于两者的来源不同，当接触后便产生了“混合文化”，如以仰韶村为代表的遗址。上述两种说法还不能使我们满意。前者无法解释，当龙山文化进入仰韶文化的分布地带，为什么仰韶文化会忽然绝迹？后者虽然可以解释前一种说法中所存在的矛盾，但仰韶村不属于所谓“混合文化”，主要是过去没有搞清层位关系，还难以作为依据。

通过黄河三门峡水库区的调查和发掘又提供了许多新线索，使我们有必要来重新考虑仰韶和龙山文化之间的关系问题。首先应该肯定在仰韶文化中确实有些器物好像具有龙山文化的特点，但这并不一定是受了龙山文化的影响以后才产生的。因为某些器物可能在较早的时期便已经萌芽了，经过发展到晚期才成为定型，甚至于在制法上也是互不相同的。例如仰韶文化的黑陶以及类似蛋壳陶的陶片都没有轮制的痕迹，圈足器在仰韶文化中已经产生了，但不普遍。根据以上的现象，或者可以说明具有所谓龙山文化特点的某些陶器，在仰韶文化中已经萌芽，到龙山文化才成为定型。如果承认龙山文化是继承仰韶文化而进一步发展的文化，则所谓仰韶文化中有龙山文化的因素也就不足为奇了。因而混合文化的提法还值得再考虑了。

从庙底沟第二期文化的发现，不仅说明它具有仰韶到龙山的过渡性质，也说明了河南、山西和陕西的龙山文化可能是继承了仰韶文化而继续发展的。至于山东等地区的龙山文化则可能另有来源，这个问题还需要进一步研究。

六、龙山文化与商代文化的关系

在河南境内发现了许多地层证据，证明继龙山文化之后，商代文化代之兴起，两者的关系是非常密切的。因此，过去多主张龙山文化是商代文化的先驱。我也曾经根据陶器上的一些特点，指出它们和龙山文化陶器缺少直接的联系。从目前的知识来看，我们不能否认商代文化与龙山文化之间有密切联系，但以上的两种说法还都有一定的缺点。前者所举出的一些证据，如陶器的圈足、器盖和俯身葬等，在仰韶文化中已经开始出现，但在典型的龙山文化中是鼎多而鬲少，在商代却是相反的。其他在陶器的制法、纹饰以及器形上也都缺乏比较直接的联系。后者是根据龙山和商代陶器之间的差异很大，但也只限于当时的知识而言（如郑州二里冈及安阳小屯），与龙山之间还有相当的距离，自然是不相联系的。值得我们注意的是在郑州还发现了所谓“洛达庙层”，它压在二里冈下层的下面，则它所代表的年代当稍早，可惜发现的器物不多。同样类型的遗址在洛阳附近相当丰富，如孙旗屯、涧浜、东干沟都有发现。从器物的特征上看，具有从龙山向商代过渡的性质，特别以方格纹的陶罐和扁平足的陶鼎最为突出。据最近的了解，这种类型的遗存在河南境内发现很多，如我们所调查试掘过的陕县七里堡和陕西华县南沙村都属于这个类型，足证它的分布是相当广泛的。关于所谓“洛达庙层”，在二里冈下层的下面，在文化性质上又比较相近，则其年代较早当无疑问。但是否属于商代也还没有更明确的证据。目前只能暂收入商代早期文化中。至于传说中的“夏”文化，迄今尚未发现，在考古学上一直是一个谜。我们认为应该向龙山晚期文化及商代早期文化之间去探索。所谓的以“洛达庙层”为代表的遗存，便是今后值得注意的一个对象。

从总的情况看来，商代文化和河南龙山文化的关系比较密切。至于西周的文化则可能是继承陕西龙山文化而发展的。大体上可以这样假设。古代史上的夏、商、周的产生与发展都与龙山文化有着不可分割的联系，这些问题还有待今后进一步来证实。

七、结束语

十年来的考古工作，使我们对黄河流域的新石器时代文化得到了更明确的认识。不仅积累了丰富的资料，而且逐步澄清了过去存在的一些错误。尽管还有些问题没有完全解决，我们相信在今后的工作中是会得到解决的。

黄河流域是中国文明的发祥地，我们的祖先在这块肥沃黄土原上创造了光辉灿烂的文化，这里不仅是从旧石器时代以迄于新石器时代人类的活动中心，甚至如传说中的“夏代”、奴隶社会以及封建社会的统治王朝，也是在石器时代的基础上发展起来的。这种连续不断地发展，与悠久的历史传统，是值得我们引以为骄傲的。

黄河流域的古代文明与世界上其他大河流域的古代文明相同，它的发生和发展也推动和影响了邻近地区的古代文化，如长江流域以及边疆地区的古代文化遗存都与黄河流域有着密切的联系。从黄河流域考古学上所提出的各项证据，对研究中国古代文化的形成与发展上是具有重要意义的。

（选自《考古》1959年第10期）

汪宁生与《仰韶文化葬俗和社会组织的研究——对仰韶母系社会说及其方法论的商榷》

经典导读

汪宁生（1930—2014），江苏灌云人。1959年毕业于北京大学历史系考古学专业，毕业后留校任苏秉琦“秦汉考古”课助教，后分配到中央民族学院（今中央民族大学）历史系任教。1964年，调至云南省历史研究所工作，任研究员兼副所长。1972年，调入云南省博物馆工作。1979年，调入云南民族学院（今云南民族大学）任教授兼历史系主任。曾被聘为美国宾夕法尼亚大学客座研究员，美国华盛顿大学、德国海德堡大学、挪威奥斯陆大学和特罗姆瑟大学客座教授。晚年被聘为云南民族大学民族研究首席科学家，主编《民族学报》。曾任中国人类学学会、中国民族学学会、中国考古学会等学术团体的理事，国家民族事务委员会学术委员会委员，教科文组织下属岩壁艺术国际委员会成员兼美国费城人类社会问题研究所荣誉研究员。1960年起，参加云南民族调查组，到四川凉山彝族、茂汶羌族以及云南大理、丽江、中甸、德宏及黔西北等地区进行调查，此为其日后所做民族考古学研究的开端。1965年，在滇西南做长期调查，发现沧源岩画；实地考察基诺山“长房”，确立搜集和利用民族学资料研究考古学及中国上古史的治学方向。1972—1978年，赴云南德宏地区搜集民族文物，趁机做民族调查；第二次调查沧源岩画。1979年，相继赴大凉山调查，搜集“羊卜骨”材料；调查永德县利米人；继续调查傣族制陶问题；第三次调查沧源岩画；后在黔南、桂西、黔东南等多个地区调查。1991 年，在赴加拿大访问的过程中，考察了平原印第安人、易洛魁印第安人及爱斯基摩人保留地和居住区。

汪宁生是著名民族考古学家。他有多方面的重要贡献，主要体现在对云南考古材料的综合性研究；利用民族学材料、古代文献对云南青铜文化的一系列阐释；发现和研究沧源岩画；对民族调查程序和方法的系统总结；利用民族考古学的方法，深入研究中国考古学和古代史的许多重要问题；对民族考古学在中国的创立和发展等方面。汪宁生一生勤奋，笔耕不辍，著述颇丰，撰写了《云南考古》《试释晋宁石寨山出土铜片上的图画文字》《试论中国古代铜鼓》等多篇重要论文，还翻译了德国文化人类学家利普斯的《事物的起源》。著有《云南沧源崖画的发现与研究》《民族考古学论集》《铜鼓与南方民族》《中国西南民族的历史与文化》《西南访古卅五年》《文化人类学调查——正确认识社会的方法》等，其重要著作汇集于《汪宁生集》。

1986 年，美国召开“古代中国及社会科学一般法则”学术会议，汪宁生在会上宣读了《仰韶文化葬俗和社会组织的研究——对仰韶母系社会说及其方法论的商榷》，该文的英文本刊于 *Early China*（11—12 卷，1985—1987 年），中文本刊于《文物》（1987 年第 4 期），在国内外产生了广泛影响。

《仰韶文化葬俗和社会组织的研究——对仰韶母系社会说及其方法论的商榷》一文，根据民族学原理辨析考古学问题，系统批评了 20 世纪 50 年代以来中国考古界和上古史界流行的仰韶文化母系社会说及其方法论，是中国第一篇反对古典进化论的学术论文。

《仰韶文化葬俗和社会组织的研究——对仰韶母系社会说及其方法论的商榷》一文采用国内外大量的考古学和民族学材料，有力地论证了仰韶多人合葬墓并不是母系家族的“缩影”；仰韶文化墓地中所谓的“女性本位”说（比如“妇女厚葬”“多人二次合葬墓中的少数妇女一次葬”“子女与母亲合葬”等）不能成立；仰韶文化的所谓“男女分别埋葬”，其实极不普遍，“根本不能构成一种葬俗”，要用它来复原某种社会组织，其不可靠性不言自明。因此，汪宁生认为仰韶母系说的论据是非常不充分的，仰韶文化是否为母系社会还不能作最后的结论。

文章最后指出，考古研究应根据考古学“积累的丰富资料，重新研究中国原始社会史，包括社会组织之类的问题”，对今天的研究仍有借鉴意义。

—— 延伸阅读文献目录：

1. 汪宁生：《易洛魁人的今昔——兼谈母系社会的若干问题》，《社会科学战线》1994 年第 1 期。

2. 汪宁生：《云南永德县彝族（利米人）的婚姻形态——附论远古婚姻家庭研究中若干问题》，《社会科学战线》2006 年第 1 期。

3. 汪宁生：《文化人类学专题研究——关于母系社会及其他》，敦煌文艺出版社 2007 年版。

4. 汪宁生：《民族考古学探索》，云南人民出版社 2008 年版。

5. 王巍主编：《考古卷》第一分册，钱伟长总主编：《20 世纪中国知名科学家学术成就概览》，科学出版社 2015 年版。

（陈星灿 撰）

—— 原文：《仰韶文化葬俗和社会组织的研究——对仰韶母系社会说及其方法论的商榷》

经典原文

仰韶文化葬俗和社会组织的研究
——对仰韶母系社会说及其方法论的商榷

汪宁生

本文主旨不在复原仰韶文化的社会组织，而是对二十多年来流行的仰韶文化为母系社会①说及其方法论，略抒己见。

仰韶文化母系说，主要以多人合葬墓及有关现象为依据。按葬俗和社会组织的关系，19世纪以来即有人类学家和考古学家不断进行探索②。当今多数学者主张，可用墓葬材料探讨史前的社会组织，但有一定的局限性③。如婚姻形态、婚后居住方式之类问题，就“很难据考古学材料来决定”④。同一民族或同一文化的葬俗往往因地而异⑤。而葬俗之形成又多受宗教意识（即关于死后世界的信仰）所制约⑥。因此，葬俗“并不是活人生活方式的镜子”⑦。

正因为以葬俗对复原社会组织有天然的局限性，有些研究中国考古学或史

① “母系社会”或“母系氏族社会”，在国内不仅被用来指母系嗣继（matrilineal），还包括女方居住（matrilocal）或分别居住（duolocal）等概念在内。严格说来，世系传递和婚后居住方式之间并不一致。例如美拉尼西亚人和澳大利亚的一些部落实行母系，却是从男方居住的。参见罗维（R. H. Lowie）:《初民社会》，吕叔湘译，商务印书馆1935年版，第190页。

② B. Bartel. “A Historical Review of Ethnological and Archaeological Analyses of Mortuary Practice”, *Journal of Anthropological Archaeology*, Vol. 1, No.1（1982）.

③ L. R. Binford. “Mortuary Practices: Their Study and Their Potential”, *Approaches to the Social Dimensions of Mortuary Practices*, edited by J. A. Brown, Society for Americans Archaeology Memoir（25）, 1971. J. A. Tainter. “Mortuary Practice and the Study of Prehistoric Social Systems”, *Advance in Archaeological Method and Theory*, Vol I（edited by B. Schiffer）, New York: Academic Press, 1978, S. T. K. Hudson. *Culture in Retrospect*, Chicago: Rand Menally College Publishing Co, 1978, pp.382−384. I. Hodder, *The Present Past*: *An Introduction to Anthropology for Archaeologists*, London: B. T. Batsford Ltd, 1982, pp.144−145.

④ *Culture in Retrospect*, pp.382−383.

⑤ A. L. Kroeber. “Disposal of the Dead”, *American Anthropologist*, 29: 3 (1927).

⑥ P. T. Ucko. “Ethnography and Archaeological Interpretation of Funerary Remains”, *World Archaeology*, 1 (1969).

⑦ *The Present Past*: *An Introduction to Anthropology for Archaeologists*, pp. 139−140.

前史的学者，在论述仰韶文化时一般都不涉及关于母系社会的讨论，对于这一问题采取有所保留的态度[①]。

关于仰韶文化为母系社会的讨论，始于20世纪60年代初期。迄今专题论文已达十余篇[②]。最近《元君庙仰韶墓地》一书的出版，为仰韶文化母系说提供了系统的论证。由于论者甚众，意见纷纭，我们自不可能一一加以评说，而只能把持母系说学者一些共同的观点归纳为几个问题进行讨论。这些问题是：一座多人合葬墓是否必然是一个母系家族（或其他亲属集团）的共同葬身之处？墓葬中是否反映出有“母性本位”或“女性中心”的现象？是否存在“男女分别埋葬”习俗？

下面就对这几个问题，分别进行讨论和分析。

一、多人合葬墓不是母系家族的“缩影”

仰韶文化多人合葬墓是一种大的土坑中含有多人骨架的葬制。其中绝大多数是二次合葬，也有少数一次合葬，或在二次葬中又夹杂极少数的一次葬。含有多人合葬墓的遗址，多属于半坡类型，而且是半坡类型的晚期，或称“史家类型”[③]。仰韶文化其他类型（如后冈类型）也有发现，为数极少（见表14.1）。它的流行年代大约是从公元前5 000年中期到公元前4 000年，而在公元前4 000年中叶达到高潮[④]。

持母系说的学者有一个先入为主的看法，即这种多人合葬墓成员之间必然

① 例如夏鼐：《三十年来中国的考古学》，《考古》1979年第5期。安志敏：《略论三十年来我国的新石器时代考古》，《考古》1979年第5期；《中国的新石器时代》，《考古》1981年第3期。K. C. Chang. *The Archaeology of Ancient China*, New Haven: Yale University Press, 1977, pp.91–114.

② 参见《考古》1961年第12期；1962年第1、3、7、11期；1964年第4期；1965年第11期；1976年第3、6期；《考古学报》1981年第2期。

③ 巩启明：《试论仰韶文化》，《史前研究》1983年创刊号。

④ 经碳十四测定并树轮校正，多人合葬墓发现最多的两个遗址渭南史家和临潼姜寨（二期）的年代，分别为公元前3675年和公元前3690年。又安阳后岗仰韶文化地层的年代为公元前4185年和公元前4390年，见《中国考古学中碳十四年代数据集》，文物出版社1983年版，第79、128~129页。

存在着亲属关系。然对于这一点，除一再征引摩尔根《古代社会》所说“凡是亲骨肉，彼此的骨肉就永远不分离”[①]外，别无其他根据。

按埋葬是一种宗教行为。多人合葬墓既以二次葬为主，我们必须首先考虑一下二次葬的目的和意义。据专门研究原始葬俗学者的意见，二次葬是“把个别或全部的死者，从暂时储存处移入永久休息地定期的移动，这一移动为社会所认可”。它出于这样的信仰：人初死时灵魂仍在尸体附近徘徊，对活人构成一种威胁，必须待尸体腐烂，灵魂才脱离肉体。这时便要举行仪式，送灵魂去它应该去的地方，二次葬便是这种告别仪式的一部分，是死者得到最终安息的标志。在未举行二次葬前，活人若遇到不幸或灾祸，常认为是死者作祟，这时二次葬便要提前举行[②]。尽管各民族对死后世界信仰的具体形式有所不同，但二次葬都是为了送死者去到“永久休息地”，并免除死者对活人的可能危害。死者将和已死亲属会合和团聚，也是一种原始信仰，并曾表现于某些葬俗之中，但二次葬的主要动机并非如此。

国内少数民族历史上曾流行以洗骨为仪式中心内容的二次葬[③]，到了近代已多消失。然二次葬在国外原始民族中仍有保存，有单独举行的，有集体举行的。后者即与仰韶文化多人两次合葬有类似之处。我们若能不满足于《古代社会》有关葬俗的零星记载，广泛浏览一下世界上很多民族二次葬情况，即可看到一幅与以前想象完全不同的图画。

下面介绍一些民族的集体二次葬或二次葬仪式个别举行而遗骨仍合葬一起的材料。这些材料比起过去经常引用的《古代社会》的简单记录[④]，对仰韶文化葬俗的比较研究，似更切合。

---

① 摩尔根（L. H. Morgan）:《古代社会》，杨东莼、马雍、马巨译，商务印书馆 1977 年版，第 80 页。

② R. Huntington, P. and Metcalf. *Celebrations of Death*: *The Anthropology of Mortuary Ritual*, Cambridge: Cambridge University Press, 1979, pp.68−81.

③ S. S. Ling. “The Bone-Washing Burial Custom and Ancestral Bone Worship in Southeast Asia and Around the Pacific” , *Annals of Academic Sinica*. No. 2, Part 1 (1955).

④ 据《古代社会》（中译本，第 80~81 页），彻罗基（Cherokee）部落把死者尸骨合放在柜子中，柜子置于屋中，似乎是一种厝柩方式，原文记述很不清楚。而已经接受基督教并已移居保留地中的图斯卡罗腊（Tuscarora）部落，分明已实行单人一次葬，与仰韶文化多人二次合葬难作比较。至于易洛魁人的塞纳卡（Seneca）部落，也是实行单人一次葬的，而且“同一氏族并不总是埋葬在共同地址”，“他们是乱葬的”。由此正可证明葬俗中并不一定“体现”出亲属关系，可是这些话在讨论仰韶文化葬俗时很少被人提到。

让我们先从易洛魁人谈起。按易洛魁人曾有过各种不同的葬式，《古代社会》简单叙述过的单人土葬，只是他们的一种葬式。此外，还有一种和仰韶文化类似的多人二次合葬。摩尔根在另一本很少为国内学者引用的著作《易洛魁同盟》中这样写道："另一种非常特殊的埋葬方式也曾在他们之中流行。尸骨暴露在由柱子支撑的树皮架子上，或放在树枝上，尸体弃置在那里直至变为骨架。当这一腐烂过程在露天之下完成后，骨骼移入死者的房屋，或房屋旁边专为接纳它而准备的小树皮屋中，全家的骨骼由于活人对上辈的感情而像这样代代相传。然在若干年之后，或在大家感到不安全的时候，或在居住地即将放弃的前夕，经常是把整个社会附近所有骨骼收集在一起，置于一个公共休息地。这一习俗并不限于易洛魁人，美国各地发现很多埋骨的冢墓和洞穴，无疑应归之于这一习俗。在打开这些冢墓中，时常发现骨架一层一层放置着……"①(着重点是本文作者加的，下同)。这里所说墓中骨架一层一层放置的情况，与渭南史家②和临潼姜寨二期③的多人二次合葬墓情况尤为相似。从上述可见，即使实行母系的易洛魁人，并非是一个母系家族（或其他亲属集团）合葬在一起的。

这种习俗在北美印第安人之中确曾比较流行。与易洛魁人有密切关系的休龙人（Huron）也有同样的葬俗。他们相信，人死后灵魂将去"天上的村落"定居，每隔 12 年要为这段期间死者举行一次盛大的送别宴会，由亲属把骨骼从平台上或树上取下，在一系列繁缛仪式之后，在号啕大哭、唱歌和致词声中送到"村社的埋葬坑"中去④。虽然休龙人也实行母系，但集体二次葬时合葬一坑的却不属于一个母系亲属集团。

马达加斯加岛的梅里亚人（Merina），实行男方居住，并有按父系组成的大家族⑤，他们同样不按父系亲属关系合葬。每个村庄有几个石砌墓穴，任何居民婚后即要选择一个，作为自己将来藏骨之处，并从此担负起维修这墓穴的一份责任。人死数年以后，才将骨骼放入。对一个男子来说，可以选择祖父母的

---

① L. H. Morgan. *League of the Hode-no-sau-nee or the Iroquois*, Rochester: Sage and Brother Publisher, 1851, pp.172–173.

②《陕西渭南史家新石器时代遗址》，《考古》1978 年第 1 期，第 42 页。

③《临潼姜寨遗址第四至十一次发掘纪要》，《考古与文物》1980 年第 3 期，第 3、6 页。

④ H. E. Driver. *Indian of North America*, Chicago: The University of Chicago Press, 1969, p.376. A. M. Jr Josephy. *The Indian Heritage of America*, New York: Bantam Book Inc, 1968, p.93.

⑤ G. P. Murdock. *Ethnographic Atlas*, Pittsburgh: University of Pittsburgh Press, 1967, p.90.

或父母的遗骨所在墓穴，也可以选择妻方的墓穴。因此每个墓穴中之人骨，有男有女，有小孩。他们不属于某一世系（lineage），而是"当地居民相互混杂在一起……有些是血亲关系，有些是姻亲关系"①。

婆罗洲达押克人中的马尼安人（Ma'anyan）有和梅里亚人类似的葬俗，虽然那里二次合葬采取了火葬的形式。人死先进行土葬，当墓地尸体积累达二三百具时，由全村落集体举行一种名叫 idjambe 的二次葬火化仪式。火化有计划地分批进行，每人从属于一个"塔姆巴克"（tambak，原指一种支撑在柱子上盛放集体骨灰的木盒），同属一个"塔姆巴克"的成员便在同一批焚烧，骨灰也就合放在同一骨灰盒之中。按达押克人既缺乏母系氏族，又缺乏父系氏族，实行任意居住（ambilocal）或男方居住。同一"塔姆巴克"的成员并非属于同族，是由出生、婚姻或收养很多因素所决定的，而富有者还可自己另立一个，他便成为奠基者，"塔姆巴克"便以他命名。因此，马尼安人的一个骨灰盒，像上述梅里亚人一座合葬墓穴一样，所包括的不是某种亲属集团的遗骸②。

国外民族中也有以亲属集团为单位的进行二次合葬的情况。如印尼西里伯斯岛的托拉加人（Toradja），人死先存尸于村边小屋中，由专人看守，让尸体腐烂。每隔几年，为这段时期所积累之尸骨举行集体二次葬。若有流行病发生或老鼠成灾威胁稻米收成时，便归咎于"不安分的死者"，二次葬便要经常举行。举行仪式时，尸骨由村边小屋带入村内，扎成偶像并加面具，最后分别放入崖洞，和祖先及已死亲属的遗骨合在一起③。按托拉加人是实行女方居住的，但不存在母系氏族组织④。

复活节岛也流行二次葬。人死先将尸体置于石堆或木架上，让其腐烂后，再将骨骼移入一种名叫"阿胡"（Ahu）的石砌墓穴之中。有些"阿胡"中"骨骼多得使人不能置信"，往往属于同一族中先后死亡者⑤。复活节岛上无论母系

---

① M. E. F. Bloch. "Tombs and Conservation among the Merina of Madagascar", *Man NS* 3: 1 (1968). Ucko, P. T. "Ethnography and Archaeological Interpretation of Funerary Remains".

② A. B. Hudson. "Death Ceremonies of Padju Epat Ma'anyan Dayaks", *Sarawak Museum Journal*, 13: 27 (1966), pp. 351–358.

③ *Celebrations of Death*: *The Anthropology of Mortuary Ritual*, pp.83–85.

④ *Ethnographic Atlas*, p.94.

⑤ A. Me'traux. Ethnology of Easter Island, *Bishop Museum Bulletin* (160), 1940, pp.283–288.

或父系的氏族都不存在，实行双方居住，而以男方居住为主[①]。故一个“阿胡”之中合葬的仍非母系的亲属集团。

从上述类比材料可以看出，多人二次合葬无论其最后采取哪种葬法（土葬，火葬或崖葬），经常是当地居民不分亲属集团的集中埋葬。即使有的以亲属集团为单位，这亲属集团也并非就是母系家族。由此可证，绝不能把《古代社会》中“凡是亲骨肉，彼此的骨肉就应该永远不分离”那句话，当成规律性的现象。它最多能代表印第安人一个部落（彻罗基人）的信仰和习俗，而不能引申到数千年前相隔万里以外的仰韶文化，认为仰韶多人合葬墓必是亲属集团的“缩影”。

若干迹象表明，仰韶文化正像上述一些原始民族一样，多人二次合葬并不按亲属集团为单位进行。根据发掘者的观察，所有合葬都可肯定是同时埋入[②]。这使我们相信，当时是集体举行二次葬，墓中死者是先后死亡而通过一次共同的二次葬仪式后埋入同一墓穴的。

又根据已发表几个墓地的墓葬材料，一座多人合葬墓所包括的人数一般都是数十人之多。按仰韶居民尚经营不固定农业[③]，不可能形成大的村落和大的亲属组织。在正常情况下，一个亲属集团人数不过数十人，在一段时期内一般不可能有数十人死亡。像渭南史家 M5 有 51 具人骨[④]，元君庙 M426 有 25 具人骨[⑤]，姜寨二期一墓中遗骸竟达 70 至 80 具之多[⑥]，若谓出自同一个族，是很难令人置信的。但如谓包括一个部落或一个村落在一段时期内所有死亡者，则没有什么奇异之处。从已发现几个村落遗址的房屋数字来分析，一个村落大约包含 50 至 100 座房屋，即 50 至 100 户（Household）[⑦]。这些村落中“大房子”乃公

① *Ethnographic Atlas*, p.102.

②《元君庙仰韶墓地》，文物出版社 1983 年版，第 58 页。

③ *The Archaeology of Ancient China*, pp.97–98.

④《考古》1978 年第 1 期，第 48 页。

⑤《元君庙仰韶墓地》，第 118～119 页。

⑥《考古与文物》1980 年第 3 期，第 6 页。

⑦ 宝鸡北首岭晚期原始村落在中心广场周围共有 49 座房子（《宝鸡北首岭》，第 127 页）。西安半坡除 1 号“大房子”外，共发现 45 座房屋，但并非属同一时期（《西安半坡》，第 9、38 页）。临潼姜寨第一期文化有房屋 100 多座，包括 4 座“大房子”（《考古与文物》1980 年第 3 期，第 3 页）。

用的集会房屋[①]。作为各户居住的中小型房屋，面积一般为20—30平方米[②]。根据我在西南少数民族之中调查的体验，这样一座原始房屋一般可容纳5人至6人，则仰韶一个普通的村落可能共有二三百人。这样规模的村落在一段时期内共有数十人死亡，自是可能的。临潼姜寨村落较大（有100多户），故只有那里出现人数较多的合葬墓，这一点并非偶然。

因此，一座多人合葬墓应包括一个村落一段时期内所有死亡者。至于那些人数很少的二次合葬墓，则可能由于一段时期内死亡者很少；或像上述托拉加人一样，由于某种灾祸而归咎于死者，二次葬仪式频繁举行所致。

总之，我们没有办法断定，仰韶文化多人合葬墓死者出于一个母系家族。而目前可以肯定他们之间的关系，只是死亡相近共享最后的二次葬仪式而已。即使像华阴横阵15座多人合葬墓分布于三个大墓穴之中所谓"大坑套小坑"现象[③]，亦可得到合理的解释。这可能像上述马尼安人那样，是当时集体二次葬分批进行的结果。"大坑"中埋的是一次集体二次葬仪式的全体死者，"小坑"中则是同一批埋入的遗骸。

仰韶多人合葬墓解释为母系家族或某种亲属集团的"缩影"，还有一个最大的困难，这就是单人墓葬的普遍存在。

按仰韶文化以空间言，遍及陕、豫、晋、冀、甘诸省，北到河套地区，南达湖北境内。以时间言，延续达2 000年之久，碳十四测定的50多个数据表明，约为公元前5 000—公元前3 000年[④]。从20世纪60年代起，学者们即开始对仰韶文化按地区并区分类型进行研究[⑤]。现在材料积累更多，共区分出半

① 汪宁生:《中国考古发现中的"大房子"》,《考古学报》1983年第3期。

② 临潼姜寨（一期）和西安半坡中小房子面积一般约为20平方米（《考古与文物》1980年第3期，第3页;《西安半坡》，第9页）。宝鸡北首岭小型房屋面积在8.7~34.2平方米。另有3座大型房子，面积有达85.5平方米者（《宝鸡北首岭》，第12~13页），或可能是首领所居的"大房子"。

③《陕西华阴横阵发掘简报》,《考古》1960年第9期。

④ 夏鼐:《碳-14测定年代与中国史前考古学》,《考古》1977年第4期。安志敏:《碳-14断代和中国新石器时代》,《考古》1984年第3期。

⑤ 杨建芳:《略论仰韶文化和马家窑文化》,《考古学报》1962年第1期。苏秉琦:《关于仰韶文化的若干问题》,《考古学报》1965年第1期。严文明:《论半坡类型和庙底沟类型》,《考古与文物》1980年第1期。

坡、庙底沟、西王村、后冈、大司空等类型，并能排出彼此之间的先后序列①。现已查明，多人合葬墓主要发现在半坡类型后期。不仅此后一直流行单人葬，而且在此以前即已存在单人葬。有些遗址（如临潼姜寨、淅川下王岗）上层为多人二次合葬，下层为单人一次葬。有些遗址（如华县元君庙）中多人二次合葬与单人一次葬同时并存（表 14.1）。值得注意的是，在作为仰韶文化前身的裴李岗文化②和李家村文化③诸遗址中，单人的仰身直肢的一次葬更是唯一的葬式④。

假如多人合葬墓代表母系家族，则这大量存在的单人墓又代表什么社会组织？很多人曾把单人葬和少数男女合葬作为是母系氏族解体，父系个体家庭出现以后的产物。若把仰韶文化以前的或仰韶文化早期的这些单人墓也看作父系个体家庭的象征，岂非又与他们信奉的从母系到父系的模式相矛盾？这是持仰韶母系说的学者们常避而不谈或感到“无法解释”的问题。而若不能对此种普遍的葬式——贯穿中国各个时期的单人葬，也能从社会组织方面进行解释，其他一切复原都是没有说服力的。

■ 二、“女性本位”之说不能成立

仰韶葬俗中还被认为有“女性居于本位”或“以女性为中心”的现象。然细加考查，所谓“女性本位”现象并不存在。

---

①《新中国的考古发现和研究》，文物出版社 1984 年版，第 42～53 页。

② 安志敏：《裴李岗、磁山和仰韶：试论中原新石器文化的渊源及发展》，《考古》1979 年第 4 期。

③ 魏京武：《李家村新石器时代遗址的性质及文化命名问题》，《中国考古学会第一次年会论文集》，文物出版社 1979 年。

④ 这类遗址中的单人墓葬有新郑裴李岗 114 座（《河南新郑裴李岗新石器时代遗址》，《考古》1978 年第 2 期。《裴李岗遗址 1978 年发掘报告》，《考古》1979 年第 3 期。《1979 年裴李岗遗址发掘报告》，《考古学报》1984 年第 1 期）、密县莪沟 68 座（《河南密县莪沟北岗新石器时代遗址发掘简报》，《文物》1979 年第 5 期）、西乡李家村 1 座（《陕西西乡李家村新石器时代遗址 1961 年发掘简报》，《考古》1962 年第 6 期）、西乡何家湾 22 座（《陕西西乡何家湾新石器时代遗址首次发掘》，《考古与文物》1981 年第 4 期）、秦安大地湾 81 座（《甘肃秦安大地湾新石器时代早期遗存》，《文物》1981 年第 4 期）。

表 14.1　仰韶文化含有多人合葬墓诸遗址的各型墓葬统计表

文化类型	遗址	土坑墓									瓮棺墓	资料来源	备注
		合葬				单人葬				总计			
		二次	一次	葬式不明	小计	二次	一次	葬式不明	小计				
半坡	西安半坡		2		2	5	170		175	177	73	《西安半坡》第198~216页	（1）瓮棺墓中多葬儿童，也有少数成人，如宝鸡北首岭、临潼姜寨一期和二期都有这种情况。 （2）合葬墓中有二次葬和一次葬混合的情况，均统计入“二次”栏中。 （3）有些遗址已公布的墓葬数字不够详明，概加问号。
半坡	宝鸡北首岭	7	6	1	14	35	310	26	371	385	66	《宝鸡北首岭》第6~114、157~182页	
半坡	华阴横阵	24（？）			24					24	5	《考古》1960年第9期，第5~9页	
半坡	华县元君庙	24	2	2	28	9	5	2	16	44		《元君庙仰韶墓地》第16~24、86~105、111~127页	
半坡	临潼姜寨（一期）	2（？）			2	6（？）	168（？）		174	176	236（？）	《考古》1973年第3期，第134~145页；1975年第5期，第280~284页 《考古与文物》1980年第3期，第1~13页	
	临潼姜寨（二期）	180（？）			180（？）					180（？）	40（？）		

续表

文化类型	遗址	土坑墓									瓮棺墓	资料来源	备注
		合葬				单人葬				总计			
		二次	一次	葬式不明	小计	二次	一次	葬式不明	小计				
半坡	渭南史家	40			40		3		3	43		《考古》1978 年第 1 期，第 41～53 页	
半坡	芮城东庄村	2			2		2		2	4	1	《考古学报》1973 年第 1 期，第 10～11 页	
后冈	安阳后冈	2	1		3		7		7	10		《考古》1972 年第 3 期，第 15 页； 第 5 期， 第 9 页；1982 年第 6 期，第 582 页	
	淅川下王岗（早一期）						22		22	22		《文物》1972 年第 10 期，第 6～17 页 《新中国考古发现和研究》，第 66 页	
	淅川下王岗（早二期）	32（？）			32（？）		26（？）		26（？）	64	3		
	郧县大寺	1			1		6		6	7		《考古》1961 年第 10 期	

（一）关于“子女与母亲合葬”

元君庙有3座成年女性和小孩的合葬墓，被断定为子女和母亲的关系。以此证明当时社会上“女性居于本位”和实行母系嗣继。

按仰韶文化儿童普遍采取瓮棺葬的葬式[①]，而在一些多人二次合葬墓流行的地方（渭南史家、华县元君庙），迄无瓮棺葬的发现，小孩和成人一样实行集体二次合葬。在大多数情况下，小孩是和男女成人一起合葬的，并非只限成年女性。例如，渭南史家40座多人合葬墓中有20座包括小孩，成年人中男女都有，没有一座是小孩只和女性成年人合葬墓。元君庙25座合葬墓中有15座是男女小孩混合葬，小孩和成年女性合葬仅3座（M420[②]、M455、M457）。这三座墓也是整个仰韶文化半坡类型近千座墓中仅有的3座（表二），以此反映当时社会上存在母系嗣继，未免证据不足。

既然大量存在的是成年男女和小孩混合埋葬的现象，可见并不存在小孩必须和女性合葬的制度。如上所述，多人二次合葬墓不过是把一段时期内全部落或全村落死者集中起来共同举行仪式后留下来的，假如这段时期内死者只有成年女性和小孩，自然会形成上述三座墓的情况。他们之间有无亲属关系是无法断定的。至于说墓中死者是子女和母亲的关系，更属推测而已。

（二）关于多人二次合葬墓中的少数妇女一次葬

元君庙多人二次合葬墓中的一次葬者有些是妇女，也被认为属于“妇女本位”的现象。

按夹杂一次葬的多人合葬墓仅发现8座，一次葬者或一人或二人；有女性，也有男性（如M456）[③]；有小孩（如M405），还有一男一女一次葬而他人二次

① 李仰松：《谈谈仰韶文化的瓮棺葬》，《考古》1976年第6期。

② 此墓骨骼的性别，当时鉴定者就“未作详细记录”，未列入《人骨年龄性别鉴定表》，故此墓中成人是否女性尚有疑问。又两小孩是因随葬骨笄和骨珠而定为“女孩”，亦令人不无怀疑。按骨笄在男子身旁亦见（《元君庙仰韶墓地》，第41页），并非女性特殊用物。我国自古男子束发，自必用笄。至于骨珠，在姜寨一座男孩墓M22中亦有发现（《考古》1973年第3期，第137页）。

③ 此墓合葬七人，一次葬者为两个50岁左右的男性。这是一次葬为突出妇女说的最大障碍，于是出现这样的解释：“男性老人拥有较尊地位是母系制时代的习俗。”现代人类学告诉我们，除了少数贱老的民族（如爱斯基摩人［今称因纽特人——编者注］和某些印第安部落）外，男性老年人由于富有生产经验和熟悉本族文化，在任何类型原始社会中都受人尊敬。

葬的情况（如M453）。并非只有女性才能实行一次葬。因此，我们实在看不出这与男女地位有什么关系。

此外，以一次葬者地位较尊居于本位，而二次葬是迁来与之合穴的说法，也殊违原始民族的信仰。民族志材料表明，实行二次葬习俗的民族都视二次葬为最后的对死者更为重要的葬仪。例如婆罗洲的贝拉万人（Berawan），二次葬仪式比第一次埋葬要隆重得多，被认为是死者的一种荣耀①。一个民族若实行几种葬式，二次葬者社会地位总是高于采取其他葬式的人。例如，澳大利亚的翁加里宁（Ungariyin）部落，只有经过成丁礼的成年男子才能行二次葬②。新几内亚巴布亚人，仅有钱的人才享受二次葬的待遇③。印尼的巴厘人（Bali）亦是如此，虽然那里富人的二次葬采取了火葬的仪式④。

对元君庙的二次葬和一次葬来说，根本不存在社会地位高低的问题，因为两者并非只限于某种性别或年龄的死者所采用。多人二次合葬中夹杂一次葬这一现象之形成，当由于举行集体二次葬仪式时，有人新死未葬，或葬后不久而尸体未腐，然亦同时参加仪式，以免危害于人。这便是数千年后我们看到骨骼未乱的原因⑤。这虽是一种推测，若考虑到合葬墓中一次葬者人数总是很少，最多不超过两人，这一推测也许是合理的。对那少数“一次合葬墓”的死者，也可作同样的推测，是尸体未腐就举行二次葬的结果。

（三）关于“妇女厚葬”

“女性本位”另一现象据说是妇女随葬陶器数量较多。

按合葬墓中随葬陶器不是分别置放的。如元君庙合葬墓中陶器，就“难

---

① 这里二次葬是单人举行的，称为“卢兰”（nulang），最后骨骼放入瓮中（P. Metcalf. *A Borneo Journey into Death*: *Berawan Eschalology from Its Rituals*, Philadelphia: University of Pennsylvania Press, pp.81–84, 167; pp.4–5）。此与仰韶文化一些遗址（如临潼姜寨）的少数成人瓮棺葬，又可对照研究。

② A. P. Elkin. *The Australia Aborigines*, Australia: Angus & Robertson Publishers, 1974, (first Published in 1938), pp.356–357.

③ Pospisil, L., *The Kapauku Papuans*, New York: Holt, Rinehart and Winston, 1965, pp.35–37.

④ *Celebrations of Death*: *The Anthropology of Mortuary Ritual*, pp.85–86.

⑤ 邵望平：《横阵仰韶文化墓地的性质与葬俗》，《考古》1976年第3期。

于判明属于哪一个个体”[①]。不同类型合葬墓之间也难于比较。唯一可以比较的是男女单人墓。从《元君庙仰韶墓地》(第78页)的统计表中可以看出，男墓和女墓陶器数量相差不大，随葬陶器最多的一座墓(M12)属于男性，共有12件。虽然如此，我们并不认为，此男子社会地位较高。即使是非常原始的民族，因能力较强及其他优越条件，个人及家庭可以拥有较多的日常用具、较完备的生产工具和较精致的装饰品。一种普遍的原始葬俗是人死即以生前所用之物随葬。仰韶文化墓葬随葬品情况正是如此。据观察，元君庙随葬陶器有烟熏、水锈痕迹，都是“实用器”。因此，一个人(无论其为男性或女性)墓葬中多了几件陶器而别无特殊之处，只能说明生前日用之物较多，丝毫不能证明在葬礼中对他(她)们有何厚待之处。《元君庙仰韶墓地》(第53页)曾正确地写道：尽管有人随葬品稍多，“死者经济生活大体上是平等的”，“生前身份是平等的”。当然同样不能因为多一两件随葬陶器，就能证明男女身份之不同。

少数女孩或少女得到厚葬的现象，也是经常提出讨论的问题。被作为母系社会证据这样的墓仅有3座，即(1)西安半坡M152[②]，(2)临潼姜寨M7[③]，(3)华阴元君庙M429[④]。可以认为，这几座墓确较特殊，儿童竟拥有比成人还多的随葬品。特别是半坡M152和姜寨M7，在当地儿童葬入瓮棺情况下，独有她们采取单人土坑葬。半坡M152还有木板做的葬具，更显得与众不同。但是，他们在埋葬时受到厚待，仅仅因为她们是女孩吗？以元君庙墓地来说，共发现约30个小孩的骨骼，绝大部分未作性别鉴定(按小孩骨骼确是很难鉴定性别的)，其中自有若干女孩在内。若当时是普遍重视女孩，为什么只有M429的两个女孩得到厚葬？还有一个常被忽略的问题是，姜寨第一次发掘中除那座女孩墓(M7)外，同时还发现一座7岁左右的男孩墓(M22)。此墓随葬有陶器4件、刮削器1件、石凿1件、骨笄2件、骨匕3件及骨珠等，随葬品之丰富较之女孩墓有过之而无不及。由此可见，仰韶墓葬中同样有男孩厚葬的例子。

---

①《元君庙仰韶墓地》，第76页。然该报告又认为M444的随葬陶器有突出其中两位妇女的现象。经查对有关插图，尚难看出这一点。

②《西安半坡》，文物出版社1963年版，第214~216页。

③《1972年春临潼姜寨遗址发掘简报》，《考古》1973年第3期，第136~137页。

④《元君庙仰韶墓地》，第93页。

无论男孩或女孩，其所以能受到厚葬，绝非因为他（她）们的性别，而应有其特殊条件。一位研究葬俗和社会的学者写道：“假如考古学发现儿童埋葬比成人还要隆重的话，则大概可说明出生于较高的社会等级。”[①]

按原始社会（即简单社会）中，人们没有像后世一样的等级或阶级划分，但仍因职业、职务、个人能力和品质不同而形成不同的社会地位（status）。头人、巫师、战争中的英雄、军事首领，一般都处于较高的社会地位，其家人及小孩亦能因此受到村人的尊重。当然小孩也有因自身担任特殊职务或出于宗教原因（如在仪式中担任重要角色）而享有比同伴较高社会地位的。美国人类学家 M. 米德记述萨摩亚人（Samoa）有一种制度，有些女孩子可参加一种称为 taupo（意为“公主”）的组织。她们专门接待邻村的来访者，在仪式中充当服务人员，在一些场合成为首领妻子的助手。因此，她们地位高于原来的女伴，受到村人的尊敬，甚至头人和家族长妻子们也要以一种恭敬的口气对她们说话。她们的婚礼成为全村的大事[②]。

仰韶社会和萨摩亚人社会自有不同。然由此可以旁证，仰韶小孩厚葬墓（3 座女孩，1 座男孩）所反映的只能是他（她）们的家庭地位或自身条件较好，而与其性别无关。更谈不上和整个社会的世系嗣继有何联系。如上述萨摩亚人有些女孩子受到特殊待遇，并非那里实行母系。萨摩亚人是实行双方居住[③]，而且以父权强大而著名的。

三、“男女分别埋葬”问题

这个问题是由宝鸡北首岭 1958—1960 年发掘的简报所引起的。简报中说：“人死后是男女分别埋葬。”[④] 后来这一点便被解释为兄弟和姐妹的分别埋葬，是母系氏族社会才有的现象。但经过 1977—1978 年的发掘，又对过去发掘材料

---

① J. A. Tainter. “Mortuary Practice and the Study of Prehistoric Social Systems”, p.106.

② M. Mead. *Coming of Age in Samoa: A Psychological Study of Primitive Youth for Western Civilization*, New York: Morrow Quill Paperbacks, 1973（first Published in 1928）, pp.16–18.

③ *Ethnographic Atlas*, p.98.

④《宝鸡新石器时代遗址第二、三次发掘的主要收获》，《考古》1960 年第 2 期，第 7 页。

进行核实，在正式报告中已否定了这一长期流行的误传，以考古工作者应有的严肃性和实事求是精神指出简报所说“是不确当的。……无论同一墓地或同一墓穴都有男女错杂的情况”①。

现在查明，在仰韶文化中没有哪个墓地有将单人墓按男女分片排列的情况。多人合葬墓中属于同性别合葬者，也寥寥可数。以北首岭来说，14 座多人合葬墓中同性合葬墓仅 2 座，其他遗址每处不过一两座。大量存在的是男女混合埋葬（表 14.2）。

同性合葬极不普遍，根本不能构成一种葬俗，要用它来复原某种社会组织，其不可靠性已不言自明。

但我们仍愿在此澄清一个问题。云南摩梭人有一种男女之间不建立家庭的婚制及其葬俗，常被用来说明仰韶同性合葬墓，因为摩梭人死后是葬于本氏族的墓地，而且男女分别排列②。姑不论摩梭人实行单人一次火葬，与多人二次合葬很难类比；更重要的是像摩梭人那样的婚姻居住形式称为“分别居住”（duolocal），是很特殊的习俗。据统计，在世界 563 个文化和民族单位中，实行这种居行方式的只有 4 例③。没有理由认为，仰韶文化恰好也实行这样的婚姻制度。假如认为同性合葬墓是在这种婚制下母系氏族中兄弟和姐妹的分别埋葬，则大量存在的男女混合埋葬，岂非把不能通婚的兄弟、姐妹或其他母系亲属统统埋在一起了？为何只有那少数同性合葬墓成员遵循近亲回避的原则呢？

按照我们的看法，这少数同性合葬墓同样不难得到解释。既然多人二次合葬是为社会上一段时期所有死者举行集体二次葬的结果，假如这段期间死者只有男性，便出现了男性合葬墓；只有女性，便出现了女性合葬墓。

最近又有学者不满足过去对同性合葬墓的解释，参考贵州黎平侗族和海南岛黎族等葬俗，提出同性合葬是不同性别按年龄等级的分别埋葬④。这确是一种较好的想法。按年龄等级（age grade）确是原始社会（简单社会）普遍存在的一种组织，按照年龄等级进行埋葬也是实际存在过的一种葬俗。除所举国内少数民族情况外，还可举澳大利亚人为例。在维多利亚及墨累（Murray）河地

---

①《宝鸡北首岭》，文物出版社 1983 年版，第 123 页。

② 宋兆麟：《云南永宁纳西族的葬俗——兼谈对仰韶文化葬俗的看法》，《考古》1964 年第 4 期。

③ G. P. Murdock. *Atlas of World Culture*, Pittsburgh: University of Pittsburgh Press, 1981.

④ 夏之乾：《谈谈同性埋葬习俗》，《史前研究》1984 年第 4 期。

表 14.2　仰韶文化多人合葬墓的成员组成统计表

遗址	多人合葬墓总数	成人合葬墓				成人与小孩合葬墓			小孩合葬墓	性别年龄不明	资料来源
		男—女	男—男	女—女	小计	男—女—小孩	女—女—小孩	小计	女—女		
西安半坡	2		1	1	2						《西安半坡》第 206 页
宝鸡北首岭	14	1	2		3					11	《宝鸡北首岭》第 157~182 页
华县元君庙	28	3	2	1	6	15	3	18	1	3	《元君庙仰韶墓地》第 68、110~127 页
渭南史家	40	19	1		20	20		20			《考　古》1978 年第 1 期，第 48~49 页
芮城东庄村	2	1	1		2						《考古学报》1973 年第 1 期，第 11 页。

区，老人、成年人、年轻人、妇女、儿童各有不同的葬式和葬仪[①]。但对于同性合葬成为普遍现象的地区（如兖州王因[②]），这一解释也许是适用的，要以此说明仰韶文化葬俗还有一定的困难。因为仰韶多人合葬墓不仅是男女混合埋葬，而且经常是男女老幼都有，不分性别和年龄。

结语

通过以上分析，可以看出仰韶母系说的论据是不充分的。仰韶文化是否为母系社会还不能作出最后的结论。当然我们也无意赞同以葬俗证明仰韶文化就是父系社会或处于“从母系到父系”过渡阶段，因为我们至今还没有一套利用葬俗复原社会组织的有效方法。这除了墓葬材料本身的局限外，还由于原始社会并非简单地分为母系和父系两个阶段或两种类型，情况要复杂得多[③]。正是因为如此，从考古学上复原一个社会“最大困难就在亲属制度和世系方面”[④]。

本文及作者另一篇文字[⑤]就是为了指出我国目前从考古学上复原社会组织的研究工作中存在的问题而写的。

但是，我们仍然高度评价前人（包括持母系说的学者）利用考古材料探索史前社会组织的努力，主张继续这方面的探索，而不断改善研究方法。

我想，今后在以葬俗研究社会组织时，在方法论方面下述几点应引起自己和同行的注意：

首先，应该重视埋葬制度中那些带有普遍性的事物，如研究仰韶文化多人

---

① *The Australia Aborigines*, pp.314–315, 357–358.

② 兖州王因大汶口文化墓地发现的大批二次合葬墓，“往往都是男性成年人”，如M2240的22个个体能辨别者多为男性。又有一次合葬墓22座，其中男性合葬10座，女性合葬7座（参见《山东兖州王因新石器时代遗址发掘简报》，《考古》1979年第1期，第7页）。

③ 根据现代人类学的研究，在世系嗣继方面，除了父系和母系方面，还有双系（bilateral descent）、任意选择世系（ambilateral descent）等形式。在婚姻居住方式方面，除了女方居住、男方居住及分别居住外，还有单独居住（neolocal）、双方任意居住（ambilocal）、舅方居住（avunculocal）等方式。这些其他形式合起来，占有很大的比例（*Atlas of World Culture*, pp. 133–134）。

④ *Culture in Retrospect*, p. 385.

⑤《中国考古发现中的“大房子”》，《考古学报》1984年第3期。

二次合葬墓，男女老幼混合埋葬是普遍现象；不能只抓住个别现象，如极少数的小孩和女孩合葬、同性合葬等。

第二，为了更好地复原一个社会的面貌，要采取民族考古学（ethnoarchaeology）的方法，从民族志中搜集资料进行类比。但类比材料必须是经过选择的和恰当的。例如，仰韶多人二次合葬墓只能和一些民族保存的二次合葬习俗相类比。

第三，我们还要不断注视新的研究方法。如最近有国外学者对墓葬遗骸作遗传学的研究，寻找不同性别个体的骨骼上可能有的遗传特征，确定彼此间的关系，从而探索婚后居住方式及其他问题①。这类方法是值得我们借鉴的。

最后，研究问题要从实际情况出发，永不满足于现成的结论。摩尔根《古代社会》一书出版至今已有 108 年，我们当然不能继续采用其中已被事实证明是不正确的说法和那陈旧的模式。我们应该根据中国考古学 30 多年来积累的丰富资料，重新研究中国原始社会史，包括社会组织之类问题。

（选自《民族考古学论集》，文物出版社 1989 年版）

① D. H. Thomas. *Archaeology*, New York: Holt, Rinehard and Winston, 1979, pp.322–323.

李仰松与《我国谷物酿酒起源新论》

经典导读

李仰松，1932年生，陕西临潼人，我国著名的民族考古学家。1954年毕业于北京大学历史系考古学专业，留校任教，1997年从北京大学考古文博院教授岗位上退休。主讲“中国新石器时代考古”“原始社会史与民族志”课程。所著《民族考古学论文集》。《云南省西盟佤族制陶情况》(《考古通讯》1958年第2期)、《从佤族制陶探讨古代陶器制作上的几个问题》(《考古》1959年第5期)等论文在学术界产生了广泛的影响。

李仰松在大学上学期间，先后以学员、辅导员身份参加全国考古工作人员训练班，分别在二里岗、陕县、灵宝和洛阳等地参加考古发掘、资料整理、报告编写和调查。在担任林耀华教授“新石器时代考古”“原始社会史与民族志”两门课程的助教期间，对民族考古学产生浓厚兴趣。在林耀华鼓励下，1956年参加了国家民族事务委员会组织的少数民族社会历史调查，在对云南西盟佤族地区进行全面深入调查基础上，写出了多篇调查报告和民族考古学文章。从20世纪50年代至80年代，他还带领考古专业本科生分赴陕西西安半坡、河南洛阳王湾、河北邯郸、陕西华县泉护、河南安阳殷墟苗圃北地、江西清江筑卫城、山西翼城曲沃天马—曲村等遗址进行考古实习。90年代，带领硕士生赴云南和海南岛进行民族考古调查。李仰松的考古研究以史前考古为重点，在他主持的洛阳王湾遗址发掘和主编的《洛阳王湾》考古发掘报告及其他有关论文中，根据生产工具的特点将中国原始文化划分为五个不同的经济文化类型的观点，提出的王湾遗址一、二、三期文化的观点，王湾三期文化（即河南龙山文化）是早期夏文化的观点等，在学术界都有一定的影响。

李仰松的民族考古研究，尤其是将史前考古与民族志结合研究提出的诸如陶器的起源，谷物酿酒的起源，佤族葬俗对理解新石器时代葬俗的启示，少数民族木、石、骨类生产工具对理解考古出土生产工具功用研究的启示等，都有积极意义，对中国新石器时代考古学和民族考古学学科体系的建设，做出了有益的贡献。

《我国谷物酿酒起源新论》一文，根据李仰松在西盟佤族调查所见以及少数民族普遍流行用谷物酿酒和喝酒的情况，结合考古发现的七八千年以前已有剩余谷物储藏实例、商周普遍使用盛酒饮酒器具等资料，对我国历史上的酿酒起源进行了研究，提出了很有说服力的认识，认为"农业的产生与谷物酿酒有密切关系，……二者产生年代大体是新石器时代早期，距今约八千年以前"，仰韶文化常见的小口尖底瓶、漏斗状陶器可能都与酿酒有关，仰韶文化双连壶等有可能就是酿酒发展到一定阶段在特殊场合使用的饮酒器具，酿酒与阶级起源没有关系。并且提醒大家，还可以从原始社会巫术寓意的角度研究谷物酿酒与饰有蜥蜴图像陶器用途的关系切入，而且有必要做些模拟实验。这些研究成果、路径和方法，对于深入进行考古研究都有启发作用。

—— 延伸阅读文献目录：

1. 李仰松：《对我国酿酒起源的探讨》，《考古》1962 年第 1 期。
2. 李仰松：《试谈我国新石器时代出土的"双连杯"和"三耳杯"及其有关问题》，《中原文物》1980 年第 4 期。
3. 李仰松：《民族考古学论文集》，科学出版社 1998 年版。
4. 北京大学考古文博学院、北京大学中国考古学研究中心编：《考古学研究（十）》，科学出版社 2012 年版。

（李伯谦 撰）

—— 原文：《我国谷物酿酒起源新论》

经典原文

我国谷物酿酒起源新论

李仰松

前言

我国谷物酿酒的历史悠久，古代文献中记载有“清醠之美，始于耒耜”（《淮南子·说林训》），“仪狄始作酒醪，变五味。杜康作酒，少康秫酒”（《世本·作篇》）等。考古发掘远古遗存和民族社会考察中，也发现了一些关于谷物酿酒的实物资料。20世纪60年代初，笔者曾就当时已知的考古材料和民族志资料研究谷物酿酒的起源，认为中国谷物酿酒的起源应在仰韶文化时期[①]，不同意“把谷物酿酒起源和阶级社会开始相联系的观点”[②]，认为二者没有必然的因果关系。之后，笔者又根据河姆渡文化，磁山、裴李岗文化中发现的农作物及大量有关遗物、遗迹等资料，确认当时人们早已具备了谷物酿酒的条件[③]。

20世纪80年代初，学界曾发表过几篇论及谷物酿酒的文章，如《大汶口墓葬出土的酒器》[④]《考古发现中的陶缸与我国古代的酿酒》[⑤]，文中引用了大量考古材料，对我国谷物酿酒资料作了新的补充。但作者均认为中国谷物酿酒的历史始于大汶口文化。此说将时代说得未免过晚，与实际还有距离。

在《中国酒文化研究文集》一书中，一些学者又根据考古发掘资料认为

① 李仰松：《对我国酿酒起源的探讨》，《考古》1962年第1期。

② 张子高：《论我国酿酒起源的时代问题》，《清华大学学报》1960年第7卷第2期，第31页；方杨：《我国酿酒当始于龙山文化》，《考古》1964年第2期。

③ 李仰松：《我国新石器时代出土的“双连杯”和“三耳杯”及其有关问题》，《河南文博通讯》1980年第4期，第17页，注③。

④ 李健民：《大汶口墓葬出土的酒器》，《考古与文物》1984年第6期。

⑤ 王树明：《考古发现中的陶缸与我国古代的酿酒》，见《海岱考古》第一辑，山东大学出版社1989年版。

“磁山（文化）时期已具备了曲蘖酿酒的条件”[①]，“把我国谷物酿酒起源定在新石器时代早期阶段之中是比较合乎实际的”[②]。这些意见与笔者论点是一致的。

近年，笔者在研究我国谷物酿酒起源课题时，通过对我国新发现的谷物遗存、考古出土的酒器、蜥蜴图像陶器和民族志有关材料的研究，又得出一些新的认识，本文将对此作进一步的补证。

一、我国谷物遗存的新发现

20 世纪 60 年代初，笔者在拙著中曾例举西安半坡仰韶文化中出土的谷物——粟为酿酒原料[③]。之后，我国考古工作者陆续发现比仰韶文化年代更早的谷物。如 1974 年，浙江省余姚县河姆渡遗址发掘出 7 000 年前的稻谷，经专家鉴定有籼稻和粳稻[④]；1977 年，河北省武安县磁山遗址灰坑中发现大量粮食堆积，经灰像分析为粟类[⑤]；1977—1979 年，河南省新郑县裴李岗遗址发现有大量石磨盘、磨棒、石镰等有关农作物生产工具和少量的炭化谷物，初步观察为粟[⑥]；1980 年，甘肃省秦安县大地湾一期文化灰坑底部发现炭化植物种子，经鉴定为稷（Panicumiliaceum）[⑦]；1988 年，湖南省澧县彭头山遗址，经体视显微镜观察，遗址陶片中夹有大量稻壳和稻谷[⑧]。另外在湖北宜都（今枝城）

---

① 唐云明等：《试论河北酿酒资料的考古发现与我国酿酒的起源》，见《中国酒文化研究文集》，广东人民出版社 1987 年版。

② 蒋英炬：《酿酒起源辨》，见《中国酒文化研究文集》，广东人民出版社 1987 年版。

③ 李仰松：《对我国酿酒起源的探讨》，《考古》1962 年第 1 期。

④ 浙江省文物管理委员会等：《河姆渡遗址第一期发掘报告》，《考古学报》1978 年第 1 期；浙江省文管会等：《河姆渡发现原始社会重要遗址》，游修龄：《对河姆渡遗址第四文化层出土稻谷和骨耜的几点看法》，《文物》1976 年第 8 期。

⑤ 邯郸市文物保管所等：《河北磁山新石器遗址试掘》，《考古》1977 年第 6 期；河北省文物管理处等：《武安磁山遗址》，《考古学报》1981 年第 3 期。

⑥ 开封地区文物管理委员会等：《河南新郑新石器时代遗址》，《考古》1978 年第 2 期；《裴李岗遗址发掘报告》，《考古学报》1984 年第 1 期。

⑦ 甘肃博物馆等：《一九八〇年秦安大地湾一期文化遗存发掘简报》，《考古与文物》1982 年第 2 期。

⑧ 湖南省文物考古研究所等：《湖南澧县彭头山新石器时代早期遗址发掘简报》，《文物》1990 年第 8 期。

城背溪遗址、山东胶县三里河大汶口文化、甘肃东乡林家遗址马家窑文化和临夏马家湾遗址等均发现有农作物遗存。可见新石器时代，公元前6 000年至公元前2 000年之间，我国长江流域与黄河流域的广大地区，均分布有丰富的农作物。

迄今所知，我国新石器时代遗址中出土的农作物种类主要是粟（小米）、稷、糜子、稻谷和高粱米[①]等。此外，还有其他种属的农作物。根据考古发掘得知，粟、稷、稻谷等作物是我国境内的主要粮食来源，它们多出自灰坑（窖穴）、房址、文化层和夹杂在红烧土块，陶器掺和料中，往往全都炭化或已腐朽为颗粒状。在我国黄土地带，也有将粟粒储存在当时的陶瓮（罐）中，或作为随葬品埋在地下。

据河姆渡遗址和磁山遗址的发掘，新石器时代我国稻谷和粟的种植已相当发达，人工栽培的谷物已有悠久的历史。

在河姆渡遗址500平方米的发掘范围内，普遍发现由稻谷、谷壳、稻秆、稻叶和其他禾本科植物混在一起的堆积，平均厚约40~50厘米，这些堆积的成分大部分以水稻为主，局部几乎全是谷壳。谷壳和稻叶等不失原有外形，经有关专家鉴定为籼稻和粳稻[②]，并且发现籼稻带有野生的某些特征。

磁山遗址发现大量已腐朽的谷物，经鉴定为粟。在“80座窖穴内发现有粮食堆积，一般堆积厚0.3~2米，有10座窖穴堆积在2米以上，出土时部分颗粒清晰可见”[③]。有人曾根据80个窖穴中粮食遗存堆积情况，初步估算出粟的储存在10万斤以上[④]，这个数字相当可观。所以笔者认为有必要对我国黄河流域原始农业起源的时间、发展速度和生产力水平作重新估价。磁山遗址农作物遗存的发现还启示我们，新石器时代晚期诸文化农业生产所达到的水平，也不能低估。

---

① 郑州大河村仰韶文化遗址中出土的高粱米，目前尚有不同意见，参见安志敏：《大河村炭化粮食的鉴定和问题》，《文物》1981年第11期。

② 浙江省文物管理委员会等：《河姆渡遗址第一期发掘报告》，《考古学报》1978年第1期；浙江省文物管理委员会等：《河姆渡发现原始社会重要遗址》、游修龄：《对河姆渡遗址第四文化层出土稻谷和骨耜的几点看法》，《文物》1976年第8期。

③ 邯郸市文物保管所等：《河北磁山新石器遗址试掘》，《考古》1977年第6期；河北省文物管理处等：《武安磁山遗址》，《考古学报》1981年第3期。

④ 佟伟华：《磁山遗址的原始农业遗存及其相关问题》，《农业考古》1984年第1期。

以上两个遗址出土的农作物情况，从农作物品种到数量都有一定的代表性，尽管它不是普遍现象，但已说明这时的农业生产水平足以具备酿造水酒的条件了，可见谷物产量多少与私有制和阶级的起源没有必然的联系。

二、原始农业时期人类已掌握酿酒技能

20世纪50年代前，我国部分阶级分化程度尚不十分明显的少数民族，如云南省的基诺、哈尼、佤、景颇、独龙、怒、傈僳、普米、纳西族以及海南省的黎族等，他们历史上早就掌握了谷物酿酒技术。同时，古今中外原始社会后进的民族无一例外地均嗜好饮酒，并且都会自己酿酒。所以不能说他们都是由进入阶级社会的民族那里引进的酿酒技术。或许有个别的情况存在，那需要作具体的分析。

从现代一些后进民族的酿酒技术看，用谷物酿酒的方法并不困难，他们也并非粮食有很多剩余才酿制水酒。古代人类进入原始农业时期，既有条件进行谷物酿酒，并且已掌握了酿酒的简单技能。云南省佤族酿酒的技术即可作为上述观点的有力说明。

酿制水酒的程序是，先将小米或稻谷（不去外壳）用锅煮熟（原始人可用陶釜、陶罐等炊器），然后拌入酒粬（发酵物），置一篾筐内（或陶器中）使谷物发酵，过15~20天取出即可泡酒[①]。用这种方法制出的酒称“水酒”。将经煮熟发酵的谷物装置一罈子里，再加生水相溶合后即可饮用。在我国少数民族地区几乎每家都会制作。

酿制烧酒的程序是，将煮熟经发酵后的谷子、荞、玉米等置一铁锅上面的木桶里，容量为木桶的2/3或1/2。谷物上面（木桶的上半部，即发酵谷物的上面）安置一木瓢，连接一竹管，使之伸出桶外。在木桶上面放置一铜盆，内盛凉水，这时，锅底下用木柴燃料，与此同时，不断向铜盆里灌注凉水，木桶里已发酵的谷物经蒸发遇冷后便凝聚为酒，滴入桶内的木瓢中，再顺竹管流到

---

① 李仰松等编著：《佤族社会历史调查》（一），云南人民出版社1983年版，第101页。

桶外的罈子里[①]，酿酒即告完成。

烧酒（白酒）比水酒产生略晚，我国新石器时代是否已能产生烧酒，至今尚无材料论证，它应是今后研究的课题。

三、从考古出土酒器和民族志有关材料看谷物酿酒

我国谷物酿酒的起源已大大早于龙山文化、大汶口文化和仰韶文化。因为事实表明中国 7 000 年前人们的农业生产水平已不像过去人们所估计的那样低。当时的饮酒器就是人们日常生活中使用的器皿，除陶器（钵、罐、壶之类）外，还有一些竹、木器。而“专用”酒器并非在谷物酿酒之初就同时出现。

我国古代的遗址和墓葬中通常都发现有陶器、铜器等各种形式的生活器皿，这些器皿与人们的饮食有密切关系。依其质料、形状、用途可划分为炊器、饮食器和储盛器三大类。我们运用考古类型学排比和演绎，或依民族志调查的有关材料结合考古资料对酒器和我国谷物酿酒的起源进行探索，这是很有意义的一项研究工作。

其一，运用考古类型学排比方法，先将各种饮器按时代早晚划分成不同的形式。选择已知酒器由近及远地向前延伸，以排列对比的方法找到它的祖型。比如 1980 年在河南省罗山县天湖村发现 3 000 年前的商代铜卣[②]，内盛古酒，器物出土时，卣盖与器体严密封闭，不能启开，之后经北京大学取样进行乙醇测定，此液体是商代古酒无疑[③]。这是已知的酒器，可按此类铜卣（M8：6）时代再向前延伸寻找比它更早的酒器。

其二，从已知酒器的组合中扩大寻找其他（未知）酒器的线索。若按考古类型学观点，该酒器排比的型、式中若有缺环，则可从器物组合的其他酒器中（如各类型、式图谱）向前延伸，寻找比它更早的酒器……以此类推。例如与

① 中国社会科学院民族研究所：《云南佤族社会经济调查材料》(佤族调查材料之七)，中国社会科学院民族研究所 1980 年版，第 52 页。

② 河南信阳地区文物管理委员会等：《罗山天湖商周墓地》，《考古学报》1986 年第 2 期。

③ 欧潭生：《三千年古酒出土记》，见《中国酒文化研究文集》，广东人民出版社 1987 年版。

商代铜卣共存的酒器还有爵、斝、觚、尊、罍、盉、觥、彝、觯、壶等各种器物。除铜器外，还有陶器，仍依其不同型、式的图谱向前推延，尚可发现更多（储酒器）的线索。

与商代相近似的酒器有河南省偃师县二里头文化的觚、角、爵、盉、斝、尊等各种器物（图 15.1，29~33）。比二里头文化更早的同类酒器，有豫西龙山文化的陶斝、平底鬶、陶爵、小口瓮（罐）、觚（小杯）（图 15.1，24~26）等。二里头文化的陶盉，也有学者称“鸡彝”，邹衡有翔实的考证，他说：“鸡彝这种灌尊就是夏文化中的封口盉，也是龙山文化中常见的陶鬶”。[①]对于青铜爵的祖型——陶爵，杜金鹏有系统的论述，这也是一种酒器。杜氏将陶爵分甲、乙两类，他说：“凡与陶爵（甲类）配套的陶酒器如盉、鬶、斝等，不言而喻都比爵更适合于作斟灌、盛储和温煮之酒器。……乙类陶爵往往也是与盉、鬶等相伴出土于墓葬之中，而一般不与甲类陶爵共存于同一墓中，知其虽为管流，却与甲类陶爵一样同为饮器。”[②]另有学者对早于龙山文化的大汶口文化之酒器——高柄杯和各种陶壶作了详细论述[③]。还有学者对我国新石器时代的陶缸，特别是对大汶口文化的刻纹陶缸作了翔实的考证。认为陶缸上的刻画图像有两种用途，一类是与天文、历法和地母崇拜有关的社祭图像；另一类，根据该图像及其陶缸在墓葬中的放置部位、组合关系判断，可能是人们酿酒时刻画的沥酒图像。以此类图像的寓意考察，它当是一种酿酒的用具[④]。

从已知酒器的具体排列、类推和演变可判定，我国夏、商时代酿酒的起源，可向前延伸至中国新石器时代的龙山文化和大汶口文化，关于我国仰韶文化谷物酿酒的讨论，笔者在《考古》1962 年第 1 期已有论述，本文从略。

值得注意的是 1972 年河南省郑州大河村仰韶文化遗址出土的一件彩陶双连杯[⑤]，泥质红陶，通体涂一层红陶衣，饰黑彩，平行线条花纹，双器口，器里腹部相穿通，腹外侧附一双器耳（图 15.2，10），器形匀称美观，高 20 厘米。

---

① 邹衡：《夏商周考古学论文集》，文物出版社 1980 年版，第 147~157 页。

② 杜金鹏：《陶爵——中国古代酒器研究之一》，《考古》1990 年第 6 期。

③ 李健民：《大汶口墓葬出土的酒器》，《考古与文物》1984 年第 6 期。

④ 王树明：《考古发现中的陶缸与我国古代的酿酒》，见《海岱考古》第一辑，山东大学出版社 1989 年版。

⑤ 郑州市博物馆：《郑州大河村仰韶文化的房基遗址》，《考古》1973 年第 6 期。

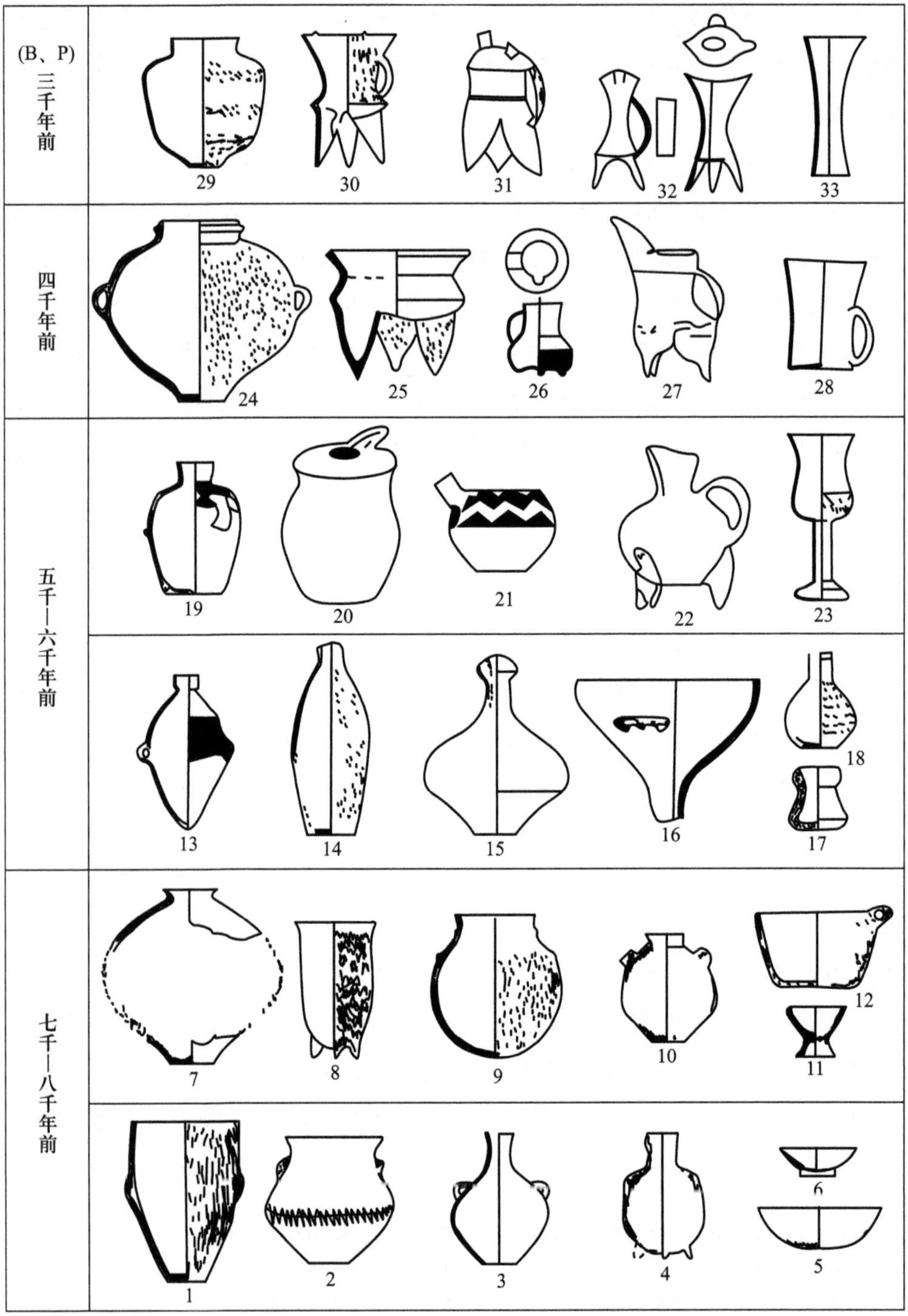

1~3. 磁山文化　4~6、10. 裴李岗文化　7、8. 老官台文化　9、11、12. 河姆渡文化　13~18. 仰韶文化　19~23. 大汶口文化　24~26. 河南龙山文化　27、28. 山东龙山文化　29~33. 二里头文化

图 15.1　新石器时代至夏文化与酿酒有关的陶器

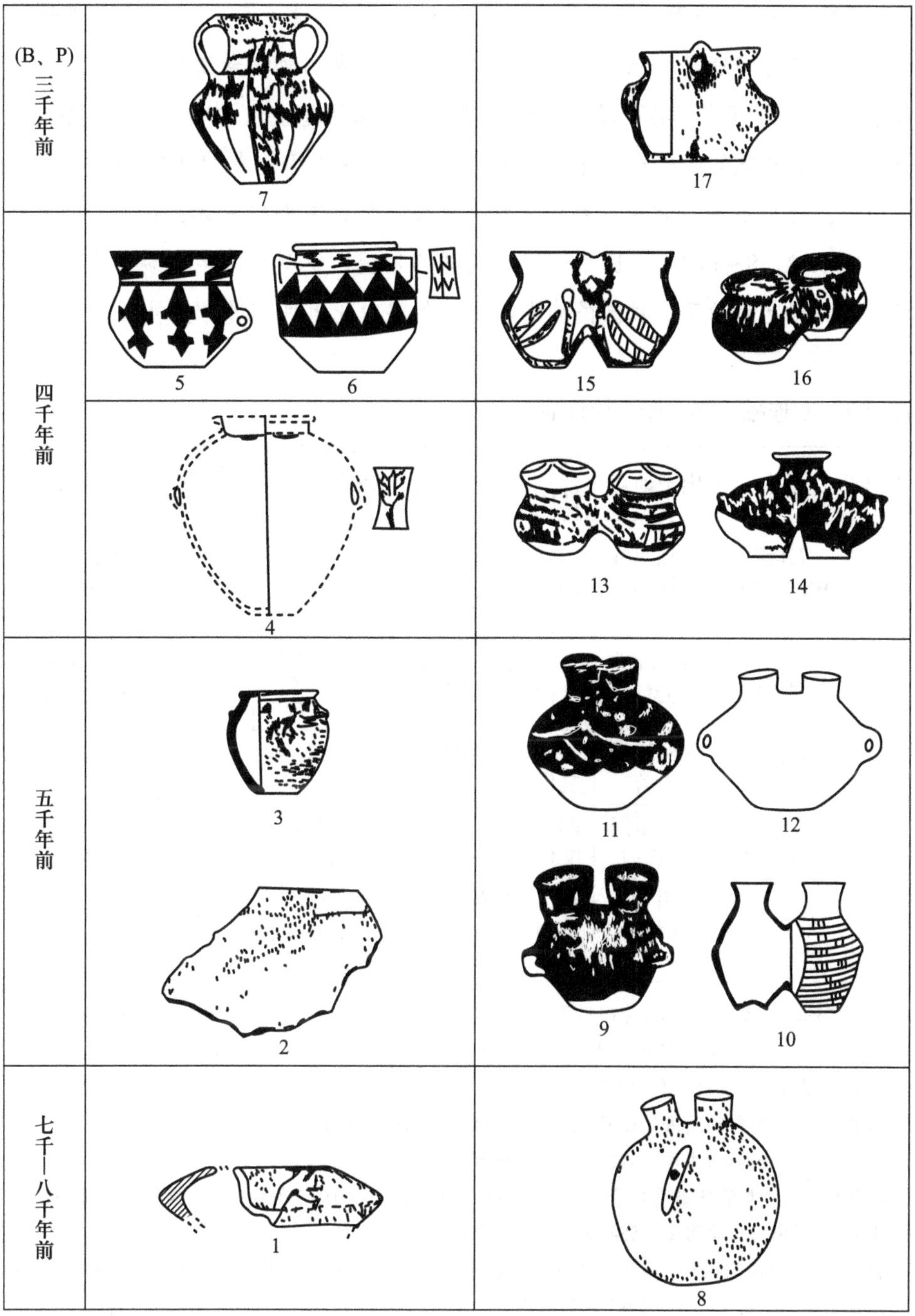

1. 河姆渡文化　2、3. 仰韶文化　4. 河南龙山文化　5、6. 四坝文化　7. 辛店文化　8. 裴李岗文化　9. 马家窑文化　10. 仰韶文化　11、12. 半山类型　13. 马厂类型　14. 卡若文化　15. 齐家文化　16. 四坝文化　17. 西昌礼州出土

图 15.2　酒器双连罐（杯、壶）上的蜥蜴纹

类似的器物在四川省西昌礼州遗址[①]、甘肃临洮冯家坪遗址[②]、玉门火烧沟遗址[③]、兰州市沙市井驿遗址[④]均有出土。另外，我国西藏昌都卡若遗址曾出土有单口双体连罐[⑤]，甘肃广河县瓦罐村墓地[⑥]、康乐县边家林遗址[⑦]、内蒙古石羊石虎山遗址[⑧]和河南省巩县铁生沟遗址[⑨]出土有双口壶（罐）等（表15.1）。此类器物形体别致，大小不等，有双口双体，腹间连成一体；有双口一体；还有一口双体的（图15.2，8~17）。上述不同时期酒器的发现，说明我国早在裴李岗文化时期，人类即已酿酒了。我国民族志等有关材料对此也可作进一步补证。

表15.1　双连罐（杯、壶）统计表

编号	名称	出土地点	文化性质	陶器特征	器高（厘米）	材料出处
1	双连罐（BM3：13）	四川西昌礼州	商（？）	夹砂陶，火候低，两口部用泥条连接，腹两侧有一对器耳	18.5	《考古学报》1980.4
2	双连杯	甘肃临洮冯家坪	齐家文化	器壁刻划人首蛇身像，两器中间相通，器柄交叉十字形，上刻划"×"符号	8.5	《河南文博通讯》1980.4
3	双体罐（F9：49）	西藏昌都卡若	卡若文化	夹砂陶，单口双腹罐，肩部有一对器耳	19	《昌都卡若》
4	双连罐（M230）	甘肃玉门火烧沟	四坝文化	橙黄陶，上部与口内施红陶衣，中间一个把手	5.4	《中国彩陶图谱》1301图号
5	双连罐	甘肃兰州沙井驿	马厂类型	橙黄陶，绘黑、红彩，两器中间为交叉十字形把手	7.8	《中国彩陶图谱》842图号

① 礼州遗址联合考古发掘队：《四川西昌礼州新石器时代遗址》，《考古学报》1980年第4期。

② 李仰松：《我国新石器时代出土的"双连杯"和"三耳杯"及其有关问题》，《河南文博通讯》1980年第4期，第11页，注①。

③ 张朋川：《中国彩陶图谱》1301图号，文物出版社1990年版。

④ 张朋川：《中国彩陶图谱》842图号，文物出版社1990年版。

⑤ 西藏自治区文物管理委员会等：《昌都卡若》，文物出版社1985年版，第124页，彩版IV。

⑥ 张朋川：《中国彩陶图谱》554图号，文物出版社1990年版。

⑦ 张朋川：《中国彩陶图谱》379图号，文物出版社，1990年；漳县文化馆：《甘肃漳县出土一件双颈红陶壶》，《考古》1983年第6期。

⑧ 内蒙古昭乌达盟文物工作站：《内蒙古昭乌达盟石羊石虎山新石器时代墓葬》，《考古》1963年第10期。

⑨ 开封地区文物管理委员会等：《河南巩县铁生沟新石器早期遗址试掘简报》，《文物》1980年第5期。

续表

编号	名称	出土地点	文化性质	陶器特征	器高（厘米）	材料出处
6	双口壶	甘肃广河瓦罐村	半山类型	泥质红陶，双口，绘黑、红彩，网状，锯齿状花纹	30	《中国彩陶图谱》554 图号
7	双口壶	内蒙古昭乌达盟石虎山	红山文化	泥质红陶，双口，红陶衣、黑彩，器腹两侧为一对环形器耳	17	《考古》1963.10
8	双连杯（F1：29）	河南郑州大河村	仰韶文化	泥质红陶，红衣黑彩，两杯腹部有椭圆形口相通，外侧附双耳	20	《考古》1973.6
9	双口壶	甘肃康乐边家林	马家窑文化	黄陶、黑彩，双口一体，器腹两侧有一对器耳	13	《中国彩陶图谱》379 图号
10	双口壶	河南巩县铁生沟	裴李岗文化	泥质红陶，双口一体，呈球形，素面，腹部附一对月牙形器耳	17	《文物》1980.5

例如，我国独龙族和高山族的社会历史调查材料中记载，他们通常在社交场合或重大礼仪性庆典中使用专用酒器饮酒。但是，这些民族的专用酒器是木、竹质的，如台湾高山族的双连木杯①和独龙族的大双耳杯②，每当他们举办婚礼、庆贺丰收或部落间友好往来礼仪诸事，即使用此类酒器饮酒。饮酒时，双方代表（主、客）一起捧杯共饮，以表示心诚意笃，增加了欢快的气氛。这种饮酒习俗已是相当久远了，据说他们可以向上追溯到几代或数十代人的历史。或者说，此饮酒习俗，在他们以往的血缘部落社会中早就盛行了。

笔者用我国兄弟民族中还保留的饮酒习俗和磁山文化、裴李岗文化、河姆渡文化、老官台文化、仰韶文化、大汶口文化、河南龙山文化、山东龙山文化、二里头文化（图 15.1、图 15.2）等有关实物材料，论证了距今 2 000 年至 8 000 年前人们生活中就已有谷物酿酒的存在和习俗，此为探讨我国谷物酿酒的直接证明。

---

① 刘冠英：《台湾高山族文物介绍》，《文物》1960 年第 6 期；另见《中央民族学院学报》1983 年第 1 期，高山族“双耳杯”照片。

② 国家民委民族问题五种丛书编辑委员会编写组：《中国少数民族》，人民出版社 1981 年版，独龙族共饮一筒酒（照片），第 433 页；李仰松：《我国新石器时代出土的“双连杯”和“三耳杯”及其有关问题》，《河南文博通讯》1980 年第 4 期。

四、蜥蜴与专用酒器的启示

考古资料中发现有蜥蜴（俗称“壁虎”）的泥塑像和彩陶上绘画的蜥蜴图像，其中不少材料已发表。例如甘肃广和县辛店文化的彩陶壶[①]和玉门火烧沟四坝文化的陶壶（罐）上绘画的蜥蜴图像[②]，以及河南省洛阳西干沟豫西龙山文化中的高领瓮耳上[③]，陕县庙底沟仰韶文化陶瓮口沿上[④]，陕西铜川市前峁史家类型陶罐口沿上[⑤]和浙江余姚河姆渡文化陶器口沿上的蜥蜴塑像[⑥]（图 15.2，1~7）等。所发现的蜥蜴图像往往位于陶器的口沿、肩部、器耳或器盘内[⑦]。从时代上说，这些器物多是距今 2 000~8 000 年前；从分布地域讲，主要分布在我国中原地区，甘、青、西藏地区和我国东南沿海一带。这些地区大部分从新石器时代早期人们就已发明了原始农业（目前所知，我国西北地区农业出现稍晚）。经考古发掘可知，我国中原和西北地区是以粟为主要农作物的地区，我国东南沿海和长江中游是以稻谷为主要农作物的地区。

为什么当时人们将蜥蜴图像泥塑或绘画在陶器的口、肩、耳和顶部（器盘内）呢？需知此动物的种属、习性、捕食对象以及人们将其泥塑和绘画在陶器上的目的、作用等，都是值得深入思考的问题。

笔者将它与当时人们生活的社会背景、思维意识、宗教信仰诸方面联系起来研究，认为它与那时的交感巫术有密切关系。蜥蜴（壁虎）是擅长捕食蚊蝇的动物，说明当时人们将它塑绘在陶器的口沿部位，是为了驱除飞虫的干扰，观其体形也正是在捕食蚊蝇的姿态。此为原始人类以“以拟巫术”的交感作用

---

① 张朋川：《中国彩陶图谱》，文物出版社 1990 年版，第 555 页，1389 图号及图版解说。

② 张朋川：《中国彩陶图谱》，文物出版社 1990 年版，第 548、551 页，1271 和 1323 图号及图版解说。

③ 见本文插图 15.2，4，此图像是中国社会科学院考古所洛阳工作站提供，笔者又参考王湾遗址龙山文化晚期陶瓮（H79：5）器型复原。

④ 中国科学院考古研究所：《庙底沟与三里桥》，庙底沟仰韶文化壁虎塑像陶片，文物出版社 1959 年版，图版叁捌。

⑤ 尚友德：《铜川前峁新石器调查简报》，《考古与文物》1983 年第 2 期。

⑥ 浙江省文物管理委员会等：《河姆渡遗址第一期发掘报告》，《考古学报》1978 年第 1 期，第 71 页。

⑦ 张朋川：《中国彩陶图谱》，文物出版社 1990 年版，第 550~551 页，陶豆，1310~1312 图号及图版解说。

达到其驱除蚊蝇的目的。因为谷物酿酒经过发酵产生的醇香（曲蘖）气味也最易招引蚊蝇的吸吮，这在人们现实生活中是普遍存在的现象。

原始社会中，巫术信仰的种类繁多，它包括占卜、灵符、咒语、禁忌和各种交感巫术等。从我国考古学提供的材料看，大约公元前6 000—公元前2 000年间，比拟巫术（或称“模仿巫术”）是最为流行的。关于比拟巫术的表现形式，在世界许多后进民族中仍旧保存下来。如澳大利亚土著民族，他们祈求上天降雨，就用口含水向四方喷出，作出霖雨的象征①；狩猎时，先在地面上画一只袋鼠的形象，猎手们于旁用投矛向它刺杀②，这种举行猎前仪式的目的，是想利用一种超自然的力量致使猎人获得丰收。

我国边疆的少数民族中也有过类似的巫术实例，如鄂温克族猎人如果长期出猎打不到野兽，就请萨满（巫师）用柳条做成鹿或犴形的动物模型，猎手们取出弓箭对准该动物模型作象征性的射击，群众在旁助兴，齐喊“打中了，打中了！”表示猎手们再出猎时能够百发百中③。独龙族和怒族在集体狩猎前也举行类似的宗教仪式，由有经验的猎手祭祀兽神，而且用面粉塑成各种野兽模型，然后用弓箭射击，作为交换猎物的象征④。这些习俗均属于比拟巫术之类。由此可见，我国新石器时代的河姆渡文化、仰韶文化、河南龙山文化、马家窑文化、四坝文化、辛店文化陶器上泥塑和绘画的蜥蜴形象绝不是偶然的巧合，它反映了当时人们已用这些陶器饮酒和储酒的实况。这是因为：（1）泥塑和彩绘的蜥蜴图像，一般都位于该器的口沿和器耳上；（2）所见蜥蜴的姿态均为仰首注目，匍匐觅食或正在捕食蚊蝇的形象；（3）所发现有蜥蜴形象的陶器，一般多为小口瓮、壶、罐之类，此类器物便于储存酒液。另外，双耳罐（杯）已为我国独龙族和高山族的生活习俗证明，它就是当时人们用于节庆礼仪或某种宗教祭祀的专用酒器。

---

① 林耀华主编：《原始社会史》，中华书局1984年版，第402～405页。

② С. П. 托尔斯托夫等主编：《普通民族学概论》第一册，科学出版社1960年版。

③ 秋浦等：《鄂温克人的原始社会形态》，中华书局1962年版，第99页。

④ 宋恩常：《云南少数民族社会调查研究》（下集），云南人民出版社1980年版，第110页。

五、结束语

综上所述，对我国谷物酿酒的起源，大体可归纳为下述四点认识。

第一，农业的产生与谷物酿酒有密切关系，根据考古发掘所提供的材料，二者产生年代大体是新石器时代早期，距今约 8 000 年以前。之后，谷物酿酒一直延续下来，到了阶级社会，谷物酿酒的原料不断增多，在不同社会发展阶段中，酿酒技术和酒器种类也有新的发展。

第二，我国新石器时代早期人类日常生活中使用的各种器皿，其中就包括饮酒的器皿。在谷物酿酒的初期，大概还不可能出现专用的饮酒器。专用酒器的出现，应是在人类大量酿酒以后逐渐形成的。从发现仰韶文化（郑州大河村遗址）彩陶双连杯之后，又发现青海民和县大源遗址的双连杯（马厂型文化）、半山型双连壶、红山文化双口壶……可向前推延至裴李岗文化的双口壶[①]。这些陶器均为诸文化发展到某一阶段时的饮酒器和储酒器。

另外，考古工作者在吉林农安县元宝沟遗址[②]、河南陕县庙底沟仰韶文化遗址[③]、陕西宝鸡福临堡仰韶文化遗址[④]和内蒙古察右前旗庙子沟遗址[⑤]等均发现过陶漏斗器，笔者认为此类陶器很可能是向小口器内灌注酒汁的用具。

第三，从原始社会巫术寓意的角度研究谷物酿酒与饰有蜥蜴图像的陶器的用途。利用原始人类的交感巫术信仰（模拟巫术）进行研究，可以推定这类陶器是用于饮酒和储酒的。

第四，通过实地社会调查，借鉴少数民族中较原始的谷物酿酒方法来探讨谷物酿酒起源问题，可以了解谷物发酵的容器、放置处、发酵时间、温度、蒸煮谷物的器皿、泡水酒的浓度以及如何防止酿制失败（出现废品）和其他有关

---

① 笔者认为，山东烟台白石村遗址（其下层文化与北辛文化早期同时）新石器时代早期陶器中发现的觚形杯也是饮酒器皿，参见《考古》1992 年第 7 期。

② 吉林省文物考古研究所：《吉林农安县元宝沟新石器时代遗址发掘》，《考古》1989 年第 12 期。

③ 中国科学院考古研究所编著：《庙底沟与三里桥》，科学出版社 1959 年版，第 39 页，图二五、图版叁叁，6。

④ 陕西省考古研究所宝鸡工作站：《宝鸡市福临堡遗址 1984 年发掘简报》，《考古与文物》1987 年第 6 期，第 11 页。

⑤ 内蒙古文物考古研究所：《内蒙古察右前旗庙子沟遗址考古纪略》，《文物》1989 年第 12 期，第 36 页，图十二，3；图版伍，7。

人们的思想意识（习俗）等，并从中得到启迪。这就需要我们仔细观察，与考古学资料作对比研究，或是有针对性地做若干次反复实验，一切从实际出发，其研究成效将会是显而易见的。

（选自《考古》1993年第6期）

严文明与《中国史前文化的统一性与多样性》

经典导读

严文明，1932年生，湖南华容人。1958年毕业于北京大学历史系考古专业并留校任教，主讲“新石器时代考古”“田野考古理论方法”“考古学导论”等课程。毕业前，1957年即参加过河北邯郸涧沟、龟台寺的田野考古发掘实习。工作后，带学生实习，先后参加或指导河南洛阳王湾、安阳大司空村，甘肃兰州青岗岔，湖北宜都红花套、江陵纪南城与毛家山，陕西岐山周原凤雏，山东福山邱家庄、牟平照格庄、楼霞杨家圈、长岛北庄，以及湖北天门石家河、河南邓州八里岗、江西万年仙人洞和吊桶环、浙江桐乡普安桥和湖南玉蟾岩等遗址的发掘。

严文明的研究范围广泛，除田野考古学理论方法、中国新石器时代文化分期与谱系研究，还涉及聚落形态与文明起源研究、农业起源研究、考古学与古史传说对证研究及中国考古学史研究，提出过许多重要论断，深受学术界好评，其研究成果宏富，共发表论文近200篇，先后结集有《仰韶文化研究》《走向21世纪的考古学》《史前考古论集》《农业发生与文明起源》《中华文明的始原》《足迹：考古随感录》等。

《中国史前文化的统一性与多样性》一文是1986年严文明参加在美国弗吉尼亚州艾尔莱召开的“中国古代史与社会科学一般法则”国际讨论会时提交的论文，发表于《文物》1987年第3期。

《中国史前文化的统一性与多样性》是对20世纪50年代以来我国旧石器时代至新石器时代考古发现和研究的总结，梳理了中国从旧石器时代过渡到新石器时代文化发展的脉络，将旧石器时代文化分为华北、华南两大系统，在华北、华南两大系统内部又各分为两个小系统，不同系统之间在石器加工方法、石器类型上有明显不同，但又有一定的共性，如：石片石器多，石器多单面加工，始终以尖状器和刮削器为主等，表明其间有区别又有一定的统一性。在对仰韶文化、龙山文化及各区域考古学文化深入研究基础上，从宏观角度全面系统地考察了各考古学文化发展的轨迹及其相互联系。

文章指出，中国史前文化虽与周邻文化有过一定的交往，但基本是在本土生长发展起来的；中国史前文化的起源是多元的，其发展是不平衡的、有层次的，发展的方向是逐步趋向统一的；中国史前文化在发展中形成的以中原为中心、以黄河中下游和长江中下游为主体的“重瓣花朵式的格局”，为以后发展为以华夏族为主体的统一的多民族国家奠定了基础。这和苏秉琦提出的中国文明起源发展的“多元一体”模式、费孝通提出的中华民族发展的“多元一体格局”是一致的，得到了学术界的广泛认同，对以往流行的“中国文化西来说”“中原中心论”等观点予以彻底否定。

文章最后从五个方面分析了中国史前文化的统一性和多样性，对早期文明发生的影响，指出文化上的这种“重瓣花朵式向心结构”很自然地发展为“以华夏一族为主体”向周围许多民族、部族保持不同程度关系的政治格局，“奠定了以汉族为主体的、统一的多民族国家的基石”。

延伸阅读文献目录：

1. 严文明：《龙山文化和龙山时代》，《文物》1981年第6期。

2. 严文明：《东夷文化的探索》，《文物》1989年第9期。

3. 严文明：《中国新石器时代聚落形态的考察》，《庆祝苏秉琦考古五十五年论文集》，文物出版社1989年版。

4. 严文明：《仰韶文化研究》，文物出版社1989年版。

5. 严文明：《略论大汶口文化》，《史前考古论集》，科学出版社1998年版。

6. 严文明：《良渚文化研究的新阶段》，《史前考古论集》，科学出版社 1998 年版。

7. 严文明:《中国农业和养畜业的起源》,《史前考古论集》,科学出版社 1989 年版。

（李伯谦 撰）

——原文:《中国史前文化的统一性与多样性》

经典原文

中国史前文化的统一性与多样性

严文明

现代中国是一个以汉族为主体并结合着50多个少数民族的统一的多民族国家。这样一个既有主体、又有众多兄弟，既是统一的、又保持各民族特色的社会格局，乃是长期历史发展的结果，它的根基深植于遥远的史前时期。这一历史根基的探索和认识，是近年来中国史前考古学研究的一项重要成果。

中国史前考古学研究启始于20世纪20年代。那时有不少外国学者参加了这一工作。他们中间有些人过分强调了外国史前文化的影响，因而出现了所谓“中国文化西来说”乃至“南来说”“北来说”等无视中国自身文化传统的错误倾向。从50年代到60年代前期，中国史前考古获得了很大的发展。外来说被新发现的许多事实证明不能成立，因而为学术界所抛弃。但那时的田野工作是以中原地区为主的，人们对当地史前文化的研究比较深入而对其他地方的史前文化所知甚少。因此在一个时期，某些学者又过分强调了中原史前文化的地位和作用。这种倾向到“文化大革命”期间更发展成了所谓中原中心论，把其他地区的文化成就都看成中原文化影响的结果，似乎只有中原地区的文化才是中国远古文化的代表。从70年代后期以来，我国考古学者除继续在中原开展田野工作外，对其余广大地区也进行了许多调查发掘工作，有不少新的重要的发现，使我们有可能比较客观地估计各地史前文化发展的水平、它们各自的特点和相互关系。特别是从苏秉琦先生提出要对考古学文化进行区系类型的研究以来，许多考古学者一方面倾注力量对区域性考古学文化进行深入的探索，同时又注意从宏观方面考察各地文化之间的联系和发展轨迹，并力图从理论上加以阐述，从而使我国史前文化的研究提高到了一个新的水平。现在我们初步认识到：

1. 中国史前文化基本上是在本土生长和发展起来的，只是在某些边境地区同邻境的史前文化发生过一些联系。这种联系虽然对双方都会有不同程度的影响，但对中国史前文化的主体来说，却从来没有影响到它的基本特征和发展方向。

2. 中国史前文化并非出于一源，这在旧石器时代即可窥其端倪，到新石器时代就显得更加明显。不但如此，在漫长的发展过程中有时还会出现新的分化，从而使文化面貌显得十分丰富多彩。

3. 中国史前文化的发展是不平衡的。一般地说，自然条件比较优越的地方文化也较为发达。在相当长的时期内，中原的文化比较发达，其次是它的周围地区，再次是边境地区。但文化发展是能动的，所以这种差别在不同时期也是有变动的。

4. 由于各史前文化相互邻接，长时期相互影响和渗透，所以在一定范围内和一定程度上存在着一些共同因素，这一情况在中原及其周围文化之间表现得特别明显。

这就是说，中国史前文化既是多样的、不平衡的，又是有内在联系和相对统一的。这个特点是在中国具体的地理环境条件下经过长期的历史发展而逐渐形成的，因此本文拟先从史前文化地理背景的分析谈起。

一、史前文化的地理背景

中国的地形，西高东低，好像三级巨大的阶梯：最高阶梯是青藏高原，平均海拔四五千米，这里也是世界的屋脊；中级阶梯有蒙新高原、黄土高原和云贵高原等，海拔约 1 000 米至 1 500 米左右；低级阶梯是广大的东部平原和丘陵地带，除少数山脉外，大部分海拔在 500 米以下。这三级阶梯好像一把巨大的躺椅，背对欧亚大陆腹地，面朝辽阔的太平洋。由于地形和季风的影响，低级阶梯湿润多雨，中级阶梯多属干旱或半干旱气候，高级阶梯则严寒而干燥。因此，在整个史前时代，人类的活动地区主要是在低级阶梯和低级与中级阶梯相交接的地区。这个地区跨越的纬度极大，自然地理条件也不一致。北部寒冷，南部炎热而多瘴疠，人类的活动受到一定限制。只有四季分明的中纬度地区，即大致包括黄河中下游和长江中下游及左近区域，才是最适于人类生存和发展的，后来更成为农业起源的温床。

从地理位置来看，我国史前文化最发达的地区正好位于全国的核心，同邻境文化难得保持经常性的密切联系。加上北部有大片的沙漠、大小兴安岭和黑龙江作为屏障，东北有长白山、乌苏里江和鸭绿江等与今天俄罗斯远东省和朝鲜为界。这些地方对于史前人类来说虽不是不可通过的，但交通毕竟有较大的困难。中国南部有横断山脉地带和十万大山等与东南亚各国为界，交通也十分不便。东部和东南部与日本、菲律宾等隔海相望，在史前时代更不可能有经常的来往。至于同南亚、西亚、中亚和地中海这样一些史前文化最发达的区域和古代文明中心，不但相距遥远，中间还隔着大片高寒地带、高山和沙漠，无法建立起任何直接的联系。后世虽曾开辟出像丝绸之路那样的通道，但是路途漫长而多艰险，史前人类是难以克服这许多障碍的。

由此可见，中国本身乃是一个巨大的地理单元，它同外部世界处于一种相对隔离或半隔离的状态。这就决定了中国史前文化起源的土著性，决定了它在很长时期都基本上走着独立发展的道路，而同邻近地区的史前文化的联系只能保持在较低的水平上。

中国这个巨大的地理单元内部也不是单一的。它的地形复杂，气候多变，各地水文、土壤和植被等差别极大，按照综合自然区划一般要分为七八个基本的大区，每个大区还可分为若干亚区。各区的生态环境和人类的生产、生活与交通条件大不相同。这种情况对于史前人们共同体的形成和发展，他们的经济活动方向和各种文化特征的形成，都会造成巨大的影响。不过自然区划在相当长的时期内是基本稳定的，而人类的活动和文化的发展则是能动的。在不同的生产力水平上，人们对于自然条件的适应、利用和改造的情况也不相同。人们还可以从一个地方迁移到另一个地方，可以随环境条件的改变而自行调整经济活动的方向，还可以在不同的群体间进行物资和文化方面的交流。因此，我们要防止把自然区划简单地套用在史前文化分区的研究上，而必须进行具体的分析。但无论如何，中国各地自然地理条件复杂多变的情况，应是造成史前文化千姿百态、谱系繁复的一个重要原因。

二、旧石器时代文化的谱系

近年来的研究表明，中国旧石器时代的文化至少可以追溯到一百七八十万年以前，分为早中晚三期，自始至终都具有独特的风格。同时不同地区的文化又有明显的差别，首先是华北和华南（均从最广义的意义来说）这两个大区的差别，两区内部又还有较小的差别，从而形成互有联系又相互区别的不同谱系（见表 16.1）。

表 16.1　中国旧石器文化的谱系

距今年代（千年）	地质年代	文化分期	华北地区		华南地区	
			周口店系统	匼河系统	西南	东南
2 000 1 500 1 000	早更新世	旧石器早期	小长梁石器	西侯度文化	元谋文化	
500 100	中更新世		周口店文化	蓝田文化 匼河文化	观音洞文化	和县龙潭洞
50	晚更新世	旧石器中期	许家窑文化	丁村文化	岩灰洞文化	
15		旧石器晚期	峙峪文化 虎头梁文化	下川文化	富林文化 穿洞文化	东海大贤庄

华北地区（泛指秦岭、淮河以北的广大地区）的旧石器时代遗址主要分布于山西、陕西、河南、河北和辽宁等省，甘肃、宁夏、内蒙古、山东、吉林、黑龙江等省区也有发现。其中最早的遗址，要数山西芮城西侯度和河北阳原小长梁两处，地质年代均属更新世早期。

西侯度遗址发现于河湖相沉积层中。石器打制方法原始，有锤击法、砸击法和碰砧法。石片石器均为单面加工，很少有砾石石器。石器个体较大，类型不甚固定，大致可分为砍斫器、刮削器和三棱大尖状器等。遗址经古地磁法测定距今约为 180 万年[①]。

小长梁石器发现于华北更新世早期的标准地层泥河湾组中，多用锤击法打制，个别有用砸击法的，石片也多为单面加工。多数个体较小，类型稍比西侯

① 贾兰坡、王建：《西侯度——山西更新世早期古文化遗址》，文物出版社 1978 年版。

度复杂，大致有刮削器、尖状器、砍砸器和石砧等，此外还有许多未经第二步加工而有使用痕迹的石片石器[①]。

两处遗址虽都属更新世早期，但文化面貌显然不同，很可能代表两支不同的文化系统。早在1972年，贾兰坡先生就曾指出华北旧石器文化至少可分为两个系统，一个是匼河—丁村系，另一个是周口店第1地点—峙峪系[②]。二者各自包含一大群从早到晚的遗址。西侯度很像是匼河—丁村系的发端，小长梁则有可能是周口店第1地点—峙峪系的始原。

所谓匼河—丁村系又称为大石片砍砸器—三棱大尖状器传统，其基本特征是利用宽大石片制造各类型的大砍砸器和三棱大尖状器等，小型石器不多，类型也简单。属于这个系统的遗址主要分布在晋、陕、豫三省的交接地区，包括旧石器早期的陕西蓝田公王岭和陈家窝、山西芮城匼河文化、河南三门峡水沟和会兴沟、旧石器中期的山西襄汾丁村文化、河南灵宝孟村等。这个系统到旧石器时代晚期的面貌不甚清楚。有的著作将内蒙古呼和浩特大窑遗址和已进入新石器早期的山西怀仁鹅毛口遗址都归入这一系统，因为这两处都是大型石器为主，而很少小石器和细石器。但这两处遗址都是石器制作场，所制石器不免要受到原料和某些条件的限制，难以反映所属文化石器工艺的全貌。两处遗址远离匼河—丁村系的传统分布区，反而与另一系统的遗址交织在一起，这也是耐人思索的。因而它们的归属还需商榷。

周口店第1地点—峙峪系又被称为船头状刮削器—雕刻器传统，其基本特征是利用不规则的小石片制造细小石器。这种石器的比例大，类型多，而大型石器则相对较少。属于这个系统的遗址分布甚广，包括河北、山西、陕西三省的北部和宁夏、内蒙古、辽宁三省区的南部。其中属于旧石器时代早期的有北京周口店第1地点、辽宁营口金牛山下层和本溪庙后山等，属于旧石器时代中期的有山西阳高许家窑、辽宁喀左鸽子洞和海城仙人洞等，属于旧石器时代晚期的则有山西朔县峙峪、河北阳原虎头梁、内蒙古伊盟萨拉乌苏河等处。从这

---

① 尤玉柱：《河北小长梁旧石器遗址的新材料及其时代问题》，《史前研究》1983年第1期。

② 贾兰坡关于华北存在两个旧石器文化系统的见解首先在《考古学报》1972年第1期《山西峙峪旧石器时代遗址发掘报告》中提出，其后于《考古学报》1976年第2期《阳高许家窑旧石器时代文化遗址》发掘报告，和《西侯度》《中国大陆上的远古居民》（均1978年）两部著作中再次提出并加以修正。

个系统中可以清楚地看出石器逐渐细化，以至到后来出现真正细石器的过程。它同中石器时代的细石器文化的衔接也比较紧密。

总起来看，华北地区旧石器时代的两个文化系统的特征是明确的，分布上也各有疆域。但是到了旧石器时代晚期，情况发生了一些变化。这时遗址显著增加，分布面一直扩大到东北北部和青藏高原，是一个文化大发展的时期。单从石器工艺看也有很大进步，往往用间接打击法生产小长石片，有些第二步加工已开始用压剥法。石器类型比较复杂，以刮削器数量最多，刮削器又可分为圆头刮器、边刃刮器和复刃刮器等多种，其他还有尖状器、雕刻器和镞等。大型石器则有砍砸器、石锤和砺石等。这些都是普遍的倾向。原先两个石器传统的分界已经不太清晰了。

这种石器普遍细化的倾向，应同技术的进步和复合工具的流行有很大关系。刮削器和雕刻器都可以安柄，当然就不必做得那么大了；弓箭是新的发明，它要求箭头也是小型的；甚至某些标枪也可以在木制或骨制头部嵌上小石片来构成。这样原来的匼河—丁村系的大石器传统必然向小石器乃至细石器发展，原来的周口店第1地点—峙峪系的细小石器传统更是顺利地向前发展。在这个总的发展趋势中，当然不排除后者对前者发生较大影响的可能。这大概是两个系统的界线变得不那么清晰了的主要原因。

但华北旧石器时代晚期的文化也并非都已融为一个整体而没有任何分际了。例如峙峪和山西南部的下川文化就有不少差别。下川小长石片的比例比峙峪大，细石器中的锥钻亦为峙峪所不见。下川大型石器种类远比峙峪复杂，其中有尖状器、刮削器、砍砸器、石锤、砺石和研磨盘等。从地理位置及文化特征来看，下川文化应是匼河—丁村系的继续发展，只是在发展过程中受到了峙峪文化的若干影响。其他地方的旧石器时代晚期文化也有一些各自的特色，如果仔细比较，很可能划分为好几个文化区。一方面是因文化的发展和相互交流影响而使统一性加强，一方面也是因文化的发展而出现新的分化，统一性和多样性同时得到了发展。

华南地区的旧石器时代遗址分布也相当广泛。按地理位置可以分为两群，一群主要分布于四川、云南、贵州、广西等省区，另一群主要分布于湖北、安徽、江苏等省。其中最早的要数云南元谋上那蚌遗址。该处出土了两枚人牙化石和几件石器。石器均用锤击法打制，加工粗糙，形制不规整，主要是刮削器，也有尖状器。所属地层用古地磁法测量距今约为170±10万年[①]，与华北的西侯度遗址的年代十分接近。

华南旧石器文化既不同于华北的匼河—丁村系，也不同于周口店第1地点—峙峪系。其石器多用锤击法打制，有的地方则用锐棱砸击法，器形多不规则，类型也不如华北的确定。更值得注意的是直到晚期仍没有逐步细化的倾向。这些特点足以将它同华北旧石器文化划分开来。

在华南旧石器文化的内部也是有差别的，只是目前还难于排比出明确的谱系。日后在资料越积越多的情况下，这一点也并不是做不到的。现在我们只是能初步看出一些遗址的差别。例如同属旧石器时代早期的湖北大冶石龙头和贵州黔西观音洞就有所不同。前者以砍砸器为主，显得简单一些；后者以刮削器为主，还有砍砸器、尖状器和雕刻器，类型较多，大小悬殊。

直到目前，华南旧石器时代中期遗址仅有贵州桐梓岩灰洞等几处，发现遗物也不甚多。而晚期遗址则十分丰富，面貌亦各不相同。例如四川铜梁张二塘多大型石器，多复向加工的复刃刮削器。而同省汉源富林则多小型石器，多单面反向加工。这种以小型石器为主的遗址在华南是很特殊的。又如贵州兴义猫猫洞和普定穿洞遗址的石器多用锐棱砸击法，这是很特殊的一种打制方法。器类也较复杂，有刮削器、尖状器、砍砸器、雕刻器、石锤和石砧等。两处都有很多骨器，尤以穿洞骨器为最发达。这都是与其他遗址不同的。因此，华南旧石器晚期文化本身应可划分为几个小区。

中国旧石器文化的不同谱系并不是相互隔离的，而是具有密切的关系。华南地区一般说很少有细小石器，但地理位置上接近华北的四川富林文化却有不少细小石器，说明两大文化区系之间存在着实际的文化影响和交流。至于华北地区两个文化系统之间的关系更是错综复杂，以至于到旧石器晚期竟达到难以区分的程度。

中国旧石器文化的共同特征是：

1. 石片石器远多于砾石或石核石器；

2. 各类石器的加工往往是单面的；

3. 石器类型始终以刮削器和尖状器为主，未曾有过以砍砸器为主的时期或

---

① 袁振新等：《云南元谋人化石产地的综合研究》，《古人类论文集》，1978年。

文化区。

这三点既表现了中国旧石器文化的统一性的一面，也是区别于外国旧石器文化的基本内容。照理来说，旧石器时代人们的活动范围和对外地的知识都是很有限的，不可能有意识地同千百里外的人群发生关系。但人们迫于生活总会不时地进行迁徙。每次迁移的距离虽然不长，迁移方向也不大一致，但在几千几万年的时间长河中，经过无数代人的不自觉的接力，人类文化就可能传播到遥远的地方，还可能与不同谱系的文化发生交流。这就是为什么旧石器文化不仅呈现出多样性，而且在相当大的范围内具有明显统一性的缘故。

三、从旧石器到新石器时代过渡的三种途径

距今大约一万二三千年以前，中国大地进入了全新世阶段，中国的史前文化也进入了中石器时代和早期新石器时代。

在黄河流域，可能属于中石器时代的遗址有山东沂源凤凰岭，河南许昌灵井，陕西朝邑、大荔间的沙苑和青海共和拉乙亥等多处。这些遗址主要分布在山前坡地或平原地带，也有在小山岭上的。

在长城以北，可能属于中石器时代的遗址有内蒙古海拉尔松山、满洲里札赉诺尔、察右中旗大义发泉和新疆吐鲁番七角井子等处，主要分布在固定沙丘上。

上述遗址的共同特征是细石器十分丰富。这种细石器的发达，是从旧石器晚期开始，由于狩猎的进步而导致复合工具普遍出现，从而使石器普遍细化的必然结果。这一进程同欧洲史前文化的发展颇有类似之处，但欧洲乃至西亚、北非等地的细石器是以几何形（三角形、斜长方形、梯形、半月形等）为特征的，中国细石器则多细长石叶，二者属于不同系统。

从现在掌握的情况来看，我国细石器主要分布在秦岭、淮河以北的地区，华南仅见于个别遗址如广东南海西樵山的个别地点，所以那里的中石器时代遗存也难于辨认。但无论如何，华南也不能没有相应的文化发展阶段。过去发现的许多全新世洞穴遗址中某些未见陶器和磨制石器的，当有可能是中石器时代遗存。

由于对中石器时代文化的探索有了新的线索，特别是对新石器时代早期文化的探索获得了实质性的进展，因而对于从旧石器时代（通过中石器时代）向新石器时代过渡的问题也比过去明朗一些了。

现在看来，我国从旧石器时代向新石器时代的过渡大体有三种不同的途径。南部的长江流域、珠江流域、东南沿海和云贵高原，在中石器时代应多洞穴遗址，也可能有些贝丘和山岗遗址。石器同旧石器时代晚期一样仍多大型打制的，个别的局部磨光。这里向新石器时代过渡之时在经济上产生了分化。相当一部分人仍住山洞或河滨、海岸，以狩猎和采集为生，学会了制陶和养猪，但无农业；另一部分人走入河滨或平原沼地，学会种植水稻，逐步形成一个以稻作农业为特色的文化区。

北方的黄土高原、华北平原、山东丘陵和铁岭以南的东北平原，在中石器时代已是细石器文化区。之后有一个短时期不甚清楚，但到新石器时代早期后段，这里已存在着较发达的旱地农业、家畜饲养业和制陶业。石器有不少是磨制的，但也有大型打制石器和细石器，有些遗址细石器还相当多，暗示其脱胎于当地中石器文化的形迹。

东北北部、蒙新高原和青藏高原，在中石器时代也是细石器文化的分布区。到了新石器时代，由于气候干燥寒冷而难于发展农业，经济上不得不仍以狩猎和采集为主，有些地方也可能发展了养畜业。故石器仍然继承中石器时代的传统，以细石器为主，只是技术更加成熟进步。陶器和磨制石器虽已发生，但始终没有得到充分的发展。这是一个以狩猎和采集为特征的文化区。

很明显，这三条不同的发展途径和三个经济文化区的形成，不但与旧石器时代和中石器时代文化分区的传统有关，也与各区自然地理条件的不同有关。

应当指出，三个经济文化区的划分虽然是明确的，但它们之间的差别并不是绝对的。农业文化区一般同时有狩猎和养畜业，狩猎、采集文化区个别地方也有农业；稻作农业区有时也种点旱地作物，而旱地农业区个别地方也种植水稻。除此而外，各区之间也还存在着不同程度的经济文化交流。因之，三个大区的文化面貌不仅有明显的差异，也还有一定的统一性。这种统一性还特别表现在具有共同的文化分期上，至少在两个农业经济文化区是如此。

四、新石器时代文化的分期

近年来一系列新石器早期文化的发现，地层学和类型学研究的深入发展，以及碳十四断代方法的广泛利用，使得新石器时代文化的分期研究有了长足的进展。除狩猎、采集经济文化区的分期尚不甚清楚外，整个旱地农业文化区和稻作农业文化区都具有基本相同的发展阶段，大致可以分为新石器早期、新石器晚期和铜石并用时期，新石器早期又可分为前后两段（见表 16.2）。

属于新石器时代早期前段的遗址有江西万年仙人洞、广西桂林甑皮岩、广东英德青塘等洞穴遗址和广西南宁豹子头等贝丘遗址，全部都在华南地区，其他地方至今还没有发现相应阶段的遗存。这些遗址的绝对年代，根据碳十四测量的许多数据并经过多方面的校正，为距今 9 500 年至 8 000 年左右[①]。

这时的石器大多数是打制的，且多数为单面加工，基本上还是旧石器的传统制造方法。磨制石器在各遗址中的比例不一，有些只是局部磨光，但也有通体磨光的，种类主要有穿孔器、锥形器、斧和砺石等。骨角器比较发达，有的地方还有牙器或蚌器。

这时已普遍出现陶器，但数量少，质地粗糙。遗址中发现的陶片一般为红褐色，颜色不均，夹粗细不等的砂粒，火候甚低，质松易碎。陶片外面多饰绳纹；仙人洞不少陶片里外都饰绳纹，则是一个特殊的例子。多数陶片太小，难以识辨其器种，大略能看出器种的主要是圜底罐，显得十分简单。

这时期的生业大概仍以狩猎和采集为主，至少洞穴遗址的居民还是如此。这些遗址中常发现各种野生哺乳动物骨骼和贝类皮壳，又有许多骨镞和骨鱼镖与之共出。贝丘遗址中不但有成片的贝壳堆积，也有野生哺乳动物骨骼；石器中最常见的是取食贝类的蠔蛎啄，这些都是渔猎和采集经济仍较发达的证据。虽然在各类遗址中至今还没有发现一件明确的农业工具，也没有发现其他有关农业的痕迹，但不能因此认为在这一阶段仍未产生农业。因为现在所发现的多属洞穴和贝丘遗址，其自然地理条件决定了不宜于经营农业。如果发现一些平原或河谷遗址，情况可能有所改变。再者，从下一阶段农业已较普遍并已达到

① 北京大学历史系考古专业碳十四实验室等：《石灰岩地区碳十四样品年代的可靠性与甑皮岩等遗址的年代问题》，《考古学报》1982 年第 2 期。

表 16.2　中国新石器文化的谱系

距今年代	文化分期	旱地农业经济文化区				稻作农业经济文化区					狩猎采集经济文化区		
		甘青文化区	中原文化区	山东文化区	燕辽文化区	江浙文化区	长江中游区	闽台区	粤桂区	云贵区	东北区	蒙新区	青藏区
9 000	新石器早期						仙人洞遗址	?	甑皮岩下层	?		细石器遗存	细石器遗存
8 000		老官台文化	磁山文化	北辛文化	兴隆洼文化		城背溪文化		甑皮岩上层				
7 000						河姆渡文化					新乐下层		
6 000	新石器晚期		仰韶文化	大汶口文化	红山文化	马家浜文化	大溪文化		金兰寺下层		新开流		
						崧泽文化					小珠山中层		
5 000	铜石并用时期	马家窑文化	中原龙山文化	龙山文化	小河沿文化	良渚文化	屈家岭文化	昙石山文化	石峡文化	白羊村遗址	小珠山上层	富河文化	卡若遗址
4 000		齐家文化			?		石家河文化						

较高水平来看，它的前面不能没有一个准备阶段。至于家畜饲养，在这时期是确已存在的，甑皮岩等遗址曾发现较多猪骨，其年龄一般偏小，当是在家养条件下达到一定大小即行宰杀的结果。此后在中国新石器时代的农业文化区，一直都是以猪为主要家畜的。

如果说新石器时代早期前段的遗址至今发现尚少，其分布也仅限于江南地区的话，那么到新石器早期后段情况就有很大的不同了。现在发现的属于这一阶段的遗址已远在100处以上，差不多分布在我国东部的整个低级阶梯和与中级阶梯交接的部分地区。

这个时期的黄河流域，自西向东分布着老官台文化、磁山文化和北辛文化。它们的年代大约为距今8 000多年至7 000年，个别可晚至6 500年。黄河流域是我国旱地农业的发源地，我国古代关于农业起源的传说多发生在这个地方，并且把在黄河流域首先栽培的一种谷物稷（可能是黍或粟的一种）奉为农神。现在在磁山文化遗址中已发现有粟，在老官台文化遗址中除粟以外还发现了黍。这两种谷物的特性都是耐旱喜温，生长期短，且有一定的抗碱能力，特别适宜于在黄河流域那种黄土地带的半干旱性气候条件下生长。而且据调查在黄河流域就有这两种谷物的野生祖本野生黍和狗尾草，这类作物在这里首先被种植是很自然的事。

特别值得注意的是，在河北武安磁山一个居址中就曾发现300多个长方形窖穴，其中80个均有大量粮食朽灰，经灰象法分析为粟（Sateria italica），估算其原有储量应在10万斤以上①。如此发达的谷物农业当已远离发生时期的形态，可见黄河流域农业的起源还应上溯到更早的时期。

这时的石器较前段已有较大的进步。一是磨制石器比例增大，制作较为精致；二是类型分化，专业化倾向增强。尤其是有了一整套农业工具，如翻地用的舌形石铲，收割用的石镰或石刀，以及碾磨粮食用的石磨盘和石磨棒等。打制石器仍占一定比例，有些遗址中还有少量细石器，暗示着当地早先存在过的中石器文化到这时还遗留着一些陈迹。

磁山文化、老官台文化和北辛文化的制陶业的水平大致相同。都用手制和泥片贴模制成，火候不高，常为不纯正的灰褐色。大多不尚装饰，或为素

① 佟伟华：《磁山遗址的原始农业遗存及其相关问题》，《农业考古》1984年第1期。

面，或饰绳纹与其他纹饰，这些纹饰有的是制造工艺过程留下的形迹，有些则有一定的实用价值而较少装饰的意义。彩陶尚未发展起来，仅老官台文化中有某些红色宽带勉强可以看作彩陶的萌芽。陶器种类虽因文化而异，但各文化共有的仍占较大比例。最常见的有圜底钵、圈足碗、小口壶和罐，其次则为鼎、釜、三足罐、三足钵和支脚等。虽然还是比较简单，但比前一阶段已经是进步多了。

黄河流域以北的海河流域和辽河流域，这时也已发展了旱地农业，而家畜饲养和狩猎的比重则稍大于黄河流域。石器中往往有大量的细石器和大型打制石器，磨制石器相对较少。陶器形制单调，主要是筒形罐、钵和圈足碗等。一些器型和纹饰同磁山文化具有明显的相似之处。

近年在长江中游的大江两岸和洞庭湖滨发现了一系列新石器早期后段的遗址，其年代估计为距今 8 000 年至 7 000 年或者略晚。这些遗址中的陶器多褐色，用泥片贴模成形，素面或饰绳纹，器种多釜、罐、钵、圈足盘和支脚，其中有些器形和纹饰接近于磁山文化和老官台文化，可证二者存在着一定的关系。这些陶器的胎壁中往往夹有炭化的稻壳，可见当时已知食用稻米，甚至已知种植水稻了。

长江下游偏南的浙江北部发现的河姆渡文化已经是人们所熟知的了。其年代距今约为 7 000 多年到 6 000 多年以前，虽比长江中游的文化为晚，但文化面貌基本上还应算是新石器早期后段的。

河姆渡有非常丰富的稻谷遗存。在 400 多平方米的范围内，稻谷壳和稻草一起构成一个厚约 20～50 厘米的堆积层，若是换算成稻谷至少也是在 10 万斤以上[①]。当时用做水田耕作的农具主要是骨锹，形状很像当地现代用于挖泥的铁锹。

长江流域在历史上曾是野生稻的重要产区，现今在江西、安徽、湖南仍不时有发现野生稻的报道。考古发现的稻谷遗存不但年代很早，而且数量巨大，可见其前面还应有一段发展的历史。这样看来，长江流域无疑是稻作农业起源的重要地区之一。

我国新石器时代晚期是一个文化大发展的时期，现今发现的 7 000 多处新

① 浙江省文物管理委员会等：《河姆渡遗址第一期发掘报告》，《考古学报》1978 年第 1 期。

石器遗址中大部分是属于晚期的，分布遍及全国各地，而以黄河中下游和长江中下游为最发达。这个阶段的绝对年代在各地虽不尽一致，但前后差别并不很大。黄河流域的仰韶文化和大汶口文化等大约为距今7 000年至4 600年以前，长江流域的马家浜文化和大溪—屈家岭文化等大约也在距今6 000多年到四千五六百年之间。这个时期农业进一步发展，人口显著增加，到处都涌现出较大型的定居村落。

这个时期也可分为前后两段。前段的村落往往围成圆圈，房屋一般是单间的，建筑质量没有明显差别。墓地常有一定布局，流行多人集体合葬，各墓在葬具和随葬品等方面只有很微小的不同。后段在石器制造上出现了管钻法和切割法等技术，并且常常发现玉器。村落布局不甚严格，出现了分间式房屋和十分讲究的大型建筑，还有祭坛等宗教性建筑，墓葬的大小和随葬品的多少都有了比较明显的差别，有的地方已出现规模很大的积石冢。

这个时期的一个重要特征是彩陶的出现。黄河流域的仰韶文化、大汶口文化和马家窑文化，辽河流域的红山文化和小河沿文化，长江流域的大溪文化和屈家岭文化都有比较发达的彩陶，马家浜文化和广东金兰寺下层文化等也有少量彩陶，此外还有一些未经定名的新石器晚期文化遗存中也发现了彩陶。每个地方的彩陶由少到多和由盛到衰的全过程，都差不多是同新石器时代晚期文化相始终的[①]。中国新石器时代晚期的2 000多年，可以说是彩陶文化兴盛发达的世纪。

彩陶发生的原因可能很多，其中之一可能与陶土质地有些关系。因为从宏观来看，无论是中国还是外国，彩陶最发达的地方是黄土地带，其他地方纵有也比较少。但是最根本的原因应与制陶技术有很大关系。在新石器早期，制陶技术还比较原始，一般没有抽风的陶窑，火候难以控制，陶质欠佳，色泽灰暗而不均匀，很难在上面画彩，即使画上也不会有好的效果。到新石器时代晚期，各地普遍出现小型窑炉。其结构几乎都是火门低、窑室高、窑壁直立而不封顶，烧窑时形成自然的抽风作用，使得炉温较高且较稳定，陶土能在这种条件下得到充分氧化而变成浅红色。加上这时对陶土的加工也有很大进步，能够

① 甘肃、青海和新疆的彩陶并没有随新石器时代的结束而消失，而是一直延续到整个青铜时代，个别的到了早期铁器时代。

做出很好的细泥陶。这种质地细腻、表面光洁的浅红色陶器，乃是勾画各种花纹的良好的素地，几乎所有的彩陶都是在这种红陶上画成的。

既然彩陶的发生是同一定自然条件和文化发展水平相联系的，那么只要具备这种条件就可能出现彩陶，彩陶的发生也就必然是多元的了。这样就能够解释为什么在世界上相距遥远、看来不可能发生什么联系的不同的文化中心，都在差不多的文化发展水平下出现了彩陶这一有趣的事实。这个事实曾吸引许多考古学家去探索东西彩陶文化的联系和传播路线而不得要领。实际上，由于前面讲到的地理阻隔的原因，中国同中亚、南亚、西亚和东南欧等地的彩陶不但不是同源的，就是在往后的发展中，也没有证据表明发生过重要的联系。甚至中国本土的彩陶也未见得只有一个源头。

铜石并用时期主要是指龙山文化及其同时代诸文化。这些文化的绝对年代一般为距今 4 600 年至 4 000 年左右，已经处在中国古代文明产生的前夕。

龙山文化分布在黄河下游，河北、河南、山西、陕西的同时代遗存则被称为中原龙山文化。甘肃、青海有齐家文化，长江中游有石家河文化，长江下游则有良渚文化。这些文化虽然各有特色，但也有不少相同或相似的因素。它们所代表的时代则被称为龙山时代[①]。

这个时代的手工业获得了多方面的突出的成就，其中包括冶铜、缫丝、酿酒和快轮制陶等。

早在仰韶文化后期就已出现个别的铜器，到龙山时代便比较普遍了，但多限于小型器物如锥、凿、刀、铃和指环之类。多数器物的质地为红铜，也有用青铜或黄铜做的。制造方法有锻打和熔铸，有的遗址曾发现过炼锅的残片，有的器物上有明显的模铸痕迹。

这时在制陶业中已普遍采用快轮旋坯和密封饮窑等新工艺，尤以东方沿海为最。不但提高了生产效率，还使制造更为精美的器物成为可能。龙山文化中的蛋壳陶高柄杯，每件重不及 50 克，厚不到半毫米，而且有胆有壳，雕镂精细。如此精美的器皿，不但在以前做不出来，龙山文化以后也再没有见到类似的物品。

龙山时代的建筑技术也有新的发展。一是采用土坯即日晒泥砖，二是用石

---

① 严文明：《龙山文化和龙山时代》，《文物》1981 年第 6 期。

灰涂抹地面和墙壁，三是夯筑地基和墙壁。这些都是影响深远的成就，在我国历史时期仍被广泛地应用。

生产的发展使得财富的积聚越来越多，贫富的差别越来越显著，人们的社会地位也随之发生分化。这种情况在埋葬习俗中反映得非常清楚。例如山西襄汾陶寺的700多座墓葬中，极少数大墓每座都有一二百件随葬品，有些还有龙纹陶盘、鳄鱼皮做的鼓和大石磬等不寻常的物品，墓主人显系贵族。中等墓有木棺和一般性随葬器物，而将近90%的小墓既无木棺，又几乎没有随葬品[①]。又如江浙地区有些良渚文化的墓地是在人工筑成的土台上设置的，其中一些大墓随葬许多玉璧、玉琮等代表身份的礼仪性器物，有的墓甚至有棺有椁，而多数小墓则一无所有。

社会的两极分化需要有强制的力量来进行调节，还需要有意识形态方面的保证。我们看到经过改进的石箭头急剧增加，磨制很好的石矛也应时而出。到处都可以看到非正常死亡者的乱葬坑，用夯土构筑的城堡一座座地从平地升起，战争显然成了这个时期的突出现象。与此同时，各地都发现用猪、牛或鹿的肩胛骨做的卜骨，说明占卜已有一定制度，甚至已有专司卜事的巫师了。国之大事，在祀与戎，这两件事情在龙山时代已初露端倪。历史很快就要跨入文明时代了。

五、新石器文化的多样性和民族文化区的萌芽

前面我们谈到，中国新石器时代存在着三个经济文化区，同时存在着三个发展阶段，这本身就是多样性和统一性结合的体现。实际上如果按考古学文化的特征进行综合考察，还可以划分为许多较小的文化区，它们的范围虽在不同时期有所变动，但也具有相对的稳定性。特别值得注意的是，这些文化区常常与我国古史传说中的各部落集团的活动区域相联系，实际上是一种民族文化区的萌芽（见图16.1）。

---

① 高炜等：《关于陶寺墓地的几个问题》，《考古》1983年第6期。

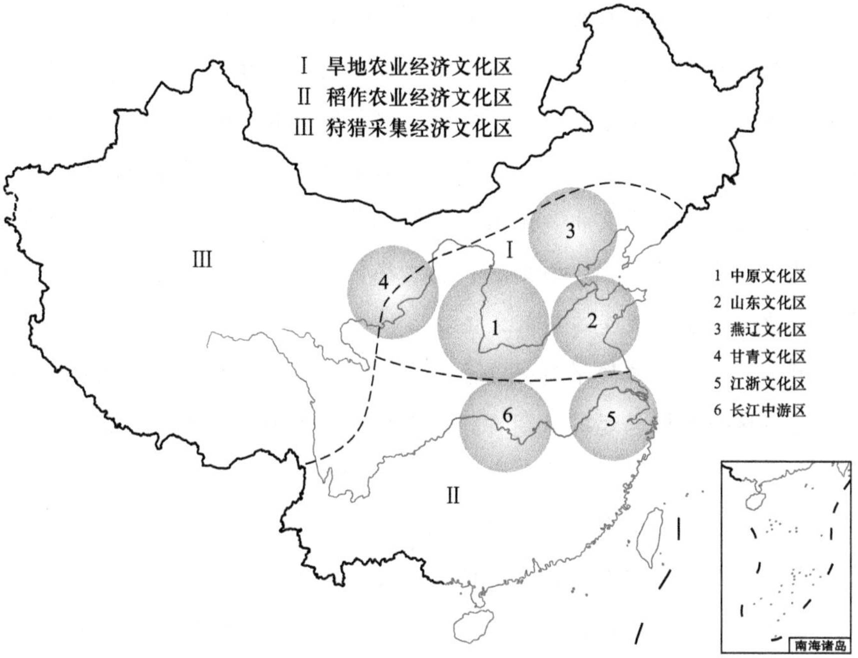

图 16.1 中国新石器文化的分区

最著名的是中原文化区，它以渭河流域和晋陕豫三省邻接地区为中心，范围几乎遍及陕西、山西、河北、河南全境。根据古史传说，这一带曾是黄帝和炎帝为代表的部落集团活动的地域，以后在这里形成华夏各族。这个地区在新石器早期有老官台文化和磁山文化，到新石器晚期融合为仰韶文化，但在内部仍保持不同的地方类型。此后到铜石并用时代发展为中原龙山文化，其中亦包含许多地方类型。在河南西部的一支以王湾三期为代表，其后发展为早期青铜时代的二里头文化。不少学者认为二里头文化即夏代夏族的文化，果真如此，王湾三期就当是夏文化的直接前身了。位于河南北部和河北南部的一支以后冈二期为代表，人们认为它可能是商文化的前身。而渭河流域的一支以客省庄二期为代表，它同后来的周文化虽有一段不小的距离，但至少应是它的一个重要源头。

黄土高原西头的甘肃和青海东北部地区，最早是没有陶器的拉乙亥文化，其后在仰韶文化的传入和强烈影响下产生了马家窑文化，到龙山时代又发展为齐家文化。后者也可分为若干地方类型。由于这个地区的新石器文化与中原新石器文化关系十分密切，在某种意义上甚至可视为仰韶文化特异化的产物，故应作为一个亚区。这里的新石器文化应是往后戎羌各族的史前文化。

山东丘陵及其附近的平原地区，是传说中以太昊和少昊为代表的两昊部落集团活动的区域。那里较早为北辛文化，继之而起的大汶口文化在分布范围上有相当的扩大，其中一部分西至河南，与仰韶文化发生交错分布的关系。大汶口文化以后发展为龙山文化。龙山文化的继承者是近年来发现的岳石文化，一般认为是夏代夷人的文化。假如这一说法符合历史实际，那么大汶口文化和龙山文化等就应是东夷诸族的史前文化。

辽河和大凌河流域较早有兴隆洼文化，继之而起的有红山文化和小河沿文化。其后在这个地区兴起的早期青铜文化是夏家店下层文化，一般认为它与燕文化虽有距离，但也有可能是它的一个重要渊源。

中国南方也可分为若干文化区。长江中游是重要的一个。根据古史传说，那里曾是三苗部落活动的地区。该区较早有城背溪文化，其后发展为大溪文化和屈家岭文化。到龙山时代则发展为石家河文化。往后的发展路程虽还有一些不甚清晰的地方，但无论如何，著名的楚文化应是从这里孕育起来的。

长江下游也是一个文化区，那里较早有河姆渡文化，其后有马家浜文化和良渚文化。这些都应是古越族的史前文化。至于薛家岗文化等可能是本文化区的一个亚区。

这五个文化区都紧邻和围绕着中原文化区，很像一个巨大的花朵，五个文化区是花瓣，而中原文化区是花心。各文化区都有自己的特色，同时又有不同程度的联系，中原文化区更起着联系各文化区的核心作用。我们看到在中原地区仰韶文化中发生的那种饰回旋钩连纹或花瓣纹的彩陶盆几乎传遍了整个黄河中下游，长江中下游的同期遗存中也偶尔能见到这类产品。而山东等地大汶口文化中的背水壶、江汉地区屈家岭文化中的蛋壳彩陶杯等也能在中原仰韶文化的遗址中见到。这样的例子实在是举不胜举。它与古史传说中各部落集团经常迁移、相互交往乃至发生战争的记述是相呼应的。

假如我们把中原地区的各文化类型看成第一个层次，它周围的五个文化区是第二个层次，那么最外层也还有许多别的文化区，可以算作第三个层次。它包括福建的昙石山文化、台湾的大坌坑文化、广东的石峡文化，以及云南宾川白羊村、西藏昌都卡若、黑龙江新开流和昂昂溪、从内蒙古到新疆的诸细石器文化等。现在对这些文化遗存还研究得不够深入，有些有明确的边界，可以自成一个文化区，有些则还不大清楚。它们同第二个层次的关系较同第一个层次更为直接也更为密切，好像是第二重的花瓣。而整个中国的新石器文化就像一个巨大的重瓣花朵。

六、余论：中国史前文化的统一性与多样性对早期文明发生的影响

让我们把前面的论述归纳一下。

许多事实说明，中国史前文化的特点与它所处的自然地理条件是密切相联的。中国地理位置的独特和同外界相对隔离的状况，决定了中国史前文化的土著性质。它在漫长的岁月中一直走着独立发展的道路。中国幅员广大和自然条件之复杂，决定了史前文化的多元性和不平衡性，形成相当复杂的谱系。

从旧石器时代开始，中国史前文化就是多元的和不平衡的，大体可分为华北和华南两大谱系，而以华北地区的文化较为发达。到新石器时代，文化发展的内容远比以前复杂，经济活动的方向也有很大差别，逐渐形成了许多地方文化传统，使得文化发展的多样性和不平衡性更加突出。但任何一个文化都不是孤立的，总是在与其他文化相互影响和作用下共同发展的。因此，这时期的文化并没有因为多样性的突出而削弱了统一性的发展，只是后者在新的条件下具有某些不同于以前的特点。那就是除了在一定范围内具有某些共同因素外，还形成了一个以中原文化为核心，包括不同经济文化类型和不同文化传统的分层次联系的重瓣花朵式的格局。这一发展对于中国早期文明的发生及其特点带来了深刻的影响。

首先，由于中原地区的史前文化发展水平较高，又处在核心的位置，易于受到周围文化的激荡和影响，能够从各方面吸收有利于本身发展的先进因素，因而有条件最早进入文明社会。我国历史上的第一个王朝夏之所以建立在中原地区，并不是偶然的，而是史前文化发展的必然结果。

其次，由于中国史前文化是多元的，中原周围各文化区都已达到较高发展水平，有的甚至已孕育着某些文明的因素。如红山文化中已出现祭坛、塑像群和大型积石冢，并有猪龙等成套玉器；良渚文化中已有专门的贵族墓地，大墓有棺有椁，并有大量的玉琮、玉璧随葬。这些因素有的被中原文化吸收，成

为中原早期文明的重要因素；有的在当地继续发展，在其他文化区的影响下发展起当地的早期文明。因此，中国早期文明不是在一个地区一次发生，而是在许多地区先后发生的，是这一广大地区中的许多文化中心相互作用和激发的结果。早期文明的起源地区应包括整个华北和长江中下游。而在文明的发生和形成的整个过程中，中原都起着领先和突出的作用。

第三，由于中国史前文化是一种分层次的向心的结构，而文明首先发生在中原地区，其次是它周围的各文化区，第三层即最外层各文化区进入文明的时间甚晚。因此，在中国早期文明发生和形成过程中，外界文化不可能发挥重要的作用。中国文化同外国文化的大规模的交流，是在古代文明已经完全形成以后的汉代才开始的。因此这种交流的规模无论有多大，也只能在有限的范围内影响中国文化的发展，而不能从根本上改变中国文化的民族特性。

第四，由于中原及周围文化区联系紧密，并且具有一定程度的统一性，所以在往后的历史发展中，不论哪个文化区占了主导地位，都能牢固地保持中国古代文明的特色。正如孔子所说的那样："殷因于夏礼，所损益可知也；周因于殷礼，所损益可知也；其或继周者，虽百世可知也。"（《论语·为政》）他说的是大中原地区，其实再扩大一些也还是适用的。

第五，由于中国史前文化已形成一种重瓣花朵式的向心结构，进入文明时期以后，很自然地发展为以华夏族为主体，同周围许多民族、部族或部落保持不同程度关系的政治格局，奠定了以汉族为主体的、统一的多民族国家的基石。这种格局不但把统一性和多样性很好地结合起来，而且产生出强大的凝聚力量。即使在某些时期政治上发生分裂割据，这种民族的和文化的凝聚力量也毫不减弱，成为中国历史发展的一个鲜明的特色。

（选自《文物》1987年第3期）

张忠培与《中国父系氏族制发展阶段的考古学考察——对含男性居本位的合葬墓墓地的若干分析》

经典导读

张忠培（1934—2017），湖南长沙人。1952 年考入北京大学历史系考古专业学习，后留校师从林耀华和苏秉琦攻读“原始社会史及少数民族地区考古”副博士研究生。1961 年毕业分配到吉林大学任教，是吉林大学考古专业创始人，历任吉林大学考古教研室主任、历史系主任、研究生院常务副院长。1987 年调入北京，任故宫博物院院长。鉴于其对中国考古事业的贡献，被推举长期担任中国考古学会副理事长、理事长。张忠培对考古情有独钟，从 1955 年起，他先后到陕西西安半坡、华县元君庙、泉护村南台地以及黑龙江、吉林、河北、山西等地从事考古发掘和指导学生进行田野考古实习，通过对调查发掘资料的整理研究，主笔或指导完成了《元君庙仰韶墓地》《华县泉护村》《晋中考古》《民乐东灰山考古——四坝文化墓地的揭示与研究》《忻州游邀考古》《肇源白金宝——嫩江下游一处青铜时代遗址的揭示》等考古报告。

张忠培重视理论，参加过少数民族地区调查，坚持“论从史出”“让材料牵着鼻子走”的研究方针，撰写了多篇有关仰韶文化、龙山文化、马家窑文化、齐家文化的研究文章，梳理了史前从母系到父系、从母权制到父系家长制的社会制度发展演变过程；提出并阐释了考古学理论、方法的若干基本问题，发表了《地层学与类型学的若干问题》《研究考古学文化需要探索的几个问题》《关于考古学的几个问题》等文章；探讨了中国文明起源、形成和发展道路问题，在《良渚文化的年代和其所处社会阶段——五千年前中国进入文明的一个例证》一文中，提出了黄河、长江中下游、燕山南北及西辽河流域与良渚文化基本同时的诸考古学文化已普遍进入了文明时代的观点。他是学术界公认的研究领域广泛、对中国考古学学科建设和事业发展做出过突出贡献的一位学者。著述颇丰，出版有《中国北方考古论集》《元君庙仰韶墓地》等专著。

《中国父系氏族制发展阶段的考古学考察——对含男性居本位的合葬墓墓地的若干分析》，1987 年发表于《吉林大学社会科学学报》第 1、2 期，后收入 1990 年文物出版社出版的《中国北方考古文集》，是张忠培继研究仰韶时代母权制社会之后又一篇研究史前社会制度演变的力作。此文在对半山 - 马厂文化墓地、大汶口文化墓地、齐家文化前期墓地的合葬墓分别运用文字、统计表及线图综合分析之后，从父系制发展程度角度考察，将之分为四个阶段：第一阶段，以大汶口文化前期几处墓地、大汶口文化后期的呈子墓地和半山 - 马厂文化几处墓地为代表，虽保存了较多的母系制残余，但从整体来看，“则可见到单偶制婚姻和亲属及财产关系的父系继承制，已经成为留存这墓地的居民社会的主要形态”；第二阶段，以大汶口文化后期的大汶口、野店及大墩子三处墓地为代表，这一阶段，“男子在经济及家庭地位虽已居妇女之上，但成对成年合葬墓中的男女仍采用同样的葬式，还不存在奴役妇女的现象，父权独裁也未出现”。第一、第二阶段之间虽有一些差别，但基本上可归入一个大的历史阶段，可称为父系制确立时期。第三阶段是第二阶段的继续和发展，父系制的确立是母权制时代向父权制时期过渡的必经之路，第四阶段应已进入典型的父权制时期。大汶口文化、半山 - 马厂文化和齐家文化是三支谱系不同的考古学文化，它们之间年代可能相当，但社会关系发展可能并不相同。张忠培总结提出基本认识：“虽然中国诸谱系考古学文化经历了不平衡的发展道路，但在庙底沟文化中期前后，它们均进入父系氏族制的历史轨道，而在龙山时代，……即公元前二千二三百年，均已步入父权制时期。正如大家所公认的，约公元前二千年，在黄河流域腹地，即伊洛地区的夏人，首先跨入了文明时代的门槛。”显然，如果对考古学文化没有深入研究，对马克思主义经典作家有关论述不熟习，没有受过民族考古学的基本训练，并能将之融会贯通，是难以写出有这样深度的论作的。

—— 延伸阅读文献目录：

1. 张忠培：《关于根据半坡类型的埋葬制度探讨仰韶文化社会制度问题的商榷》，《考古》1962 年第 7 期。

2. 张忠培：《地层学与类型学的若干问题》，《文物》1983 年第 5 期。

3. 张忠培：《母权制时期私有制问题的考察》，《史前研究》1984 年第 1 期。

4. 张忠培：《研究考古学文化需要探索的几个问题》，《文物与考古论集》，文物出版社 1986 年版。

5. 张忠培：《齐家文化研究》，《考古学报》1987 年第 1、2 期。

6. 张忠培：《仰韶时代——史前社会的繁荣与向文明时代的转变》，《故宫博物院院刊》1996 年第 1 期。

7. 张忠培：《中国考古学：走近历史真实之道》，科学出版社 1999 年版。

8. 张忠培：《中国考古学：走向与推进文明的历程》，紫禁城出版社 2004 年版。

9. 张忠培：《中国考古学：九十年代的思考》，文物出版社 2005 年版。

10. 张忠培：《良渚文化墓地与其表述的文明社会》，《考古学报》2012 年第 4 期。

11. 王巍主编：《考古卷》第二分册，钱伟长总主编：《20 世纪中国知名科学家学术成就概览》，科学出版社 2015 年版。

（李伯谦 撰）

—— 原文：《中国父系氏族制发展阶段的考古学考察——对含男性居本位的合葬墓墓地的若干分析》

经典原文

中国父系氏族制发展阶段的考古学考察
——对含男性居本位的合葬墓墓地的若干分析

张忠培

分布在黄河上游的半山－马厂文化及齐家文化前期，和分布于黄河下游的大汶口文化，是夏以前的不同谱系的考古学文化，均处于中国新石器时代发展阶段。它们的一些墓地，都不同程度地包含着成对成年男女、成对成年男女及小孩和成年男子及小孩的合葬墓，有的甚至包含一男二女成年合葬墓，是所在地区的历史进程中出现的新现象，是男性代替女性而在亲属制中占据本位的标志。本文拟对这些墓地，尤其是对其中的合葬墓的现象，作一些观察和分析，并以此为据，提出中国父系氏族制的发展阶段，亦即这一时代历史的分期的设想。片面和错误，一定不少。问题的深入研究，终待中外史学专家之共同努力。

■ 半山－马厂文化墓地

中国考古学界对半山和马厂遗存的考古学文化归属问题，存在着不同的认识。有的把它们和马家窑遗存合在一起，称之为马家窑文化，而区分为不同的类型或不同时期；有的认为它们是单一的文化，和马家窑遗存代表的马家窑文化相区别，称之为半山－马厂文化；也有的认为可将马家窑、半山及马厂为代表的遗存分别称为马家窑文化、半山文化和马厂文化。

在对半山、马厂遗存的考古学文化归属持不同见解的大多数学者中，尽管在考虑地域上发展的不平衡性而认为马家窑→半山→马厂具体过渡问题存在着不同意见，但认为它们之间存在谱系继承关系的认识，却基本上是一致的。

马家窑文化是继庙底沟文化的一地方性类型而发展起来的事实，已为考古学的发现及研究揭示得愈来愈清楚。《试论东庄村和西王村遗存的文化性质》[①]认为庙底沟文化已进入父系氏族制阶段，而反映父系制关系的以男性为本位的合葬制，迄今最早只见于半山遗存中。这说明黄河上游是在父系氏族制发展到一定时期或阶段，才从埋葬习俗上表现现实社会早已存在的父系氏族制。

半山－马厂文化的墓地中，以父系为本位的合葬制，不见于兰州花寨子[②]、景泰张家台[③]和广河地巴坪[④]，只存在于年代较晚的兰州土谷台[⑤]。河西走廊发现的以男性为本位的合葬制鸳鸯池[⑥]年代，约和土谷台相当。柳湾[⑦]这种性质的墓葬的起始年代，早于土谷台和鸳鸯池。似乎可以认为，半山－马厂文化的男性为本位的合葬制的年代，上限在花寨子墓地早期之后，下限不过马厂早期。同时，由于发展不平衡，这种合葬制的起始年代，则是湟水流域早于黄河沿岸及洮河流域，至于是否早于河西走廊，则有待进一步证实。

下面就土谷台、鸳鸯池及柳湾的情况分别做些说明。

土谷台合葬墓20座，占墓地墓葬总数的23.8%，可见合葬是相当盛行的。《报告》将这里的墓葬分为三期，从合葬现象看，没有年代上的意义。现据合葬墓中成员年龄、性别构成统计如表17.1：

表17.1　土谷台半山－马厂文化合葬墓

类别	成对成年男女	未定性别的成对成年	成对成年男女及儿童	成年男性及儿童	成年女性及儿童	儿童
墓数	6	2	1	4	3	4

① 张忠培：《试论东庄村和西王村遗存的文化性质》，《考古》1979年第1期。

② 甘肃省博物馆等：《兰州花寨子"半山类型"墓葬》，《考古学报》1980年第2期。下引资料，不再注明出处。

③ 甘肃省博物馆：《甘肃景泰张家台新石器时代的墓葬》，《考古》1976年第3期。下引资料，不再注明出处。

④ 甘肃省博物馆文物工作队：《广河地巴坪"半山类型"墓地》，《考古学报》1978年第2期。下引资料，不再注明出处。

⑤ 甘肃省博物馆等：《兰州土谷台半山－马厂文化墓地》，《考古学报》1983年第2期。下引资料，不再注明出处。

⑥ 甘肃省博物馆文物工作队：《甘肃永昌鸳鸯池新石器时代墓地》，《考古学报》1982年第2期。下引资料，不再注明出处。

⑦ 青海省文物管理处考古队、中国社会科学院考古研究所：《青海柳湾》，文物出版社1984年版。下引资料，不再注明出处。

成对成年男女合葬墓，占含成年人的合葬墓总数的37.5%，又是纯为成年人合葬墓的75%，同时未见同性成年人合葬墓，据此，推测2座未定性别的成对成年合葬墓中成员，也分别是一对男女。

成对成年男女合葬墓中，M7（见图17.1）、M18及M46的成员，均为一次葬；M57、M39中的男子是一次葬，女子是二次葬；M64的女子是一次葬，男子是二次葬。成对成年男女及儿童和男性成年及儿童的合葬方式，也存在一些区别。成对成年男女及儿童合葬的M6中成员，全是二次葬；男性成年及儿童合葬的M20及M22中的成员，全为一次葬；M49的成年男性为一次葬，儿童为二次葬；M84均为二次葬。看来，这里还不存在殉葬的现象，实行亲属合葬，是迁葬（二次葬）的原因。反之，合葬制的广泛流行，则有赖迁葬。一次葬，还是二次葬，与合葬墓中成员的性别、年龄无关。因此，葬式的区别，不影响这几类墓的性质。土谷台广泛存在的这几类合葬，反映了以男性为本位的

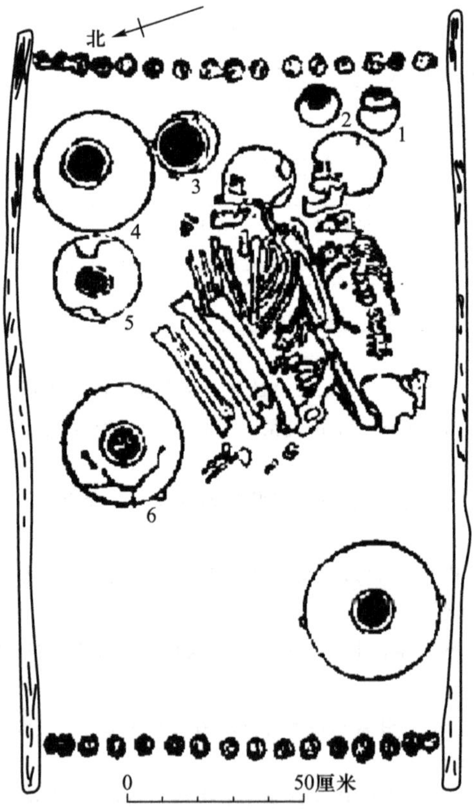

图17.1　土谷台M7

单偶制婚姻和亲属世袭制已居统治地位。

存在成年女性和儿童合葬，说明妇女对子女仍保留着某种程度的亲权。

所有合葬墓中的成员，都实行统一的葬式，即侧身屈肢葬，尸体前后依次并列摆放。M46、M57及M64中的妇女置于男性前方，M7、M18及M39的妇女被放在男性的背后。显然，置前置后与性别无一定联系。它既无年代意义，又不是尊卑的标志。同时，除数量不多而简单的工具及装饰品按个体摆放外，作为基本随葬品的陶器，从其陈放于墓穴的位置，分辨不出它们可能属于哪一个体，而只能认为是同墓人共有的用具。可见，这种合葬制反映的亲属关系，虽还局部地保留了某种形式和一定程度的母系亲权，但父系已占主导地位而成为当时社会的基本形态。同时，构成这亲属关系的血亲或姻亲成员之间的关系，具有平等的性质。

鸳鸯池的合葬墓，只占正式发掘的墓葬[①]总数的9.7%。其中成对成年男女和成年男性及儿童的合葬墓各6座，分别占总数的35.3%。成年女性及儿童合葬的只有2座，约占总数的12%。这里合葬墓中的成员，除M16（一成年男性为一次葬，一儿童为二次葬）及M42（内葬成年男性2、成年女性1和儿童1。一次葬和二次葬各2人）含二次葬者和M92未确定葬式外，都是一次葬。只有M24中的一人是依侧身屈肢陈放，其他均按仰身直肢姿势平列地置于墓穴中。据《报告》文字及平面图，知M170及M168两座成对成年男女合葬墓是男左女右。《报告》对此类其他墓葬中成员的相对位置未作说明，我们难以认为男左女右是这里合葬墓的定制。随葬品中以陶器数量居多。从《报告》出示的实测图观察，除M168女性身旁的陶器多于男性外，在其他合葬墓中，难以分清它们是某一个体的专用随葬品。

存在2位成年男性、1位成年女性及1位儿童的合葬墓（M42）和1位成年男性、2位成年女性及2位儿童的合葬墓（M24），是鸳鸯池和土谷台不同之处，应对它们作些具体分析。

从M42含成年人和儿童来看，当是不同辈分人的合葬墓。当墓只有1位男性被定为30岁，另2位成年人具体年龄不明，不能了解成年人之间的岁差，是否不同辈分就难以估定。虽然不能确指他（她）们亲属关系性质，但可以肯

---

① 有13座是配合基建工程急着清理的，《报告》未将它们具体情况报道出来，故未计算在内。

定他（她）们不是一妻二夫的关系，因为史前时期尚无这种婚姻制度。

M24 内含成员为 60♂、55~60♀、40~45♀及二儿童，都是一次葬。《报告》只说 4 人为仰身直肢葬，1 人为侧身屈肢葬。未指明侧身屈肢葬者为何人，不能据葬式差异了解合葬者的关系，同时，侧身屈肢葬是鸳鸯池墓地罕见的葬俗。除此例外，仅有 M136、M137 和 M161 三座单人成年墓是侧身屈肢葬。后三座墓葬均有随葬品，M137 随葬品还相当丰富。因此，不能认为侧身屈肢葬是身份卑微人的葬式。葬式未表明 M24 两位女性地位卑微，难以认为墓中成年人是一夫二妻。墓中那位年岁较大的女性，和男性年龄相近，可能是夫妻，也可能是兄妹。男性和另一位女性岁差 15~20，或是夫妻，或是兄妹，或是父女。两位女性岁差 15~20，可能是姊妹，也可能是母女。因此，墓中成年人间亲属关系的性质，是难以确定的。

我们不能贸然确定 M24 是一对夫妻及其晚辈，或一对夫妻和其妹或姊及晚辈，或兄妹（姊）及晚辈的合葬墓，还因为这墓地存在母女合葬，尤其是 M102 那样的亲属成员合葬的情况。

M102 内含人员是约 60♀、30~35♀和 6~7 岁儿童，皆仰身直肢，均为一次葬。显然是母系三代人的合葬墓。它除反映母系性质外，也证实这里存在包含三代人的亲属单位。因此，我们不能认为那些成对成年男女、成年男性及儿童和成年女性及儿童合葬墓所表述的亲属单元，是脱离其高一层次的亲属集体（家族）的独立实体。

综上所述，可见鸳鸯池和土谷台一样，处在父系已占主导地位而保留了某些母系亲权的社会发展阶段。

柳湾半山－马厂文化的合葬墓，从《简报》发表以来，就引起考古学者的广泛注意，对它反映的社会制度提出了不同的认识。从《青海柳湾》可知，这里合葬墓中成员的年龄、性别被确定的过少。半山 33 座合葬墓中，只有 7 座中的成员经过年龄、性别鉴定，而得知墓中全部成员的性别、年龄的墓葬，只有 M527 一座。马厂的情况好一点，但也只确定 M331、M319、M348、M327、M573、M281、M93 及 M326 八座墓葬中全部成员的性别、年龄，仅占全部合葬墓的 18%。而且，《报告》似乎忽略了合葬墓中的成员是有二次葬者的问题。例如，从公布的葬墓平面图来看，半山 M628 中的（2）（指尸体编号，下同）是一次葬，（4）（5）（6）头骨在墓穴下方，即（2）的脚下，周围肢骨零乱，可能是二次葬；马厂 M1014 中的（1）（2）个体是一次葬，（3）（4）（5）头骨完整，肢骨零乱不全，有的仅见头骨，可能是二次葬。《报告》只说明尸体的放置形式，对一次葬和二次葬未作说明。一次葬，还是二次葬，需在发掘现场确定，难以据平面图一一作出肯定的认识。这些情况，给全面探讨合葬墓中成员亲属关系的性质，带来了不少的困难。

柳湾三人，尤其是四人以上的合葬墓，大大多于土谷台和鸳鸯池。半山三人以上的合葬墓，除 M421、M513 两墓是内含一位小孩的合葬墓外，有 19 座，比二人合葬墓多了 7 座，占合葬墓总数的 57.6%。马厂三人以上的合葬墓 17 座，虽然少于二人合葬墓，但也占合葬墓总数的 38.6%。从已确定性别、年龄的这类墓葬的成员构成来看，例如半山 M527 和马厂 M281、M93 包含了不同年龄的男女，很像是半坡文化的那种合葬墓，但半坡文化墓地二人合葬墓很少的情况，是同柳湾半山 – 马厂文化墓地区别的显著特点。

柳湾确定墓中全部成员性别、年龄的合葬墓中，马厂的 M319、M348 为成年男女合葬墓。M319 中的两位年龄相若。（1）50~55 ♂，居右，右侧头上方至肩部，分别放置石斧、石锛和石凿各 1 件。（2）45~50 ♀，居左，头上方放置陶纺轮 1 件。M181（2）被定为约 30 ♂，头上方和左臂侧分别放置石凿、石锛各 1 件。这按性别搁置不同劳动工具的情况，和将在下面讨论的半山 – 马厂文化按性别劳动分工相同。M182 合葬二人，（1）的左侧随葬石斧 1 件，（2）的头上放置一纺轮。M320 合葬二人，（1）30~35 ♂，（2）35 岁，性别未定。这墓随葬石斧、石凿外，也见妇女随葬常使用的陶纺轮 1 件。在合葬墓中，由于同棺置尸，或尸体挨近而使随葬品错置或混乱的现象，不是偶见的。但 M182 内两具尸体间隔约 50 厘米，中间一列陶器，是不易出现错置或混乱随葬品情况的。这些成对成年男女合葬墓，当是单偶制婚姻关系的产物。

半山 M580 合葬三人，从《报告》文字及平面图可知，（1）成年♂，一次葬，仰身直肢，占了墓穴左方的大半边，（2）、（3）性别、年龄未定，尸骨残缺零乱，大多放置在（1）之右侧，无疑是二次葬。随葬器物 6 件，其中石锛、陶罐、石斧及石球四件，呈一直线置于（1）的左侧。显然，这是一座以男性为本位的合葬墓。

半山 M421 合葬三人，均为一次葬。（1）18~20 ♂，（2）25~30 ♂，（3）小孩，是成年男子和小孩的合葬墓。M513 合葬三人，也都是一次葬。

（1）儿童，（2）成年♂，（3）年龄、性别未定。从图版观察，（3）当为成人。（3）如是男性，这墓合葬反映的性质，则和M421一样，是世系以男性为本位的两代人的合葬墓。如（3）是女性，则是夫妻及其子女的合葬墓。

可见，柳湾半山已进入以男性为本位的父系制社会，是无可怀疑的。

和母系氏族社会相反，在父系制社会，男孩代替女孩而受到长辈的厚爱。在柳湾半山墓葬随葬品一般较少的情况下，M606这一年仅12~13岁的男孩，却用8件陶器、3件绿松石饰、1件臂饰、92件骨片、2件箭头及657颗串珠随葬。如此丰富的随葬品，反映他在长辈眼中的地位。M606从一个侧面说明柳湾半山的社会性质。

马厂M281同棺合葬四人，（1）9~10♂，（2）约50♂，（3）40~45♂，（4）50~55♂。从墓葬平面图观察，知（3）（4）是一次葬，（1）（2）为二次葬。（4）左（3）右，仰身直肢，齐头平列。（4）手臂及腿旁随葬斧、锛及绿松石饰各1件，（3）的头部右侧发现1件纺轮。马厂M93是土坑墓，无葬具，合葬六人，分两层埋葬。（1）居上层，（2）—（6）位于下层。据《报告》文字及图版可知：（1）60♀，一次葬，侧身屈肢；（2）40♂，一次葬，侧身屈肢；（3）7♂，四肢不全；（4）5♂，一次葬，侧身屈肢；（5）50~55♂，一次葬，侧身屈肢；（6）1+？，骨架已残。M96成年人的性别结构，和鸳鸯池的M24一样。这里的成年人的葬式相同，显不出谁尊谁卑，也和M24相同，因此，对M24中成年人不是一夫二妻的认识，也适应这里M93。M93（1）大于（2）20岁，两人可能是母女关系，也可能是姊妹。她们之一和（5）可能是夫妻，也可能是姊弟或兄妹，而那些孩童当是（2）之子女。可见，也正如对鸳鸯池M24成年人亲属关系性质不能说明白一样，我们也不能肯定M93成年人处于何种亲属关系之中。根据以上分析，可以肯定M281是以男性为主的一对夫妻及其家族成员的合葬墓，M93则可能是包含三代人的家族墓葬。这类墓葬的存在，反映当时家族还是一结构牢固的集体。

限于材料，不能对合墓葬逐一分析。无独有偶，上述墓葬所反映的亲属关系，在柳湾半山－马厂文化中，当不是孤独的，具有相当的代表性。

半山33座合葬墓中，29座中的尸体均集于一棺，M448（二人）和M529（三人）各分居两棺，只有M517及M580无葬具。M448和M529内死者分居两棺，自表明他（她）们的相互关系的平等性质。M580的情况，如前所述，死者间虽有主次之分，却无尊卑之别，只是不能了解M517的具体情况。

集葬一棺的诸墓葬的死者葬式，都是直肢，但有仰身、俯身、侧身，位置又有上下之别，是否和死者年龄、性别，乃至尊卑有关？

M421合葬三人，（3）儿童，俯身直肢，位于下层；同墓成年男性位于中、上层，上为仰身直肢，中为侧身直肢。M513合葬三人，（1）儿童，居上层，仰身直肢；（2）成年♂，居中层，仰身直肢；（3）成年，居下层，俯身直肢。M415内葬二人，（1）成年♂，居上层，仰身直肢。墓中出矢箙、纺轮各1件，故推测（2）为成年♀，居下层，侧身直肢。M432合葬二人，（2）成年♂，居下层，仰身直肢。墓中出骨镞1件，陶、石纺轮2件，或可推测（1）为成年女性，居上层，俯身直肢。M527合葬五人，层层叠压，自上至下依次为：（1）16~18♀，仰身直肢，（2）成年♀，仰身直肢；（3）、（4）均为30~35♂，同是仰身直肢；（5）成年♂，俯身直肢，等等。从这些列举可见，合葬于一棺内的死者，被放置形式或葬式和层次，既与年龄无关，又同性别没有联系，难以从中窥视出任何尊卑之别。同时，除随葬工具有据性别摆放的情况外，随葬陶器的位置，见不到和个体联系的情况。

马厂44座合葬墓中，尸体集装一棺的16座，放置于垫板的14座，无葬具的14座。集装一棺的现象，和半山基本相同。使用垫板的9座合葬墓，均是将尸体放在一块垫板上，含意同于合棺。5座是各人一块，大致和没有葬具的墓葬一样，尸体基本上平列于墓室。

葬式存在一些差异，基本形式为仰身直肢，其次为屈肢葬，个别墓葬亦见侧身直肢葬和俯身葬。葬式与使用葬具的种类及是否使用葬具无关。需要并可能讨论的问题，是屈肢葬、仰身直肢葬是否与性别及年龄有无必然的联系。

M426合葬三人，（2）约40♀，居中，屈肢葬；（1）、（3）均为30~35♂，仰身直肢葬。三人均为一次葬，可知（2）年龄最长。M327合葬三人，（2）45♂，居中，屈肢葬；（1）（3）均为25♂，仰身直肢葬，位于（2）之左右。三人均一次葬，（2）大于（1）（3）20岁，可能是（1）（3）之父辈。同时，在马厂早期实行屈肢葬和6座单人墓葬中，成年和儿童的4座墓葬，均随葬不少陶器，少则10件，多达15件。可见，屈肢葬既与性别、年龄无关，又不能认为它是表示死者地位卑微的葬式。

能否因M326（2）、M327（2）是同墓死者中年龄最长，位置居中，而认为屈肢葬是地位居尊的人的葬式？屈肢葬是个别人实行的葬式，如其地位居尊的话，那么，能否认为实行仰身直肢葬的大多数人地位卑贱？无论是就和屈肢葬同墓的仰身直肢者的情况，还是从那些仰身直肢葬的单人或多人合葬墓见到的葬具及随葬品来看，都难以得出这样的认识。

合葬墓中随葬品摆放的位置，除贴身的几件工具及装饰品外，和土谷台、鸳鸯池一样，基本上难以见到它们和个体的联系，因而不能反映男女存在多大不平等的情形。

是男性，还是女性占据本位，取决于性别劳动分工，以及这一分工在整个生产中的地位。

花寨子确定女性的单人墓12座，随葬工具的只有5座，均是纺轮；确定为男性的14座墓葬中，9座出了工具，是石斧、石刀、石凿、磨石、细石器、骨刀和骨匕等，其中M22随葬石斧、细石器的同时，还随葬1件陶纺轮。景泰张家台女性墓葬4座，无一座用生产工具随葬；男性6座，随葬生产工具的有4座，是石斧、骨刀柄、石刃片及细石器。这说明至迟从进入半山－马厂文化伊始，男子就在重要生产领域中担负着主要职能。

土谷台妇女墓葬11座，只有2座随葬生产工具，分别出石纺轮和骨锥各1件；男性墓葬10座，随葬工具的也只有2座，分别出石斧、石斧及石锛。鸳鸯池女性墓葬17座，仅见用骨针、骨锥、纺轮、石刀、石刃骨匕首随葬；男性墓18座，除用骨针、骨锥、石刀外，还用女性墓中未见的石斧、石锛、骨矛头、弹丸、石核、石叶、石刃骨刀和骨匕首。柳湾被确定性别的单人墓极少，半山、马厂各5座。半山2座妇女墓葬，均用陶纺轮随葬，其中的一座还见石球及骨锥；3座男性墓，有2座用石镞随葬。马厂3座女性墓，有2座随葬纺轮；2座男性墓葬中，一座墓主人为35岁，随葬斧、锛、凿各1件，另一为45岁，却用纺轮随葬。这里统计的5处墓地共53座男性墓葬中，只有2例出纺轮，可见这种情况是极其个别的。花寨子随葬纺轮的死者，年龄不明；柳湾的年已45，是否是因其进入老年而退居家务劳动了？还是人骨鉴定失误？有待进一步研究。

可见，在半山－马厂文化实行合葬制时代的不同地点、不同时期，男女分工的情况基本一致。它说明在整个社会生产劳动中，妇女占据的劳动领域，以及由此导致妇女在整个生产中所居的地位，已经落于男子之后，排在次于男子的位置。

从随葬器物中的基本类品——陶器来看，在上述分析性别劳动分工的同一资料中，见到男女随葬陶器的数量，存在一些差别。

花寨子和张家台的随葬陶器，女性人均依次分别为 1.83 件和 3.75 件，男性人均为 1.71 件和 2.5 件，女性多于男性。柳湾确定性别的单人墓，在其总数中所占比例甚微，难以反映当地的实际情形。土谷台和鸳鸯池随葬陶器，女性人均分别为 6.82 件和 4.18 件，男性人均分别为 8.3 件和 2.8 件。两地情况略有出入。从整个半山－马厂文化观察，可认为女性在亲属中的经济地位，和男性处于抗衡状态，有的地方甚至高于男性。

其社会发展阶段，约和大汶口文化前期相当[①]。

■ 大汶口文化墓地

中国学者关于大汶口文化的考古学文化的分期，意见基本一致，分歧点不大，而对这文化所处的社会发展阶段，意见颇为相左[②]。从葬制反映的社会发展阶段观察，基本上可分为两个时期：前期，是指自刘林期以前的时期；后期，是指自花厅期之后的时期。合葬制始于刘林期，繁盛于花厅期，衰落于西夏侯期，而在大汶口文化的继承者——龙山文化中，则不见合葬制的踪迹。我在《大汶口文化刘林期遗存试析》[③]一文中，对刘林期的父系氏族制作过一点分析，以后又读了《江苏邳县大墩子遗址第二次发掘》[④]和《邹县野店》[⑤]等论著，尚提不出新的认识。这里仅就大汶口文化后期作点粗浅分析。

---

① 张忠培：《大汶口文化刘林期遗存试析》，《吉林大学学报》（社会科学版）1979 年第 1 期。

② 请见《文物集刊》第 1 期（文物出版社 1980 年版）有关论著和高广仁：《试论大汶口文化的分期》（《考古学报》1978 年第 4 期）；最近郑笑梅、严文明又提出了一些值得注意的见解，分别见《邹县野店》（文物出版社 1985 年版）和《新石器时代考古研究的两个问题》，《文物》1985 年第 8 期。

③ 张忠培：《大汶口文化刘林期遗存试析》，《吉林大学学报》（社会科学版）1979 年第 1 期。

④《考古》编辑部编：《考古学集刊》第 1 集，中国社会科学出版社 1981 年版。

⑤ 山东省博物馆、山东省文物考古研究所：《邹县野店》，文物出版社 1985 年版。

宁阳大汶口①、邹县野店②、邳县大墩子③、诸城呈子④和茌平尚庄⑤诸地，都见到了合葬墓，在讨论合葬制反映的亲属关系之前，先就产生这一现象的社会背景作些探讨。

表 17.2～表 17.4 是大墩子、大汶口和野店三地确定性别的单人墓随葬陶器、工具的统计资料。

表中括弧内的数字，指墓数。三地中只有大墩子死者的性别得到了全面的鉴定。大墩子、大汶口和野店确定性别的单人墓，占同地单人墓总数依次分别为 72.6%、22.6% 和 48.6%。

大墩子、大汶口和野店随葬工具的人（墓）数占确定性别的人数，男性依次为 70%、85.7% 和 66.7%，女性依次为 40%、56.25% 和 12.5%。反映男子生前占有工具的数量多于女子，说明在整个社会生产中，男子占着重要的地位，担负着较多的职能，起着更大的作用。

野店妇女只用纺轮随葬，而和大汶口，尤其是大墩子存在着较大的区别。西夏侯和呈子随葬工具的情况，类似野店。西夏侯发掘 11 座墓葬，只有 1 座墓葬未定性别。在其 6 座男性墓中，都随葬了工具，种类有石斧、石铲、石锛、蚌镰和骨针；在 4 座女性墓葬中，随葬工具的只有 3 座，种类主要是纺轮和骨针，随葬石斧的仅 1 座。呈子全部人骨都被确定了性别。男性 10 人，5 人随葬了工具，种类有石锛、石钺、石凿、砺石、骨镞和骨针；女性 11 人，8 人随葬了工具，仅纺轮和骨针两种。当然，不能依野店、西夏侯及呈子妇女随葬工具的类别，而认为她们只参加纺织、缝纫一类劳动。这三地和大汶口、大墩子妇女随葬工具的差异，反映了各地妇女在整个社会劳动中的职能和作用是不平衡的，同时还说明随着社会生产的发展，妇女日益被从主要生产部门排挤出

① 山东省文物管理处、济南市博物馆：《大汶口》，文物出版社 1974 年版。下引资料，不再注明出处。

② 山东省博物馆、山东省文物考古研究所：《邹县野店》，文物出版社 1985 年版。下引资料，不再注明出处。

③ 南京博物院：《江苏邳县大墩子遗址第二次发掘》，《考古学集刊》第 1 集，中国社会科学出版社 1981 年版。下引资料，不再注明出处，第一次发掘 15 座墓葬，均为单人葬，这次发掘资料，不在本文讨论之列。

④ 昌潍地区文物管理组，诸城县博物馆：《山东诸城呈子遗址发掘报告》，《考古学报》1980 年第 3 期，下引资料，不再注明出处。

⑤ 山东省文物考古研究所：《茌平尚庄新石器时代遗址》，《考古学报》1985 年第 4 期。

表 17.2　大墩子（花厅期）单人墓随葬陶器、工具统计

性别	墓数	陶器	随葬工具墓	石斧	石铲	石锛	石凿	砺石	骨凿	石（骨）镞	枪头	网坠	骨鱼镖	陶（石）纺轮	骨针
男	72	355	50	18（18）	17（15）	33（19）	8（6）	17（11）	3（1）	28（13）	2（2）	1（2）	17（10）	2（2）	13（6）
女	40	173	16	3（2）	3（3）	5（3）		3（3）	2（2）		2（2）	2（1）		7（6）	6（3）

表 17.3　大汶口单人墓随葬陶器、工具统计

性别	墓数	陶器	随葬工具墓	石斧	石铲	石锛	石凿	砺石	骨凿	石（骨）镞	矛头	骨鱼镖	纺轮	骨针
男	14	169	12	2（2）	6（6）	18（2）	1（1）	9（3）	4（2）	16（5）	1（1）	3（2）	1（1）	1（1）
女	16	193	9	1（1）	4（3）	2（1）					1（1）	1（1）	8（5）	2（2）

表 17.4　野店（4~5 期）单人墓随葬陶器、工具统计

性别	墓数	陶器	随葬工具墓	石斧	石铲	石（骨）镞	矛头	纺轮
男	9	178	9	4（2）	4（2）	2（2）	15（2）	3（2）
女	8	134	1					1（1）

去的总趋势。

大墩子和大汶口的妇女用纺轮随葬的人数，分别占其总数的15%和31%。同时，大墩子妇女不用石凿、石（骨）镞及骨鱼镖随葬，用石锛随葬的人数仅为7.5%；大汶口的妇女不用石（骨）镞及石（骨）凿随葬，使用石锛随葬的人数仅占6.25%。相反，两地男子基本上不用纺轮随葬，用石锛随葬的人数达14.3%~26.4%，而且，人均占有石锛的数量更远远地超过了妇女。可见，妇女只在纺织劳动中占着优势，渔猎及手工业则基本上是男子的劳动部门。

随葬石铲、石斧的人数，大墩子男性分别为21%和25%，女性分别为7.5%和5%；大汶口男子分别是43%和15%，女子仅是18%和6%。可见，男子拥有这两种工具随葬的人数，最低是女子的2.4倍，最高是5倍。显然，男子在农业劳动中的地位和作用，远远超过妇女。

正是在这性别分工的社会环境下，才出现M103和M106这样的男性墓葬。它们拥有铲、斧、锛（甚至大小型式成套）和镖、镞整套农工、渔猎工具随葬。这墓主人随葬工具的情况，反映当时尚未出现手工业从农业中分离出来的社会劳动分工的同时，还可据此认为在男子推进农工生产的基础上，已从他们中涌现出一些善农巧工的代表人物。

在谈到这方面情况时，需要对M10这座成年妇女墓葬进行分析。这墓有如下三点现象值得注意：

1. 随葬器物极其丰富，单陶器就有93件，占了被鉴定为妇女的单人墓葬（16座）随葬陶器总数的几乎一半，此外，还有珍贵的玉器及象牙制品；

2. 在单人女性墓葬中，是唯一同时用玉铲和石斧随葬的墓葬；

3. 却不用纺轮随葬。

在被定为女性而随葬纺轮的4座单人墓葬（M55、M57、M85、M115）中，随葬陶器都不超出4件，甚至不见陶器随葬。而在M10以外的出农工或渔猎工具的3座女性单人墓（M102、M130、M131。M102同时随葬纺轮）中，都随葬了陶器，而且最少的一墓都有6件。可见，随葬农工或渔猎工具，还是随葬纺轮，同随葬品丰富还是贫乏似乎存在某种规律性的联系，也就是同死者生前主要从事的职业，或在社会主要劳动部门能否表现出卓越能力相关联。

由此可推定M10妇女被其亲属尊崇而给予厚葬的原因，正如其随葬的斧、铲所指明的，是她在农业生产中所做出的贡献。这一例证一方面反映农业是当时整个经济领域中的重要部门，另一方面，也显示出当时妇女在农业生产中仍然是一支重要力量。

总之，在大汶口文化后期，男子基本上占据了渔猎和手工业劳动部门，同时，在种植农耕中也起着主要作用。妇女则占据着纺织一类的家庭劳动，同时，在农业劳动中也起着不可低估的重要作用。

野店、大墩子及大汶口男子人均随葬陶器分别为 19.8 件、4.93 件和 12.07 件，而三地女性人均随葬陶器均少于男子，依次分别为 16.75 件、4.33 件和 12.06 件。这也反映女子占有财富或在亲属中的地位，一般也低于男子。

虽然，男女劳动分工及他（她）们在整个经济中的地位，最终决定男女在亲属体制中的位置。但两者之间的关系绝不像镜子反映物体那样简单。要说清楚当时亲属关系的性质，还得分析那直接能说明这种关系的合葬墓资料。现将大汶口文化后期所见合葬墓资料归纳整理成表 17.5。

尚庄只见一座母亲和其一位子女的合葬墓。这类墓葬既常见于母系制时期，也可见于父系制时期。自然难以据此确认尚庄所处的社会发展阶段。

就合葬墓中人员数量、性别及年龄构成，呈子和大汶口、野店及大墩子之间存在一些现象上的差异。前者和鸳鸯池，尤其是和柳弯的半山－马厂文化相似，后者则和土谷台雷同。因此，需将它们分别进行分析。

大汶口、野店和大墩子的成对成年男女和成对成年男女带小孩的合葬墓，占同地合葬墓总数依次为 50%、50% 和 60%。野店 M15 右侧人骨为 23♀，M48 左侧人骨为 23♂，据成对成年男女合葬墓中男女所居墓穴位置，均为男左女右的情况，无疑可推定这两墓另一侧而未定性别的个体，应分别为男性和女性。同时，鉴于大汶口和野店两地确定性别的成对成年合葬墓，均为男女合葬墓的事实，又基本可推定完全未定性别的其他 5 座成对成年人墓葬，也很可能是成对成年男女合葬墓。仅在大墩子见到的那座反映母系亲权的成年女子带小孩的合葬墓，只占成对成年男女和成对成年男女带小孩合葬墓总和的 6%，即使不把上述估定为成对成年男女合葬墓统计进去，它也只占通过人骨鉴定确定的成对成年男女合葬墓和成对成年男女带小孩合葬墓总数的 10%。可见，这三地以男性为本位的亲属体制，已占据统治地位。

在探讨大汶口、野店及大墩子以男性为本位的社会体制发展进程时，下述一些现象是应引起注意的：

表 17.5 大汶口文化后期合葬墓情况

地点	墓号	墓穴、葬具	人骨、葬式	随葬器物	备注
大汶口	M13	长方形竖穴。用原木卧叠构成的葬具	40±♂，居左；30+♀，居右。两人并列仰卧，直肢，头向东	陶器19件，石铲1、牙镰1、镖1、镞1、匕2、牙雕筒1、牙琮2、猪头14、獐牙3。其中牙琮、铲、匕、镖、镞、牙镰及獐牙均见于男性尸骨上	M31、M69、M70及M92未列入。它们都是成年双人墓。M31、M69、M70墓中二人均并排仰卧。M70随葬石铲1件。M69随葬斧1、镞1、鱼钩3、角坠1、龟甲1和陶器1件。M13、M111、M31被《报告》定为早期，M35、M69为中期，M1为晚期，另2墓未定年代
	M111	长方形竖穴	成年♂，居左；成年♀，居右。两人并列仰卧，直肢，头向东，平列墓室	男性成年随葬獐牙1、指环1、壶2、鼎2、盉1。成年女性头上方随葬豆1、壶1，右上臂压一背壶；其脚下器物为两组：左为杯、骨匕、石磨棒、骨锥、右为尊、纺轮、骨针、牙料及四不像鹿下颌骨	
	M35	长方形竖穴	成年♂，位于墓穴中部，居左；成年♀，右臂搂1小孩，位于男性右侧。皆仰身直肢，头向东	陶器12件。砺石2、锥1、束发器1对，指环1、牙料10、猪头1、猪蹄骨2、蚌片1、獐牙3。男性双手执獐牙，左手佩指环。女性头佩束发器。其他随葬器物多靠近男性一边	
	M1	长方式竖穴。北壁向外扩出，底部略高	成年♂，位于墓穴中央，居左；成年♀，位于男性右侧，身躯的一半，被放在扩出的墓穴内。均为仰身直肢，头向东	陶器10件。斧1、锛7、刀4、矛1、砺石2、笄3、小玉管1、锥4、骨凿1、镖1、镞2、钩1、长方骨板1、牙刀1、牙料5、龟甲2、獐牙8。女性颈佩一玉管，右腰间放一龟甲。其他随葬器物集中男性一边	
野店	M15	长方形竖穴	成年？居左；23♀居右，前者在后者胸部左方的墓穴南部，两人相距约40厘米。均仰卧直肢，头向东	陶器41件。石纺轮1、石镯1、石斧1、玉环4、小陶球2。陶器陈放在左侧死者下肢部和两人足端处。左侧人骨自盆骨以下盖满陶器，至少9件，头上扣一件，右臂戴一石镯，左臂侧放置一鼎。女性骨架上有石斧1、玉环4、陶球2，头东北及足北侧，放陶器2件，纺轮1件	《报告》将M15、M31、M48和M47定为野店4期，M81、M55为5期

续表

地点	墓号	墓穴、葬具	人骨、葬式	随葬器物	备注
野店	M31	长方形竖穴	30♂，居左，占墓穴南半部；35♀，居右，居墓穴北侧，靠近墓北壁，均仰卧伸直，头向东	陶器36件。石纺轮2、象牙矛头1、笄2、玉环6、小球1、砺石1。陶器基本上置于两人之间，而靠近女性人骨，男性人骨上发现象牙矛头1、玉环6、头上方放一砺石。女性，人骨上见石骨笄2、石纺轮1	
	M48	长方形竖穴	23♂，居左，仰卧直肢葬，其右有一人骨，被M49破坏	陶器14件，玉环1、骨矛1、角坠形器9	
	M47	长方形竖穴	35♂，位于墓穴当中，其右侧挨近墓穴北壁葬1壮年女性	陶器44件、石斧1、猪腭骨3及鸡，狗骨等均置于男性左侧，并在他两臂上放置玉环15件，两侧各挂骨矛2件，枕骨处有一绿松石坠，女性头部置束发器2、刀形器4	
	M81	长方形竖穴。内置木棍交叉搭成“井”字形木椁，椁与墓壁土间为熟土二层台	双人，老年♂，占据木椁大部。中年♀，在前者右侧，紧靠木椁北壁。均为仰卧直肢葬，头向东	男性盆骨处置獐牙4枚，女性盆骨处置獐牙1枚，头旁放陶杯1件	
	M55	长方形竖穴	双人，均为仰卧直肢葬，头向东	随葬陶器13件，石纺轮1，残石器1	
大墩子	M92		老年♂，居左；老年♀，居右，均侧身屈肢，头向东，面南	男性腰部置1件陶罐，内装石环1件	

续表

地点	墓号	墓穴、葬具	人骨、葬式	随葬器物	备注
大墩子	M101 M69		M101 为中年♂，仰身直肢，头向东 M69 为 30+♀，侧身屈肢，头向东，葬在 M101 右侧胫骨下	男性两肩上方，左桡骨上及脚骨左下侧分别置陶器 3 件、猪下颌骨 2 块，M69 腿骨右侧随葬陶罐 1 件	
	M224 M225		M224 为男性青壮年，居左。M225 为 35~40♀，居右。两人并背相靠，脸向相反，皆仰身直肢，都残缺左肢骨	男性仅存獐牙钩形器 1 件，女性仅存骨柶、陶鼎及陶瓿各 1 件	
	M133		40±♀和 11~12 岁小孩合葬。小孩葬在大人的胫骨下，大人左手微曲，小孩头部置于大人手腕上，面向大人	大人近旁置陶、石纺轮、石坠各 1 件	
	M115 M116		均为 35~40♂。M116 居左，M115 居右，并列，皆仰身直肢，头向东	M115 头右侧陶器 2 件，M116 头右侧陶器 1 件。两人手中合握骨匕首 1 件	
呈子	M59	长方形竖穴，两具尸体分别置二上、下两具木椁中，间隔 5 厘米	25±♂，居上椁位于墓穴中部；20~25♀，居下椁，位置墓穴左侧，两人皆仰身直肢，头向北	男性随葬陶器 4 件，石胸环 2 件。女性随葬陶器 16 件，石纺轮、骨针、牙床骨器各 1 件	
	M60	长方形竖穴，上层有井字形木椁。下层无葬具。两层间隔 25 厘米	成年♂，居木椁。45±♂，居下层。皆仰身直肢，头向北	上层男性随葬陶器 5 件，石钺、锛、坠、杆、琀和骨针各 1 件，下层男性随葬陶器和条形骨器各 1 件	

续表

地点	墓号	墓穴、葬具	人骨、葬式	随葬器物	备注
呈子	M87	长方形竖穴。上层有长方形木椁，下层无葬具	25～30♀，居木椁。40+♀位于下层。皆仰身直肢，头向西偏北	25～30岁♀随葬陶器1件。40+♀随葬陶器4件	
	M57	长方形竖穴，自上而下埋葬3人，依次编为Ⅰ、Ⅱ、Ⅲ。Ⅰ居“井”字形木椁，Ⅱ无葬具，Ⅲ底部有木灰痕迹	Ⅰ为25±♂，Ⅱ为25~28♀，Ⅲ是35+♂。Ⅰ、Ⅲ皆仰身直肢葬。Ⅱ为二次葬，胫骨堆叠在股骨处，皆头向北	Ⅰ随葬陶器9件，石凿3、砺石1、骨锥8、匕2、针1、蚌器4、骨角料15	
	M7	长方形竖穴。木椁内葬五人，依次编为Ⅰ—Ⅴ号	Ⅰ35~45♀，侧身直肢。下距29厘米，埋葬Ⅱ 40~45♀。Ⅲ是40~45♂，其右侧半身紧压Ⅱ号人骨下。Ⅳ为40+♀，压在Ⅱ、Ⅲ人骨下，无间隔位于Ⅱ、Ⅲ人骨间。Ⅴ为12+♂，紧压在Ⅳ之下。皆仰身直肢	Ⅰ号随葬陶器1、骨针1、石纺轮2。Ⅱ随葬陶器、骨针、骨匕、和石臂环各1件。Ⅲ随葬陶器1、骨匕2、骨管状器7、牙刮削器8和骨针、骨锥、骨镞、石凿、獐牙、蚌器各1件及骨料数块。Ⅳ随葬骨针、石纺轮各1件，Ⅴ号随葬陶器1件	
尚庄	M4	长方形竖穴	35♀，居右，其左臂骨压在一4~5岁小孩上身右侧。皆仰身直肢，头向东		

1. 刘林期男女合葬墓中，男女在墓穴中的位置，既有男左女右的情况，也见女左男右的现象。大汶口文化后期这三地的成对成年男女合葬墓，却一律是男左女右。看来，男左女右已成为这时期成对成年男女合葬墓的定制。

2. 刘林期所有合葬墓中，均无一对成年男女带小孩的合葬墓。这种墓葬却见于大汶口文化后期大汶口墓地（见图 17.2）。

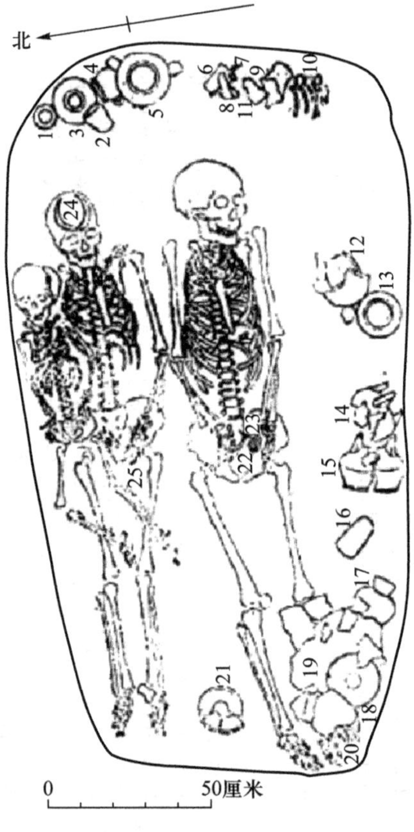

图 17.2　大汶口 M35

3. 根据刘林墓地的材料，刘林期的成对成年男女合葬墓的年代可推到野店 2 期，如刘林的 M102[①]。野店的成对成年男女合葬墓，均属野店 3 期。而直到野店 3 期仍以同性合葬墓为主，只有 3 座成对异性合葬墓。可见，直到野店 3

① 这里所引刘林期材料，分别见于《考古学报》1962 年第 1 期、1965 年第 2 期，《考古学集刊》第 1 集，《考古》1979 年第 1 期及《邹县野店》，均不一一注明。

期，成对成年男女合葬制仍未在整个大汶口文化前期中推广开来。而这三地的成对成年男女合葬制，则已占据统治地位。

4. 在刘林期，除野店M88中的男性占据的墓穴面积略大于女性外，其他成对成年男女合葬墓中的男女均平分墓穴，并列仰卧于墓室之中。而据这三地《报告》文字及平面图所明确的资料，除大墩子M101、M69这座合葬墓外，虽说墓中男女均取同一的仰身直肢葬，但大多数墓葬中的男子，均占据墓穴中央，或墓穴大部分面积，而把同墓中的女子挤到墓穴一侧，甚至如大墩子M101、M69合葬墓中的女子被置于男子右侧胫骨下①。而从大汶口早期M13及M111中的男女平列墓室，到中晚期的M35及M1中的男子则占据了墓穴中部，女子被挤至一侧贴近墓壁的情况看，再一次说明男女所据墓穴面积和文化进程，即父系制的发展相联系，而不是一种无意的安排。

5. 在刘林期的成对成年男女合葬墓中，普遍的情况是，多数随葬品，尤其是陶器，多置于妇女的一侧。这三地的情况则与此相反，男子身上及其附近见到的随葬品却远远超过妇女，即使大汶口《报告》定为早期的M13、M111男女平列墓室这样的合葬墓，也不例外。

这些现象充分说明，大汶口、野店及大墩子三地个体婚制下的夫妻间的对抗已进入一新时期，在亲属关系中，妇女的地位已低于男子，父系制体制已巩固地建立起来。

至于呈子的合葬墓反映的亲属制度问题，还需作些具体分析。呈子5座合葬墓中的个体，除M57（2）为二次葬和M7（1）为侧身直肢外，都是一次葬，均仰身直肢。M7（1），侧身，《报告》说她“面向下，人骨置南壁斜坡上，脊椎骨、右上、下肢骨向北倾斜滑下”，四肢伸直，侧身当与尸体置南壁斜坡有关，无特殊意义。M57（2），《报告》说她“肱骨与股骨折叠，仰身面向南”，前者当与二次葬有关，并无特殊意义，原意当是依仰身直肢形式摆放尸体的。可见，这里葬式当无实质性的区别。此外，这里埋葬的个体还存在上下和有无木椁的区别，是否和他（她）们的年龄、性别及在亲属中的地位有关？

---

① 据同墓地M92中的老年男女，均为侧身屈肢葬，故不便认为M101、M96合葬墓中的女子被用侧身屈肢形式放置其尸体，是显示她地位卑微的葬式。

M59（1），25+♂，居上层；M59（2）20~25♀，居下层，随葬器物却多于M59（1），陶器一项就多了12件。同时，M87（1），25~30♀，居上层，有木椁；M87（2），40+♀，年长于（1），却居下层，无葬具，但随葬陶器反而多于（1）两件。从随葬陶器多少看，可否认为居下层的地位高于上层？从M57及M60观察，似乎难以肯定，因为这两墓居上层的尸体，随葬陶器均多于下层，而且，位于墓穴中层M7（3）的随葬葬物，既多于上层，又多于下层的死者。若说M7(5）居下层的原因，是他年龄小于同墓穴的死者。但M57(3）及M87（2）的年龄，均大于同墓穴的人员，却又居下层。看来，死者在墓穴中的层次及有无木椁，与年龄、性别并无联系，从中见不到死者地位的差异。至少，据目前资料来看，是难以发现什么问题的。

呈子的五座合葬墓中，M60及M87均为同性合葬墓，不能据它们探讨亲属关系是以男性为本位，还是以女性为本位的问题。在余下的3座合葬墓中，M59（2）、M7（3）和M57（1）三人的随葬器物数量，均居同墓死者之首，显示他（她）们在同墓人中的地位。M59合葬2人，一男一女，年龄相若，当为夫妻。男性居本位是单偶婚制的实质。M59（2）这位女性的随葬品无论如何丰富，所显示的只能是她在男性居本位体制下的地位，而不可能改变单偶婚制的实质。另两墓反映的亲属关系，较为复杂，需要作些具体说明。

M57合葬三人，两男一女，死亡年龄，以M57（3）居长，比（1）大10岁，当和他们生时岁差一致。M57（2）为二次葬，从平面图观察，脊椎骨和骶骨的联结，尚不乱其原来的位置，估计她埋入这墓穴的时间，距其死亡时间不会太久，实际年龄可能和M57（3）相当。我们在分析半山－马厂文化时已指出。这类成员构成的合葬墓，当不能认为是一妻二夫婚制的合葬制。由于M57以（1）这位男子的随葬品最为丰富，反映了男性在这墓穴中的地位，加之M59的情况已说明当时存在单偶婚制，故可推测它是一对夫妻和丈夫的兄弟的合葬墓。当然，也未尝不可说它是兄弟姊妹的合葬墓。

M7合葬五人，均为一次葬。在半山－马厂文化中，已见过和这种成员结构相类似的墓葬，如鸳鸯池M24、柳湾M93。M7的成年人中，只有（3）是男性，另三位全是女性。他（她）们年龄相近。M7（5）年龄最小，年仅12岁多，和同墓成年人岁差，最小23岁，大可至33岁，当为同墓成年人的晚辈。M7是两代人的合葬墓。墓中成年男女，葬式相同，各具葬具，都有随葬器物，无尊卑之分，不能把墓中3位成年女性视为那成年男性之妻妾。但（3）之随葬品丰富，多于同墓穴的其他死者。他可能在这墓中居主体地位。（1）（2）相距29厘米，（3）之右侧半身紧压在（2）之下，（4）在（2）（3）当中的下方，被（2）（3）压着。（2）（3）相互位置最为密切，可能为夫妻。在此认识前提下，如认为（1）（4）是（3）这位男性的兄嫂或弟妇，把M7视为一对夫妻带着孩子和丈夫之兄嫂或弟妇之合葬墓，则和这墓实质上所体现的单偶婚相矛盾。因为，很难设想（3）有何必要和可能剥夺其兄弟和妻子合葬的权利。这样，只能认为（1）（4）是（3）之姊妹。如肯定这一认识，势必认为（1）（4）是离婚回归或死后归葬的妇女，或者是居家过着对偶婚生活的妇女。如是后者，则说明这时还存在母系制的若干形态，即认为有的家族中男子中的某些人过着一夫一妻制生活，其姊妹中的某些人则保持着对偶婚生活。这种家族，在民族志中，是不乏例证的。例如，云南永宁纳西族“开基喀奥的池尔便已将自己的‘阿柱’接到家里来，母亲和姊妹不仅不能加以阻止，还将母系‘一度’的中心火塘腾出来让给池尔的妻。池尔的姊妹虽然还照旧留在自己母系‘一度’里，过着望门居的婚姻生活，但已开始丧失母系‘一度’里的主人地位”[①]。

或者这墓中的成年男女是兄弟姊妹。如墓中（5）是其中一女性的儿子，则是母系家族合葬墓。在父系氏族制早期，有些家族仍保留对偶婚制的情况，在民族志中也有不少的例证。如墓中（5）是（3）的儿子，则（3）的妻子由于离婚或因保留旧习死后归葬母家，而未能与丈夫及儿子合葬；（3）的姊妹或因离婚或因保留旧习归葬母家而和兄弟及侄子合葬。

总之，这类合葬墓体现的亲属制，相当复杂，难以作一种解释，不能简单对之，但是，据以上分析可知，这类合葬墓在不同程度上反映母系制同时，还说明当时存在家族。

《大汶口文化刘林期遗存试析》[②]认为刘林期的社会组织，是由若干相当独立的家族组成的氏族。这一认识是以墓地的氏族属性为前提的。在大汶口文化后期，和前期一样，尽管暂且还不能具体说明墓地分割成墓区的情况，但其

---

① 宋恩常：《云南少数民族社会与家庭制度研究》，云南大学历史研究所民族组1978年，第327页。

② 张忠培：《大汶口文化刘林期遗存试析》，《吉林大学学报》（社会科学版）1979年第1期。

端倪却可见到。例如，大墩子分布于T106及T6和T105墓群之间，T105和T104墓群之间，都存在一定的空隙地带。这分割墓群的空隙地带，在T101、T102及T103和其他探方都可见到。呈子是仅留下12座墓葬而未被沿袭使用的墓地。《报告》根据这12座墓葬的分布情况，将它们分为空间上相互隔离的四组。虽然，墓组的具体划分还可讨论。但墓组在空间上的分割，却可说明人们开始建造墓葬的时候，就已将这块墓地规划成若干区域，对同一时期死者实行分开埋葬。墓地被分割成若干墓区的情况，表明使用同一墓地的人们共同体，又依亲疏的不同，分成若干小的人们共同体。这一情况，在大汶口文化前后期，似乎没有区别。

可见，在大汶口文化后期，社会组织虽同样是父系制家族－氏族制度，但各地在这一历史阶段的进程中，发展是不平衡的，相互间还存在某些差距。即呈子似乎落后一些，约和刘林期或半山－马厂文化的历史进程相当，其他三地，尤其是大汶口和野店则较进步些，也就是父系制发展得充分一些。

■ 齐家文化前期墓地

近年来的研究，摆脱了齐家文化渊源于半山－马厂文化的观点，认为它虽也脱胎于庙底沟文化，但已形成和半山－马厂文化相区别的另一谱系的考古学遗存。柳湾齐家文化的某些器物，例如敛口瓮M961：2（《青海柳湾》图一三六之10）、M1103：36（《青海柳湾》图一三六之9）、鸮面陶罐M1017：5（《青海柳湾》图一三九之6）和粗陶瓮M547：2(《青海柳湾》图一九九之1)，分别同于同地马厂同类器形M189：3、M615：55、M1364：1（《青海柳湾》图一四二之4，图八六之12、4)；M916：16，(《青海柳湾》图八七之15—16)；M925之2，(《青海柳湾》图一五四之1)，可见这里齐家文化某些遗存可能早到马厂。如果说这里的齐家文化都晚于马厂，那么这里半山－马厂文化的合葬制止于马厂早期，中晚期不见，而齐家文化自这里早期以来存在的合葬，当不能认为是承继于半山－马厂文化的传统。可见，柳湾的一些情况，也可说明齐家文化当不是马厂的继续发展。

所说的齐家文化前期，是指大河庄F7以前的遗存。碳十四测定及遗存的类型学研究，表明以F7为代表的遗存，已进入夏纪年，而此前的遗存则相当于龙山时代①。经过发掘的齐家文化前期的规模较大的墓地，只是柳湾②和皇娘娘台③两处。年代上前者早于后者④。柳湾《报告》将发掘的墓葬分为三期，从葬制来看，没有年代意义。

柳湾发掘的齐家文化墓葬366座，单人墓343座，合葬墓25座⑤。合葬墓仅占墓葬总数的0.7%。确定年龄性别的单人墓41座，其中25座随葬了工具。后者占前者61%。男性墓随葬石刀、石斧、石锛、石凿、石钻和纺轮，女性墓只出纺轮。男性随葬纺轮的墓葬，只有M1062一座。该墓未出其他工具，死者被定为25岁。在确定性别的合葬墓中，凡置于女性尸体旁的工具，都是纺轮，男性随葬的工具，均为石斧、石刀、石凿、石锛。可见，男性在一些主要生产部门中，已占绝对主导地位。在陶器随葬数量方面，男性人均6件，女性人均5件。这从一个侧面反映男性占有的财富多于女性。男性对女性及家族的权势，明显地表现在合葬制上。现据《报告》文字、插图及图版，将柳湾25座合葬墓的情况，列表如表17.6：

表17.6　柳湾齐家文化合葬墓情况

墓号	墓穴·葬具	人骨、葬式	随葬器物	分期
M1061	长方形竖穴，独木棺1具	（1）25~30♂，居左，仰身直肢，躺在棺内，头向东北。（2）30♀，在棺外右侧，仰身直肢	陶器12件，石斧、陶纺轮、绿松石饰各1件。石斧和绿松石饰分别在（1）胸前、口内。（1）头上方右侧置陶器1件。余在（2）之右侧墓穴空隙处	早

① 张忠培：《齐家文化的研究》，《中国北方考古文集》，文物出版社1990年版。

② 青海文物管理处考古队，中国社会科学院考古研究所：《青海柳湾》，文物出版社1984年版。下引此处资料，不再注明出处。

③ 甘肃省博物馆：《甘肃武威皇娘娘台遗址发掘报告》，《考古学报》1960年第2期，又《武威皇娘娘台遗址第四次发掘》，《考古学报》1978年第1期。下引此处资料，不再注明出处。

④ 张忠培：《齐家文化的研究》，《中国北方考古文集》，文物出版社1990年版。

⑤ 墓葬登记表比文字说明多出M1161及M1129两座。

续表

墓号	墓穴·葬具	人骨、葬式	随葬器物	分期
M1161	长方形竖穴，木棺1具	（1）25~30♂，（2）30♀，皆仰身直肢，头向北，文字叙述缺此墓，见于墓葬登记表中。它未被《报告》归入二人合葬墓的二人同棺葬类中。木棺宽0.3米，仅能容一人。据《报告》编号例，（1）当置于棺中	陶器2件，骨镞、串珠各1件	中
M314	长方形竖穴。独木棺1具	（1）40~45♂，仰身直肢，头向东，居棺内；（2）16~18♀、在棺右侧下方，侧身，微屈下肢，左腿压于棺下	陶器4件，纺轮2件，置于棺外右侧上方	晚
M1112	长方形竖穴，独木棺1具	（1）40~45♂，仅存头骨及1肢骨，当为二次葬，置棺内，居右；（2）成年♀，仰身直肢，头向北，位于棺的左侧，左肢微曲	陶器1件，置于棺尾左侧，石刀1件，放在棺内	晚
M1129	长方形竖穴，独木棺1具	（1）30♂，（2）20~25，当和M1161情况相同，参见M1161说明	陶器1件，石刀、绿松石饰各2件	晚
M269	长方形竖穴，独木棺1具	（1）55~60♂，（2）成年，头向不明。《报告》将该墓列入“二人皆仰身直肢葬”类。墓穴宽1.85米，独木棺0.22米，估计木棺放于一侧，且仅置一人，按《报告》人骨编号例，可能（1）居棺内，皆仰身直肢葬	陶器3件	晚
M1039	长方形竖穴，独木棺1具	（1）成年，居右，仰身直肢，躺于棺内，头向北，面向东；（2）成年，在棺外左侧下方，仰身直肢，头向北，面侧西，两腿叉开，右脚被压在棺下	陶器8件，石斧和石锛各1件。石斧在（1）胸部，1件陶罐在（1）头部右侧。石锛在（2）的胸上。其余陶器分两堆，分别置于棺之左侧，（2）之头上方和左脚上	早
M990	带墓道的凸字形墓穴，用木板封堵墓门，木棺1具	（1）成年，居左，仰身直肢，躺于棺内，头向南偏东，面向上；（2）成年，居右，仰身直肢，微曲，头向南偏东，在棺外右侧，面向（1）	陶器18件，石锛、石凿、石刀、骨镞、骨锥各1件。在（1）之腰下至股骨间放置石锛、石凿、骨镞，石刀在（1）头部左侧。棺头放一陶盆、棺下方右侧有1件陶壶，余都在（2）之右侧墓穴空隙处	早

续表

墓号	墓穴·葬具	人骨、葬式	随葬器物	分期
M1337	长方形竖穴，木棺1具	（1）成年，居右，仰身直肢，躺于棺内，头向东，面向上；（2）成年居左，在棺外左侧，不见头骨，下肢还压有两块大石	陶器10件。石斧及绿松石饰各1件，分置于（1）之腰部和颈部。（1）之右肩处还置陶器1件。（2）之盆骨及右脚上各置陶器1件，其他陶器放在墓穴下方	早
M1006	带墓道的凸字形墓穴，独木棺1具	（1）成年，居右，仰身直肢，头向西，面北，躺于棺内；（2）成年，居棺外左侧，仰身、头向西，面北，屈下肢。墓道石块一堆，可能是封门石	陶器13件。双耳罐1件在棺上头左侧，其他陶器置于（2）之头上，脚下及左侧	中
M1020	长方形竖穴，独木棺1具	合葬二人。《报告》归入“仰身直肢与屈肢葬”二人合葬墓类的6座墓葬，只有M1020未作具体说明。其他五座都是一人在棺内，另一人在棺外，棺内的均为仰身直肢，棺外的均下肢微曲，同时，《报告》将二人同棺葬归入单独的一类。M1020棺宽0.36米，仅能容一人。故知只能一人在棺内，另一人在棺外	陶器，石斧，绿松石饰各1件	晚
M1445	长方形竖穴，独木棺1具	《报告》将M1445，M1468归入“二人皆仰身直肢葬”类，未作具体说明。二人同棺墓葬只有M963，M970两座，《报告》特归入“二人同棺葬”类，同时，M1468及M1445两墓的木棺宽均为0.2米。仅容一人，故知两墓均有一人在棺内，另一人在棺外。M1445棺长2.36米，M1468棺长仅1.4米，故知前者当为成年人，后者为小孩	陶器10件，石斧，绿松石饰各1件	早
M63	长方形竖穴，木棺1具	（1）40~45♂，居左；（2）55~60♀居右。两人并列，位于墓穴右边，均仰身直肢葬，头向北，面向上，两人齐头并列，《报告》说该墓仅存棺痕，未指出棺痕的范围，从死者紧相挨靠来看，估计是同棺合葬	陶器9件，石凿1件。陶器2件，置于两头上方，7件放在（1）之左侧，石凿在（1）之腰部	早

续表

墓号	墓穴·葬具	人骨、葬式	随葬器物	分期
M1325	长方形竖穴。独木棺2具	（1）成年♂，居右侧木棺。（2）成年♀，居左侧木棺，齐头平列，均仰身直肢，头北偏东，面向东	陶器8件，分置两棺之头尾。石锛2件和石凿1件，呈一字形，置于（1）棺内右侧；（2）之右肩上方，放1件石纺轮	中
M992	长方形竖穴。独木棺1具	（1）17~18♀，居右，仰身直肢，躺于棺内，头向西南，面向上。（2）17♀，在棺外左侧下方，骨架已朽，头骨保存尚好，面向（1）	陶器15件，海贝36枚，石纺轮和玉饰各1件。海贝及玉饰放在（1）身上，1件陶瓮在棺下方，其他器物均在棺左侧，（2）号头骨上方	早
M963	长方形竖穴。木棺1具。	二人合棺。（1）40♂，仰身直肢，头向西北；（2）儿童，仅存头骨及部分残骨，放在（1）之大腿上	陶器5件，石斧1件在（1）右臂侧之棺西壁板上。陶器分置于木棺下方及右侧	早
M966	圆角长方形竖穴。无葬具	（1）居左，头向北，侧身，下肢微曲；（2）居右，头向北，在（1）之胸前，骨架已朽，头骨较好。据墓葬平面图测知，（1）身长至少1.6米，（2）身长至少1.1米，故知是成年人和小孩的合葬墓	陶器2件，置于（2）之西边	晚
M970	长方形竖穴。独木棺1具	二人同棺，《报告》将M970归“二人同棺葬”类，未作具体说明。该墓棺大小为1.9米×0.43米。基本同于M963。故知该墓至少有一成年人。两人具体性别、年龄不详	陶器2件	晚
M972	带墓道的凸字形墓穴，有木棍及石块封门。独木棺1具	（1）成年，居左，仰身直肢，头向东北，面向上，躺于棺内；（2）成年，居木棺右侧，仰身直肢，头向东北，面朝（1）；（3）20~22♂，居（2）之右侧，仰身直肢，头向同（2），面向上	陶器25件，双耳罐及绿松石多枚置于棺内（1）之右侧，串珠在（2）之头附近。余24件陶器环列（3）之右侧及（3）（2）头之上方	中
M1179	圆角方形竖穴。独木棺1具	（1）35♂，居棺内，位于墓穴正中，仰身直肢，头向北；（2）18~22♂；（3）10♂，均头骨完整，躯体不全，仅存残骨，置于棺之东侧；（4）7♂。仅存头骨，置于棺之西侧。（2）—（4）当为二次葬	陶器15件，分置棺之东、西两侧及棺之下方	中

续表

墓号	墓穴·葬具	人骨、葬式	随葬器物	分期
M979	长方形竖穴。独木棺1具	（1）成年男性，仰身直肢，头向北，面向上，在棺内，居墓穴当中；（2）（3）（4）在棺左侧下方，人骨残缺不全；（5）在棺右侧下方，仅存头骨及1肢骨。（2）—（5）当为二次葬	海贝1枚，在（2）头骨附近	晚
M1468	长方形竖穴。木棺1具。	一在棺内，一在棺外，皆仰身直肢，参见M1445，儿童合葬	陶器21件，石斧，石刀，骨锥各1件	早
M1203	长方形竖穴。独木棺2具	两人，均为儿童。（1）居左，（2）居右，并列，皆仰身直肢，头向北，面东	3件陶器及1石球，均置于（2）棺外右侧下方	中
M858	带墓道的凸字形墓穴。独木棺2具	儿童两人，并列，分居两棺，（1）居左，仰直身肢，头向北。（2）居右，仅存骨痕	陶器6件，置于（1）之左侧和两棺之头部	晚
M1008	圆形竖穴。无葬具	（1）50♀，居左。（2）20~22♀，居右，两人并列，共居墓穴当中，皆仰身直肢，头向北	陶器7件，置于（2）之右侧	中

据表17.6可知，M1061、M1161、M314、M1112、M1129、M269、M1039、M990、M1337、M1006、M1020和M1445共12座二人合葬墓的现象相同，均为成年人合葬。除M1112内含一位（1）可能为二次葬者外，其他墓中的两位成年人均为一次葬。即11座墓中的死者都是在相近时间内死亡，并同时埋入墓内的。和前述所有墓地的合葬墓一显著不同的现象，是这11座墓中的一位死者，均以仰身直肢躺卧姿势安置于一较窄的棺内，同时，除把随葬器物放置棺外墓穴外，往往在他身旁还附有陶器、工具和装饰品。而墓中的另一人则被置于棺外的一侧，有的下肢还微作屈肢，甚至有些被压于棺下，个别死者下肢或压着大的石块，有的还不见头骨，尸体位置相当于放置随葬陶器的地方。而且，一般无贴身随葬品，只有M1039（2）的胸上和M1337（2）之盆骨及右脚上，分别放置石锛1件和陶器2件。M1112和这里谈到的11座墓葬略有区别。它棺内的死者为二次葬，仅存头骨及一肢骨。头骨面朝上，头顶向北，放在木

棺中部偏上处，肢骨上距头骨约40厘米，骨关节头指向头骨，可见当也是按仰身直肢形式摆放尸骨的。另一人被置于棺外的左侧，仰身，左下肢微曲。可见，M1112的棺内一人虽是二次葬，但其他现象则同于前述M1061等11座墓葬。两者性质一样，都从对同墓内的两位死者作不同的安排方式，以显示棺内的那位死者的地位居尊，棺外的死者处于从属地位。

M1061、M1161、M314、M1112、M1129和M269棺内的死者，均被确定为男性。M1061、M1161、M314和M1112被置于棺外的死者，无一例外地被定为女性。在被确定性别的二人合葬墓中，未见纯为男性的合葬墓。故推知M1129及M269内的棺外死者，当是一位女性。同时，在二人合葬墓中，只有M992被确定是一女性地位居尊和另一处于从属地位的女性合葬墓，而没有见过一例女性居尊而男性处于从属地位的合葬墓。基于此情况，基本上可估计M1039、M990、M1337、M1006、M1020及M1445这些未定性别的葬墓，是男女合葬墓。

这些成对成年男女合葬制现象所显示出来的夫妻关系，同半山－马厂文化及大汶口文化的呈子墓地，即使同大汶口、野店及大墩子墓地为代表的大汶口文化后期合葬制显示出来的夫妻关系，存在着本质的区别。在婚姻关系上，虽仍是单偶婚制，但已不是一般意义上的男性居本位的一夫一妻制了。此时，妻子不能和丈夫同享棺室，赤身地被置于棺外一侧，放置随葬器物的地方（图17.3），虽然比那作为财富的随葬器物离木棺近一些，但也不过是作为丈夫的财物罢了。并且在丈夫的眼中，妻子的价值还不如他贴身的那些随葬品。一夫一妻制，就其自然形态来说，本来应是男女性爱发展的结果，也是能在其中发展起来的唯一形式。但在这里，男女之间的性爱却被丈夫践踏得干干净净，夫权笼罩着两性关系，妻子处于被丈夫役使的卑微地位，成为丈夫的附属品。

夫权包含在父权之中。摩尔根说过："当她由于结婚而不再'从父'以后，显然还必须处于另一种力量控制之下"，即"结婚之后妻子就必须'从夫'"①。所以说，夫权是父权延伸，是父权的一方面。父权的另一方面，即对妻子以外的亲属的控制。M963、M970、M966、M972、M1179和M979提供了可能考

① 摩尔根：《古代社会》，商务印书馆1981年版，第480页。

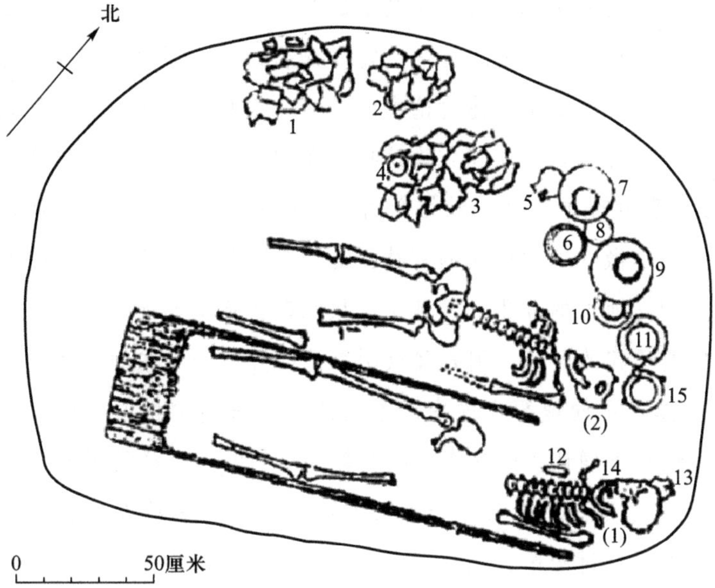

图 17.3　柳湾 M1061

察这一方面问题的材料。

M970 葬式,《报告》未作具体说明，同时墓中的两位个体和 M972 中的另两位死者的性别、年龄未能鉴定，使我们对这两墓的情况，难以提出具体的认识。M966 中的那位成年人，如是男性的话，那么，从这里还可见到父辈对子女表现出的微弱的脉脉温情，而在 M963、M1179 及 M979 看到的却是另外一种情形。

M1179（1）和 M979（1）均是成年男性，皆是一次葬，仰身直肢，独居木棺，位于墓穴当中。而同墓的死者，都是二次葬。显然是为了伴葬而实行迁葬的。残剩下来的尸骨，不但未放在棺内，也未将它们收拾好安放在墓穴中，而被散置在木棺两侧的下方，甚至混杂在作为随葬的陶器之中，显示的现象，尊卑分明。M979 伴葬的四人的性别、年龄未能确定；M1179（2）18~22♂,（3）10♂,（4）7♂。后一墓中的个体全为男性，死亡年龄以（1）这位居棺者最大，年 35 岁，因为一次葬者的年龄大于二次葬者，故他们生时岁差，哪怕是一大约的估计，也难以作出。这些伴葬者均为二次葬，并非生殉，看来他们是奴隶的可能性很小。他们和一次葬者同穴，且不只保留头颅，还残留着一些体骨，看来他们是被一次葬者生前猎取头颅的异族人的可能性，也是不大可能的。他们很可能是一次葬者而死于其前的亲属。因此，这两座墓葬很可能是家长带着他家族成员的合葬墓。但是，需要说明的是，不管这些二次葬者的身份如何，即无论他们是属于上述讨论中的任何一种身份，这类墓葬反映的性质却是相同的，是半山－马厂文化或大汶口文化中见不到的父权统治的象征。

M992 呈现的现象，是一对妇女间的尊卑关系。它从另一方面表现了这时代妇女地位的卑微。这类性质的墓葬，哪怕是它的萌芽形式，是母系制时代所见不着的。妇女地位的分化，只见于父权制时代或文明时代，是男子统治的延伸。在我们所研究的时代，则是父权制统治的另一种形式的表述。而从 M1468 两具儿童尸体的不同埋葬方式中，不仅使我们看到父权关系已扩展到儿童之间，也使我们获得确认当时存在父权权势继承制的一个鲜明例证。

父系氏族的历程，是以男子地位的增长和私有制的发展程度，作为标志的。我们在上面的讨论中，已观察了伴随个体婚制下的夫妻间的对抗发展而来的男子权威的膨胀。贫富分化的程度，是私有制发展的影子。下面通过柳湾齐家文化居民贫富分化的考察，探讨这时期私有制发展的趋势。

柳湾齐家文化单人墓和无人骨或不明的墓葬共计 346 座[①]，有木棺和垫板的墓葬分别为 252 座和 19 座。后者占墓葬总数分别为 72.8% 和 5.5%。同时，在 75 座无棺的墓葬中，只有 16 座墓葬没有随葬品，甚至，有随葬品而无木棺的墓葬中，有些墓葬随葬陶器达到 6 件，个别的还达到 18 件和 20 件。可见，难以从葬具有无一类的分析中，观察出当时贫富分化的情况。

装饰品和工具的质地及使用价值区别甚大，又因无法求得当时这类制品的相互比值，故难以对它们进行类比分析。陶器质地基本相同，类别简单，使用价值相近，又是当时人们一项重要财富。因此，至少可从对它们占有情况的分析中，了解当时贫富分化的一个侧面。

在 346 座墓葬中，共随葬 1 433 件陶器，墓（人）均陶器 4.14 件。暂可把随葬陶器总数看成柳湾齐家文化社会财富总和的缩影，而将各墓出土陶器，视为死者生前占有财富的缩影。现据随葬陶器多寡分类统计如表 17.7：

---

① 据墓葬登记表统计的数字。《报告》文字说齐家文化墓葬共计 366 座，这里的墓数加上 25 座合葬墓，共计为 371 座，比文字说的墓数，多了 5 座。

表 17.7　柳湾齐家文化墓葬随葬陶器统计

随葬陶器数量级别	0~3	4~5	6~8	9~12	13 件以上
墓数 346	201	50	47	33	15
占墓葬总数比例	58%	14.45%	13.58%	9.53%	4.33%
陶器数 1 428	279	224	336	351	234
占陶器总数比例	19.46%	15.63%	23.44%	24.4%	16.32%

如认为上述人均陶器数量是当时社会财富平均水平的缩影的话，那么，便可认为随葬陶器在 3 件以下者，生前占有的财富未达到社会财富平均水平；4~5 件者，达到了社会财富的平均水平；6 件以上者，占有的财富，则超过了社会财富的平均水平。以表 17.7 可知，后者又可分为三个级别，自低级至高级，人数递减，占有的件数递增。总观墓葬数和随葬陶器数的关系，略如图 17.4 所示。

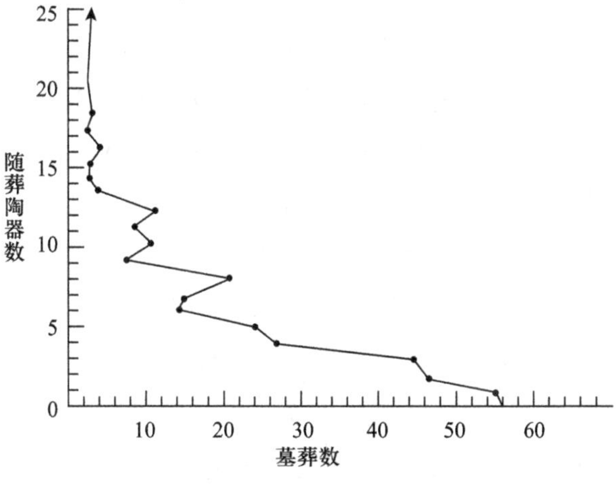

图 17.4　随葬陶器数与墓葬数的关系图示

可见，这里的墓（人）数和随葬陶器数（占有财富数量）的比例关系成反比而似塔形。这种情况，和半坡文化及大汶口文化刘林期不同，在半坡文化中，据姜寨、元君庙及史家的统计，达到随葬陶器平均数以上的墓葬，占墓葬总数约 60%，甚至多达 70% 以上①，刘林期的刘林墓地和大墩子墓地，分别有

① 张忠培：《母权制时期私有制问题的考察》，《史前研究》1984 年第 1 期。

52.4% 和 70% 的人死后享有中等以上的随葬品[①]。反之，这里未能达到中等数量随葬陶器的人数，则达到 58%。可见，柳湾齐家文化居民贫富分化显著，私有制得到空前的发展，人口数量和占有财富的比例关系所形成的图形，亦即社会总财富的分配或占有关系，和往后的文明时代比较，没有多少区别。这是父权制形成的社会基础。

然而，在这个父权窒息着人们，首先是妇女的时代，仍保留一些旧时代的残迹。通过对 M63、M1325，尤其是 M1008 的埋葬方式的观察，见到的若似半山－马厂文化夫妻关系，以及平等的母系亲权的情景，从这无疑是留存下来的前期社会关系中，使我们似乎听到了妇女留恋往昔为反抗现实制度发出的微弱的呼声！

但是，历史却无情地迈开着步伐，继续朝着压迫妇女的时代走去！留下皇娘娘台墓地的齐家文化居民，把父权制推进到了一个新的阶段。

和柳湾相比，从对皇娘娘台第四次发掘的合葬墓观察，可以见到如下值得注意的现象。

1. 在 62 座墓葬中，合葬墓 14 座，占墓葬总数 22.6%。其中成对成年合葬墓 10 座，占墓葬总数的 16.1%，占合葬墓总数 71.4%。柳湾合葬墓仅占墓葬总数 0.7%，在比例关系上，皇娘娘台几乎比柳湾增长了 32 倍。

2. 10 座成对成年合葬墓中，居左者，一律仰身直肢；居右者，除 M76 外，一律侧身，面向男子，屈肢，近半跪状，垂手，呈侍奉姿态。M76 右侧那位死者，背向仰身直肢者，两手并拢举于前方，《报告》说“似捆绑所致”。M38、M52 及 M76 经性别、年龄鉴定，确认居左者均为男性，居右者都是女性。虽未能鉴定其他几座墓葬死者的性别、年龄，但无疑可据此类推它们都是成对成年男女合葬墓。和柳湾相比，这里男左女右的格局已经固定化，更为重要的是，那妇女呈侍奉状的侧身屈肢姿态，比把柳湾妇女放置的任何一种姿态，即葬式，显得妇女在丈夫面前更加卑微了，是形象化的卑躬屈膝。可见，丈夫的权威和妻子的卑微，无论是广度，还是深度，都较柳湾有所发展。

3. 第四次和前三次发掘见到的 3 座三位成年人合葬墓中，凡居中者，均仰身直肢，两侧者，均侧身屈肢，面向仰身直肢者。从 M24 及 M48 的照片及平

---

① 张忠培：《大汶口文化刘林期遗存试析》，《吉林大学学报》（社会科学版）1979 年第 1 期。

面图（图 17.5）看到，所谓屈肢，都已达到屈膝半跪，甚至全跪的程度。而自仅可观察到的 M24 两侧死者上肢摆置情形来看，是两手拱屈向前，形同作揖。对 M24 及 M48 人骨性别、年龄鉴定，确认直肢者都是男性，两侧屈肢者均为女性。据此类推 M66 这座三位成年人合葬墓的死者，也是一男二女。中国考古和历史学者早已把这类墓葬定为丈夫和妻妾的合葬墓，是妻妾殉葬制的产物。恩格斯说“一夫多妻制，显然是奴隶制度的产物，只有占居特殊地位的人物才能办到”，“这样确立的男子独裁制的第一个结果，表现在这时发生的家长制家庭这一中间形式上。这一形式的主要特点不是多妻制，而是‘若干数目的自由人和非自由人在家长的父权之下组成一个家庭’”①。除恩格斯谈到闪米特人

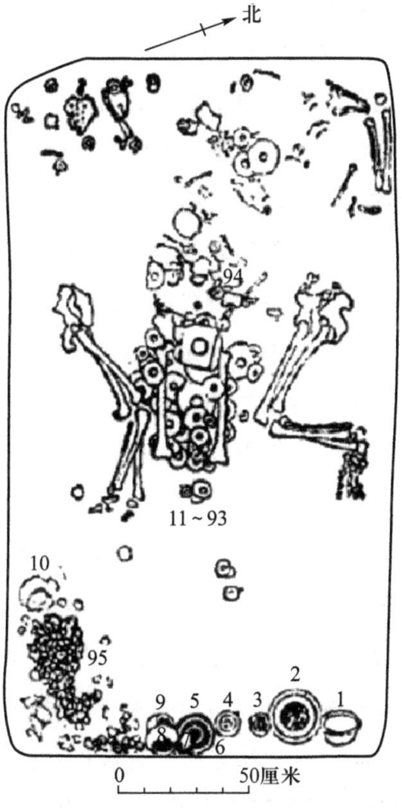

1、5. 陶尊　2. 双耳折肩陶罐　3. 三耳陶罐　4. 双小耳陶罐　6、7、9. 单耳陶罐　8. 敞口陶罐　10. 陶豆　11~93. 石璧　94. 玉璜　95. 小石块

图 17.5　皇娘娘台 M48

① 恩格斯：《家庭、私有制和国家的起源》，《马克思恩格斯选集》第 21 卷，人民出版社 1972 年版，第 73、69 页。

等例证以外，几乎在所有存在一夫多妻制的地方，都可以见到这只是少数人特权，并且是和家内奴隶制并行的一种婚姻体制。例如，云南独龙族“一小部分家庭并已开始蓄奴，但数目不多，一般仅有一二个奴隶”，同时，男子“有多妻的特权，但绝大部分的男子仍过着一夫一妻制的生活。实际上过着多妻生活的亦仅是富裕的家长和巫师，例如对第四行政村 97 个男子的调查材料所表明，多妻的男子仅 21 人，对第二行政村 48 个男子调查的结果，多妻者仅 8 人”[①]。多妻的男子占男子总数分别为 21.6% 和 16.6%，比例不小。处于父权制阶段的察隅曲两岸的僜人，蓄奴户约占僜人户总数之 2.8%，奴隶占总人口的 1.08%，同时，在他们中也存在一夫多妻制婚姻。处于这种婚姻关系的人口，占已婚男女的 11.3%[②]。第四次发掘的皇娘娘台墓葬共埋成年人 68 人，假设他（她）们都处于婚姻生活，那么，处于一夫多妻婚姻关系的两墓六人，占其总数的 8.8%，也是一个不小的比例。透过这面镜子，可以见到奴隶制已进入皇娘娘台居民的生活。而在柳湾的合葬制中，还见不到这方面的任何迹象。

4. 柳湾尚能见到的若似半山－马厂文化的平等的夫妻关系及母系亲权，和父亲对子女的脉脉温情，哪怕是微弱的表现，却也被皇娘娘台的居民横扫得干干净净，而被到处可见的家长威严所代替。这里 2 座成人和小孩合葬墓中的成人，一律居墓穴左边，仰身直肢，小孩都被置在墓穴的右边，均侧身屈肢。M65 的小孩，还位于成年人的右侧膝下，屈肢，侧向成年人，两手上举，呈跪揖的姿态。尽管这小孩是奴隶，还是成年人的子女，尚可讨论。其性质自然还是显示父权的专横。

5. 这里发现的大量卜骨，说明当时宗教猖獗。卜骨出现的时代，早于齐家文化，据灵台桥村的发现[③]，可推至公元前 3000 年前期后段之早期。但是，卜骨最早被人们作为随葬品而带入墓葬的例证，则是皇娘娘台的 M24 了。卜骨的大量发现，以及被人们珍视为随葬品而需要带入另一世界的事实，说明一个巫师阶层业已形成，并已成为当时社会的一股活跃力量。

6. 皇娘娘台前后四次发掘见到了大量的纯铜器，数达 30 件，是目前正式

---

① 宋恩常：《云南少数民族社会与家庭制度研究》，云南大学历史研究所民族组 1978 年版，第 390 页。

② 中国社会科学院民族研究所：《僜人社会历史调查报告》，1978 年。

③ 甘肃省博物馆考古队：《甘肃灵台桥村齐家文化遗址试掘简报》，《考古与文物》1980 年第 3 期。

公布的材料中，数量最多的地点。并且，已作为随葬品而被M24带入墓穴。这无疑是皇娘娘台齐家文化已进入金石并用时代的标志。由于这里以F8为代表的遗存的年代，可早到柳湾齐家文化时期。而大多数铜器又出自遗址堆积中，年代可推至较墓地为早的F8时期。故不能说柳湾齐家文化时期没能跨入金石并用时代。但至少在371座墓葬中未见有铜器随葬的事实，使我们可认为柳湾在金属制作的发展程度上，赶不上皇娘娘台。

7. 在重要意义上远远超过上述现象的是，柳湾的68%的合葬墓都用工具随葬，而皇娘娘台随葬工具的合葬墓则为0.7%。但是，后者却以那种象征财势和身份的礼器——石（玉）璧，作为随葬品充塞墓穴，往往见于尸体的胸腰，以M48最多。在那位占据墓穴中央的男子身上，见到石璧83件，玉璜1枚，同墓居于两侧的死者，却未见一件石璧。而在14座合葬墓中，就有11座随葬了石（玉）璧。后者占前者约80%。石（玉）璧代替工具而成为重要的随葬品，标志着社会观念的变革。过去是以工具标志墓主人富有和劳动能耐，而今炫耀的是墓主人的身份和权势。这种转变，应认为是一个贵族阶层不但已经出现，而且在这一社会中业已形成，并达到这个时代可能具备的完善形态。

可见，皇娘娘台已把柳湾确立的父权制，推进到这一制度典型阶段。在我们看到家长在加强对家族[①]统治的同时，从那些一夫一妻合葬墓增加和未见到家族墓的事实中，似乎透露出家族中的那些小家庭已积蓄了力量，发展了势力，而和家长的统治冲突起来。

■ 父系制度发展阶段的讨论

从本文讨论的父系制发展程度来看，可以分为以下四段：

（一）以大汶口文化前期几处墓地，大汶口文化后期的呈子墓地和半山－马厂文化几处墓地为代表；

（二）以大汶口文化后期的大汶口、野店及大墩子三处墓地为代表；

① 张忠培：《齐家文化的研究》，《中国北方考古文集》，文物出版社1990年版。讨论过齐家文化存在着家族。这里从略。

（三）以柳湾齐家文化墓地为代表；

（四）以皇娘娘台齐家文化墓地为代表。

关于各段的重要现象和特征，在有关部分中，都作了一些说明，兹不赘述。

（一）（二）之间和（三）（四）之间，都存在部分质的区别。从个体婚制下的夫妻间的对抗的发展，是否导致丈夫对妻子取得牢固的统治权，从而作为家长是否在家族中形成了独裁统治，一句话，是否基本上实现了父权来看，（三）（四）之间的区别，则更具有时代的意义。

关于父系氏族制历史的分期，从民族学和一般历史学角度来说，马克思充分肯定摩尔根提出的思想，指出："在血缘家庭和普那路亚家庭中'不可能'有父权；它在对偶家庭中开始表现出微弱的影响，在专偶婚制下才完全确立；它在罗马型的父权制家庭中超越了理性的一切界限。"[①] 当然，对偶家族仍属于母权制时代范畴，从亲属制来看，"父亲"一词尚未进入亲属称谓，这里说的"开始表现出微弱的影响"，据摩尔根和马克思关于史前史的认识体系，只能理解为子女可能在母亲的对偶中，认识谁是自己的父亲。所以，摩尔根和马克思关于父系氏族历史分期的观点，是把它分为两个时期，即"完全确立"和"超越了理性的一切界限"。恩格斯将后者，即父权家族的标志概括为"一是把非自由人包括在家庭以内，一是父权"[②]，并说"这种家庭形式的完善的典型是罗马的家庭。Familia〔家庭〕这个词，起初并不是表示现代庸人的那种脉脉温情同家庭龃龉相结合的理想；在罗马人那里，它起初甚至不是指夫妻及其子女，而只是指奴隶。Famulus 的意思是一个家庭奴隶，而 familia 则是指属于一个人的全体奴隶。还在盖尤斯时代，familia，id est patrimonium（家庭，即遗产），就是按遗嘱传授的。这一用语是罗马人所发明，用以表示一种新的社会机体，这种机体的首长，以罗马的父权支配着妻子、子女和一定数量的奴隶，并且对他们握有生杀之权"[③]。摩尔根还指出，"familia 一词及其所代表的意义并不比拉

① 马克思：《摩尔根〈古代社会〉一书摘要》，人民出版社 1965 年版，第 36 页。

② 恩格斯：《家庭、私有制和国家的起源》，《马克思恩格斯选集》第 21 卷，人民出版社 1972 年版，第 69 页。

③ 恩格斯：《家庭、私有制和国家的起源》，《马克思恩格斯选集》第 21 卷，人民出版社 1972 年版，第 69 页。

丁诸部落的严酷的家族制要早些，而这种家族制是在农业发生以后，奴隶制合法以后，以及希腊人与拉丁人分离以后所发生的制度"①。这从另一个侧面肯定了罗马式家族是晚生的，不是父系氏族制一生下来就有的形态。

本文分析的齐家文化两处墓地，尤其是当这文化推进到皇娘娘台时期，葬制所显示的现象，以及从对它们的分析中，可以看出和罗马家族有许多相同的特征，集中到一点，就是父权的统治，达到了恩格斯说的完善的典型阶段。应把齐家文化前期为代表的历史阶段，划入父权制时期。

本文所说的一段，保存了较多的母系制残余，甚至有的家族还可能实行母系制，妇女在家族中的地位，有时还高于男子。但从我们所研究的每一墓地的整体来看，则可见到单偶制婚姻和亲属及财产关系的父系继承制，已经成为留存这墓地的居民社会的主要形态。而那些成对成年男女葬墓中的女性随葬品，主要是陶器多于男子所显示的妇女地位较高的情况，也只是在男性居本位的单偶婚制制约下存在的现象。同时，二段的男子在经济及家族地位虽已居妇女之上，但成对成年合葬墓中的男女仍采用同样的葬式，还不存在奴役妇女的现象，父权独裁也未出现。在看到这两段间一些具体区别的前提下，可基本上将它们归于一个历史阶段，依马克思意见，称为父系制确立时期。

而这时期的家族情况，民族学提供的扎德鲁加（Zádruga）可作为典型的例证。"它包括一个父亲所生的数代子孙和他们的妻子，他们住在一起，共同耕种自己的田地，衣食都出自共同的储存，共同占有剩余产品。公社处于一个家长（domà ćin）的最高管理之下，家长对外代表公社，有权出让小物品，掌管账目，并对账目和对整个家务的正常经营负责。他是选举产生的，不一定是最年长者。妇女和她们的工作受主妇（domà ćica）领导，主妇通常是家长的妻子。主妇在公社姑娘择婿时，也起着重要的，而且往往是决定性的作用。但是，最高权力集中在家庭会议，即全体成年男女的会议。家长向这个会议作报告；会议通过各项最后的决定，对公社成员间的争端进行裁判，以及对比较重大的买卖特别是地产的买卖等做出决定"②。这里所叙述的情况，自然在考古学难以发现，可以说是永远见不到的。这就是所以详细摘引的原因。但我们在

① 摩尔根：《古代社会》，生活·读书·新知三联书店，第545页。

② 恩格斯：《家庭、私有制和国家的起源》，《马克思恩格斯选集》第21卷，人民出版社1972年版，第70、71页。

一、二段见到的家族合葬墓和家族墓区，以及这些家族是由血亲和姻亲两部分成员构成的集体，家族成员间的平等原则，和还未出现家长特权的情况，则十分明显地和扎德鲁加一致。

我们已经说过，这里探讨的墓地分属于三支不同谱系的考古学文化，而上述关于父系氏族制分期的认识，又是按不同谱系的考古学文化的墓地的具体分析开始的，并且，结果还是没有一支考古学文化被说明是完整地经历了我们说的父系制的两个时期。这就提出中国诸谱系的考古学文化，一般来说，是否都经历了这两个时期？如果没有一谱系的考古学文化完整地经历这两个发展阶段，那么，把它们视为年代上的差别，还不如视为类型上的区别。这是下面要讨论的问题。我们认为在中国，至少是自甘青到鲁苏的黄河流域，目前认识的那些主要的诸谱系考古学文化，似乎都经历过这父系制的两个阶段。

（一）大汶口文化后期约相当于半山－马厂文化实行合葬制时期。大汶口文化前期的起始阶段约相当泉护村庙底沟文化遗存的中期，终结于大汶口文化后期。而柳湾的齐家文化则晚于当地的半山－马厂文化实行合葬制时期，皇娘娘台齐家文化又晚于柳湾同一文化的遗存。也就是说，齐家文化前期所经历的父权制时期的先后两个阶段，无疑依次晚于大汶口文化后期。所以，从一般年代意义来说，这里为父系氏族制划分成四段两期的认识，提供了一自早到晚的历史发展的纵剖面。而这一点，单靠民族学的研究是难以做到的。

（二）大汶口文化的父系氏族制先后两段，齐家文化前期所经历的父权制时期前后两个阶段，都沿着同一历史演进的轨道，遵循同一的历史逻辑，即随着生产发展的同时，私有制愈益发展，贫富分化愈明显，大量财富越来越集中，并且集中到男子之手，集中到少数人之手，而男女在经济，社会及亲属关系中的地位，却沿着相反的方向发展。因此，把三段视为二段的继续与发展，是符合这一历史逻辑的。可见，父系制确立期是母权制时代向父权制时期过渡的必经之路，而父权制则是过渡到文明时代不可或缺的前提。

（三）中国新石器时代考古学文化是多谱系的。任何一谱系考古学文化的发展道路都存在自身特点。因此，对任一谱系的考古学文化的历史阶段的认识，都只能是具体的，自然难以代替对中国新石器时代历史的整体研究。目前，尽管中国新石器时代的发现与研究已取得了可喜的成绩，但任一谱系考古学文化的资料积累程度，以及这些资料的形式是否能更直接反映其社会制度的演进，都使我们难以据同一谱系的考古学资料探讨它的整个的历史发展过程。

然而，中国诸谱系考古学文化之间存在着较为密切的联系，也是不可忽视的现象。正是这种联系，使它们在历史发展道路上的步伐能够基本上保持一致。本文通过三支谱系考古学文化的部分历史时期的一些墓地的分析，所见到关于父系氏族制经历了四段二期的认识，很可能基本上表述了中国，确切地说，是黄河流域诸谱系考古学文化的父系氏族制的历程。

（四）中国诸谱系考古学文化的发展，除了存在各自特点外，还经历了不平衡的道路。本文探讨的半山－马厂文化的年代和大汶口文化后期相当，两者社会关系的发展，却相差了一段。同是大汶口文化后期的遗存，呈子和大汶口、野店及大墩子又存在差别。而在客省庄见到的陶祖、卜骨，与陶窑相连的房屋以及像 H96、H142 呈现的人兽混坑的现象，和同时遗存相比，客省庄文化似乎更早地出现了向父权制过渡的迹象。这是我们在探讨父系氏族制历史需要注意的问题。关于各谱系考古学文化父系氏族制发展的道路及阶段性的讨论，是本文难以完成的任务。

在结束这次讨论的时候，我想就中国黄河流域父系氏族制发展的总趋势，提出点粗浅的基本认识：虽然，中国诸谱系考古学文化经历了不平衡的发展道路，但在庙底沟文化中期前后，它们均进入父系氏族制的历史轨道，而在龙山时代，至迟约当东部出现形态完善的鬲式鬶和西部产生形态完善的带把罐形鬲的时候，即公元前二千二三百年，均已步入父权制时期。正如大家所公认的，约公元前二千年，在黄河流域腹地，即伊洛地区的夏人，首先跨入了文明时代的门槛。这一变革引起了周邻地区急剧变化。但对距此愈远的地区，影响愈小，至少对黄河上游没有太大的影响，仍长期地停滞在父权制时期。

（选自《吉林大学社会科学学报》第 1、2 期）

青铜时代考古

徐旭生与《1959 年夏豫西调查“夏墟”的初步报告》

经典导读

徐旭生（1888—1976），原名炳昶，以字行，河南唐河人。幼承家学，6 岁开始读四书五经，国学根底深厚。1912 年考取公费留学法国资格，1913 年赴法国入巴黎大学学习哲学，1918 年毕业。1919 年回国后在开封第一师范学校和河南留学欧美预备班任教，教授法语和西洋哲学史。1921 年受聘任北京大学教授，讲授西洋哲学史。1925 年主编《猛进》杂志，与鲁迅建立友谊。1926 年秋，任北京大学教务长。1927 年辞职，代表中国学术团体协会与瑞典斯文·赫定博士合组西北科学考察团，任中方团长，此间著有《徐旭生西游日记》，该书被赞为中国考古界的拓荒之作。1929 年西北科学考察结束后，任北平国立大学第二师范学院院长，倡导创办了《女师大学术季刊》和研究所，兼任所长。1931 年任合并后的国立北平师范大学校长。“九一八事变”爆发后，和北京大学校长蒋梦麟吁请北平各大学校长，紧急商讨日本侵略中国问题。同年，因赴南京请求增拨学校经费被拒，愤而辞职。1932 年出任北平研究院史学研究会考古组组长，史学研究会编辑、研究员。1934 年协助陕西省政府和文人名士共同组建陕西考古会，在渭水流域展开大规模的考古调查，发现了许多周、秦文化和新石器时代遗址。1934 年开始主持宝鸡斗鸡台遗址发掘，1936 年北平研究院史学研究会改为研究所，下设考古组和历史组，任历史所所长兼考古组组长。1937 年抗日战争全面爆发，斗鸡台发掘被迫停止。

在北平研究院期间，徐旭生完成了著名的《中国古史的传说时代》一书，将中国古代部族划分为华夏、东夷、苗蛮三大集团，得到学界首肯。1950年北平研究院史学研究所并入中国科学院考古研究所，任研究员。曾当选河南省第一、二、三届人民代表大会代表和第三届全国人民代表大会代表。1959年首次提出从考古学上探索夏文化问题，亲自带领助手赴豫西进行“夏墟”调查，发现了偃师二里头等遗址，撰写了《1959年夏豫西调查“夏墟”的初步报告》，并于当年开始了对二里头遗址的发掘。

《1959年夏豫西调查“夏墟”的初步报告》发表于《考古》1959年第11期，是从考古学上调查夏代遗迹的第一份考古报告。徐旭生赴豫西调查“夏墟”的初衷，缘于他对文献所记夏史的坚信。

文章一开始，徐旭生就开宗明义地写道：“据古代传说，商代以前有一个夏代。近几十年来虽说一部分的疑古派学者对于夏禹个人的人格问题发出若干疑问，可是对于夏代的存在问题并没有人怀疑过。但是在考古研究方面，夏代还是一个空白点，这岂是应该有的现象？”可见，从考古学上调查夏代遗迹来证明夏的存在，是他很早就有的想法。正如他在报告第一部分“我们是怎样决定调查的重点呢？”所言，他在作出这个决定之前，查阅了大量先秦和汉代文献，对找到的先秦约80条、汉代约30条材料，围绕夏人活动范围这个主题进行了认真分析，去掉重复的、无关的、可信度很低的，选出比较可信的有30条左右，然后以此为基础，确定了河南中部洛阳平原及其附近和山西西南部汾水下游（大约自霍山以南）一带为调查的重点。在山西范围内调查的结果是：“夏墟当在山西西南部，不在中部”，从而在考古学上把太原晋阳说排除出去了。

文章接下来叙述了调查的简略经过及比较重要的遗址。调查自1959年4月14日起至5月22日结束，在一个多月的时间内发现了登封告成八方、石羊关、禹县花石头、闫村、谷水河、偃师二里头等遗址。在二里头遗址采集到尊、罐、鼎、豆等陶器残片和石斧、骨锥等工具，据此估计遗址范围东西约长3～3.5公里、南北宽约1.5公里，陶器面貌与郑州洛达庙、洛阳东干沟采集者类似，结合文献分析，怀疑“那在当时实为一大都会，为商汤都城的可能性很不小”。

文章提出“对此河南偏西部、山西西南部两重点应当作较大规模的调查或复查以便能早日订定科学的发掘计划”。当年即组织发掘，开启了从考古学上探索夏文化的历程。经过半个多世纪的发掘研究，偃师二里头遗址可能即夏代的一处都城遗址，已成为学术界的倾向性认识。

—— 延伸阅读文献目录：

1. 徐旭生：《徐旭生西游日记》，宁夏人民出版社 2010 年版。
2. 徐旭生：《中国古史的传说时代》（增订本），文物出版社 1985 年版。
3. 徐旭生、苏秉琦：《试论传说材料的整理与传说时代的研究》，《史学集刊》1947 年第 5 期。
4. 徐旭生：《略谈研究夏文化的问题》，《新建设》1960 年第 3 期。
5. 黄石林：《徐旭生先生在历史学上的贡献》，《考古》1981 年第 4 期。
6. 徐旭生：《尧、舜、禹》（上、下），《文史》第 39、第 40 辑，中华书局 1994 年版。
7. 王巍主编：《考古卷》第一分册，钱伟长总主编：《20 世纪中国知名科学家学术成就概览》，科学出版社 2015 年版。

（李伯谦 撰）

—— 原文：《1959 年夏豫西调查“夏墟”的初步报告》

经典原文

1959年夏豫西调查“夏墟”的初步报告

徐旭生

一、我们是怎样决定调查的重点呢?

据古代传说，商代以前有一个夏代。近几十年来虽说一部分的疑古派学者对于夏禹个人的人格问题发出若干疑问，可是对于夏代的存在问题并没有人怀疑过。但是在考古研究方面，夏代还是一个空白点，这岂是应该有的现象?

我们说夏代在考古研究方面是一个空白点，这是否要说我们做了近代考古工作三四十年，对于夏代的器物完全没有遇到过，我们想也不能这样说。大家全知道：由于考古工作，我们已经很清楚地知道商代文化层下面压的就是龙山文化层，不唯河南北部有这种现象，就是中部和西部也有这种现象。这就是说在商代文化以前有一种文化叫作龙山文化。那么，说龙山文化就代表夏代文化不是很方便的么？现在有些历史学家就是这样地主张。虽然如此，我们觉得把夏文化和龙山文化两个名词完全等同起来还是不适当的。为什么呢？是因为：我们通常所指的夏代是指的从夏禹兴起直到夏桀亡国，年代比较清楚的四五百年间；另外一方面，在考古学上所指的一种特殊的文化，它的变化却是比较缓慢的。当夏禹兴起的时候，龙山文化已经开始了一二百年也很可能。就是从相反一方面看，说当那个时候，龙山文化还没有开始，虽说可能性不大，却也绝不能说完全没有可能。至于龙山文化衰熄的时期，或较夏桀稍早，也许当夏桀亡国以后它还残存一个短时期。无论如何，它绝不会由于桀的亡国而突然停止存在，也是很明显的。所以龙山文化与夏代的文化有很密切的关系果然毫无疑问，可是要把这两个词中间划一个等号总是很不妥的。另外，在龙山文化层下边，在河南北部、中部和西部的有些地方还有“仰韶文化”层的存在，这就足以证明在龙山文化的前边有一个“仰韶文化”。但是这两个文化虽有时间前后的区别，却不是继续相承，一个完了，其他一个才开始，还有空间上的不同，这就是说它们不是在同一个地方兴起，因而较后的文化已经开始，而较前的还可以继续存在不少的时候。从这一个观点来看，“仰韶文化”虽说比夏文化较早一些，可是仍很可能同它有些关系。要之，龙山文化与夏文化有很深的关系，但是因为它们中间还有互相错综的地方，所以不能把它们互相等同；“仰韶文化”同夏文化也可能还有一些关系。这两点，在现在看来，似乎没有多大的问题。可是龙山文化与夏文化，怎样地互相错综？“仰韶文化”与夏文化有什么样的关系？“仰韶文化”与龙山文化又怎样地互相关联？是否还有一种仰韶、龙山混合文化？如果有，它与夏文化又怎样地关联着？龙山文化与商文化关联的详情如何？在它们中间是否还有一个间隔的短时期？这些同其他一系列的问题都还很不清楚，为现在的考古工作人员所应该努力解决的问题。

想解决夏文化的问题还需要指明这个词可能包括两个不同的涵义。上面所说的夏文化全是从时间来看，所指的是夏代的文化。可是从前的人相信我国自炎黄以来就是统一的，我们却不敢附和，我们相信在夏代，氏族社会虽已到了末期，而氏族却还有很大的势力，中国远不是统一的，所以夏文化一词很可能指夏氏族或部落的文化。如果那样，它在地域方面所指的就此前一种涵义所指的范围小得多，时间却能比它长些，因为在夏禹以前、夏桀以后，只要有夏氏族的存在，所有文化仍应该叫它作夏文化。我们所以强调这两种涵义的差异，是因为如果相信当日的中国是统一的，文化是单一的，那我们想解决夏代文化的问题就不很容易找出一种适当的办法。相反，如果看准当日的中国远非统一，那夏氏族或部落活动的范围就相当地有限制，我们就可以从它活动范围以内去研究夏文化有什么样的相同的或相类似的特征，再到离它活动中心较远的地方看看这些地方的文化同前一种有什么样的差异。用文化间的同异来作比较，就渐渐地可以找出来夏氏族或部落的文化的特点。由于夏氏族或部落在夏代总是特别强盛，它的文化在当时所影响的地域总是比较广大，夏代亡后，这种文化就要逐渐衰竭以至于绝灭。那我们就可以从夏氏族或部落文化的特点间接地去找到夏代文化的特点了。

我们想找出夏氏族或部落所活动的区域，就需要从古代所遗留下来的传说中去找，这就是说在文献所保留的数据中去找。由于夏代离现在很远，所保留的史料已经不丰富，尤其是里面包有地名的史料。徐旭生约略地统计一下：在先秦书中关于夏代并包有地名的史料大约有80条；除去重复，剩下的约在70

条以内。此外在西汉人书中还保存有30条左右，可是大多数重述先秦人所说，地名超出先秦人范围的不多。这不到百条的史料，对于我们想找夏氏族或部落活动区域的问题来说还得去掉一大部分。因为，如果把这些史料分类来看，就有不少条属于禹治水的范围（《尚书·禹贡》篇所举的地名包括春秋战国人所知道地域的全体，对于我们的研究并无用处，所以在上面所略计的数字中，也没有计及它），还有很多条是谈夏后氏偶然同它们有交涉的氏族。这以上两类，对于我们现在的研究无用处，可以不谈。对我们最有用的仅只不到30条关于夏后氏都邑的记载，绝大部分是在《左传》《国语》《古本竹书纪年》里面。就是在这些很少的条文里面还有些条不大能用。比方说：帝宁（《史记·夏本纪》作帝予；《左传》襄公四年作后杼）所迁的老王就不知道在什么地方（《御览》八十二，鲍本作老邱，就有人说它在河南陈留县东北45里，可是据商务印书馆所影印的宋本《御览》也同《路史·后纪》十三下注一样作老王。所说陈留东北处自是《左传》定公十三年所记宋地的老丘。查《陈留县志》，只载宋地的老丘，并未载帝宁都城老王或老丘的说法。《路史》注也说"地阙"，可见陈留东北的说法是从讹字演出，并非真实）。又《御览》同卷帝廑所都的西河，聚讼很多，字义广泛，很难定各说的是非。这一类史料很难利用。徐旭生从剩下来不多条的史料比较探索的结果，觉得有两个区域应该特别注意：第一是河南中部的洛阳平原及其附近，尤其是颍水谷的上游登封、禹县地带；第二是山西西南郡汾水下游（大约自霍山以南）一带。

现在先谈第一区域：

（一）《国语·周语》下载洛斗条下说禹的父亲叫作崇伯鲧，崇地何在，韦昭本条无注。但《周语》上神降于莘条有"有夏之兴也融降于崇山"的文字。韦昭注："崇，崇高山也。夏居阳城，崇高所近。"《御览》三十九嵩山下引韦昭注说："崇嵩字古通用。夏都阳城，嵩山在焉。"《汉书·武帝纪》元封元年："行幸缑氏（今河南偃师县南20里）……见夏后启母石（今登封境内，有汉开母阙。开母即启母，因避汉景帝的讳改）。翌日亲登崇高，……以山下户三百为之奉邑，名曰崇高。"《郊祀志》文略同，独崇作密，地理志也作密高。可见崇、密、嵩均古今异字，崇山即今嵩山，崇伯鲧的氏族所在地在今嵩山脚下当无疑问。

（二）《汉书·地理志·颍川·阳翟县》下注引《世本》《纪年》都说禹居

阳城，《孟子·万章上》篇也有“禹避舜之子于阳城”的说法，是禹居阳城古无异说。阳城所在据现在所找到的共有四说：说它在河南的有两说，在山西的有两说。在河南的两说，第一是《史记·夏本纪》集解引刘熙说：“今颍川阳城是也。”《水经注·颍水》下，《经》说：“颍水出阳城县少室山。”《注》说：“颍水东合五渡水，经阳城县故城南。昔禹避商均，伯益避启并于此。亦周公以土圭测日景处。县南对箕山。”今登封县东南30里的告成镇，出镇西门半里余即五渡河；出南门约一里即从西向东流的颍水。五渡河入颍水处即在镇的西南。南望箕山，也只有十几里。镇北门外百余步就到周公测景台。汉朝的阳城县经历魏、晋、南北朝、隋，名无大异。直到唐万岁登封元年才因为“将有事嵩山，改为告成县”。现在本地人仍叫它作告县。这是其一。其二是《御览》一五五引《帝王世纪》说：“《世本》又言夏后居阳城，本在大梁之南，于战国大梁魏都，今陈留浚仪是也。”那么阳城当在今开封市境内。这是其二。至于在山西的二说第一，《路史》卷十二注先驳浚仪及颍川两说，接着说：“乃泽之阳城，尧舜皆都河东北，不居河南。”后又驳《孟子》禹避舜子于阳城说的诬罔。泽之阳城是说它属泽洲（今晋城县），所指是汉朝的濩泽县，自唐以后就改名阳城县，现在仍叫作阳城。这是其一。第二是丁山于《由三代都邑论其民族文化》一文（《历史语言研究所集刊》第五本第一分册）中，由于汤字在金文中作唐，推论“阳城故名当曰唐城”，又说“谓唐城在翼城西者较碻”。这是其二。此外说禹都在山西并不说它叫作阳城的，等到后面再谈。徐旭生案：古人说到有虞氏及夏后氏的旧地没有人否认它们在河南境内，可是有很多的学者总是相信舜、禹“即天子位”后必须迁都，而山西西南境内也有些关于唐、虞、夏的传说，所以断定必在那一带。实则那一带同陶唐氏、有虞氏、夏后氏可能有一些关系，但那是另外一个问题，暂时可以不谈。所要谈的是当日中国既非统一，也就无所谓“天子”，无“即天子位”的问题，更无必须迁都的问题。罗氏与丁氏全是受旧说的影响，努力向那边去找，也就找出来些似是而非的说法。实则汉濩泽在唐以前并无阳城的名字。《孟子》为先秦古书，绝不能由南宋人的随便臆测，就跟着否认。至于丁氏的说法，“成唐”为“成汤”虽有金文中的证据，可是阳城为唐城不过是一种推想。如果无其他证据，他那种推想只可以说有可能性。今告成镇地不仅汉名阳城，《史记·郑世家》《史记·韩世家》与《六国表》都记韩文侯二年（公元前385）“韩伐郑，取阳城”。所以在战国初年此地就叫作阳城，这还在《孟子》及《纪年》写定以前不少年岁，此说的正确性不但主张山西说的不能比，就是主张浚仪说的也无法此。今告成镇为古阳城是一种最普通的说法，也是较正确的说法。

（三）《左传》昭公四年内说：“夏启有钧台之享。”杜注：“河南阳翟县南有钧台陂。”阳翟为今禹县。现在禹县城内有一用砖建筑的高台，上题“古钧台”三字，这自然是后人据文献所修的纪念物，但钧台在今禹县境内，古无异说。《淮南子》载夏启母化石的神话，《汉书·武帝纪》也载元封元年帝“见夏后启母石”事（《淮南子》所载神话也见汉书本条注引）。这也是由于启都在近，所以传说的石也就“在嵩高山下”。

（四）《国语·周语》上有“昔伊洛竭而夏亡”的记载，伊水洛水均从西南流过洛阳平原，于今偃师近巩县境处相会。此记载足证伊洛二水与夏后氏有密切的关系。

（五）《周书·度邑》篇说：“自洛汭延于伊汭，居易无固，其有夏之居。”《史记·周本纪》引用此文，但“易”作“易”。《索隐》解作“居易毋固”为“其地平易无险固”，应该是不错的。汭解为水内，就是水的湾子，并不专指伊人洛及洛人黄河的地方。此文所指仍应该是洛阳平原区域。

（六）据《吕氏春秋·音初》篇，帝孔甲有“田于东阳萯山”的传说，《水经注·河水》下，于盟津（今孟津）后引其文，又注之曰：“皇甫谧《帝王世纪》以为即东首阳山也。”东首阳山在今偃师境内。乾隆《偃师志》卷三内说：“首阳山，一曰首山，一曰萯山，在县西北二十八里。”现在陇海线上有首阳山车站。这也必须孔甲的都城离这里不远，才能演出来这样的传说。

（七）《汉书·地理志·颍川·郡阳翟》下，班固自注说是“夏禹国”，这大约是转述西汉人的旧说。

（八）此外还有一个地方虽不一定在这个区域里面，也不敢一定说它不在这个区域里面。这个地方就是斟寻，或作斟鄩。《左传》襄公四年内说：“（寒浞）使浇用师灭斟灌及斟寻氏……靡自有鬲氏，收二国（指斟灌及斟寻）之烬以灭浞而立少康。”《左传》哀公元年内也说：“昔有过浇杀斟灌以伐斟鄩，灭夏后相。”这两段可以证明二斟同夏后氏命运的关系如何的密切。不仅如是，《史记·夏本纪》正义引臣瓒说：“《汲冢古文》云：‘太康居斟寻，羿亦居之，桀又居之’。”是斟寻三为都城，桀或者就在那里亡国，重要可想而知。有人说它在山东，有人说它在河南。主前说的，《汉书·地理志·北海郡·平寿县》下颜注引应劭说：“故斟寻（颜注：‘斟音斟’），禹后，今斟城是也。”《左传》襄公四年杜注解斟寻：“北海平寿县东南有斟亭。”主后说的，前条《汉书》颜注又引臣瓒说：“斟寻在河南，不在此也。”后历引《汲郡古文》《尚书序》《史记》吴起对魏武侯说“夏桀之居”，《周书·度邑》篇诸说推证斟寻在河南。臣瓒又说“斟寻在河南，盖后迁北海也”，这是又想调和两说。颜注又引《括地志》说：“故鄩城在洛州巩县西南五十八里，盖桀所居也。”这大约是由于《左传》昭公二十二年有周大夫鄩肸，二十三年有“二师围郊，癸卯郊、鄩溃”的文字，杜注就解鄩为“河南巩县西南有地名鄩中”。《水经注·洛水》下也有鄩水、鄩城、上鄩、下鄩诸说，并说“鄩城盖周大夫鄩肸之旧邑”。但此诸说都未说就是斟鄩。《括地志》说“盖桀所居”，说“盖”也是不敢准说。乾隆《巩县志》却说：“鄩……于今为罗庄，在巩西南五十里。”它也引臣瓒说认为即斟鄩地。我们此次顺便调查，地面上无古代陶片，仅乡人在此附近得石斧二，什么也不能证明，故可以说毫无结果。虽然如此，我们仅仅作一天的调查，就断定斟鄩旧地一定不在此附近，那却还嫌过早。

要之，在这不到30条的数据里面，关于这一带的传说就有十来条（有一条包有两条的），可以说是很特殊的，别的无论什么区也没有这样多，所以我们在调查之先就决定把这一带作为调查中心点之一。

现在再谈第二区域：这一区域倒不像第一区域有那样多条的资料可考，但它与夏后氏有很深的关系却毫无疑问。《左传》定公四年内说：“分唐叔……命以《唐诰》而封于夏虚。启以夏政……。”这是说周初封唐叔虞于夏墟，因为那里是夏的旧地，还沿袭夏后氏的风俗习惯，所以“因夏风俗开用其政”。还有一件极重要的证据，就是拿《左传》与《春秋》相比，凡关于晋国的事它们所记的月份大约均差两月。这是因为《春秋》用的历法是周正，它的正月是斗柄建子之月。《左传》大约是采用晋乘的旧文，用的夏正，以斗柄建寅之月为正月，所以总差两个月。这一点古人全晓得。到了周代，晋地还沿用夏正，这不是更可以证明它同夏后氏有很深的关系么？这个夏墟在什么地方，从前的人却有不同的说法：《汉书·地理志·太原郡·晋阳县》下，班固自注：“故《诗》唐国。周成王灭唐，封弟叔虞。”晋阳故城在今太原市西南五六十里的晋祠附近。《左传》杜注也说：“夏虚大夏，今太原晋阳也。”这一说大约是根据

《毛诗谱》所说："成王封母弟叔虞于尧之故墟曰唐侯，南有晋水，至子燮改为晋侯。"主张此说的人主要是因为晋水在此地，如果叔虞受封不在此地，就无法解释燮为什么改唐为晋。这样，夏墟就在山西中部今太原市附近。可是顾炎武在《日知录》卷三十一《晋国》以后七八条中所考证："按晋之始见春秋，其都在翼……霍山以北自悼公以后始开县邑，而前此不见于传。又《史记·晋世家》曰：'成王……封叔虞于唐，唐在河、汾之东，方百里。'翼城正在二水之东，而晋阳在汾水之西，又不相合。窃疑唐叔之封以至侯缗之灭，并在于翼"的说法，实极精确，此后人大约承用其说。虽晋水不在此地，而今临汾，因在平水之阳，旧名平阳。平水，据《水经注·汾水》下所载，也有晋水的名称（但郦道元不信其为正确），所以我们觉得《左传》所指的夏墟当在山西的西南部，不在中部，当无疑问。《史记·封禅书》"昔三代之君皆在河洛之间"句下《正义》引《世本》说："夏禹都阳城，避商均也。又都平阳，或在安邑，或在晋阳也。""避商均"下疑系宋衷注文。前面已经说过当日无所谓"即天子位"，也就无迁都的必要，而鲧、禹、启、太康四世，据前面所考证，前三世均在洛阳附近，无疑问，后一世也有在此附近的可能，是夏氏族或部落早期活动的中心，当在河南中部，不在山西西南部。所以禹都平阳或安邑虽也系汉代人的说法，未必全无根据，可是以为都城在那边终觉未必可靠。那么，夏墟既不是夏氏族或部落早期活动的中心，它是哪一时期活动的中心呢？对于这个问题，现在似乎还不容易说出一个有决定性的意见。看这一区域的地方志书，在夏禹的传说以外，关于夏桀的传说记载的也还不少。可是桀的都城到底是在河南或在山西，现在并没有定论。《纪年》说他居斟鄩，此地或说在山东，或说在河南，却没有人说它在山西。吴起对魏武侯谈"夏桀之国"，列举四方，似乎很够清楚完备，可是《战国策·魏策一》与《史记·列传五》文不同。《史记》所指的河济、泰华、伊阙，《魏策》所指的伊洛位置比较清楚。就这几个清楚的地名来看，说桀都在洛阳附近比较方便，但主张在山西西南部的人也还不至于没有话说，完全驳倒也还不大容易。所以这一点在现在还只好存疑。《古本纪年》(《御览》八十二引）说："帝廑一名胤甲，即位，居西河。"西河所在，有说它在旧蒲州府一带，即今永济、虞乡、安邑各县境内，有说它在陕西郃阳一带，并无定论。又有说它在旧卫国境内黄河东北折处西北岸离河不远的地方，从帝杼曹居原（在今河南济源县境内）来看，此说也未始不可能。这一点在现在也是以存疑为最好。所以晋西南部同夏氏族或部族有很密切的关系虽不成问题，可是关系发生于夏代那一期，问题的解决只好等待将来。

此外在山西的地方志里面记载关于黄帝尧、舜、丹朱等人的传说也很多，虽不能说全有根据，但这有些出于民间的传说，一概抹杀，也未必适当。山西境内遗址的调查虽还未能完全完成，但据初步的了解，说它非常丰富，当不错误。并且不唯新石器时代的遗址很丰富，还有不少旧石器时代的遗址。我们从此也可以推想：我国传说时代最古的，从古代所知不过是炎、黄、尧、舜等（先秦比较可靠的传说仅此），所以一谈到古事总是附会到他们身上。其实从前考古工作人所采获的根据，未必不较这几位古帝更古。所以对于山西古迹的探查，不但研究夏代时应该作为一个重点，就是研究更古的历史，也不应该忽视这一区域。我们就是据以上理由也把山西的西南部作为此次调查工作重点之一。

■ 二、调查的简略经过及比较重要的遗址

1959年4月14日徐旭生及其助手周振华从北京动身。经郑州过洛阳到登封、禹县、巩县、偃师等处进行调查。于5月26日经洛阳、陕县进入山西境内。原计划在河南山西各工作一个月，后因正值麦收季节，工作无法进行，遂提前返京。在山西境内未进行调查工作。

工作人员：从北京前往的有徐旭生、周振华2人；洛阳队派方酉生、丁振海、郭柳圻、段守义4人参加，工作人员最多时有6人，最少时有4人。

工作队于4月21日到登封，22日方、周、段、郭往县城东南6公里的宋家沟工作。颍水支流五渡河从村西北向东南流。在村东半里河西岸台地上见殷代遗址，村东北0.5公里河北岸台地上见殷代及龙山遗址，村东南0.5公里河北岸台地上见龙山遗址。23日方、郭到县城东11.5公里的宋村一带工作，见殷代遗址。颍水支流蛟河流过村东，遗址在村东北约100米处的台地上，东临蛟河。周、段到城东南6公里华楼（近宋家沟，沟在河南，楼在河北）一带工作，在村西北见遗址，采集有残石斧及加砂粗红陶片等。24日徐、方、丁、段往告成镇；周、郭往宋村，及县城西南大金店一带工作。在大金店附近只见汉代

陶片。25—26日，于告成东及颍水南分途工作，发现汉代陶片及战国陶片等。27日在告成镇及八方村（村在镇正西，约1公里）中间大路旁断崖间见有灰坑及龙山、仰韶和早殷的陶片。28日至5月2日大部人员均在此遗址工作。4月29日，方、丁同县文物干部龚同志往东面7.5公里的石羊关调查，发现有“仰韶”及龙山两个文化陶片的遗址。5月4日以后，本队取道白沙往禹县境内的花石镇及镇东阎砦、阎砦河、顺店、谷水河等处进行调查。11日经许昌赴巩县，14日往回郭镇，访斟寻氏遗址，结果前已述及。15日乘火车到偃师。16日由县文物干部高同志引导，寻找古亳遗址。17日仍返洛阳工作站，此次考察至此为一段落。22日徐、周二人乘火车经陕县进山西。中途在陕县的雁翎关村，调查了传说中的夏后皋墓。琢不小，但古器物一点未露头，所以也无法猜测它的年代。

（一）告成八方间遗址

告成镇周围有土寨，公路过东门外；出西门半里余到五渡河，过河约半公里就到八方村（见图18.1）。地势北高南下。遗址在五渡河西，八方村东，颍水北岸上，南沿经颍水侵蚀。告成镇内也见古陶片。八方村内见汉砖不少，村西路北有一汉代券墓。遗址大部分在告成到八方的公路北面，小部分在南面。我们在此遗址内钻探了12孔：11个在大路北，1个在路南。知道文化堆积最

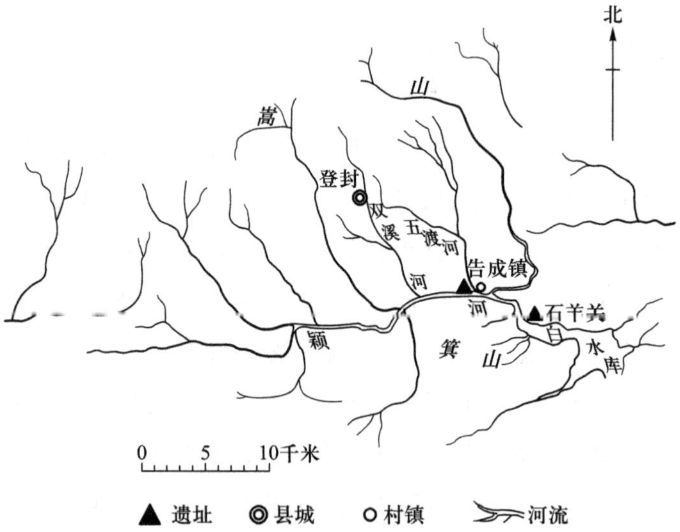

图18.1　河南登封县遗址地形图

厚的地方，约在3米左右，3米以下即为沙土或生土。有的地方也见红烧土。根据地面调查及钻探的材料，我们初步认为东部似以龙山为主，兼有早殷遗物；西部似以仰韶为主。但东西均兼有仰韶、龙山的陶片。采集的石器有石刀、石斧、石锛。陶器有龙山鼎足、罐口沿及底杯、豆、碗、盆，纹饰有方格纹、篮纹、绳纹、附加堆纹。仰韶有钵、罐、鼎足。纹饰有彩陶、划纹、方格纹。早殷有罐及鬲。

（二）石羊关遗址

石羊关在告成镇东偏南7.5公里（见图18.2）。遗址在石羊关西垌上的东南方。此遗址为1952年本所工作队往白沙配合水库工作时所发现，但当日无暇工作。此次我们即根据以前的线索，做复查工作。遗址南近颍水入水库处，水道很宽。东西两面被颍水及水库水冲刷十分厉害。灰土大规模暴露在颍水及水库边上，并冲刷在水中。遗物大规模暴露在岸上及水中。本队采集物有两骡驮之多。石器有石刀、石斧、石镰、石凿、石锛等。骨器1件。陶器有仰韶及龙山的鼎、鬲、罐、碗、杯、豆，彩陶钵，细泥红陶片，龙山方格纹、篮纹、绳纹、划纹、附加堆纹的陶片。又有陶纺轮1。长方槽形、底有三孔陶器1，石环1，陶环11节；陶碗、陶罐各1，都能复原。此遗址的古器物的性质与告

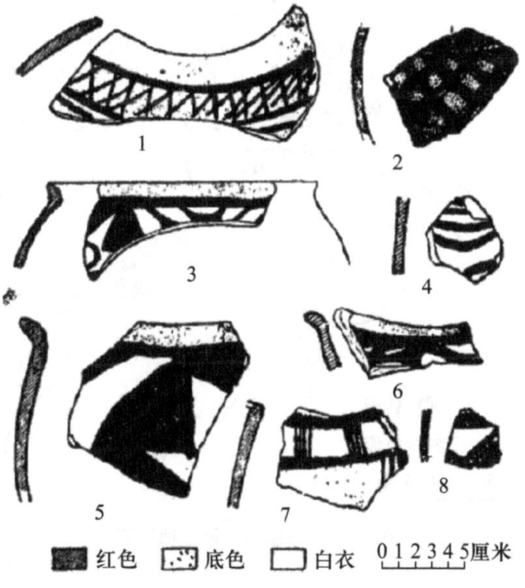

图18.2　彩陶片（石羊关采集）

成八方的相类，两边都是具有仰韶、龙山两种文化，但石羊关的仰韶陶片的比例较告成八方的为多。

（三）阎砦遗址

花石头也叫做花石镇，在禹县城西北22.5公里。再向西北7.5公里至白沙，再20公里至告成。我们为调查阎砦遗址就住在花石镇。阎砦在镇东南2公里，遗址在阎砦西北（见图18.3）。颍水在遗址东北，约距1.5公里，南有南路河，约距1公里，遗址在二水中间的台地上。此遗址已由县出示保护，并绘有图。按图，遗址东西约1公里，南北约0.5公里余，但周、丁、郭三同志调查谷水河遗址时在南路河（也叫做阎砦河）南岸也捡有龙山陶片，似乎图上所载遗址范围还有未尽的地方。大路两侧断崖上暴露有灰层、灰坑、瓦棺葬等，遗物有蚌壳、螺蛳等。瓦棺葬在大路北侧距地面0.69米处，棺红色篮纹，暴露出约0.4米左右。葬在灰土中（深0.5米）。地面采集有篮纹、方格纹、素面、绳纹等的龙山陶片。村文物干部采获有石斧及龙山陶片数件，汉代陶片多件。

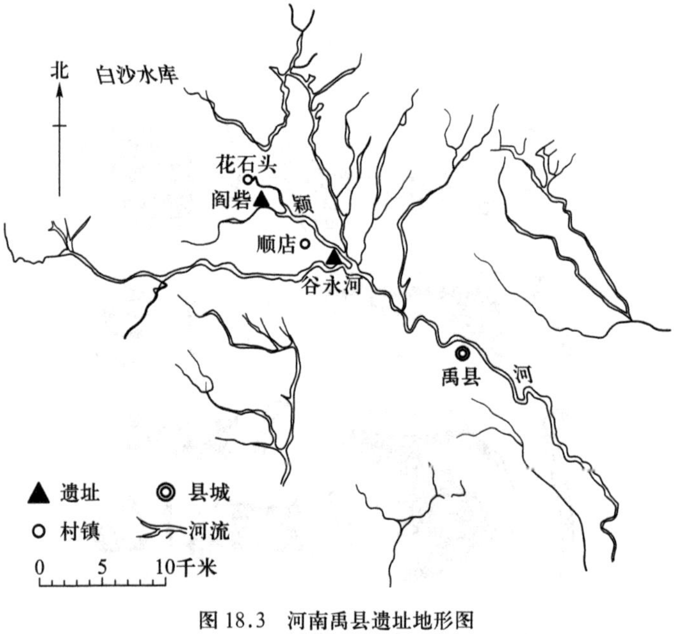

图18.3　河南禹县遗址地形图

（四）谷水河遗址

谷水河遗址在顺店东南二三里处。西起毛吕村西头路沟；东至距谷水河北村约 100 米处，南由禹白旧公路起；北至毛吕村南排水沟止；处在四面隆起的台地上。颍水从它的东北经过；南面有谷水河，为颍水的支流。遗址东西长约 1 500 米，南北宽约 1 000 米，也已由县出示保护。今年春许昌专区在禹县所办的文物短期训综班曾在遗址南部开过一探方、一探沟。探方中露出很厚的红烧土，并有白灰面、烧土平面。红烧土已挖过 1 米余，还未到底。探方南一二十米的断崖处也见烧土层。范围很大。我们采集的遗物有仰韶的彩陶片，泥质红陶片，夹砂红陶片，龙山篮纹、绳纹、方格纹灰陶片等。顺店有一文物展览会，它展览的文物中有若干仰韶陶片、石器，汉代及汉代以后的陶器。

（五）二里头遗址

二里头在偃师西偏南 9 公里，洛河从北边流过（见图 18.4）。遗址在村南。乾隆《偃师旧志》说："高辛故都在治（旧）西五里今高庄。"孙星衍考订为西

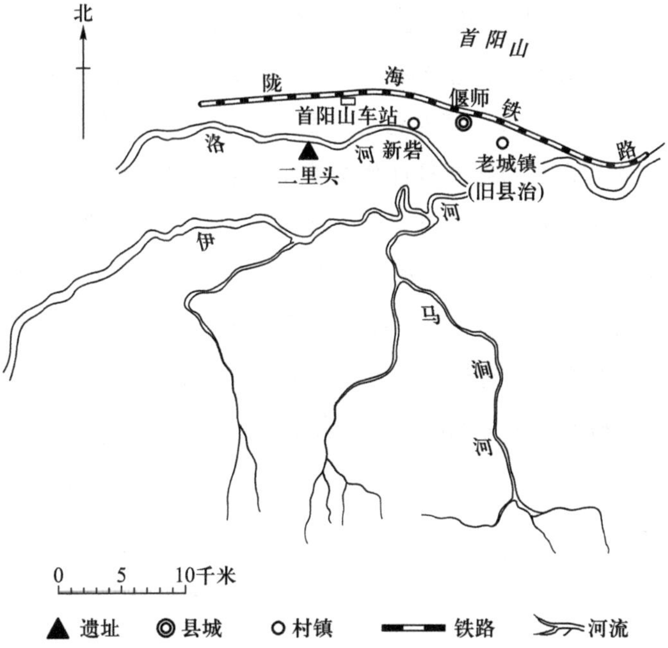

图 18.4　河南偃师县遗址地形图

亳当在旧县治（在今县治东南三里许）西，“辛寨镇（今图作新砦，约在旧县治西十一二里处）以西，皆古亳邑”，我们的调查就从高庄开始。庄在今县治南 3 里余，除方酉生在村中坑底得一陶鼎足可能为商器外，余仅见汉代陶片。去新砦约 2~3 公里，过洛河南，即至二里头村。村南路旁断崖间见有不小的灰坑。距村约半里余，1958 年因掘地发现陶片很多，我们采集的有尊、罐、鼎、豆等器，石斧 5，骨锥 1。据估计此遗址范围东西约长 3~3.5 公里，南北宽约 1.5 公里。这一遗址的遗物与郑州洛达庙、洛阳东乾沟的遗物性质相类似，大约属于商代早期。

偃师为商汤都城的说法最早见的大约为《汉书·地理志·河南郡·偃师县》下班固自注说：“尸乡，殷汤所都。”这大约是他转述西汉人的旧说。郑玄也说：“亳今河南偃师县有汤亭。”（《尚书正义》卷七《帝告书序》下引）但今河南省商丘县沿袭旧名；丘与虚古字通用，商匠也就是说它为商的旧墟。皇甫谧说：“梁国谷熟为南亳，即汤都也。”（《史记·集解·殷本纪》“汤始居亳”下引）也并不错。《汉书·地理志·山阳郡·薄县》下注引臣瓒也说：“汤所都。”皇甫谧说亳有三；“蒙（今河南商丘县西北或已入山东曹县境）为北亳，穀熟（今商匠县东南 40 里）为南亳，偃师为西亳”（《尚书正义·立政》篇“三亳”下引），后人多用其说。如臣瓒说，是汤居北亳，近人王国维力主其说。徐旭生案：北亳、南亳分别不大，也就像禹居阳城或阳翟两说，都未必错误，因为古人都邑不大，都与邑也分别不大，在他的境内也就可以有时迁移。所应考虑的是商丘的亳与偃师的亳哪个真实？郑玄说：“汤自商（丘）徙亳”（《尚书·正义·盘庚》上篇“于今五邦”下引，他所说的亳指偃师），后人多承用。徐旭生在此调查前颇疑西亳的说法，但因为它是汉人的旧说，未敢抹杀。又由于乾隆《偃师志》对于地点指得很清楚，所以想此次顺路调查它是否确实。此次我们看见此遗址颇广大，但未追求四至。如果乡人所说不虚，那在当时实为一大都会，为商汤都城的可能性很不小。

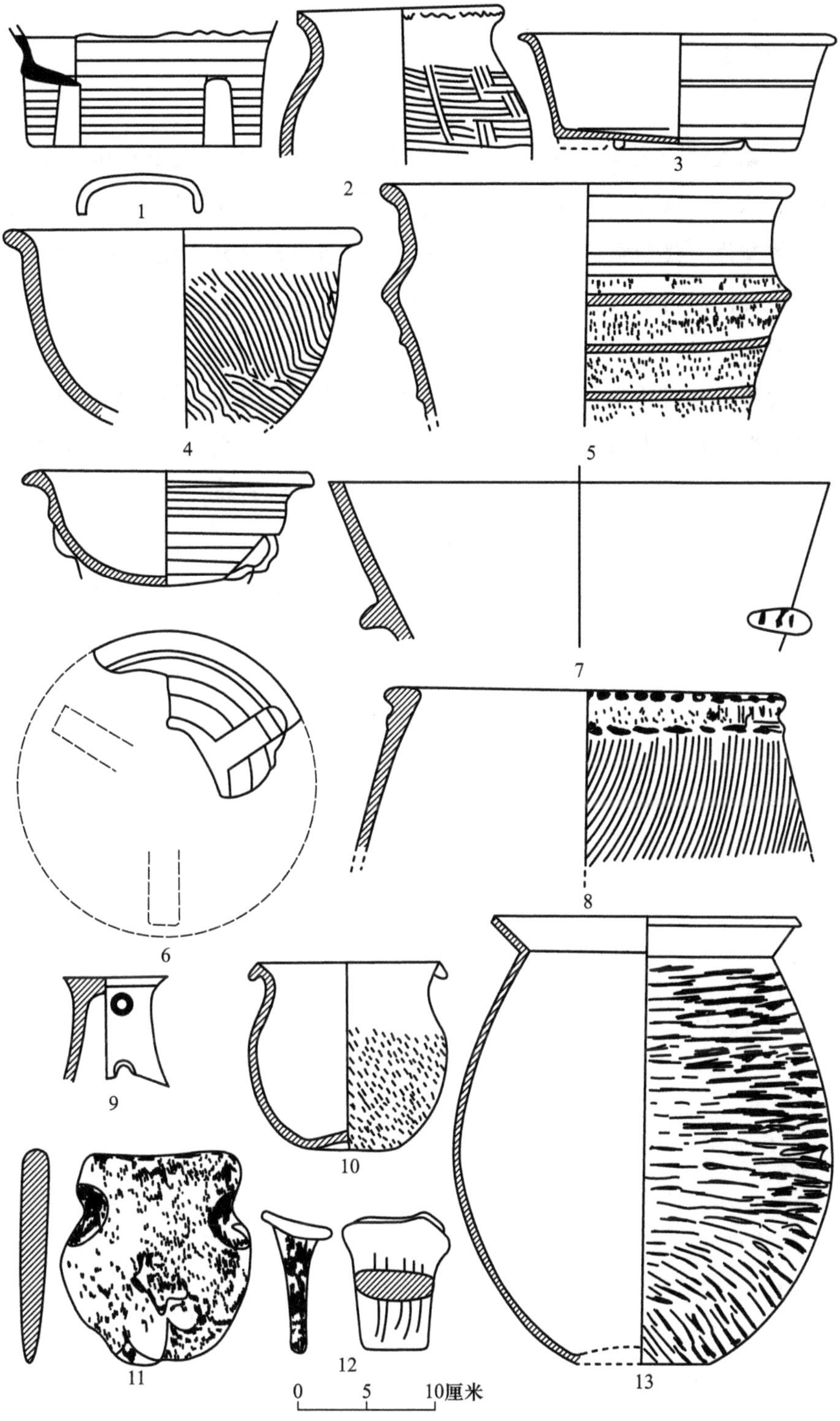

1~5. 偃师二里头　6~12. 登封石羊关　13. 禹县花石头

图 18.5　禹县、偃师，登封出土陶器

三、后语

我们此次调查夏墟，所作工作实仅极小一部分，当然谈不到作什么结论。但告成、八方、石羊关、谷水河四遗址都有仰韶和龙山的陶片，阎砦遗址也有龙山的陶片。我们觉得这种相类似的性质应当引起注意。此后对此河南偏西部、山西西南部两重点应当作较大规模的调查或复查，以便能早日订定科学的发掘计划。

此次所得古器物未全部运北京，仅选择一小部分发表，所选择未必完全适当。以上报告执笔人为徐旭生。第一部分完全为徐旭生所写，第二、第三部分是据方酉生、徐旭生、周振华三人的工作记录综合整理的。

（选自《考古》1959年第11期）

郭宝钧与《浚县辛村》（节选）

经典导读

郭宝钧（1893—1971），河南南阳人。1922 年于北京师范大学国文系毕业后，在河南省立南阳中学任教，后到河南省教育厅工作，多次参加对安阳殷墟的考古发掘。1928 年作为河南省教育厅代表参加中央研究院历史语言研究所在安阳小屯殷墟的发掘，1930 年正式入职中央研究院历史语言研究所，先后任调查员、编辑员、通信研究员、专任研究员。1930 年参加发掘山东历城章丘龙山镇，1932—1933 年参加发掘河南浚县辛村西周卫国墓地，1935 年参加发掘汲县山彪镇战国墓，1935 年和 1937 年参加发掘辉县琉璃阁战国墓，1950 年春发掘安阳武官村大墓，同年 10 月参加辉县发掘。1954—1955 年勘察洛阳东周王城、参加汉河南县城发掘，1956 年参与河北省曹演庄商代遗址发掘现场指导，1959 年主持新落成的中国历史博物馆（现为中国国家博物馆）通史陈列“奴隶社会”部分设计大纲，被聘为特约研究员、学术委员会委员。

郭宝钧是中国考古学奠基时期最早的参加者之一，对早期考古学的发展做出了重要贡献。1931 年殷墟第五次发掘时，首次辨识出地下埋藏的夯土遗存，肯定其为宫殿建筑基址遗迹，纠正了殷墟“漂没说”的错误认识；1936 年主持殷墟第十三次发掘，发现了保存完好的、出有 17 000 片刻辞甲骨的 127 坑，是殷墟历次发掘一个单位出土最多甲骨的一次；通过 1932 年、1933 年、1935 年、1937 年浚县辛村、汲县山彪镇、辉县琉璃阁两周墓葬的发掘，开创了将文献与考古相结合进行研究的周代考古新途径新方法，提出了墓葬随葬青铜礼器的列鼎、列簋制度，礼、乐器配套使用制度，车马器、兵器、玉器的定名；通过1952年洛阳东郊西周墓的发掘，提出了墓主人“殷遗”说。20世纪60年代先后出版了《中国青铜器时代》和《商周铜器群综合研究》两部专著，系统总结了他在商周考古领域取得的研究成果，代表了当时商周考古达到的水平，成为当时研究商周考古必读的著作之一。

郭宝钧是一位长期从事田野考古、著作丰富的考古学家，也是一位考古教育家。他是1952—1955年四届考古工作人员训练班“商周考古”课的主讲人和发掘辅导员，又在北京大学和中国科学院考古研究所招收研究生，为国家培养高级商周考古人才，著名考古学家邹衡、徐自强和郑光均出自郭宝钧门下。

《浚县辛村》是1932年、1933年发掘的河南浚县辛村西周墓地考古报告，1934年在《田野考古报告》第一册发表一篇简报，题为《浚县辛村古残墓之清理》，1935年在省博物馆作过一次发掘成果展览，撰有《展览说明》，1936年在《河南通志·文物志》亦披露部分内容，原计划1938年开始正式报告的编写，因抗日战争全面爆发而停止，当时发掘报告初稿约完成十分之四五。1964年由科学出版社出版的《浚县辛村》，是郭宝钧先生根据原初稿、展览说明，参考1949年后新发掘的资料补充撰写而成。其中第四部分“时代推定”是关于浚县辛村发掘的82座墓葬研究的总结，代表了郭宝钧研究的方法和观点。

郭宝钧在这篇不长的总结性“推论”中，首先根据墓地的位置、分布、相关文献记载及墓中出土的带“卫”字的甲泡（实为盾牌），考证辛村墓地是“西周时代到东周初年卫国贵族的埋葬地”。他认为“于地望、于物证，似均无疑”，肯定了其为卫国墓地，进而从墓葬规模、随葬物、车辆乘马的专坑以及御车饲犬的殉者分析，指出“这些异乎寻常的铺张，倘不是贵族阶级，那得有此奢侈？”“‘公’‘侯’‘伯’‘官’的称谓，一般平民何能使用，非贵族阶级而何？”

至于墓地的时代，郭宝钧用力尤多。“为什么说这墓地的埋葬时代是在西周迄于东周初年呢？”他说：“想解答这一问题，须先分辨墓地埋葬序列的早晚，然后全墓地的时代才可以具体作比较；而墓地埋葬的早晚，尤须视墓位的分布和墓内含物的类别、形制始能判定。”

根据各墓在墓地的所在位置，他将墓葬分为甲、乙、丙三区。甲区属于早期，乙区属于中期，丙区列入晚期。窥其方位，以墓葬分布来解析墓主人身份，认为这里是卫国贵族大墓之所在。根据我国传统埋葬习俗，“以此就把村中通向浚县车站的东西大路以北的各墓划为早期墓，而把大路以南至接近淇滨的各墓划为中期墓”。

在按照地理方位将墓葬分为时代相续的甲、乙、丙三区之后，郭宝钧又以墓葬随葬器物的器类、形制加以比较，予以印证。甲区，早期随葬礼器多，与长安普渡村穆王时的长由墓、东周初年上村岭虢国墓做对比分析，介绍完铜礼器和陶器，又介绍了兵器、车马器等，认定“在各类器目、时代发展的体系中，也都是早期的表现，亦和此区定为早期的假定合”。乙区，“中期各墓随葬物，礼器无收获，铭文只见于戈戟上”。“根据这一区的戟多，马冠多，无花纹而贤轵不分的铜辖多，构成这一期的特色，所以我们把它划为中期。”至于丙区，因该区只出一件小铜方彝，其形制、花纹与早期已截然不同。“这一区的各墓含物既有新的异点，位置亦特别偏东，故把它划为此墓地的晚期。”在将辛村墓地 82 座墓划分为三区三期之后，以普渡村长由墓、张家坡车马器、虢国墓的戈制及车马器等与之比较，将甲区早期绝对年代推定为成康昭穆时代，将乙区中期比附为孝夷厉宣时代，将丙区晚期推定为幽平时代。

1964 年《浚县辛村》正式出版，这时虽已有上村岭虢国墓地、张家坡西周墓地、普渡村长由墓、洛阳东郊西周墓、斗鸡台沟东区周秦墓等的发掘和少数几本报告，但《浚县辛村》也是最早出版的考古报告之一，此时也还未形成大家公认的墓葬发掘报告的范本。正如以上所言，郭宝钧在该报告的“时代推证”中，先从墓葬的分布上将其分为甲、乙、丙三区，依其分布规律将三个区分为早、中、晚三期，继而根据墓葬位置、特征，随葬器物组合、形制、花纹特点及变化，铭文考证，联系有关文献记载，推定出其时代、分期和国别，做出了“辛村墓地……大致是西周时代到东周初年卫国贵族的埋葬地”的结论。从那时到现在，半个多世纪过去了，虽然由于时代的限制，报告中科技手段运用较少，个别论点或许存在失误，但它所用的方法是严密的、合乎逻辑的，分析深刻，所作论断也是基本正确的。不仅在当时，即使现在读来，仍有启发意义。

——延伸阅读文献目录：

1. 郭宝钧：《戈戟余论》，《中央研究院历史语言研究所集刊》（5），1935 年版。

2. 郭宝钧：《一九五〇年春殷墟发掘报告》，《中国考古学报》1951年第5期。

3. 郭宝钧：《山彪镇与琉璃阁》，科学出版社1959年版。

4. 郭宝钧：《中国青铜器时代》，生活·读书·新知三联书店1963年版。

5. 郭宝钧：《商周铜器群综合研究》，文物出版社1981年版。

6. 郭宝钧：《殷周车器研究》，文物出版社1998年版。

7. 王巍主编：《考古卷》第一分册，钱伟长总主编：《20世纪中国知名科学家学术成就概览》，科学出版社2015年版。

（李伯谦 撰）

—— 原文：《浚县辛村》（节选）

经典原文

浚县辛村（节选）

郭宝钧

四　时代推证

根据上述墓葬分布及遗物的比较，我们对辛村墓地的性质，可以概括地认为，大致是西周时代到东周初年卫国贵族的埋葬地。

为什么说是卫国的墓地呢？因为辛村墓地在淇水滨，距卫都朝歌不过20公里，而淇水又是卫国境内的风景区，正好选作卫先人的长眠地。《诗·国风》歌咏淇水者十六，其中十二处在《卫风》(《氓》二、《竹竿》四、《淇澳》三、《有狐》三），其一在《邶风》(《泉水》一），其三在《鄘风》(《桑中》三），而邶鄘卫皆是卫的封地。《诗·柏舟》郑笺："自纣城而北曰邶，南曰鄘，东曰卫（三地原属三监封地）。卫在汲郡朝歌县，时康叔正封于卫。"《书序》也说武王崩，三监叛，周公诛之，尽以其地封康叔，故邶鄘卫三国之诗同风。是知咏淇水者皆卫人，而淇滨辛村正属卫的封域。当时卫国贵族倘非狄患改迁帝丘外，断难舍弃此风景幽美的淇滨而向他处埋葬；他国诸侯亦断难入侵卫的封域而来淇滨埋葬之理。况且辛村墓地中又明明出有铭"卫吕易"（例52）的甲泡，点明是卫地。因此说这里是卫墓地，于地望、于物证，似均无疑。

为什么说是卫国贵族的墓地呢？从墓葬述略的8座大墓中，我们可以看出墓室的宏阔，墓道的长大，随葬物的丰富，珍品的繁多，而且还附有车辆乘马的专坑，御车饲犬的殉者，这些异乎寻常的铺张，倘不是贵族阶级，那得有此奢侈？况在墓2中又有"侯"字戟出土，墓8中有"白（伯）矢"戟出土，墓42中有"成周"戈出土，而墓60的侍从墓尊铭又说明他曾从公格于官，到过宗周。这些"公""侯""伯""官"的称谓，一般平民何以能使用，非贵族阶级而何？

为什么说这墓地的埋葬时代是在西周迄东周初年呢？想解答这一问题，须先分辨墓地埋葬序列的早晚，然后全墓地的时代才可以具体作比较；而墓地埋葬的早晚，尤须视墓位的分布和墓内含物的类别、形制始能判定。兹依各墓所在位置，试作一个大体的分划：

甲、可列入早期的，约有大型墓1座（墓21），中型墓2座（墓60、29），小型墓45座（墓7、9、18和E区8条长沟所探得的42座小墓），马坑9座（墓59、58、68、69、65、62、33、83、81）。

乙、可列入中期的，约有大型墓4座（墓42、2、1、6），中型墓4座（墓20、8、4、19），小型墓6座（墓10、12、14、15、16、35），马坑3座（墓13、14、25）。

丙、可列入晚期的，约有大型墓3座（墓17、5、24），车马坑1座（墓3），中小型墓无。

所以如此假定者，我们先有一事实认定，即位于辛村房舍下和靠近村边东面麦场中的都是卫贵族主墓的所在，而村东北略远些的E区，则是早期陪葬的所在。陪葬墓既小而密，埋葬又薄，且有墓60的尊铭述从公朝周，正代表着侍从们的身份。主墓是卫国的贵族，权势大，财富多，墓室占地深且广，且皆有墓道。村中村东除已发掘的5座大墓外，已探得而未掘的还有3座，村人已探取过的也有五六座，至少压在村舍下和接近村舍左右的约有10余座大墓，我们说村舍下及其附近是卫贵族的主墓所在，是基于这一事实而认定的。以此就把村中通向浚县车站的东西大路以北的各墓地划为早期墓，而把大路以南至接近淇滨的各墓划为中期墓。

我们认为这里的墓北早而南晚者，也有其事实为根据。因全部墓葬除墓10一小墓为东西向外，其他各墓都是头北足南。按照我国埋葬习俗，一贯是父登子肩，断无子孙墓葬，埋在祖若父墓葬头上之理。按时代顺序说，也是老者先死先埋，子孙后死后埋，代代相续。即令子孙有先于祖、父而死者，亦必临时他厝，或留出祖若父的兆域而葬之，不允许颠倒错乱，凌越祖先。先埋者在头上，后埋者在足下，故居北者较早，居南者渐晚。甲、乙二区之分为早期中期者，我们的看法本此。

中期墓连续埋葬接近淇滨，地尽无法续葬，则依照淇水流向（自西向东），于远离主墓区（即辛村今日所在地）东边之外100余米的地方，重行选定主墓的续葬地，以此东延，直到福兴寺西壁，甚至远到刘庄而未已，另成一个自西徂东的大布局，这也是地下实迹所昭示的。丙区各墓之列为晚期者，是基于这一假设而定。

再证以各区墓内所含实物的器类和形制，亦相默合。

甲、早期墓随葬物，以礼器遗存为多。礼器中的鼎形，都是直耳柱足，底下三分铸痕；甗形都是上大下小，上下联铸；簋形都是两耳圈足，敞口无盖；盉形是直流窫足；花纹都是细致的云雷饕餮纹；铭文都是严整的波磔体；且有同殷器相似的尊、卣、爵等酒器出土；而名称仍袭用殷俗、沿用干支；大口尊兼用厚黑陶，形似殷器；陶鬲和武官大墓所出者同式，这些都说明唯西周早期始能有此。它比之长安普渡村穆王时的长甶墓，鼎同、甗同、爵同、盉流同、花纹部分同，而铭文书体和另一部分器型，时代较长甶盉犹早过之。[①] 故甲区时代在穆王前后，且前者偏多。若下比上村岭东周初年所出的鼎形（蹄足）、簋形（弇口有盖）、甗形（上甑下鬲、上下分节）等[②]，器型无一相似，知两者时代，还有相当长的一段距离。

就兵器说，这时期还无铜戟出现；戈型都是短胡无穿或短胡一穿式，和殷戈的无胡无穿式接近。就车器说，殷轮无铜毂；此区铜毂饰亦少，只出现铜輨1对，铜軧1对，且无铜軝。轴饰都是长型軎，大头辖；马饰双角当卢多，兽面马冠罕有；蚌贝用蚌多而用贝少，贝只钻小孔能穿系即成。这些情形，在各类器目、时代发展的体系中，也都是早期的表现，亦和此区定为早期的假定合。

乙、中期各墓随葬物，礼器无收获，铭文只见于戈戟上；侯字戟、白矢戟的书体已两端无波磔，近于宣王时代颂壶的玉箸体。戟制之初出现（墓42出2柄，墓2出11柄，墓8出2柄），也为此时代的特色。早期经典中未见戟字，《诗·秦风·无衣》“王于兴师，修我矛戟”为戟字最早出现，这已是秦康公时代了。从前《牧誓》言兵器，只说“称尔戈、比而干、立尔矛、矛其誓”，是干戈矛并称，未言及戟。从《牧誓》时代的无戟，到卫墓实迹的有戟，到《秦风》矛戟之形成歌咏，这中间有其发生、发展的距离，把这一期放在厉宣时代，时序大致不差。在车器方面，这一期的毂饰多，长軎饰多，衡内外饰多，

① 陕西省文物管理委员会：《长安普渡村西周墓发掘》，《考古学报》1957年第1期。

② 中国科学院考古研究所：《上村岭虢国墓地》，科学出版社1959年版。

兽面马冠多。毂饰多是素面；軎在轮的内外节，长短粗细不分；长铜軎多带兽头大铜辖；马冠作大兽面者14（墓2两个，墓8八个，墓19四个），作月题者4（墓2），而作双角式当卢者比较渐少（前期出26，本期10）；这和长安张家坡的车马坑出土马冠情形和时代略同。蚌、贝之属，用贝渐多，用蛤蜊渐少，而贝背多磨平，形成大穿。根据这一区的戟多，马冠多，无花纹而贤轵不分的铜軎多，构成这一期的特色，所以我们把它划为中期。

丙、这一区的礼器虽只存一件小方彝，但它的形制花纹，和早期风格已截然不同。它无云雷纹衬地，只是单层的长条形带纹，钩勒亦颇直率。参考品的鬲铭，亦把铭文环列在口缘上，和早期（殷周之际）鬲铭位置一般在腹内立壁者不同。兵器中的戈形，长胡二穿，锋端为等腰三角形；上刃和内缘为水平的直线，这和上村岭虢太子元徒戈以及该墓地所出的20余戈，形式基本全同，在殷周戈制演化中占一个新的阶段，上村岭虢国墓地的戈正是这一阶段的典型遗物。就车器看，此区多出带花纹的毂饰，花纹多为带形蟠螭纹；毂饰的内节外节，显有长短大小的差异。軎制亦现短型、齐头、小铜辖之制，这是车器上的新有现象。其他还有铜合页的出现，弧形骨笄的出现，石磬的出现，包金兽头的出现，也都是此期新有的。石磬的形制，和东周的编磬无别，和武官村的大石磬已多变化。包金兽头的制造，标示着制金技术的一大进步。这一区的各墓含物既有新的异点，位置亦特别偏东，故把它划为此墓地（据现在已经发掘过的区说）的晚期。

这是此墓地甲、乙、丙三个区，划定为早、中、晚三个时期的我们的看法。

我们根据长安普渡村长由墓多数器物的形制和标时的铭文（穆王时），来量度此地的早期，认为可以早到成康昭穆的时代。又根据张家坡车器的出土和马冠的盛行，我们把此墓地的中期比附在孝夷厉宣时代（中间尚有一段空白未发掘）。因为上村岭（上限公元前9世纪至公元前7世纪中—下限公元前655年）的戈制、车制和器物的纹饰可以作为东周划时代的标尺，我们根据它衡量此墓地的晚期，可以晚到幽平时代（但并未跨入春秋期）。因此，我们推断此墓地埋葬时代从西周早期到东周初年，是根据上述这一些事实来的。

因此我们说“辛村墓地……大致是西周时代到东周初年卫国贵族的埋葬地”。

（选自《浚县辛村》，科学出版社1964年版）

石璋如与《殷代的弓与马》

经典导读

石璋如（1902—2004），河南偃师人。1928 年考入河南中山大学（今河南大学）文科史学系，1932 年毕业后到中央研究院历史语言研究所读研究生，1935 年研究生毕业后留所工作，历任助理员、副研究员、研究员。1948 年后兼任台湾大学教授。

1931 年春，石璋如作为实习生参加了中央研究院历史语言研究所在河南安阳殷墟的第四次发掘。到 1937 年抗日战争全面爆发，殷墟的田野工作中断为止，他参加了殷墟第四次至第十五次的全部发掘工作，是殷墟 15 次发掘中，实际参与田野工作次数最多的考古学家，成为殷墟发掘团的骨干之一。“七七事变”之后，石璋如到内蒙古和山西地区作考古和民俗的调查工作。1937 年南京陷落，他和历史语言研究所的同事护送殷墟发掘的珍贵文物资料辗转撤退，在艰苦的环境中，整理研究殷墟发掘资料。同时，他对西南地区古代遗址及现代民间的工艺技术和风俗习惯进行了大量调查，举凡烧陶、制砖、制瓦、铸铜、琢玉甚至开窨、殡葬等，都做过详细的记录和研究，实开民族考古学研究的先河。1941 年，参加由历史语言研究所、中央博物院筹备处和中华教育基金会所辖地理研究所合组的“西北史地考察团”，在宁夏、陕西、山西、河南和甘肃等地考察，其间完成了敦煌莫高窟的洞穴调查，发现遗址近 200 处。1946 年，他到浙江杭县、江苏南京等地调查。1949—1954 年，石璋如完成了台北圆山、江头、狗蹄山、十三行、大坌坑、桃园尖山、台中营埔、大马璘、水尾溪、铁砧山、麻头路和南投的集集和洞角等十余处重要遗址的调查和发掘工作，使得台湾考古学“重新获得了生机”。

石璋如热心学术，兴趣广泛，视野开阔，他以发掘、研究和整理安阳殷墟的考古资料为职志，投入当年安阳发掘与中国西北、西南地区调查所搜集的庞大资料，在商代考古和殷商史的研究方面做出了重要贡献。他在中国史前考古、历史时期考古、石窟寺考古、民族考古学和台湾史前考古学等的研究方面，也做了许多重要的工作。他一生勤奋，著作等身，有专著18部，论文100余篇。举其要者，代表著作有《殷墟建筑遗存》《殷墟墓葬》《骨卜与龟卜探源》《殷代车的研究》《小屯的文化层》《中国的远古文化》等，是研究殷商史和中国考古学史的宝贵资料。

《殷代的弓与马》一文1964年发表于《历史语言研究所集刊》第35本，通过对当时新公布的安阳殷墟西北冈1001号大墓等的材料分析，重新研究了殷代的弓形器与马的使用及二者的关系问题。

《殷代的弓与马》一文旨在分析田猎时所用的工具，从两条卜辞比较分析着手，提出“前一条骑马的成分似乎比坐车的成分为大”，结合现实进行假设，认为：“所谓‘弓形器’绝对是弓上的用品，而绝非车铃、轼饰、马额饰、盾饰等。其佩挂的方法，有驰佩式与张佩式两种：驰佩式则横置腰间，弣（即弓形器——撰者注）贴在腹上，用绳缚在腰间缚牢，这种佩法占全部五分之四。张佩式，系斜挂在胸前，弦在后面，弣在前。根据1887等6马坑来观察，给骑跨的成分似较多，供驾车的成分似较少，但并非供持弓者所乘跨。就小屯及西北冈两处出土的现象来说，车上的武士用弓，步行的武士也用弓，甚至骑马的武士也用弓。就殷代一般的现象数量来统计，弓与车的关系似较密切，弓与步兵的关系次之，弓与马的关系又次之。虽然M164墓内，弓马同坑出土，为不可否认的真实现象。”文章最后提出：“但至目前为止，尚未发现有第二处，而车马坑则发现较多，这可以说明骑射在殷代偶然为之并不普遍，而弓与马的使用，却各自发展到相当高的程度了。”

随着新的考古发现日益增多，我们知道石璋如有关“弓形器”的功能［这方面的问题，请参考林沄《关于青铜弓形器的若干问题》（1980）、《再论挂缰钩》（1998）、《青铜挂缰钩补说》（2007）等及滕铭予《也谈弓形器的形制及相关问题》（2011）等论文］的看法，显然并不符合历史实际，但他关注遗物出土背景，综合各种证据特别是追求考古自证的方法，仍然是今天我们学习的典范。

—— 延伸阅读文献目录：

1. 石璋如：《殷墟最近之重要发现附论小屯地层》，《考古学报》1947 年第 2 期。

2. 陈存恭、陈仲玉、任育德：《石璋如先生口述历史》，九州出版社 2013 年版。

3. 郭胜强：《石璋如对殷墟发掘和研究的贡献》，《殷都学刊》1999 年第 3 期。

4. 王巍主编：《考古学卷》（第一分册），钱伟长总主编：《20 世纪中国知名科学家学术成就概览》，科学出版社 2015 年版。

（陈星灿 撰）

—— 原文：《殷代的弓与马》

经典原文

殷代的弓与马

石璋如

弓与马是彼此各自独立的两件事，但有时也有密切的连带关系。在殷代，因为材料的缺乏，各自的用途尚不能十分明白，彼此间的相互关系更是问题。这本来是十数年前的老问题①，久已搁置不谈了，因为现在又有一点新的材料发表，故再提出我的看法。为着讨论的方便，先说弓，次说马，然后再说两者的关系。

壹、弓的问题

殷代之有弓应该是不成问题的事，因为甲骨文上有清楚的记录，同时殷墟又蕴藏着那样大量的骨、铜等镞，要等着弓来发放。弓矢是一套东西，有矢就应该有弓，弓矢在石器时代就已经存在了。问题是在我所谓“弣”的那一件东西，是不是弓上的器物或零件。

距今约13年（1950）前，我在本所集刊第22本，写了一篇短文，叫做《小屯殷代的成套兵器》，就5件铜质的弓形器而研究它的用途，根据出土的部位是在弓的中段而叫它“弣”。后来在校稿的时候觉得这个“弣”的名词，还不如最初所叫的“榜”或“檠”为适宜。这是一个名称的问题，现在暂置不论，而这种东西当时究竟是怎样使用的，却是一个应该首先解决的问题。我的看法是否正确，现在应该重新地检讨一下，兹分为过去的看法、外人的评判、新资料的证明三部分来叙述。

一、过去的看法

关于这种器物的用途，以往有三种说法，在我那篇短文中已经说过了，即

① 石璋如:《殷墟最近之重要发现附论小屯地层》,《中国考古学报》第3册，第21~24页。

第一：是宋玉黼等的博古图及日人原田淑人与驹井和爱的舟车马具篇所主张的旗铃说。第二：是清李光庭的吉金志存主张的马额饰说，后来 Karlgran 又修正为月题说。第三：是 Tallgreen 的 Collection Tovostine 主张的弓箭袋说。对于这三种说法，当时我作过这样的断语：

> 以上的三种说法：究竟哪一种合理呢？假设是旗铃或车铃的话，那么应该与旗或车同地出土。不错的，在小屯有与车同坑出土的情形，但尚没有发现过能容纳这样重量的旗的遗迹。所以从小屯出土的现象上观察，旗铃说是不能成立的。
>
> 与车同地出土的有两处：即 M20 与 M40，M20 中有两具，M40 有一具，共三具，车铃说似乎可以成立了，但车铃应该为车所专用，而马坑及人坑内也都出着这种物品，甚至有些器物两端为扁平状而非铃，所以车铃说也是不能成立的，虽然与车同地出土但根本是两回事。
>
> 马额饰与月题说怎么样呢？在小屯 M164 墓，是与马同时同地出土的。但出土的位置是被压在人的腹下，而马额的装饰一应俱全，再就 M20 墓说，四匹马两个弜，就 M40 墓说，两匹马一个弜，而且 M20 的四匹马，各有一个当卢，M40 的两匹马也各有一个当卢，所以马额饰与月题的说法也是不能成立的。惟与弓箭有关的说法，为近事实，因为在殷墟不论小屯或西北冈，每一弜的出土全是与镞相并的，但它的意思是偏重在弓箭袋子上，但在殷墟另有箭袋的痕迹，故此器应专与弓有关。

以上的解释，是我个人的看法，虽然是有很清楚的现象，但别人也可能有不同的解释，现在已经过了十多年乃至二十多年了，外人的看法是怎样呢？

二、外人的评判

自从那些材料发表后，有赞成的，有反对的，也有保留的，究竟有多少人发表过意见呢？我所见的资料很少，无法来作统计，仅就所知分述如下：

（一）赞成的

1. 民国二十六年，拙著未发表之前，国立中央研究院参加教育部第二次全国美术展览会出品目录，兵器部分（展品 153~218；原图 4.5）云：

> 殷人为尚武之民族，故对于武器之经营，不惜费最大之力量。在发掘出土遗物中，武器在质与量两方面皆占最重要之地位，出土武器之种类有弓矢……

第 153 号展品即“铜弓箭”，这是最先称这种器物为“铜弓饰”，而列入武器之类内的。

2. 贝塚茂树：在所著古代殷帝国，第 121 页第 13 图，殷代的成套兵器下面说：弓形铜器是在弓的中央，于放矢时震动两端的铃而发响。

3. 水野清一：在所著《世界考古学大系》第六册，《殷周时代》第 97 页讲到弓的问题云：

> “弓”，甲骨文是合弓与矢，有射的意义，金文也有弓的形状，弥从小屯的第 20 墓，第 238 墓均出土，第 20 墓的为玉制，很特殊。从第 20 墓，第 40 墓，第 164 墓，第 238 墓发现的青铜制品，每件左右各有一铃，由发掘的状况，该青铜器在弓的中央部分，而推定当即周礼考工记所说的弣。

（二）反对的

后来郭宝钧先生在安阳武官的墓葬中发现了一件[①]，据云：

> 弓形铜器，出 E9 右侧，体扁长，上供下凹，中宽末窄，两端另生弯曲之臂，臂端各有裂孔之銮，震动有声，饰饕餮面一，居全体正中，上下向，则此物必横用者。此物旧名旗铃，自然非是。或说是轼上物，但此处无车。或说弓上物，但兽面横生，两曲臂在弓上，亦无取意。友人梁思永先生疑为弓囊上物，作者颇疑为盾面上物，例证尚少，均未敢作最后判断。体长 22.4 厘米，通两臂长 40 厘米，最宽处 3.5 厘米，两端宽 2 厘米，臂圆，径 1.3 厘米。

①《考古学简报》第 5 期。

（三）保留的

马氏：在安阳大司空村的两个墓内发现了 3 件弓形器[①]，一件在第二三九墓，马氏叙述说：

> 在弧起面的中间有一高起的圆圈、其内原来可能镶有饰物，两端的钩端；各有透孔圆形铃 1 个，铃内装有铜球，通长 44.6 厘米，宽 2.7 厘米，厚 0.4 厘米。

接着在第 175 墓的遗物叙述中说：

> 弓形饰 2 件，（5.25）与 239 号墓出土的弓形饰大体相似，但器身较短，中间各铸有八角的星形纹饰，一件是凸起的，另一件（5）是凹陷的。

他对于这三件弓形器，仅说是弓形饰，而没有提到它们的用途，作保留的态度。

三、新资料的证明：

高去寻先生所辑补的侯家庄西北冈 1001 号大墓的报告出版了，在该书插图 3 所示；围绕大墓东面有许多小墓。又在表 13 及插图 28 的 2124 墓所示：其中有 5 件弓形器，这些新的资料可为本题进一步的说明，兹根据该报告的本文及图表叙述如下：

在 1001 大墓东面的最北端，亦即北墓道的东北隅，有东西一行 3 个小墓，都是东西向，在中间的一个墓，叫作 HPKM2124（见图 20.1），墓形东西长 2.50 米，南北宽 1.20 米，上口深地面下 2.40 米，底深 3.20 米，内填夯土未被扰乱，其中出有 7 具人骨，5 件弓形器，26 枚铜镞，1 顶皮盔，1 个铜管[②]（见图 20.2，伍）（图版壹：1），人骨与器物的关系是这样的。

第一具：

---

①《考古学简报》第 9 期。

② 侯家庄 1001 大墓，p.55。

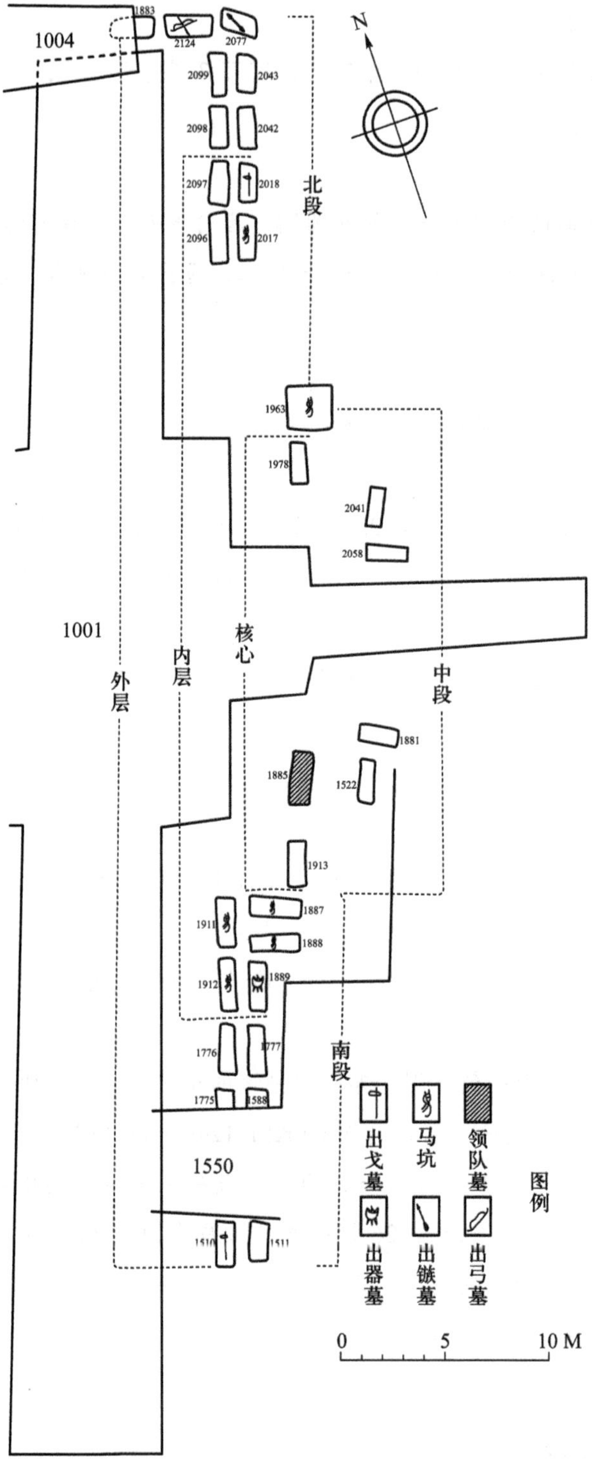

图 20.1　1001 大墓东部的小墓群

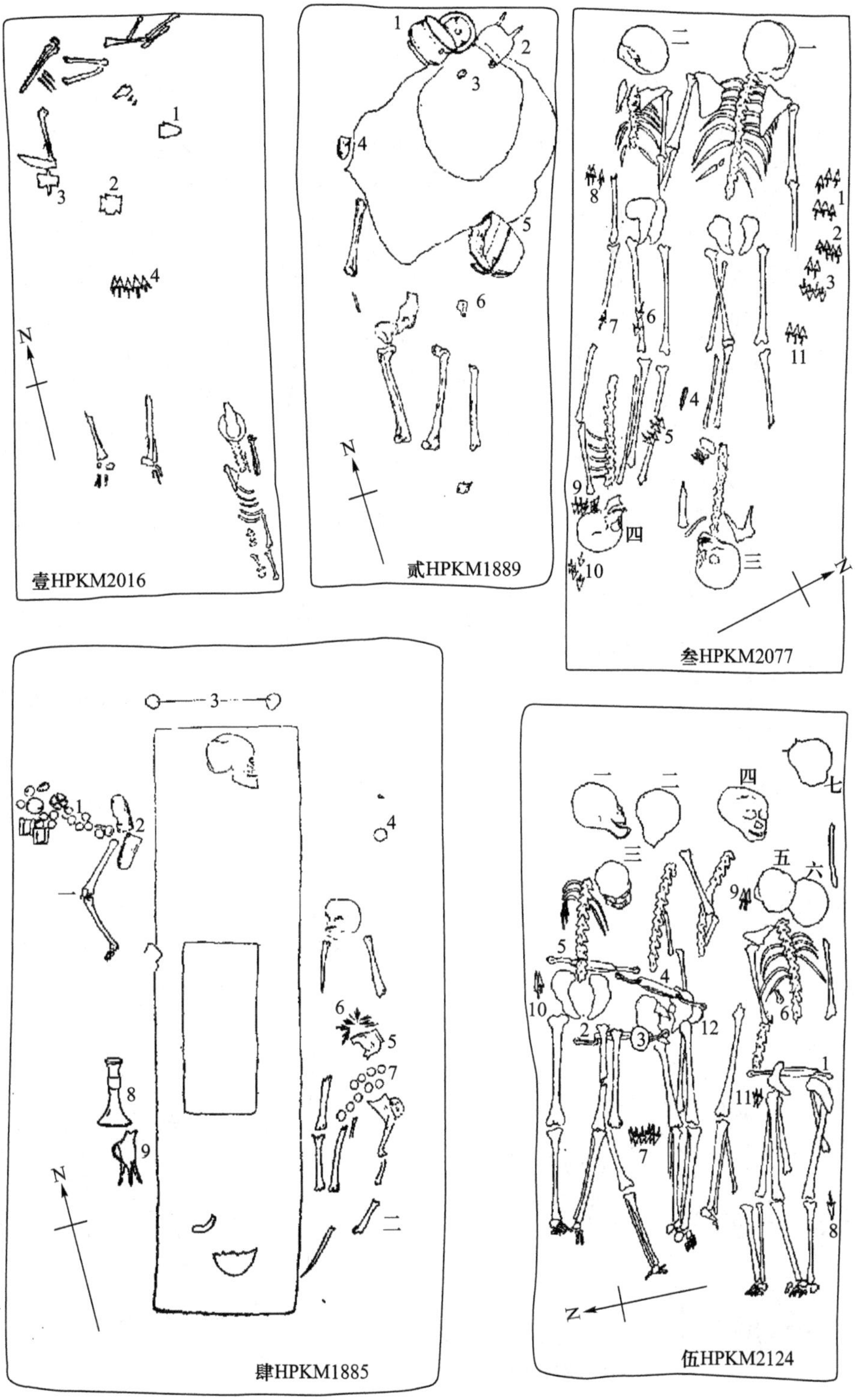

图 20.2　1001 大墓东部的人墓

图 20.3　1001 大墓东部的马坑

第一具是在墓内的北壁下（见图20.3，伍：一）。头向东，面向南侧置，系全躯葬，仅脊肋尚存一部，两臂骨均朽毁无存了。俯置平伸，盆骨及下肢尚具轮廓。在它的腰椎而接近盆骨处的下面，横放着一件弓形器（见图20.2，伍：5），与脊椎呈十字形交插，器之北端的臂与中段交接处正被压在脊骨下，它的放置是正面着地，背面着腹的。在本具盆骨的北边有两个尖端向东的铜镞并排着（见图20.2，伍：10）。

第二具：

第二具在第一具的南边两相并列着（见图20.2，伍：二）。头向东，面向下，系全躯俯身葬。上躯仅存脊骨及右上臂，余均朽腐。盆骨及下肢尚具轮廓，系俯置平伸的姿态。在腰椎下面横置着一件弓形器（见图20.2，伍：4），也是正面着地，背面贴腹，与脊椎呈十字形交插，交插点略偏北部，与第一具人和弓放置的姿态大致相同。在弓形器的东南，相当第四具人骨的胸处。有两个尖向东的铜镞并列着（见图20.2，伍：9）。

第三具：

第三具被压于第一、二两具之间（见图20.2，伍：三）。头顶向东，面向上，系全躯仰身葬。上肢仅左臂存一部，其余以及脊，肋等骨全毁朽。盆骨亦残朽，两腿尚好，两膝稍向外凸，故腿不呈平行姿态，相当大腿与盆骨交接处之下面，横置着一件弓形器（见图20.2，伍：2），面向西下，背向东上，两端之铃则着地，全器向西侧置面略着地。在两膝之间有15个一排尖向西的铜镞（见图20.2，伍：7）。

第四具：

第四具在第二具之南，头顶向东（见图20.2，伍：四）。面向南侧置，全躯，俯身，仅存右臂一部，肋、脊及盆骨等均朽，两腿俯置平伸，保存尚好，左腿则被压在第二具的右腿之下。相当左大腿内，相距约4.2厘米（由中心量），梁思永先生认为是皮盔饰，应属于第三具，而第三具之下的弓形器，应为第四具所有。在胸部的南边有两个并列的尖向东的铜镞（见图20.2，伍：9）。应与第二具人骨下面的弓形器（见图20.2，伍：4）有关。

第五具：

第五具是在第四具之南而少偏西（见图20.2，伍：五）。头顶向东，全躯，俯身，脊、肋等骨大都朽腐，唯轮廓尚清，腰椎朽毁，盆骨尚存一部。在盆骨下放着一件弓形器（见图 20.2，伍：1），也是面向地，背贴腹，与脊骨呈十字形交插着，两腿尚好，两脚则合并于一处。在膝部的南面，相当南壁下，放着一个尖向西的铜镞（见图 20.2，伍：8）。

第六具：

第六具被压在第五具之下（见图 20.2，伍：6）。头顶向东，全躯，俯身，因被压在第五具之下，骨骼不清，仅腿骨尚好，在它的胸部之下，东北西南的斜置着一件弓形器（见图 20.2，伍：6），因为被压在它的胸下，由相片上看可能为面向上，背向下放着，因为这一件的位置与其他不同，而放置也不一样，也是一件可注意的事情。盆骨全部朽毁，但相当盆骨的地方，有六个并列尖端向西的铜镞（见图 20.2，伍：11）。

第七具：

第七具在南壁下（见图 20.2，伍：7）。一部被压在第五、六两具之下，头顶向东，全躯，俯置，因被压在第五、六两具之下，骨骼亦朽，身旁无随葬物，铜管未注明出处。

据梁思永先生之解释：

2124 中七人，五人腰间横悬弓形器（见图 20.2 中伍 HPKM2124：1,2,4,5,6），一人持铜管，一人仰着戴皮盔（今只存盔两侧之圆片铜饰，见图 20.2，伍：3，12。）

2124 是一个很有趣的墓葬，其中的含意非常深长！单就弓矢来说吧，这里有 5 件弓形器，5 组铜镞，一个弓配合着一组铜镞，弓形器当是弓上的用品，该是不成问题了吧！不过这个现象中的一二例证，却可引起支持箭囊说的一个立论的根据。譬如第二具弓形器与第七组铜镞；第四具弓形器与第九组铜镞；第一具弓形器与第八组铜镞（见图 20.2，伍），如果安上箭杆则弓形器与箭的放置都呈十字形相交，那就是说弓形器是箭囊的口部，箭的装置是镞尖向下的，这个解释似乎是理由很充足了。但是道理只有一个，若为合理的，则全可解释得通，只能解释一部的，则不能算作完全合理。第一，二，四等具弓形器与镞，固然是如此的放置，而第五具弓形器与第十组铜镞，则镞尖向着铃端，两者呈方转角形相交。第六具弓形器与第十一组铜镞，两者斜列着几乎是相平行的放置着，均无法盛入箭囊中。我从前所研究的成套兵器中的 5 具弓形器与镞的关系，有 3 具是相平行的，有 2 具是镞放置在弓形器铃端的前面，也均不能放入所谓箭囊中。再者 2124 的东邻墓 2077（见图 20.1）（图 20.2，叁）

（图版壹：2），其中出了4具人骨，1把铜戈，50枚铜镞，这些遗物的分布共分11小组（依图20.2，叁的号码）：第一组，镞8枚；第二组，镞5枚；第三组，镞5枚；第四组，铜戈1；第五组，镞5枚；第六组，镞2枚；第七组，镞2枚；第八组，镞7枚；第九组，镞5枚；第十组，镞3枚；第十一组，镞8枚。可注意的是：第一、二、三、十一4组26枚铜镞分布在第一具人骨的北边，第六、七、八3组11枚铜镞分布在第二具人骨的南边及腿上。第五、九、十3组13枚铜镞分布在第四具人骨的头旁及臂部。第四组的1把铜戈则放置在第三具的下臂旁。从这个现象来看很显然的是一人持戈，三人持箭了。这个墓内既没有弓形器，也没有弓的痕迹，等于告诉我们说，这些箭它们自己不能放射，乃是替人家保管或运输的了。

既然弓形器不可能是箭囊上物，则2124墓内，弓形器与箭的关系抑是随便的放置，或是有意的排列？其中二与七；四与九；一与八（见图20.2，伍）等现象，则确像甲骨或金文的射字，正是说明弓与矢的关系了。由此更可以看出几件有趣的现象：

第一先谈弓形器的放置，本墓共出5具弓形器，有4具弓形器都是“横悬腰间”，只有1具是斜置胸下，这两种现象可能代表着两种不同的佩带方式，被横压在腹下者，可能为弛式，被斜压在胸下者可能为张式：

1. 驰式佩带

我从前叫弓形器为弣，并作复原图，弛的时候，弣在外面，张的时候，弣在内面，第一、二、四、五4具弓的放置，虽然略有程度上的不同，但大都是面向着地下，背挨着人腹的样子。按张的弓，长度在1.60米左右，放入宽1.20米的墓坑中是不容易办到的，而且弓形器多在墓的坑边放着，把弓的一端放在墓内，一端露在墓外，更是不可能了。如果为弛的状态则全弓的宽度不过0.90米，高度不过0.60米，若套在人的肚子上，人体向下俯，弓臂向下翘，即成这个样子。各弓彼此虽甚接近，但无交插之虑，坑深3.20米，足可容纳而有余的。从此迹象去判断，以每人的腹下压着一具弛弓较为合理。且弛弓的持法，套在腰间最为方便，上弦的时候，弓的中段抵住肚子，两手向后握住弓的两弰用力向前方一搬，弓便反转过来，即可上弦了。

2. 张氏佩带

在第六具的胸下，所放的东北西南向的弓形器，呈面向上，背向下的放着，则知与其他4具弓形器的放置应不相同，其他4件为横置，何以此件独为斜置，其他4件均为俯置，何以此件独为仰置？分析研究如下：

（1）顺着弓形器的方向而量，此墓的长度为1.80米，容纳一件张氏的弓，长1.60米，宽阔有余，所以斜置的原因，可能为横置容纳不下的原故。

（2）持张弓的方法有种种

（甲）左手持弣，弓背向下，弓弦向上而俯拢在左腿旁，于发射时，一举手便可。

（乙）斜挂在胸前，背在后，弦在前，斜挂在左肩上。为骑马行军时的一种姿态，于发射时，取弓搭箭，颇不方便。

（丙）斜挂在胸前，弦在后，弣在胸前，斜挂在左肩上，于发射时，左手持弣向上举，右手由弦内抽出以取箭，即可发射甚为方便，墓内的形象即系丙种的姿势，可推知为张弓式。

其次再讲它的用途，不论张弓或弛弓，在它们的旁边各有一组矢，至于它的用途：（1）在1001大墓东边一带，无车的遗存，故决不可能为车上物；（2）它与矢的关系放置没有固定的规律，亦不可能为箭袋子上物；（3）按殷墟的遗迹，盾与戈每在一处出土，所有的盾上均无此物，更不可能为盾上物，故只有为弓上物，才可讲的通而合理。

贰、马的问题

马的问题比弓的问题更为复杂得多，就我们现在一般的了解，马的用途有：驾车，骑跨，耕田三大用途。用作耕田可能是比较晚的无须辩论，至于驾车与骑跨两者哪一种比较早呢？就中国文献上来观察，驾车比骑射为早。一般学者认为骑射始自赵武灵王效法胡人，是有记录可考的，也没有多大的争执；不过骑跨与骑射是两回事，骑跨是用作交通工具，骑射是用作战争工具，骑射是始自赵武灵王，而骑跨也许会更早一点。过去的看法，无论如何，骑不能早于驾，或者骑不能早于战国或春秋时代，但这种看法被新的资料动摇了。

距今约二十三年（1940）前，我在昆明时为《中国考古学报》第二册写了一篇短文，叫作《殷虚最近之重要发现，附论小屯地层》，八年后（1947），复员归来，才在南京出版，曾根据M20，M40，M202车马同出的现象，认为马是驾车的，又根据M164坑的现象加以解释，而谈到马的另一个问题，那现象是：

> 坑形长方，南北长2.50米，东西宽1.30米，深约0.80米，方向北10度。在它的上层有一片黄灰色的堆积，黄灰色完了才露出它的上口；黄灰土也是坑状，面积比墓葬的面积较大，墓葬内1个人，1匹马，1只狗，另1只动物和4件破烂的陶器。

经过观察对于这个现象的解释是：

> 根据这个现象的推测，那些陶器想系养犬喂马的用具，那人想系喂马养犬的差役，武器和马匹想系供主人翁使用的。再就马的装饰、人的武器及其所有的环境来观察，这匹马似乎是供骑射的成分多而供驾车的成分少，那么这个现象或许是"战马猎犬"了。假设这个推测是对的话，则中国骑射的习惯，不始于赵武效法胡人，而在殷代已经早有了。

自这个意见提出后，有的赞成，有的持保留态度，虽然后来我在小屯C区的墓葬群[①]一文中，改变了一件，认为M164墓中的人骨，是中组墓葬群的主帅，而非喂马养犬的差役，但对于马的问题并未改变，兹仍照前面讲弓的办法，把过去人的看法、外人的评判以及新资料的证明等列述于后：

一、过去的看法

关于骑射的看法，各家都认为比驾车为晚，兹将各家的说法引证如下：

1. 王国维

胡报考（《观堂集林》卷十八第5页）

> ……然此服之起，本于乘马之俗，盖古之裳衣本乘车之服，至易车而

① 见《历史语言研究所集刊》第23本下册，1951年12月。

骑，则端衣之联诸幅为裳者，与深衣之连衣裳而长且被土者皆不便于事，赵武灵王之易胡服，本为习骑射计……

2. 松井等

《支那古代の车战》(《东洋学报》第2卷二号，第404~423页）根据《左传》《国语》《史记》《后汉书》等有关资料而研究，其结论车兵比骑马为早，车兵为春秋时代作战的主力，骑兵为战国时代作战的主力，而且骑兵是与北方的骑马民族接触后，中原才有骑兵的，他说：

大概骑马之事，开始于春秋之际，果如此，则骑兵的成立无疑是在战国时代。在春秋时代已经有骑马的风习。进而至战国之时，有骑兵的制作，这件事似乎是当然的。在骑兵的成立，似乎想不起其他更深层的理由。

他又说：

所以在春秋之际，在中国北边的胡貉，屡次乘马入侵内地，此就是所谓的“骑寇”。如此我们可以想到在春秋之时，在中国北边的诸侯，是时常与北方民族有所接触，所以对骑马的风俗当必有所见闻，而逐渐变成移至自己的国家，春秋末年，内乱频繁，于是边外民族时常乘虚入侵内地。及至战国诸侯强兴起，为努力于相互攻击，其中，如赵的武灵王曾经利用北方民族的酋长而收到良好的效果，《史记》的赵世家训：武灵王，穿胡服并习骑射，至胡地招兵，大扩疆域，北至燕、代，西至云中、九原，南至中山。至战国之际，骑兵的成立可见其一斑。为夺得王位，无疑的，这是果断的，有力办法。因此我们可以说，中国骑兵的成立，是效仿北方民族，而成为战国时军队的一要素，骑兵变成重要的一种。由孙吴二书可窥见其对于此种战术的详细研究。

二、外人的评判

1. 赞成的

日本九州大学副教授冈崎敬：在《世界考古学大系》第六册第106页云：

中组西端第164墓为骑马坑（一人一马一狗），石璋如谓：南组的第232墓为总指挥官，北组的5辆车为车队，中组的第164墓的骑马者为步兵集团的将官。

他没有加以批评而采用，可以算是赞成。

2. 保留的

日本东京东洋文化研究所助手松丸道雄，所著：《殷墟卜辞中の田猎地に就ひて》，他讨论“田猎地的化定”（p.133）说：

在中国相传乘马的风习，可以说自殷代以后才有（见王国维：《胡报考》；松井等：《支那古代の战车》），事实上，从殷墟及其他殷代遗址的发掘，即有骑乘的痕迹，但鞍、镫遗物至今尚没有发现的报告。又，在甲骨文当中，似乎也有表示此物的语句，可确认当时所用的重要乘物，是马车。

在本节之后的注七七又说：

只有；石璋如：《殷墟最近之重要发现，附论小屯地层》，《中国考古学报》第二册第22～24页，1947年，在小屯C区的墓M164，除人马各一外，据说并埋葬有弓和镞等武器，由此可推想到，当时并非没有骑射的发生，但是似乎最好有充分的根据来推测骑乘。

三、新资料的出现

侯家庄西北冈1001大墓东边，由南而北，有30个殉葬小墓，这30个小墓中很清楚的可分为三段：以东墓道南北两岸的8墓为中段，其北的11墓为北段，其南的11墓为南段。其中6个马坑分布在中段的南北（见图20.1）。兹依据报告的图和表把这6个坑的内容情形，由南而北，依次叙述于下：

1. 2017

2017在北段的东南隅（见图20.1），双排坑的东边，是一个南北向的马坑。南北长2.30米，东西宽1.20米，上口深1.80米，底深3.00米，其中为未经扰乱的夯土，埋有3匹马骨，头顶均向着南端。马的装饰着头部，有精美的辔饰3具，其中有用绿松石镶成的大铜兽头、铜泡等，并有贝、骨等，另有铜铃3个（见图20.3，贰）（图版伍：2）。

2. 1963

1963马坑在中段的西北隅，与2017较为接近（见图20.1），这是一个东西向的坑，据报告所载可能为两个坑，经盗掘者所混乱而合为一了，东西长2.60米，南北宽2.20米，上口深1.60米，底深2.70米，未被扰乱者仍为夯土。在上层曾出陶器3件，在东南隅遗有残马骨2具，铜辔两套并有铜铃。就坑底的面积来估计，至少可容纳4具马骨（见图20.3，肆）（图版叁：2）。

3. 1887

1887在南段的东北隅，双行东边的一个，是一个东西向的坑（见图20.1）。东西长2.40米，南北宽1.30米，上口深1.20米，底深2.60米。其中埋有3具马骨，2具头向东，1具头向西，背均向着北边。有3具辔饰，由铜或贝所组成，并有3个铜铃（见图20.3，壹）（图版肆：2）。

4. 1888

1888为1887的南邻，也是一个东西向的坑（见图20.1）。东西长2.30米，南北宽1.20米，上口深1.25米，底深1.55米，边壁为夯土，内填黄土。其中埋有2具马骨，头皆向西，背均向北，有铜辔饰2具，但已脱落，铜泡星散。在上层曾出有石皿及石锤各1（见图20.3，伍）（图版陆：1）。

5. 1911

1911在南段的西北隅，即1887的西边，是一个南北向的长方坑（见图20.1）。南北长2.40米，东西宽1.00米，上口深1.25米，底深2.70米。其中埋有4具马骨，头均向南，3具背向西，1具背向东，并有4具辔饰，2具以贝及铜泡所组成，2具以大小不同之铜泡所组成（见图20.3，叁）（图版陆：2）。

6. 1912

1912在1911之南，也是一个南北向的马坑（见图20.1）。南北长2.40米，东西宽1.15米，上口深1.40米，底深2.80米，曾被扰乱，马骨数目不清，有铜辔饰，已残缺不全（图版伍：1）。

以上6个马坑，未被扰乱的4坑：1911有4匹马，1887、2017各3匹马，1888为2匹马，共12匹马，其余两坑被扰乱不详。假定1963为4匹，1912为2匹，则共为18匹，但最多不能超过20匹，这6个马坑有可注意之点四处：

（1）顶向

南北向的坑，马头均向南；东西向的坑，马头向东或向西。

（2）装饰

所有马骨均有辔饰，而辔饰则有贝的，铜的等两种。也可以说马的装饰着重头部，而无鞍，蹬的痕迹。因有辔饰，此为待用之马，想无问题。

（3）数目

每坑马的数目不同，2 匹，4 匹均为偶数，可解释为驾车之用，3 匹为奇数，则应作何解释？

（4）与其他墓葬的关系

这一群墓葬的排列，非常有趣，前面已讲过可分为北、中、南三段。若以 1885 领队墓为主，则又可以分为核心、内层及外层三部。核心有 7 个墓：即 1885、1913、1522、1881、2058、2041、1978（见图 20.1）。除 1885 墓较大外，其余 6 墓都是小墓。东道的南北各 3，排列相同，且南北相对，其中多为佩贝之人，当为领队的亲信之人，其亲信的程度，可能仅次于 1885 墓内的二殉葬者（见图 20.2，肆）（图版肆：1）。

内层则为 10 墓，以出有较多随葬物之墓为界。北面 5 墓：即 1963、2017、2016、2097、2096（见图 20.1），其中有 2 个马坑，3 个人墓。3 个人墓中共 5 人 2 狗。西面 2 墓，每墓除 2 俯身人骨外，别无随葬物（见表 20.1）。接近马坑的北边一坑，即 2016，其中为 1 人 2 狗，并有 1 铜戈（1），1 石戈（3），10 铜镞（4），1 蝠形佩玉（2）（见图 20.2，壹）（图版叁：1）。南面 5 墓即 1887、1888、1911、1912、1889，其中 4 马坑，1 人墓。人墓为 1889，其中 2 人，有陶毁（1）、铜鼎（2）、铜泡（3）、铜锛（4）、残陶罐（5）、残石斧（6）各 1（见图 20.2，贰）（图版贰：2）。

外层 13 墓，都是人墓。北面 7 墓，即 1883、2124、2077、2043、2042、2098、2099（见图 20.1）共 34 人。最北面的为持弓矢的（2124、2077），其次西墓有戴玉冠的 2099，东墓有口含贝的（2043），再南 2 墓（2042，2098）则为俯身葬而无随葬物了。南面 6 墓即 1776、1777、1775、1588、1510、1511（插图一）共 15 人，最南端为执戈（1510）（图版贰：1）及持贝者（1511），其次西墓有佩贝者（1775），东墓有持铜杯者（1588），再北则西墓有大批白陶尊片（1776），东墓被盗无物（1777）。墓数分配得相当整齐，但人数两端却不相当。

兹为方便计将各单位及各墓人数分别作表20.1、表20.2如下：

表20.1　各单位人数及马数

单位	墓号	人/马数	小计	合计
核心7墓：	1885（领队）	3人	13人除领队者外，共12人	
	1913	5人		
	1522	3人		
	1881	1人		
	2058	0		
	2041	1人		
	1978	0		
内层10墓（北）	1963	0马	3马5人	12马7人
	2017	3马		
	2016	1人		
	2097	2人		
	2096	2人		
（南）	1887	3马	9马2人	
	1888	2马		
	1911	4马		
	1912	0马		
	1889	2人		
外层十三墓（北）	1883	3人	34人	49人
	2124	7人		
	2077	4人		
	2043	3人		
	2042	5人		
	2098	6人		
	2099	6人		
（南）	1776	2人	15人	
	1777	2人		
	1775	2人		
	1588	2人		
	1510	2人		
	1511	5人		

表20.2　墓葬位置及内容表（就原报告表十三增减而成）

墓名	位置	人墓			马坑		随葬物	其他
		数	仰	俯	数	头向		
1510	南端，外南西	2	1	1			上具脚南有牛骨，下具头左侧有铜戈	头向北，上具深2.6俯身，下具3.0仰身

续表

墓名	位置	人墓			马坑		随葬物	其他
		数	仰	俯	数	头向		
1511	南段，外南东	5	2	3			上仰身者左手持6具	头向：4北1南，2仰身皆头向北
1522	中段核，南中	3		3				头皆向北，早盗
1588	南段，外中东	2	1	1			西仰者右臂上有杯形铜器6，身上贝5	墓南段被1550西道毁，头北
1775	南段，外中西	2		2			西具腰肋际贝10，东具腰肋际贝5	与1588墓并列同被毁，头北
1776	南段，外北西	2		2			脚南高陶尊碎片一堆	2具上下相压头北
1777	南段，外北东	2	2					早盗，骨残头北
1881	中段，核南北	1		1			肩南贝1	早盗，头西
1883	北段，外西端	3		3				被1004东道毁，头西
1885	中段，核心	3	3				棺顶面上：铜觚，爵，鸟尊，马饰，杆头，矢，狗	早盗，有腰坑，头北
1887	南段，内北东				3	2东 1西	铜，贝，辔饰，铃3	
1888	南段，东中				2	西	铜辔饰，上层出石皿，石锤各1	1887之南
1889	南段，内南东	2		2			北段陶毁1，铜鼎1，泡1，锛1，残陶罐，残石器	早盗，头北
1911	南段，内西北				4	南	铜、贝辔饰	
1912	南段，内南西				?		铜辔饰	曾被扰
1913	中段，核南南	5					碎小蚌鱼	曾被扰
1963	中段，内北南				?		上层出陶器3件，铜辔饰，铜铃	近盗
1978	中段，核北北							早盗，空
2016	北段，内北东	1		1			狗2，铜石戈各1，矢10，幅形佩玉1	早盗，头北
2017	北段，内中东				3	南	铜，骨，贝，绿石，辔饰，铃	

续表

墓名	位置	人墓			马坑		随葬物	其他
		数	仰	俯	数	头向		
2041	中段，核北中	1		1			项际贝 10	近盗，头南
2042	北段，外东中	5		5				早盗，头北 4，南 1
2043	北段，外东中	3		3			西具口中贝 1	早盗，头北
2058	中段，核北南							近盗
2077	北段，外北东	4	2	2			矢 50，戈 1	头东 2，西 2，2 仰东下 2 俯西上
2096	北段，内中西	2		2				头北
2097	北段，内北西	2		2				头北，似面南，东女
2098	北段，外南西	6	1	3				早盗，骨乱，2 具俯仰不明
2099	北段，外中西	6		6			玉冠饰 1，矢 1	头北四，南 2
2124	北段，外北中	7	1	6			弓饰 5，矢 206，铜圆片 2，管 1，花骨	头东，仰着压 2 俯之下
总计 24 人墓，69 人；6 马坑，12 匹马。								

注：在位置栏中，先确定其在某段中，次再叙述其在核心、内层、外层等的位置，用内核等字代表之，在核曾中所占之位置用南北中及东西等字代表之。

马数与人数的比例也不相当。若全部计算，69 个人（2 空墓除外）12 匹马（2 空墓除外），相差很远。若把外层除外，只算内层与核心，则是 19 个人，12 匹马也不相合。若只算马坑内周的核心人数，则为 12 个人，12 匹马。这两个相等的数目，是偶合呢？抑是必然？是一个非常有趣的事件。固然尚有两个空人墓，两个空马坑，但等量加等量其和必等，这却是一个非常值得研究的问题。

这些墓葬固然有很多有趣的问题，但站在本文的立场来说话，最重要的则是马的用途的问题。它们究竟是作什么用的，以下有几个现象似不能忽略的。

① 在侯家庄西北冈的东区，有车坑与马坑分别埋葬的成例，但两种坑却在一个范围内相去不远，很清楚的马是驾车用的。

② 在 1885 所谓领队墓中，现存只有两位殉葬者及主人翁等 3 具残朽不全的人骨。原报告所算的人数以实有人骨为准，故算作 2 人，但除东壁下的 1 头外，在墓中心有 2 个头骨，西壁下有一双残臂当为 3 具人骨无疑（见图 20.2，

肆）（图版肆：1）。另外有1副辔饰（1）而无马骨，有两个圆杠头（2）而无轮舆。以辔代马当无问题，以杠代车是否可以？圆杠头除我们认为系轴头饰外，是否另有用途？若各穿纵木，从方孔中用横木相连，驾在马背是否可以当鞍用？或者在方孔中系联以皮革垂在马腹的两侧，是否可以当镫用？都是值得进一步研究的问题。

③ 这里没有车坑，那些马匹似不能解释为驾车之用。

④ 在大墓的下层有一残舆的痕迹，与盾的痕迹同在一处出土，如果这些马与那个残舆有关，则一辆车也用不了那样多的马。

⑤ 驾车的马成双数，2匹或4匹，在殷代尚没有1车3马的习惯和实例。但这里却有两个坑为3匹马，是否因为领队的墓中为3个人，而马也成3匹一组了。另有1坑2马，1坑4马，共为6马，然6是3的倍数也可解释。

⑥ 在马坑围绕着核心之内的人数，恰巧与马数相等，而马又是各有辔饰，是不是每人一匹马呢？

照以上种种的现象所启示，提出我的看法如下：殷代的马固然可以驾车，但此处则无车可驾，核心的人数与周围的马数正相符合，且马各有辔，三马一组与领队墓中的人数相同，似解释为骑跨比较驾车为合宜。即令1885的领队墓中，辔饰可以代马，杠头可以代车，则领队者坐车，随从者骑马，也不是不可能的事。如果这个解释可能的话，则1001大墓东面的小墓群的分布，乃是当年有计划的安排，正中为核心人物及亲密随从，其次为核心人物的交通工具，再其次为司宴享者及其用具，再其次为侍从人物，最外则为武装的随从，即北端为弓箭手（见图20.1，叁伍）（图版壹：1，2）。南端为戈击手（图版贰：1）。

叁、弓与马

殷代的王室是喜欢田猎的，卜辞有很多的记载，这是不可否认的事实。至于田猎的目的是为的生产，或者是为的军事，或者是为的游乐，这里不加讨论，本文旨在于田猎时所用的工具，这里有两条卜辞可据。

一、（癸）亥卜辞贞：旬亡囚。王占曰：“㞢（有）希（祟）。”（五日）丁卯，王兽敞，祝车马□，祝陉在车，㲋马亦□，㲋亦㞢（有）𢓊。珠一一八二；微杂六〇六八；前七,五,三；前七,一,八三；续五,五一合补[①]。

这是董彦堂先生合补的，我从前觉得从这文辞上看，似乎祝坐的车，“㲋骑的是马”。因为提到㲋马，而没有提到㲋的车。

另一条：

二、癸巳卜㱿贞：旬亡囚。王固曰：乃兹亦㞢希。若偁。甲午，王往，逐兕，小臣左车马硪，驭（？）王车子央亦坠（？）。（菁三。掇一,四五四，宁二,二四，外四六二，同文重出）。[②]

在这一条卜辞上车马连言，所谓马可能是指车上的马。以上两卜辞比较之下，前一条骑马的成分似乎比坐车的成分为大。

就现在华北史记的现象来推测，殷代田猎区的情形，坐车田猎不是不可能的，因有许多地理上的问题，故有一个程度上的限制。单就豫北境内安阳西南的田猎区来说，东北自辉县境内的“丸”起，西至济源西面的“召”（现邵源镇）止[③]，在地图上看为一片平原，实际上则有许多小的丘陵和河流。

假设在当时这一带已经开为农田，则农田中既少野兽，车马也不便在农田中横冲直闯而伤害田禾。且农田内田埂纵横，车行其中诸多不便；即令为高轮车，下行则可而上行则诸多困难，此其一。假设当时该处为未开辟的荒地，系一片森林和丛草，其中可能藏有多量的野兽，但猎车驰驱于森林丛草中是否可能，此其二。

我记得甘肃鼎新一带的牛车，轴长约 4 米，轮高超过一人（约 1.70 米），遇河渡水，逢丘爬坡，但是遇着高而密的芦苇草丛则因阻力太大，遮住了视线而方向不辨，无法渡过。现在的怀庆及安阳一带，最常见的较高的植物为椿、槐、杨、柳，较低的为荆棘，接近水边的为芦苇和红柳。由今推昔，想殷代的

---

①《中国考古学报》第 2 册，第 24 页。

② 见松丸道雄：《殷墟卜辞中の田猎地について东洋文化研究所记要》第 31 册，第 133 页所引。

③ 见松丸道雄：《殷墟卜辞中の田猎地について东洋文化研究所记要》第 31 册，插图十六。

植物也不致相差太多。车行其中，是不方便的，这是一个实际的问题。

我们知道车在路上行走最为方便。殷代田猎，如果来往在路上行走时坐车，到了猎场则停车卸马，用马及犬在森林或草丛中驰驱而轰起野兽以便射杀，这是最理想的办法。犬可以跑出去，也可以跑回来，马则不易控制，是否用人骑在背上，以便指挥，甲骨文有：

一、贞：我马㞢虎隹囚？（丙种（一）壹捌陆：二〇一，10）

二、贞：我马㞢虎不隹［囚］？（同上：11）

三、甲戌卜㱿贞：我马及或？（丙中（一）壹玖陆：二一一：9）

我马如何解释？是否我的马的意思，马与虎并列，隹囚与不隹囚对举，是否在田猎之前，预先卜问，有虎无虎，有囚无囚？如果是的，骑马逐兽是很可能的。

不过骑马逐兽，与骑马射兽是两回事，逐兽是把兽轰起来乱跑就算达到目的，不一定把兽抓住，骑射则在马上用弓箭把兽射死才算达到目的，骑马逐兽并不要很高的技术，骑在马背上，把马鬃抓紧，乱跑就是：骑射则在动的马背上瞄准射箭，则需相当高的技术，也需有相当久的训练才好。就现在的实际情形，来譬仿，能骑马行路的人恐怕很多，能骑在马上狂奔射击的人恐怕很少，然而骑马射击的技术也不是不可训练的。所以我认为骑跨与骑射是两回事情。

现在先就侯家庄西北冈1001大墓东面30个小墓的内容来讲，有弓的墓中没有马，有马的墓中没有弓，究竟弓与马有什么关系？2124出弓的墓中有7具人骨。2027出矢的墓内有4具人骨，两坑共11具人骨。1887等6马坑现存共有12匹马，且有2个空坑，人少马多，两者的数目不相符合。再就它们的分布来看，马坑集中在中部而弓坑则在最北端，两者尚有相当的距离，由这些新资料所启示，此地的马固然无车可驾，但也不是供持弓的人们所骑跨。前面已经讲过马的用途，可能供领队者的亲信所骑跨的。故持弓者、持矢者可能为步兵。再检查过去的资料，如小屯的M020、M040等坑，虽然其中有弓有马，而弓系在车上使用的，M238有弓无马而弓系步兵使用的，只有M164墓，战马猎犬、弓、矢、戈、刀、砺具备，弓与马才有直接的关系。

最后可以这样说：从2124的新资料来证明，所谓“弓形器”绝对是弓上的用品，而绝非车铃、轼饰、马额饰、盾饰等。其佩挂的方法，有驰佩式与张佩式两种：驰佩式则横置腰间，弣贴在腹上，用绳缚在腰间缚牢，这种佩法占全部五分之四。张佩式，系斜挂在胸前，弦在后面，弣在前。根据1887等6马坑来观察，给骑跨的成分似较多，供驾车的成分似较少，但并非供持弓者所乘跨。就小屯及西北冈两处出土的现象来说，车上的武士用弓，步行的武士也用弓，甚至骑马的武士也用弓。就殷代一般的现象数量来统计，弓与车的关系似较密切，弓与步兵的关系次之，弓与马的关系又次之。虽然M164墓内，弓马同坑出土，为不可否认的真实现象，但至目前为止，尚未发现有第二处，而车马坑则发现较多，这可以说明骑射在殷代偶然有之并不普遍，而弓与马的使用，却各自发展到相当高的程度了。

一九六三年九月二十五日

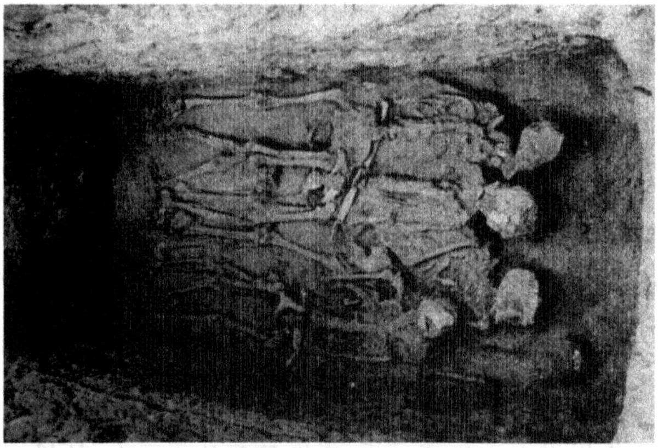

1. HPKM2124出土的情形

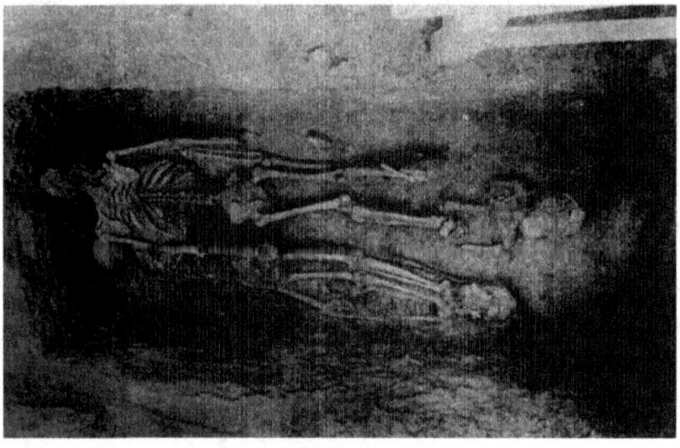

2. HPKM2077出土的情形

图版壹

1. HPKM1510人墓下层出土情形

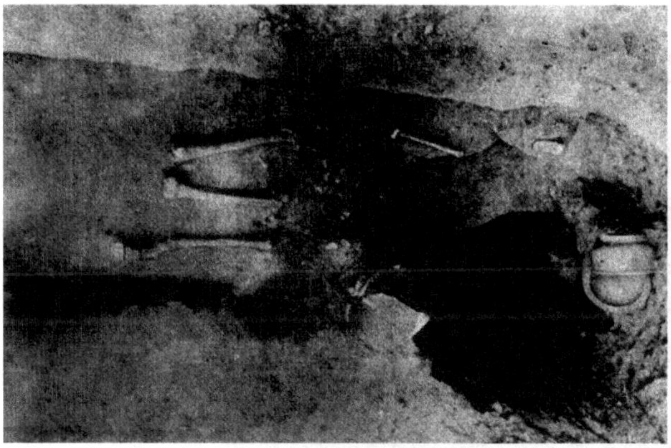

2. HPKM1889人墓出土情形

图版贰

1. HPKM2016人墓出土情形

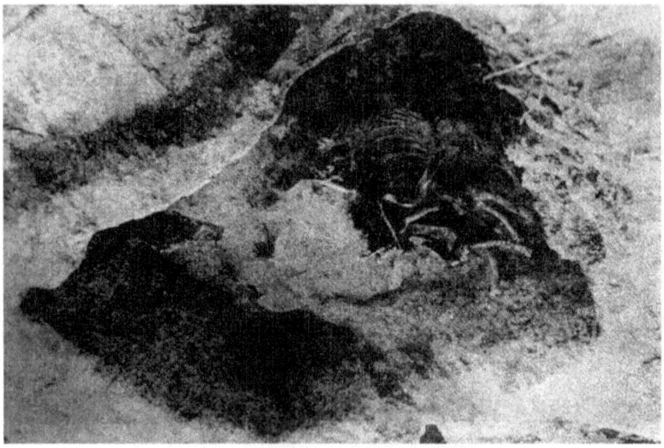

2. HPKM1963马坑出土情形

图版叁

1. HPKM1885人墓出土情形

2. HPKM1887马坑出土情形

图版肆

1. HPKM1912马坑出土情形

2. HPKM2017马坑出土情形

图版伍

1. HPKM1888马坑出土情形

2. HPKM1911马坑出土情形

图版陆

（选自《历史语言集刊论文类编（考古编）》第35册，1964年）

高去寻与《殷代大墓的木室及其涵义之推测》

经典导读

高去寻（1910—1991），河北安新人。1935 年毕业于北京大学史学系，得论文指导老师傅斯年推荐进入中央研究院历史语言研究所任练习助理员，后历任助理员、助理研究员、副研究员、专任研究员及考古组代理主任、所长。1966 年当选“中央研究院”第六届院士，后兼任评议员。1949—1981 年兼任台湾大学考古人类学系教授。高去寻的田野工作，始于 1935 年秋安阳殷墟的第十二次发掘，此后又参加了西北冈王陵区、小屯和大司空村南地的多次发掘。到 1937 年殷墟发掘因抗日战争全面爆发而终止，亲手发掘过大量殷代墓葬和灰坑等遗迹。1941 年，历史语言研究所南迁四川南溪李庄，他随同历史语言研究所、中央博物院筹备处和中国营造学社合组的川康古迹考察团，参加过四川彭山汉墓的发掘。1949 年，参加台湾中部埔里大马璘遗址的短期发掘。田野工作时间虽然不长，但为他的研究奠定了良好的基础。

高去寻的研究以安阳殷墟为主，在商代考古和殷商史的研究方面做出过重要贡献。在战国秦汉考古和先秦史的研究方面，也发表过不少重要的论著，至今还经常被引用。他的后半生几乎全部用到了安阳殷墟西北冈王陵大墓资料的整理、研究和报告撰写上，后以“梁思永未完稿、高去寻辑补”的署名，相继发表了《侯家庄第二本 • 1001 号大墓》（1962）、《侯家庄第三本 • 1002 号大墓》（1965）、《侯家庄第四本 • 1003 号大墓》（1967）、《侯家庄第六本 • 1217 号大墓》（1968）、《侯家庄第五

本 • 1004 号大墓》(1970)、《侯家庄第七本 • 1500 号大墓》(1974)、《侯家庄第八本 • 1550 号大墓》(1976)、《侯家庄第九本 · 1129、1400、1443 号大墓》(1996) 共 8 部大型考古报告。2008 年，历史语言研究所出版了他的遗稿《大司空村（第二次发掘报告）》。殷王陵的发掘，其规模宏大、工作精细、收获丰富，虽有梁思永 241 页的发掘报告初稿，但这 10 座殷王陵大墓实物资料的系统整理、研究和报告编写，基本上都是由高去寻完成的，这也成就了中国考古学史上的一段佳话。除了编写考古报告，高去寻还发表了一系列重要的论文，举其要者，有《汉崖墓题识“内”字之一解》(1943)、《评汉以前的古镜之研究并论“淮式”之时代问题》(1945)、《黄河下游的屈肢葬问题（第二次探掘安阳大司空村南地简报附论之一）》(1947)、《殷墟出土的牛距骨刻辞》(1949)、《战国墓内带钩用途的推测》(1952)、《殷礼的含贝握贝》(1954)、《小臣𧊒石簋的残片与铭文》(1957)、《殷代的一面铜镜及其相关之问题》(1958)、《殷代大墓的木室及其涵义之推测》(1969)、《径路神祠》(1971)、《殷代墓葬已有墓冢说》(1980)、《李峪出土铜器及其相关之问题》(1999)、《崖墓中所见汉代的一种巫术》(1999) 等。

《殷代大墓的木室及其涵义之推测》，1969 年发表于《历史语言研究所集刊》，是高去寻综合考古材料和古代文献，对殷代大墓木室特别是亚形木室的内涵所做的一种推测。

《殷代大墓的木室及其涵义之推测》一文，第一部分略述了殷代大墓发现的经过及其形制，大墓根据体积大小和墓道多少分为两类：第一类是 8 座比较大的大墓，“都在坑的东西南北四壁的中部向外伸出一条墓道，道也比较长些”；第二类是 5 座较小的大墓，“墓坑都是长方形，不仅体积比较上类者为小，并且都只在坑的南北两壁中部各向外伸出一条墓道，道也比较上类者短小些”。第二部分叙述了大墓内木室的遗迹，指出“这种木室的里面，原本是放置墓主人的尸体以及许多随葬品的地方，也是盗掘者主要的目的地”，在形制上分为平面作长方形和平面作亚字形两种。第三部分对两种不同形制木室的涵义进行了推测。木室的建造是筑墓的一个重要的工程，其意义“似乎是殷代丧礼的一个重要问题”，并与史料相互印证。

高去寻认为，木室本身可能是生前居室的象征，而造型更复杂、费工费料更多的亚形木室，应该是代表着当时丧礼的一种制度建筑，而这种丧葬制度的建筑“可能是象征着当时贵族社会的一种礼制建筑，而非一般的住处”。通过古代明堂宗庙的形制记载、王国维等学者的研究、陕西西安城西北汉代礼制建筑遗址平面布局的复原和有关殷代的资料，他进一步提出，这种亚形木室“可能是古代宗庙明堂的象征性建筑，殷代贵族死后，地上的亚形建筑可能是他们魂灵的寄托所，地下的亚形木室则是他们尸体埋葬的地方”。虽然这个推论至今尚无法证明，但它依然有重要的参考价值。

—— 延伸阅读文献目录：

1. 高去寻：《殷墟出土的牛距骨刻辞》，《考古学报》1949 年第 4 期。
2. 高去寻：《殷代墓葬已有墓冢说》，《考古人类学刊》1980 年第 41 期。
3. 高去寻：《安阳殷代王室墓地》，杨锡璋译、秦健民校，《殷都学刊》1988 年第 4 期。
4. 杜正胜：《通才考古家高去寻》，《中国文化》2001 年第 17、18 期。
5. 王巍主编：《考古学卷》（第一分册），钱伟长总主编：《20 世纪中国知名科学家学术成就概览》，科学出版社 2015 年版。

（陈星灿 撰）

—— 原文：《殷代大墓的木室及其涵义之推测》

经典原文

殷代大墓的木室及其涵义之推测

高去寻

一、殷代大墓发现的经过及其形制之略述

现阶段的中国考古学已经发现了殷代的小墓（包括4个所谓中型墓在内）约有2 000多个，殷代的大墓只有13座。民国二十二年（1933）中央研究院历史语言研究所发掘河南安阳高楼庄北地的后冈首先发现了殷代大墓1座[①]，二十三年（1934）与二十四年（1935）发掘安阳侯家庄北地的西北冈，在殷代王室墓地的西区发现了大墓7座，东区3座。1950年祖国大陆上的田野考古在安阳曾发掘了所谓“武官村大墓”1座[②]，实际上这座大墓的位置是在上述之殷代王室墓地的东区范围以内，因此我们也可以说在西北冈一地前后已经发现了11座殷代大墓。同年河南辉县的发掘，在琉璃阁附近又发现了殷代大墓1座[③]，这也是我们目下所知在安阳殷墟范围以外的唯一的一座殷代大墓。

这13座大墓不仅是在体积上比一般的殷代小墓大得很多，并且在圹穴的形制方面也与小墓有显著的不同。当时的小墓不论体积的大小，它们的圹穴大都只是一个口面长方形的竖穴，仅有在洛阳出现的3座还各有一条方折矩尺形的墓道，是极特殊的情形。[④]这13座大墓则都是中央有一口大底小、口面长方形（偶或近方形）或亚字形的竖穴式墓坑以外，又有自坑壁向外伸出的墓道。但是在这些大墓之间，因为有体积大小的不同，和墓道多少的不同，也显然分为两类情形：第一类是较大的大墓。它们不仅是墓坑的体积较大，并且都在坑的东西南北四壁的中部向外伸出一条墓道，道也比较长些。这类有四条墓道的

① 石璋如：《河南安阳后冈的殷墓》，《历史语言研究所集刊》第13本，1948年版。
② 郭宝钧：《一九五〇年春殷墟发掘报告》，《中国考古学报》第5册第一二分合刊，1951年版。
③ 中国科学院考古研究所编著：《辉县发掘报告》，1956年版。
④ 郭宝钧、林寿晋：《一九五二年秋季洛阳东郊发掘报告》，《中国考古学报》第9册，1955年版。

大墓共有 8 座，都发现在西北冈王室墓地之内。第二类是较小的大墓。墓坑都是长方形，不仅体积比较上类者为小，并且都只在坑的南北两壁中部各向外伸出一条墓道，道也比较上类者短小些。这类只有两条墓道的大墓共有 5 座：西北冈出现 3 座，琉璃阁后冈各 1 座。

二、大墓内木室的遗迹

这 13 座大墓，只琉璃阁的一墓被盗掘的经过不详，其余的 12 座，都在近代盗掘以前便已经过了早期盗掘的破坏。内中的 1 座在从地下发掘出它的上口面以后，知道已经破坏得非常厉害，便被放弃而未再继续发掘；又 4 座的墓坑都深在现代的潜水面以下，发掘时遇到不能克服的困难，因而使我们对底面上的残存情形也所知不详。其余的 8 座，墓坑部分都经过彻底的发掘清理，观察工作都达到了整个的底面。在这 8 座大墓的墓坑底面上都或多或少的残存着一个木构建筑物的遗迹，过去有人曾称它们为椁室，我们在发掘报告中则称之为木室。这种木室的里面，原本是放置墓主人的尸体以及许多随葬品的地方，也是盗掘者主要的目的地，虽然早已经过破坏与在地下三千年的腐朽，但残存的痕迹仍然可以使我们知道它们在形制上可分为两种，现在分述于下：

第 1 种，平面作长方形。

发现有这种木室的大墓共 3 座：西北冈的 1443 号墓，武官村大墓（见图 21.2：2），与琉璃阁的 150 号墓，都是只有南北两墓道的较小之大墓。木室的形状原本都是中空的长方立体形，亦即平面（横断面）作南北较东西为长的长方形，纵断面大都上下高度较小于东西宽度的长方形。所用的材料在西门冈 1443 墓所见者为木室四壁，顶和底都是横断面 0.3 m×0.2 m 的方形长木杠。在武官村大墓所见者：平铺木室地板所用的是“浑木杠”，根据发掘报告所说木杠的数目与地板的东西宽推算，木杠的粗径平均不到 0.2 m；叠砌四壁所用的木料是“平面向内”的半面制平的木杠。铺盖木室顶所用的“长大坚壮抗木”之横断面情形不明。在琉璃阁 150 墓中所见者无报告，因而它被建造的方法与过程皆不得知。建造的方法与过程在西北冈 1443 墓所见者，先在墓坑底面中部用南北平行长种不齐的木杠，但横断面长径平置，拼成面积长方形的地板，压盖在墓底中心殉坑的上面。然后在地板面的四边上，成层的用横断面长径上下向的四木杠构成一长方框，重叠砌起直立的木室四壁，达到所需要的高度暂停，而成为一个木制的长方形坑穴，并无出入的门户。等到将墓主的尸体或棺椁与随葬物从坑口放入以及有关丧葬礼俗完毕之后，才平铺一层木杠，掩盖着它的上口而成为木室顶。武官村大墓木室的建造程序也与此相同。只是武官村大墓木室的遗迹还可看出叠砌四壁，每层木杠的两端都用“缺榫”互相扣结成的方框如井字形，即仪礼士丧礼中所谓之“井椁”是个可喜的发现。

这种用大木杠铺底、盖顶、叠砌四壁的木室，在辉县的战国时代墓葬内还可见到保存完好的情形。①

现在把这3座大墓墓坑底面积、深度与其中木室的面积及高度列如下表21.1：

表21.1　三墓的墓坑底面积深度与木室的平面面积高度

墓坑	墓坑底面积		墓坑底的深度	木室的平面面积		木室的高度
	南北长	东西宽		南北长	东西宽	
西北冈1443号墓	4.99 m	4.09 m	8.45 m	里口4.15 m	里口2.15 m	存1.05 m
武官村大墓	12.6 m	9.7 m	7.2 m	6.3 m	5.2 m	2.5 m
琉璃阁150号墓	7.4 m	5.2 m	8.2 m	4.0 m	3.2 m	1.7 m

表21.1内西北冈1443墓木室里口的面积是录自梁思永先生此墓的发掘报告的遗稿。它的南北长的全长度应该是4.15 m加南北两壁的厚度（各0.2 m）共约4.45 m，东西宽应为2.15 m加东西壁厚共约2.55 m。这木室的高度，也不是原来的尺寸，发掘时只见到它的上口高去墓坑底1.05 m。既不见顶层，恐怕所见的上口也是被破坏后的情形。西北冈大墓的木室顶面高度，通常情形是与东西北三墓道的内口的底面高悬在墓坑壁上的尺寸相差不远。1443墓的北道内口底去墓坑底约1.55 m，大约木室顶的原高度与这个尺寸相差不多。

第2种，平面作亚字形。

① 郭宝钧：《山彪镇与琉璃阁》，科学出版社1959年版。

我们在此把第二种木室的平面叫做亚字形，完全是为称呼的方便。实际上它们的平面分为两种类型。第Ⅰ类型，是平面完全像甲骨文金文中的亚字形，也可以说是双钩的十字形。第Ⅱ类型，是有一些变化的亚字形，形状为中央一个较大的长方面，在四边的中部各向外凸出一个小长方或方面。建筑这第2种木室所用的材料大约周壁底和顶都是横断面长方形，宽自0.2 m到0.4 m，厚度可能与宽度相同的长短不齐的木杠。建筑的程序是在墓坑底面以上，中央之地方，先用若干木杠短径上下向的并列平放，铺出木室亚字形的地板。然后在地板的边缘上用横断面长径上下向的木杠重叠砌起，连到高度约3.0 m上下，成为木室的周壁，再并列一层横断面长径平置的木杠掩盖着周壁的上口，而成为木室顶。出入木室的门原本开在南壁上，等到在木室内放置墓主尸体随葬物以及在室内的一切葬礼完成之后，才把它封闭起来。这种亚形木室墙壁的外面，大都是原来的叠砌面，内面大都更经过修治。我们在1001墓木室壁的内面曾发现带有猪牙嵌片的雕刻文饰残迹，在1004的木室遗迹内面附近，发现不少的松绿石与猪牙嵌片以及油漆类物之残迹，可能室壁内面本来涂有油漆，刻镂文饰，而且花纹中还带有镶嵌片。

因为这种木室之内并没有房间的分隔，从外面看来，第Ⅰ类型者很像上述之第1种木室——南北较长东西较短的长方形大室，更在东西两边的中段向外伸出一长方形小耳室。但如有人认为它们像是一个东西长南北短的长方形大室，在南北两边中部各伸出一长方形小耳室，或像是中央为一方形大室，在东西南北四边以外又各伸出一耳室，亦均无不可。但是第Ⅱ类型者则在形式上很清楚地表示出中央为一南北稍长的长方形大室，在东西南北四边的中部各向外伸出一较小的方形耳室。

这种平面亚字形的木室共发现5座：属于第Ⅰ类型者2座，出现在后冈大墓与西北冈1001号墓之内，后冈大墓是只有南北二道的大墓，1001墓是有四条墓道的大墓。属于第Ⅱ类型者3座，出现在西北冈1003、1004、1550号大墓内，这三墓都是有四道的大墓。在这5座大墓之中，与墓室有关的墓坑，只有1001墓墓坑的口面底面作亚字形，1550墓的上口作长方形，底面作不规则的亚字形与它们的木室相照应，其余的三墓则口底面皆为长方形。现在将各墓的墓坑底面各种尺寸与它们木室的各种尺寸列于下表21.2：

表 21.2　各墓墓坑底面尺寸深度与亚形木室平面尺寸及高度

墓号	墓坑底面							木室											
	正坑		东耳坑		西耳坑		深度	正室		东耳室		西耳室		南耳室		北耳室		高度
	南北长	东西宽	南北长	东西宽	南北长	东西宽		南北长	东西宽	南北长	东西宽	南北长	东西宽	南北长	东西宽	南　北长	东　西宽	
后冈大墓	5.5 m	4.2 m					9.0 m	4.3 m	2.6 m	2.3 m	0.5 m	2.6 m	0.5 m					存 1.5 m
西北冈 1001 墓	15.90 m	10.95 m	4.65 m	南 3.55 m 北 4.15 m	4.50 m	南 3.90 m 北 .75 m*	10.5 m	9.7 m	6.0 m	3.9 m	2.6 m	3.9 m	2.6 m					约 3.0 m
1003 墓	11.0 m	9.8 m					10.9 m	5.7 m	3.90 m	3.0 m	1.75 m	3.0 m	1.75 m	12.0 m	2.7 m	1.65 m	2.15 m	约 3.0 m
1004 墓	13.2 m	10.8 m					12.0 m	5.75 m	3.9 m	2.25 m	2.22 m	2.25 m	2.22 m	1.05 m	2.7 m	2.05 m	2.0 m	存 2.8 m
1550 墓	14.9 m	12.9 m	约 10.7 m	约 2.4 m	10.5 m	约 2.4 m	10.9 m	约 6.2 m	约 5.6 m	约 2.5 m	约 2.3 m	约 2.5 m	约 2.3 m	约 2.4 m	约 3.1 m	约 2.1 m	约 2.1 m	存 2.7 m

* 文稿原文如此。

表21.2内1001、1003墓的木室高度是根据木室外的“置器面”及其他现象推断而来。1550墓木室平面尺寸则仅是根据发现的三段木室壁残迹复原而成，虽非绝对可靠但所差亦不甚远。1004与1550木室的高度都是所见之实存高度，恐怕也不是原高度，即使已非原高但比原向最多不过少三五分米，不会少得太多。至于西北冈1001、1003、1004墓与后冈大墓木室的平面形及其各部之尺寸亦可见于本文的图21.1：1、2，图21.2：1，图21.3：1、2，图21.4：1、2。

1. 西北冈1001号大墓木室地板遗迹

2. 西北冈1003号大墓木室地板遗迹

图21.1

1. 西北冈 1004 号大墓木室之轮廓

2. 武官村大墓（墓坑中央之长方坑为木室轮廓）

图 21.2

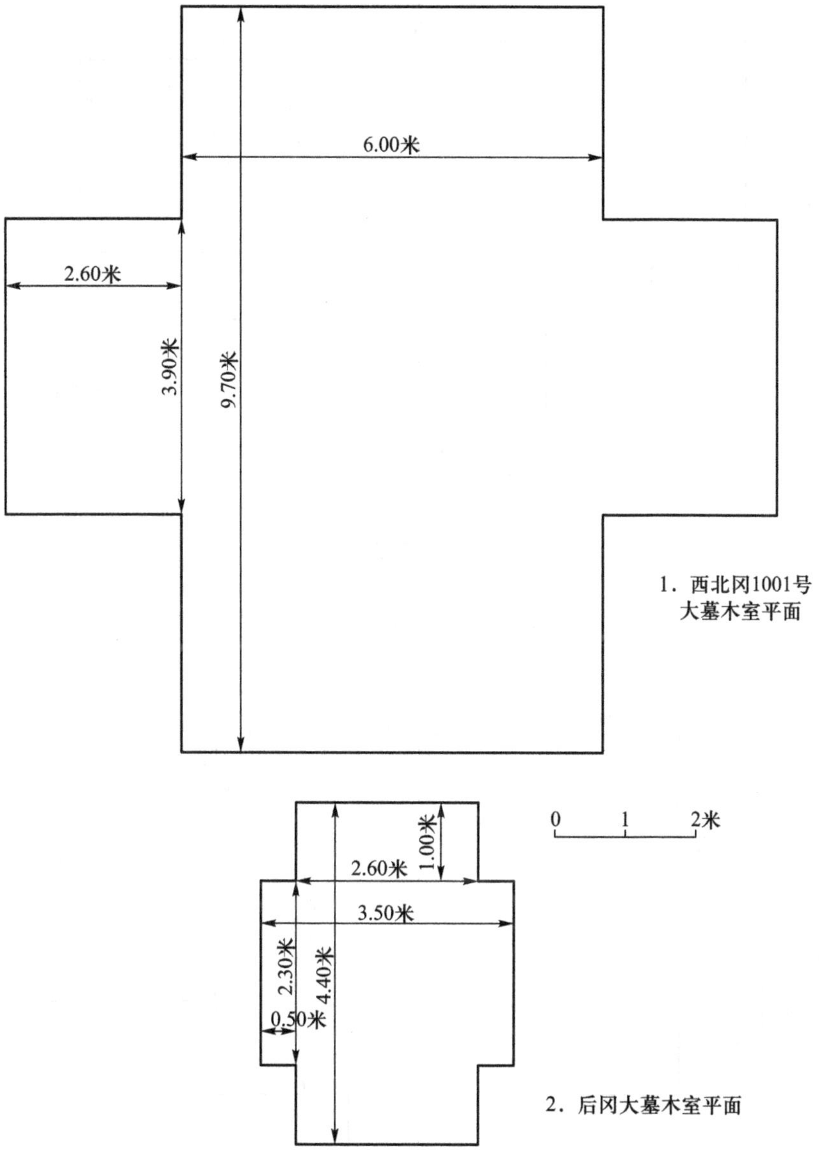
6.00米
2.60米
3.90米
9.70米
1. 西北冈1001号
大墓木室平面
1.00米
2.60米
3.50米
2.30米
4.40米
0.50米
0 1 2米
2. 后冈大墓木室平面

图 21.3

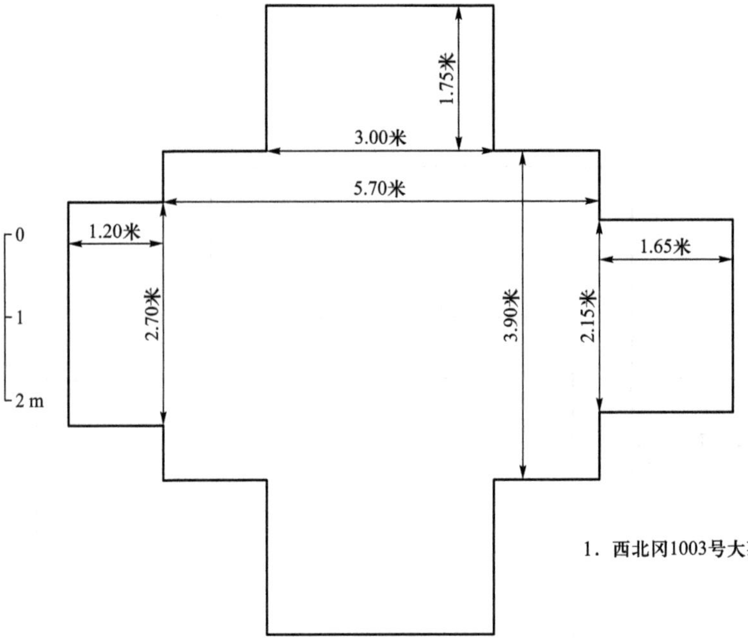

1. 西北冈1003号大墓木室平面

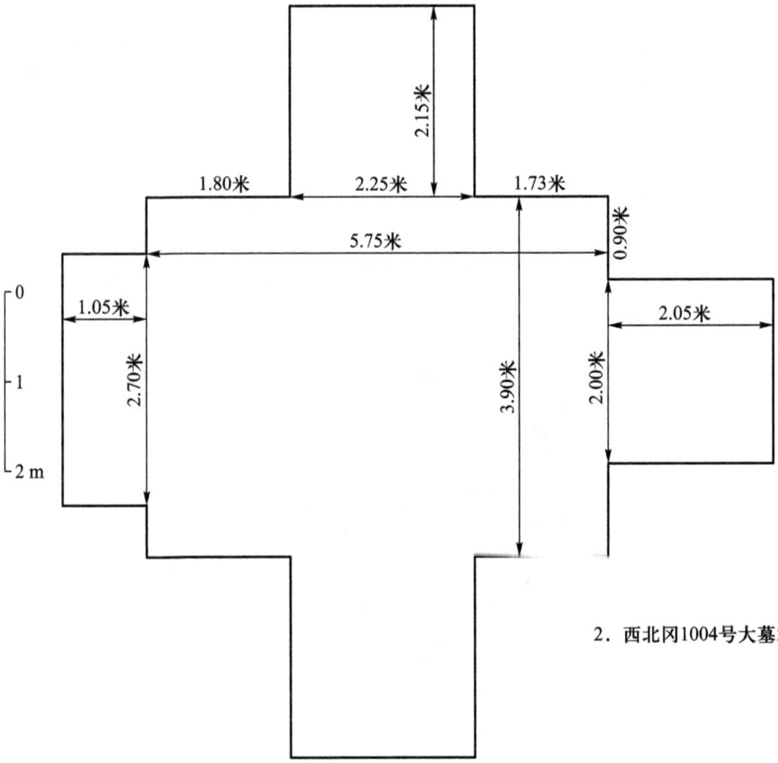

2. 西北冈1004号大墓木室平面

图 21.4

三、木室涵义的推测

在上文已经提到过，殷代的大墓大都已经在古代便被盗掘了。盗掘者自地面往下所掘的大盗坑，大都是达到木室顶部之后更沿周壁掘下直达到木室的地板，甚至还扰乱了地板以下的中心殉坑。由此可见盗掘者的主要对象是木室内的埋藏，所以这一部分的原埋藏都被囊括或破坏一空。但是从大墓内残存的其他地方的殉埋，殷代小墓的埋葬风俗，以及战国墓内木室中的情形观察，我们可以断言，虽然发掘时在木室范围以内毫无棺椁的遗迹的发现更不见人骨，但是无疑的它是放置墓葬主人的地方，也是墓葬中最重要的部分，木室的建造是筑墓的一个重要的工程。但是这个收存墓主尸体的地方为什么建造成一个高大的木室形状，并且分成两种不同的形制，是否更含有两种不同的意义，似乎是殷代丧礼的一个重要问题。

关于第1种木室——平面长方形木室——的涵义问题，因为在木室内无棺椁的发现似乎可作两种不同的推测。无论为保护死者的尸体或为丧葬礼俗中处置尸体的方便，按照人体的长宽厚制成一个长方形木匣子，即所谓棺，把尸体装殓在里面是最合用而又经济的办法。又为尸体或棺木能较久地保存于地下，在棺外更套着一个大棺，即所谓椁，也会是自然发生的事。现阶段的中国考古学虽然还不能确定丧礼上的棺椁最早在什么时代开始，但是可以确实知道在殷代后半期它们都已经出现了。在殷代的小墓内，我们可以见到当时棺椁的体积并没有固定的尺寸。有的因棺内死者的身旁无殉葬物，棺木的面积成为恰好周身而止的情形。有的因死者的头端足端或身旁更有殉葬物则棺的面积比较长大。在棺之外椁之内如无殉葬物，则棺椁之间横面的空隙极少（棺顶椁顶间之距离保存原状者极少），如有殉葬物则椁的面积便随殉葬物之多少与大小而相当的扩大。殷代的大墓以圹穴规模的宏大、殉葬物的丰富而论，墓主如有棺或更有椁再在棺之外有一大椁（即木室）说棺椁之外有一大外椁（即木室）借以保护内中的埋藏，用意与后世之棺木三重相同，这是使人不难了解的。但是这种看法是否完全合于当时的丧礼上的观念也不是毫无问题的。我们再看这种木室的体积最小者也与现代住宅中一个房间的体积所差不多，建造这种木室的含义是否由于把墓主放在里面（无论有无棺椁）都好像生时住在卧室里面一样也是值得考虑的问题。例如辉县的某些战国时代墓葬在用木杠所构成的大木室之内，墓主的骨骸或仰身直肢或侧身屈肢与一长室壁平行，平放在它的近旁，骨骸的另外三面被围绕着殉葬物而无棺椁痕迹，便很像生人在卧室内睡眠的情形。这种葬俗是否源自殷代我们还不知道。假如殷代大墓墓主本无敛身之具的棺或棺椁，使更可加强我们认为这种木室是象征着居室的推测。

第2种木室——平面作亚形的木室——在形制上比第一种复杂，建造也比第1种既困难又多费工料，但何以不避困难之增加，工料之多费而造成如此形制之木室，这很清楚地表示出它有一定的涵义，非如此不可。殷代的大墓常被人称为亚形墓，也许有人认为亚形木室的建造，不过是与墓形的配合以求美观。假如有这种看法，我们可说它是不正确的。在大墓内，与木室形制有关，可以限制它的建造与发展的地方，只是墓坑部分。在有亚形木室的5座大墓之中，只有1001墓的墓坑平面作亚字形，1550墓墓坑上部平面长方形，下部亚形，可说与它们的木室形制有相配合的关系。但是这种配合关系是在挖掘墓坑之前便预定内中的木室为亚形，以求配合，而非墓坑挖出之后才成为木室形制的来源。因为墓坑完全由掘土而成，多一处转角便多费一些工力，多加一些崩塌的危险，如果仅为掘坑以葬人，在土工本身上实无此必要。所以有亚形木室的后冈大墓、西北冈1003与1004墓墓坑的平面都只作容易掘成的长方形而不作亚形，由此亦可见亚形木室的由来与墓坑形无关。如果我们更把视野扩大，认为亚形木室的造成与墓坑之有四墓道之作亚形有关，而后冈大墓则只有南北两墓道不作亚形但它的木室也是亚形的。我个人的看法，在8座可见墓坑底的大墓之中有5座的木室都作亚形，绝不是偶然的情形，不容怀疑的它应该是当时丧礼的一种制度建筑。这种丧礼制度的建筑可能是象征着当时贵族社会的一种礼制建筑，而非一般的住处。这种贵族社会的礼制建筑根据后世的记载，它是祭祀祖先的地方，也是祭祀上帝和颁布政令举行重要典礼的处所，它的名称，较早的说法是夏后氏称之为世室（即大室），殷人称之为重屋，周人称之为明堂[①]，我们现在称它为古代的宗庙明堂建筑。换句话说我认为大墓内亚形木室可能是古代宗庙明堂的象征性建筑，殷代贵族死后，地上的亚形建筑可能是他们灵魂的寄托所，地下的亚形木室则是他们尸体埋藏的地方。至于我的所谓亚形木室是明堂宗庙的象征性的建筑，意思只是说它本是专为在地下埋藏死

① 见《周礼·考工记·匠人》。

者而设，无需完全与地上的建筑相同，但是它已表现了后者最重要的具有代表性的特点，使人一望而知它是属于宗庙明堂一类而非一般的居住建筑。换句话说，殷代活人所用的建筑物无论半地下穴式或地上式，无论一般性的或礼制性的，都应该有门有窗；屋顶据甲骨文的表现应该是两坡上的中脊式，而亚形木室则全为平顶无门窗，亦无间隔，但是它表现着一种建筑物最大的特点，平面作亚形。

关于古代的明堂宗庙，在形制方面有具体的记载而又作成时代较早的著作，首推《周礼考工记》，其次为《吕氏春秋》的《十二纪》和《礼记》的《月令》。[①] 至于《艺文类聚》或《初学记》所引的《周书》逸文既不知其作成的时代，所记载的明堂基本制度比《十二纪》或《月令》所涉及的也没有使我们多增加一些了解。《考工记》是战国时代的著作早已成为定论。近人有的认为它是出于战国时代齐人之手笔也有相当的理由。战国时代齐地之有明堂可见于《孟子》与《史记》《汉书》，[②] 我们虽然不能据此便认为《考工记》的作者一定见过明堂，但是可以推想他对明堂制度不会全无真实的了解，也许他认

---

①《礼记·月令》的字句几乎完全与《吕氏春秋·十二纪》的首章相同，它们的作成时代与两者间的关系是一千多年以来还没有解决的问题。据《吕氏春秋》的《序意》篇有“惟秦八年岁在〇滩”的话，可知《吕氏春秋》的著成当在秦始皇八年（公元前239年）。现传本虽然有少数的几篇可能是稍后的著作，但是《十二纪》则不在其内。《礼记》之有《月令》据《隋书经籍志》说是由于马融的补足。逸《周书》原也有《月令》，今亡，根据蔡邕《明堂月令论》的说法可以推想这篇《月令》的内容也应该与《十二纪》的差不多。因此在东汉末年便发生了两种说法：（一）《吕氏春秋·十二纪》本自《周书》的《月令》，（二）《礼记·月令》为“本《吕氏春秋·十二纪》之首章，礼家好事抄合而成”。近代学者间对这种问题也各见仁见智有几种不同的说法，问题的关键仍在《月令》作成的时代或其来源的问题上。值得注意是国人容肇祖与日本人内野雄一郎的说法。容氏在其《月令来源考》（载《燕京学报》第18期）一文中认为《周书·月令》与《吕氏春秋·十二纪》皆本自邹衍著之《月令》，《礼记》之《月令》则又本自《吕氏春秋》。内野氏在其《秦代に於ける經書經説の研究》一书中则认为《月令》与《十二纪》中之五行相生说与邹衍之五行终始说即五行相克相胜说不合，原本的《月令》应是周末七十子后学之著作，而为《吕氏春秋·十二纪》之所本。我个人认为邹衍本先主五行相生说后倡五德终始说，他的《主运》一书与“更火”之文可能都是五行相生说（详见杨向奎《中国古代社会与古代思想研究》），原本《月令》为他所著亦非毫无可能。

②《孟子》梁惠王章载齐宣王问孟子毁明堂的事。惠栋在《明堂大道录》中根据《吕氏春秋·骄恣篇》的记载认为，《孟子》书中的明堂即已建造三年因齐宣王听春居谏而停工的大室。《史记·孝武帝本纪·封禅书》与《汉书·武帝纪·郊志》都载有元丰元年武帝登封泰山，还坐泰山东北阯的古明堂，次年才造明堂于汶上的事。

为这是当时的人们所都知道的东西，所以才记载得非常简略。《吕氏春秋》的《十二纪》和《礼记》的《月令》是把12个月的天象地文神道祭记数目声律臭味颜色政事禁忌一切按五行相生的方式排列，这种“五行相次转用”，似乎都是出于邹衍的《主运》说下的作品。但它涉及的明堂制度可能也是“其语宏大不经，必先验小物”的“物”，未必全是“理想”或“假说”。虽然清人汪中认为《十二纪》的“明堂之制度最妄诞不经深可疾忿”，以我们看来，他所举的最重要的理由，不过是所纪天子按月移居于四堂八个的不合情理，但是汪氏对记载与天子听朔有关的《周礼》《春秋》所说“大史闰月诏王居门”的居字解释为“听朔之通名”非寝宿之恒处之意则是自相矛盾[①]，王国维则以为由闰字之作王在门中可证明古有听朔之事，由听朔之事可证明明堂之有四堂八个，如《十二纪》所纪者，固非全无依据的说法是可信从的。虽然《考工记》与《十二纪》或《月令》所载的明堂制度是可信的，但是《考工记》所记的明堂有室数，而无堂数，《十二纪》或《月令》所记有堂数而无室数，更加较后出的著作《大戴礼记》有明堂分九室之说，因而便使历代的儒臣经师对古代明堂宗庙的制度见仁见智聚讼纷纭，我个人则认为王国维在《明堂寝庙通考》[②]中的考订是后来居上的，比较可信的。我所谓王氏的考订比较可信，是比较其他的说法可信，究竟可信至如何程度因无实物可供覆验，自难说定，不过我总以为它是相当可信的，所谓虽不中亦不远矣。我认为王氏的说法相当可信，并不因为他所拟定的古代明堂宗庙平面作亚字形（见图21.5）与亚形木室相同，而是因为以下的两个原因。（一）王氏的说法合于明堂的古制，既可以解释《考工记》的记载也可说明《十二纪》或《月令》所涉及的部分，这是过去其他说法所不及的。例如《艺文类聚》所引《三礼图》所载之明堂“周制五室、东为木室、南火、西金、北水、土在其中”，如绘出平面图则简单明了更与亚形木室相近同，但它不能解释《考工记》与《十二纪》的记载。（二）王氏的说法，对最可信的史料西周金文中宗庙之有大室，一庙之有四宫等记载，已经给予了最适当的解释。因为王氏说法的相当可信，他拟定的古代明堂宗庙制度在外形轮廓上与亚形木室的相同，所以我推断亚形木室可能是明堂宗庙的一个象征性

---

① 汪中：《述学》内篇卷一《明堂通释》篇。

② 王国维：《观堂集林》卷三。

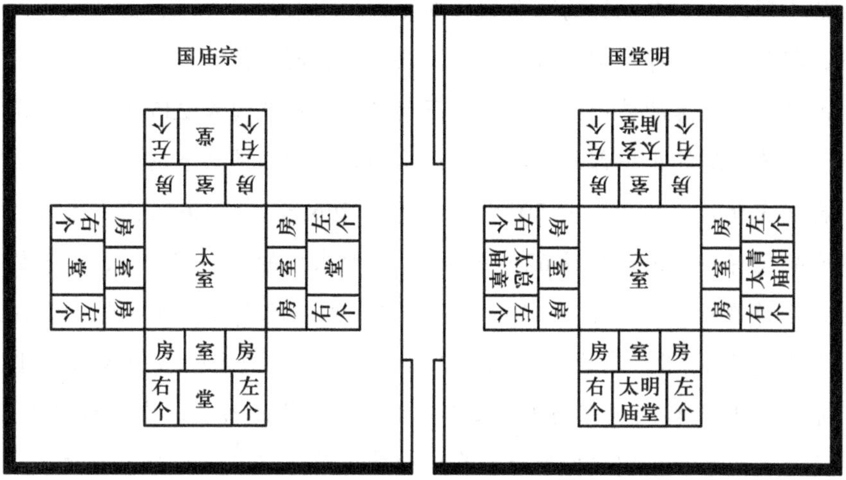

图 21.5　王国维拟定之明堂宗庙之平面图

建筑。虽然亚形木室的内部不见房间的分隔，是否它所象征的建筑物之内部与王氏所拟定者相间，是否它所象征的是一种早期阶段的宗庙明堂，固然是都有待于新发现的证明，但我总感觉它已表示出来古代明堂宗庙的特点，而非其他建筑物之所有。例如根据王国维的研究古代的大寝小寝是一个四合院式布局，外间也作亚字形但中央则为一个上通天下通地的方形中庭，而亚形木室的中央则上有屋顶下有地板代表着中央有一大室。假如王氏晚死七八年能看到亚形木室遗迹之出现，也许他认为还在研究宗庙明堂制度上是新旧史料可以“二重证明”的吧？

除去上述的理由以外使我推断殷代大墓亚形木室可能是明堂宗庙的象征性建筑的另一理由是近来中国考古学上的新发现。1956 年与 1957 年，在陕西西安城外之西北，东距玉祥门约 1.5 公里，北距汉代长安城故址约 1 公里余的地方，掘出一个汉代礼制建筑的遗址。[①] 这个遗址虽然一部分遭受破坏，但是平面的布局仍可复原。遗址的最外部是一个直径东西 368 米，南北 349 米的圆形大环水沟。在大环水沟的四边方向为正东南西北，各有一个长方形小环水沟。

---

① 见（一）刘致平：《西安西北郊古代建筑遗址勘察初记》，《文物参考资料》1957 年第 3 期。（二）刘致平：《西安西北郊古代建筑遗址勘察初记》附录，王世仁：《西安市西郊工地的汉代建筑遗址》，《文物参考资料》1957 年第 3 期。（三）雒忠如：《西安西郊发现汉代建筑遗址》，《考古通讯》1957 年第 6 期。（四）唐金裕：《西安西郊汉代建筑遗址发掘报告》，《考古学报》1959 年第 2 期。

北旁的小环水沟与在北边的一条由西向东的河渠相通；环水沟的流水出入于此河渠，其余的三小环水沟只与大环水沟相通。在圆形的大环水沟以内有一个正方形的院落，院落的外围是一个方向正南北四边等长每旁235米的正方形夯上围墙。围墙四边的正中部都有一个门，围墙以内的四隅又各有一个曲尺形的配房。再往内便是一个南北长205米，东西长206米，高1.6米的方土台。方土台的中央又有一个顶面直径62米高出约30厘米多的圆形夯土台，遗址的中心建筑便坐落在这个圆土台的中央。中心建筑的遗迹平面似亚字形。方向正南北，南北通长42米，东西通长42.4米。正中心是个方形大夯土台南北长16.8米，东西长17.4米，残存高1.5米“按其四周建筑的布置，夯土台原来很高，推测高台上面原有楼阁式的建筑。在土台的四角各有方形小夯土台两个，大小相同。这些小土台可能是帮助建筑物在转角地方角柱加固而筑成的，也可能上面原有小楼式亭阁的建筑。”在大夯土台的四周有东南西北四堂建筑。北堂有厅堂3间，向外凸出抱厦4间。南堂有厅堂4间二明二暗，向外凸出抱厦8间。西堂五间向外凸出抱厦8间，厅堂再向内有6间小暗室，南头两间有墙一堵，与北四间相隔可能是楼梯分位，由这里上楼正是从西南入的分位。东堂被唐代河渠所打破，仅存抱厦2.0 m多宽，从清理出残存砖面及檐柱础观察，东堂抱厦8间的建筑形式全部都与西堂同。（见图21.6）

这个汉代的礼制建筑有人认为是明堂，有人认为是辟雍，有人认为既是明堂也是辟雍。① 这个问题就本文而论是无关紧要的。因为汉代一般人的观念明堂与辟雍在形制上并没有不同，外环水的辟雍与不环水的明堂是“异名而同事其实一也”可见于《大戴礼记·盛德》、蔡邕《明堂月令论》以及《礼记》《明堂阴阳录》和卢植等人的说法。② 实际上的建筑物也是明堂辟雍不分的。例如西汉武帝元封二年秋，按照公玉带所献的黄帝明堂图，在汶上所建立的明堂便是“通水水圜宫垣”的。③ 这个新发现的汉代礼制建筑是汉平帝元始五年诏“羲

① 许道龄、刘致平：《关于西安西郊发现的汉代建筑遗址是明堂或辟雍的讨论》，《考古》1959年第4期；王世仁：《汉长安城南郊礼制建筑（大土门村遗址）原状的推测》，《考古》1963年第9期。

② 此等说法可见于惠栋《明堂大道录》中。

③《史记·封禅书》；《汉书·郊记志》。

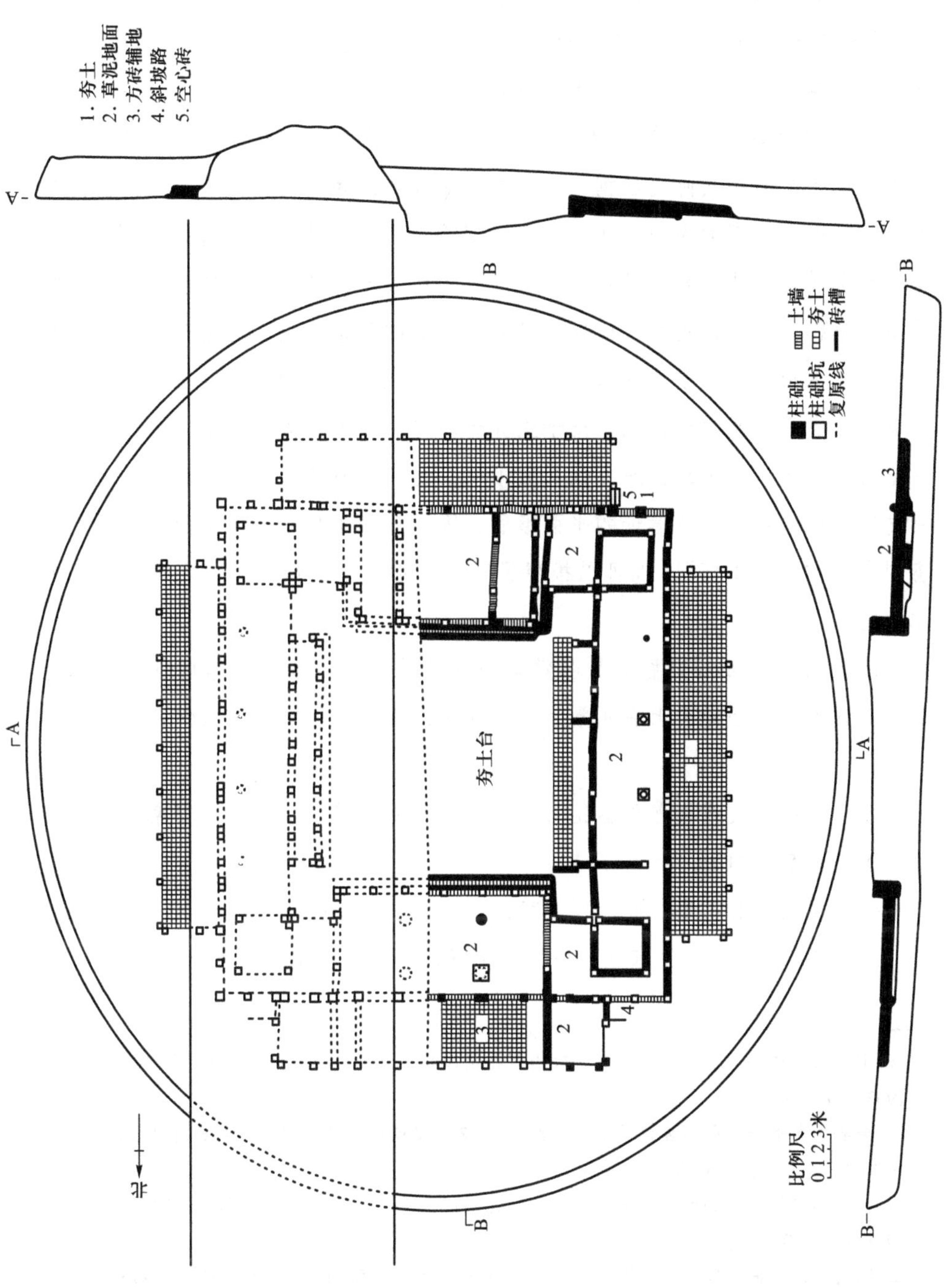

采自唐金裕：《西安西郊汉代建筑遗址发掘报告》

图 21.6　西安西郊汉代建筑基址中心建筑平剖面实测图

和刘歆等四人使治明堂辟雍”而建立的。[①] 在此前一年就讨论明堂辟雍的制度，当时孔牢等以为明堂辟雍太学一实三名；金褒等又称经传无明文不能分别异同的。[②] 东汉光武帝建武三十二年开始建造的明堂也是“引水于其下为辟雍也”[③]，所以我们在此仅注意这个礼制建筑的中心建筑。

这个中心建筑与《考工记》《十二纪》的记载不合，刘歆伪造《月令》说的不可信由此得一实际之证据。它的中央有高台，西南有楼梯地梁，四面都有抱厦，可能本自汉武帝时汶上之明堂，其余部分似为九室十二堂之布局。[④] 就整个建筑看来，诚然是尽量想把远古以来久已失传的礼制建筑恢复到一起并给予新的解释，而设计的现实依据只可能是奉高的明堂形式。这也是王莽执政时期力求在意识形态上复古而大量穿凿附会古礼的一种表现。[⑤] 但是为什么把中心建筑建成平面亚字形，无论出于王莽时之复古或出于方士公玉带之设计，都可能由于汉代去古未远，对古代明堂形制，还多少有些了解。因此我认为由于新发现的这个明堂辟雍遗址的平面形看，固然可以推想王国维所拟定的明堂宗庙制度为“接近事实”，也可以推想殷墓中亚形木室已代表出古代明堂宗庙大体的轮廓。

以上认为亚形木室可能是明堂宗庙象征性的建筑都是根据后世的资料而来，究竟当时是否地面上有明堂宗庙式建筑，现在再就有关的殷代资料试加以考察。

殷代的甲骨文或铜器玉器铭文中可见的当时建筑物名词，陈梦家曾按它们的用途分为5类如下：

一、藏主之所：宗、升、家、室、亚、突、旦、襄。

二、祭祀之所：宗、东室、中室，南室，血室、大室、咳室、南宣、公宫、

---

①《汉书·张纯传》；王世仁：《汉长安城南郊礼制建筑（大土门村遗址）原状的推测》，《考古》1963年第9期。

②《唐会要》卷十一，颜师古论明堂；王世仁：《汉长安城南郊礼制建筑（大土门村遗址）原状的推测》，《考古》1963年第9期。

③《水经·谷水注》；王世仁：《汉长安城南郊礼制建筑（大土门村遗址）原状的推测》，《考古》1963年第9期。

④ 王世仁：《汉长安城南郊礼制建筑（大土门村遗址）原状的推测》，《考古》1963年第9期。

⑤ 引录自王世仁：《汉长安城南郊礼制建筑（大土门村遗址）原状的推测》，《考古》1963年第9期。

皿宫宩。

三、居位之所：寝、小室、从宫。

四、享宴之所：宩。

五、治事之所：大室、乙门。

他并且说：

> 由卜辞宫室的名称及其作用可见殷代有宗庙有寝室。它们全都是四合院似的，所以东西南北都有房屋。寝室有东西之称则所住的是东房西屋。寝之中有小室则是寝室的小套间。南室大室都是宗庙里的宗室，是祭祀之所，南室可能如金文南门之例是在南边的，它在正室（恐是大室）之南，大室背北向南。[1]

我个人以为陈氏的论断，卜辞中的宗庙寝室都像四合院式的建筑是不可尽信的。卜辞是王室的刻辨。我们曾在甲骨文集中出土地的小屯村北地，发现了50多座，也应属于王室建筑物的夯土基址。它们上面的建筑物有的似是居住之所，有的似是祭祀之所。但是只有乙组的第13、15、16、18、19、20号六座基址似是构成一个四合院式[2]，但还不能确定，因为它的东边情形并未全掘出，北边又紧接着11、12号两基址。其余的基址没有一处有四合院式的布局，也没有一个基址本身的长宽度或残存的桂础柱穴等可有四合院式建筑。但是我们也不能据此而否认殷代之可能有四合院。例如殷代或殷周之际的金文便有被人视为家字之初文的字似是一个四合院式建筑的象形字。[3]虽然殷代可能有四合院式建筑，但也不能断定卜辞中的宗庙寝室都是四合院式。陈氏所举的寝有东西寝之称，对这一问题并没有决定性的作用。卜辞中寝字之所指，是否如后世所谓大寝小寝或如所谓庙后的居室，在卜辞本身是不能确定的。因而东寝西寝，虽然可能是四合院中的东西房，但也可能是在东方与西方的四合院，或非四合院而位置在东方西方的住处。例如在小屯村北地所发现的殷代建筑物基址的甲组，共有15个基址，大概都是住处的遗迹，内中便有10个的长径南北

① 陈梦家：《卜辞综述》，第473~481页。

② 石璋如：《小屯》第一本乙编《殷墟建筑遗存》，插图四。

③ 马叙伦：《读金器刻辞》，第17页。

向，它们上面建筑物都应该是门向东西开的东西房而不是四合院遗址。卜辞中的大室即便非整个建物之称如《考工记》中夏后氏所称之“世室”，但是也不见得便是陈氏所推想的南室以北的正室。假如我们认为大室为亚形建筑物中央之大室亦即卜辞之中室，南室东室即由大室向南向东凸出之室，比陈氏所说的要文从字顺一些。此外卜辞中有藏主之所称为亚亦是值得注意的。亚字在甲骨文中有六种用法[①]，但何以其一为藏主之所？又殷末或殷周之际的金文所常见的亚形，也有人以为它是表示当时的宗庙形状[②]，这些都是颇堪玩味的问题。

我们在小屯村北地的发掘，共发现了殷代建筑基址53个。没有一个在平面形上或在残存的柱础排列上像亚形建筑物的遗存，也没有几个基址在布局上构成亚形的。只有乙七号基址在上面下面都有人兽的殉埋，在南面有人兽车马的殉埋[③]，在性质上与西北冈大墓相同，与其他基址不同，我个人认为它很可能是殷人宗庙的一个基址。但是它的表面已经被后世破坏得很厉害，经我们发掘所揭开的面积，也仅是它的小部分，对我推想殷代宗庙有作亚形的建筑，不能有决定性的作用。

总之在卜辞中关于殷代建筑的记载和殷墟所发现的建筑物之基址，对于地下的亚形木室是地上宗庙明堂象征建筑的推断，都得不到积极的证明。不过卜辞仅是殷代王室的局部生活的实录，文句又像电报式的简短，并且经过了三千年来的毁灭，我们现在所能见到的有如断烂朝报。田野考古虽然有殷代建筑物基址的发现，不过都经过了后世的破坏，并且在广大的殷墟范围之内多年来所发掘的地方仅占极小的一部分。这两项资料对于殷代建筑问题，现在只能说明殷代有什么，还不足证明殷代没有什么。

（选自《历史语言研究所集刊》第39本下册，1969年）

---

① 岛邦男：《殷墟卜辞研究》，第461~462页。

② Hansford. S. H. *The Seligman Collection of Oriental Art*，第45页。

③ 石璋如：《小屯C区墓葬群》，《历史语言研究所集刊》第23本下册，1952年版。

刘敦愿与《饕餮（兽面）纹样的起源与含义问题》

经典导读

刘敦愿（1918—1997），湖北汉阳人。自幼喜爱绘画，1939 年，在昆明考入国立艺术专科学校西画科，学校迁至四川巴县（今重庆巴南区）磐溪期间，定期到隔江相望的国立中央大学旁听丁山讲授的“商周史”和“史学名著选读”两门课程。1944 年毕业后，在四川省图书馆工作，还担任过小学教员。1945 年，在迁居成都的齐鲁大学旁听考古学家吴金鼎讲授的“田野考古学”课程，开始学习考古学的基础知识。1947 年，经丁山推荐，受聘到青岛山东大学中文系任教，同时协助丁山的研究工作。1953 年转入山东大学历史系任教，随即赶赴洛阳参加烧沟汉墓发掘，从此与考古结缘。从 20 世纪 50 年代至 60 年代，先后调查了青岛、日照、五莲、即墨、临沂、胶县、济南、曲阜、滕州、泰安等多处早期文化遗址。1972 年，创建山东大学历史系考古专业，任考古教研室主任，先后组织并参加了泗水尹家城、日照东海峪、临淄齐故城等遗址的发掘。1977 年后，进入研究高潮，先后发表论文 60 余篇。论文选集《美术考古与古代文明》，涵盖了美术考古、田野考古、将文献与考古结合的古代史研究等，尤其在美术考古方面，广受学术界好评。

《饕餮（兽面）纹样的起源与含义问题》发表于《考古与文物》1982 年第 3 期，原题为《〈吕氏春秋〉“周鼎著饕餮”说质疑——青铜器兽面纹样含义之探索》，是刘敦愿“青铜器装饰艺术与纹样母题研究”中的一篇成果。

《饕餮（兽面）纹样的起源与含义问题》从《吕氏春秋·先识览》"周鼎著饕餮，有首无身"的记载说起，首先从这类纹饰的构图结构特点入手，再现商周青铜器变化多端的各种兽面纹样，主要是虎、牛、羊、鹿等动物的正面头像，考证了周代铜器上的兽面纹即所谓的"饕餮纹"。继而结合传世和考古发现材料，论述了这种纹样不仅见于周代铜器亦见于商代铜器，考古发现更可前推到龙山文化和良渚文化的陶器、玉器上，"较早是兽面纹样主要见于玉器上"，可见其起源甚早。

以"饕餮"来称呼兽面，是宋代金石学家运用文献与实物相结合的方法研究古代青铜器的成果之一。文章指出，如果认为"饕餮著之鼎彝的目的仅仅在于惩戒贪暴，恐怕也是不可以的"。至于这种纹样的含义，刘敦愿从三方面指出其疑点，认为它并不像《吕氏春秋》等说得那么玄奥，深不可测。从其"起源古远，运用普遍"来看，应该是人们尊崇信赖的对象；从其多见于商周贵族阶层所用的"重器"之上来看，不可能是古籍所云"缙云氏之不才子"的"四凶"之一，其作用也不会是所谓的"戒之在食"；从民族志材料来看，这种所谓"有头无身"的构形，很可能是古代某些地区居民流行的、在门户上安装用以"避邪驱魔"的"兽头骨角"的艺术表现。总之，这种被称为"饕餮纹"的兽面纹，"应是象征威猛、勇敢、公正等，用意明确简单，未必含有《吕氏春秋·先识览》'周鼎著饕餮'云云的那么一套神秘复杂的故事"。

《饕餮（兽面）纹样的起源与含义问题》一文摆脱了宋人依据《吕氏春秋》只言片语对青铜器"兽面纹"作出的"象饕餮以戒其贪"的旧说的局限，所提出的结论在今天看来仍然可以讨论，学界对此确实有不同的解说，但刘敦愿独到的方法和审慎的态度开辟了一条独具特色的研究道路，他将文献、文物、考古学、民族学结合起来，对于研究考古图像和相关文物，无疑是有启发意义的。

—— 延伸阅读文献目录：

1. 刘敦愿：《谈谈中国古代青铜器艺术中牛的纹样问题》，《考古与文物》1984 年第 5 期。
2. 山东大学考古学系编：《刘敦愿先生纪念文集》，山东大学出版社 1998 年版。
3. 刘敦愿：《美术考古与古代文明》，人民美术出版社 2007 年版。

4. 刘敦愿：《刘敦愿文集》，科学出版社 2012 年版。

（李伯谦 撰）

—— 原文：《饕餮（兽面）纹样的起源与含义问题》

经典原文

饕餮（兽面）纹样的起源与含义问题

刘敦愿

中国古代装饰艺术中的纹样母题，大多有名称与含义，这在《吕氏春秋》一书中，记述尤其明白。例如：

周鼎著饕餮，有首无身，食人未咽，害及己身，以言报更也。（《先识览》）

周鼎著象，为其理之通也。（《审分览·慎势》）

周鼎著倕而龁其指，先王有以见大巧之不可为也。（《审应览·离谓》）

周鼎有窃（一作穷）曲，状甚长，上下皆曲，以见极之败也。（《离俗览·适威》）

周鼎著鼠，令马履之，为其不阳也。（《恃君览·达郁》）

共凡五见。作者吕不韦及其门客，生活于战国末年，去古不远，因此他们的说法具有相当的权威性，长期受到重视。中国古代青铜器上的兽面纹样，运用最为普遍，沿用时间也最为长久，曾经居于很重要的地位。因为只是一个兽面，就好像是“有首无身”，因此，从宋代开始，金石学家们就以饕餮来命名兽面纹样了。例如吕大临《考古图》的描述，“祭鼎，文作龙虎，中有兽面，盖饕餮之象”，并引《吕氏春秋》与《春秋左氏传》云云以为证（卷一，页五）；又王黼《博古图录·总说》，说古代铜器纹饰有的像“饕餮以戒其贪”，“然历代之鼎，形制不一，有腹著饕餮，而间以雷纹者，父乙鼎，父癸鼎之类是也”等。自此以后，这个名称一直沿用到了今天。

20世纪以来，考古发现的丰富与研究工作的深入，使我们知道饕餮不仅是周鼎所著，而且也是商鼎所著；不仅是以殷墟文化为代表的晚商时期盛行（见图22.1），而且以二里岗文化为代表的早商时期也已盛行——二里岗文化时期，

1~2. 羊　3~4. 牛　5. 龙　6. 虎　7. 鹿　8. 人面

图22.1　商周时期青铜器上的兽面及人面纹样

青铜器装饰艺术还处于较幼稚的阶段，装饰纹样的种类很少，形式也比较简单粗放，但饕餮纹样的应用已很广泛，它往往以层带形式装饰于鼎、鬲、斝、爵等礼器上，因此地位更显得十分突出。近20余年来，二里头文化的发现，为寻找夏文化提供了可能，尽管目前在这方面还有许多争论，但其中一定也包含有夏文化，那是没有问题的。二里头文化已有青铜器出土，但数量少，形制简单，其上还未发现纹饰体现中国青铜时代黎明时期的特点；饕餮纹样在二里头文化铜器中，虽然未曾发现，但在玉、石器中还是见到过的——最初发现刻于玉柄饰边隅，后来又发现于铜牌上，用绿松石拼嵌而成[①]（见图22.2）。

图22.2　河南偃师二里头遗址出土绿松石镶嵌铜牌

如果我们更向前探索，这种纹样在原始艺术品中已屡有发现。1963年，山东日照两城镇龙山文化遗址出土了一件薄制的玉锛，制作精美，在玉锛上部的正反两面，都以流畅的细线刻镂了一个兽面形的图像（见图22.3）。由于艺术造型方面的变化太大，已经分辨不出是什么动物，但双目部分却十分突出，应是兽面纹样[②]。两城镇龙山文化缺乏碳十四鉴定方面的根据，年代应与邻近的胶县三里河龙山文化层相去不远，估计也应是公元前两三千年代的遗物，时代至

① 中国科学院考古研究所二里头工作队：《偃师二里头遗址新发现的铜器和玉器》，《考古》1976年第4期，第262页，图6-1，玉柄形饰的“粗节有单线或双线的兽面纹，……（细节）末端用线刻和浮雕法琢成兽头形”。按，二里头遗址后来又先后在墓葬中出土了两方铜牌饰，穿有四孔，以绿松石拼嵌出兽面，双目圆大，口、鼻依稀可辨，其一尚见角、耳之形，此类兽面牌饰均放置于死者当胸之处，显系缀于衣之护符性质之物。分详《考古》1984年第1期，第37~38页；1986年第4期，第320~321页。

② 发现经过详拙作《记两城镇遗址发现的两件石器》，《考古》1972年第4期。

少也应与夏代相当①。古代一般的动物纹样，最初可能是比较写实的，后来才逐渐几何形体化，而且早期可能是绘制或雕刻在普通易于着手的物质上面（如陶器或木器之类），只是在流行之后，公认为重要的纹样，才有意识地移植到像玉这样坚致珍贵的物质上去。因此可以设想，这件玉锛上所见的兽面，还不是最原始的形式，其起源可能还要提前。

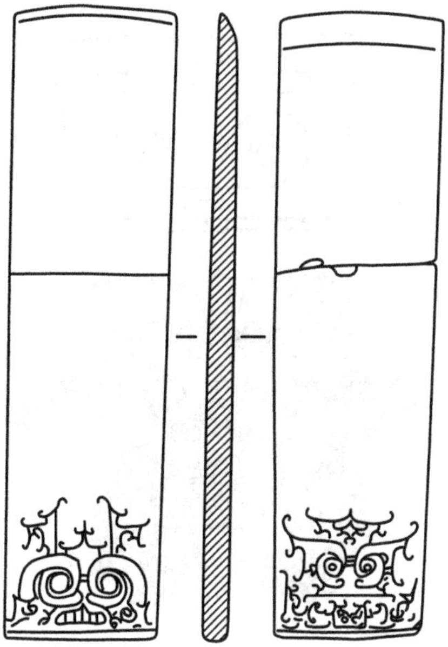

图 22.3　山东日照两城镇出土玉锛

在江南地区的新石器晚期文化，青铜文化的玉器及陶器上也曾有类似的发现（见图 22.4）。如 20 世纪 70 年代发掘的江苏吴县草鞋山良渚文化墓地，出土大量玉器，其中大、中、小型玉琮上，都刻有以云雷纹为衬底的兽面纹样，有的还在这方柱形的四个平面上作横的与纵的连续排列（见图 22.5）。出土玉琮的第 1、第 198 号墓，据他处同类型地层遗物辗转推定，绝对年代都在 4 000 年前，早于商代 500 多年②。这些玉琮上的兽面，一如方才提到过的，也仍然不会是最原始的形式，从经常见于玉器，而且如此密集地加以运用，说明江南地区这种纹样曾经相当流行。兽面纹样的运用，如果留心观察，不仅在中国，而世界他处也不乏例证，偶尔翻检古希腊瓶

① 关于山东胶县三里河龙山文化的绝对年代问题，根据第 214 号墓人骨，碳十四测定为距今 3 845±14，即公元前 1895 年前后；又，第 2124 号墓葬人骨为距今 3 555±80，即公元前 1605 年前后，详中国社会科学院考古研究所实验室：《放射性碳素测定年代报告》（六）与（七），《考古》1979 年第 1 期与 1980 年第 4 期。

② 南京博物院编：《江苏草鞋山遗址》，《文物资料丛刊》1980 年第 3 期，第 12 页，图 23~24，图版 3–1。又，汪遵国：《琮璧在中国古代文化中的地位》，江苏省考古学会、博物馆学会 1980 年年会论文，待刊。此项琮璧年代，根据出土物相同的嘉兴薛幕桥古井与金山亭林遗址出土木板、树干测定，绝对年代分别为距今 4 328±145 与距今 4 200±145 年，证明草鞋山“两墓出土的琮璧，其绝对年代都在四千年前，早于商代约五百多年”。

图 22.4　良渚文化玉器兽面纹样

图 22.5　江苏吴县草鞋山出土刻划兽面纹玉琮

绘资料，“周鼎著饕餮，有首无身”之像，也赫然存焉[①]（见图 22.6）；不过在良渚文化与商代就已特别盛行，形成一种文化传统罢了。

图 22.6　古代希腊瓶绘

① 如张道一编：《外国图案选》（南京：江苏人民出版社 1982 年版）图 151，“勇士的决斗”一图的正中有一人面；雷圭元、李琪编著：《中外图案装饰》（北京：人民美术出版社 1985 年版），“卡德莫斯和龙”一图的勇士盾牌画有巨大兽面。

从上述两城镇、草鞋山等地的发现来看，较早的兽面纹样主要见于玉器上，分布在东部沿海地区，在时间上早于商代。过去，由于资料的不足与科学发掘的稀少，因此对于中原以外地区的发现抱怀疑的态度，尤其是江南地区的新石器文化，每有与商周青铜文化相类似的因素发现时，往往都是以商周为定点，认为江南接受的是来自北方的影响，并借此断定它相应的年代。近些年来，江南新石器时代遗址、墓葬发掘工作日益深入与系统，资料的累积与碳十四断代方法的运用，逐渐改变了长期形成的偏见，使人们认识到，江南的史前考古文化与北方同样古老，并具有种种地方特色，包含一些先进的因素与成就。因此，北方青铜器上的兽面纹样，来自东部沿海地区，或者就是来自江南地区，那也完全可能，而且是符合社会的发展规律的。因为从原始氏族公社发展成为奴隶制国家，固然要以特定地区的某些部落作为骨干力量，但随着时间的推移，在这个发展过程中，必然要吸收各地区、各民族的各种创造发明，以及文化艺术方面的优秀成果；否则，古代文明也就无从见其性质的先进与内容的丰富了。

以“饕餮”来称呼兽面，是宋代金石学家运用文献与实物相结合的方法研究古代青铜器的成果之一。他们不仅注重名物制度与金石刻辞，而且也兼顾到了装饰纹样，就以今日两存并用的“饕餮”“兽面”两词而言，也都是宋代所创始的。这在当时的历史条件下，的确难能可贵（甚至清代的金石学家也没有做到），应该予以充分的肯定。饕餮纹样根据《吕氏春秋》为说，也是对的，因为作者去古不远，而所生存的环境仍是钟鼎彝器在社会生活中居于重要地位的时代，以吕不韦的政治地位与势力，他之所见所闻应很广博，因此，他的说法自然具有较大的权威性。但是，如果我们与之相比较，时代虽然晚了 2 300 余年，但由于现代考古的优越性，只就所见所闻的广博性来说，我们的权威性早已远远地超过了他们。《吕氏春秋》每每以周鼎所著为说，如果《先识览》所谓“饕餮”就是兽面纹样的话，我们所知，就不仅是周鼎所著，而是商鼎所著，唐虞之世的圭琮所著；“周鼎著 ×”云云，正见他们知识的局限性。其次，所论青铜器纹饰及其含义，牵强附会的地方很多很多。象纹商周常见，一定象征着某种自然的或社会的力量，有待查考，但如何“为其理之通也”，也实在无法理解；“窃曲”一词，今日考古学上还在应用，但究竟指的哪种纹样，各家说法不同，一般以它称呼西周春秋青铜器上的那种无以名之的纹样，这也是约定俗成，以古为贵，并无严格的科学意义，况且“上下皆曲”，又何以见得就是“以见极之败也”？至于倕之“自龁其指”，以及马之履鼠，在已出土的数以万计的铜器中，又有谁曾见过？[①] 姑且不论它们的含义是所谓“有以见大巧之不可为也”，还是“为其不阳也”，这两种都不知是附会什么铜器纹样而妄作的推论。此外，周鼎所著各种纹样，除了象纹，其他的，《吕氏春秋》都没有说过它们的任何好话，好像“铸鼎象物”纯粹就是为了“垂鉴后世”，这也是在美化古人而与历史事实不相符合的。

现在我们再来专门谈谈饕餮一词的使用问题。饕餮也如窃曲一样，如果约定俗成，已成习惯，只就运用方便而言，那自然是无可无不可的，但如果认为它就是“缙云氏有不才子”的饕餮、“四凶”之一的写照，著之鼎彝的目的仅仅在于惩戒贪暴，恐怕也是不可以的。这方面的疑点很多：

第一，如上面所介绍的，这种“有首无身”的兽面纹样，起源古远，运用普遍，应该是一种人们所尊崇所信赖的善灵，而不应是一种人们所憎恶所畏惧的恶煞。对于后者，古代仍然也要加以安抚，不能得罪，“敬鬼神而远之”地把它们放在次要的或附属的地位，不能像商周铜器装饰那样，居于主要部位，反复运用。

第二，《左传》描写饕餮的品性是“贪于饮食，冒于货贿，侵欲崇侈，不可盈厌，聚敛积实，不知纪极，不分孤寡，不恤穷匮，天下之民，以比三凶”（文公十八年）。“饕餮”一词成为后世的一种恶谥，也由此而来。实际上，道德标准也不是永远固定不变的，而是随时代与社会的不同，常在变化中的。从史前到文明，从部落到国家，战争的频繁与剧烈是经常性的社会现象，早期的王、侯、卿、大夫率多是军事统帅与将领，广大的士阶层也都是武士而非文士。因此，我们怎么可以想象，在作为国家“重器”的鼎彝，以及进行战争的兵器甲胄上面，以饕餮这种恶灵作为主要纹饰，违背自己的信念与情欲，而念念不忘地警惕自己“戒之在贪”呢？

第三，如果从装饰艺术表现方法本身及其发展来看，“周鼎著饕餮，有首无身”的说法，更是没有根据。关于这个问题，这里准备多说几句。

---

① 容庚：《商周彝器通考》第6章“花纹”注，引王士祯《池北偶谈》（十四：七）“云祁县戴枫仲（廷栻）……有天马鼎一，中凹处作马鼠形，或云《吕氏春秋》周鼎作鼠，今马履之，据此当是周物”，容氏引此可能认为于事不无可能，想也失于轻信。

兽面纹样虽然见于原始艺术，但更原始的，具有写实风格的作品还未发现，因此资料最丰富的自然要算商代青铜器上的装饰艺术（西周中期便开始衰微了）。兽面纹样，商代早期与晚期相比，除艺匠方面有粗与精、拙与巧、简单与复杂的差别，以及彼此间存在着继承与发展的关系而外，最重要的一个不同点是，早商的兽面虽然双目大而突出，却难辨出它是何种动物，而晚商与西周初期的兽面则不然，大多是可以辨认的。如食草兽有牛、羊，个别的有鹿；食肉兽则有虎，想象的动物有龙，个别的还见人面，十分明确。它们的形象也很普通，并无其他什么神异的表现，因此把它们与饕餮这种神话动物或灵怪等同起来，是不大好解释的；对于虎类或者尚有可说，说牛、羊与鹿也是如此，那是很困难的。

晚商时期的这些兽面图像，也大都是程式化了的，结构大同小异，但根据这种小异，还是能够把它们区别开来。例如牛角尖直而斜出，羊角作环状横置（见图 22.1：1、3）；羊与虎每每混淆，仔细观察，羊角一端圆钝，一端尖锐，而虎则把两耳移之额上，虽也作环状横置，但两端圆钝，是其差别所在（见图 22.1、22.2）。牛羊于双角之外，头部还有榆叶状的双耳，虎既双耳上移，当然是不会再有这种双耳的了。即使是牛羊本身，各自还可以有些区别，如牛还有双角上弯、角端内向的，羊角还有成横“S”形的等（见图 22.1：2、4），不一而足。

这种种兽面，所以“有首无身”，主要出于艺术表现方法的需要，并没有其他复杂的原因，尤其没有宗教、神话方面的原因。我们完全可以从古代艺术品以及民间的剪纸、儿童的绘画中看到，表现兽类的侧面形象远比表现正面的容易，所以才侧面的常有而正面的罕见。甲骨金文中表示动物的象形字，以及铜器玉器上的动物纹饰大多如此便是例证；至于兽类正面形象，在商代晚期铜器上便曾做过尝试：有的虎纹左右明显地各有一足（见 22.1：6），汉画像石上便见这种四肢齐全的正面画虎（也见正面立鸟），很难美观，所以并不常有[①]（见图 22.7）。由此可见，兽面纹样在当时人心目中也是可以“有首有身”的，只不过表现既不易，效果又不好，因而不用罢了。对于有角的兽类，无论古代艺术、民间剪纸，还是儿童绘画，都喜欢画出对称的双角，因此甲骨、金文

①《山东汉画像石选集》图 384 与图 425。

图 22.7 山东汉画像石所见正面鸟兽形象

的象形字的创造者，索性就以它们头部的正面形象代表整体，反而能突出特点，如牛、羊二字便是；兽面纹样的创作，估计用意也是如此，不是“有首无身”，而是在“以首代身”，道理应是很明白的。

古代有关饕餮的神话，《左传》只说它强暴贪残，传东方朔著的《神异经》说它“其身如牛，是食人”，唯独《先识览》说它“有首无身”，显然是《吕氏春秋》作者“望文（纹）生义”，把极为普通的动物神秘化了，因而解释得牵强附会，也不减于他们所论的其他纹样。

用饕餮称呼兽面纹样既有上述疑点，为精确起见，似乎仍是称之兽面纹样为好。至于它的真正含义，则应舍弃旧说，另外寻求新的解释。

过去既然长期以饕餮命名兽面，因此许多著述都或多或少地接触到它的含义问题。据我有限的见闻，所论似乎集中在某种具体的动物，主要是羊与虎的研究方面①，兽面纹样所以广泛运用的一般的含义都没有探讨。我之所以说“一般的含义”，因为历史地进行考察，无论是新石器晚期兽面的不求形似，还是商代晚期的力求形似，而所用动物（其中包括人面）又多种多样，不拘一格，两者风格虽然截然相反，但共同之点在于重视的都是兽面本身，至于它用什么动物形象来作表示，似乎还不是首要的问题，这点倒是很值得我们重视的。

兽面纹样的起源，既然考古发现也只能追溯到龙山文化与良渚文化，在古代文献记载中，自然更难找到什么论述了；不过，古代文献中的某些民族学资料，却为此提供了一点可供参考的资料。《隋书·东夷传》有条记载很有趣，

① 例如：卫聚贤在《中国考古学史》（商务印书馆中国文化史丛书）中，认为青铜器上饕餮往往由双鸡相对组成一个羊面，鸡羊谐吉祥之意；丁山先生遗著《中国古代宗教与神话考》认为，《吕氏春秋》所说饕餮指的是另一种纹样，通常被认为饕餮的是一种“吉羊（祥）纹”，举了许多例证（详该书第 281~288 页）；近年来，中国国家博物馆石志廉同志所写《谈谈龙虎尊的几个问题》（《文物》1972 年第 11 期）与《战国小儿骑兽玉佩和猛虎食人玉佩》（《文物》1978 年第 4 期），认为饕餮即虎，饕餮之食人，即虎之食人，这类图像“是反动统治阶级美学趣味的反映和心理状态的写照”，所论只限于虎，而且是铜器中虎人组合的那种纹样。

很值得我们重视——《东夷传·流求国》条记述古代台湾土著居民的原始公社生活相当翔实，尽管这个时期大陆上已是封建社会的兴盛时期，而这个岛域上还在使用石器进行垦殖，盛行猎头及其他种种落后的习俗，并说当地“人间门户上必安兽头骨角”，但未言用意所在。这种安置在门户上的“兽头骨角”，应该就是兽面纹样的一种原始形式，目的在于避邪驱鬼，以求家人生命财产的安全吉利，近、现代民间风俗中还有类似设施（后详）；至于镌刻在玉器与青铜器上的兽面纹样，不过是这种安置在门户上的“兽头骨角”的复杂化与艺术化，后者只有单纯的原始巫术作用，前者则于此之外，已是很优秀的工艺美术品了。

史前时期所以采用门户上安置“兽头骨角”，后来又以兽面纹样的形式广泛地用来避祸求福，应该起源于人们对于兽类的深入观察与有关崇拜。人们在长时期的狩猎、放牧的活动中经常观察到，无论是食草兽还是食肉兽、野物还是家畜，在日常生活中与生存竞争中，遇到敌人的攻击，进行防御，或者相反，采用攻势，进行搏斗，以及发情期同类雄性的争夺雌性，总都是以头部正对前方，正对敌人——食草兽低首昂角，严阵以待，全神贯注；食肉兽则张牙舞爪，虎视眈眈，伺机而动。这种正面的姿态，既利于进攻，也利于退守，并且可以减少受到攻击的面积。因此之故，兽类头部的正面形象，以及它们殊死决斗的勇猛精神，一定经常地予人以极为深刻的印象，使人们从而受到启发，用之于原始巫术方面。在原始人的幼稚想象中，如果在门户上安置上“兽头骨角”，一定也会使神灵像兽类从事搏斗那样勇敢地保护自己身家财产的安全。在以后的发展中，为了取材的方便，以及认为更准确模拟兽类的头角可以取得更好的巫术效果，才采取艺术的手法进行描绘与塑造，于是兽面这种装饰纹样便逐渐出现了。进入青铜时代，商周奴隶主阶级的宗教与艺术继承了史前时期的某些历史传统，加以利用改造，使之为自己的神权统治服务，可能更附加了一些新的属性，情况虽然不详，估计无非是想说明“聪明正直为神”，神也无所不在，监临下民，叫人恭敬严肃，小心畏惧。兽面纹样之普遍见于鼎彝之类“重器”之上，居于如此显著地位，反复出现，或者就是为了这个原因。

青铜器兽面纹样的极盛是在商代，其后也就逐渐失去了它的权威地位，这说明随着社会与思想的进步，带有原始气息的种种宗教崇拜也就慢慢地受到淘汰。但是兽面纹样的应用并未从此绝迹，两汉魏晋的器物、门扉、棺椁的铺首、兽环，汉墓石楣上的羊头、石壁上的线刻或浮雕，都还是兽面纹样的延续；从近现代民间风俗来考察，兽面纹样也是不难见到的，不过兽面的种类，似乎只限于虎这一种。例如：旧日北京街头巷尾，每见竖有“泰山石敢当”之类避邪厌胜用的石碑，有的便刻有简单的兽面；京剧戏装武将腹甲，往往都以一个特大的兽面作为装饰；许多地区小儿鞋帽上绣有象征猫虎的兽面，民居门楣正中钉有木牌，其上贴有或画有人面的、兽面的神怪图像等，仍然保持着最基本、最原始的用途，应该都是古代兽面纹样的余波回响。这方面的资料相当丰富，但过去未曾注意征集，仅略举数例，借此请教于民族学、民俗学家。

根据出土文物、历史记载中的民族学资料，参照民间风俗，可以考见兽面纹样在中国古代发生既早，而延续的时间也特别长久，并形成商周青铜器装饰艺术的一个重要特点；以后虽然衰竭下来，但残迹若有若无，或隐或现，有如涓涓细流，始终未曾断绝，可以说是中国宗教与艺术方面一块“活的化石”。古今两相对照，可知兽面的安置，应是象征威猛、勇敢、公正等，用意明确简单，未必含有《吕氏春秋·先识览》“周鼎著饕餮”云云的那么一套神秘复杂的故事。

（选自《考古与文物》1982 年第 3 期）

安金槐与《再论登封王城岗龙山文化城址与夏代阳城》

经典导读

安金槐（1921—2001），河南登封人。1948 年毕业于河南大学历史系，1950 年 2 月入河南大学师资培训班学习，9 月结业后调入省文物管理委员会工作。1952 年参加全国考古工作人员培训班，在郑州二里岗商代遗址参加田野考古发掘实习。先后任河南省文物工作队副队长、队长，文物考古研究所所长、名誉所长。1996 年，参加国家“九五”科技攻关重大项目“夏商周断代工程”，任“商前期年代学研究”课题组组长。

20 世纪 50 年代初，安金槐主持郑州商代遗址的发掘工作，并提出郑州商城为商代“隞都”的论点，开创了商代考古的新局面。20 世纪 60 年代，首次发现了原始瓷器并进行深入研究，提出了我国瓷器起源于商代的学术论点，把我国瓷器的起源历史由东汉提早了 1 500 多年，引起了国内外文物考古界和陶瓷界的关注。20 世纪 70 年代中期，主持登封王城岗遗址的发掘，发现了龙山文化古城址，提出了该城址为夏代禹都阳城的论点。此外，参加或主持过信阳三里店、密县（今新密市）打虎亭汉墓、新郑郑韩故城、洛阳含嘉仓等新石器时代、青铜时代和历史时期多处遗址的发掘。

安金槐研究范围广泛，主要集中于中国新石器时代和夏商时期考古，是郑州商城“仲丁隞都说”和登封王城岗龙山文化城址“禹都阳城说”的倡导者。他著作等身，主编或组织编写出版了《郑州二里岗》(1954)、《中国石窟：巩县石窟寺》(1989)、《密县打虎亭汉墓》(1993)、《登封王城岗与阳城》(1992)、《郑州商城：1953—1985年考古发掘报告》(2001)等10余部专著，有《郑州商代城内宫殿遗址区第一次发掘报告》《豫西夏文化初探》等130余篇考古报告、简报、论文，其主要论文结集为《安金槐考古文集》(1999)。

《再论登封王城岗龙山文化城址与夏代阳城》是1990年提交美国洛杉矶“夏文化国际研讨会”的论文，收入《安金槐考古文集》。从文章题目即可知道，它是对1977年“登封告成遗址发掘现场会”即第一次夏文化讨论会上提出的，1983年提交中国考古学会第四次年会论文《试论登封王城岗龙山文化城址与夏代阳城》首次论证的王城岗龙山文化城址“禹都阳城说”的补充、完善和进一步论证。

登封县告成镇附近应是在河南豫西探索夏代阳城的重要地区之一，在这里找到和证实了东周阳城和王城岗城址，这里发现的东周阳城为王城岗城址可能是夏代阳城遗址作了重要的佐证。

文章第一部分，论证了王城岗城址所处地理位置与有关文献记载的禹都阳城地望的契合，说明王城岗城应是豫西龙山文化中晚期的一座都城遗址；第二部分从王城岗城址所处当地考古学文化发展谱系的龙山文化中晚期时间段及其诸多特征论证其与早期夏文化的对应关系，从7个方面展开论证，认为王城岗城处在豫西地区的龙山文化中晚期，应是属于夏代初期的城址；第三部分从距王城岗龙山文化城址不远、文献记为韩国阳城出有“阳城仓器”陶文，佐证当地“阳城”一名渊源有自，王城岗龙山文化城址即文献所记禹都的“阳城”，当与此有关。

司马迁《史记》“殷本纪”前面是“夏本纪”，因有殷墟甲骨文的发现，证实了“殷本纪”之可信。殷商王朝是灭掉夏王朝而建立的，既然殷商历史可信，夏王朝的历史也绝不会子虚乌有。20世纪20年代以野外调查发掘为特征的近代考古学传入我国以后，从考古学上寻找夏文化就是考古学家心目中一项特有的任务。河南偃师二里头、登封王城岗、山西夏县东下冯等遗址的发现，都是围绕1959年徐旭生豫西晋南夏墟调查计划开始的夏文化探索的成果。虽然迄今尚无夏代文字的发现，不像殷墟那样因有甲骨文出土而得到确证，但正像此文论证的那样，从各方面综合分析，王城岗龙山文化城址为“禹都阳城”的可能性是很大的。

—— 延伸阅读文献目录：

1. 安金槐：《试论登封王城岗龙山文化城址与夏代阳城》，《中国考古学会第四次年会论文集》，文物出版社 1983 年版。

2. 安金槐：《试论豫西地区龙山文化类型中晚期与夏代文化早期的关系》，《夏文化研究论集》，中华书局 1996 年版。

3. 安金槐：《豫西颍河上游在探索夏文化遗存中的重要地位》，《考古与文物》1997 年第 3 期。

4. 安金槐：《安金槐考古文集》，中州古籍出版社 1999 年版。

5. 王巍主编：《考古学卷》（第一分册），钱伟长总主编：《20 世纪中国知名科学家学术成就概览》，科学出版社 2015 年版。

（李伯谦 撰）

—— 原文：《再论登封王城岗龙山文化城址与夏代阳城》

经典原文

再论登封王城岗龙山文化城址与夏代阳城

安金槐

根据大量文献资料记载和古今众多学者考证，多认为在中国历史上的商代之前有一个夏代，这应是完全可信的史实。

夏代是中国历史上的第一个朝代。它是长期定居在黄河中下游的中原地区的夏部族，在经过原始氏族社会发展阶段之后，随着社会的发展和生产力的提高，原始氏族部落的组织形式已不能适应社会发展的需要，于是夏部族就通过部族与部族间联盟形式，以中原地区为中心建立起来了第一个由夏王朝统治的奴隶制国家。

关于夏王朝在中原地区统治的中心区域，根据有关文献记载和考证，多认为是在现今的河南豫西和山西晋南一带。并且在这两个地区，都有着许多有关夏王朝都城遗址所在地望和活动事迹的记载与传说。其中有些已被考古发掘工作所证实。所以河南豫西和山西晋南一带，就成为当前探索夏代物质文化遗存进程中的重点地区。其中关于夏王朝在河南豫西一带的主要活动区域，多认为应是在以现今登封县境内的中岳嵩山为中心及其周围的伊、洛河流域和颍、汝河上游地区。并且在该地区内曾有一些关于夏王朝都城所在地望和夏族活动情况的文献记载与传说。如《国语·周语上》载："昔伊洛竭而夏亡，河竭而商亡。"又如《尚书·序》载："太康失邦，昆弟五人须于洛汭。"又如《史记·夏本纪》载："夏桀之居，左河济，右泰华，伊阙在其南，羊肠在其北。"这些都是说夏王朝在伊洛河流域的活动情况。再如《国语·周语下》载："昔夏之兴也，融降于崇山。"韦昭注："崇，高山也，夏居阳城，崇高所近。"一般认为崇山即嵩山。关于夏代"阳城"地望的记载，如《古本竹书纪年》说："禹居阳城。"《世本》说："禹都阳城。"《孟子·万章上》说："禹避舜之子于阳城。"《史记·夏本纪》又说："禹辞辟舜之子商均于阳城。"说明夏代确有"阳城"，并且夏代阳城又多是和夏代早期的第一个王——夏禹王有着密切的联系。关于阳城的地望，多说就在现今中岳嵩山之阳的颍河与五渡河相交汇处的河南省登封县告成镇附近。如《史记·夏本纪·集解》引刘熙曰:“今颍川阳城是也。”(颍川郡治在今告成镇南的禹县境内)《水经注》卷二十二在谈到阳城地望时说:“颍水又东,五渡水注之,……其水东流南阳城西……昔舜禅禹,禹避商均,伯益避启,并于此也。”《括地志》也说:“阳城在箕山北十三里。”这些有关阳城地望的文献记载和考证,基本和现在登封县告成镇的地理环境相吻合。同时从告成镇附近地面上的考古调查材料获知,这里也确有相当丰富的古代文化遗存。其中与探索夏代文化遗存有关的龙山文化中晚期遗存和二里头文化遗存,在王城岗一带也多有保存。因之,我们认为告成镇附近应是在河南豫西探索夏代阳城的重要地区之一。于是河南省文物研究所从1975年起,即以告成镇附近一带为重点,展开了全面的考古勘察和重点的试掘与发掘工作。首先在告成镇北地一带,找到和证实了东周、春秋、战国时期的阳城遗址(以下简称“东周阳城”),继而又在告成镇西北的王城岗上,发掘了豫西龙山文化类型中晚期城址(以下简称“王城岗城址”)。这两处城址的发现,绝不是偶然的巧合,而应是有关夏代的文献记载与考古发掘材料的紧密结合。所以我们认为在这里发现的东周阳城为王城岗城址,很有可能就是夏代阳城遗址作了重要的佐证。

一、王城岗城址的地理位置与保存状况

王城岗城址所在的登封告成镇一带,位于中原地区的中部,是西部来的嵩山余脉和豫东大平原相交汇的浅山区。由告成镇向东南沿颍河而下,出“石羊关”约15公里入禹县境,便和豫东南的大平原相接壤。传说中的“禹都阳翟”和“启会诸侯于钧台”的地望,都在现今禹县境内;从告成镇西北去,沿嵩山南麓,过“轩辕关”,就是伊洛河川的洛阳与偃师。有人认为可能是夏代晚期都城遗址的偃师县二里头文化遗址和新发现的偃师商城遗址,距登封告成镇都是40多公里。所以登封告成一带在当时也应是一处重要的地方。

登封告成镇一带,是属于颍河上游的一个面积较大的河川盆地,比较平坦的地区约8平方公里。它南靠箕山,北面是由嵩山南麓伸延下来的丘陵地。由西流来的颍河和东北来的石淙河以及北来的五渡河皆在此相汇合东南流,形成

告成镇一带为群山丘陵环抱、河流纵横、土地肥沃、气候温和、物产丰富的富饶盆地，是很适宜古代人类从事生产劳动的地区之一。所以，从很早的古代起就有人在这里定居和生产。据初步调查和发掘材料获知，告成镇附近的古代文化遗存，计有新石器时代早期的双庙文化遗存和裴李岗文化类型遗存。新石器时代中晚期的仰韶文化、龙山文化早期遗存，以及龙山文化中晚期、二里头文化、商代二里岗期、商代晚期、西周、春秋、战国、汉代，直至唐宋时代的各期文化遗存，真可称为是中原地区古代文化发展序列的缩影。因而，夏代建立起奴隶制国家后，在这时的王城岗上修筑城址不是偶然的，而应是为了夏王朝政治、经济、军事等方面发展的需要。

王城岗位于告城镇西北约 0.5 公里的五渡河西岸，南约 300 米便为颍河，现存面积 1 万多平方米，其地势略高于周围地表 2~3 米。当地群众就把这片较高的地方习惯地叫作“王城岗”。这应是当地群众久传下来的古老地名。而我们也正是在当地群众传说的王城岗范围内，发掘出了两座东西相连的龙山文化中晚期夯土城垣遗址。我们认为这也绝不是偶然的巧合，而是当地群众久传王城岗上有夏代城址并被考古发掘所证实。

王城岗城墙的地面以上部分，过去曾遭到了严重损毁，所剩多为夯土城墙的基础槽部分。东城的大部因长年被五渡河冲刷损毁，仅残存城垣的西南角部分，即东城的西墙南段残长约 65 米和南墙西段残长 30 多米，两墙相交汇的东南角为 90°，其内角呈凹弧形，外角凸出约 2.5 米，似为西南城角外的“马面”设施。至于东城的范围有多大，已无法确定。但是据当地群众反映，五渡河原在现在河道之东约 600 米处，因历年的山洪暴发与河水冲刷，致使五渡河的河床屡经变迁西移，才形成今天河道的位置。经我们对五渡河床的实地勘察，证明群众的反映是正确的。这就清楚地说明原来的五渡河靠东的西岸距现今的五渡河西岸约有 500 米。如果东城的原有东城墙也是靠近原来的五渡河西岸修筑的话，那么东城的东西长度，以残存的西南角计算也会有三四百米长。东城平面按方形计算，城内面积也会有 10 万平方米左右，已经是相当大的城址了。王城岗西城是紧靠东城西面修筑的。西城的东墙就是利用了东城的西墙，西城的南墙和东城的南墙走在东西向的一条直线上。西城的西墙与北墙则是和西城的南墙同时所筑。在已知西城的西南角和西北角，也都是 90°，并在每个角的外侧也都有凸出的“马面”设施。并在西城的南墙东端有一段长约 10 米的缺口，似为城门设施。西城的范围较小，其中西城墙长约92米，南城墙长约82.4米，北城墙东段因被山洪冲毁，只剩西段长约29米。西城平面近方形，城内面积约1万平方米。

城墙的筑法，都是在拟筑的城墙下面，先挖出一条与城墙走向一致的口部略宽于底部的斜壁平底基础槽，其中保存较好的城墙基础槽以T23内的基础槽为例，口宽4.4米，底宽2.54米，深2.04米。槽内夯土都是分层夯筑，每层厚约10~20厘米。在每层夯土的面上，都有大小和深浅不等的夯杵窝印痕，从印痕看似用河卵石作为夯具夯筑而成。夯土的成分比较纯净，但也包含有少量龙山文化中期的陶片和残石器等遗物。根据叠压与打破城墙的文化层与灰坑看，时代最早者属于豫西龙山文化晚期。结合城墙夯土层内包含的陶片来看，东、西两城的时代都是属于豫西龙山文化中晚期。

在王城岗城址内，遍布着龙山文化中晚期文化层与灰坑，其中以西城内残存的各种遗迹和遗物较为丰富。已发掘出来的龙山文化中晚期的遗迹有：夯土建筑基址、奠基坑和灰坑等。夯土建筑基址虽然曾遭到了严重破坏，但夯土层保存最厚处还有深入现今地面下2米左右。基址的平面布局虽然已无法连接，但就集中在城内中西部较高处的夯土遗存来看，较大的夯土面积有四五十平方米，小片也有十几平方米。并且在不少夯土建筑基址下面，还发现有填埋奴隶骨架的奠基坑十几个。每个坑内夯土层的筑法基本和城墙的夯土层相同。奠基坑内的夯土层中，填埋的人骨有完整的人骨架或解肢的人头与躯体。其性别与年龄不仅有男女成年人，而且还有幼童。如在城内中西部夯土坑比较集中的一号奠基坑，是一个口径2.07~2.52米，底径2.82~2.94米，残深2.66米的圆形袋状坑，坑内由下至上残存有20层夯土，夯土层的厚度为8~24厘米不等，在靠下部的几层夯土层与夯土层之间，分别填埋了男女成年、青年与儿童的完整骨架7具。这些奠基坑显然是为了兴建大型宫殿夯土基址而进行的奠基遗存。

西城内发掘出龙山文化中晚期窖穴与灰坑的数量也是比较多的。其中大型袋状窖穴，多是分布在夯土建筑基址周围，有些还似成行排列。在窖穴与灰坑内出土了大量完整和能够复原的陶器、石器、骨器与蚌器，并且还出土1件青铜斝残片和一些羊卜骨。陶器中计有鼎、罐、甑等炊器，豆、碗、圈足盘、钵等食器，鬶、盉、斝、觚、杯等饮酒器和瓮、缸、盆、壶等盛储器，以及陶研磨器与器盖等。陶器多呈灰黑色与黑色，陶器表面纹饰以篮纹、方格纹与绳纹为主。其中壁薄、磨光的饮酒器制作最为精致。说明这些精致的饮酒器，绝不是一般人可以使用的，而很可能与居住在城内的统治者使用有关。特别是出土的青铜斝残片，更应是有权势的大统治者所能享用的。

鉴于王城岗龙山文化中晚期城址的出现，并在城内还发掘出有夯土建筑基址和奠基坑等遗迹，说明王城岗城址绝不是一般城址，应是豫西龙山文化中晚期的一座重要城址，也可能就是一座都城遗址。

二、王城岗城址所处的龙山文化中晚期与夏代早期的关系

这里所说的豫西龙山文化类型，虽然和周围地区的龙山文化有着许多的共性，如陶器都是以灰黑陶和黑陶为主，器表纹饰中皆以篮纹（有称条纹）、方格纹和绳纹为多，并有较多的石器、骨器与蚌器，但豫西龙山文化类型的陶器则有着它的明显地方特征，表现出它是在龙山文化发展阶段中，长期定居在河南豫西地区的一个族属文化遗存。并且从河南豫西龙山文化的地层叠压关系和出土的主要遗物特征来看，特别是其中的陶器与石器特征来看，它是直接承袭当地的仰韶文化晚期发展而来，并由豫西龙山文化类型又发展成为二里头文化。这三者是前后一脉相承的发展关系。虽然河南豫西龙山文化是承袭当地的仰韶文化发展而来，但是在龙山文化遗址出土的遗迹和遗物，则与仰韶文化有着很大的不同。

首先是表现在二者出土的主要农业工具的石铲、石刀等石器上，仰韶文化的石铲和石刀，很少有钻孔的现象，而龙山文化中晚期的石铲和石刀，绝大多数都钻有一个或两个圆孔，并在石铲的顶部中间还多有捆绑木柄的磨损痕迹。石铲与石刀上钻孔与不钻孔，在用途上有着很大的不同。就以钻孔石铲为例，有了两个钻孔，可以使石铲有着多种用途。如在石铲顶部捆绑上直木柄，可以作农耕翻土工具的犁和铲用，如绑上曲头木柄，则可作农耕中松土除草的锄用，如绑上横向木柄，还可作砍割农作物用。锄耕的出现应是农业生产的一次飞跃。钻孔石刀的出现，也应增加了石刀在农业生产上的多种作用。依此说明，河南豫西龙山文化类型中晚期，带孔石铲与石刀的出现，呈现出龙山文化

时期的农业生产较仰韶文化时期已有很大的发展，随着龙山文化中晚期农业生产的发展，必然促进社会的发展与变革。

二是表现在二者出土的陶器特征上，仰韶文化晚期的陶器，陶色是以红色为主，并有少量棕陶与灰陶，主要是在氧化焰中烧制而成；陶器的制法是以手制为主，部分经过慢轮修整；陶器表面纹饰是以绳纹为多，并有一些弦纹、划纹与彩陶；陶器的品种，主要是作炊器用的鼎、釜、罐、甑，作食器用的豆、钵和作盛储器用的瓮、盆、罐、缸、瓶，并有少数陶器座与器盖，基本没有饮器。而豫西龙山文化类型中晚期的陶器，则和仰韶文化有着很大的不同。陶色是以灰黑陶和黑陶为主，并有少量棕陶和用高岭土作胎的所谓“白陶”，红陶已基本不见，它应是在还原焰中烧制而成。陶器的制法，基本都是使用快轮制作，只有少数附件，如器耳、器鼻和鼎足等，是手制后粘贴上去的。陶器表面纹饰以篮纹、方格纹和印痕较深的绳纹最多，并有一些弦纹、划纹、镂孔纹。陶器的品种，除有作炊器用的鼎、罐、甑和作食器用的豆、圈足盘、碗、钵以及作盛储器用的瓮、盆、泥质罐、壶、缸和陶研磨器与器盖外，还新出现了许多鬶、盉、斝、觚、杯等陶饮器。豫西龙山文化的陶饮器，不但出土数量多，而且都制作得相当精致，其中有些磨光黑陶觚，制作相当好。从豫西龙山文化出土陶饮器数量之多，说明当时人们饮酒量也大。因为当时的酒，都是用粮食酿造的。所以陶饮器的大量出现，也反映了当时的农业生产较前有了更大的发展，并促进了社会组织形式的变革。

三是在豫西龙山文化类型的中晚期遗址中，已经发现有青铜遗存。如在登封王城岗城址内的一个龙山文化中晚期灰坑中，出土 1 件青铜斝残片（原编号 H617：14），残宽约 6.5 厘米，残高 5.7 厘米，壁厚约 0.2 厘米。经化验是铜、铅、锡合金的青铜质。[①] 又如在登封县之南的临汝县煤山龙山文化中晚期遗址内的 2 个灰坑中（H28、H40），曾出土有炼铜坩埚碎片，其中 H28 出土的 1 块坩埚片较大，长 5.3 厘米，宽 4.1 厘米，厚约 2 厘米，周边翘起，中部内凹，坩埚壁厚约 1.4 厘米，上面有六层炼铜液，每层厚约 0.1 厘米。经对 H40 出土的冶铜坩埚残片上铜液的化验分析，证明属于红铜。[②] 另在郑州牛砦龙山文化

---

① 河南省文物研究所等：《登封王城岗遗址的发掘》，《文物》1983 年第 3 期。

② 中国社会科学院考古研究所河南一队：《河南临汝煤山遗址发掘报告》，《考古学报》1982 年第 4 期。

晚期遗址中，也曾出土有铜锈块，经化验分析，是属铜、锡合金的青铜。① 依此可以看出，河南豫西龙山文化中晚期，已经使用青铜器，也可以说已经发展到了“青铜时代”。青铜时代的出现，标志着中国古代社会已经发展到了新的发展阶段，即奴隶制社会。

四是从豫西龙山文化中晚期出土的陶器、石器、骨器、蚌器和青铜器等各种器物的制作情况来看，当时各种类别的器物应是有专门的手工业作坊或专人从事专门生产的，否则是不可能生产出各种精致器物的。如龙山文化中晚期出土石器的数量相当多，石器不仅磨制光滑，而且石铲和石刀的中部又多钻有圆孔。这种制作石器的技术，不是任何人都掌握的，必须是专门的制石手工业作坊或专人才具有的。又如龙山文化中晚期的各种陶器，特别是那些胎薄、光亮、精致的蛋壳黑陶和灰陶器，如果没有长期的制陶技术，是不可能生产出这种精致的陶器来。所以当时应该已经有了专门制作陶器的手工业作坊。再如龙山文化中晚期的铸造青铜器、制作骨器与蚌器等，都应该有专门手工业或专人从事生产。所以我们认为豫西龙山文化中晚期的手工业，不仅已从农业中分化出来，成为独立的生产部门，而且各种手工业之间，根据生产种类的不同又进行了分工。农业和手工业之间的分工和各手工业之间的再分工，必然促使商业交换和私有制的发展，从而也就使社会的性质发生了重大的变革，即由原始氏族社会发展到了奴隶制社会。

五是夯土城垣建筑的出现，应是反映发展到奴隶社会的重要标志之一。类似登封王城岗的龙山文化中晚期城址，在河南境内的淮阳平粮台和郾城郝家台都有发现，一般说城的出现应是古代人类社会发展到阶级社会的产物。它应是和原始社会的解体，私有制的发展，文明社会的诞生和国家的起源等伴随而出现的。最早的城是奴隶主阶级作为防御和统治人们的一种工具。正如恩格斯在《家庭、私有制和国家的起源》一书中所说的：“在新的设防城市周围屹立着高峻的墙壁并非无故：它们的堑壕成了氏族制度的墓穴，而它们的城楼已经高耸入文明时代了。”

在中国历史文献中，也曾有不少关于城的出现作为防御设施的记载。如《世本》说：“鲧作城郭。”鲧是夏禹的父亲。《太平御览》引《世本》说：“处

①《郑州牛砦龙山文化遗址出土青铜制品》，待发表。

土东里隗贡禹乱天下，禹退作三城，强者攻，弱者守，乱者战，城郭盖禹始也。”《礼记·礼运篇》说：“今大道既隐，天下为家，各亲其亲，各子其子，货力为己，大人世及以为礼，城郭沟池以为固。”中国历史上由原始氏族社会发展到了奴隶制社会，禹建立起夏王朝并成为统治者的第一个王，说明城的出现应是奴隶制社会初期的产物。目前在河南境内发现最早的夯土城垣建筑遗址，都是属于龙山文化中晚期。因之豫西龙山文化中晚期应处于奴隶社会初期的发展阶段。

六是在豫西龙山文化中晚期遗址中，曾不断发现有随便掷埋奴隶骨架于灰坑的现象，这应是反映奴隶社会阶级压迫的一个重要标志。如在临汝煤山龙山文化中晚期遗存中，就发现有随便掷埋奴隶骨架的情况，报告中说：“在遗址中发现的人骨，有的身、首异处、有的全体肢解，有的弃置于灰坑之中，这些非正常的埋葬现象与阶级压迫和奴隶制不无关系。”[①] 又如在登封王城岗内还发掘出10余个填埋有许多人骨架或头骨与躯体的龙山文化中晚期的“奠基坑”，这更是反映阶级压迫的重要例证。[②] 类似的情况，在其他地区的龙山文化中晚期遗址中也常有发现。说明豫西龙山文化中晚期已经发展到奴隶制社会的初期。

七是豫西龙山文化类型晚期和二里头文化早期是前后一脉相承的发展关系。这不仅在河南豫西的许多遗址中，已经找到了二里头文化早期的文化堆积层和灰坑，直接叠压或打破了豫西龙山文化类型晚期的文化堆积与灰坑的地层学依据，而且从二者出土的陶器特征来看，它们之间的承袭关系也是十分明显的。如豫西龙山文化中晚期的陶器，是以器表饰印篮纹、方格纹和绳纹的灰黑陶与黑陶为主，而二里头文化早期的陶器表面，仍饰印有较多的篮纹，只是方格纹大为减少，绳纹数量明显增多。在二者的陶器形制上，都是作炊器用的有鼎、砂质罐、甑；作食器用的有豆、碗、钵；作饮器用的有鬶、盉、斝、觚、杯；作盛储器用的有瓮、盆、罐、缸，并有一些澄滤器与器盖。所不同的只是二里头文化早期的部分陶器形制有了一些变化。如器口出现部分卷沿，器底出现部分圜底或尖底。陶鼎的形制除罐形鼎外，又出现少量盆形鼎，特别是鼎足

① 中国社会科学院考古研究所河南一队：《河南临汝煤山遗址发掘报告》，《考古学报》1982年第4期。

② 河南省文物研究所等：《登封王城岗遗址的发掘》，《文物》1983年第3期。

多为高鼎足。在食器中又出现了簋和三足盘等。

关于二里头文化晚期和商代二里岗早期是紧密相连的。特别二者的陶器形制与品种都比较接近，所以多认为二里头文化晚期应是属于商代文化范畴。如果这样，只把二里头文化早期作为夏代文化遗存，显然是太短了。所以和二里头文化早期有直接承袭关系的豫西龙山文化中晚期也应该是属于夏代文化范畴。

鉴于以上各种情况，我们认为河南豫西龙山文化中晚期应该是属于奴隶制社会初期。而王城岗城址正处在豫西地区的龙山文化中晚期，因而王城岗城址也应是属于夏代初期的城址。

三、东周阳城遗址的发现为证明王城岗城址是夏代阳城提供了重要佐证

东周阳城，位于现今告成镇北的北高南低漫平坡地上，它与王城岗城址隔五渡河东西相望。根据有关文献记载，东周阳城是西周时的阳邑，春秋时属郑国，国都在现今的告成镇东约 50 公里的新郑县城关镇一带，阳城是郑国西面的军事重镇之一，所以韩国灭郑国时，曾攻占阳城，如《资治通鉴》载周安王五十七年（公元前 385 年）“韩伐郑取阳城”，《史记·郑世家》载：“郑君乙立，……十一年，韩伐郑，取阳城。”《史记·韩世家》也载：“文侯二年伐郑取阳城。”韩灭郑后，韩国把都城也迁到新郑县城关一带的郑国都城所在地。于是阳城又成为韩国西面的军事重镇之一，所以后来秦灭韩国时，也曾攻打阳城，故有《史记·秦本纪》载：秦昭王五十一年“将军樛攻韩取阳城，负黍。”（负黍城位于阳城西约 15 公里的大金店镇西南约 1.5 公里处）秦始皇二十六年统一全国后，推行郡县制，设阳城县属颍川郡，郡治在禹县境内。汉依秦治仍在此设阳城县，嗣后历经魏晋、南北朝，直至隋唐时期，告成镇一直为阳城县治所在地。到了唐代登封元年（公元 696 年）才改阳城县为告成镇。说明古代阳城从东周起至唐代的一千多年间一直都是在现今告成镇附近。当地群众对于东周至唐代阳城在这里的传说也是相当多的。我们在调查东周阳城的初期，也是根据当地群众提供的线索找到的。

东周阳城的夯土城垣建筑遗址，经初步勘察，除北城墙东段和中段，还保

存在现今地面之上约 8 米，其缺口应为北城门，其他三面夯土城墙有高出地面的，也有埋于地下的，但断断续续都有城墙痕迹可寻。城垣平面略呈南北纵长方形，南北长约 2 000 米，东西宽约 700 米。城墙外的壕沟设置，除东城墙是利用北沟小河外，其他三面城墙外的壕沟遗迹犹存。从城墙的夯筑方法和夯土内包含的碎陶片鉴定，城墙下部是属于春秋时期所筑，上部为战国时期所筑。在北城壕之北为一个高大类似馒头形的小山，当地群众称为“圪塔坡”。可能为了城内的防御安全，在圪塔坡之北又加筑了一道北城墙，把圪塔坡也包括在阳城之内。

在东周阳城内遍布着春秋战国时期的陶器残片和砖瓦碎块。特别是战国时期为了解决城内用水问题，曾把圪塔坡西北部小河内的水，通过铺设在地下的陶水管道引入城内许多陶的供水设施中。该设施是由直通管、三通管、四通管与弯头管等构成的主水管道和分支管道，以及城内中北部挖筑的大澄水池与阀门坑等部分所组成。现已发现地下水管道长 1 000 多米和数条分支管道。这是目前在中国考古中发现时代最早和构筑比较完备的供水设施，它类似现在城市自来水设施。并且在城内还发现一些战国时期的房基、窖穴、水井等遗迹。在阳城的南城墙外，还发现有战国时期的冶铸青铜器和冶铸铁器的手工业作坊遗址。在冶铸铁器作坊的发掘中，出土了大量镢、锄、削、斧、臿、条材等生产工具陶范模和残铁器，以及炼铁炉与烘范窑等遗迹与遗物。春秋战国时期的墓葬，在城周及颍河南岸也有不少发现。

特别是在城内战国时期供水设施的澄水池发掘中和冶铸铁器手工业作坊遗址发掘中，曾出土了大量战国时期的釜、豆、罐、壶、盆等日常生活中使用的陶器和陶量。并在许多陶豆、陶量和部分陶罐与陶釜的表面，印制有篆体“阳城”或“阳城仓器”的长方形或方形戳记。并有不少“公”字或“米器”二字的篆体方形戳记。这些戳记显然都是在制作陶器过程中，在陶器坯湿润时印制上去的。大量印制有“阳城”和“阳城仓器”戳记的各种战国时期典型陶器，出土在城垣内外的东周遗址中，充分证明东周时期的阳城遗址，确实在此无疑。

在阳城内的调查发掘中，还发现一条东西向的汉代城墙，并且在汉代城墙北侧堆积的大量汉代筒瓦中，还发现部分筒瓦的绳纹面上，印制有隶书“阳城”二字的长方形戳记，这为证明汉代的阳城遗址也还在这里提供了重要的实物与文字根据。另在五渡河西岸的王城岗城址外附近，出土了一件北魏石刻造像，上面刻制有“荥阳……阳城”等字样。有关唐代阳城的记载，那就更多了。说明从汉代到唐代的阳城县治仍在告成镇一带，也是毋庸置疑的。

我们认为古代地名是不会随便更改的。古代阳城的地名也是如此。既然东周阳城和汉代阳城都是根据文献记载的地望，在登封告成镇附近发现的，特别是又出土了大量“阳城”和“阳城仓器”的陶文戳记，由此证实阳城存在于此，而和文献记载夏代阳城地望相吻合的王城岗城址，其年代又相当于夏代早期，自然也就应是夏代早期的阳城遗址。至于东周阳城名称的由来，是根据夏代阳城的名称沿用承袭下来的呢？还是东周时期在登封告成镇一带修筑阳城之后，在追记夏代王城岗城址时，才提出“禹居阳城”或“禹都阳城”呢？我认为两种可能性都会有的。东周阳城名称的由来，绝不是偶然提出来的。正如有的文献记载中所说的西周时这里称为“阳邑”一样，阳邑也就是阳城的意思。所以也可能告成镇一带，在夏代、商代和西周时期都叫作“阳邑”。阳邑名称的由来，可能与位于嵩山之阳有关。到了东周时期改阳邑为阳城。不论阳邑或阳城，从东周阳城的发现与证实，对于已发现的王城岗城址有可能是夏代阳城遗址，提供了十分重要的证明材料。

总之，通过对登封告成镇附近王城岗城址的发掘，我们认为这对于在豫西探索夏代文化遗存来说，应是取得了重大进展。特别是根据城址的位置和文献记载中有关夏代阳城的地望十分吻合，城址所处的豫西龙山文化中晚期又相当于夏代早期，以及从王城岗城址内出土的遗迹与遗物看，是夏代早期的一处重要城址，并结合东周及汉代阳城遗址已在这里发现和得到出土大量陶文的证实。所以登封县告成镇附近发掘出来的王城岗城址，很有可能就是夏代早期的阳城遗址。

（选自《安金槐考古文集》，中州古籍出版社 1999 年版）

邹衡与《郑州商城即汤都亳说》

经典导读

邹衡（1927—2005），湖南澧县人。1947年考入北京大学法律系，1949年转入北京大学史学系。1952年毕业前夕，被推荐攻读考古学副博士研究生，师从郭宝钧，先后以学员和辅导员身份参加1952—1954年的全国考古工作人员培训班，在郑州、洛阳两地考古发掘实习，讲授“殷周考古”课程。1955年毕业，分配到兰州大学历史系任教，兼任西北师范学院教师，讲授“考古学通论”和“古文字学”课程。1956年调回北京大学历史系，接替郭宝钧讲授“商周考古”课程，历任助教、讲师、副教授、教授。从1957年至20世纪80年代末，除在校内上课和“文化大革命”中几年的停顿，邹衡几乎每年带考古专业本科生或研究生到考古工地进行实习，河北邯郸涧沟、龟台寺，河南洛阳王湾、东干沟，北京昌平雪山，山东临淄、寿光、昌乐，北京房山琉璃河、黄土坡，山西翼城、曲沃天马—曲村、苇沟北寿城，河南修武李固、温县北平皋，湖北安陆晒书台、孝感殷家墩、大悟四姑墩以及陕西、甘肃等地的许多遗址都留下了他的足迹。只要是经过邹衡发掘的遗址或整理过的材料，都建立了考古学文化分期标尺，为深入研究打下了基础。正是在此基础上，他先后发表了从新石器时代到夏商周时期一系列重要论文，提出了“二里头文化是夏文化”“郑州商城是商汤亳都”“琉璃河和天马—曲村分别是最早的燕都和晋都”等重要论断。发表有研究论文《论早期晋都》《论早商都城》等，著有《夏商周考古学论文集》《天马—曲村（1980—1989）》《夏商周考古学论文集（续集）》等，并参与编写由白寿彝主编的《中国通史》。

《郑州商城即汤都亳说》发表于《文物》1978年第2期，是邹衡在综合对郑州、殷墟和二里头等遗址研究成果基础上，针对主张郑州商城隞都说和二里文化三、四期是商文化的观点撰写的文章。郑州商城隞都说是郑州商城发掘者安金槐提出的观点，二里头文化分为四期，当时二、三期为夏商分界是流行观点。

在《郑州商城即汤都亳说》一文中，邹衡通过对文献所见郑地之亳、郑州商城出土“亳”字陶文、文献所见汤亳邻国地望、郑州商城延续时间和文化遗存分布四个方面的考证，证明郑州商城确为“汤始居亳”之亳都，而非“仲丁迁隞”之隞都。是夏文化讨论中最为关注和轰动的观点。

亳都地望的确定，正如邹衡在文章末尾所言，“就为我们研究早商文化（成汤灭夏以后）、先商文化（成汤灭夏以前），并进一步论证二里头文化是夏文化打下了坚实的基础”。文章发表后，针对不同意见，他又连续推出了《再论“郑亳说”——兼答石加先生》《偃师商城即太甲桐宫说》《郑州小双桥商代遗址隞（嚣）都说辑补》等文章，进而对文献提到的“北亳”“南亳”“杜亳”“垣亳”“黄亳”一一进行考辨，予以否定，成为王国维首倡商汤始都“北亳”观点以来，对商文化都城迁移研究最为全面系统，分析最为深刻的学术论断。

邹衡的论述逻辑严密，考证精审，不仅其论断在学术界得到广泛认同，其将文献和考古密切结合、使用文献先进行可信性研究、最后以考古材料加以取舍的研究方法，亦为广大研究者所赞许和应用。

—— **延伸阅读文献目录：**

1. 邹衡：《试论郑州新发现的殷商文化遗址》，《考古学报》1956年第3期。
2. 邹衡：《试论殷墟文化分期》，《北京大学学报》（人文科学）1964年第4、5期。
3. 邹衡：《关于探讨夏文化的几个问题》，《文物》1979年第3期。
4. 邹衡：《夏商周考古学论文集》，文物出版社1980年版。
5. 邹衡：《论汤都郑亳及其前后的迁徙》，《夏商周考古学论文集》

第二部分第四篇，文物出版社 1980 年版。

6. 邹衡：《夏文化分布区域内有关夏人传说的地望考》，《夏商周考古学论文集》第二部分第五篇，文物出版社 1980 年版。

7. 邹衡：《论先周文化》，《夏商周考古学论文集》第三部分第七篇，文物出版社 1980 年版。

8. 邹衡：《再论“郑亳说”——兼答石加先生》，《考古》1981 年第 3 期。

9. 邹衡：《偃师商城即太甲桐宫说（摘要）》，《北京大学学报》（哲学社会科学版）1984 年第 4 期。

10. 邹衡：《论菏泽（曹州）地区的岳石文化》，文物出版社编辑部：《文物与考古论集》，文物出版社 1986 年版。

11. 邹衡：《郑州小双桥商代遗址隞（嚣）都说辑补》，《考古与文物》1998 年第 4 期。

（李伯谦 撰）

—— 原文：《郑州商城即汤都亳说》

经典原文

郑州商城即汤都亳说

邹 衡

所有主张二里头文化是商文化者[①]都依靠一条最主要的证据，就是：河南偃师二里头遗址所在地是成汤所都的“西亳”。我们主张二里头文化是夏文化[②]，其主要依据之一，就是成汤所都在“郑亳”。目前关于夏文化的讨论，意见之所以分歧，关键就在这里。

周代有关文献皆谓成汤都亳，无异说。然而，关于亳的地望，自汉以来，却有四说：一为陕西长安杜亳说；二为河南偃师西亳说；三为河南商丘南亳说；四为山东曹县北亳说。此四亳说中，以北亳说证据较多，向来为学术界所重视；其余三亳说，证据薄弱，历代学者早有反证，为一般论者所不取。其实，北亳说所据文献也是站不住的。我们认为，所谓四亳说，都是汉以来的学者所附会，并没有什么过硬的证据，因此都是不可靠的（考证从略）。

那么，成汤所都之亳究竟在哪里呢？就在河南郑州。郑州并非仲丁所迁之嚣或隞，而是成汤所居之亳；郑州商城就是成汤的亳都。我们已有专文[③]论此，现在先把主要论据摘录如下，以供学术界讨论。

一、文献所见郑地之亳

《左氏春秋经》襄公十一年：

> 公会晋侯、宋公、卫侯、曹伯、齐世子光、莒子、邾子、滕子、薛伯、

---

① 二里头文化目前已分为四期，绝大多数同志都认为第三、四期为早商文化。

② 我们在《试论夏文化》（见拙作《夏商周文化研究》一书第叁篇）一文中，认为二里头文化第一、二、三、四期都是夏文化。

③ 邹衡：《论成汤都亳及其前后的迁徙》（见《夏商周文化研究》一书第肆篇）。

杞伯、小邾子伐郑。秋，七月，己未，同盟于亳城北。

杜注："亳城，郑地。"

同年《传》：

秋，七月，同盟于亳。

这本来是很清楚的，偏有《公羊》襄公十一年的另一记载：

秋，七月，己未，同盟于京城北。(《穀梁》与此同)。

惠栋:《九经古义》云：

京，郑地，在荥阳，隐元年《传》谓之京城大叔是也。亳城无考。此传写之讹，当从《公》《穀》是正。

陈立:《公羊义疏》云：

《公》《穀》及《服氏》皆作"京城北"，于义为得。作亳者，字之讹。按《说文》，亳从高省，乇声。京亦从高省，象高形，篆文相似，故易混。

王国维:《观堂集林》卷十二《说亳》据此，于"郑地之亳"下注说：

《公》《穀》作"京城北"，《公羊疏》谓《服氏经》亦作"京"。今《左氏经传》作亳，殆字之误也。

从此以后，似乎再也没有人提起"郑地之亳"了。然而，"郑地之亳"果真"无考"吗？否。

《续汉书·郡国志》河南尹条下明明说：

荥（荥）阳有薄亭、有敖亭。

可见薄与敖不是一地，“薄亭”应该就是“亳亭”。

二、郑州商城出土陶文证明东周时期郑州商城名亳

早在 1956 年，在郑州商城北部和东北部的金水河、白家庄一带曾经发现了几批东周时期的陶文①。这些陶文是用印戳打上去的。已发表的 11 个戳印字中，有一个字迹不清，有一个是“徻”字，有九个是“亳”字。

徻，应即文献中所见的会，或作郐，或作桧，地名，或国名。

《史记·郑世家》正义引《括地志》：

故郐城在郑州新郑县东北三十二里。（《楚世家》正义引同）。

周代郐城现已发现，其地北距郑州商城约三四十公里，与以上记载相合。正因为郑、郐两地相距不远，印有“徻”字的陶器在郑州商城发现就不足为奇了（见图 24.1）。

1　2　3

1、2. 郑州商城北部出土东周陶文　3. 山西阳高县出土宅阳布

图 24.1

①《郑州金水河南岸工地发现许多带字的战国陶片》，《文物参考资料》1956 年第 3 期，第 85 页。河南省文物工作队第一队：《郑州白家庄遗址发掘简报》，《文物参考资料》1956 年第 4 期，第 8 页。

9个“亳”字中，阳文的1个，阴文的8个；左边少一竖划者2个，右边少一竖划者7个。

宝盖缺竖划者也见于东周货币文字。宅阳布的“宅”字作仑即其例。《史记·魏世家》正义引《括地志》：

> 宅阳故城一名北宅，在郑州荥阳东南十七里也。

其地正与郑州商城相近，可以证明郑州及其附近有作此缺笔的习惯。此陶文释“亳”，不会有什么问题了。

“徻”字是地名，“亳”字也是地名。因其出土数量甚多，说明带“亳”字的陶器不是从外地运来，应该是在当地烧造。这样就直接证明了郑州商城的北部和东北部一带东周时期本名亳。郑州商城在东周时已被利用[①]，可见郑州商城，在东周时期还叫做亳城。耐人寻味的是，前引《左传》襄公十一年《经》文：“盟于亳城北”，今郑州商城内的东周文化层最厚最密集的地方正是靠北部，“亳”字陶文也出在这里。这当然不是巧合，因为商城甚大，东周时期的人们主要居住在商城的北部和东北部一带。总之，郑州商城在东周时仍名亳，就此成了铁案。

惠栋、王国维等人以少数服从多数的办法把杜预所见的《春秋》本子予以否定；现在由于郑州商城北部成批带“亳”字陶文的发现，可以确证杜预所据《左氏春秋》的“亳城北”断然没有错，而《公羊》《穀梁》《服氏》所据《春秋》本子肯定是错了的。这个旧案非翻不可，因为这不是一件小事，它不仅直接关系到郑州商城为何王所都的问题，而且间接地关系到我们能否确定夏文化的问题，从而对于中国上古史的研究将产生很大的影响。

三、汤都亳的邻国及其地望与郑州商城相合

南亳说和北亳说共同非难西亳说的一个铁证，就是西亳与葛相距800里，

① 河南省博物馆、郑州市博物馆：《郑州商代城址试掘简报》，《文物》1977年第1期，第24页。

与孟轲所说的“与葛为邻”不合。今郑州距葛（今河南宁陵县）是近多了，但还是有四五百里，若要“使亳众往为之耕”仍然不便。

其实，古代名葛之地，与亳一样，也是很多的。郑地也有葛，而且不只一处。例如《左传》隐公六年《经》文有长葛。《通志略·氏族略》谓许州郾城北三十里有葛伯城，葛伯为夏时诸侯。又如《路史·国名纪甲》谓郑西北有葛乡城，一名依城。这些葛城距郑州商城最远的也只有百多里，当然可以“使亳众往为之耕”了。

更重要的是，成汤都郑亳与韦、顾、昆吾、夏桀所居之地望相合。据我们的考证[①]，韦即《吕氏春秋·具备篇》“汤尝约于郼薄”的郼，其地在郑州商城附近。顾在怀庆府原武县境。昆吾应在新郑、密县一带。夏桀之居“无远天室（嵩山）”。总之，韦、顾在郑州及其附近，昆吾在郑州以南不甚远，为入夏的门户，夏桀在郑州之西。由此可见，汤都郑亳，正合于韦—顾—昆吾—夏桀的作战路线。

四、商文化遗址发现的情况与成汤都郑亳相合

从年代来看，郑州商文化遗址可以分为先商期、早商期和晚商期[②]。其中早商期遗址分布最普遍，内涵最丰富，是最繁盛的时期，商城的修筑与使用也正是这一时期。此期又可分为两段四至五组，若每组平均四五十年，则共占150年至200年左右。从成汤都亳到仲丁离开亳，共历五世十王，若每世平均30年，则共约150年左右。可见两者的年代是可以大体相应的。

从文化遗迹的分布来看，郑州商城内的宫殿遗址面积已初步探出共约6万平方米，为殷墟宫殿的两倍左右。郑州早商遗址分布的总面积共约25平方公里，约稍大于殷墟。所有这些都说明郑州商城只有殷墟能与之相比。殷墟是商代后期的王都，郑州商城作为商代前期最主要的王都也是相称的。

根据以上四证，我们认为郑州商城就是成汤所居的亳都。亳都地望的确

---

① 邹衡：《综述夏文化分布区域内有关夏人的传说》（见《夏商周文化研究》一书第伍篇）。

② 邹衡：《试论夏文化》第二章（见《夏商周文化研究》一书第叁篇）。先商期指成汤灭夏以前；早商期指成汤灭夏以后；晚商期从武丁开始。

定，就为我们研究早商文化（成汤灭夏以后）、先商文化（成汤灭夏以前），并进一步论证二里头文化是夏文化打下了坚实的基础，其在学术上的重大意义是不言而喻的。

（选自《文物》1978年第2期）

郑振香与《论妇好墓对殷墟文化和卜辞断代的意义》

经典导读

郑振香，女，1929年生，河北东光人。1950年考入北京大学博物馆专修科，1952年院系调整，博物馆专修科并入新成立的北京大学历史系考古学专业，改学考古，1954年毕业留校任助教。1955年，师从尹达攻读商周考古研究生。1959年毕业后，入中国科学院考古研究所工作。郑振香长期在安阳殷墟从事考古发掘与研究工作，1950—1954年，配合全国考古工作人员训练班课程，到洛阳参加考古发掘，参与洛阳中州路发掘资料的整理。1953年冬，又赴安阳参加殷墟大司空村发掘资料整理。攻读研究生期间曾赴云南参加对苗族、彝族等少数民族调查。1959年任洛阳考古队队长，参加洛阳王湾遗址发掘。1962年，由洛阳赴安阳，先后任安阳考古队副队长、队长，主持安阳考古队工作。先后发掘了大司空村殷代居址墓葬、苗圃北地铸铜作坊遗址、小屯南地甲骨、小屯北地制玉作坊遗址、妇好墓等。

郑振香以发掘为基础，围绕殷墟文化展开了一系列研究，通过对大司空村和洹北三家庄等地的发掘，建立并细化了殷墟文化分期体系；在分期基础上探讨了殷墟布局；对殷墟尤其是妇好墓出土青铜器、玉器进行了深入分析。她自己或以她为主要撰稿人出版了《殷墟妇好墓》《殷墟玉器》《殷墟青铜器》《殷墟的发现与研究》《安阳小屯殷墟建筑遗存》《安阳小屯》等著作。

殷墟是商王盘庚迁殷至帝辛灭国，273年之内的都城遗址，从1928年发掘以来，虽有许多新发现，但一直未能提出一个分期标尺。因此，殷墟文化分期，遂成为殷墟考古最重要的课题之一。《论殷墟妇好墓对殷墟文化和卜辞断代的意义》是《殷墟妇好墓》考古发掘报告出版之后，郑振香和陈志达根据对妇好墓研究成果专门讨论殷墟考古学文化和卜辞分期的文章。原文发表于《考古》1981 年第 6 期。

郑振香和陈志达根据 1962 年北京大学五九级学生实习在大司空村发掘的材料，将殷墟文化分为四期，并参考其他相关发现推断殷墟一期相当于武丁和武丁以前，殷墟二期相当于武丁至康丁之间，殷墟三期为康丁、武乙时期，四期为帝乙、帝辛甚至商末周初。之后，又根据新的材料将殷墟一期、二期各分为早、晚两段进行了细化，而一期早、晚两段的划分，进一步明确了一期晚段相当于武丁时期，早段相当于盘庚、小辛、小乙时期，成为殷墟文化分期的重要成果。

妇好墓出土铜器上多有“妇好”铭文，妇好是屡见于甲骨卜辞的武丁配偶之一，时代属武丁晚期。而根据墓中出土铜器、陶器的研究，应属殷墟文化二期早段，据此可知殷墟二期文化早段相当于武丁晚期。以此为基点，遂推测殷墟一期早段可能属盘庚、小辛、小乙时期，一期晚段属武丁早期，二期晚段属祖庚、祖甲时期。又利用甲骨文资料，将殷墟三期定在廪辛至文丁时期，将殷墟四期定在帝乙、帝辛甚至更晚的商末周初。郑振香提出的这一分期体系，因有可靠的地层和文字根据，除个别期段随着新材料的发现或可能有所调整，基本上已成为学界共识，对晚商文化分期、年代研究具有标尺意义，使学界对殷墟出土遗迹、遗址的研究，可以放在明确的年代背景条件下进行，进一步提高了相关研究结论的可靠性。

—— **延伸阅读文献目录：**

1. 郑振香：《1962 年安阳大司空村发掘简报》，《考古》1964 年第 8 期。
2. 郑振香：《殷墟妇好墓》，文物出版社 1980 年版。
3. 郑振香：《安阳小屯村北的两座殷代墓》，《考古学报》1981 年第 4 期。
4. 郑振香：《论殷墟文化分期及相关问题》，《中国考古学研究》编委会编：《中国考古学研究——夏鼐先生考古五十年纪念论文集》，文物出版社 1986 年版。

5. 郑振香：《殷墟的发现与研究》，科学出版社 1994 年版。

6. 王巍主编：《考古学卷》（第二分册），钱伟长总主编：《20 世纪中国知名科学家学术成就概览》，科学出版社 2015 年版。

（李伯谦 撰）

—— 原文：《论妇好墓对殷墟文化和卜辞断代的意义》

经典原文

论妇好墓对殷墟文化和卜辞断代的意义

郑振香　陈志达

妇好墓的发现引起考古学界和古文字学家的普遍重视。关于此墓的年代与墓主问题，目前尚存在不同意见[①]。我们根据殷墟文化的层位关系和陶器的发展序列，对比此墓出土的某些铜礼器、武器以及陶器等的主要特征，结合甲骨卜辞中的有关记载，认为该墓属于殷墟文化分作四期中的第二期，墓主应是殷王武丁的配偶妇好，庙号称“辛”，死于武丁时期（可能在武丁晚期）。最近，考古所实验室对妇好墓所出的一块残椁板，作了碳十四的年代测定，测定结果：距今 3 155±140（公元前 1205±140 年），树轮校正年代是距今 3 350±190（公元前 1400±190 年）。按照陈梦家先生盘庚迁殷为公元前 1300 年之说[②]，树轮校正年代比武丁时代稍偏早，这大概是由于椁木的生长期较长所致。基于妇好墓属于武丁时代这一看法，拟就下面三个问题提出一些不成熟的意见。

一、关于武丁时代的文化分期问题

武丁时代的文化分期问题，是近年来殷墟发掘工作中提出的新问题。过去我们根据大司空村遗址发掘的资料，将大司空村殷文化分为四期，并根据 1959 年出土的刻有“辛贞在衣”的那片卜骨，认为大司空村一期“大约相当于武丁前后，……第二期未发现可供断定年代的证据，从陶器观察与第一期比较接近”[③]。当时对第一、二期的上下限均不清楚。

通过近年的考古发掘工作，特别是 1973 年小屯南地卜辞的发现[④]；1976 年

① 李伯谦：《安阳殷墟五号墓的年代问题》，《考古》1979 年第 2 期。

② 陈梦家：《殷虚卜辞综述》，科学出版社 1956 年版，第 214 页。

③ 中国科学院考古研究所安阳发掘队：《1962 年安阳大司空村发掘简报》，《考古》1964 年第 8 期。

④ 中国科学院考古研究所安阳工作队：《1973 年安阳小屯南地发掘简报》，《考古》1975 年第 1 期。

妇好墓及其后小屯十七、十八号墓（M17、M18）的发掘[①]，对殷墟第一、二期文化的分期断代提供了重要线索，从而对武丁时代的文化分期有了新的认识。

在小屯南地早期（相当殷墟文化第一期，亦即大司空村一期）的文化层中出土了自组卜辞，伴随出土的有簋、鬲残片，证实自组卜辞出现于殷代早期，从称谓考察当属武丁时代。这对考古学和卜辞研究同样具有重要意义，但当时对第一期文化的上下限尚不清楚。妇好墓的发现使我们意识到第二期的上限可以早到武丁时代（大致相当武丁晚期），但由于妇好墓出土具有分期意义的常见陶器太少，使认识受到局限。为了进一步证实妇好墓的年代及其他有关问题，又在妇好墓附近发掘了十七、十八号墓，这两座墓都有成组陶器随葬，其陶器均属第二期，弥补了妇好墓之不足。尤其是十八号墓，还出土较多的常见铜礼器与铜戈等，而不少铜器和妇好墓的同类铜器形制极相近。值得注意的是，十八号墓中发现铸有“子渔”铭文的尊和斝。子渔这个人物也是武丁时代宾组卜辞中所常见的。在属于第二期墓中出土铸有“妇好”“子渔”铭文的铜器，证明第二期的上限可以早到武丁时代，其下限从现有资料看，大概不会晚于祖甲。由于第二期上限的确定，从而可以断定第一期的下限不会晚于武丁，其上限可能早于武丁。这就说明武丁一代大致跨殷墟文化第一、二两期。这对卜辞研究是极重要的。

其次，根据小屯南地出土自组卜辞的探方 T53④A层的平面关系图和文字说明，得知 T53④A层被 H110 打破，H110 又被 H102 破坏[②]。据报道 H110 所出陶片甚少,H102 出土了大量陶片和不少可复原的陶器。后来肖楠在《略论午组卜辞》[③]一文中，说明根据 H102 出土陶器特点，此坑的年代属小屯南地早期，并发表了坑内出土的一片卜甲（屯南 2698，即 H102：1）“于（亯）乙岁牛五”。认为字体似午组卜辞。另有 H107 文中说明也属于小屯南地早期，坑中出有自组与午组卜甲。

从上述 T53④A层与 H102 的层位关系看，午组卜辞的层位晚于自组。当然只根据一片卜甲还难下结论，但总是一个值得注意的线索。由于出土自组卜辞的地层中未见复原陶器，难以与 H102 的陶器进行比较。从 H102 所出的陶鬲、簋观察（见图 25.1，1、2），仍属于殷墟第一期。换句话说，自组与午组卜辞基

① 小屯十七、十八号墓系 1977 年春发掘，坑位见《殷墟妇好墓》图一。

② 肖楠：《安阳小屯南地发现的“自组卜甲”》，《考古》1976 年第 4 期。

③ 肖楠：《略论午组卜辞》，《考古》1979 年第 6 期。

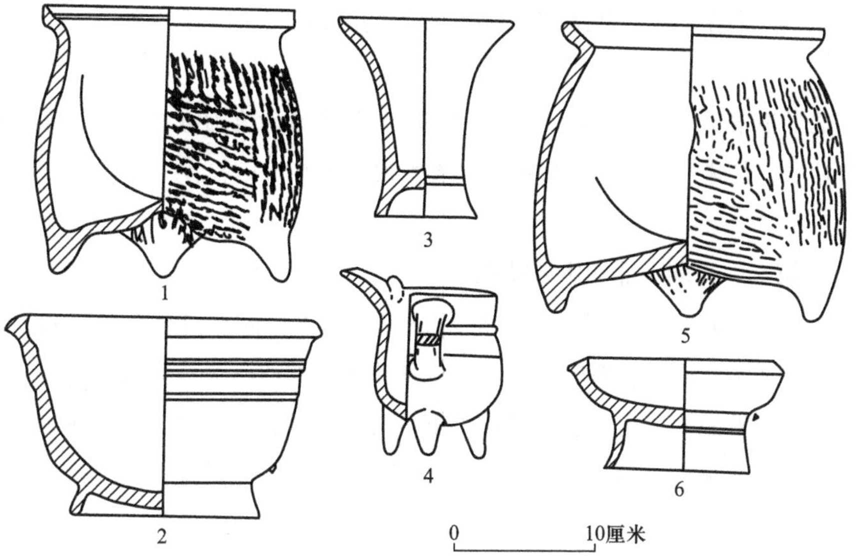

1、2. 鬲、簋（73H102） 3、4、6. 觚、爵、豆（61APNM58） 5. 鬲（59ASH114）

图 25.1　殷墟第一、二期陶器

本上都是与第一期的陶器共存。

关于午组卜辞的年代过去研究甲骨文的学者中，曾提出午组卜辞属于武丁时代“可能比宾组卜辞早一些”①。从已有考古资料看，午组卜辞早于宾组卜辞的意见是比较正确的。目前虽然宾组卜辞的上限还不够清楚，但总的看来，其出现时间似晚于自组与午组。

在以往发表的有关资料中，我们发现《1958—1959 年殷墟发掘简报》② 所列举的“大司空村 1 期”陶器是分别属于 H117、H126 两个灰坑的（图一〇，2、5 属 H126，余均属 H117）。而那片刻有“辛贞在衣”的卜骨出于 H114。H114 的陶器未发表，以后复原有陶鬲 2 件（图一，5），形制相似，均为高体深腹，裆较矮，一件实足残，其形制较 H117、H126 所出的鬲要晚，而与苗圃北地第二期墓 M17 的陶鬲接近（图二，1）。H114 的鬲接近第二期，卜骨上的文字字体属宾组卜辞，这与妇好墓及小屯十八号墓所订的年代基本一致。至于宾组卜辞是否能提到殷墟第一期，还有待今后的工作。

---

① 陈梦家：《殷虚卜辞综述》，科学出版社 1956 年版，第 3 页。

② 中国科学院考古研究所安阳发掘队：《1958—1959 年殷墟发掘简报》，《考古》1961 年第 2 期。

二、殷墟第一、二期陶器、铜器的主要区别

这里不准备对殷墟第一、二期的陶器和铜器进行全面分析，为说明我们的分期标准，仅选择第一、二期中有代表性的器类加以比较。

1. 第一、二期陶器的主要特点

陶器的分期仍以大司空村遗址所分四期为准，因为同样分为四期，所采用的标本可能有偏早、偏晚之别，所得结论也会有所不同。大司空村遗址的四期是有地层根据的，在殷墟各遗址中虽然有些差异，但文化层堆积序列大致相同。本文主要根据大司空村遗址的分期标准，适当选用其他遗址出土的资料，称之为殷墟文化第一、二期。

第一、二期陶器的陶质、器类、纹饰都比较接近，两者基本衔接，但器型有变化，最明显的是簋和豆，鬲也稍有不同。这里以鬲、簋、豆作为分期的标准器。第一期材料发表较多，如“大司空村Ⅰ期”的陶器，小屯南地早期的陶器等[①]。

第一期的鬲基本上分为两大类：一种呈长方体，裆与实足较高，腹较鼓，三足内弯，口部不尽相同；另一种形体较小，小口窄沿，腹外鼓，三足内弯，表面饰细绳纹兼附加环络纹；个别的兼饰饕餮面。簋以侈口弦纹的为数最多，腹壁都较直，圈足直矮，唇较圆，沿内有一条凹槽。豆的盘底较平，唇外翻，棱角明显，圈足粗矮（见图25.1，6）。墓葬所出的鬲、簋、豆与居住遗址所出的基本相同，只有觚、爵（完整的）仅见于墓中，但为数极少。觚腹较粗，与第二期接近（见图25.1，3）；爵流较长，三锥状足亦较高（见图25.1，4）。

第二期陶器发表不多，由于遗址与墓葬所出的鬲、簋、豆形制基本相同，为便于与铜器进行比较，这里主要采用十七、十八号墓的标本加以说明。这一期的鬲主要有两种，一种呈长方体，深腹，裆与三足较第一期的稍矮（见图25.2，1）；另一种为小型陶鬲，腹较直，带有附加环络纹，数量较少。簋的腹部较收敛，圈足小而略外侈，表面饰弦纹，沿里很平，紧靠口沿有凹弦纹一周（见图25.3，8）。豆常见的有两种：一种是由第一期演变而来的，其主要区

---

① 中国科学院考古研究所安阳工作队：《1973年安阳小屯南地发掘简报》，《考古》1975年第1期，图八、九、十。

别是豆盘稍深，口部稜角不显，圈足较细（见图25.2，2；见图25.3，5）；另一种较多见，浅盘，平口沿，圈足较细而高（见图25.3，3）；此外，还有一种形体较大，圈足粗而高（见图25.3，9）。这一期的觚、爵多见于墓葬，主要特点是觚腹较粗，形体较大（见图25.2，4；图25.3，1、7）；爵的腹部较粗而圆，流宽而短，从口部捏出，口两侧各有一泥丁（见图25.2，3；图25.3，2、6），妇好墓也出土了一件（M5：1320，图25.3，10）。

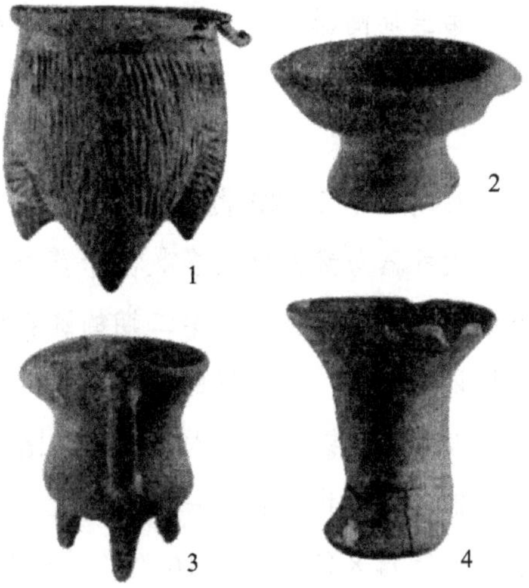

1. 鬲　2. 豆　3. 爵　4. 觚

图25.2　苗圃北地十七号墓陶器

1~4. 小屯十八号墓　5~9. 小屯十七号墓　10. 妇好墓（M5：1320）

图25.3　殷墟第二期墓葬陶器

第三期陶器与第二期区别比较明显，发表的材料也相当多，过去曾做过介绍[①]，不赘述。

2. 第一、二期铜器的主要特点

铜礼器与武器绝大多数出于墓葬中，遗址出土的极少。第一期有陶器与铜器共存的墓为数不多，第二期的资料较丰富。由于有陶器共存，使我们比较有把握地识别第一、二期的铜器。总的看来，这两期铜器之间的变化比陶器更显著，表明在青铜铸造技术上第二期比第一期有不少新的突破。

铜、陶器共存的第一期墓葬以1959年在武官村北发掘的一座最丰富[②]。墓中出土陶器8件，铜器16件。从陶鬲的腹壁较直和铜鼎的足介于锥形和圆柱形之间考察，此墓在第一期中略偏晚。

中华人民共和国成立前在小屯发掘的M232、M333、M388[③]与59武官M1比较接近。小屯的3座墓有些同志也认为是比较早的。如邹衡同志在《试论殷墟文化分期》[④]一文中，将它们分别列入分为四期中的第一期1组，第二期2组；张长寿同志在《殷商时代的青铜容器》[⑤]一文中，将它们列入分作三期中的第一期。

从上述4座第一期墓观察，铜礼器的组合、器形、纹饰与第二期的区别较明显。第一期常见的组合为鼎、斝、觚、爵、瓿或为小口宽肩尊（也称瓿形器），个别的加盘[⑥]，与郑州白家庄二里岗期的M2、M3[⑦]及铭功路M2[⑧]比较接近，但第一期墓中出现的瓿则为二里岗期所罕见。簋、提梁卣、封口盉在盘龙城二里岗期墓中已出现，殷墟第二期墓中前两种较多见；封口盉在妇好墓中也有发现，但在第一期墓中至今仍未见。

第一、二期均有的铜器中，形制变化比较明显的有鼎、瓿、尊、觚等。我

① 中国科学院考古研究所安阳发掘队：《1962年安阳大司空村发掘简报》，《考古》1964年第8期。
② 中国社会科学院考古研究所安阳工作队：《安阳武官村北的一座殷墓》，《考古》1979年第3期。
③ 李济：《记小屯出土之青铜器》（上篇），《中国考古学报》第3册，1948年。
④ 邹衡：《试论殷墟文化分期》，《北京大学学报》（人文科学版）1964年第4期，图三。
⑤ 张长寿：《殷商时代的青铜容器》，《考古学报》1979年第3期。
⑥ 郑州市博物馆：《郑州市铭功路西侧的两座商代墓》，《考古》1965年第10期。
⑦ 河南省文物工作队第一队：《郑州市白家庄商代墓葬发掘简报》，《文物参考资料》1955年第10期。
⑧ 郑州市博物馆：《郑州市铭功路西侧的两座商代墓》，《考古》1965年第10期。

们在《殷墟妇好墓》的结语中对某些礼器曾作过比较，对少数语犹未尽的将在叙述第二期铜器时稍加补充。

第一期铜器上的纹饰，其主要特点是以细线条云雷纹为地纹的浅“浮雕”，主纹多为饕餮，双目与鼻梁突起，身尾与地纹相结合，有的不易区分。但有些铜器尚保留二里岗期无地纹的特点。这一期在少数礼器上，已出现突起的兽头。

第二期有陶器与铜器共存的墓近年发现较多，而且保存较好。这里以妇好墓和继妇好墓之后所发掘的小屯十七、十八号墓[①]为主，结合其他有关资料与第一期进行比较。

上述两座墓都有成组的陶器随葬，而十八号墓又有较多的铜礼器，便于与其他墓葬进行比较。

中华人民共和国成立前在小屯发掘的M331、M238、M066[②]和侯家庄HPKM1001[③]；新中国成立后发掘的武官大墓大体属同一时期。

有的同志认为“把YM238定为殷墟文化第三期是比较恰当的，最早也不会早于二、三期之间”[④]。并指出“查YM238本身有地层关系”。这一说法是可以商榷的。所谓YM238的地层关系，在发掘工作中并没有弄清楚，因为与YM238密切相关的乙十一基址的本身地层就相当含糊，报告的作者自述乙十一基址的层位关系时说：“础石与层位弄不出一个清楚的关系”[⑤]，而是在编写报告时，按础石的深度，添画到平面图上去的。“添而后去，去而后添，经过若干次的添去工作，……才知道乙十一基址有先后两期。”[⑥]因此，作者在断定与乙十一基址相关的遗迹现象时就前后矛盾。如在表三十六中，将YM238列为“基下墓”，同样，把YM222、H228、H244等都列为“基下”；而在另一处根据各遗迹的上口距地表深度，将YM238列入第⑧层，而将H228、H224列为第②层。我们认为，YM238的地层关系不足取，只能根据随葬品来订正它的年代。近年以来，由于第二期墓的资料日渐丰富，认识也逐步深入，所以用

① 中国社会科学院考古研究所安阳工作队：《安阳小屯村北的两座殷代墓》，《考古学报》1981年第4期。

② 李济：《记小屯出土之青铜器》(上篇)，《中国考古学报》第3册，1948年。

③ 梁思永、高去寻：《侯家庄第二本·1001号大墓》，1962年版。

④ 李伯谦：《安阳殷墟五号墓的年代问题》，《考古》1979年第2期。

⑤ 石璋如：《小屯第一本·遗址的发现与发掘·乙编》自序，1959年版，第3页。

⑥ 石璋如：《小屯第一本·遗址的发现与发掘·乙编》自序，1959年版，第3页。

新发现的资料来订正过去的遗迹、遗物的年代，应是合理的，也是必要的。

第二期铜器与第一期比较，可以看出在器类、形制、纹饰等方面都有较显著的区别。如礼器的类别，除第一期的鼎、甗、瓿、尊、斝、觚、爵、盘之外，出现了罍、壶、卣、方彝等；在妇好墓中还出现了大方鼎、三联甗、分体甗、偶方彝、方罍、鸮尊、四足觥等。

第一期的小口宽肩尊（过去也称瓿形器），在第二期已不见，出现了侈口窄肩的圆尊和方尊。第二期已发现的圆尊少数圈足较矮，多数为高圈足，这两种尊并见于小屯十八号墓，一件矮圈足尊形制与小屯M331相似；高圈足的一件铸“子渔”铭文，其形制与妇好墓的“子束泉”铜尊相似。

第一期的瓿，颈与圈足均较矮，肩部无兽头；第二期的瓿，颈稍高，腹较浅，圈足较高，肩部多有兽头，且多有盖。

第二期带盖的礼器较多，如瓿、方彝、方罍、扁圆壶、四足觥、提梁卣等。而且凡未变形的盖与器口恰可相合，显示出其造型设计与铸造技术的进步。

成对、成套器物在第一期少见，而在第二期的妇好墓已极普遍；在十八号墓中也有四件一套的觚和四件一套的爵。

第二期铜器之所以有比较大的变化，这和当时铸铜工艺的提高密切相关。由于分范技术的提高，从而能铸造出更多的品种和较复杂的器形。再如复层花的铸造，比单层细线条浮雕纹饰的难度要大，从陶模上取下外范也较困难，而且还需要更精细地雕修花纹。铸造技术的进步还突出地表现为分铸法的普遍被采用，从妇好墓所出的铜礼器观察，分铸法大致有两种：一种是先铸器体，再在器体的相应部位先铸出凸起物或预留铸出孔，然后将附件的陶范和泥芯附着在器上，最后浇铸铜液使附件和器体合在一起；另一种方法是先铸附件，将附件嵌入器体范中，然后浇铸铜液，使与器体合为一体。而第一期铜器大多用浑铸法（即一次浇铸法）铸成。

由于分范技术的提高，分铸法的普遍被采用，以及大量复层花纹的应用，使得第二期铜礼器往往给人以比较晚的印象。但第一、二期陶器基本衔接的事实，证明第二期铜器的年代不晚于武丁。看来武丁一代在青铜铸造技术上有不少新的创造，可以说这一时期是我国商代青铜器发展的一个转折点。

第一期铭文罕见。第二期铭文已较普遍，如妇好墓的210件礼器大部铸有铭文，4件铜钺上也有铭文；十八号墓的礼器半数以上铸有铭文；小屯M17、侯家庄大墓HPKM1001以及武官大墓都发现铭文。看来铭文的普遍与宾组卜辞的年代大体相应。宾组卜辞字体具有工整、谨严、刚劲等特点，书法上比较成熟，为铭文的书写创造了条件。

此外，第二期少数玉、石器和骨角器上也出现了刻文，如妇好墓所出刻有“司辛”的石牛、“妊冉入石”的磬和“卢方皆入戈五”的玉戈；侯家庄HPKM1001出土的鹿角器上刻有“亚雀”；十八号墓中还出土一件朱书玉戈。这些表明，到了殷墟第二期，文字已被广泛地应用了。

三、自组与宾组卜辞的比较

根据考古学上的地层关系，自组卜辞的出现应早于宾组卜辞，那么自组卜辞自身是否具有较早的特点呢？如果我们将两者进行比较，从发展的观点看，就不难发现自组卜辞具有较早的特点，而宾组卜辞比较成熟。下面拟就占卜材料、对贞形式和疑问句用词三个方面加以分析比较。

首先，从占卜材料考察，自组卜辞基本用龟甲，用骨卜为数极少。这一现象已为陈梦家先生所注意。新中国成立前发掘的F区36坑（第一次发掘，《甲编》182—281［龟］），据陈先生研究，这一坑全是自组卜辞，全是甲，其卜人是扶[①]；E区16坑（第四次发掘，《甲编》2941—3176、3322、3324—3328［龟］），陈先生认为这一坑是自组与宾组的混合，同坑所出牛骨（《甲编》3329—3346，3361—3362）都是宾组的。可证自组只用龟甲而宾组龟甲牛骨并用[②]。自组卜辞中也有少数刻字卜骨，他认为是习刻。1973年小屯南地所发现的自组卜甲也无卜骨共存。从现有资料观察，自组基本用龟卜，卜骨极少。这只是就刻字卜骨而言，而无字卜骨有所不同，如安阳有的殷代遗址，第一期遗址中不仅有卜龟，也有卜骨，只是卜龟所占的比例较第二—四期遗址所占的比例要大。从越早卜甲所占比例越大分析，说明自组卜辞基本用龟卜是较早的特点。

---

① 陈梦家：《殷虚卜辞综述》，科学出版社1956年版，第145页。

② 陈梦家：《殷虚卜辞综述》，科学出版社1956年版，第145页。

关于对贞形式，自组与宾组卜辞都具有左右对贞的特点，但中华人民共和国成立前所出的自组卜甲多系碎片，较完整的极少，对贞形式不很清楚。1973年在小屯南地出土的8片卜甲，其中4片保存甲桥以上部分，便于检查，现以T53㊹：146、T53㊹：147为例（以下简称146、147），因这两片卜甲字迹都较清楚[①]。

146片从干支顺序看，大致是由上而下刻写的。辛酉卜祭祖乙，自占卜之日起，第四日甲子，卜祭外丙、大戊、中丁。到下一旬之末癸未卜祭父甲，第二天甲申卜祭有关多尹田猎事（系残辞）。辛酉卜祭祖乙，刻于三处，可能是一次所卜，上边两条是对贞，其辞曰：

辛酉卜，又祖乙廿宰。（左）辛酉卜，又祖乙卅宰。（右）

两问都用肯定语气。其余各条均不对贞。此版有卜人扶，大概都是扶所卜。

147片从干支顺序乙未、辛丑、丁未、癸丑观察，也是由上往下刻写，而且每次中间相隔五天。从卜之日算起为第七天。乙未四卜，左右对贞，均与卜雨有关，其辞为：

乙未卜，于丁出舞。（左）乙未卜，丙申舞。（右）
乙未卜，翌丁不其雨，允不。（左）乙未卜，其雨不？（右）

宾组卜辞有“贞勿舞，亡其从雨。”（乙3712）。舞与祈雨有关。

辛丑一问，丁未一问，辞残，刻写在癸丑之后。癸丑卜祭小卜辛共三问；另有今日、正日卜祭小卜辛两问，从内容分析，这五问大概是一次所卜。

从这两片卜甲观察，自组卜辞左右对贞的形式，基本是用肯定语句，两问都用肯定语句；用否定语句，两问都用否定语句。如上述“又祖乙廿宰”，“又祖乙卅宰”，两问都用肯定语句；“乙未卜，翌丁不其雨，允不”，“乙未卜，其雨不？”两问都用否定语句。从已有线索看，自组卜辞用肯定语句比较多，而且两问的内容往往稍有区别。

---

① 肖楠：《安阳小屯南地发现的“自组卜甲”》，《考古》1976年第4期。

宾组卜辞对贞较普遍，对贞形式较规律，大致可分为三种：

第一种，左右对贞，两问语气相同；有的内容稍有差异，如：

虫祖辛二牛。（左）壬辰卜，㱿贞，虫祖辛二牛。（右）（乙 6751）

虫伐于上甲十虫五，卯十小宰虫五。（左）壬午卜，㱿贞，虫伐上甲十虫五，卯十小宰……。（右）（乙 3411）

贞来甲寅虫于上甲三牛。（左）庚戌卜，宾贞，来甲寅虫于上甲五牛。（右）（乙 4747）

辛未卜，㱿，今来甲戌酒王亥。（左）辛未卜，㱿，王亩虫报酒王亥。（右）（乙 5355）

第二种，左右卜问内容不同，如：

丙申卜，争贞，王步。（左）丙申卜，争贞，王其逐鹿遘。（右）（乙 4808）

亩子㝹令。（左）亩子效令西。（右）（乙 5323）

……贞其登牛𠂤于唐。（左）癸酉卜，宾贞，自今至于丁丑其雨。（右）（乙 6723）

贞蜀不其受年。（左）辛巳卜，争贞，䨏不其受年。（右）（乙 6422）

第三种，同一内容左右对贞，而且大多数右侧用肯定语气卜问，左侧用否定语气卜问；也有些左侧用肯定语气卜问，右侧用否定语气卜问，但为数不多。下面分别举例说明之：

勿𠦪于上甲，不我其受又。（左）贞𠦪于上甲受我又（祐）（右）（乙3325）

贞西土不其受年。（左）甲午卜，宾贞，西土受年。（右）（乙3409）

以上两版都是一版只问一件事，正、反问各一条的。多数一版分为几段左右对贞，有些内容接近，有些各段卜问内容不同。如：

乙丑卜，争贞，勿于祖丁㞢。（左）乙丑卜，争贞，于祖丁㞢。（右）

勿于祖丁㞢。（左）于祖丁㞢。（右）（乙3321）

此版甲桥以上卜问㞢祭祖丁，左右对贞。甲桥以下卜问内容不同。

贞勿酉。（左）已卯卜，𣪊贞，㞢帚好于父乙𠭯羊，㞢豕，酉十宰。（右）（乙3383）此版左侧残，但从“贞勿酉”三字相连观察，当为省略句。

勿㞢。（左）来乙未㞢祖乙，宰。（右）（乙5386）

贞勿于高妣己㞢。（左）贞于高妣己㞢。（右）（乙7144）

勿㞢于妣己。（左）贞㞢于妣己（右）（乙5406）

贞勿㞢于象甲（阳甲）、父庚、父辛。一牛。（左）贞㞢于象甲（阳甲）、父庚、父辛。一牛。（右）（乙7767）

贞画不其使人。（左）贞画使人。（右）（乙7797）

翌甲辰勿㞢祖辛。（左）翌甲辰㞢祖辛（右）（乙7852）

丙辰卜，𣪊贞，我弗其受黍年。四月。（左）丙辰卜，𣪊贞，我受黍年。（右）（乙6725）

贞自今丁巳至于庚申不雨。（左）丁巳卜，亘贞，自今至于庚申其雨。

（右）（乙 1161）

以上都是左侧用否定语词，右侧用肯定语词的例子。从省略句看，一般都是先刻写肯定句，再刻写否定句。否定句有些省略前辞、卜人；有的大部内容都省略，如上述的“勿㞢”“贞勿𠕋”等。

右侧用否定语句，左侧用肯定语句的与上述句型基本相同，只是位置相颠倒，如：

㞢于妣庚。（左）勿㞢于妣庚。（右）（乙 3329）

辛卯卜，㱿贞，王入于商。（左）辛卯卜，㱿贞，王勿入于商。（右）（乙 5326）

庚午卜，内贞，王作邑帝若。（左）庚午卜，内贞，王勿作邑帝若。（右）（乙 6750）

宾组卜辞比较完整的龟板为数相当多，左右对贞的资料也比较丰富。其中的第一、二种，与自组卜辞比较接近，大概是宾组中比较早的；第三种在宾组卜辞中所占比例最大，左右对贞较有规律，程式化程度较高，是其比较成熟的特点，可能是宾组中较晚的。

关于疑问句用辞自组与宾组也有区别，上面已谈到自组卜辞用肯定句卜问较多，肯定句与宾组卜辞接近，意思表达比较清楚；否定句则与宾组不同，一般在句末置疑问语气词。如：

丁未卜，扶，㞢咸午，興戊乎？

丁未，扶，㞢咸午牛不？（粹 425）

乙卯卜，自，一羊父乙不？二羊父乙不？五月。（甲 3046）

乙巳卜，扶，㞢大乙母妣丙不？（甲 248+254）

乙未卜，其雨不？（T53 ④A：147）

丙子卜，今日雨不？（乙 435）

郭沫若同志于考释《粹》425 片云："案此二辞，一缀以'乎'，一缀以'不'？盖均表示疑问之语词，不者否也。"句末置否定词"不"，表示疑问是自组卜辞的特点，缀以"乎"的很少。由于自组卜辞把否定疑问词置于句末，与动词和宾语分开，句子显得不够完整，似乎话未讲完。

宾组卜辞否定疑问语词置于句首或动词之前，动词之后为宾语。主语、动词、宾语的句型与现代汉语基本相同，如：

贞勿㞢于象甲、父庚、父辛，一牛。（乙 7767）

庚寅卜，宾贞，今沓王勿步伐人（夷）。（乙 7818）

贞祖乙弗壱王。（乙 3186）

己未卜，殻贞，今十三月不其雨。（乙 6299）

宾组卜辞否定疑问句的词汇也较丰富，如勿、毋、不其、不隹、弗、弗其、亡、亡其等。而且不同语词其所结合的词组也较固定，有一定规律。

从左右对贞比较程式化，肯定、否定语句表达都比较清楚，可以看出宾组卜辞比较成熟。宾组中有些与自组卜辞比较接近，其年代可能偏早。

关于自组卜辞属于殷代早期的意见，甲骨学者过去曾提出过。胡厚宣先生曾推测自组卜辞可能是盘庚、小辛、小乙时代的[①]，于省吾先生和林沄同志都认

---

① 胡厚宣：《战后京津新获甲骨集》序要，群联出版社 1954 年版，第 1 页。

为属于武丁早期①。根据称谓，结合考古学层位关系分析，目前所发现的自组卜辞属武丁早期，能否更向前提，有待于今后的考古发掘和甲骨文的深入研究。但是，自组卜辞属武丁早期之说，对探索武丁以前的甲骨文无疑是有重要意义的。按文字发展的一般规律，早于武丁时代的甲骨卜辞大概与自组卜辞比较接近。

综上所述，可以看出妇好墓的发现，对殷墟文化和卜辞断代的意义大致有三：（一）弄清了殷墟第二期文化的上限可早到武丁时代，下限大概不晚于祖甲。这样就可以断定殷墟第一期的下限不晚于武丁，上限大概早于武丁，从而使武丁时代的文化分期成为可能。（二）在陶器分期的基础上，可以判断与殷墟第一期陶器共存的自组卜辞出现于武丁早期，而不是武丁晚期。与第一期陶器共存的铜器，在组合、形制、纹饰等方面均具有较早的特点。由此可见，第一期的陶器和与之共存的铜器、自组卜辞属于一个时期；第二期的陶器和与之共存的铜器也是属于一个时期的，从第二期铜器中铸有“妇好”“子渔”铭文分析，第二期的上限大致相当于宾组卜辞的年代。（三）自组卜辞所用的占卜材料、对贞形式、疑问句等方面与宾组卜辞比较都具有较早的特点。反之宾组卜辞契刻水平较高，左右对贞比较规律，疑问句的表达比较清楚等方面考察，都表现出宾组卜辞比较成熟，但宾组卜辞的数量相当多，存在时间大概较长，其上限还有待于探索。考古学上目前所分的殷墟第一期文化看来所跨的时间比较长，今后有可能再加细分，推测宾组卜辞中偏早的一部分上限可能早到第一期偏晚阶段。随着殷墟发掘工作与资料整理的进一步深入，有可能提供更多的线索。

（选自《考古》1981年第6期）

① 于省吾：《甲骨文字释林·释用》，中华书局1979年版，第359页。

张光直与《中国青铜时代》

经典导读

张光直（1931—2001），我国台湾台北板桥人，美籍考古学家。大学就读于台湾大学考古人类学系，师从李济、董作宾、石璋如、高去寻等老一辈考古学家学习考古学。1954年台湾大学考古人类学系毕业。次年，进入美国哈佛大学人类学系深造，1960年以论文《中国史前聚落：考古学理论方法与研究》获博士学位。1961年被聘为耶鲁大学人类学系讲师，历任助理教授、副教授、教授，先后担任人类学系系主任、东亚评议会主任。1977年被哈佛大学人类学系礼聘为教授，先后担任人类学系系主任、东亚评议会主任。1984年，任哈佛大学哈德森（John E. Hudson）考古学讲座教授，直至退休。1994—1996年，任台湾"中央研究院"副院长，1996年改任院长顾问。曾任北京大学、厦门大学、山东大学等校客座教授或荣誉教授。当选"中央研究院"院士（1974）、美国科学院院士（1979）、美国文理科学院院士（1980），获美国亚洲学会终身杰出成就奖（1996）。

张光直是20世纪后半期我国台湾考古学的主要开拓者。20世纪60年代，他领导"台湾史前史研究计划"，主持发掘凤鼻头和大坌坑遗址。70年代初主持台湾浊水溪和大肚溪的多学科调查项目，积极推动考古学和自然科学的整合研究，对台湾考古学及人类学的研究和发展产生了深远影响。张光直致力于向国际学术界介绍中国的考古研究成果，多次修订出版的《古代中国考古学》，用西方人类学的方法整合和解释中国考古材料，是把中国古代文明研究纳入西方学术体系的开创性著作。他把中国放在东亚、环太平洋地区乃至世界范围内考虑，不仅提倡用人类学的、整合的和世界性的眼光研究中国古代文明，还倡导用中国的材料为研究人类社会的一般法则做出自己的贡献。他发表的《谈聚落形态考古》等一系列论著，对20世纪六七十年代西方考古学方法论的讨论做出过重要贡献，是“定义聚落考古学理论和方法的主要学者之一”。20世纪70年代到80年代初期，张光直又从青铜器的研究入手，提出中国古代青铜器是中国古代政治权力的工具，强调作为沟通天地工具的艺术在政治权力的获得和巩固方面所起的作用。20世纪80年代以来，张光直积极寻求与大陆的学者合作开展田野工作，最终促成河南商丘考古发掘项目的实施，为寻找商文明的起源做出积极贡献；同时，他又把西方的理论、方法和成果介绍到国内来，对中国考古学的发展做出了积极贡献。张光直一生著作300多种，中英文并重，许多著作被译为法语、德语、西班牙语、日语、韩语等多种文字，在世界考古人类学界产生了广泛、持续而深入的影响。他的主要著作有《古代中国考古学》《商文明》《考古学》《聚落考古学》《凤鼻头、大坌坑和台湾史前史》《美术、神话与祭祀》《中国青铜时代》《中国考古学论文集》等。

《中国青铜时代》原为1979年张光直在耶鲁大学东亚研究会主持的休谟纪念讲演会上的讲稿，是其纵论中国青铜时代的专题论文，后编入《中国青铜时代》一书。

夏商周三代之间的关系究竟是怎样的，对这个影响颇大的问题，《中国青铜时代》一文指出，“根据现有的文献与考古证据来看，三个朝代都以一个共同的中国文明为特征。这不但在这个文明的早期阶段——夏和商——包括地域较小时也是如此，而且在较晚的阶段，如青铜器的广泛分布所示，其领域伸展到包括华南广大地区在内的中国全部时也是如此。”

《中国青铜时代》一文认为，青铜时代的中国文明，在食物的生产上并没有技术上的质变，也没有任何资料表明那社会上的变化是从技术上引起来的。既然生产技术基本上是一个恒数，那么唯一可能的变化因素是资源的重新分配，使它们易于进入若干人的掌握。青铜时代的中国文明要依靠当时物质财富的分配方式来维持，而权力是用来保障财富分配的，青铜器便是那政治权力的一部分，因为青铜的使用是与祭祀和战争分不开的。到今天为止，这种看法，仍然是观察中国青铜时代社会的一种有效途径。此文发表至今，中国青铜时代的种种发现和研究也还没有突破张先生的上述观察。

—— 延伸阅读文献目录：

1. 张光直：《中国青铜时代》，生活·读书·新知三联书店 1983 年版。
2. 张光直：《论“中国文明的起源”》，《文物》2004 年第 1 期。
3. 张光直：《考古学专题六讲》，生活·读书·新知三联书店 2010 年版。
4. 王巍主编：《考古学卷》（第一分册），钱伟长总主编：《20 世纪中国知名科学家学术成就概览》，科学出版社 2015 年版。

（陈星灿 撰）

—— 原文：《中国青铜时代》

经典原文

中国青铜时代①

张光直

新中国成立30年以来，考古学有了很大的进展，但是我们可以说到目前为止，这门学科最为重大的收获是在中国文明形成阶段上的新的知识，也就是中国青铜时代的新知识。其他的考古新发现有的更为壮观，如秦俑坑的兵马俑；又有些发现在文化的个别方面的研究上有了更大的影响，如云梦出土的秦律和长沙出土的帛书。可是这些发现仅只在我们对中国历史既有的知识上有所增益，而青铜时代的考古则将我们对中国历史的了解造成了基本性的改变。我们甚至可以说在30年以前我们还不知道中国的历史是如何开始的，可是现在我们已经知道了或至少已经开始知道了。这个新知识是从过去30年有关中国青铜时代的许多大大小小考古发现的积累而来的。

我们所谓中国青铜时代，是指青铜器在考古记录中有显著的重要性的时期而言的。辨识那“显著的重要性”的根据，是我们所发现器物的种类和数量，使我们对青铜器的制作和使用在中国人的生活里占有中心地位这件事实，不容置疑。金属器物（包括青铜器物）的初现远在青铜时代的开始以前，但到了二里头文化的时代，青铜器的显著重要性成为不疑的事实，而现在大家相信中国青铜时代的开始不会迟于公元前2000年。它的结束则是一个冗长而且逐渐的程序，开始于春秋时代的晚期，但直到公元前3世纪的秦代才告完成。如此，则依照目前的考古记录看来，中国青铜时代持续了至少有1500年之久，虽然在它的晚期与铁器时代有好几百年的重叠。

① 这篇论文本来是1979年3月7日在耶鲁大学东亚研究评议会主持的休谟（Hume）纪念讲演会上的讲稿。原为英文“The Chinese Bronze Age: A Modern Synthesis”, *The Great Bronze Age of China*, Wen Fong ed., New York: The Metropolitan Museum of Art, 1980, pp.35–50。本题过去的综合性的论著有郭沫若：《青铜时代》（重庆，1945）；郭宝钧：《中国青铜器时代》（北京，1963）；Li Chi. “The Bronze Age of China”, *in*: *The Beginnings of Chinese Civilization*, Seattle, 1957, pp.39–59。

不论我们用不用“青铜时代”这个名词来指称公元前2000年到公元前500年这段时期，这一段时期的确是中国历史上的一个重要阶段：有人称之为奴隶社会[①]，有人称之为中国文明的形成期。[②]如果中国历史上青铜器有显著重要性的这个阶段与用其他标准来划定的某个阶段相合，那么青铜器便有作为文化与社会界说的标准的资格。

在西方，“青铜时代”这个名词最初是丹麦国家博物馆保管员克·吉·汤姆森（Christian Jürgensen Thomsen，1788—1865）所创用的，是代表该馆收藏品的一个新的分类的三大时代（石器时代、青铜时代、铁器时代）的第二个。照汤姆森所著《北方古物指南》（*Ledetraad til Nordisk Oldkyndighed*，哥本哈根，1836年）中的定义，“青铜时代”乃是“以红铜或青铜制成武器和切割器具”的时代。[③]在他的1944年度赫胥黎纪念讲演时，戈登·柴尔德（V. Gordon Childe）将考古学上的三大时代解释为“在技术的发展、生产力的进化上的一串的相连续的阶段”[④]。柴尔德进一步将青铜时代分为三段“方式”（modes）。在第一期方式中，兵器和装饰品有用红铜和青铜的合金制作的，但当时还没有“突变”而来的工具，而且专用于工业的器具甚少。石制工具仍旧很仔细地制作。在第二期方式中，红铜和青铜在手工业中经常使用，但不用于农畜活动，也不用于粗重作业。金属物的类型包括刀、锯和专门化的斧、锛和凿子。第三期的方式则以金属器具引进于农业及用于繁重劳动为特征，这在考古记录上表现为金属镰刀、锄头，甚至于锤头。柴尔德很谨慎地说明了这些方式在所有地区未必都照这个顺序出现，但他很强烈地暗示了青铜器具之采用，其重要意义主要在生产领域之内。在《青铜时代》一书里，柴尔德仍将这个名词界说如次：“金属——其实红铜比红铜与锡的合金更常见——最初经常使用为主要的切割工具和兵器，以代替或补充较早的石、骨和木制装备的一个工艺的阶段。”[⑤]但是他又补充说，“青铜时代的意义远远超过一个工艺的阶段”，他

---

① 郭沫若：《奴隶制时代》，人民出版社1972年版。

② Kwang-chih Chang. *Early Chinese Civilization,* Cambridge, 1976.

③ Glyn Daniel. *The Origins and Growth of Archaeology,* Baltimore, 1967, p.94 所引。

④ V. Gordon Childe. “Archaeological Ages as Technological Stages”, *Journal of the Royal Anthropological Institute of Great Britain and Ireland* 74 (1944), pp.1–19.

⑤ V. Gordon Childe. “The Bronze Age”, *Past and Present* 12 (1957), p.1.

认为这种金属的制作和使用是和一连串的作为这个新的技术阶段的原因或其结果的一些彼此相关的变化有所联系的。这些变化包括：较有效率的生产工具与兵器，尤其是适用于车轮的制作的金属锯子等的出现；熔矿和采矿的应用科学；牵涉到赤铜和其他金属矿石的有组织的国际贸易的肇始；以及专门技术人员的出现。这些看法都比较新颖和成熟，但柴尔德仍旧将青铜技术当作一种环绕着生产活动的工业来加以强调的。

假如如上所述，中国青铜时代之始终与依照别的标准所建立的中国社会史文化史的某种阶段在基本上相符合，这当如何解释？青铜器有什么特点可以使它作为一个划时代的象征？我们在这些问题上的答案，可以将柴尔德根据近东与欧洲的资料所得的结论加强，还是可以在它们上面增加一些新的看法？在考虑这些问题之前，我们必须先将中国青铜时代文明的若干基本现象作一番考察。

* * *

中国古代的居民可能在青铜时代开始之前，已有很久的使用金属的历史。在公元前5000年的西安半坡的仰韶文化遗址曾发现过一小片金属。[①] 其体积甚小，形状不明，成分亦不明。在半坡附近与它时代也相当的姜寨的仰韶文化遗址的一个房屋居住面上也曾发现过一块小金属圆片；它的成分是65%红铜，25%锌。[②] 这样的成分颇不寻常，因为照过去理解，锌在中国合金史上发现较晚。[③] 但它出土的部位相信是可靠的，而且据说在山东的一个龙山文化遗址中也有过一件铜锌合金物发现。[④] 比较纯的红铜或红铜与其他金属（锌、锡和铅）偶然的或有意的结合，可能在中国史前史上相当早的时期，或至少在中国的陶工能在他们的陶窑里产生能够熔解含有这些金属成分的矿石的温度的时期，曾

① 夏鼐：《碳十四测定年代和中国史前考古学》，《考古》1977年第4期，第217~232页。

② 唐兰：《中国青铜器的起源与发展》，《故宫博物院院刊》1979年第1期，第4页。

③ K. T. Chang. "The Beginning of the Using of Zinc in China", *Bulletin of the Geological Society of China* 2 (1923), *Nos.* 1/2, pp, 17–27; ibid. "*New Research on the Beginning of Using Zinc in China*", 4 (1925), No.2, pp.125–132.

④ 据夏鼐与安志敏两先生面告。

经有过相当程度的使用。[①] 金属出现的确切时期始于公元前 2000 年前不久，见于甘肃的齐家文化与辽宁西部的夏家店下层文化。在好几个遗址里曾发现过红铜的装饰品和小件的器物。[②] 这些文化与黄河流域的若干龙山文化大致同时，而后者因为它若干陶器的“金属器似”的外形（尤其是柄根部的“钉形”钮，常认为是金属铆钉的陶器仿制品）而一直有人相信曾使用了金属器。[③] 实际上，同一类的陶器在齐家文化本身（即一种确有红铜器发现的文化）中的发现，也已导致可能至少部分为锤制的金属容器已经在齐家文化中产生或作为齐家文化中若干陶器的原型的这种推论。[④]“红铜时代”之作为一个重要的工业阶段在中国史前时期之存在是日本学者道野鹤松鼓倡已久的一个说法，但有人认为此说

---

① 李家治：《我国古代陶器和瓷器工艺发展过程的研究》，《考古》1978 年第 3 期，第 179~188 页；周仁等：《我国黄河流域新石器时代和殷周时代制陶工艺的科学总结》，《考古学报》1964 年第 1 期，第 1~27 页。根据这些著作，新石器时代遗址的陶窑已能持久维持 1000 ℃或更高的温度；这个温度足够熔解多半的有关的矿石了。

至于铜和锌在这样早的时代，似不可能结合，Earle Caley 关于欧洲和地中海区域早期的史前铜锌合金的偶然产例的推论，是值得注意的：“青铜在类似的程序之下，很容易能在原始器皿中从铜矿与锡矿的混合物中产生，但是黄铜不能使用这种一般制造合金的方式生产，因为高到能够分解铜矿与锌矿的程度的温度，同时也便高到在锌能以还原作用与任何铜形成合金之前，便把它几乎全部蒸发与氧化。……用渗碳法所形成的铜锌合金，似乎是史前这种合金能够生产的唯一方法。在这种方法下，……把细铜条或小铜块埋在放在坩埚里面的锌矿石和木炭的掺合物里面。当把坩埚和它的内容加热到一定的温度时，由还原作用而产生的锌有若干会蒸发而丧失，但多半会陷在铜的火热的表面上而形成铜锌合金。这以后再将这金属加以熔合并加以搀拌便会形成均匀的合金。”（*Orichalcum and Related Ancient Alloys*, New York: 1964, pp.11−12）。这条资料承哈佛大学研究生 Linda Ellis 惠示，敬此致谢。

② 关于齐家文化的资料，见中国科学院考古研究所甘肃工作队：《甘肃永靖大何庄遗址发掘报告》，《考古学报》1974 年第 2 期，第 53~54 页；中国科学院考古研究所甘肃工作队：《甘肃永靖秦魏家齐家文化遗址》，《考古学报》1975 年第 2 期，第 74、87 页；中国科学院考古研究所甘肃工作队：《甘肃武威皇娘娘台遗址发掘报告》，《考古学报》1960 年第 2 期，第 59~60 页。关于夏家店文化的资料，见中国科学院考古研究所甘肃工作队：《赤峰药王庙夏家店遗址试掘报告》，《考古学报》1974 年第 1 期，第 127 页；郑绍宗：《有关河北长城区域原始文化类型的讨论》，《考古》1962 年第 12 期，第 666 页；中国科学院考古研究所甘肃工作队：《敖汉旗大甸子遗址 1974 年试掘简报》，《考古》1975 年第 2 期，第 99 页；中国科学院考古研究所甘肃工作队：《河北唐山大城山遗址发掘报告》，《考古学报》1959 年第 3 期，第 17~34 页。

③ Liang Ssu−yung. “The Lung-shan Culture: A Prehistoric Phase of Chinese Civilization”, *Proceedings of the Sixth Pacific Science Congress* 4 (1939), pp.59−79.

④ Robert W. Bagley. “P’an-lung-cheng: A Shang City in Hupei”, *Artibus Asiae* 39 (1977), Nos. 3/4, pp.197−199.

的基础不甚可靠。[①] 中国青铜时代也许有过以红铜容器以及工具为特征的一个阶段，但我们还没有充分的考古证据来对此加以严肃的讨论。

金属器物之显著的重要性的最早的证据——在有中心性的考古遗址中与贵族阶级关连的铸造的青铜礼器与兵器——发现于河南西部的二里头文化。在二里头文化（最早发现于 1959 年偃师县二里头村的考古遗物 [②] 而得名）中，青铜也用于小件工具与器具（如刀和锥子）以及饰物的制作。在齐家文化里红铜也用以制作斧、刀、锥子和其他器具与工具，但在齐家里没有像二里头文化那样的与青铜礼器、兵器连合的贵族地点。这个与不同种类的金属器（在一方面有工具、器物和饰物，在另一方面有兵器和礼器）有关连的在文化与社会水平上的差异，供给了我们了解青铜在中国青铜时代里真正的意义的第一条线索。

迄今为止，自二里头遗址发现了 4 件礼器，都是酒器中的爵。[③] 四器均小型，薄（均 1 厘米）、素面、平底，但体上的接缝痕迹很清楚地表示它们是由至少 4 件块范铸成的。作为古代中国有特征性的一种技艺，块范铸铜法要经过几个步骤。首先要用黏土制作一个所要铸造的容器的模型，然后将湿软的黏土敷上去以后，切成数块除下。然后从模型的表面要刮除一层黏土下来，刮除的目的是将除下的块范再摆到模型（现在成为一个“内核”）上去以后可在模范之间产生适当厚度的空腔。装饰花纹有时雕刻在模型上，那么在敷压块范时反面的花纹可以在块范内面印出来，也有时直接在块范的内面雕刻出来。这时内核与块范便可以使之干燥并用火烤硬。将他们重新拼凑在一起以后，模型之间便有空隙，制作器物时便把融化了的合金自注孔中注入，空隙中的空气自气孔泄出。合金冷硬之后，块范便可逐块除下，内核凿碎取出。铸成的器物再经磨光修整便告完成。形式复杂体积巨大的容器，需要复杂精密的作业，其设计要谨慎，并需多人合作，但其基本的原理是一样的。中国青铜时代所有的礼器的制作，绝大多数大概都是在这种原理之下铸造的，从最小的（如二里头的爵仅

---

① Noel Barnard. *Bronze Casting and Bronze Alloys in Ancient China*, Monumenta Serica Monograph XIV (Tokyo, 1961), p.184.

② 徐旭生：《1959 年夏豫西调查夏墟的初步报告》，《考古》1959 年第 11 期，第 592~600 页。

③ 中国科学院考古研究所二里头工作队：《河南偃师二里头遗址三、八区发掘简报》，《考古》1975 年第 5 期，第 304 页；中国科学院考古研究所二里头工作队：《偃师二里头遗址新发现的铜器和玉器》，《考古》1976 年第 4 期，第 260 页；偃师县文化馆：《二里头遗址出土的铜器和玉器》，《考古》1978 年第 4 期，第 270 页。

12 厘米高）到最大的（如安阳所发现的方鼎，133 厘米高，875 公斤重）都是一样的。二里头的爵不但都是这样铸造的，它们还是真正的青铜；其中一件用摄谱仪分析的结果是 92% 红铜，7% 锡。[①] 与爵一起还发现了青铜的戈头。总之，二里头的遗物具备了中国古代青铜器的特征：块范铸造法、铜锡合金、有特征性的器物类型如爵和戈的使用、铜器在酒器上的重要性和青铜之用于兵器。

二里头遗址是至今为止考古材料所能建立的最早的有可称为贵族的社会阶层的一个。近年来许多中国考古学者都相信在山东的大汶口文化的社会，就像河南和山东的龙山文化一样，已有相当程度的等级区分[②]，但至少至今为止二里头是中国头一个在考古学上看出来有一个明显界说的权力中心的文化——亦即一个由曾经支撑着有宫殿规模的房屋的夯土基址、较小的房屋、作坊（包括青铜作坊）以及有玉器及朱砂随葬的墓葬所组成的城市丛体。在这个权力中心的遗址中出土了青铜礼器和兵器，还有附有陶文的陶片。与此相对照的，显然是社会的下层阶级所使用的房屋和窖穴遗址，其中有石、骨、角器和在形制上与新石器时代龙山文化的陶器连锁起来的灰陶。

为二里头遗址所代表的文化分布于郑州以西的河南西北部和山西西南部的一片相当广大的地域之上。[③] 这个文化的另外两个遗址近年来也经过彻底的发掘——河南登封的王城岗和山西夏县的东下冯。[④] 两个遗址的周围都有夯土城墙，王城岗的约 100 米见方，东下冯的约 140 米见方。这两个遗址的位置都在传统史学中代表中国历史之始的三代中最早的夏代的传说中的都城附近。因为二里头文化遗存的分布范围与传说中的夏代的活动范围大致符合，又因为二里头和东下冯两个遗址出土的放射性碳素年代将这两个遗址的年代断为公元前 2000 年前后，所以最近越来越多的考古学者主张这个考古文化即是夏代（2205B. C. —1766B. C.）文化的，可是仍有不少仍旧坚持二里头文化（或至

---

① 中国科学院考古研究所二里头工作队：《河南偃师二里头遗址三、八区发掘简报》，《考古》1975 年第 5 期，第 304 页。

② 山东省博物馆：《谈谈大汶口文化》，《文物》1978 年第 4 期，第 1~4 页。

③ 殷玮璋：《二里头文化探讨》，《考古》1978 年第 1 期，第 1~4 页。

④ Chou Yung-chen. "The Search for Hsia Culture", *China Reconstructs* 27 (1978), pp.48–50.

少二里头文化的晚期）还是三代中的第二代即商代的文化。[①]

就我们目前所知，二里头文化还没有文字。二里头许多陶片上有陶文，其中若干是可以认出来的，但它们大概是辨别用的符号而不是当时事件的记录。传说为夏代的经文现在一般都认为是后日的记录而最多只包含夏史中的片断。这些片断的史料中包括有关夏代始祖和治水英雄大禹和他的父亲，始造城郭的鲧的传说。据说夏朝帝王共14代，以桀为最后的一代；桀为暴君，失天下于商代的始祖——汤。

从考古遗存上和从现存的文献资料上看，商的材料远较夏的为多。[②]商代的考古遗址现已发现了好几十处，在时代上可以分成两期。由郑州商城所代表的商代中期遗址的地理分布，北自北京附近，南到江西北部，东起山东中部，西迄陕西中部。这期商代文化的特征包括若干陶器的类型，尤其是若干近似二里头形式，但具有细线纹及宽带纹所组成的兽形带纹装饰的青铜容器。与中商时代青铜礼器和兵器相联结的贵族中心较大而且较为复杂，亦有夯土城墙，但仪式性杀人殉葬的证据首次出现。社会最低阶层的成员不但供应祭祀用的人牲，他们的骨头还用来作制造骨器的原料。为河南北部安阳的著名的遗址所代表的商代晚期的遗址在中国更广大的地域中见到。[③]在这一阶段发展出来的新的青铜容器的美术由较大面积的动物轮廓与地文所组成的纹样所代表。对历史学家重要性更大的是商代晚期的考古遗址里出现了有文字的卜骨；在这上面不但有商王宗教行为的记录，而且在商代的社会、政治与经济的性质上提供了无数的线索。[④]

安阳出土的商代甲骨卜辞，证明了以安阳为都的王的确是商代（传统上断

---

① 佟柱臣：《从二里头类型文化试论中国的国家起源问题》，《文物》1975年第6期，第29~33页；张光直：《殷商文明起源研究上的一个关键问题》，《沈刚伯先生八秩荣庆论文集》，台湾联经出版事业公司1976年版，第151~169页；邹衡：《郑州商城即汤都亳说》，《文物》1978年第2期，第69~71页；吴汝祚：《关于夏文化及其来源的初步探索》，《文物》1978年第9期，第70~73页。

② 对商代文明作综合性的讨论的近作有北大考古专业：《商周考古》，1979年；K. C. Chang. *Shang Civilization*, New Haven: Yale University Press, 1980; Xia Nai. "The Slaves Were the Makers of History", *China Reconstructs*, 24 (1975), No.11, pp.40–43.

③ 见 Li Chi. *Anyang* (Seatle, 1977).

④ David N. Reightley. *Sources of Shang History,* Berkeley and Los Angeles, 1978, pp.134–156.

代为 1766B. C. —1122B. C.）后期的诸王。[①] 一般相信商代一共有 30 个王；最后的 12 个王定都在安阳附近。若干学者也相信郑州商城也是商代中叶的一个王都，也许是后来史料里所指的隞或嚣。代表商朝前 1/3 的商代前期文化，目前在考古学资料中的下落不明。在企图重建商人传说中的迁移路线时，大多数的历史学者相信他们来自华北大平原的东部，而且商代中期与晚期的考古遗存也表现与山东较早的新石器时代文化具有重要的共同特征。[②] 但建朝以前与商朝早期的商人历史从考古学上说还有待进一步的研究。传说上为商朝早期活动中心的豫东现为数米深的淤泥所覆。这是历史时代以来多次泛滥的结果，因而豫东是全华北考古学上最乏资料的地区。但商代中期与晚期的文化足够显示出来商代文明是在公元前 18 世纪自东部前来征服夏朝的中国青铜时代文明的一个重要成员。约 600 年之后，商朝则又为自西部前来的周人所征服。

依照他们自己的传说，三代最后的周朝的祖先在陕西中部渭水流域已居住了许多世代，但伐商（传说在 1122B. C.）以前周人的考古学研究现在方才开始。在伐商以前的一个称为周原的周人都城地区，即现代的岐山与扶风两县，目前正有重要的考古发掘，将来很可能发现可以用来重写周人早期历史的新资料。在岐山县京当公社的凤雏村已经发掘出一组 30 多个夯土基址。这些房屋彼此相接形成一个 U 形，向南开口，在院落对面开展一间大厅。1977 年在西面厢房一个贮藏地窖里出土了 1 000 多片卜骨，其中至少有 200 片上有文字。基址以南有一大片墓地，出土许多墓葬，若干有殉葬的青铜器。[③]

虽然周原的发掘仍在进行之中，我们已有足够的证据知道周人远在公元前 1122 年伐商之前便已达到了与商人可以媲美的社会与文化水平。可是周人的都邑在伐商不久之前便已迁移到现代西安市以西的丰和镐，而伐商之役是自镐京出发的。可惜的是，虽然在这个区域作过多年的考古调查，这里只发现过零星的周人遗物，而都邑遗址尚未找到。[④]

---

① 关于商代年代学的不同意见，见 K. C. Chang. *Shang Civilization*，New Haven: Yale University Press, 1980，第 7 章。

② 张光直：《殷商文明起源研究上的一个关键问题》，见《中国青铜时代》，生活·读书·新知三联书店 1983 年版，第 98～122 页。

③ 陕西周原考古队：《陕西岐山凤雏村西周建筑基址发掘简报》，《文物》1979 年第 10 期，第 27～34 页。

④ 王伯洪等：《沣西发掘报告》，文物出版社 1962 年版。

周代文明在伐商以后（1122B. C.—221B. C.）在考古学上的表现分为两个阶段：西周（1122B. C.—771B. C.），即西安附近的镐京为周都的时代，及东周（771B. C. 以后），即周王室在北方游牧民族压迫之下将国都迁到豫西的洛阳（二里头文化或即夏代文明的中心）的时代。西周的考古遗物包括青铜礼器的大、小窖藏，其中许多有铭文，若干颇长。在东周时代则发掘了不少城址，在当时的聚落形态、政治组织和经济上提供良好的资料。① 在整个周代期间青铜一直是礼器和兵器的原料，但东周开始以后不久便出现了铁制工具和器具，包括犁铧在内。② 在整个的中国青铜时代，金属始终不是制造生产工具的主要原料；这时代的生产工具仍旧是由石、木、角、骨等原料制造。可是一旦铁出现以后，它马上大规模地用于生产工具的制造。因为生铁是适合于大量制造的比较便宜的金属，它很快地便对中国文化与社会产生了深重的影响。中国铁时代之始——亦即中国青铜时代之终——可以放置在公元前 500 年前后，虽然青铜礼器与若干青铜兵器的显著使用还要再继续好几百年之久。中国在公元前 221 年在秦始皇下的统一，很可能便是中国铁时代开始的政治上与社会上的结果，但即使到那时候青铜在兵器上仍保有一定的重要性。在陕西临潼保护着秦始皇陵的兵俑便持着真正的青铜兵器。③

由此看来，中国青铜时代便是历史上的三代，从公元前 2000 年以前，一直持续到公元前 500 年以后。在这一段期间，中国是平行发展而互相竞争的列国的舞台，但这些列国形成分为多层的组织，而它们分层的模式依朝代而有变化。在夏代，以河南西北和山西西南为中心的夏王国显然站在统治阶梯的最高一层。到了商代，自豫东和山东境内的黄河下流平原起源的商王国则是最高的统治者，而到了周代的前半期，自陕西渭水中下游来的周王国又成为最有力量的。三代的政治与仪式的中心变移不定，但根据现有的文献与考古证据来看，三个朝代都以一个共同的中国文明为特征。这不但在这个文明的早期阶段——

---

① 关于周代考古遗物的综述，见 Cheng Te-k'un. *Chou China,* Cambridge, 1962; Kwang-chih Chang. *The Archaeology of Ancient China*, New Haven, 1977.

② 黄展岳：《近年出土的战国两汉铁器》，《考古学报》1957 年第 3 期，第 93～108 页。

③ 始皇陵秦俑坑考古发掘队：《临潼县秦俑坑试掘第一号简报》，《文物》1975 年第 11 期，第 1～18 页；始皇陵秦俑坑考古发掘队：《秦始皇陵东侧二号兵马俑坑钻探试掘简报》，《文物》1978 年第 5 期，第 1～19 页。

夏和商——包括地域较小时是如此，而且在较晚的阶段，如青铜器的广泛分布所示，其领域伸展到包括华南广大地区在内的中国全部时也是如此。

*　　　　*　　　　*

中国青铜时代的青铜器物可以从好几个不同的角度来研究。它们可以，也应该，从它们固有的品质上当作技术[①]和美术[②]来看和加以欣赏。它们的特别用途可以在它们所参与的各种活动（如餐食、仪式和战斗）的背景上加以理解。[③]青铜器也可以在它们将它们所在的社会加以维持上面所扮演的角色上加以考察。从社会的意义上来理解中国青铜器的关键是三代的权力机构。青铜时代的中国文明要依靠当时物质财富的分配方式，而权力是用来保障财富之如此分配。中国青铜器便是那政治权力的一部分。

让我们首先来看看那构成财富与权力的分配的间架的社会单位。在那社会构筑的中心是城邑，即父系宗族的所在点。中国青铜时代的典型城邑[④]外面围着一个方形或长方形，依着东西南北四个方位安排的夯土墙。在城墙内有一个有建筑在夯土台基上，有大木柱和朝南的大门的大型并且可想而知是高大的宫殿式房屋的区域。在城邑的其他地点（城墙里或城墙外）散布着手工作坊、地下室式房屋和墓葬。华北的黄土地带点布着成百成千的这样的城邑，其大小不同，规模与复杂程度各异，形成分成多层的网状系统。每个网状系统分为一层、两层或三层以上，而以列国的都城在其顶端。

以城邑组成的网状系统调节食物、工业产品、珍玩等物质资源的流通。这种经济交易的详细的记录在现有的列国的档案里不显著地出现。在这上面又可

---

① 石璋如：《殷代的铸铜工艺》，《历史语言研究所集刊》，（1955）26，第95~129页；Noel Barnard. *Bronze Casting and Bronze Alloys*; Wilma Fairbank. “Piece-mold Craftsmanship and Shang Bronze Design”, *Archives of the Chinese Art Society of America* 16 (1962), pp.8–15; R. J. Gettens. *The Free Chinese Bronzes* Ⅱ. *Technical Studies*, Washington. D. C., 1969；Noel Barnard and Satō Tamotsu. *Metallurgical Remains of Ancient China*, Tokyo, 1975.

② Wen Fong. “The Study of Chinese Bronze Age Arts: Methods and Approaches”, in: *The Great Bronze Age of China*, New York, 1980.

③ 关于在饮食上的使用，参见《中国青铜时代》（生活·读书·新知三联书店1983年版）中《中国古代的饮食与饮食具》一文，第326~357页。

④ 见K. C. Chang. “Towns and Cities in Ancient China,” in: *Early Chinese Civilization*, pp.61–71.

以看出来若干作者喜谈的所谓东西文明的不同。最近在中国①与近东②两地的研究都显示出来，文字的古老形式与萌芽形式都可以追溯到新石器时代，但在近东，它们那时用来作算账之用，而在中国则用来指明亲属所属。中国古代文献上许多经济资料都是在与宗教、仪式和政治资料有关的情形下偶然记录下来的。但是可以看得到的有关物质资源流通的文献已经足够指明这种流通多半是朝着一个方向去的——主要是朝着国家的中心与社会的上层阶级去。

要用来例证财富的不均分配（从许多方面说是古代文明产生的根源），商代是在中国青铜时代里最好的例子。关于夏的资料太少而不大能用；记录大禹的朝廷自中国四方各地所收到的贡品的古籍《禹贡》中也许包含若干夏代的史实，但一般认为是东周的作品。在另外一方面，周代的材料又多又乱，缺乏清楚性与简单明了性。关于商代的制度的资料则略处于二者之间。

在具有占卜记录与最好的考古资料的安阳，即商代最后的都城，向城里流进的经济资源特多，包括谷物、野兽与家畜、工业产品，以及各种的服役，而向城外流出的资源特少，主要是赐赏封建领主的礼物和商王对他们的福利的祝愿。

在所有进城的货物和服役里，谷物（主要为粟）大概是最为重要的。占卜的记录表示商王对他的国土的四方（东土、西土、北土、南土）的收成都非常关心，他对他的诸妇、诸子和诸侯的领土内的收成也都注意，但是他对别国的粟收则毫不关心。这种记录可使我们推想商王在全国各地的收成中都有他的一份。除此以外，商王还自国内诸侯收取其他的货物，而有时这些收入在龟甲的桥部或牛肩胛骨的关节窝底面或边缘上有所记录。③从这些资料中，我们可知龟甲、牛肩胛骨、子安贝、牛、马、象、战俘、西方的羌人等，为某伯某侯所“入”或“来”自某伯某侯。这些记录下来的项目恐怕在地方进贡到首都的许多宝物中只占一个极小的比例。

---

① Kwang-chih Chang. “Prehistoric and Shang Pottery Inscriptions: An Aspect of the Early History of Chinese Writing and Calligraphy,” (Paper presented at Conference on Traces of the Brush: Studies in Chinese Calligraphy, Yale University, April, 1977).

② Denise Schmandt-Besserat. “The Earliest Presursor of Writing,” *Scientific American* 238, No.6 (1978), pp.50–59.

③ 胡厚宣：《武丁时五种记事刻辞考》，《甲骨学商史论丛》第 1 集，文友堂书店 1944 年版。

可是商王还不仅坐等这些礼物和贡品从他的侯伯源源不绝而来；他还亲自到外地去检取。从占卜记录上看来为商王经常参加的一种重要事件之田猎，很可能除了是娱乐以外，还是商代剥削地方的一种方式，而他的收获有时是颇为可观的。除此之外，商王常常出旅地方，这还不算他对邻族的征伐。[①]在这些出行过程中，商王和他的许多随行员卒自然要为他的臣民"热烈招待"。卜辞里记有商王之"取"马、牛、羊；这些取有的大概便发生在行旅之中。[②]军事征伐如果成功，还有多多少少的战俘，又当做劳动力与人牲而进一步增加首都的财富。

至于向外面流通的财富，唯一有记录的重要项目是商王赏赐地方诸侯的礼物。这种记录在卜辞里仅有偶然的出现，但因商王赏赐海贝或铜锡常常导致礼器的纪念性的铸造，所以这种事件有时在铜器铭文中有所记载。在一本包含4 000多件有铭文的商周青铜器的图录里，有这种纪念商王赏赐的铭文的器物有50件之多。[③]很清楚，这种礼物只能代表国家财富在社会的顶层的"再分配"。

事实上，清理下来的收支账虽不完备，却很能说明以谷类、肉类、货物和劳役为形式的财富一致地流向商人社会的上层阶级和聚落网的大城邑里去（尤其是向其中最大的一个流去，即国都）。在安阳的地面上的房屋和王室大墓的考古遗存在这上面给了很好的例证。在一个王室的墓葬——安阳第四个商王武丁的妇好的墓——里面殉葬的物品的清单[④]，到了令人惊愕的程度：

木椁和涂漆的木棺
16个人殉
6只犬殉
几乎7 000个子安贝
200多件青铜礼器

① 董作宾：《武丁日谱》，《殷历谱》下卷，李庄，1945年版。
② 陈梦家：《殷墟卜辞综述》，北京，1956年版，第318页。
③ 张光直等：《商周青铜器与铭文的综合研究》，《历史语言研究所专刊》（1972）62。
④ 中国社会科学院考古研究所安阳工作队：《安阳殷墟五号墓的发掘》，《考古学报》1977年第2期，第57~98页。

5件大青铜铎和16件小青铜铃

44件青铜器具（包括27件青铜刀）

4个青铜镜

1件青铜勺

130多件青铜兵器

4个青铜虎或虎头

20余件其他青铜器

590余件玉和似玉器

100多件玉珠、玉环和其他玉饰

20多件玛瑙珠

2件水晶物品

70多件石雕及其他石器

5件骨器

20余件骨镞

490多件骨笄

3件象牙雕刻

4件陶器及3件陶埙

这些殉葬物品是由自商国国内国外收集而来的原料，在安阳和其他地区无数的作坊里由无数的工匠制作而成的。与此相对的社会阶级的成员——他们的地下式的房屋和墓葬在考古遗物里面为数极多，但是它们的内容只值得极简单的甚至于是统计式的叙述——则没有像这种样子的财富。下层阶级的生活在占卜的记录里面是找不到的，但《诗经》里面一些周代的诗歌把它们表现得所差无几：

坎坎伐檀兮，置之河之干兮，河水清且涟漪。
不稼不穑，胡取禾三百廛兮？
不狩不猎，胡瞻尔庭有县貆兮？
彼君子兮，不素餐兮。

（《伐檀》）

硕鼠硕鼠，无食我黍。

三岁贯女，莫我肯顾。
逝将去女，适彼乐土。
乐土乐土，爰得我所。

（《硕鼠》）

七月流火，九月授衣。
一之日觱发，二之日栗烈。
无衣无褐，何以卒岁？……

一之日于貉，取彼狐狸，为公子裘。
二之日其同，载缵武功。
言私其豵，献豜于公。……

七月在野，八月在宇，
九月在户，十月蟋蟀入我床下。
穹窒熏鼠，塞向墐户。
嗟我妇子，曰为改岁，入此室处。

（《七月》）

交交黄鸟，止于棘。
谁从穆公？子车奄息。
维此奄息，百夫之特。
临其穴，惴惴其慄。
彼苍者天，歼我良人。
如可赎兮，人百其身。

（《黄鸟》）

妇好墓与这些诗歌所描绘的农民的生活之间的对照把贫富之间距离之大表现得非常清楚。财富分配不均这个在三代时期开始产生的现象是如何维持的我们还不清楚。青铜时代开始的直前直后的人口与生产量的准确数字也许永远是不可能得到的，可是很清楚的，这个时代在食物的生产上并没有技术上的质变。在青铜时代开始之前与之后的主要农具都是耒、耜、石锄和石镰。没有任何资料表示那时社会上的变化是从技术上引起来的。既然生产技术基本上是个恒数，那么唯一的可能的变化因素是资源的重新分配，使它们易于进入若干人的掌握。这不但需要将人口区分为若干经济群，而且需要一个严密的上级控制系统以求保持一个可能不稳定的系统的稳定。这个系统的心脏似乎是昭穆制、宗法制和封建制，这是古代中国社会的三个关键制度。20 世纪初期伟大的中国古史学者王国维曾经相信昭穆、宗法与封建制度是周人的发明与商人的制度相异。[①]实际上，新的材料与新的研究已经很清楚地指明，这些都是中国青铜时代大部时期中的中心制度。如果将这些名词用比较熟知的人类学术语来作临时性的定义，我们可以将昭穆称为两元性的首领制度，将宗法称为分枝的宗族制度，将封建称为分枝宗族在新城邑中的建立。

（1）昭穆。在青铜时代的中国社会的最上层坐着国王和他的王族；后者是由王和有继承王位资格的或与有继承王位资格的人有直系关系的全部男性亲属和他们的女性的配偶所组成的。这个单位多半是封闭性的，而且是部分内婚的。依据近来对夏商王制的研究[②]，三代（除了周代后期以外）的王位继承制度可能是在内婚王族之内若干产生继承人的单位之间轮流继承的制度，而这些单位分为两个主要的单元。在王室的祖庙里，这种两元制度便反映为周代文献中所记载的所谓昭穆制度——昭级的祖先排入在中央的太祖的左边（即东边）的昭庙里，而穆级的祖先放入右边的穆庙里。在这里应特别提明一下的是这种轮袭的说法，只是祖庙昭穆制的可能解释之一，而研究古代中国的学者在这上面的看法并不一致。

（2）宗法。上述的王族是位于一个父系氏族的尖端上；这个父系氏族的成员宣称他们都是由同一个神话传说中的祖先传下来的。氏族的下面又分为若干宗族；宗族的成员彼此都有从系谱上可以追溯下来的血亲关系，而在同一个宗族之内其成员根据他们与主枝（由每一代嫡长子组成）在系谱上的距离而又分成若干宗枝。一个宗族成员在政治权力上和在仪式上的地位，是由他在大小宗枝的成员所属身份而决定的。因此，大的宗族本身便是一个分为

---

① 王国维：《殷周制度考》，《观堂集林》卷十，中华书局 1959 年版。

② 张光直：《商王庙号新考》《谈王亥与伊尹的祭日并再论殷商王制》，均见《中国青铜时代》。

许多阶层的社会。[①]

（3）封建。当宗族分支自父系主干别分出来时，宗枝的族长便带着他的宗族成员与财富派到他自己的地盘上去建立他的围着墙的城邑和政治领域。如果这些宗族是国王自己的亲属（通常是他的弟弟），他们便成为这个王国的地方领主，而他们之间的政治分级组织便与那分枝的宗族网彼此相合。父系宗族和他们上面的氏族经常是外婚单位，而分枝的宗族要与其他的氏族的亲族单位相扣合起来才能成为在政治学上的所谓国家。[②]

上述三种制度的互相影响作用要产生好几个结果。其一，城市数目增加并且向外蔓延，在它们自己之间形成与分枝宗族的分层结构相平行的分层结构。它们彼此之间的关系并不一定是对等的：在一个国家之内要有一个首都，同时与首都相对的有许多地位低微的小城。其二，在每一个城内或一组城内的人口又依分别与主枝和与国家的财富和资源的距离关系而分为不同阶级。因此，每一个由一个氏族所支配但有许多氏族宗族成员所居住的国家之内的人口形成一个下大上小的地位连续体。在顶上享有特权的人是控制着资源与军队的统治者。在他们之下，依着地位递减的次序，有小贵族，手工业匠和农民；后者占据那金字塔的底层和地下室式的房屋。

当与不同的氏族所支配的列国发生接触关系时，它们彼此时常变化的地位要由好几个因素来决定。婚姻关系不但能促进国与国之间的团结，而且会帮助决定，或至少反映着互相通婚的列国之间的相对政治地位。相对的地位也可能由战争来决定，而战争俘虏形成社会的最低的阶级。

*　　*　　*

如《左传》所说，将真实的或虚构的亲族组织加以认可的仪式和战争，乃是国家的主要事务（“国之大事，在祀与戎”）。中国青铜时代的最大的特征，在于青铜的使用是与祭祀与战争分离不开的。换言之，青铜便是政治的权力。

① 丁山：《甲骨文所见氏族及其制度》，中华书局1956年版；张政烺：《古代中国的十进制氏族组织》，《历史教学》1951年第2期，第85～91页、122～125页、194～197页；K. C. Chang. “The Lineage System of the Shang and Chou Chinese and Its political Implications,” *Early Chinese Civilization*, pp.72–92.

② 胡厚宣：《殷代封建制度考》，《甲骨学商史论丛》初集；丁山：《殷商氏族方国志》，科学出版社1956年版。

如果在欧洲青铜时代的构想上，这种新的金属以其作为“兵器和切割器具”为著，则在古人的心目中只有兵器有特别的地位。东周的风胡子和拉丁诗人鲁克里宙斯（Lucretius）都讲到历代用来作兵器的各种不同原料。① 古人大概知道这种新的金属的采用在兵器上要比在其他器物上所造成的优越性有更大的决定作用。在青铜时代的中国，所有的已知的主要兵器都有青铜制造的锋刃：青铜镞、矛、戈头、钺、大刀、剑和匕首。② 弓箭和戈矛等长兵主要是与马拖的战车一起使用的，而剑和匕首则到了周代后期战士骑马之后才广为使用。大部分的兵器是国际间战争中所使用的，但有少数如钺和大刀，则主要是砍头用的。有人认为中国古代的王字便是一个青铜钺的象形字，作为“内行刀锯，外用甲兵”的国王的象征。③ 既然青铜没有普遍地使用于农具，青铜时代便不是由于生产技术的革命而造成的。假如当时有一个革命的话，那便是在社会组织领域之内的革命。但在另一方面，既然人的劳动是农业生产的基础，而青铜的兵器一方面在新鲜的生产劳动力的获取上能起一定的作用，一方面又能保证既有劳动力的持续剥削，青铜也可以说是一种间接的、可是也是真正的、在生产技术上的一次突破。

青铜的另外一个主要用途，即在祭器上的使用，可将青铜当做贵族威权与节约规则的象征。在三代期间，这些容器在形式与装饰纹样上经过许多有时相当显著的变化，但是它们的主要功能——在仪式上使用并为特选亲族的贵族统治之合法性的象征——是始终未变的。在那最高的一层，若干青铜容器用来象征一个王朝对国家的统治；照传说这是始于夏而随着朝代的更替而变的：

> 昔夏之方有德也，远方图物，贡金九牧，铸鼎象物，百物而为之备，使民知神奸，故民入川泽山林，不逢不若，螭魅罔两，莫能逢之。用能协于上下，以承天休。桀有昏德，鼎迁于商，载祀六百。商纣暴虐，鼎迁于周。德之休明，虽小重也；其奸回皆乱，虽大轻也。

我们无法知道这种代表朝代正统性的象征物是不是可以在现有的三代铜鼎

① K. C. Chang, *The Archaeology of Ancient China*, p.2.

② 林巳奈夫：《中国殷周时代の武器》，日本京都大学人文科学研究所 1972 年版。

③ 林沄：《说王》，《考古》1965 年第 6 期，第 311～312 页。

里面找得到，但是每一件青铜容器——不论是鼎还是其他器物——都是在每一等级随着贵族地位而来的象征性的徽章与道具。青铜礼器与兵器是被国王送到他自己的地盘去建立他自己的城邑与政治领域的皇亲国戚所受赐的象征性的礼物的一部分，然后等到地方上的宗族再进一步分枝时，它们又成为沿着贵族线路传递下去的礼物的一部分。青铜容器获得这等意义是因为它们与在仪式上认可了建立在亲属关系上的贵族政治的祖先崇拜祭仪之间的联系关系，同时也因为它们是只有控制了大规模的技术的与政治的机构的人才能获得的珍贵物品，因而适用为节约法则的象征。说到底的话，青铜容器是只与地位高贵的人相联合的，而在祭仪中所使用的容器的数目和种类是要依照这些人在贵族政治中的地位而有所分别的。

在三代统治范围内有许多铜矿和锡矿的来源[①]，但像这样的技术复杂的铜器的大规模的制造，一定需要许多种专家的多步骤作业，而这些专家又得要在国家的组织与监督之下。如 Toguri 所说的，即便是最富的矿石也包含不到 5% 的纯金属。[②]从青铜容器的数目和大小来看，当时对矿石的需要一定是极大的，而小型的矿一定常常采尽而新的来源要不断地开发。金属的铸块要通过很远的距离从矿场运到铸厂与作坊里去，而运输的路线又需要军队的保护。然后青铜工匠便需着手进行铸造手续一直到完件为止。如 Ursula Franklin 所指出的，“在中国，青铜生产的开始表示具有能够获取与补充所需的强制劳动力的蓄库的组织和力量的社会秩序的存在。”[③]同时，由于青铜生产是要依靠这种社会秩序的，青铜产品便成为这种秩序的象征，并且进一步地成为它的维持力量。

* * *

在将早期中国文明的现有考古资料作一概括之后，我们现在可以回到青铜时代这个概念上，来看看它在与现在或一向在考古学上常为人所说的几个其他概念，如国家、城市规制和文明等之间的关系上有没有实用价值——至少在中

① 石璋如：《殷代的铸铜工艺》；天野元之助：《殷代产业に関する若干の问题》，《东方学报》（京都），1956 年第 23 期，第 231~258 页。

② 自 Ursula Franklin. “On Bronze and Other Metals in Early China,” (Paper presented at a Conference on the Origins of Chinese Civilization, Berkeley, June 1978), p.17，所引。在 C-Hurlbut. *Dana's Manual of Mineralogy* (New York, 1971) 中有各种矿石产生金属的比较详确的百分比数字。

③ Franklin 上引文，p.17.

国这个情形之下有无实用价值。

没有疑问，这些概念各有它的用途。同时，每一个概念又限制在它最初形成的领域之内。先从“国家”这个名词说起，它是一种政府的类型而经常有两种意义。在第一种意义之下，亦即在较低的水平之下，“国家”指具有空间界线的政治实体，就好像一个城或一个省份一样。“国家”的另一个意义，在较高的一层水平，指在政治这个领域之内具有若干特征的一种类型的社会。在这个意义之下，这个名词是一个没有时空界限的静态的、表现特征的抽象概念。最近在考古学界有过不少关于国家的定义和起源问题的讨论。[①] 这种概念在考古学研究上对于人类社会的巨大进化程序的了解是必要的，但在个别的历史与史前史的细微进化程序的确实掌握上则是不合适的。但是一旦我们为了把握特征而加以抽象，我们有时会付之以不适宜的具体性，这种具体性很不幸的便破坏了我们作这种抽象的本来目的。一个“国家”在一个考古学的情况之内是很容易认出来的，但是这并不容许我们把所谓“国家型的社会”当作一个现实的实体看，即有一定大小与境界的一块时间与空间。这两种不同的国家的概念的混淆引起了对一些不成问题的问题的无底的争论，如在一个年代学的序列中，对于所谓酋邦（chiefdom）与国家（state）的明确区分以及将一个考古建立的国家分为初级（即原生的）与二级（即派生的）。因为社会演进是连续性的与积蓄性的，国家与酋邦之间的界限不可能也不需要在任何一个确实的顺序之上划出来。由于邻接的地域与区域的发展顺序之间一直是互相激动的，把一个叫做原生，另一个叫做派生，一定是会给人以错误的印象，而且常常是不准确的。我在最近曾经提过，国家是从不单独产生的；它们是成对出现的或是在一个多成员的网架中出现的。[②] 例如在中国的青铜时代，夏、商、周等政治力量是在平行与竞争性的发展情形下抬起头来的。考古学者可以在考古材料里辨认列国的存在，但他们不可能在地上直接找到国家类型的社会。他们要研究他们

① 最近这方面比较重要的著作可举 Elman R. Service. *Origins of the State and Civilization*: *The Process of Cultural Evolution* (New York, 1975); Henry T. Wright. “Recent Research on the Origin of the State,” *Annual Review of Anthropology* 6 (1977), pp.379–397; R. Cohen and E. Service, eds., *The Origins of the State*: *The Anthropology of Political Evolution* (Philadelphia, 1978).

② 张光直：《从夏商周三代考古论三代关系与中国古代国家的形成》，见《中国青铜时代》，第66～97页。

的材料，辨认他们在这中间所看到的发展过程的特征，然后可以把这种发展过程拿出来与某种选定的抽象典型相比，好来说明它们是不是国家。因此，青铜时代这个概念——由于它之指称接近地面现实的考古材料，它的广泛兼容的规模，和它的可靠的分类基础（至少在中国来说是如此）——在处理考古资料以求做较高级的通论上有作为第一个步骤的用途。看来至少在中国，政府的国家形式在青铜时代，是作为好几个区域文化之间彼此相关而且彼此激动的发展而产生的。

城市规制是跟着城市来的，而城市是可以在地面上辨认出来的，可是什么是城市也不是一个不成问题的问题。我之界说城市，不看它的大小，而看它在政治与经济系统中的地位，因为城市只有在政治与经济上分层（分级）与分化的系统里才能存在。中国的经验很明显地表明城市规制与青铜时代是同时开始的，而且是青铜时代社会的一个必要特征。

文明这个概念把焦点放在价值、美和意识形态传统之上，在强调资源开发与国家系统这些概念的当代美国考古学上，也许是比较难以处理的。在这上面我觉得中国的考古经验供给我们一些有兴味的精神食粮。一个“中国”文明可以根据器物的种类和风格来阐明它的特征，而这个文明可以适用于北自长城以外，南到江南这样大的一片地域之上，而这片地域一方面表现环境上的分歧性，一方面又包括了从考古学上或从三代的文献史料上所知的所有的政治上的国家。中国青铜时代这个概念与古代中国文明这个概念之间相合到几乎可以互换的程度。青铜器本身当然便是古代中国文明的突出的特征，而造成它们的特殊地位的因素，同时也正是导致那文明产生的同样的因素。

（选自《中国青铜时代》，生活·读书·新知三联书店 1983 年版）

秦汉及以后时期考古

冯汉骥与《云南晋宁石寨山出土文物的族属问题试探》

经典导读

冯汉骥（1899—1977），字季良，湖北宜昌人。1923年毕业于武昌文华大学，1923—1931年，先后任厦门大学图书馆襄理、主任，湖北省图书馆馆长，浙江大学文理学院图书馆主任。1931—1933年，赴美国哈佛大学留学，学习人类学。1933年，转入宾夕法尼亚大学人类学系，师从哈罗威尔（Hallowell）学习文化心理学，从布朗（N. Brown）和斯宾塞（Spencer）学习亚洲考古。1936年夏，获宾夕法尼亚大学人类学哲学博士，受聘到哈佛大学任教并兼任哈佛大学汉和图书馆主任。1936年年末，李济访美，以中央博物院筹备处主任名义邀冯汉骥回国共同创办人类学研究所。冯汉骥毅然谢绝哈佛挽留，于1937年春回国。时逢时局骤变，中央研究院被迫南迁，博物院建新所计划搁浅，遂于当年受邀入四川大学史学系任教，讲授人类学、先史考古学、人类地理学课程。1939年，离开四川大学，参与筹建四川省博物馆。1942年，参加发掘前蜀皇帝王建永陵，任华西大学社会学系教授。1944—1949年，回四川大学任教，仍兼四川省博物馆馆长。1950—1956年，任西南博物院副院长。1956—1977年，任四川省博物馆馆长，兼四川大学历史系教授、考古教研室主任。

冯汉骥精通人类学、民族学，又擅长考古学，是我国西南考古的奠基人、四川大学考古学科的创办者。他在20世纪20—40年代调查过川西平原大石文化遗存，1938年首次调查并试掘过四川西北部茂汶地区石棺墓，1942年发掘前蜀皇帝王建墓，1944年发掘了四川大学校内一座唐墓，20世纪50年代初研究过资阳人头骨化石和地层，发掘过四川昭化宝轮院和重庆冬笋坝船棺葬，1958—1959年主持了长江三峡库区四川段首次文物普查，对巫山大溪和忠县甘井沟遗址进行了发掘，1954年、1961年、1962年前后数次组织了广汉三星堆遗址的调查和月亮湾遗址的发掘。他的考古研究，皆以亲自调查、发掘或目验过的材料为对象，并将考古学方法与文献及人类学、民族学方法结合进行，先后发表了《成都平原之大石文化遗迹》《关于资阳人的几个问题》《前蜀王建墓发掘报告》《关于"楚公豪"戈的真伪并略论四川"巴蜀"时期的兵器》《四川彭县出土的铜器》等论文及著作。范围广泛，论证严密，许多论断有自己的创见。

《云南晋宁石寨山出土文物的族属问题试探》一文，是冯汉骥应邀赴云南晋宁参加发掘和观摩这批新出土的文物之后所写。

冯汉骥对研究这批文物的族属所用的方法进行了讨论，他认为"利用人物图像来探索他们的族属关系，在方法上虽然有它很大的局限性，但在研究晋宁出土文物的族属关系上，却有着它的许多长处。"因为，晋宁出土的人物图像"不下二三百个。这些大大小小的图像，在造型艺术的造诣上都是很高的，往往能重点突出，把所要表达的特点活现出来。特别是这些图像都在各种不同活动场面中出现，这就更增加了他们的真实感。……它们若能得到正确的解释，对于阐明当时的社会性质及民族情况，其准确性当不下于文字。而且，正因为它们是图像，更具有文字所不能表达的真实感"，除此尚可与文献的有关记载相对勘。依据他设定的方法，根据人物图像的服装、发式等的不同特点，分析出在各种场合中均占主导地位的男女人物应是滇族，而"编发""椎结""左衽"者则是滇族统治之下的其他族，这是有说服力的合理的解释。

此文把所有人物形象分为滇族和滇族统属下的七种民族，并认为纳贡场面中的纳贡者象征七种被统治民族的男性，纺织场面的女奴象征七种被统治民族的女性。他指出，"从服装上言，以及从人物图像的各种活动上言，滇族的人物形象是特别突出的，他们是这一文化的主人，是这一文化的创造者。"

观晋宁石寨山青铜器，经常提出这一问题：铜器上各种人物形象究竟分别相当于今天哪些民族？这个问题无法简单回答。冯汉骥在此文中也略加以推测"滇族属于后来历史中的哪一种属"，作为研究这一问题的参考。同时，提出"以上不过是比较合乎事实的推测，其证明则有待于将来考古学上的发现"。文章最后说"证之以司马迁所记，晋宁出土文物中各种人物的图像，实可表现当时滇东北民族情况的大概”。根据以上推测可以看出，今天云南绝大多数民族，在 2 000 多年前的青铜器图像中都能找到其来源。我国的各个民族不分大小，都有悠久的历史。

—— 延伸阅读文献目录：

1. 冯汉骥：《云南晋宁石寨山出土铜器研究——若干主要人物活动图像试释》，《考古》1963 年第 6 期。
2. 冯汉骥：《云南晋宁出土铜鼓研究》，《文物》1974 年第 1 期。
3. 冯汉骥：《四川彭县出土的青铜器》，《文物》1980 年第 12 期。
4. 冯汉骥：《冯汉骥考古学论文集》，文物出版社 1985 年版。
5. 王巍主编：《考古学卷》（第一分册），钱伟长总主编：《20 世纪中国知名科学家学术成就概览》，科学出版社 2015 年版。

（李伯谦 撰）

—— 原文：《云南晋宁石寨山出土文物的族属问题试探》

经典原文

云南晋宁石寨山出土文物的族属问题试探

冯汉骥

云南晋宁石寨山西汉墓所出的一批文物，从其数量性质言之，均是十年来考古学上最重要的发现之一，是研究当时滇池区域的文化及其民族的最真实的资料①。创造这一批精美青铜器和其他器物的主人，以及他们属于当时的哪一种民族，应该是研究这一批文物首先要解决的问题之一。作者于1958年冬承云南省文化局之约，曾短时期参加过晋宁的发掘，1959年6~7月间，又承云南省少数民族社会历史研究所之约，对于这批文物作了一些初步分析。兹将个人所能观察到的，发表于此，以供研究者和关心这一批重要文物者的参考。因为仅仅是对这一问题的初步分析，故称之为“试探”，还望读者予以严正驳正。再者，在研究这些文物时，承云南省文化局陆万美局长及云南省少数民族社会历史研究所侯方岳副所长多方面的鼓励及指导，和云南省博物馆许多同志的热诚协助，并许发表，特此表示谢意。

在探索考古学上所发现的文物的族属问题时（指无文字发现者而言），可从许多方面入手，最普通者，乃根据出土文物的性质、样式、花纹等特征，与已知的古代或现代民族的文化特征相对勘，从而找出其族属关系。但是，这种方法局限性很大。因为文化特征往往可以离开民族的本身而独立传播，除非各种特征相同的幅度甚大，不然，所得出的结论往往是不甚可靠的，或者仅能证明它们之间有着历史的接触关系而已。如果其中有人物图像发现时，则可以根据人物的形象、头髻和衣饰的样式等来探索其族属关系。这虽然比前者的可靠性较大，倘用之不慎，亦易引入歧途。不同的民族，亦可能有相似的服饰，特别是表现在相近的民族之中；在同一民族中，其间也可能有稍为不同的服饰，尤其是人口众多、分布区较广的民族。并且同一民族的服饰在时代的推移上是要变动的，虽然在古代及较原始的民族中其变动较为缓慢，但演变是必有的。

---

① 云南省博物馆:《云南晋宁石寨山古墓群发掘报告》，文物出版社1959年版。

利用人物图像来探索他们的族属关系，在方法上虽然有它很大的局限性，在研究晋宁出土文物的族属关系上，却有着它的许多长处。因为晋宁出土的文物，其中有很多的人物图像，包括高至三四十厘米的铜俑，小至二三厘米的铜铸像和在各种铜器上镌刻的人物图像，约略计之，不下二三百个。这些大大小小的图像，在造型艺术的造诣上都是很高的，往往能重点突出，把所要表达的特点活现出来。特别是这些图像都在各种不同活动场面中出现，这就更增加了它们的真实感。像这样的材料，在考古学的发现中是少有的。它们若能得到正确的解释，对于阐明当时的社会性质及民族情况，其准确性当不下于文字。而且，正因为它们是图像，更具有文字所不能表达的真实感。

利用这种方法来研究晋宁出土文物的族属问题时，还另外有一种长处，即可以用来与古籍中的记载相对勘。因为在古籍的记载中，往往以髻式和服装的样式来区别当时不同的民族，如“椎结”“编发”“左衽”等。这种描叙虽然太简略而且不甚准确，但如能得到当时真实图像来加以对照，那就更为具体了。

利用服饰头饰来区分民族，虽然不一定可靠，更非唯一的方法，但也有它的实际用处，因为每一民族都有它特殊的头饰和服装，以自别于其他的民族。这种情况，特别表现在古代的民族和比较后进的民族中，是一望而知的。这也是在古籍记载中往往以此来区别不同民族的原因之一。

所以，根据晋宁文物的特点，先从其人物图像分析出有几类不同形象的人物，何者是主要的，何者是从属的。将各种类型确定之后，再从各种活动场面中来加以核对，以视能否构成一种族属，最后再推论它可能是当时的某一种民族，及其相互间的关系。

据初步分析的结果，其中除此一文化的主要民族而外，至少尚有七种族属。兹将其男性者分为七组，用拉丁字母代表之；女性者分为七式，用罗马数字代表之。

一、“滇族”

晋宁文化中的主要民族，在服装上和在各种活动中，是表现得非常清楚的。由于现在还不能将其与古代当时的某一民族或者是现代的某一民族相比合，所以暂称为“滇族”；因为在汉代称此一区域为“滇国”，在墓葬中又有“滇王之印”发现，所以这些文物是当时“滇国”的东西；更确切些说，是属于当时“滇王族”的东西，这是无可置疑的。

《史记》称当时滇池附近的一些民族为“靡莫”，而“滇”为其中之一。《西南夷列传》说：“西南夷君长以什数，夜郎最大；其西靡莫之属以什数，滇最大。”从《史记》的文义推之，“靡莫”似乎是一种民族的名称，而滇则为其中的一个国名，或者君长之名①。《华阳国志》称此地区的民族为滇或滇濮。故说者以为滇为濮人中之一种②。按靡莫自西汉以后即无闻，不知其为何种民族。而濮人之说古今以来更是众说纷纭③，今若称晋宁文化中的主要民族为靡莫，或者为濮，则不如称之为滇，似属更为有据。

从晋宁出土的许多铜俑及镌刻的人物上来看，古滇族与其四周的民族在服饰上及风俗上是有着显著区别的。又从晋宁的各种人物图像场面中，所描写的对象，都是滇族的一些主要活动，或者是与滇族有关的其他族的一些活动。从服饰而论，滇族的服装是相当统一的，而特别以女子为然。滇族女子的头髻，与其他族的迥然不同。将发于额前中分而全部向后梳掠，于后颈上将发重叠而从中束之，成一在《云南晋宁石寨山古墓群发掘报告》中所谓“银锭式”的长髻（图版壹，1、2；又见《云南晋宁石寨山古墓群发掘报告》第82页，大铜俑，图版陆玖，1）。在髻的中部系带时可使上部稍宽而高，下部稍狭而短。有的髻可下垂至于背上，大概贵族阶级的髻多系如此。有的于额前留发一小撮如

---

① 在古代，国名与族名往往不分，如“巴”“蜀”等皆是。

②《南中志》说：“南中在昔盖夷、越之地，滇、濮、句町、夜郎、叶榆、桐师、嶲唐侯王国以十数……”，有的将“滇濮”连读，并认为滇应该是濮人中的一种。按此种解释，不仅与《史记》所载不合，而与《华阳国志》本书中所载亦不合。在《南中志》中，凡言濮者，均为单用（加形容词者除外，如躲濮）。如在叙述永昌郡的民族时说：“有穿胸、儋耳、闽、越、濮、鸠獠，其渠帅皆曰王。”又说：“有闽、濮、鸠獠、僄越、躲濮、身毒之民。”三国时，“李恢迁濮民数千落于云南、建宁界。”晋时“祥（吕祥）子元康末为永昌太守，值南夷作乱，闽、濮反”。其所言之濮，均在永昌郡，想濮族是当时南中西南部的一种民族，与滇相去颇远。

③ 按濮人首先见于《尚书·牧誓》，孔传以为“在江汉之间”。濮又称“百濮”，《左传》文公十六年：“麇人率百濮聚于选，将伐楚。”疏渭：“建宁郡南有濮夷，无君长总统，各以邑落自聚，故称百濮。”按此建宁在今湖北省石首县南。此所谓濮或百濮，均距后来云南的濮甚远。关于濮人的族属问题，有的以为属僮、傣族系民族，有的以为属于彝族系统，有的以为与古代的“巴”有关。众说纷纭，未有定论。

“刘海”式，而后垂之髻则相同。头上及髻上均不戴其他饰品。此种髻式，因其拖垂于后，今姑名之为“垂髻”。“垂髻”为滇族妇女贵贱之通式，如乘肩舆者（见《云南晋宁石寨山古墓群发掘报告》图版伍柒）、坐而指挥者（图27.4，9之中坐者）、劳动操作者（图27.1，3）、舞蹈者（图27.1，1），无不作此种髻式，亦为此一群人物中最多的一种髻式。

再有一种发式，即将发总掠而披于背后，于后颈以下用带宽束之。此种发式，骤视之可能认为系另一种民族者，但其装束则与滇族妇女完全一致，可能为滇族女子的另一种发式。因自正面视之，与梳垂髻者完全无异，唯后垂之发有挽髻与不挽髻的不同。此种发式不多，仅见一杖头俑上（原编号M14：9；

1. 舞蹈者（取自贮贝器M12：2拓片，见《云南晋宁石寨山古墓群发掘报告》图版壹贰叁） 2. 抬肩舆者（取自贮贝器M12：2腰部纹饰拓片，见《云南晋宁石寨山古墓群发掘报告》图版壹贰贰，注意其衣的后幅） 3. 运粮者。其所著外衣和内衣甚为清晰（取自《云南晋宁石寨山古墓群发掘报告》图版壹贰壹，贮贝器M12：1腰部拓片） 4. 牧猪者（取自贮贝器M12：1，第二层器盖纹饰拓片，见《云南晋宁石寨山古墓群发掘报告》图版壹贰零）

图27.1

图版贰，1、2），和“杀人祭铜柱场面盖虎耳细腰铜贮贝器”上有三四俑作此式[①]。再者，此种妇女髻式上的区别，可能与妇女的社会地位和已婚、未婚、已寡等有关，或与个人的嗜好与时髦性有关。其究系如何，须待更多的资料发现，方能决定。

滇族妇女的服装也是很统一的。无论贵贱皆服一宽大对襟式外衣，衣长仅及膝下，袖宽大而短，长仅及肘。衣领及缘边皆有数道线条纹，衣上有垂直线条作饰。着时不系不扣，使前胸之内衣微露。内衣因大部分均为外衣所掩盖，故样式不甚明了。其样式大概紧称身躯而较外衣略短，圆领，领边及衣的下脚均有线条作饰。此种内衣是否为贯领式或另有衽，亦不得而知（图 28.1，1、2；图版壹，1）。膝以下无饰，跣足。上层阶级与贵族妇女的外衣亦均如此，唯衣上加各种纹饰，袖亦较长，此于几个较大的铜俑上可以见之（图版壹，1）。耳皆戴环，环有两式：一种仅为一小圈，大概为常人所戴（见《云南晋宁石寨山古墓群发掘报告》图版壹壹肆，3）。再一种为“叠片式”，大概为贵族所用（见《云南晋宁石寨山古墓群发掘报告》图版壹壹肆，1）[②]。再者，贵族妇女下臂上戴扁形镯四五道，亦有很多实物发现[③]，几将整个下臂笼罩。有的腕上还戴一璧形的玉环（见《云南晋宁石寨山古墓群发掘报告》图版壹壹贰，4~7）。

作以上所述装束的，又何以知其为滇族妇女？这于她们的生产活动和社会活动中可以见之。滇族的农业生产，大概主要系由女子任之，男子仅从事牧畜、狩猎和战争。此或为当时的一种男女分工。所以有关农业活动，或有关农业活动的祭祀中，均以女性为主体，而男性副之。又在许多社会活动中，如斗牛（原编号 M6：41，图版叁，1）[④]，M3：140（见《云南晋宁石寨山古墓群发掘报告》图版柒叁，3）两铜扣饰，她们往往与滇族的男子并列杂坐。再者，滇族的若干服饰是男女相通的，如叠片式耳饰、璧形玉臂环等。由以上诸端，我们可以肯定凡是作此种装束者，均系滇族的妇女。

---

① 见《云南晋宁石寨山古墓群发掘报告》图版伍贰及伍叁。

② 用递相缩小的极薄块形玉片相叠而成“蚌蛤”形，戴于耳上时则向两旁突出。这类的耳环是男女通用的。又在《云南晋宁石寨山古墓群发掘报告》第 123 页列有“Ⅱ式”耳环（图版壹壹肆，2），形如野兽的尖形犬齿，但图像中未见有戴此种耳环者，抑或系我个人观察的疏略。

③ 见《云南晋宁石寨山古墓群发掘报告》图版壹壹叁，2；壹壹肆，2。有金和玉两种，M20：40 为金制，M11：17 为玉制，但形制则大体相似，仅金制者更薄而已。

④ 按此一铜扣饰，《云南晋宁石寨山古墓群发掘报告》中未载。

滇族男子的头髻，将发总掠于顶（有的稍后）而叠成长形，从中以带束之，有的将带两端突于后（少数突于前）以作饰（图27.1，3、4；图27.2，1、2）。此种发髻，从各种图像中看，为一般的通式，上下贵贱得通用之。从另一方面看，男子的头髻是比较复杂的，往往在不同的场合中，则有不同的髻式，但皆是从此种基本形式稍加变异而来的。大概滇族无冠，故在不同的仪式中或者用不同的发髻来表示之。例如，有一种髻，将发向上梳掠而总结于顶，样式特别松大，亦从髻中束之，髻根甚大而以发或窄带盘于根际。如执盖铜俑（图版壹，3、4）[①]、铜舞俑等[②]，均作此种髻式，此或为青年或贵族的一种髻式。再者有一种高髻，髻根高出于头顶五六寸，形如圆桶，再于上面结一如上式的髻。此种髻式，发中必实有物，否则绝不能如此高大。在所有滇族人物中梳此种髻者甚少，仅“杀人祭铜柱场面盖虎耳细腰铜贮贝器”上所铸平台上正中高坐（垂足坐）者一人，台下执事者数人（但不如前者之高，二者均见《云南晋宁石寨山古墓群发掘报告》图版伍贰），以及一“铜戈銎”上一乘马者（可能系滇王）等数铜俑而已（图版贰，3）。梳此种发髻或仅系少数人的特权，或仅在重要的仪式中用之，详情尚不明了。以上滇族男子的几种髻式，骤视之似均不同，但基本上是相同的，不同之点仅在髻根的大小与高矮，其顶上之髻则无不从中以带束之。以带从发髻的中部束之，男女相同，不过男子的髻在头顶上，女子的髻拖在颈后而已。此亦可能是古代汉族中所谓束发。滇族男子中亦有梳椎髻的（参见《云南晋宁石寨山古墓群发掘报告》图版陆玖，2）[③]，但为数不多。

滇族男子的服装，其外衣基本上与女子的略似，但衣袖甚短，男子则腰

---

①《云南晋宁石寨山古墓群发掘报告》图版陆捌，2、3；陆玖，3。在《云南晋宁石寨山古墓群发掘报告》中此等俑均被认为系女性，但从他们的头髻、服装和所戴的饰物等来看，均为男性，绝不能认为系女性，说详后。

②《云南晋宁石寨山古墓群发掘报告》图版陆陆，1~8。在《云南晋宁石寨山古墓群发掘报告》中亦将此4个舞俑误为妇女（见第80页）。此四俑“制作精细，造型优美”，且作舞蹈姿势，固极易误其为女性。若以滇族男女服装的差别来稍一仔细观察，其为男性是极为明显的。此种高大的发髻虽极易误其为女性者，但通观滇族的女子，绝不作此种发髻，凡作此种髻或者均为男子。从此4个舞俑的服装上看，如肩披帔巾，腰系皮带，带前有大扣，股后拖三叉形后幅，腰佩短剑等，则均为男子服饰，滇族女子绝不如是。此虽系舞装，样式特别新颖巧丽，其为男性舞童，则一望而知。女子的舞装与此不同，一望仍知其为女，可参看《云南晋宁石寨山古墓群发掘报告》图版壹贰叁，及本文图27.1，1。

③ 此虽系“椎髻”，但其服装则完全为滇族者，故仍认其为滇族。

1　　　　　　　　2

1. 乘马滇族男子，可见其所着内衣的下部　2. 乘马滇族男子，其所披之毡有似现代彝族者
（两图取自一件铜鼓的残片拓片，共有十骑，均为此二式，或小有不同，今取其二）

图 27.2

中束带，前有一大圆形带扣。外衣内尚着有内衣，但均为外衣所掩盖，不知其详（图 27.2，1）。滇族男女似不着裤，由少数半裸的铜角视之，男子胯下仅系一宽带，而上束于腰际（见《云南晋宁石寨山古墓群发掘报告》图版陆陆，舞俑）。膝以下裸露，跣足。耳皆戴环，环式如女子所戴者。

以上不过为最基本及一般人所通用的服装。此外，似乎尚有阶级、仪式、舞蹈上附加服饰，形式颇为繁缛复杂①。例如有一种人着上述之服装，而腿后拖一长幅，幅下端作三叉形尾饰。自抬肩舆、仪式中执事者以上、牧畜者，多如此（图 27.1，3、4），仅劳动者后幅短，而其他者则曳于地②。至于舞装，此后幅更为繁缛华丽（见《云南晋宁石寨山古墓群发掘报告》图版陆陆，舞俑）。

① 如《云南晋宁石寨山古墓群发掘报告》图版陆柒所列之两铜饰物上所铸之人物，应为巫觋在仪式中的服装。

② 见《云南晋宁石寨山古墓群发掘报告》图版壹贰零，畜牧者；图版壹贰贰，抬肩舆者；图版陆陆，舞装。此种后幅虽在极端诡异变异下，还是可以分辨的，如《云南晋宁石寨山古墓群发掘报告》图版壹壹玖："铜鼓形双盖铜贮贝器"第一层器盖上所刻的所谓"羽人"，即是一例。此上所刻绘者，大概为一种仪式中的舞蹈。

有的在肩背上加一帔巾，前用带系于当胸，后面复于背，而于尻上突起[①]。帔巾上往往饰有极细的花纹。着此种帔巾者大概仅限于少数的统治阶级。如系乘马，肩上亦披毡，有如现在的彝族（图27.2，2）。

贵族的耳上戴“叠片式”耳饰向两旁突出，腹前垂一大圆形带扣。此种扣饰的实物发现甚多，铜制鎏金，上镶各种宝石，精工华丽[②]。两下臂上戴扁形铜镯四五道，致将整个下臂罩住。腕上亦戴璧形玉环，有双腕皆戴者，亦有仅一腕戴者[③]。如佩短剑，则悬于左。但无论如何盛装，皆跣其双足。如系舞装或在仪式中，膝下胫上往往系缨带以作饰[④]。

男子的服装在不同的场合中，虽有各种不同的附加服饰，但其基本形式在仔细的观察下，是不难看出的。

作以上装束的男女，在出土的铜俑和各种镌刻的人物中，均占多数。如系在活动的场面中，则皆居于主导地位，故认为他们是这一文化的主要民族，即滇族。他们的服装，轻便而美观，富有民族色彩，既不同于当时汉族的服装，也不同于其他铜俑所表现的不同民族的服装。从其式样看，宽大而称体，是适合于当地的气候的。

二、滇族所统属下的各族

滇族的男女，在各种人物的图像中虽极易辨识，但除滇族以外尚有其他何种民族，则必须先找出一个大概轮廓，然后再从各种图像加以核对。我们可先

① 如《云南晋宁石寨山古墓群发掘报告》中图版陆陆；陆捌，2，3；陆玖，3等。其他如贮贝器M12：26上所铸的人物，其中“执事者”亦着此种帔肩，参看图版伍叁，又本文图版壹，3、4。

②《云南晋宁石寨山古墓群发掘报告》图版柒拾、柒壹。此类带扣亦有作长方形者。见《云南晋宁石寨山古墓群发掘报告》第86~87页，图版柒贰，但图像中少见于佩戴。

③ 参见《云南晋宁石寨山古墓群发掘报告》图版壹贰叁，贮贝器M12：2面上所刻之坐于铜鼓旁之男子；他如图版陆捌，3，其下臂所戴者，亦清晰可见。

④ 少数劳动者亦作此饰，如《云南晋宁石寨山古墓群发掘报告》图版壹贰零中之“畜牧者”，图版壹贰贰中之抬肩舆者，膝下亦均系缨带。

从M13：2贮贝器上所铸的人物开始①。此贮贝器为两铜鼓相叠的形式，下大上小，两鼓之间铸有立体人物一周，人物高约9～10.4厘米，作牵牛马负物之状，制作极为精工逼真，为晋宁出土的贮贝器上面塑铸人物最精美的一件。所可惜者其盖部已经失去，不知其作何图景。

在《云南晋宁石寨山古墓群发掘报告》中称为"赶集场面"，这是与实际情况不相合的。按贮贝器为滇王族的重器，其上若铸有图像的话，都是表现滇族的重大事件的，如战争、祭祀等，若将赶集的情况铸在上面，则失其意义了②。此一群人物，很清楚地表现出七种不同装饰及姿势的人物。每一种中最多者四人，最少者二人。每一种中为首之人皆盛装带剑或披毡，其后随者各牵牛马或作负物之状。从其所表现的情况观之，当系滇王统率下的各种不同的民族（或部落）来向滇王进贡或献纳的图景，正如《华阳国志》所谓"牵牛负酒，赍金宝诣之之象"的图像。对滇王来说，这是一件重大的事件，故将其形象铸于"国之重器"的贮贝器上，有如中国所谓"王会图"③。可惜此器的上部已不存在，如其存在的话，此种意义可能更为明显。此图景的各群人物中为首之人，想系《汉书》中所说的"邑君"之流。如在成帝时陈立为牂柯太守"乃从吏数十出行县，至兴（夜郎王兴）国且同亭，召兴。兴将数千人往，至亭，从邑君数十人入见立，立数责，因断头。邑君曰：将军诛亡状为民除害，愿出晓士众……。"按当时夜郎王、钩町王、滇王等为南中较大的王国，其下的"邑君"实相当于各族的酋长。而此图景所表现者，当是来"进献"的，其为首之人的穿着，应能充分代表该族服装的特点。所以这一图景中的人物对分析当时的民族，具有特别重要的意义。这也应是"滇王"统治下的各民族最具体的表现。

此一群人物，依其发髻、服饰的样式，及进行的行列，可分为七组，因

① 此贮贝器出于第13号墓，据《云南晋宁石寨山古墓群发掘报告》中的分类，属于"第二类型"，推定的年代约为公元前175—118年，大致上是可靠的（《云南晋宁石寨山古墓群发掘报告》第14、133～134页）。

② 见《云南晋宁石寨山古墓群发掘报告》第74页；图版肆陆、肆柒。《云南晋宁石寨山古墓群发掘报告》中关于此一场面的解释中，把"编发"者均释为妇女，以及在分组上均有可商榷之处。

③《新唐书》卷222下，东谢蛮："贞观三年，其酋（谢）冗深入朝……中书侍郎颜师古因是上言：昔周武王时远国来朝，太史次为王会篇。今蛮夷入朝，如元深冠服不同，可写为王会图。诏可。"

尚不能与记载中当时各族的名称相比合，故暂用拉丁字母以代表之。兹由其服饰、动作及地位，分述于后。

（一）A组（图27.3，1；图版叁，2）

此一组共四人。首二人皆挽长形髻直贴于脑后，头顶髻上叠带为饰，并以窄带系于颔下。第一人短须，着短窄称身之衣，窄袖长过手，窄裤长至足背。衣上有半圆形纹饰，裤上饰斜方块纹。右手持杖（杖已失去）；左带长剑（剑的下半段已断失），剑以带负于右肩。第二人须长过腹，服装同于第一人，唯

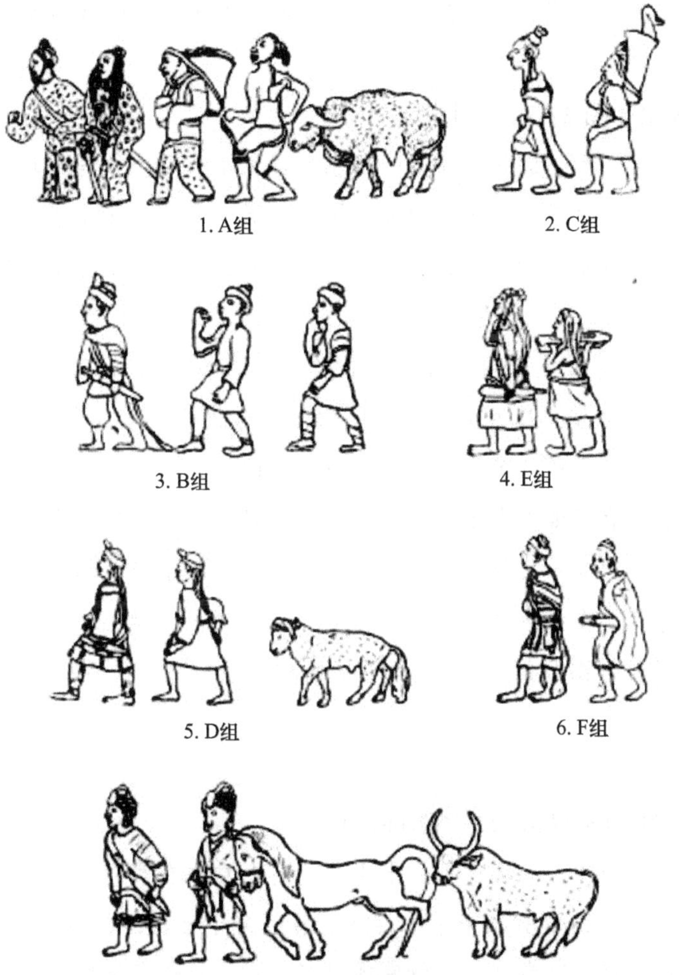

图27.3　男子各组

上衣饰斜方格纹，裤饰半圆形纹。亦佩长剑持杖（杖的上半段已断失）。此二人应为酋长或邑君之类。

第三人短须，头髻装束与前二人同，唯发顶无带饰，不带剑。背负一筐而以带承于额，筐内另贮一箱。此人之地位低于前二者，应为随从之类。

第四人挽长尖形髻突于脑后，无髻饰，无须，身裸无裤，仅以宽带系于胯下，跣足。左悬布袋以带负于右肩，袋中有物，但不识为何种物。左手执绳鞭，右手牵一高峰牛，牛不穿鼻，以绳系于项，此人似为牧奴。

此种（前三人）服饰的铜俑，亦见于同墓出土的鎏金扣饰上（原编号M13：38，见《云南晋宁石寨山古墓群发掘报告》图版陆捌，1）。此扣饰上二人双手各执盘而舞，服装与所佩长剑和上述前二人相同，应为一种民族。

（二）B组（图27.3，3；图版叁，3）

第一人髻挽于顶，缠帕，右前方伸出一段帕端为饰。左耳有环。衣长下及股半，窄袖及腕。短裤及膝下。肩着帔巾，前系于右肩，中束于腰际，其后曳于地。左佩剑而以带负于右肩，剑长中等，鞘宽，似为铜柄铁剑。跣足。此人应为邑君之类。

后随二人，均髻挽于顶，缠帕，衣长及膝，似不着裤，或裤甚短。腰束带，腹前有圆形带扣。二人右肩共抬一物（杠与物已失落），各以右手作扶杠状。此二人应为随从或奴隶之类。此族与滇族的关系是很密切的，如滇族之男子乘马时，往往有缠如以上第一人之头帕者，腰间之圆形带扣亦大体相似，但衣式不同，头髻亦异。而作后二人之装束者，亦往往于其他场合中的服役者见之，如有些为滇族女奴隶主抬肩舆者，似亦为此种人（参见《云南晋宁石寨山古墓群发掘报告》图版伍柒）。他们可能是构成滇族中的一种，而同时又与彝族有关。

（三）C组（图27.3，2；图版肆，1）

前一人髻挽于顶，双层，下大上小，甚高，左右有两股小发下垂为饰。衣长及膝，肩着帔巾，巾前以带系于胸前，腰际束于带内，其后下垂但不曳地。剑佩于左，短而宽。这类剑的实物发现很多，亦为滇族所常佩的一种。如《云南晋宁石寨山古墓群发掘报告》第43~45页，插图九，8、9、15、16各短剑上镌刻之裸体持剑搏兽之男子，自头髻上看，应均为此族。其下臂上所戴之钏及环，亦大体上与滇族者相同（见上引插图九，15、16）。此族或者为长于狩猎的民族，除剑上所刻的裸身搏猛兽外,M17：14“八人猎虎镂花铜饰物”（《云南晋宁石寨山古墓群发掘报告》图版捌壹，1）所铸之八人，自其头髻、服装上看，亦当为此一族。

后随一人，发髻略如前状，但无双股下垂之发。衣长及膝，似不着裤。右肩有带，故左腰部原来似悬有物，但已失。右腕戴钏，衣袖甚短。背负筐而以带承于额。筐为小底大口（与A组之筐形式不同），筐中置猪腿一只。

以上第一人应为酋长，其后为随从或奴隶。

滇族之男子在举行仪式时亦往往梳类似此式的高髻，但又有不同，如无下垂的双股小发和无髻根等。所以他们应与滇族有一定的关系，也可能与当时的彝族有关。

（四）D组（图27.3，5；图版肆，2）

前一人梳双辫垂于背后，额系带一周，额前带内有平突之饰，亦可能系一种发式。耳戴环，衣长及膝，袖长及手，腰束带。衣上以垂直纹作饰，衣脚另接一段。不着裤，胫上似有裹腿。刀佩于左而以带负于右肩。

后随一人，发髻如前，衣亦略如前人，唯较简，无胫上之裹腿。不佩刀，双手执一鞭，后牵一无峰垂角牛。

此类民族少见于其他场合之中，故与滇族的关系似乎不太密切。他们应为如《史记》所称的一种“编发”民族，可能为当时云南西部的游牧民族中的一种。

（五）E组（图27.3，4；图版伍，1）

前一人的发分梳为两辫垂于背后，另分两股短发垂于耳前如鬓，顶又有小髻。左耳戴大环垂于肩上。衣宽大，长过膝以下，左衽，袖短而小，衣的下方另有一节，均以垂直纹为饰。左袒。腰间系窄带。剑佩于左，以辫形带负于右肩。

后随一人，发辫亦如前，唯无顶上之小髻。衣为圆桶式，长仅及膝，无袖。其衣因无下方的另一节，故短。双手捧盾负于右肩，盾为上圆下方的长形，盾中有一脊，两边各有二圆形牌，以长钉钉于盾上。此类形式的盾，于战斗场面中往往见之。这种民族与滇族的关系是疏远的，并且是滇族战斗和掳掠的对象。

此一“献纳图景”中虽然有他们，或者仅是被滇族征服的一部分，其中的大部分，滇族不能加以役使，而仅是作为战斗和掳掠的对象。

（六）F组（图27.3，6；图版伍，2）

第一人发挽于顶作圆形髻，额以上束带一周，故髻露于顶上。衣仅及股下，着短裤。衣上饰垂直纹。肩披长巾，上端以带系于胸前，巾的下端为方角而曳于地。左佩短剑而以带悬于右肩。

后随一人，发挽于顶作圆髻，但无带饰。身所着者似为“贯头衣”，无袖，似亦不着裤。双臂前伸与胸平，作捧物之状，但双手及所捧之物已失。

前一人应为酋长，后一人应为随从捧物的奴隶。

作第一人的装束者于其他活动场合中亦往往见之，但多不着帔巾[①]，例如在祭铜柱及祭铜鼓中的抬肩舆者，似为此种民族。他们可能是滇国附近役属于滇族的民族之一。

（七）G组（图27.3，7；图版伍，3）

前一人头戴一圈形帽，帽前窄后宽而无顶，正中有一绳形梁，帽巾有“人”字纹三道，似为编织而成。帽前当额处有一大扁桃形饰片，帽圈的左边内面有一片突起的饰片。双耳戴大环。衣长及胫，衣下脚有线纹一道，线纹上又有回纹一道。跣足，无裤。左悬铜剑而以带负于右肩。右手下垂似握一带形物横于腹间。

后随一人戴帽如前，唯梁特高，而帽左无突出之饰。衣仅及膝而无下脚的饰纹。跣足，无裤。佩剑如前，腹前亦有一带形物。右手执鞭，左手牵马，马后随一高峰牛。此一人应为前一人之随从而非奴隶。

① 如《云南晋宁石寨山古墓群发掘报告》图版柒玖，1、2骑上狩猎铜饰之铸像，发髻、服装与此略同，唯无帔肩。此二像可能有两种解释：一为F组的骑士，二为滇族中之作F组装束者，但以第一种解释为适当。他如《云南晋宁石寨山古墓群发掘报告》图版伍捌M10：53贮贝器上之骑士，则可能为滇族之作F组装束者，亦竟可能为“滇王”之造像（？），M10与M13为同期的墓葬。

此类民族于其他的活动场面中虽亦见之，但不甚多（见《云南晋宁石寨山古墓群发掘报告》图版捌贰，1之骑士；本文图版贰，3之前一骑士及后立者）。他们既非居于显著地位，亦非执役者。亦有时与滇王（？）并骑（图版贰，3）。他们大概是滇族统属下的民族之一，地位亦不甚下。从他们的服装上看，亦可能与彝族有关。

此一图景上所表现的人物，均系来向滇王“献纳”或“朝觐”者。其领导人所服的服饰，应系该族的一种正式服装，在样式上可能代表该族的特点。又从其随从人员或奴隶的服装上，不仅可以看出每一族在服装上的等级差别，亦可看出他们在服装上的变异。在其他的场合中所表现的人物，虽然在服装上或小有不同，但某者可能系同族，某者可能不同族，是不难决定的。

在此图景中的酋长皆佩剑，其随从人员则否。所佩的剑虽各有样式及长短之差，但皆悬于左。在骑乘之中有极少数将剑悬于右者，或剑首出于右者，此或与乘马有关，而非民族的不同。因古代乘马无足镫，若剑悬于左，上马则不便。

以上所描写的七种不同装束的人物，均系男子，至于女子，我们可先从“奴隶生产俑贮贝器盖”上的人物开始①，然后再推测他们之间的关系。

此贮贝器发现于墓1中，系最早的一个发现。墓1为西汉中期以后的一个墓葬，大体上与墓13约为同时。

此贮贝器盖上所铸的铜俑共有18人，均属女性，系一家庭奴隶生产最生动的场面。此中滇族的女子占七八人，发式服装皆一律。女奴隶主（滇族）坐于盖的上首矮榻上，较其他各俑为大，且通体镀金。发式及衣着皆为滇族的标准样式。其他各俑（除其后为之执“伞盖”者而外），均向之而坐。此中除作滇族女子的装束者之外，其他尚有七式（图版陆，1、2；图27.4）。

Ⅰ式（图27.4，1、2）：发分梳成两辫拖于背后，另有二小股垂于耳前。衣左衽，左袒。下臂戴钏，端坐于器盖右前，其右置一袋，双手捻线。

Ⅱ式（图27.4，3）：发挽成螺髻于顶后，双耳戴大环。衣长及膝，自衣上所刻的纹样看，似为对襟，但为织机所掩，情况不大明了。此人箕坐于前者之

① 云南省博物馆考古发掘工作组：《云南晋宁石寨山古遗址及墓葬》，《考古学报》1956年第1期。在文中称此器为“鼓形飞鸟四耳器”。文中误其中的三人为男性，并误鹦鹉为鸡。见该文图版伍。

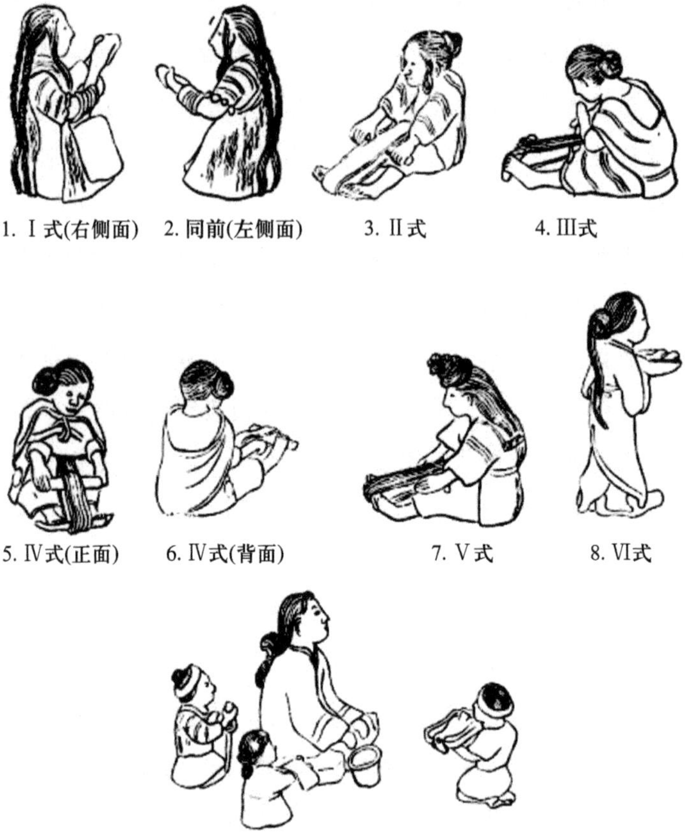

1. Ⅰ式(右侧面)　2. 同前(左侧面)　3. Ⅱ式　4. Ⅲ式

5. Ⅳ式(正面)　6. Ⅳ式(背面)　7. Ⅴ式　8. Ⅵ式

9. Ⅶ式　中座者为滇族女奴隶主，其右捧巾者为滇族妇女，其前之捧盘及其后之执伞盖者（伞盖的上部已断落），为Ⅶ式妇女

图 27.4　妇女各式

右而面对女奴隶主，以足蹈腰机而织。

Ⅲ式（图 27.4，4）：发于脑后挽成一髻，眉上披巾而垂于后，将背露出。衣的样式不明，但长及膝下。衣的下脚刻有横线纹三道。箕坐而织如前（坐于前者之右），右手执扣，左手执断线至口以津润之，作接线之状。

Ⅳ式（图 27.4，5、6）：发梳髻垂于右耳上，肩上披半月式之巾，垂于后而露背，巾前以带系于颈。衣长过膝，但式样不明。箕坐而织，双手执扣。

Ⅴ式（图 27.4，7）：髻挽于额前成尖角状，甚高，余发则披于后。此种高角髻似为一种假髻，其中似实有物。衣过膝而腰束带，背后之衣带以上凸出，如其中实有物然。箕坐而织如前。此种发髻为此一群铜俑中之最显著者。又在 M12：26 贮贝器盖上的图景中亦有梳此种髻者三四人，但其民族成分则不明了

(《云南晋宁石寨山古墓群发掘报告》图版伍叁，右)。

Ⅵ式（图 27.4，8）：将发结于后而扭成绳形，挽盘髻于脑后，余一节垂下至腰际。短衣，长裙。裙似为布一幅围于腰际而以宽带束之，裙幅后部出两角尖而曳于后。此人立于器盖前首中部，双手捧盘于胸前，盘中所盛者似为鸟类二只。

M12：26 贮贝器盖上图景中亦有同样装束的一人，又 M6：13 之乘马者亦作此种装束（见《云南晋宁石寨山古墓群发掘报告》图版捌贰，2）。此类俑因数量过少，其民族成分亦不能明了，其为滇族以外之民族则可知。

Ⅶ式（图 27.4，9）：发挽椎髻于顶际，额缠帕一周，项戴珠圈。衣仅及膝而腰束带。衣上刻垂直线纹，衣的襟式不明。端坐于女奴隶主之后，双手所执者似为铜伞盖，但其上部已断失，故不明。此种铜伞盖发现有实物（见《云南晋宁石寨山古墓群发掘报告》图版陆玖，1 铜俑之所执者）。又女奴隶主之前右端坐一人，双手捧一长形盘以进，盘中盛一鹅。此人之头髻及装束与上者略同，当为同族。

以上是这一场面中所表现的妇女主要人物，除了滇族的而外，尚表现有七式不同头髻及装束的女子，每式一人（仅Ⅶ式有二人），想这仅是象征式的，因在此种“器盖”面积的限制下，不可能将每一式铸成很多的人物来代表。每一人即可象征着其所统辖的族属在为奴隶主服役。如果这一推测有可能的话，那么，问题是她们与“献纳图景”上所表现的七组民族是否有关系，或者能将其等同起来。在两者之上所表现的均为七种，这不仅是一种偶合，或者在滇族当时所统治或役属之下的，主要的有七种民族，也是极有可能的。

其中的 E 组与Ⅰ式，可以大体上断定他们是同族的，不仅他们在发辫上相同，而在服装上亦大体相似，并且均系左衽。所不同者，仅男子耳戴大环而女子无之。女子则下臂戴钏，上臂有珠圈，而男子则无之，在原始社会中，男子与女子的服饰大体上相似者，亦往往有之，但为例是不多的。E 组与Ⅰ式的服饰大同而小异，所以可能是同族属的。如果此一假定可以成立的话，那么这一女子当系被掳掠而来的奴隶，因为从几个战斗及掳掠图景中，此编发民族系滇族战斗及掳掠的主要对象。亦可说明此一场面中的服役者均系女奴隶。

其他各组的男子与各式的女子之间，因资料不足，尚无法比附。不过在这里不妨先提出一种意见，以备研究参考。

B组与Ⅶ式
C组与Ⅳ式
D组与Ⅴ式
F组与Ⅲ式
G组与Ⅱ式
A组与Ⅵ式　} 可能系同族

以上各族间男女的互相比附，是非常牵强的，不过也是经过了一番仔细的考虑，根据各种情况，而暂时加以拟定的。例如，在前面曾认为B组这一族与滇族的关系是很密切的，此Ⅶ式的女子则系为滇族女奴隶主个人服役的，一人为女奴隶主执铜伞盖，一则进食（双手捧盘），并且杂在滇族妇女之间，其与滇族的关系比较密切，是可以想见的。再则两者在服饰上也有相同的地方，例如：皆顶挽椎髻，缠帕，腰束带，衣上的纹饰也大致相类似。所以，照上面情况，暂定他们系同族。其他可以类推，并在“推论”中再加以详述。

我们回转来用以上所定的“滇族”以及其他的“七组（男）”“七式（女）”来观察晋宁出土文物上所有的人物图像，则很少有溢出以上所举的种类之外的。无论他们在服装上如何变异，每一种类的最基本的形式，在仔细的观察之下，是不难看出的。这些人物图像有的虽然极小（最小者不到二厘米），但其造型艺术很高，表现力也甚强，这就给我们在研究上提供了很大的方便。

三、推论

我们从晋宁出土的文物上所雕刻的各种人物活动场面上看，滇族是它们所要表现的主要对象，其他各族都不过处于从属的地位。从滇王族的墓葬群中所出土的文物上所表现的此种特点，应该是正常的，也是预料中的现象。

“滇族”有它独特的、高度的青铜器文化及其别具风格的服装，这种服装既不同于当时的汉族，也不同于在铜器上所表现的其他各族。这种服装，显然与滇池区域的气候相适应（无严寒酷暑），虽可以说它主要的是由滇族自己所发展的，但也不能说不受到当时其他邻近各族的影响，特别是汉族，因骤视之，其服装稍具有一些汉族的风格之感。

关于“滇王”的来源，《史记》言之颇详。《西南夷列传》中说：“始，楚威王时，使将军庄蹻将兵循江上，略巴、蜀、黔中以西。庄蹻者，楚庄王苗裔也。蹻至滇池，地方三百里，旁平地肥饶数千里，以兵威定属楚。欲归报，会秦击夺楚巴、黔中郡，道塞不通。因还，以其众王滇，变服从其俗以长之。”按“庄蹻王滇”之说，开始于《史记》的这一段记载，后来言滇事者，无不以此为本。司马迁是到过当时的南中的，不与其他得诸传闻者可比，其言当不尽诬①。而他在《西南夷列传》中记滇事亦最详，最后更在赞论中说：“楚之先岂有天禄哉？！在周为文王师，封楚；及周之衰，地称五千里；秦灭诸侯，唯楚苗裔尚有滇王；汉诛西南夷，国多灭矣，唯滇复为宠王。”司马迁对于“庄蹻王滇”之说如此重视，想当时在滇族中必系一种很普遍的传说。

虽然这一段记载中有若干问题，后来有不同的说法，例如，庄蹻入滇的路线，《史记》言“循江上……”此所谓“江”，当系指大江而言。而《华阳国志》则以为系“溯沅水，出且兰”。又如庄蹻入滇的时代，《史记》以为系在楚威王时（公元前339—公元前329年），而《后汉书》则改为楚顷襄王时（公元前298—公元前263年），俾与秦攻夺楚巫、黔中郡的年代（公元前277年）相吻合。像这些记载上的错乱，虽然削弱了它的史实性，但“庄蹻王滇”这一史实，从各方面来看，则当是可信的。如果我们从晋宁出土的文物所表现的情况来看，庄蹻王滇之事似乎对当时滇东北区的文化发展上，还起了一定的作用，并且对“滇族”的形成，想亦不无关系。

按庄蹻从楚行数千里而征滇，并且能以“兵威”临之，其人数当不至过少。以两汉时期每次征滇所用的兵力推之，庄蹻所带的人数，至少也当在几千人或者万人以上，“食重”者或尚不在内。庄蹻的本意是原欲“归报”于楚的，后来因为不得已而留滇，其所带领者应尽是有战斗力的男子。以这样众多而具

①《史记》卷130《太史公自序》：“……于是，迁仕为郎中，奉使西征巴、蜀以南，南略邛、笮、昆明，还报命。”司马迁之南游，正当平西南夷之后（元鼎六年），其对于南中的情况必甚了解，此于《史记·西南夷列传》中所叙述者可以见之。按汉时昆明，略当现今洱海及其以东地带，故司马迁足迹所到，离滇池区域亦不远。也可能到过滇池，因其言“昆明”，可能是泛指南中而言。

有当时楚国文化的男子，在当时的一个少数民族地区住留下来，娶妻生子，其所发生的影响一定是很大的。其所娶的女子，想绝不都从同一个民族中而来的，因为以当时边区少数民族人口的情况而言（《史记》称滇王有众数万人），除非将一族中的青年男子尽行屠戮而夺其女子外，一时之间或者找不出这样多的未婚女子。从这样众多的男子而取其当地和四周的不同族的女子，其下一代必定会形成民族上和文化上的融合，其于风俗习惯和物质文化上所保留者，也不一定是属于哪一个民族的，或者其女子所属的各族皆有之，而演成一种新的风俗和服装。这些人都是属于统治阶级的，其所直接统治的民族或者将起而效之。这样就可能在当地演成一种与前不同的更进步的文化。我们观于晋宁出土的文物所表现的高度文化，想象这样的现象是可能出现的。所以庄蹻之从其俗而王滇，也许不是从某一个民族的风俗，而是所取者广，其中不仅有“楚”的成分，也有当地各族的成分。这种文化的混合，或者在当时滇池附近的生产及文化上也起了推动作用。我们试观滇族别具风格的男女服装，以及其地方性特别强烈，但仍在汉族文化基本范围以内的高度的青铜器文化，这种推测似乎是可以成立的。

我们再以滇族的服饰来说，滇族中无论男女皆系赤胫跣足，这完全是西南少数民族从古到今的习惯，即使到了唐代，南诏中的清平官以及大将军等皆跣足，可见这一习惯在西南民族中的久恒[①]。滇族在足下所表现的，虽完全是“西南夷”的习俗，但其发髻则颇具汉族的风格。

前面已经言及，滇族的男女皆束发，而不同于其他的“椎髻”或“编发”。而汉族在古代亦系束发，也是汉族在古代所以自别于其他的“编发”和“椎髻”的民族的[②]。但古代汉族的发如何束法，今虽不能知其详，但我们若看湖南长沙陈家大山战国墓出土的帛画上女子的发髻，其样式与滇族的女子的头髻是

---

①《蛮书》卷8《蛮夷风俗》：“俗皆跣足，虽清平官、大将军亦不以为耻。”清平官犹唐之宰相。《新唐书》卷222上《南蛮列传》：“官日坦绰、日布燮、日久赞，谓之清平官，所以决国事轻重，犹唐宰相也。”

② 按汉族古代的“束发”，颇多异称，如髻、鬠、括、髺等。《说文》：“髺、絜发也。”段注：“絜发，指束发也。……《内则》丧服之‘总’，《深衣》之‘束发’，《士丧礼》之‘鬠’，同为一事。”按其他如“结”“总”“鬟”“髻”等，均系指束发而言。《说文》：“鬟，总发电。”又说：“髻，总发也。”《释名》释首饰第十五：“总，束发也。总而束之也。”

有些相似的，均系以条组束发，仅此之稍上而滇族者更下垂而已[①]。关于滇族男子一般的发式，在中原出土的一些人物图像上也有类似的情况。如河南辉县赵固镇战国墓出土的宴乐射猎纹铜鉴上所刻的人物，有的发束于顶使两端翘起，脑后拖一“三角形”组带，样式甚为奇特[②]，而滇族男子的一般头髻均系将发束于顶，使两带拖于后。所不同者，两带之间不相连结成三角形而已。大概在战国时期，汉族的男女或者有类乎滇族男女的髻式，而滇族的此种发式，可能由庄蹻带去的楚发式演变而来的。关于战国时期这一类的材料发现尚不多，所以比较是很困难的。

总之，从服装上言，以及从人物图像的各种活动上言，滇族的人物形象是特别突出的，他们是这一文化的主人，是这一文化的创造者。

按滇族是当时南中文化最高的民族，以一般的情况而论，除非有强迫性的迁徙，是不会在短时期内就从当地消灭的。那么，滇族属于后来历史中的哪一种属，在这里也不妨略加以推测，作为我们研究这一问题的参考。

我们知道，在南诏奴隶王国兴起以前，南中各民族间的迁徙变动是不大的。当然，其中也有少数的移动，如蜀汉时“李恢迁濮民数千落于云南建宁界以实二郡”，以及少数汉族移入和汉文化影响的加强等等，但其中的主要各族，尚保持其原来区域。即使一些比较后进的民族如青蛉、弄栋、昆明等，自西汉以迄隋唐，均大体住在他们原来的地段，并且在载籍中班班可考。至南诏兴起以后，始将云南境内的各族大量迁动，以便于统治。所以，我们推测，滇族自两汉以至隋唐之间，除有少数的向外发展之外，其中绝大部分仍旧住在滇池区域，而这一带也正是南北朝末期及隋唐之间所称为“西爨白蛮”的地区。

自西汉而后，记载南中之事者，均不如《史记》《汉书》之言其地的王侯的活动事实。《后汉书》虽为滇王立传，但除了追述庄蹻王滇的来由以外，并

① 郑振铎：《伟大的艺术传统图录》第一辑，图版十二。又郭沫若：《关于晚周帛画的考察》一文中有较清晰的摹本，《人民文学》1953 年第 11 期。

② 中国科学院考古研究所：《辉县发掘报告》，第 116 页，图一三八，铜鉴 1：73 摹纹。又如山西长治所出的铜匜上刻者亦同，见《考古学报》1957 年第 1 期。他如河南汲县山彪镇出土的水陆攻战纹鉴上所刻的人物，有一些也作此种式样。见郭宝钧：《山彪镇与琉璃阁》，图一〇、一一、一二。

未提及当时的滇王的事迹，所言者均为整个南中的活动。大概自西汉而后，汉人在此一地区的统治力量加强，以前所谓侯王者均已式微，或仅保持虚名；其起而代之者，则为所谓“渠帅”“大姓”。例如蜀汉时“先主薨后，越巂叟帅高定元杀郡将军焦璜，举郡称王以叛”。益州大姓雍闿为高定元部曲所杀，孟获则代之而起，而雍、孟则为益州的“大姓”。诸葛亮平南中后，“分其羸弱配大姓焦、雍、娄、爨、孟、量、毛、李为部曲”。此时并不言有滇王或夜郎王，而爨氏亦开始见于此。爨习在蜀汉曾官至领军。两晋南北朝之间，爨氏中之为南中郡守刺史者接踵相望，而当时在势力上能与爨氏相抗者，唯有孟、霍两大姓。东晋孝武帝时，两姓互哄，公元378年孟彦执霍彪送往广州，而孟彦亦死于丹州，两姓之势力大减。至梁侯景之乱时，已经很微弱的汉族势力，亦不得不最后撤出，南中遂为爨氏所独据。

爨氏的郡望，皆称建宁，亦即古滇国故地，而爨氏可能为滇族，但无论如何，其所统治下的人民当为滇族。因此时去滇王国未久，亦未闻其后有人民他徙的记载。

东爨的地域原属汉晋间建宁郡的东境及其附近地区，历来为爨氏所统辖的地方，但其人民的语言、服装以及风俗习惯均与西爨大异①。其中之主要成分大概为彝族。到了隋代前后，大概由于爨氏内部的分裂以及民族的不同，西爨对于东爨失去了统属能力，但其统治者仍为爨氏，故在汉人的记载中仍称为爨，因其居于原来爨氏统辖的东境，故称东爨。但西爨仍为当时南中的主要民族，西爨的首领例以汉人的官爵自称，或称“西爨王”，而隋时史万岁所征讨者亦主要为西爨，并未涉及东爨②。南诏强迫西爨迁徙时，东爨以言语不通，多散林谷，亦得不徙。东爨统治下的人民，大概因其为彝族之故，其首领一般均称“鬼主”。

“爨”本为当时此一地区的统治者的姓氏，以统治者姓氏为族名或部落名，这在历史上和在原始部落中是极常见的事③。因为有些原始部落本来就没有一个固定的名号，其四周的外族往往以其统治者的姓氏称之，久而久之，统治者的姓氏遂变为族名或部落的名称了。《蛮书·名类》第四中说：“风俗名爨也”，

---

① 参见《蛮书》卷4《名类》、卷8《蛮夷风俗》。

②《隋书》卷53《史万岁传》。关于西爨与东爨的居住地域，可参见《蛮书》卷4《名类》。

③ 如唐时的东谢、西赵、茫蛮等，皆以其首领的姓氏为种号。

此即是说，爨本为姓氏的爨，后来变为风土或地域的爨了。爨虽然是从姓氏的爨逐渐变而为“风土”的爨，但爨人中所包括的民族，应与以其前在此一地区的民族有承袭的关系，除非我们能够证明爨氏所统属的人民是在两晋南北朝之间由外面迁徙而来的，不过这在历史之中是找不出这种记载的。所以我们推测，西爨区域，亦即古滇王国的区域，其中的人民，除了有不同程度的汉化及少数变动而外，应与两汉魏晋时期的古滇国的人民不殊。至于东爨，自两汉以来即为古代爨族聚居的地方，后来曾为爨氏所统治，其中之绝大部分应当仍为彝族，此于樊绰在《蛮书》中，对于东爨乌蛮及西爨白蛮的记载，是可以很清楚地看出的。

关于乌蛮与白蛮的问题，讨论者颇多，有的以为从其汉化的程度而言，有的以为从其中的贵贱之分，有如后来彝族中的黑彝与白彝，但皆无由证实。按乌蛮、白蛮之说，开始于樊绰的《蛮书》。在《蛮书·名类》第四中，对于当时云南的各民族有较全面的叙述，其中言为白蛮者有西爨、弄栋、青蛉等；乌蛮有东爨、独锦、长裈、施蛮、顺蛮、磨蛮、六诏等族。对于其他各族，均未言其为“乌”或“白”，有的仅称为“杂种”。樊绰对于乌、白二蛮的分类，并未给予任何说明，从其所记载中亦看不出有贵贱之分，如青蛉蛮中的首领尹辅酋、尹宽求，曾做过南诏的清平官，而唐亦拜宽求为左散骑常侍，封高溪郡王[①]。不过《蛮书》在后面曾有这样的记载：“粟粟两姓蛮、雷蛮、梦蛮皆在茫部台登城东西散居，皆乌蛮、白蛮之种族。丈夫妇人以黑缯为衣，其长曳地。又东有白蛮，丈夫妇人以白缯为衣，下不过膝。”又在《云南界内途程》第一中说：“邛部东南三百五十里至勿邓部落大鬼主梦冲地方，阔千里，邛部一姓白蛮、五姓乌蛮。初止五姓，在邛部台登中间，皆乌蛮也。妇人以黑缯为衣，其长曳地。”从上面所引，似乎明说乌蛮、白蛮系以其所衣的颜色而分，乌蛮衣黑缯，白蛮衣白缯。

不过，此亦不尽然，如“青蛉蛮，亦白蛮苗裔也”，但衣服语言与蒙舍略同。而蒙台（南诏）为六诏之一，据《蛮书》则应为乌蛮，而此则言乌蛮与白蛮之语言服饰略同，或其间有混合情况，故樊绰称之为“白蛮苗裔”，而不直言共为“白蛮”。《蛮书》叙述南诏的衣饰特详，但亦不尽为黑、白，或者南诏

①《新唐书·南蛮传》的尹仇宽，当即《蛮书》中的尹宽求。

跃为统治者以后，或模仿汉族，在服饰上有所改变，如剑川石窟所凿南诏王者像，其服饰虽具地方色彩，但大体上则系模仿汉族。总之，此一问题，须待进一步的资料发现，才能解决。

《蛮书》对唐时的云南民族中明言为白蛮者，除西爨外，仅有青蛉和弄栋二族。青蛉、弄栋自两汉以至隋唐皆居于滇族的西北边境，他们可能系与滇族有关的民族，也可能系受滇族文化影响最深的民族，因此樊绰称他们为“白蛮苗裔”，而非纯粹的白蛮。

关于爨氏应属于古滇族的苗裔一问题，也可以另有一些旁证。据《爨龙颜碑》，自谓系楚令尹子文之后，寄居河东，食邑于爨，因以为姓。此或系汉化后的一种依托，然其假托于楚，亦必有由，或与庄蹻王滇之事有关，即为夷化了的楚人。按滇族地区在两汉时期为汉族统治者在南中推行汉化的中心，如西汉末季时文齐为益州太守，“造起陂池，开通灌溉，垦田二千余顷”，引入汉人的先进生产技术。东汉肃宗时王阜为太守，则“兴起学校，渐迁其俗”，来推行汉化。是则滇族的子弟必有读汉文书籍者。爨氏既为滇族中的大姓，而且跻于高级统治者之列，其汉化必然更速。如文体书法，均被誉为系汉晋正传的《爨龙颜碑》，其作者即为爨氏之中的爨道庆，亦可见爨氏中汉化的程度了。

前已言过，爨氏的郡望，皆称建宁。《华阳国志》建宁郡同乐县下有“大姓爨氏”。按东晋时的建宁郡，仅为蜀汉和西晋时建宁郡的东部，爨氏郡望之称建宁，大概是指蜀汉及西晋时的建宁而言。因自东晋以后，爨氏的驻牧地并不在当时的建宁，而实在晋宁郡的滇池县，即今晋宁县。《蛮书·云南城镇》第六说：“晋宁州，汉滇河故地也，在柘东城南八十里。晋平川幅员数百里，西爨王墓累累相望。”这些西爨王墓现尚未有发现。明李元阳《云南通志》载：“爨王墓碑在昆明县东十五里，题曰：大周昆明隋西爨王之碑”，但现已不存[①]。樊绰所记是否与此有关，不得而知，将来这些墓葬若有发现的话，对于爨氏族属问题当便于阐明。我们知道樊绰记事是相当精确的，其言当不虚。

---

①《新编云南通志》卷85对此碑的考证颇详，碑题应为“大周昆州（刺史）隋西爨王之碑”。“昆明”应为“昆州”之误读，而“昆州”之下亦应有“刺史”，其说甚确。该志并以爨玩当之，亦颇近是。

依照前面的推测，西爨下的人民为古滇族的苗裔，而爨氏是其中的大姓，后来又因其统治者之姓氏，以称其民族。因为爨氏所统治下的地方有东部彝族，故别之为东爨。而西爨实为爨氏统治的中心，东爨在经济上、政治上和文化上不过处于从属的地位。

到了唐天宝年间，爨氏中各酋内讧，遂为蒙氏所灭，并徙两爨20余万户于永昌城。此一强迫的迁徙，其人数之众，在西南的历史上是少有的。而此20余万户人民的下落，亦当为研究西南民族史应当解决的问题。前已屡言，西爨在当时云南民族中是汉化最深的民族，以如此之众，任其迁徙到什么地方，绝不会于短期内就同化于其他的民族，相反的只有其他民族同化于他们之中。现永昌平原均为汉族，较远则为其他兄弟民族。在文化方面，除汉族外，似未有能与西爨相比拟者。因此问题未获得解决，有人以为西爨原为傣族，今德宏区域的傣族，即两爨的苗裔。这完全是不可能的。我们知道，现在爨族的文化与隋唐时西爨的文化，是完全不同的，这在《蛮书》中叙述得是很清楚的。

据我个人的看法，徙于永昌城者大概仅为西爨的统治家族，故《蛮书》在西爨后说："（爨）日用子孙今立在永昌城界内。"但西爨中之大部分人民，可能并未徙往永昌，或仅泛指古代的永昌郡而言，即现在南华以西及大理白族自治州区域（两汉时永昌郡的东北部），亦即现在白族所聚居的区域。将被击败者的统治阶级与其人民分开，系古代统治者的一种策略，也是南诏所惯行的一种策略。他如南诏破浪穹、邆赕以后，皆迁其诏主于永昌；破施蛮后，迁其统治宗族于蒙舍；破顺蛮后，则迁其统治宗族于白岩，皆其例。所以南诏击灭西爨以后，想不至将其人民与其统治宗族迁于一处。

再者，西爨是当时西南民族中文化最高的民族，同时也是汉化最深的民族，南诏将他迁居于其国都的周围（大理周围）来为他的生产服务，也是古代统治者一种惯行的政策。所以南诏时期大理区域的文化和生产，很快地就超过了滇池区域，这种情况想不是无因的。我们认为现在的白族与西爨当有一定的关系，这于语言方面也可以得到一些线索。樊绰说："言语音白蛮最正，蒙舍蛮次之，诸部落不如也。"樊绰所谓"最正"，自是以汉语为标准，因白蛮的汉化程度最深，或其语言中接受汉语词汇为多，故从汉人来说，觉其语音"最正"。现代白语的词汇中，汉语词汇占一半以上，故白语中有"汉白楚江"

或“汉白秋江”之语，意为汉语白语各为一半，可见白语受汉语影响之深且久，而这种影响想不始于近代，或者自“滇”“爨”以来就不断进行着。我们又看《蛮书》中所记的少数白蛮词汇，其中均可在现在的白语中找到对音，而于现在云南其他种语言中则不能找到。此种词汇虽然是很少，想亦不会是偶然的。

白族语言的分类，历来是语言学上的一个问题，各人有各人的看法。但最近语言学家对白语研究的结果，认为白语语法与彝语比较接近，但此实不足为异。在前面已经讲过，大概古滇族是在古代彝族的基础上发展起来的，如果白语语法接近于彝语，则正是预料之中的。当然，此点并不能证明现在的白族即是隋唐时代的西爨，或西汉时期的“滇”，但至少在研究上是一些线索。

以上不过是比较合乎事实的推测，其证明则有待于将来考古学上的发现。

至于其他七组，A组是其中最特殊的一组，从其服装的各方面来看，都与历来西南少数民族的习尚不合。长窄过手的袖，下及足背的长裤，均非西南民族的一般习惯，而可能与西北气候较寒地区的民族有关。特别是长须，在西南的少数民族中是少见的，一直到现在还是如此。例如在晋宁出土的这样多的人物图像中，除此一例而外，从未见有留须者。此组的首两人左悬长剑，自其样式观之，可能是铜柄铁剑，因青铜剑少有如此之狭而长者。此类铜柄铁剑在晋宁墓葬中出土甚多，有一墓多至10余柄者（如M3中共出13柄）[①]。根据晋宁墓葬中出土的各种文物来看，滇族在当时尚未掌握炼铁的技术，故此类的剑，当系自外族输入的，其中之精者，往往再加上滇族风格的华丽金鞘。这类剑的输入，也可能与此一组的民族有关。

按此种形式的铜柄铁剑，除在晋宁有大量的出土外，在四川岷江上游的汶川县和理县的石棺墓中亦有大量的发现[②]。两处所出的此类剑，形制完全相同，时代亦略相当，且同样大量的出土，其间想不无关系。不过在云南方面除昭通外，尚未发现有如岷江上游的石棺葬者。

从各方面看，A组在服饰上所表现者，多与西北的游牧部落有关，他们在当时可能是云南西北的游牧部落之一。他们少见于其他活动之中，其与滇族的

---

① 见《云南晋宁石寨山古墓群发掘报告》第108页。

② 见拙著《岷江上游的石棺葬》，《成都工商导报》副刊《学林》第10期，1951年5月20日。

关系，可能是很疏远的。

Ⅵ式女子的服装，也同样是特殊的。西南少数民族妇女的一般服装，大半皆衣（或裙）仅及膝下，下则裸胫跣足。此则长裙及地，足上是否着有鞋或靴，因铸造不清，不得而知。此类装束，亦可能系一种游牧部落女子的装束，可能与A组为同族亦未可矢。又观M6：13的乘马女子，亦可作为旁证[①]。

A组和Ⅵ式相当于当时记载中的何种民族，因材料过少，尚无法推断。

E组和D组两组同为“编发”民族而有不同。特别是E组，是滇族战斗和掳掠的对象，如贮贝器M6：1（《云南晋宁石寨山古墓群发掘报告》图版肆捌、肆玖）、M13：356（《云南晋宁石寨山古墓群发掘报告》图版伍拾、伍壹）盖上铸造的大规模战斗中，滇族的对方都是此种民族，而且都是被击败者。有头被割下用发辫系于马颈下者，有被俘获用绳索将双手捆住者。又如在一铜扣饰（M13：109《云南晋宁石寨山古墓群发掘报告》图版捌叁，2）上铸有俘获的图像，前后有甲士二人，中间为所俘获的牛羊及俘虏二人，被俘虏者亦为此种民族。后一甲士手提一首级，即以手握其双辫。又如刻纹饰片（M13：67）所刻之戴枷者，双手被缚者，亦为此种民族（《云南晋宁石寨山古墓群发掘报告》第105页，插图二六，1）。再者，此种民族很少出现于他种活动之中，纵有之，亦仅以旁观者的姿态出现[②]。Ⅰ式女子，因与此服装相同，当系同族。

D组也是一种编发民族，与E组大概是相近的民族。又Ⅴ式的女子，可能与D组是同族，其衣饰虽男女不同，但具有类似的风格。又髻盘于额的发式，在古代滇西一带少数民族的妇女中是比较普遍的一种头髻，与苗、瑶妇女尖形髻基本上是不同的。

《史记》将云南当时北部以及西部的民族分成两大类：一种为“魋结，耕田有邑聚”的农业部落，其中包括夜郎、靡莫、滇、邛都等族；再一种为“编发，随畜迁徙毋常处，毋君长”的游牧民族。其中以“巂、昆明”为代表。其所占据的地区，大概为自今四川会理以南、洱海以东一带。E和D两组大概是

---

①《云南晋宁石寨山古墓群发掘报告》图版捌贰，2。在这样多的妇女图像中，除此而外，未见有乘马者。滇族的贵族女子则乘肩舆而不乘马。

② 第1号墓中所出之“鼓形四耳器”上所铸的祭祀场面中，存一作此种发式及服装者，其神态则全为旁观者，而非仪式中之活动人物（见《云南晋宁石寨山古遗址及墓葬》，《考古学报》1956年第1期第55页，图版伍）。

属于此种中的，他们是“嶲”还是“昆明”，则不得而知，也或者是属于“昆明”这一族属。昆明是当时云南西部的强悍民族，汉王朝的使者不能西通身毒，主要的是为昆明所阻。或者他们时常剿掠以东的农业部落，所以为当时滇族战斗的主要对象。他们的武器装备如兜鍪、甲、盾等，均与滇族者不大异，唯所佩的剑则形式不同，大概在战斗中所用的盔、甲等，当时在南中是各族相通的。昆明至唐时尚存在，除有时仍称昆明以外，又称为“昆弥”，以其居于西洱河区域，故又称“洱河蛮”，或简称“河蛮”。至南诏兴起后为蒙归义所败，迁其大部分于云南郡东北、柘东一带（即与西爨互易其地），此后就少见于记载中。说者或以为昆明与现代的白族有直接的血缘关系，则尚待考古材料的进一步证明。

B、C、F和G四组，大概系《史记》《汉书》中所称为“椎髻之民”的。他们头上或缠帕或不缠帕，或戴冠或不戴冠，但髻均挽于顶成椎（或作魋）状，其妇女的髻亦多如此。其中除G组而外，皆着帔肩，帔肩的样式虽各有小异，但大体则相似。女子中亦有二式着短帔巾（Ⅲ式，Ⅳ式）。服装的风格亦大体相类。他们大概为互相近似的民族，是可以一望而知的。

《史记》称滇以东北的各民族为“靡莫之属”，或又称“劳漫靡莫”。他们与滇族为“同姓”，是十分近似的族类。《西南夷传》说：“其旁（指滇），东北有劳漫靡莫，皆同姓相扶……”他们在当时已可能结成一种松懈的部落同盟，滇王未得到他们的同意以前，不敢单独降汉，直等到汉兵击灭他们以后，滇王才敢“举国降”。

虽然“劳漫靡莫”到西汉以后即无闻，而以上的四组及四式，也可能即是“靡莫之属”，或者与他们有关。这四组与滇族的关系是非常之密切的，可于各种活动场面中见之。滇王族的个人，也时常披上他们的一点服装。他们所佩的短剑，在晋宁的墓葬中，也发现有很多的实物。从服装上看，他们一方面可能与当时彝族有关（滇东北一带，为当时彝族活动的中心）；另一方面，滇族在开始时也可能是在他们的基础上发展起来的。

以上七组，归纳起来，可以合为以下三类：A组自成一类，不与其他类同；E和D两组为“编发”一类；B、C、E及G为“椎髻”一类。证之以司马迁所记，晋宁出土文物中各种人物的图像，实可表现当时滇东北民族情况的大概。

1. 女俑(为显其服装，拍摄时卸下双手)

2. 同左(背面)

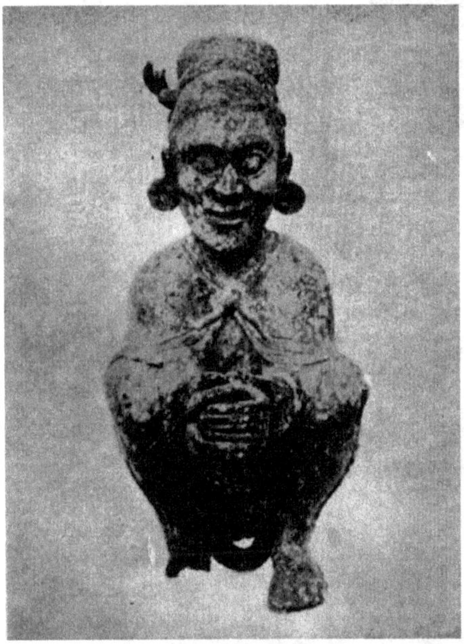

3. 男俑(正面)

4. 同左(左侧)

晋宁石寨山出土执盖铜俑（文见《云南晋宁石寨山古遗址及墓葬》第470、472页）

图版壹

1. 杖头俑(M14:9)
(此俑报告中未收)

2．杖头俑背面

3. 残戈銎上人物，乘马前立者及后一人属于“G组”民族，乘马中立者为滇族男子，梳高大之髻。最后尚有一人已脱落。马和人皆立于大蛇之上。(此件报告中未收)

晋宁石寨山出土杖头俑及残戈銎上人物（文见第470、472、477页）

图版贰

1. 铜扣饰(M6:41)此为“剽牛式”，上排左边坐者均为滇族女子。

2. A组

3. B组(前一人的右足为修整时误将其涂去，可参看图27.3，3. B组)

晋宁石寨山出土铜扣饰及贮贝器上铜俑（文见第 472、474、476 页）

图版叁

1. C组

2. D组

晋宁石寨山出土贮贝器上铜俑（文见第476页）

图版肆

1. E组

2. F组

3. G组

晋宁石寨山出土贮贝器上铜俑（文见第477页）

图版伍

1．奴隶生产俑贮贝器盖，女奴隶主正面观

2．同上，略自右侧观(以上二图上的罗马字号码，系各式妇女的符号)

晋宁石寨山出土贮贝器（文见第478页）

图版陆

（选自《考古》1961年第9期）

宿白与《武威行》

经典导读

宿白（1922—2018），字季庚，辽宁沈阳人。1944 年北京大学历史系毕业后，留在北京大学文科研究所攻读研究生，1948 年肄业。1950 年任北京大学文科研究所考古学研究室讲师，兼任北京大学图书馆善本编目员。1952 年院系调整后任教于北京大学历史系考古教研室，任教研室副主任。1956 年晋升副教授，1978 年晋升教授。1979 年兼任中国社会科学院考古研究所学术委员。同年中国考古学会成立，当选为常务理事，后任理事长。1983 年北京大学成立考古学系，任首任主任，兼任北京大学学术委员。同年任文化部国家文物委员会委员和美国加州大学洛杉矶分校客座教授。2000 年任中国考古学会名誉理事长。

宿白几十年来一直从事考古教学和研究，1956 年发表《〈大金西京武州山重修大石窟寺碑〉校注》；1957 年出版《白沙宋墓》；1959 年、1988 年两次去西藏调查寺院遗址，1996 年出版了《藏传佛教寺院考古》，根据调查的 54 处寺庙 89 座建筑材料首次将其分为五期；1961 年、1962 年他带学生到敦煌实习，选择典型石窟进行实测、记录，并举办实习成果展览，深受好评，尤其是他作的"敦煌七讲"，更引起轰动，传为美谈；1978 年发表《云冈石窟分期试论》，运用考古学方法对云冈石窟做了分期，1982 年针对日本学者对前文分期的批评发表《〈大金西京武州山重修大石窟寺碑〉的发现与研究：与日本长广敏雄教授讨论有关云冈石窟的某些问题》，1991

年发表《平城实力的集聚和“云冈模式”的形成与发展》，1996 年正式出版《中国石窟寺研究》，记录了作为中国考古学有机组成部分的中国石窟寺考古学的全部创建过程和理论建树，被评为首届国家社会科学基金项目优秀成果一等奖、北京市第五届哲学社会科学成果特等奖，以及美国史密森学会和日本京都大都会东亚艺术研究中心联合设立的“岛田著作奖”；2011 年出版《魏晋南北朝唐宋考古文稿辑丛》。宿白被誉为“历史考古学一位百科全书式的学者”，举凡城址、墓葬、建筑、手工业、宗教遗迹，都有专门的研究。除上述著作，他还整理出版了六种讲义，即《汉唐宋元考古：中国考古学（下）》《考古发现与中西文化交流》《中国佛教石窟寺遗迹：3 至 8 世纪中国佛教考古学》《中国古建筑考古》《汉文佛籍目录》《张彦远与〈历代名画记〉》。

宿白的学问既见于大部头的著作，也见于他的单篇论文，其论文《武威行》是比较特别的一篇，最初发表于 1992 年的《文物天地》第 1 期和第 2 期。宿白的很多论文是针对某一个专门领域的，而这篇《武威行》分为四个部分，涉及墓葬、馆藏重要文物、西夏蒙元遗迹等材料，很好地体现出其见微知著、融会贯通的大家风范。

武威即古凉州，自汉武帝设郡之后成为“河西一都之会”，佛教经这里东渐，“凉州模式”成为佛教考古研究的重点问题。迨北魏陷凉，“徙凉州民三万余家于京师”，凉州佛教对北魏佛教又做出巨大贡献，成就了“云冈模式”。但汉晋以来的这一河西重镇，在乾隆修志的时候已经“城郭基址不可考”。宿白利用发现的这一时期的墓葬和墓表资料，框定出一个横长方形的区域，进而结合凉州以东西交通为主的地理条件，认为《水经注》引《王隐晋书》中所记“凉州有龙形，故曰卧龙城，南北七里，东西三里”应该为“南北三里，东西七里”之讹，这南北三里，东西七里的横长方形区域，就是汉晋时期的凉州故城所在的范围。

文章的第二部分采用同样的思路，考证出唐代武威城与今武威旧城之间的关系，以及明清武威城对唐城的改造。唯隋唐时期凉州“诸胡种落繁盛”，有“凉州七里十万家，胡人半解弹琵琶”之说，故留下了一些与昭武九姓相关的遗物。对中亚粟特人的研究，近些年来成为显学，而宿白对凉州昭武九姓的关注，不仅限于遗物，甚至注意到当地的俗语，“武威多旧户，彼地现今犹谓人事纷杂为‘天宝大乱’。此俗语之产生，疑即出自对天宝末年变乱印象深刻的陷蕃后幸存之凉民及其后裔”。他同时指出武威博物馆所藏“唐故明威府队正纥单府君墓志”中的纥单端来自于东北的鲜卑纥单一族。

凉州多存蒙元遗迹。1235年，窝阔台次子阔端开府西凉，在这里，阔端与萨迦第四祖、《萨迦格言》的作者萨班举行了历史性的会晤，宣告西藏正式纳入中国版图，而萨班后来也在凉州圆寂，凉州四面的白塔寺、海藏寺、金塔寺、善应寺相传都是萨班所建。藏传佛教其实在西夏后期已经传播到武威地区，在文章的第三部分，宿白指出凉州两座用以盛放骨灰的八面单层佛塔，塔的顶部做出一典型藏传佛教流行的嘎当觉顿式小木塔。在文章的第四部分中，宿白特地指出阔端父子在凉州“不仅结亲畏兀儿，亦联姻萨迦，且又肩负安抚、卫护两方之重任。在蒙元一代，特别是蒙元前期，阔端一系镇抚河西，在维系西部与西南诸族和安宁边境等方面都起了重要作用。因此，有关他们的遗迹、遗物，亦应进行系统的调查，予以重视”。

《武威行》一文运用多种考古资料和历史文献，以武威城的变迁为主干，将考古材料置于历史背景中加以阐释，如讨论赵家磨魏晋一号墓出土的单只马镫具有原始性，这与汉以来“凉州兵马，横行天下”的情况是相符合的；同时，又不局限于文献，而是证之以考古材料、补之以考古信息，显示出宿白宽广的史家情怀和深厚的学术素养。

—— 延伸阅读文献目录：

1. 宿白：《白沙宋墓》，文物出版社1957年版。
2. 宿白：《云冈石窟分期试论》，《考古学报》1978年第1期。
3. 宿白：《隋唐长安城和洛阳城》，《考古》1978年第6期。
4. 宿白：《西安地区唐墓壁画的布局和内容》，《考古学报》1982年第2期。
5. 宿白：《藏传佛教寺院考古》，文物出版社1996年版。
6. 宿白：《宣化考古三题——宣化古建筑·宣化城沿革·下八里辽墓群》，《文物》1998年第1期。
7. 宿白：《现代城市中古代城址的初步考查》，《文物》2001年第1期。

8. 王巍主编：《考古学卷》（第一分册），钱伟长总主编：《20 世纪中国知名科学家学术成就概论》，科学出版社 2015 年版。

（杭侃 撰）

—— 原文：《武威行》

经典原文

武 威 行

宿 白

1991年4月，应武威专署之邀，与马世长同志西去河西参观古凉文物。滞武威四整天，承专署、市和博物馆诸同志的引导，重点了解了汉唐墓葬的分布、博物馆所藏重要文物和西夏蒙元遗迹。现就这三方面的资料，结合部分文献，按时代顺序，写些有关武威历史遗迹的不成熟看法，希望得到批评指正。

一

武威自汉武设郡不久即以“凉州之畜为天下饶”（《汉书·地理志》下）闻名。后汉之初，又以“仓库有蓄，民庶殷富”（《后汉书·窦融传》）见称。汉末魏晋虽多丧乱，但河西安谧，“中州避难来者日月相继”（《晋书·张轨传》），故两晋之际“国亦完富”（《晋书·张轨传赞》）。前凉以还，饥馑争战频仍，然“地居形胜”，仍是“河西一都之会”（《晋书·秃发利鹿孤载记》），迨北魏陷凉，“徙凉州民三万余家于京师”（《魏书·世祖记》上），凉州乃渐萧条。此汉晋以来之河西重镇，其具体位置，乾隆时修《武威县志》即云：“武威置自汉武，城郭基址不可考。”（《建置志》府城条）修志迄今又240余年[①]。寻觅旧迹更非易事。唯自20世纪50年代起，武威城建工程中，不断发现汉晋墓群，根据这些墓群的所在，大体可以推定汉晋时武威居民集中地区的方位。因为在一般情况下，墓葬特别是墓群不会距离死者生前居住点太远。洛阳烧沟汉墓群位汉河南县城东北1~2.5公里。广州西汉墓群距推定的汉南海郡城的中心1~4公里；东汉后期墓地东西相距最近8公里，南北相距最远为18公里[②]。以河西

①《乾隆武威县志》是《五凉全志六德集》之第一种。张之浚《五凉全志前序》谓“是志肇于丙寅（乾隆十一年，1746年）之春，成于己巳（十四年，1749年）之夏”。

② 参看广州市文物管理委员会等：《广州汉墓》第一章第二节《墓葬分布及墓型概述》。

地区言，张掖西北觻得故城西 5 公里有许三湾汉墓群；酒泉东南皇城故城西 2.5 公里有下河清汉墓群；酒泉旧城即汉晋福禄城址，其西北 7.5 公里为丁家闸魏晋墓群。武威地区发现汉晋墓葬最多的地点，即是今武威旧城内外及其周围的四郊，值得注意的是：旧城北 1 公里雷台以南、城内东南隅文庙（即今市博物馆）以北、城内北大街西侧以东、城东北 3.5 公里大柳乡马儿村和城东南清水乡十三里堡以西的地区，没有发现汉墓。汉时武威居民集中的所在，大约即在这个范围之内。魏晋墓葬的分布也在这个范围之外（见图 28.1）。武威旧城西北 7.5 公里金沙乡赵家磨魏晋墓地中，曾发现一件前凉晋昌太守梁舒的石刻墓表，墓表记梁舒“以建元十二年十二月卅日葬城西十七里杨墓东百步，深

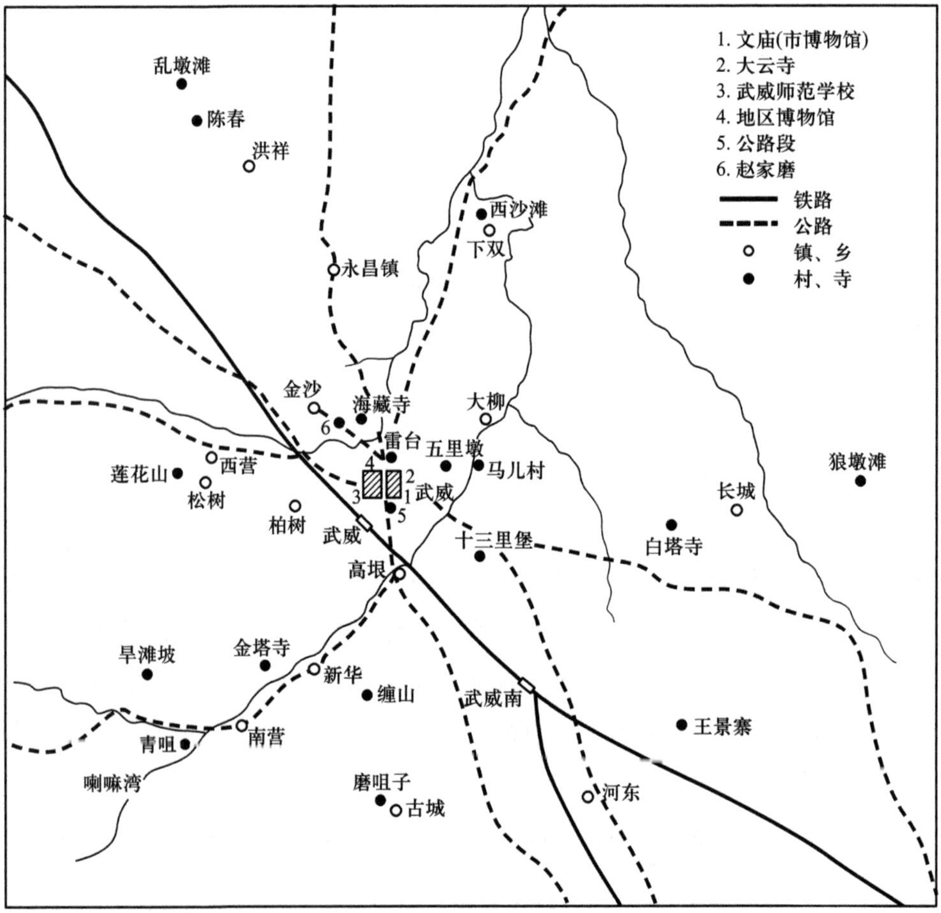

图 28.1　武威古迹分布示意图

五丈”[①]。建元十二年（376年）秋九月前凉为前秦所灭，所以墓表用了前秦纪元。据墓表所记葬城西8.5公里的距离，可推知当时武威西城垣正位于今北大街、南大街一线附近，与上述汉墓公布的西界极为相近，因知从旧城南北大街附近向东迄发现汉墓的地点——马儿村、十三里堡，其间约有6.5~7公里。魏晋墓南北距，即城北300米二一二大队魏晋墓和城南1公里和平枣园魏晋墓之间距，也略同于汉墓分布的南北距离，其间约1.5公里有余。按《水经注》卷四十《禹贡山水泽地所在·都野泽》引《王隐晋书》曰：“凉州有龙形，故曰卧龙城，南北七里，东西三里，本匈奴所筑也。”所记凉州城东西、南北里数，不知是否由于传抄而出现差误？如为“南北三里，东西七里”之讹，则既可容纳于上述没有发现汉晋墓葬的范围之内；又符合河西城市因东西干线是主要交通线而自然形成南北窄、东西长的布局；同时卧龙城一名，似乎也有该城作横长形制的形象含义。《水经注·都野泽》引《王隐晋书》又记：“凉州……（前凉）张氏之世居也。又张骏增筑四城厢各千步。东城植园果，命曰讲武场。北城植园果，命曰玄武圃，皆有宫殿[②]。中城内作四时宫，随节游幸。并旧城为五，街衢相通，二十二门。”此事又见《晋书·张轨传附子骏传》，唯只记筑南城及于旧城作四时宫：“（张）骏尽有陇西之地……又于姑臧城南筑城。起谦光殿……殿之四面各起一殿。东曰宜阳青殿，以春三月居之，章服器物皆依方色。南曰朱阳赤殿，夏三月居之。西曰政刑白殿，秋三月居之。北曰玄武黑殿，冬三月居之。其傍皆有直省内官寺署，一同方色。及末年，任所游处，不复依四时而居。”张骏所筑凉州之四城厢，当是从军事考虑，于凉州城四面兴建之小城堡。此诸小城堡大约在前凉亡后即渐废毁，故不见于唐以后记录，其遗址亦不可踪迹，但上述汉晋凉州居民集中地区与四周墓地之间，确有容纳“周千步”之四城厢的位置，则是应予注意者。

武威汉代墓地时代较早的，分布在西南郊，傍祁连山北麓，即从地跨柏树、松树、西营三乡的旱滩坡墓群；向东南延展，迄于新华、古城二乡的磨咀

① 参看钟长发等：《武威金沙公社出土前秦建元十二年墓表》，《文物》1981年第2期。此墓表现陈列于市博物馆石刻馆中。

②《王隐晋书》前记“张骏增筑四城厢”，但下文只记东、北两城，因知“皆有宫殿”之前，脱去南、西两城的记录。

子墓群。这一带多西汉、新莽和东汉中期以前的土洞墓，曾出《仪礼简》[①]、《王杖简》[②]、医药简牍[③]和大批丝织品、木器；有绥和元年（公元前8年）铭乘舆考工铜釦漆耳杯等[④]重要文物的墓葬，也发现在这里。时代较晚的墓地分布在城北、城东，即从城西北洪祥乡洪祥滩墓群，向东南延展，经下双乡西沙滩墓群，以迄城东长城乡狼墩滩墓群和城东南河东乡王景寨墓群，这大片地区的墓葬多砖室墓，时代多属东汉中晚期，随葬多木器和釉陶器，其中以城北1公里雷台发现大批铜车马和一组陶楼院的东汉晚期张姓将军的多室砖墓最为著名[⑤]。魏晋墓葬多分布在城北、西北、西南和城内西半。魏晋墓，内地除洛阳及其附近外发现很少，十六国时期的墓葬更少。近年，河西各地的发现，既可为河西历史增加实物资料，又为系统的墓葬研究填补了重要空白。武威师范学校和赵家磨发现的大型魏晋砖室墓，皆具前后室。前者后室又明确隔成二内，该墓多次被盗，清理时出有二孔陶灶和铜马足残件（见图28.2）[⑥]。赵家磨墓出有陶楼院和雕镂精致的12枝铜灯[⑦]。地区博物馆院内发现的魏晋土坑墓，出有五铢钱和一内彩绘日（内有三足乌）、月（内有蟾蜍和兔）、云气等图像的灰陶盆[⑧]。因知其时随葬器物仍上沿汉制。此外，许多魏晋十六国中小型土洞墓所出陶器、木器和木俑，工艺虽嫌简略，但其形制亦多袭自汉墓；而褐釉小罐、叉形铜饰件和位至三公铭铜镜等，则是中原魏晋墓中所习见者[⑨]。磨咀子北新华乡缠山村土洞墓出有魏青龙四年（236年）木牍[⑩]和前引赵家磨所出前秦建元十二年墓表，皆是罕见的纪年文物（见图28.3）。后者在现知自名墓表的石刻中，年代为最早。1926年，洛阳北郊高家岭村曾出土仅雕有“晋故虎牙将军王君表”九

---

① 参看甘肃省博物馆：《甘肃武威磨咀子6号汉墓》，《考古》1960年第5期；《武威汉简在学术上的贡献》，《考古》1960年第8期。

② 参看甘肃省博物馆：《甘肃武威磨咀子汉墓发掘》，《考古》1960年第9期。

③ 参看甘肃省博物馆等：《武威旱滩坡汉墓发掘简报》，《文物》1973年第12期。

④ 参看甘肃省博物馆：《武威磨咀子三座汉墓发掘简报》，《文物》1972年第12期。

⑤ 参看甘肃省博物馆：《武威雷台汉墓》，《考古学报》1974年第2期。

⑥ 此墓现保存在武威师范学校操场原地。

⑦ 参看武威地区博物馆：《甘肃武威南滩魏晋墓》，《文物》1987年第9期。

⑧ 参看钟长发：《甘肃武威出十一件魏晋时期彩画灰陶盆》，《考古与文物》1986年第4期。

⑨ 武威地区博物馆：《甘肃武威南滩魏晋墓》，《文物》1987年第9期。

⑩ 黎大祥：《武威发现三国墓》，《中国文物报》第37期，1991年9月22日。

图 28.2 武威师范学校魏晋墓平面示意图

图 28.3 赵家磨发现的梁舒墓表（素描）

字的小石刻一方[①]，则知墓表之原始亦滥觞于中原。又据发表的赵家磨魏晋墓报告云，一号墓前室出有铜残马鞍模型、铜车件和“铁马镫及铁饰件各一件，均残甚”[②]。此残甚的一件铁马镫如未误认，即与过去所知最早的马镫——湖南长沙西晋永安二年（302 年）墓所出 3 件陶骑吏俑的马镫，也仅备一只的情况相同[③]，而此墓的年代应比永宁二年为早[④]。汉以来，凉州骑兵即为世所重，“凉州大马，横行天下”（《晋书 · 张轨传》）由来已久，武威马镫出现较早，当非偶然。

① 郭玉堂《洛阳出土石刻时地记》，大华书报供应社 1941 年版。

② 武威地区博物馆：《甘肃武威南滩魏晋墓》，《文物》1987 年第 9 期。

③ 参看湖南省博物馆：《长沙两晋南朝隋墓发掘报告》，《考古学报》1959 年第 3 期。

④ 赵家磨 1 号墓，武威地区博物馆定为魏晋墓，但所出遗物皆近东汉，墓室砖砌顶、壁上彩饰之图案与武威雷台汉墓所绘极为接近（参看甘肃省博物馆：《武威雷台汉墓》，《考古学报》1974 年第 2 期。）因此，此墓的年代可能早到东汉晚期。若然，所出马具的重要性应更值得注意。

二

北魏灭北凉不久，吐谷浑、柔然困扰河西，凉州犹是军事要镇。西魏大统“十二年（546年），凉州刺史宇文仲和据州不受代，（周）太祖（宇文泰）令（独孤）信率开府怡峰讨之。仲和婴城固守，信夜令诸将以冲梯攻其东北，信亲帅壮士袭其西南，值明克之，擒仲和，虏其民六千户送于长安”（《周书·独孤信传》），此凉州城当是因前凉之旧。北周建德三年（574年）“凉州比年地震，坏城郭，地裂涌泉出”（《周书·武帝纪》上），凉城始遭毁坏。隋兴，贺娄子干、宇文庆、独孤罗、樊子盖相继御吐谷浑、突厥于凉州，凉州城防自应强化。从武威旧城西北1千米孙家园发现隋墓群［其一出仁寿二年（602年）成□墓志］和城西发现刘和墓志[①]，俱远离汉晋墓地而与唐墓毗邻，因可推知隋时武威居民集中区域应与唐居民集中区域接近。唐武威城据《乾隆武威县志·建置志》府城条记载：“府城……旧志[②]：唐李轨筑，周一十五里，高四丈八尺。明洪武十年（1377年），指挥濮英增筑三尺，共高五丈一尺，厚六尺，周围减去三里余，止一十一里零一百八十走。”此明武威卫城即清武威府城址，亦即今日武威旧城区，即应在“周围减去三里余”的唐武威城范围之内。李轨，隋唐之际割据河西，《隋书·炀帝纪》下记：“［大业十三年（617年）七月］丙辰，武威人李轨举兵反。”《旧唐书·李轨传》又记：“轨自称河西大凉王，建元安乐，署置官属，并拟开皇故事……［武德元年（618年）］改陷张掖、敦煌、西平、枹罕，尽有河西之地……［二年（619年）李轨倡言］：昔吴濞以江左之兵，犹称己为东帝，我今以河右之众，岂得不为西帝，彼（唐）虽强大，其如予何。”在这种情况下，轨筑城自固，当是情理中事，县志据旧志所云，约非虚语。前引刘和墓志所志之刘和即卒于李轨时，该志前面标题和官职，志末录和卒年、葬地云：“凉故仪同三司尚药奉御刘君墓志并序。君讳和，字善□……安乐元年（617年）岁次丁丑……葬于神鸟县建昌乡通明里。”

---

① 本文所引石刻未注明存地者，现皆陈列于武威市博物馆。

② 此旧志即天启初刊、顺治重修之《凉镇志》，见张玿美《五凉全志序》：“凉自前明改为卫所，旧有镇志，经始于蒲坂杨公［俊臣，天启二年（1622年）任西宁道］、陈留王公［顺行，天启六年（1626年）任］，草创之初，规制未备。国朝顺治丁酉［十四年（1657年）］中水苏公（铣）重修，亦多阙略。”《凉镇志》，北京图书馆、四川省图书馆入藏，待查。

凉安乐纪年遗物，似仅此一例，殊可珍视。武威唐城与今武威旧城区的关系，还可据现存唐代遗迹证之。旧城区西北1公里孙家园有唐墓群，曾出永徽四年（653年）郭永生墓志，可证唐城西、北两面与明清武威城西、北两面接近。旧城区南半公里余公路段曾发现唐砖墓，又旧城区南15余公里青嘴慕容氏墓群东部发现的开元二十四年（736年）慕容公（曦皓）妻武氏墓志记“迁窆于凉城南卅里神鸟县阳晖谷之西原”，志云卅里，盖取其整数，是唐城南面亦与明清武威城南面接近。明清城东五里墩出有贞观十七年（643年）晁大明墓志和大唐上仪同康阿达墓志。五里墩因西距城五里而得名，其地是明清武威城东最近城区的唐墓分布点。唐岑参《凉州馆中与诸判官夜集》：“湾湾月出挂城头，城头月出照凉州，凉州七里十万家，胡人半解弹琵琶。”（《岑嘉州诗》卷二）所咏州七里，应指当时凉州最宽的东西距离。明清武威城东西四里，若向东延伸三里，东距城东唐墓分布区尚有二里，因可推知明初减缩唐城部分，可能主要是唐城东部。唐代遗迹现存于旧城区内，较可靠的只一大云寺址。《大明一统志》卷三十七《陕西行都指挥使司·甘州左卫》寺观条记：“大云寺在凉州卫治东北，唐景云中（710~711年）建。”该寺位明清城内东北隅，尚存唐铸铜钟一口[①]（见图28.4）和景云二年（711年）《凉州卫大云寺古刹功德碑》一通，碑题：“凉州卫大云寺古刹”，知是明迄清雍正三年（1725年）改卫为府以前所重刻者[②]。

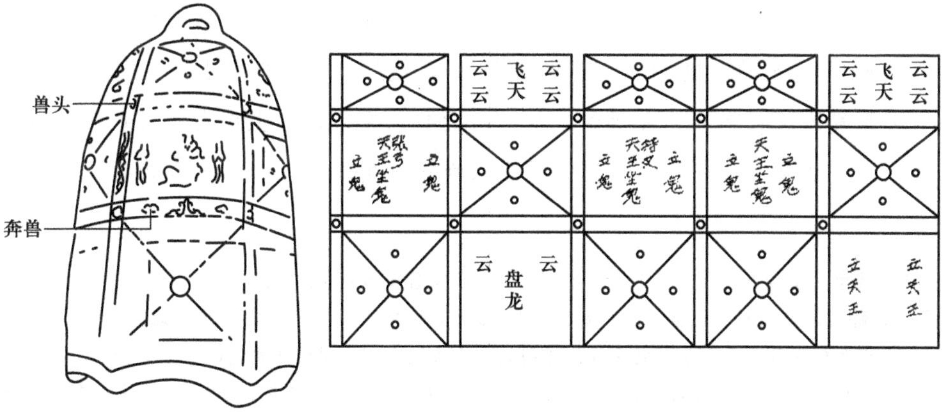

图28.4　武威大云寺唐钟和钟面铸出的纹饰布局（速写）

①《乾隆武威县志·地理志》古迹条：“钟楼，城东北隅。（钟）相传五代时铸。”从该钟形制上考察，可推断为唐制。

② 参看张维：《陇右金石录》卷2大云寺碑条。

前引康阿达墓志，系记录昭武九姓粟特人东来的一件重要文献。1943年，张维刊《陇右金石录》卷二有录文，兹据原石并参考张氏所录，移抄墓志全文如下：

> 大唐上仪同故康莫覃息阿达墓志铭」公讳阿达，西域康国人也。其先盖出自造化」□□藤苗，大唐之始，公□皇帝之胄」胤也，蟠根万顷，玉叶千寻，宗祚皇基」枝连帝业。祖扶达，□使持节骠骑大将」军开府仪同三司凉甘瓜三州诸军事」凉州萨保，当官□任，水镜无以近其怀」；处逝公途，石席不之方其志。诏赠武威」太守。父莫覃，同葬安乐里。呜呼哀哉」乃为铭曰」：哀哉夭寿，丧此勋功，伤兹英喆，往投琼银」，生形易圯，梦影难通，阖城独立，野马众屯」，河垣桂隐，月落雾昏，一辞冠冕，永闭泉门」。

康志未记年代，但据志文可推知康阿达之夭逝在初唐。其祖扶达任职凉州当在魏周之世，约略早于《元和姓纂》卷四所记“后魏安难起至孙盘娑罗居凉州，为萨宝”之安盘娑罗[①]。1948年，张维撰《陇右金石录补》因《夏鼐札记》[②]的启示，对康志进行补考。夏、张两先生考释主要讨论萨保系祆教官职。按20世纪30年代初，西安出土天宝三载（744年）米国大首领米萨宝墓志[③]，近年固原发现咸亨三年（672年）史诃耽墓志记诃耽“史国公之苗裔也……曾祖尼，魏摩诃大萨宝、张掖县令。祖思，周京师萨宝、酒泉县令”[④]。安、米、史俱属昭武九姓，其国王或“与康国王同族”，或为“康国王之支庶”（《北史·西域传》），盖昭武九姓奉火祆，自北魏以来即任其上层人物为萨保，周齐继之以迄隋唐。昭武九姓于河西既膺宗教职，又任地方官，甚至如康扶达者更

---

①《新唐书·宰相世系表》五下：“（安）婆罗周隋间居凉州武威，为萨宝。”

②《夏鼐札记》未刊。夏鼐《咸阳底张湾隋墓出土的东罗马金币》中曾提及此墓云：“作者于1945年在河西走廊作考古调查时，曾到武威出土过康国人康阿达墓志的地点调查。据该地的居民说，这墓除墓志石之外，还曾出土过一枚金币，发现人拿它去银行兑换了现钞，后来大概是被熔化了，无法追踪，没有看到原物，不知道属于哪一国的金币……”《考古学报》1959年第3期。

③ 参看向达：《唐代长安与西域文明》第二节《流寓长安的西域人》，河北教育出版社2001年版。

④ 承宁夏回族自治区博物馆韩同志见告。

掌握了河西军事大权，可见昭武九姓于唐以前，即在“地多关塞，俗杂华戎，秋月满而胡骑嘶，朔风动而加笳咽。”［开皇十九年（599年）凉州刺史独孤罗墓志］[①]的河西，拥有较大的实力。《旧唐书·李轨传》记李轨起兵命“（安）修仁夜率诸胡入（凉州）内苑城，建旗大呼，轨于郭下聚众应之，执缚隋虎贲郎将谢统师、郡丞韦士政……（轨谋主梁）硕见诸胡种落繁盛，乃阴劝轨宜如防察……谢统师等隋旧官人为轨所获，虽被任使，情犹不附，每与群胡相结，引进朋党，排轨旧人……初，安修仁之兄兴贵先在长安，表请诣凉州招慰轨……兴贵对（高祖）曰……臣于凉州奕代豪望，凡厥士庶，靡不依附，臣之弟为轨所信任……高祖从之。兴贵至凉州……知轨不可动，乃与修仁等潜谋，引诸胡众起兵图轨，将围其城，轨率步骑千余出城拒战”。安兴贵、修仁皆前引《元和姓纂》所记安盘娑罗之子，因疑此《李轨传》中之“诸胡”、“群胡”，主要即是昭武九姓。昭武九姓在河西之衰微文献无征。武威行署前专员刘尔能同志告我：“武威粮食局党委书记安殿钺，城南喇嘛湾人，彼曾谓喇嘛湾安姓，相传即从前自西域迁来者。”喇嘛湾沿冰沟河，位冰沟河与大水河交汇处之青嘴湾西南，两地北山即有名之慕容氏墓地所在。往访两村，知现有安姓10余户，石姓6户。石姓亦在昭武九姓中，不知此两地之安石两姓是否是昭武九姓之孑遗。武威多旧户，彼地现今犹谓人事纷杂为“天宝大乱”。此俗语之产生，疑即出自对天宝末年变乱印象深刻的陷蕃后幸存之凉民及其后裔。此诸幸存之凉民后裔中，自可包括久住凉州的昭武九姓之苗嗣，然则今日僻远之南山谷地，犹传有源出昭武之安姓，或许并非虚辞。

武威历年所出石刻，多存市博物馆，内以唐志为多[②]。其中少数民族墓志除康阿达、慕容氏诸志外，尚有纥单府君墓志一合，颇值留意。该志盖镌“大唐故牛夫人墓志”，志文则作：

唐故明威府队正纥单府君墓志

君讳端，阴山人也，出自国族，拓拔归晋因而命氏，所以载于竹帛传之终古。曾祖显，隋凉益蒲广四州刺史、大都督、武威郡守、永平郡开国公、

① 墓志拓本发表于夏鼐：《咸阳底张湾隋墓出土的东罗马金币》论文之末，《考古学报》1959年第3期。

② 武威市博物馆所藏唐志开元以后者极为罕见，可证武威衰落，天宝时期即已开始。

食邑二千六百石……祖贵袭爵……君秉性倜傥……授明威府队正。终于私第，春秋五十八。夫人牛氏以垂拱元年（685年）六月十六日终于寝室。合葬于州南十八里□□山之原胡村之界……

纥单即《魏书·官氏志》所记内入诸姓之阿单氏，属鲜卑部落[①]，故志云纥单端"阴山人也，出自国族"。纥单端曾祖显与袭爵之祖贵，俱不见著录。明威府为凉州开威郡六军府之首[②]，军府之制五十人为队，队有正。《新唐书·百官志》四上记每府"队正二十人，正九品下……每队正领兵五十人"，纥单端受任明威府兵官职，联系其曾祖官武威郡守，因知最迟在武周之世，占籍凉州之少数民族中尚有来自东北的鲜卑纥单一族。又此志出土于武威旧城南约十六、七里之高坝乡境内，志云"葬于州南十八里"，两者之距城里数相若，此亦唐凉州城南壁约在今武威旧城南壁附近之一证。

■ 三

唐末以还，凉州为吐蕃阻隔。五代后汉任吐蕃折逋嘉施为河西军节度留后。宋初置西凉府，属陕西路。咸平元年（998年）折逋游龙钵入觐，介绍凉州情况。《宋史·外国传》八《吐蕃传》记其事云："咸平元年十一月，河西军左厢副使、归德将军折逋游龙钵来朝。游龙钵四世受朝命为酋，虽贡方物，未尝自行，今始至，献马二千余匹。河西军即古凉州……旧领姑臧、神乌、蕃禾、昌松、嘉麟五县，户二万五千六百九十三，口十二万八千一百九十三。今有汉民三百户。城周回十五里，如凤形……皆龙钵自述云。诏以龙钵为安远大将军。"[③] 其时凉州城周回十五里，当是仍唐城之旧。景德初（1004年），西凉

① 参看姚薇元：《北朝胡姓考》第三内入诸姓单氏条，中华书局2007年版。

②《新唐书·地理志》四陇右道凉州武威郡："有府六，曰明威、洪池、番禾、武安、丽水、姑臧……姑臧（县），中下，北百八十里有明威戍。"

③《宋史·吐蕃传》所记凉州情况，约源于《宋会要》。《宋会要辑稿》录此段于一百九十五册方域二一西凉府下（按《辑稿》引自今已佚失的《永乐大典》卷6625凉字韵西凉府条）。此条又见《续资治通鉴长编》卷43。两书与本文所引《宋史》有关的文字似无重要差异（两书均记河西府城"城周回五十里，如凤形"疑误），因不具录。

陷于西夏，《续资治通鉴长编》熙宁六年（1073年）夏四月记夏人修筑凉州："河东经略司言，有陷蕃卒二人逃归言：夏人恐我大兵至，修筑凉州……上因谓执政曰：向因五路出兵，西人潜筑城邑，为伏藏之所，今凉州去河州不远，如诸路将帅得人，表里相应，则西人自此多窜归者。"此夏人修筑之凉州城，应是就凉州旧城新加修葺者，所以今武威旧城内多西夏遗迹：

1. 天祐民安五年（1094年）《凉州重修护国寺感通塔碑》原树在今武威旧城内东北隅大云寺西北的清应寺内，其地应是西夏护国寺位置[①]。1927年，武威地震后，移陈文庙，即今市博物馆。碑一面汉文，另面西夏文，两侧各线雕饰伎乐一。

2. 东大街中部偏西路北署东巷兴建专署家属大楼时，发现西夏窖藏一处，内藏金碗二、金钵一、银锭二十等物，当是因避乱逃亡而埋藏者。埋藏的时间约与蒙元来侵有关[②]。

3. 东大街中部偏东路北水电局院内发现的西夏窖藏，内出铜钱120斤，多宋钱，有少量的西夏钱[③]。

西夏墓葬则皆发现于旧城之外，距旧城最近者，是1977年于旧城西北隅外约半华里处即今林场区内清理的天庆元年至八年（1194~1201年）两座任职西路经略司的刘姓官员墓[④]。两墓皆火葬，墓内各出八面单层木塔2件，约是用以盛骨灰者。值得注意的是：木塔顶作出一典型藏传佛教流行的噶当觉顿式小木塔；其一木塔顶板还书有藏传佛教习见之唵、嘛、呢、叭、咪、吽六个梵字（见图28.5），因可据以推知至迟于西夏后期藏传佛教已传播武威地区。武威地区于西夏时期已有藏传佛教的传播，武威城南两处石窟中

图28.5　武威城西林场西夏刘姓墓所出木塔（速写）

① 参看陈炳应：《西夏文物研究》第三章《西夏的碑刻》，宁夏出版社1985年版。

② 参看黎大祥：《武威出土的西夏银锭》，《中国文物报》1996年4月21日第3版。

③ 承武威市博物馆胡宗秘同志见告。

④ 参看宁笃学等：《甘肃武威西郊林场西夏墓清理简报》，《考古与文物》1980年第3期。

的发现，更提供了充分的物证：一处是小西沟岘石窟西夏中晚期遗物中，发现高 7 厘米的模制小陶塔，塔下部印有梵文和藏文，这类小陶塔藏语擦擦，是藏传佛教常见的装藏物①；另一处是承市博物馆胡宗秘馆长见告的亥母洞石窟②，该窟出土有分格式的佛像、本尊像唐卡 5 件、坛城唐卡 1 件，这类唐卡是藏传佛教所特有的供养画像。据和这批唐卡同出文书上的西夏纪年推断，其时代也是西夏中晚期。

四

1227 年西夏亡，其前一年西凉即为成吉思汗所陷。1235 年窝阔台封次子阔端于西夏故地。1243 年，阔端承制得专封拜开府西凉，此西凉城即仍夏时之旧。现存凉州一带的蒙元遗迹，即以与阔端一系和与之关系密切的藏传佛教萨迦派上层人物有关者最为重要。

凉州著名的 4 座藏传佛教寺院：白塔寺（武威城东南 20 公里）、海藏寺（城西北 5 公里）、金塔寺（城西南 15 公里）、善应寺（城西 10 公里莲花山），相传皆为萨迦第四祖萨迦班智达贡噶坚赞（以下简称萨班）所建。后两处闻已荒废，此次走访者仅为前两寺。

白塔寺原为凉州最大的藏传佛教寺院，其范围据云：东西二里半，南北一里半，原有围墙，有若城垣。《乾隆武威县志 · 建置志》寺观条记此寺名百塔寺，云以“内有大塔，四环小塔九十九，因得名”。该寺近年屡遭拆毁；现仅残存大塔自复钵以下部分，大塔相传即萨班塔，最下建方形基座，其上为十字折角塔座，塔座宽约 8 米。塔座之上为复钵。自基座至复钵残高约 5 米余（见图 28.6）。全部皆夯筑，但基座、塔座都残存砌砖痕迹，知塔毁之前外表包饰青砖。复钵内曾出有大量模制小塔，又出明宣德五年（1430 年）《重修凉州白塔志》、宣德六年（1431 年）《建塔记》两小碑，承市博物馆孙寿龄馆长之介，

① 参看甘肃省博物馆：《甘肃武威发现一批西夏遗物》，《考古》1974 年第 3 期。

② 亥母洞，《乾隆武威县志》作孩母洞：“孩母洞，城南三十里，山上有洞，深数丈，正德四年（1509 年）修。”参看《藏传佛教寺院考古》所收《武威蒙元时期的藏传佛教遗迹》的亥母洞节和《后记》所录的有关部分。

得睹两碑拓本，宣德五年碑正面镌文14行，录文如下：

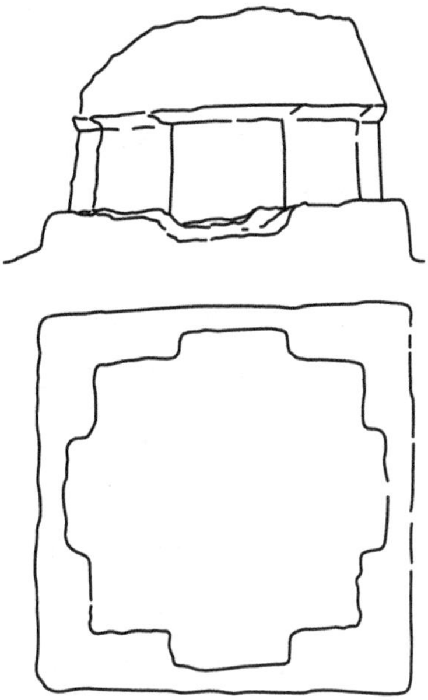

图28.6　白塔寺残存大塔立面与平面图（速写）

重修凉州白塔志」凉州为河西之重镇，距城东南四十里有故寺，俗名白塔，不知」起于何代，原其本乃前元也燁火端王重修，请致」帝师撒失加班支答居焉。师后化于本寺，乃建大塔一座，高百」余尺，小塔五十余座，周匝殿宇非一，元季兵焚，颓毁殆尽，瓦砾」仅存。宣德四年，西僧妙善通慧、国师琐南监参因过于寺，悯其」无存，乃募缘重修寺塔，请命于」朝，赐寺名曰庄严。宣德五年六月，塔先成，所费甚重。」肃王殿下捐泥黄金，特命琐南监参等缮写《大般若经》一部，凡一十」四函，计三百卷，不月而成，施赉无量，仍造小塔十万，实于大塔」之心。及」钦镇甘肃太监王安、平羌将军都督刘广、都指挥吴升及诸檀善等」由是书此志于塔中，俾后之君子知其所自，千百载后同善之」士幸勿毁之，必与存之，共布福惠，岂不美乎。谨志」。大明宣德五年岁次庚戌六月吉日」。

所记也燁火端王，即阔端；撒失加班支答即萨迦班智达。碑阴横镌藏文25行。此碑圆首，据拓本测通高50厘米、宽29厘米。宣德六年碑正面碑首镌篆书“建塔记”三字，碑面镌汉文12行：

清信奉」佛」肃府内臣黄潮宗法名福聚，感戴四恩覆荫」三宝维持，无由答报，谨发诚心喜舍赀财于凉州重兴」白塔寺，内命工起建」菩提宝塔一座，所集福利专为祝延」圣寿」肃王千秋，更祈风调雨顺五谷丰登」，国祚绵长，边疆宁谧，军民乐业」，四恩普报，三有均资，法界有情同圆种智者」。大明宣德六年岁次辛亥六月初吉日立石」肃府内臣黄潮宗」化主妙善通慧国师伊尔吉锁南监参」。

碑阴首镌梵文三，碑面镌汉文4行：

献陵尊阳生刘硕书丹」古杭儒士沈福镌字」石工贺进」泥水匠作头李常」

此碑扁圆首，据拓本测，通高42.8厘米、宽26厘米。大塔东侧耕田中树有清康熙壬戌（二十一年，1682年）《重修白塔碑记》一通，碑额篆书《重修塔院碑记》，碑面镌文25行：

重修白塔碑记」昔阿育王造塔八万四千，而震旦国□□□□□□六座。甘州之万寿塔与凉之姑洗塔居其二焉。若白塔不知创自何代，近缮译」番经知系果诞王从乌斯藏敦请」神僧，名板只达者来凉，即供奉于」白塔寺，时年已六旬矣。后六载即涅槃，沐浴焚化，空中见祥云五色霞光万道，於口上坎骨显出」西天ㄨ字，即哑字也。于顶骨显出文殊」菩萨、喜金刚佛二尊。于囟门骨显出典勺佛。于后脑骨显出释迦佛像。于两耳上显出尊圣胜塔二座。于两膝盖显出观音菩萨、救度」佛母二尊。于手指上显出弥勒佛、不动怒佛。于胸前显出金刚杵。于中间显出西天𡿨字，即吽字也。兼舍利无数，光彩照耀，王与众」等靡不踊跃赞叹，合掌恭敬，缘建白塔。将」板只达金身灵骨装入在大塔内，其余众塔俱有舍利。缘板只达原系金刚上师化现流传，经二十五转身，故显化灵异一至于此」，予于康熙十一年间延请净宁寺法台魏舍喇轮真同弘济寺罗汉僧罗旦净从番经译出，而始知白塔之源流也。无此塔摄受」极大，据经典云：若有人观想或手摸眼观，并绕道一转，添泥一把，培土一块，谮谈经咒真言，功德无量，永不堕三途之苦。□塔土或」落在飞禽走兽身上，亦得解脱。在我中土众生或未深知，若西番之喇嘛高僧来绕塔者络绎弗绝，诚知此塔之功德实与阿育王」所造之姑洗、万寿两塔等，而我中国之人特未知耳。粤考河西自汉武帝元狩二年始行开辟，而前此，周为西戎地，秦初为月氏国」，后为匈奴浑邪、休屠二王所据，若果诞王则在浑邪休屠王之前，毋论周秦即夏商，亦不可得而考也。此塔之创建不知经几千年」，而重修加土添灰经此番才四次，大塔无甚剥落，惟小塔大多淋漓坍塌，今得三韩」都督复斋孙公与莲华山弥勒院绰尔只顾屈鉴璨首先捐资合力缮修，而予得率男芳联亲董其役，经今八载，工始告成，亦以知前」人缔造之艰难，而后来之修葺者亦非易事也。其塔院三楹即供奉」板只达与宝贝尚师并达赖喇嘛。外僧寮三间系予新建，重其所自始也，盖河西未入版图，原系西藏，若凉州之西莲华寺与」南之金塔寺、北之海藏寺并东之白塔寺俱系」圣僧板只达所建，以镇凉州之四维，俾人民安居乐业永享太平之福，获免兵革之惨，我」佛之慈悲仁覆垂示无穷，而特人阴受其福庇而莫知所自始也。予固缮译经典爰珉诸石，要知此塔当与天地同其不朽矣」。靖逆侯靖逆将军标下随征同知古勾章颜翼超薰沐撰」。旹」龙集康熙壬戌年菊月□□吉旦立」。

所记果诞王即阔端，板只达即班智达。番经云云应是藏文记录。此类藏文记录或可于西藏萨迦寺求得之[①]。宣德九年（1434 年）达仓宗巴·班觉桑布撰《汉藏史集》，其下篇《具吉祥萨迦世系简述》据萨迦历代祖师传记萨班塔建于凉州幻化寺："萨迦班智达护持法座三十五年，于七十岁的阴铁猪年（辛亥，1251 年）十一月十四日，在诸种神异兆伴随下，在凉州幻化寺[②]去世。在该地建有纪念他的佛塔，并经常祭祀。"[③]因疑此白塔寺或即藏文文献中之幻化寺。

① 达钦阿美夏·阿旺贡噶索南《萨迦世系史·昆氏家族世系》记萨班火化后云："（辛亥，1251 年）阴历十一月十四黎明时分，曾出现各种宝幢、妙音、供赞和地震，法王萨班圆寂矣。阴历十一月二十五日，火葬遗体之青烟幻变为彩虹，众生听见各种妙音。法王（萨班）大部分遗骸变为无数的自现舍利和佛像。要赞颂法王萨班利众生之事迹，正如雅垅巴扎巴坚赞所云：顶之胜髻为喜金刚，美丽无垢之文殊身，额相似如总摄轮群，后颈部位藏薄伽梵，肩骨长有喀萨巴尼，脚掌乃属观世音，背脊有密宗四佛母，双膝下跪见救度母，右手指向那伽森林，弥勒法转之大手印，十幻化乃依止此身。梵天音是空性狮声，无生意赞刻有'阿'字，二耳上有一尊胜塔，誓言金刚见名为'吽'，纯洁思想生自成法身，亦有无数各种舍利。"似与此碑所记之灵异有关。《萨迦世系史》撰就于明崇祯二年（1629 年），译文据达钦阿美夏·阿旺贡噶索南：《萨迦世系史》，陈庆英等译，西藏人民出版社 1989 年版，第 97~98 页。

②《萨迦世系史》记此幻化寺云："（阔端）请魔术师们在一前所未有的地方幻变一座奇有之寺庙，此后阔端对法王萨班说：你是被我召请来的一位贤者……现在幽静地方有一圆满寺庙，特赐与你，请前往……当到达此地时，法王一看即知悉此为幻变之寺庙，遂祓除许多怖畏守门之鬼魔，并把开光之花撒向其他尊者身上。据传当时未破除之幻术，现在还能看到，故称之为幻化寺"。达钦阿美夏·阿旺贡噶索南：《萨迦世系史》，陈庆英等译，西藏人民出版社 1989 年版，第 91 页。

③ 据达仓宗巴·班觉桑布：《汉藏史集》，陈庆英等译，西藏人民出版社 1986 年版，第 202 页。

又阿旺贡噶索南《萨迦世系史·昆氏家族之世系》记该塔建成后，由“上师八思巴前去凉州，为法王（萨班）之灵塔开光”[①]。

海藏寺位于武威旧城西北郊，相传萨班曾驻锡此寺，但该寺现已无确切的蒙元遗物。寺内最早的建筑是最后的大殿——无量殿。殿面阔三间，进深二间，周绕副阶，外观歇山重檐，斗栱疏朗，五铺作出双假昂，殿身无内柱，用四椽栿，脊槫下有康熙三十年（1691年）重修梁记。副阶前廊左侧立《海藏寺藏经阁碑》记“明成化间（1465~1487年），太监张睿因其旧而庀材鸠工……康熙三十六年（1697年），少保孙公东莅五凉，悲庙貌之凌夷，捐赀而葺之”，碑阴镌雍正三年（1725年）钦命执照。右侧有乾隆五十四年（1789年）邑人孙俌撰修葺碑记。因知此殿原为藏经阁，创建于成化，入清屡经修葺，故结构虽多明制，而细部已杂清式（见图28.7）。无量殿前为天王殿，殿基原为一高台，殿门上悬“灵均古台”匾，传说此高台筑于前凉张茂[②]，验台版夯层薄厚不匀，薄者8厘米，厚有超过13厘米者，因疑其夯筑时间似不在西夏之前，而与萨班时代接近。

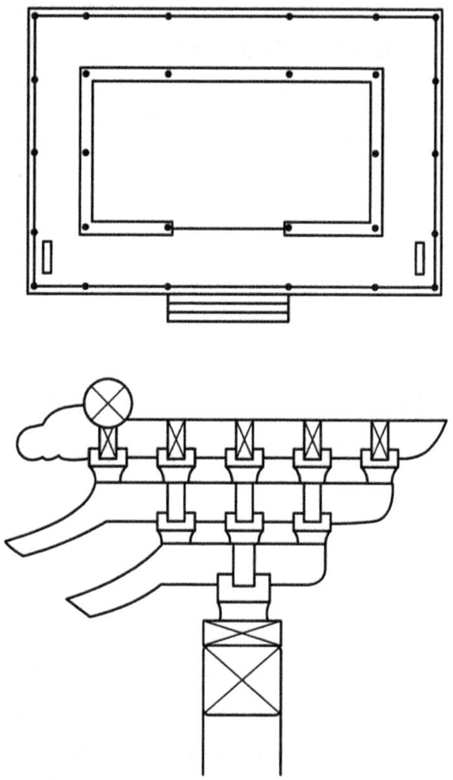

图28.7　海藏寺藏经阁平面图及现存斗栱（速写）

又近年迁建于大云寺后的原火神庙大殿内，陈列铜头铁身藏僧坐像一尊，等身大小，面部表情严肃，原供奉于城东南15公里大河驿之铜佛寺。据传过此之西藏喇嘛多认定即萨迦坐像（见

① 据达钦阿美夏·阿旺贡噶索南：《萨迦世系史》，陈庆英等译，西藏人民出版社1989年版，第118页。

② 张茂建灵均台见《晋书·张轨传附子茂传》，中华书局1974年版。谓灵均台在今武威城北，始于［明］李贤等：《大明一统志》，三秦出版社1990年版，该书卷三十七陕西行都指挥使司甘州左卫宫室条：“灵均台在凉州卫治北，晋明帝太宁初张茂主姑臧时所筑，遗址尚存。”

图 28.8)。果是，此像应是萨班逝世后不久所铸。

图 28.8 原火神庙大殿内的铜头铁身藏僧坐像（刘观民摄）

按萨班事迹主要著录于藏文文献，中国社会科学院民族研究所王森先生曾辑录整理，所撰《西藏佛教发展史略》第五篇《萨迦派》中，有对萨班较全面的评述，现摘其有关部分：“1240 年，阔端派他的将官达尔汗台吉多达率军进藏，发现藏地由各个地方势力割据，不相统属，难于单靠武力进行控制。多达建议阔端选用当地领袖，协助蒙古人进行统治。在当时的（西藏）各教派中，他见到噶丹派寺庙最多，分布最广；达垄塘巴戒律清整，最有德行；萨迦派的班智达学富五明，声誉最隆。他建议阔端召见萨班。萨班在 1244 年受阔端召，他就在当年带着他的两个侄子八思巴和恰那，以及随从人等从萨迦动身。到拉萨以后，他让他的两个侄子八思巴、恰那和一部分随从先去西凉，他个人沿途逗留。看起来，这可能是他和卫藏各个地方势力对于归顺蒙古进行磋商。1246 年，萨班才到达凉州，当时阔端为推选可汗不在凉州。1247 年，阔端回凉州后，才和萨班见了面。阔端和萨班议妥了卫藏归顺蒙古的条件后，由萨班写了一封公开信，劝说卫藏僧俗各个地方势力接受条件归顺蒙古。卫藏地区从此归蒙古统治，实际也从此时加入祖国版图，同时萨班也为萨迦派取得了它在卫藏地区的政治、宗教领袖地位。”“萨班个人此后就一直住在西凉……萨班在西凉曾经为阔端治愈过一次比较严重的病，因此，更得到了阔端对他的信任。相传他在西凉也讲授过佛法，在讲经时有四个人为他做翻译，分别把他的话译为蒙古语、畏兀儿语、汉语和当地的藏语。萨班又曾为蒙古语采用古畏兀儿文的字母的字形，创制过一套蒙文字母。他的两个侄子，遵从阔端的命令，八思巴仍继续学习佛法，恰那则改着蒙族服装，学习蒙语。1251 年，萨班死于西凉……1251 年，阔端、萨班相继逝世。同年，蒙哥即位于库腾政敖拉，将汉族地区和藏族地区划为其弟忽必烈的分地。藏族地区原为阔端领地至是易主。”萨班来凉，促成了蒙藏、藏汉民族间的团结，维护了祖国的一统。其后驻锡凉州，卒后又即西凉建塔，盖其时藏族地区隶属阔端，萨班居凉正是不断加强与内地联系的一项重要措施；

而白塔寺和萨班墓塔于以后年代仍在发挥维系民族团结的作用[①]。因此，萨班的功绩值得永久纪念，其寺、塔应酌予修复；前述萨班造像亦当作为重要历史人物形象予以保护，不应仅视为艺术品陈列而已。

阔端一系的遗迹在凉州境内有墓地、斡耳朵城址和永昌路城址。阔端墓地见录于《乾隆甘肃通志》：卷二十五凉州府陵墓条："永昌王阔端墓，在永昌县东南一百二十里斡耳朵城，其西又有妃墓。"斡耳朵城见《乾隆甘肃通志》卷二十三凉州府古迹条："永昌县斡耳朵古城，在县东南一百二十里，俗传为永昌王牧马城，地名广（黄）城儿。有永昌王避暑宫，遗址尚存。"阔端墓地情况不详。位于黄城儿（现写作皇城）的斡耳朵古城，甘肃文物研究所戴春阳同志曾往调查，云确有遗迹可辨。永昌路城见《大明一统志》卷三十七陕西行都指挥使司甘州左卫古迹条："永昌城，在凉州卫城北三十里，元永昌路治此。"该城之建，《元史·世祖纪四》云至元九年（1272年）阔端子"诸王只必帖木儿筑新城成，赐名永昌府"，寻改府为路，至元十年（1273年）七月"省西凉府入永昌路"。《元史·地理志三》又记："至元十五年（1278年），以永昌王宫殿所在立永昌路，降西凉府为州，隶焉。"永昌路城明清置永昌堡，现名永昌镇。镇内王宫遗址近代犹存[②]。元城遗迹，据市博物馆胡宗秘馆长谈：夯筑城垣尚完好，方形，每面约长0.5公里。城南2公里石碑沟，有火州畏兀儿（高昌回鹘）君臣墓葬，墓冢已不显露，但遗有丰碑多座，现存原地的有至正二十三年（1363年）《西宁王忻都公神道碑》[③]，有名的至顺三年（1332年）《亦都护高昌王世勋碑》于1927年武威地震后移陈文庙，即今市博物馆[④]。

---

① 萨班精通显密佛法和五明诸论，学识渊博，当时即闻名于世。主要著作有《三律仪论》《正理藏论》和《萨迦格言》。萨迦派失势后，盛名不衰，为噶举、格鲁等教派僧人所尊重。"文化大革命"前，青藏僧人过凉多谒塔礼拜。

②《陇石金石录》卷二记武威关帝庙落成碑云："按此碑……在武威永昌堡先师庙，题为大明崇祯辛巳（十四年，1641年）三月庙宇落成虔赞碑有云：武威郡之北三十里有遗址曰永昌堡，乃元亦都护高昌王建都也。我太祖乘六御天，诞受万夏，内修关庙，年深颓坏，重为修葺……盖原就高昌王宫建庙，崇祯时又复重修。清时又改为先师庙。"所云高昌王建都、高昌王宫皆因涉永昌镇石碑沟有《亦都护高昌王世勋碑》而致误。

③ 危素撰文，录文见张维：《陇右金石录》，《中国西北文献丛书》，兰州古籍书店1990年影印本，卷五。

④ 除以上两碑外，尚有实物已佚的虞集撰至顺二年（1331年）《孙都思氏世勋之碑》，该碑全文见虞集：《道园学古录》卷十六，商务印书馆影印本。

《亦都护高昌王世勋碑》,《乾隆武威县志·文艺志》碑记条曾录全文，知其时碑尚完整无损。1942年，向达先生于武威民众教育馆（今市博物馆）即见此碑仅存下段[①]，是碑石之毁当在移馆之前。该碑详记火州畏吾儿王室入属蒙元后，因海都、都哇东侵逐次移居永昌[②]和与蒙元皇室世为婚姻事：

至顺二年（1331年）九月□日，皇帝若曰：予有世臣贴睦儿补花，自其先举全国以归我太祖皇帝……至帖睦儿补花佐朕理天下，为丞相，为御史大夫……昔其父葬永昌，大夫往上冢，其伐石树碑而命国史著文而刻焉……太祖皇帝龙兴于朔漠，当是时，巴而术阿而的斤亦都护在位，知天命之有归，举国入朝，上嘉之，妻以公主曰也立安敦，待以子道，列诸第五……次子玉古伦赤的斤嗣为亦都护……薨。弟乌木剌的斤嗣为亦都护……薨。至元三年（1266年），世祖皇帝用其子火赤哈儿的斤嗣为亦都护……十二年（1275年）都哇、卜思巴等率兵围火州……其后入朝，上嘉其功，锡以重赏，妻以公主曰巴巴哈儿，定宗皇帝之女……还镇火州，屯于州南哈密力之地，兵力尚寡，北方军猝至，大战力尽遂死之。子纽林的斤方幼，诣阙请兵北征，以复父仇。上壮其志，锡金币钜万，妻以公主曰不鲁罕，太宗皇帝之孙女也。主薨，又尚其妹八卜义公主，遂留永昌焉……（武宗皇帝时）嗣为亦都护……仁宗皇帝始稽故实，封为高昌王……八卜义公主薨，尚公主曰兀剌真，阿难答安西王之女也。领兵火州，复立畏吾而城池。延祐五年（1318年）十一月二十一日薨。子二人，长曰帖睦儿补花，次曰籛吉，皆八卜义公主出也。次曰太平奴，兀剌真公主出也。帖睦儿补花大德中（1297~1307年）尚公主曰朵儿只思蛮，阔端太子孙女也。至大中（1308~1311年），从父入觐，备宿卫……出为巩昌等处都总帅达鲁花赤，奔父丧于永昌……嗣为亦都护高昌王……天历元年（1328年）十月，拜开府仪同三司上柱国录军国重事知枢密院事。明年正月……让其弟籛吉嗣为亦都护高昌王。籛吉尚公主日班进，阔端太子孙女也。主薨，又尚其妹曰补颜忽礼……”[③]

---

① 参看向达：《西征小记》,《国学季刊》1950年第7卷第1期。

②《西宁王忻都公神道碑》亦记畏兀儿移居永昌事：“（中书平章政事斡栾）大父讳阿台不花……从亦都护火赤哈儿宣力靖难……仍封答融罕之号。亦都护来朝，挈家以从，跋履险阻，行次永昌，相其土地沃饶，岁多丰稔，以为乐土，因之定居焉。”

③ 据黄文弼复原的碑文，参看《亦都护高昌王世勋碑复原并校记》,《文物》1964年第2期。

所记帖睦儿补花、箋吉所尚公主皆阔端孙女，即诸王只必帖木儿或其兄弟行之女。出嫁纽林的斤的两公主皆太宗孙，疑即阔端女，故纽林的斤以“北方军”势盛，“遂留永昌”，后“丧于永昌”，并“葬永昌”。永昌者，其岳家欤？阔端父子以婚姻维系邻近的地方权势，亦施之于其南邻藏族地区。1244年，阔端召萨班，同年萨班的两侄八思巴和恰那多吉即抵西凉，此后，恰那长期住在凉州，《汉藏史集·具吉祥萨迦世系简述》记恰那事迹云：“上师八思巴的弟弟恰那多吉生于其父（桑察·索南坚赞）五十六岁的阴土猪年（己亥，1239年）。他六岁时，作为法主萨迦班智达的随从前往凉州……他从萨迦班智达和八思巴那里学习了灌顶和许多经咒。讦王阔端让他穿蒙古服装，并把公主墨卡顿嫁给他。他朝见薛禅皇帝后，薛禅皇帝封他为白兰王，赐给金印，并为他设置左右衙署，委派他治理整个吐蕃地区。在整个吐蕃和萨迦派中，他是最早得到王的封号和职位的人。”[①] 阿旺贡噶索南《萨迦世系史·昆氏家族之世系》记恰那后期事迹云：“恰那多吉在凉州等地住了十八年，二十五岁时返回萨迦大寺。此后三年中，他努力修行，引领众生成熟解脱。二十九岁时即阴火兔年（丁卯，1267年）七月一日于廓如书楼示寂。”[②]《汉藏史集·具吉祥萨迦世系简述》又记恰那子达玛巴拉合吉塔在凉五年：“恰那多吉（后来）娶了夏鲁万户家的女儿玛久坎卓本为妻，她于恰那多吉去世后六个月的阴土龙年（戊辰，1268年）正月生下达尼钦波达玛巴拉合吉塔。由八思巴护持此遗腹子……达玛巴拉十四岁时到了朝廷，他虽然只受了沙弥戒，但继承了上师八思巴的法座……后来，达玛巴拉娶了诸王启必帖木儿的公主丹贝为妻，住了五年，受命返回吐蕃，到了朵甘思。”[③] 启必帖木儿即只必帖木儿。达玛巴拉滞凉时期约在至元晚期。至正二十三年（1363年）成书的蔡巴·贡噶多吉《红史》的《萨迦派世系简述》中，还记录了达玛巴拉的堂弟、八思巴异母弟达尼钦波桑波贝之子索南桑布年轻时也曾居凉：“达尼钦波桑波贝……住在蛮子地方时，所生的儿子为索南桑布大师，年青时在凉州被封为国公。格坚皇帝在位时还俗，娶公主门达干，被

① 达仓宗巴·班觉桑布：《汉藏史集》，陈庆英等译，西藏人民出版社1986年版，第206页。

② 达钦阿美夏·阿旺贡噶索南：《萨迦世系史》，陈庆英等译，西藏人民出版社1989年版，第171页。

③ 达仓宗巴·班觉桑布：《汉藏史集》，陈庆英等译，西藏人民出版社1986年版，第207~208页。

封为王，返回蕃地，在朵甘思去世。”[1] 达尼钦波桑波贝居蛮子地方的时期，是自至元十九年迄元贞元年（1282~1296 年）[2]，依此推算索南桑布年轻时，约当成宗大德年间，其时诸王只必帖木儿尚健在[3]。由上可见阔端父子不仅结亲畏兀儿，亦联姻萨迦，且又肩负安抚、卫护两方之重任。在蒙元一代，特别是蒙元前期，阔端一系镇抚河西，在维系西部与西南诸族和安宁边境等方面都起了重要作用。因此，有关他们的遗迹、遗物，亦应进行系统的调查，予以重视[4]。

（本文原刊《文物天地》1992 年第 1 期第 4~8 页，1992 年第 2 期第 7~11 页，1992 年第 3 期第 5~10 页。此次重刊除校字和补录康熙壬戌《重修塔院碑记》缺文外，未作增删）

（选自《魏晋南北朝唐宋考古文稿辑丛》，文物出版社 2001 年版）

---

① 据公哥朵儿只：《红史》，陈庆英等译，东嘎·洛桑赤列校注，西藏人民出版社 1988 年版，第 44~45 页。

② 据《萨迦世系史·昆氏家族之世系》的叙述推算。达钦阿美夏·阿旺贡噶索南：《萨迦世系史》，陈庆英等译，西藏人民出版社 1989 年版，第 173~175 页。

③《元史》最后一次记录只必帖木儿见《武宗纪》二：“（至大三年［1310 年］八月）己巳，以诸王只必铁木儿贫，仍以西凉府田赐之。”知其逝世当在此事之后。

④ 阔端子辈与萨迦除联姻关系外，八思巴与阔端第二子蒙哥都、第三子只必帖木儿关系密切。1251 年，阔端、萨班相继去世后，八思巴写给以后为其授比丘戒的堪布法主札巴僧格信最末的文句；“阴水鼠年（壬子，1252 年）二月三日，写于凉州王宫之佛殿，祝愿吉祥”（达钦阿美夏·阿旺贡噶索南：《萨迦世系史》，陈庆英等译，西藏人民出版社 1989 年版，第 121 页）。其时，蒙哥都嗣王位。《红史》记 1253 年“当忽必烈汗驻在六盘山之时，凉州大王蒙哥都与上师（八思巴）一起前去会见，十分欢喜。王子忽必烈赠给凉州大王蒙古马军一百去迎萨迦人（指八思巴）……”（公哥朵儿只：《红史》，陈庆英等译，东嘎校注，西藏人民出版社 1988 年版，第 43 页）。《萨迦世系史》又记八思巴“为同辈人及后代写了无数语言流畅易于理解的著作书信和教诫等，其中……传授给皇帝的教诫及其要义类的有《给启必帖木儿所写的珍宝串珠》……《给启必帖木儿的信》……《给王子启必帖木儿的信》……为写造佛经而作的赞词有……《为王子启必帖木儿写经而作之赞词》……回向及赞颂吉祥方面的有……《为启必帖木儿父母写的四行诗》”（达钦阿美夏·阿旺贡噶索南：《萨迦世系史》，陈庆英等译，西藏人民出版社 1989 年版，第 152~155 页）。以上八思巴写给启必帖木儿的教诫、赞词等，内容虽不得其详，但从数量多、方面广，可以推知他们的关系远非一般施主与福田的往来。启必帖木儿即只必帖木儿。他们往来时间，据八思巴或称启必帖木儿为王子这一点考察，似应在阔端末年和蒙哥都嗣王时代，亦即自 1251 年迄八思巴于上都参加 1258 年僧道辩论前后。

王仲殊与《论吴晋时期的佛像夔凤镜》

经典导读

王仲殊（1925—2015），浙江宁波人。1946 年考入浙江大学史地系，1949 年院系调整，转入北京大学历史系学习。1950 年北京大学毕业后进入新成立的中国科学院考古研究所工作。历任考古研究所助理研究员、学术秘书、汉唐考古研究组副组长、副所长、研究员、所长、所学术委员会主任。任《考古学报》《考古学集刊》主编，中国考古学会第一、第二届常务理事兼秘书长、名誉理事，《中国大百科全书・考古学》编辑委员会副主任兼秦汉考古分支主编等职。还被聘为中国社会科学院研究生院考古学系教授、博士生导师。1988 年，被德国考古研究院授予通讯院士称号。1990 年，亚洲史学会推举王仲殊为评议员。1996 年，继巴金、费孝通之后，获日本"福冈亚洲文化奖"。2006 年，被授予中国社会科学院荣誉学部委员。自 1950 年秋起，相继参加了河南辉县汉代墓葬的发掘，河南中西部的考古调查和发掘，湖南长沙汉墓、陕西西安汉长安城遗址、河北满城汉代陵墓、吉林敦化渤海墓葬、黑龙江宁安渤海上京龙泉府遗址等的发掘。1956—1962 年，主持汉长安城遗址的发掘工作；1964 年，主持敦化六顶山渤海墓葬和宁安渤海镇渤海上京龙泉府遗址的发掘工作。

王仲殊的学术研究，以汉唐考古学和日本考古学及日本古代史的研究为重心，在汉唐都城考古、墓葬制度、物质文化史、中日两国都城制度比较研究、日本古代铜镜研究以及中外交流考古学等方面，均做出重要贡献。他除参加编写《辉县发掘报告》（1956）、《长沙发掘报告》（1957），主编《六顶山与渤海镇：唐代渤海国的贵族墓地与都城遗址》（1997）外，还出版了 *Han Civilization*（1982）、《汉代考古学概说》（1984）、《中国から見た古代日本》（1992）、《三角缘神兽镜》（1998）等专著。论文也围绕上述几个方面展开，大部被收入《中日两国考古学·古代史论集》（2005）、《古代中国与日本及朝鲜半岛诸国的关系》（2013）及《王仲殊文集》（2014）中。

《论吴晋时期的佛像夔凤镜》是王仲殊为纪念夏鼐从事考古工作 50 年所写作的论文，发表于《考古》1985 年第 7 期。此文对当时所知传世和出土的全部佛像夔凤镜做了综合研究，从佛像夔凤镜的出土地点并结合三国两晋时期用佛像作器物纹饰的情形等方面考察，重点探讨佛像夔凤镜的制作年代、地域分布、形制和图纹，特别是有关佛教和天文纹样的内涵。

王仲殊通过考释认为，这些佛像夔凤镜主要流行于三国时代吴的中后期，即 3 世纪中期的前半至中期的后半；夔凤镜虽然在地域上遍及全国，但佛像夔凤镜主要分布在长江中下游的江南地区，即三国时代吴国境内的最发达地区；用佛像作器物的图纹和装饰主要是三国、西晋时代江南吴地特有的风习，佛像夔凤镜在该地区的出现，无疑是佛像在吴地流行的结果，但与同样流行佛教的三国时代的魏国相比，用佛像作图纹和装饰的各种器物在吴地大量流行，因此用佛像作图纹又是吴镜的一个重要特点。这也从另一个角度证明，日本出土的包括三角缘佛兽镜在内的三角缘神兽镜绝非中国的魏镜；可以推断在当时的吴地，佛像已经相当齐全，但是佛教的传播仍属初期阶段，所以从佛像的服饰、发式到有关的设施和道具之类，既缺乏既定的格式，也没有统一的制度；铜镜上羽人与佛像所混合的形式，是按照神仙图像的旧方式表现新的佛教的图像，是出于早期佛教对道教的依附关系，有其真实的社会背景和思想背景；镜子背面的连弧纹表示天空，为了充实天空，除飞天像外，还在各个弧形内放置“赤乌”“玉兔”和“蟾蜍”，同时也沿袭过去的习惯，把“青龙”等四神放在各个连弧纹内，工匠们关注的主要是作为美术品的图纹的形式，而不是这些图纹的宗教意识，所以并不计较动物纹样的数目是否齐全、是否重复、位置是否合适；许多佛像夔凤镜的天象图中山现蟹的形象，推测随着外来僧人在吴地翻译佛经，黄道十二宫的图形（蟹是其中之一），可能早在 3 世纪的三国时代，已经从印度传入中国了，这比通常认为的隋唐时期，早了数百年。

《论吴晋时期的佛像夔凤镜》一文发表后，我国考古学书刊上相继发表了 3 枚新的佛像夔凤镜，因此文发表时这 3 枚佛像夔凤镜的介绍论著尚未问世，故在文中暂未涉及。加上新发表的 3 枚铜镜，《论吴晋时期的佛像夔凤镜》一文中所作“佛像夔凤镜主要流行于三国时代的吴的中期至后期”的结论更为确实可靠。

—— 延伸阅读文献目录：

1. 王仲殊：《景初三年镜和正始元年镜的铭文考释》，《考古》1984 年第 12 期。
2. 王仲殊：《景初三年镜和正始元年镜铭文补释》，《考古》1985 年第 3 期。
3.《中国考古学研究》编委会编：《中国考古学研究——夏鼐先生考古五十年纪念论文集》，文物出版社 1986 年版。
4. 王仲殊：《王仲殊文集》，社会科学文献出版社 2014 年版。
5. 王巍主编：《考古学卷》（第一分册），钱伟长总主编：《20 世纪中国知名科学家学术成就概览》，科学出版社 2015 年版。

（陈星灿 撰）

—— 原文：《论吴晋时期的佛像夔凤镜》

经典原文

论吴晋时期的佛像夔凤镜

王仲殊

夔凤镜是东汉中期（2世纪前期）开始出现的一种铜镜。它盛行于东汉后期、三国和西晋（2世纪后期至3世纪末），并延续到东晋（4世纪前期至5世纪初期）。东汉后期至魏和西晋时期（2世纪后期至3世纪末）流行于中原和北方地区的铁镜，就其图纹而言，也多属夔凤镜。

夔凤镜有各种型式。其中，有的铜镜在图纹中含有佛像（本文所称的佛像，在较多的场合，是泛指佛、菩萨、飞天等各种与佛教有关的图形和造像，下同），是研究中国早期佛教的重要的实物资料。本文要讨论的，便是这种含有佛像的铜镜，通常称为“佛像夔凤镜”。讨论的重点在于佛像夔凤镜的确切的制作年代、在地域上的分布范围，镜的形制和图纹，特别是有关佛教和天文方面的纹样。

一

我在1982年所写《关于日本的三角缘佛兽镜》的论文中，曾说到外国的博物馆收藏着中国的佛像夔凤镜，见于著录的有日本东京国立博物馆、美国哈佛大学福格博物馆、波士顿美术馆和德国柏林国立博物馆的藏镜各1枚[①]。当时，我曾对这4枚佛像夔凤镜作过介绍，但限于文章的篇幅，未免过于简单。因此，在我现在写的这篇专论佛像夔凤镜的论文里，我要先对这4枚铜镜作进一步的分析和说明。

1. 东京国立博物馆藏镜（见图29.1，1）：直径14.3厘米[②]。镜的主纹为4

① 王仲殊：《关于日本的三角缘佛兽镜》，《考古》1982年第6期，第634~635页。

② 后藤守一：《古镜聚英》上篇，六月大冢巧艺社出版1942年版，图版三十六（5）。

组相对的双凤，双凤之间有一下垂的多须球状物相隔。钮座呈柿蒂形，四瓣内都有佛像。其中三瓣内各有佛龛，龛顶饰华盖，龛的两侧饰鸟形，龛内一坐佛，头上有项光，趺坐在莲座上，座的两端附龙首。另一瓣内有三像，居中的一像为佛像，头上有项光，在莲座上作半跏思惟状；左侧的立像为侍者，手持曲柄伞，右侧的跪像为供养人，作跪拜状。镜缘内侧有一周由16个弧形组成的连弧纹带，弧形内各有一走兽或飞禽。走兽形态可辨的，除龙和虎外，似乎还有兔。飞禽共2只，形状似凤，其中一只有三足，无疑是象征太阳的“赤乌”（见图29.3，7）。由于“赤乌”的存在，可以认为，兔的图纹若属实，则应为象征月亮的“玉兔”，而龙、虎、凤应各为代表东方的“青龙”、代表西方的“白虎”和代表南方的“朱雀”。

2. 哈佛大学福格博物馆藏镜（见图29.1，2）：直径14.6厘米[①]。镜的主纹为4组相对的双凤，双凤之间有一下垂的心叶形图案相隔。在钮座的四瓣柿蒂中，仅一瓣内有3尊佛像。中央的一尊为莲座上的坐佛，头上有项光；两侧的2尊立像为胁侍，头上亦有项光。镜的缘部饰一周由16个弧形组成的连弧纹带。其中2个弧形内各有一佛像，头上有项光，从其姿态看来，应为飞天（见图29.3，1）。其余14个弧形内，各有一走兽或飞禽。走兽形状各异，有的显然是龙和虎。飞禽形状多似凤，其中之一有三足，可以判定为象征太阳的“赤乌”（见图29.3，6）。与上述东京国立博物馆藏镜一样，龙、虎、凤应分别为代表东方的“青龙”、代表西方的“白虎”和代表南方的“朱雀”（见图29.3，12；图29.4，3）。

3. 波士顿美术馆藏镜（见图29.1，3）：直径14.2厘米[②]。镜的图纹与福格博物馆藏镜几乎完全相同，只是连弧纹带不在镜缘上，而在镜缘的内侧。

4. 柏林国立博物馆藏镜（见图29.1，4）：直径17.8厘米[③]。镜的主纹为4组相对的双凤，双凤之间有一简单的双钩形图案相隔。与以上3枚铜镜不同，此镜钮座的四瓣柿蒂内都没有佛像，镜缘内侧连弧纹带的弧形只有12个。其中3个弧形内各有一佛像，头上有项光，从它们的姿态看来，应为飞天。其余9个弧形内各有一飞禽或走兽。飞禽似乎有三足，当为象征太阳的“赤乌”（见

① 梅原末治：《欧米における支那古鏡》，刀江书院1931年版，第112页，插图第二十一（2）。
② 樋口隆康：《古鏡》，新潮社1979年版，第192页，图版六十六（131）。
③ 梅原末治：《欧米における支那古鏡》，刀江书院1931年版，第114页，图第二十一（1）。

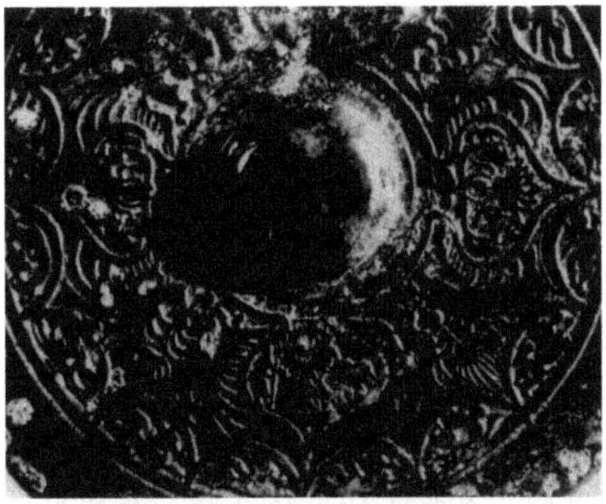

1．东京国立博物馆藏镜

2．福格博物馆藏镜

3．波士顿美术馆藏镜(局部)

4．柏林国立博物馆藏镜

5．武义县出土镜

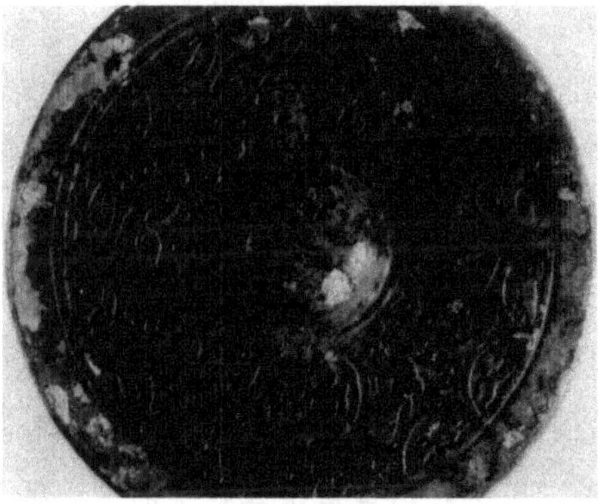

6．杭州市出土镜

图 29.1　吴晋时期的佛像夔凤镜（一）

图 29.3，9）。走兽形状可辨的，除龙（青龙）、虎（白虎）以外，还有象（见图 29.4，1、6）。东汉壁画和石刻画像中不乏象的图纹，它们未必都与佛教有关。但是，象在佛像夔凤镜的图纹中出现，说明了它与印度佛教的关系。

以上4枚佛像夔凤镜都是传世品，不是经考古工作者之手发掘出来的。因此，对于镜的制作年代，只能作大概的推测，不能确切地断定。特别是由于出土地点不明，难以判定它们是中国北方的产品还是南方的产品。

■ 二

中华人民共和国成立以后，中国的考古调查发掘工作广泛开展，有许多重要的新发现，其中包括大量的、属于各个时代的铜镜。就佛像夔凤镜而言，早在20世纪50年代后期，便有发掘出土的。尤其是60年代以来，在各地调查发掘工作中发现的佛像夔凤镜不断增多，有的已经在《考古》《文物》等学术刊物上发表。可惜因图版模糊，有时也因研究者疏忽，往往没有被识别出来。因此，我必须在这里一一介绍，并详加分析和解说。

1. 浙江省武义县出土镜（见图29.1，5）：1973年由武义县文物管理委员会在该县桐琴果园发掘出土[①]。直径15.4厘米。镜的主纹为4组相对的双凤，双凤之间以一双钩形图案相隔。佛像见于柿蒂形钮座的三瓣内（另一瓣因破损而不明其究竟）。其中相对的两瓣内各为一飞天像，头上有项光，身躯横斜，衣裾飘拂，作飞舞状。另一瓣内为3尊像，居中的一尊为坐佛，头上有项光，座下附莲花，两侧的两尊立像为胁侍，头上也有项光。镜缘内侧的连弧纹带亦由16个弧形组成，其中1个弧形内有一飞天像（见图29.3，5）。其余15个弧形内，除走兽和飞禽以外，还有一蛙、一蟹和两个图案化的器物。毫无疑问，蛙是象征月亮的“蟾蜍”（见图29.3，11），从而推测飞禽中必有象征太阳的“赤乌”和代表南方的“朱雀”，走兽中有代表东方的“青龙”和代表西方的“白虎”。蟹的图纹不见于汉和魏晋时代的一般器物，它在佛像夔凤镜上出现，应是表示黄道十二宫中的“巨蟹”（见图29.4，7）。由于“巨蟹”的存在，使人联想到两个图案化的器物可能是黄道十二宫中的“宝瓶”和“天秤”，理由是它们的形状与瓶和天平不无相似之处（见图29.4，11、12）。此镜所由出

① 武义县文管会：《从浙江省武义县墓葬出土物谈婺州窑早期青瓷》，《文物》1981年第2期，第52页，图第二。

土的墓确属三国时代的吴墓，同墓出土的其他许多随葬品可证镜的制作年代不迟于3世纪中期。

2. 浙江省杭州市出土镜（见图29.1，6）：现藏浙江省博物馆，发掘情况欠详①。直径11.6厘米。镜的主纹为4组相对的双凤，双凤之间有一心叶形图案。佛像在四瓣柿蒂形钮座的一瓣内，两像并立，头上有项光。在镜缘内侧连弧纹带的16个弧形中，3个弧形内各有一人形，虽然没有明显的项光，但从其姿态看来，应属飞天之类（见图29.3，2）。其余13个弧形内，各有一动物，形状可辨的有乌、兔、龙、龟、蟹等。乌为“赤乌”，兔为“玉兔”，分别象征太阳和月亮；龙为“青龙”，龟为“玄武”，分别代表东方和北方（见图29.4，5）。与武义县出土镜一样，蟹是表示黄道十二宫中的“巨蟹”（见图29.4，9）。前面所述各镜多有“青龙”“白虎”和“朱雀”的图纹，而独缺“玄武”。此镜图纹中“玄武”的出现，进一步证明佛像夔凤镜的图纹中都有“分司四方”的“四神”，尽管在同一枚镜的图纹中“四神”之数未必齐全。

3. 江苏省南京市出土镜（见图29.2，1）：1957年由南京市文物管理委员会在该市西善桥发掘出土②。直径14.5厘米。镜的主纹为4组相对的双凤，双凤之间有一下垂的心叶形图案相隔。在柿蒂形钮座的四瓣内，都没有佛像。但是，在镜缘内侧连弧纹带的16个弧形中，2个弧形内各有一飞天像，头上有项光。一像衣裾较短，露出两脚（见图29.3，4）；另一像双袖飘起，身下有一条波状曲线，表示云朵（见图29.3，3）。其余14个弧形内各有一动物，形态可辨的有乌、兔、龙、虎、凤、蟹等。与前述各镜一样，乌为“赤乌”，兔为“玉兔”，分别象征太阳和月亮（见图29.3，8、10）。龙为“青龙”，虎为“白虎”，凤为“朱雀”，分别代表东方、西方和南方。蟹则表示黄道十二宫中的“巨蟹”（见图29.4，8）。此镜所由出土的墓属三国时代的吴墓，最晚不会晚于西晋，同墓出土的其他许多随葬品可证镜的制作年代在3世纪中期，至少不会迟于3世纪后期。

4. 湖北省鄂城县出土镜（见图29.2，2）：1975年由湖北省博物馆在鄂城钢厂五里墩工地发掘出土。此镜保存良好，图纹精致、清晰，是佛像夔凤镜

---

① 此镜现藏杭州浙江省博物馆。1983年10月，我到该馆参观，蒙准予照相，谨此致谢。

② 李蔚然：《南京西善桥六朝墓的清理》，《考古通讯》1958年第4期，第58页，图第二。

1. 南京市出土镜

2. 鄂城出土镜

3. 长沙市出土镜

4. 长沙市出土镜(局部放大)

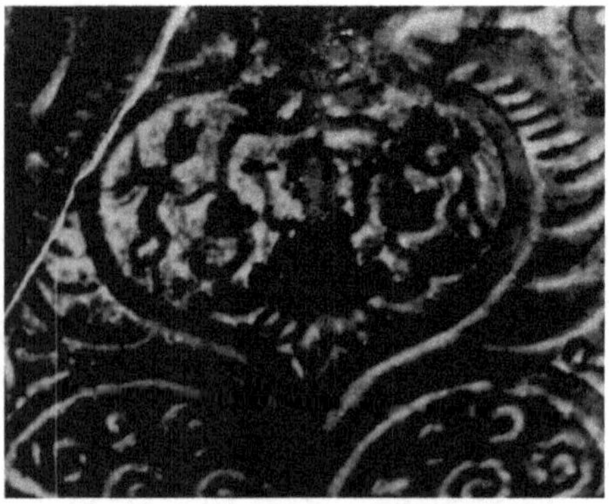

5.长沙市出土镜(局部放大)

6. 南昌市出土镜

图 29.2　吴晋时期的佛像夔凤镜（二）

1. 飞天(福格博物馆藏镜)

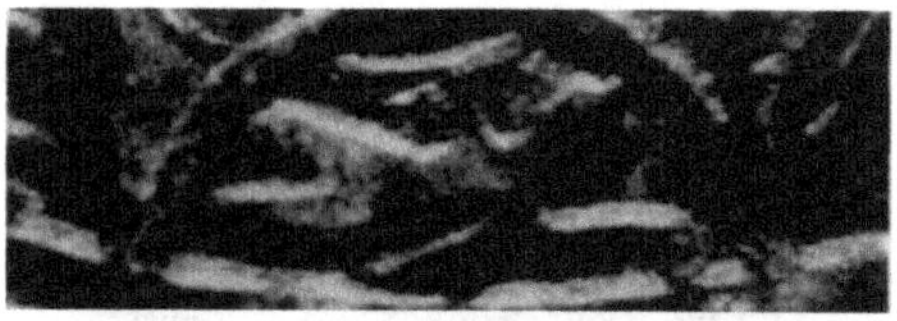

2. 飞天(杭州出土镜)

3. 飞天(南京出土镜)

4. 飞天(南京出土镜)

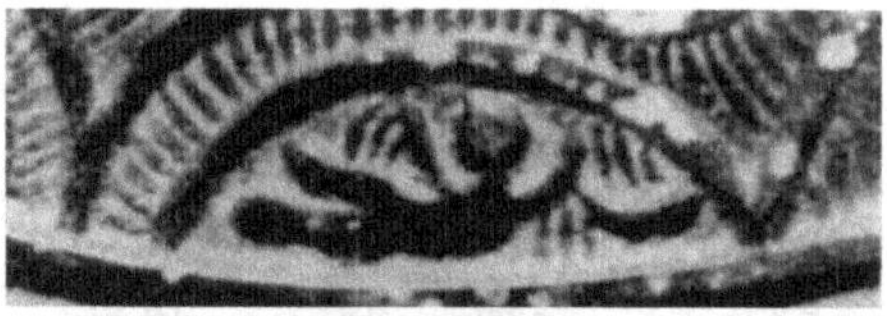

5. 飞天(武义出土镜)

6. 赤乌(福格博物馆藏镜)

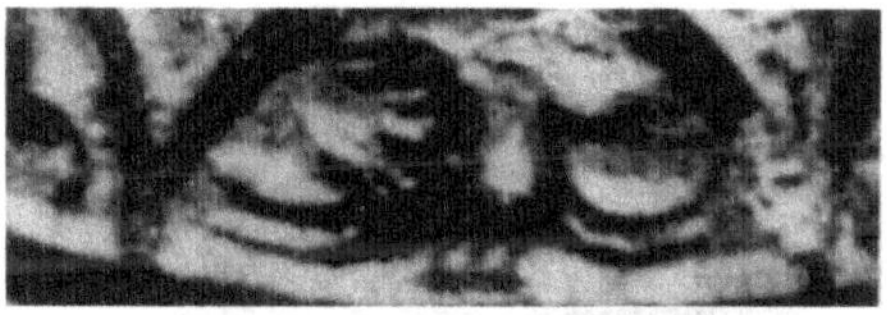

7. 赤乌(东京国立博物馆藏镜)

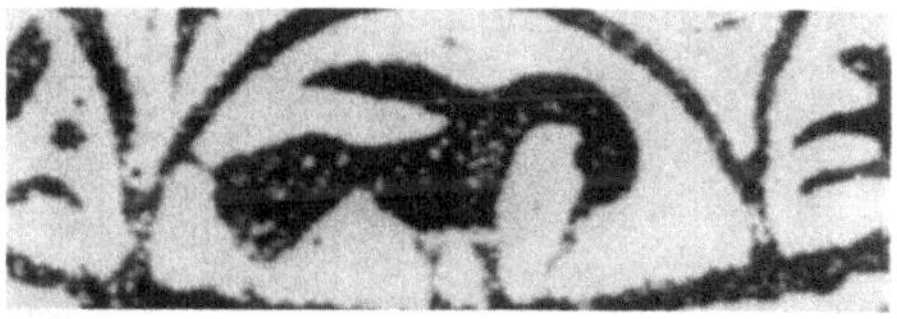

8. 赤乌(南京出土镜)

9. 赤乌(柏林国立博物馆藏镜)

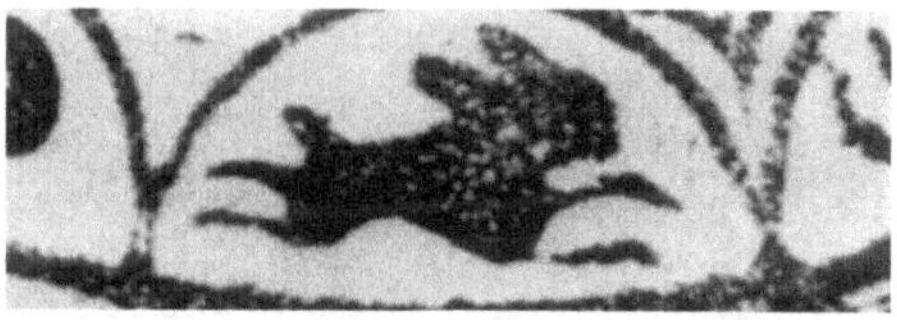

10. 玉兔(南京出土镜)

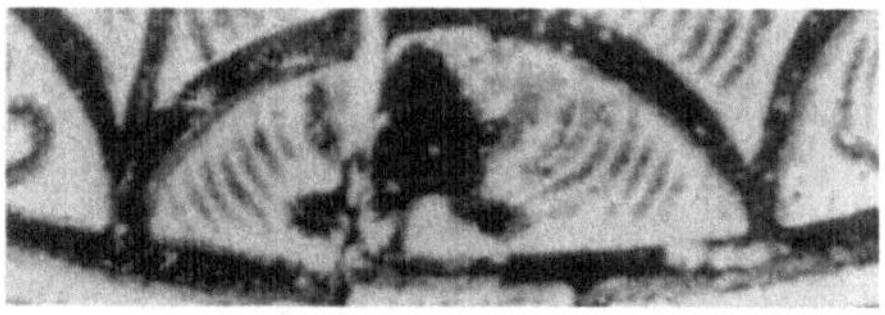

11. 蟾蜍(武义出土镜)

12. 青龙(福格博物馆藏镜)

图 29.3　佛像夔凤镜连弧纹带中的图纹（一）

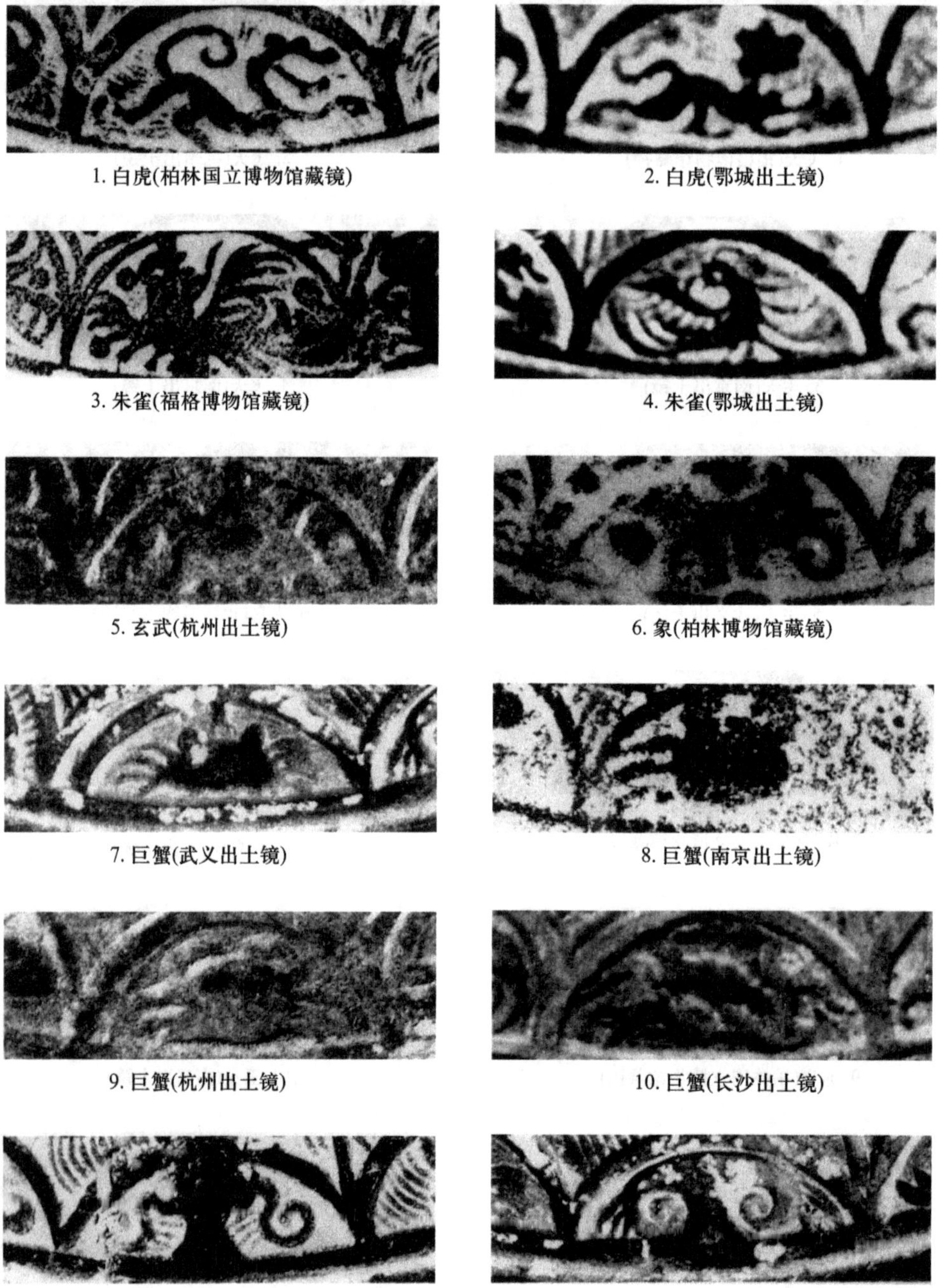

1. 白虎(柏林国立博物馆藏镜)　2. 白虎(鄂城出土镜)
3. 朱雀(福格博物馆藏镜)　4. 朱雀(鄂城出土镜)
5. 玄武(杭州出土镜)　6. 象(柏林博物馆藏镜)
7. 巨蟹(武义出土镜)　8. 巨蟹(南京出土镜)
9. 巨蟹(杭州出土镜)　10. 巨蟹(长沙出土镜)
11. 宝瓶(武义出土镜)　12. 天秤(武义出土镜)

图 29.4　佛像夔凤镜连弧纹带中的图纹（二）

中难得的珍品。承蒙湖北省博物馆的厚意，我得能在《关于日本的三角缘佛兽镜》的论文中将此镜的照片和拓本发表[①]。直径16.3厘米。镜的主纹为4组相对的双凤，双凤之间有一下垂的多须球状物相隔。佛像在柿蒂形钮座的四瓣内。其中三瓣内各有佛龛，龛顶饰华盖，龛内一坐佛，头上有项光，座下有莲花，座的两端附龙首。另一瓣内有三像。中央的一尊为坐佛，在莲花座上作半跏思惟状，头上有项光。两侧的两像一立一跪，立像为侍者，手持曲柄伞，跪像为供养人，作跪拜状。镜缘内侧连弧纹带的16个弧形内各有一龙、一虎或一鸟。与前述各镜一样，龙为代表东方的“青龙”，虎为代表西方的“白虎”（见图29.4，2）。鸟共三只，形状都似凤，但应有象征太阳的“赤乌”和代表南方的“朱雀”之分（见图29.4，4）。据有关的研究者相告，此镜所由出土的墓属三国时代的吴的后期，约当3世纪中期的后半。镜的制作年代比墓的埋葬年代略早，可定为3世纪的中期。

5. 湖南省长沙市出土镜（见图29.2，3）：1960年由湖南省博物馆在长沙市左家塘发掘出土[②]。直径约16厘米。此镜虽已残破，但图纹大部分保持良好，基本上可以复原，纹样丰富、精美，出诸镜之上，为迄今所见佛像夔凤镜中的最佳品。镜的主纹为4组相对的双凤，双凤之间有一下垂的多须球状物相隔。在柿蒂形钮座的四瓣内都有一组佛像，各由3个像组成。其中相对的两瓣内各有佛龛，龛顶饰华盖，龛中一坐佛，趺坐在莲座上，座的两端附莲花朵，佛像两肩后面亦各有一莲枝状物；两侧的两个立像双肩披羽毛，应为“羽人”，其形貌与东汉画像石上常见的“羽人”相似（见图29.2，5）。另外相对的两瓣内主要是一尊半跏思惟的坐佛，头上有项光，座下附莲花；左侧为一侍者的立像，手持曲柄伞，右侧为一供养人的跪拜像，但与东京国立博物馆藏镜和鄂城出土镜的供养人不同，头上有项光（见图29.2，4）。镜缘内侧连弧纹带的弧形，因破损而仅存8个完整的，但仍可判定原来共有16个，其中8个弧形内各有一动物，另8个弧形内则饰图案化的卷云纹。动物形状可辨的有龙、虎和蟹，与前述各镜一样，它们应各为“四神”中的“青龙”“白虎”和黄道十二宫中的“巨蟹”（见图29.4，10）。从许多随葬品判断，此镜所由出土的墓属西晋无疑，

---

① 王仲殊：《关于日本的三角缘佛兽镜》，《考古》1982年第6期，第635页，图第四、图版拾贰（6）。

② 刘廉银：《湖南省长沙左家塘西晋墓》，《考古》1963年第2期，第107页，图版捌（8）。

但镜的制作年代比墓的埋葬年代为早，或可上推到吴的中后期，约当3世纪中期的后半。

6. 浙江省金华市出土镜（见图29.5）：1974年由金华地区文物管理委员会在该市古方砖瓦厂发掘出土①。直径16.1厘米。镜的主纹仍为4组相对的双凤，但与前述诸镜相比，凤的形体甚小，隔在双凤之间的一株图案化的树木更为其他各镜所不见。在柿蒂形钮座的四瓣内，各有一人像。4个人像似乎皆为立像，衣裙较长，不见双足，但下面附有若干莲花瓣，如同佛像的莲座，双臂举起而稍呈弧曲，看起来有些像佛像头部的项光。像的两侧有文字，标明它们分别为“圣（夫）子”“弟子仲由”“弟子颜渊”“弟子子贡”之像。内区外侧有连弧纹带一周，弧形欠规整，大小不均等，数目约有20余个之多，内部空白无纹样。在内区和外区之间，还有一周铭文带，铭文为“子、丑、寅、卯、辰、巳、午、未、申、酉、戌、亥”，即所谓“十二辰”。此镜图纹中的人像虽非佛像，但图纹的各个方面都具有与佛像夔凤镜相似的特征，故可称之为“变形佛像夔凤镜”。所由出土的墓属西晋，镜的制作年代应在西晋的中期，大约相当于3世纪的末年。

图29.5　金华出土的“变形佛像夔凤镜”

7. 江西省南昌市出土镜（见图29.2，6）：1974年由江西省博物馆在南昌市东湖区发掘出土②。直径12厘米。与前述所有各镜主纹之为4组双凤不同，此镜主纹为4个单凤。在柿蒂形钮座的四瓣之中，相对的两瓣内各有一走兽，另外相对的两瓣内各有一佛像。佛像为坐佛，头部小而无项光，座下则有明显的莲花。镜缘内侧无连弧纹带，而由一周以三龙三凤组成的花纹带代替之。此镜虽属佛像夔凤镜，但与前述诸镜相比，形制和图纹大变，故亦应称为“变形佛像夔凤镜”。所由出土的墓属东晋，约当4世纪中期，镜的制作年代基本上与墓的埋葬年代相同。

---

① 金华地区文管会：《浙江金华古方六朝墓》，《考古》1984年第9期，第822页，图第九、图版陆（2）。

② 江西省博物馆：《江西南昌晋墓》，《考古》1974年第6期，第374页，图版拾（2）。

■ 三

根据以上对4枚传世的和7枚发掘出土的佛像夔凤镜的资料的分析，特别是对这11枚铜镜的形制和图纹的研究，可以作出以下的各项结论，其中包括若干推论。

1. 由于武义出土镜、南京出土镜和鄂城出土镜等发掘出土镜所由出土的墓属三国时代的吴墓，而东京国立博物馆藏镜、福格博物馆藏镜、波士顿美术馆藏镜和柏林国立博物馆藏镜等传世镜在形制和图纹上与上述的发掘出土镜相似，可以肯定佛像夔凤镜主要流行于三国时代的吴的中期至后期，亦即3世纪中期的前半至中期的后半。过去，日本学者水野清一先生将佛像夔凤镜的年代定在3世纪70年代至3世纪末的西晋①，虽无大错，但严格地说，仍不免稍嫌失之过晚。长沙出土镜的形制、图纹与鄂城出土镜相似，所由出土的墓虽属西晋，但镜的制作年代仍可上推到吴的中后期。在个别年代较晚的墓里随葬着年代较早的铜镜，这是可以理解的。事实上，金华出土镜的形制和图纹表明，到了西晋，佛像夔凤镜已开始出现“变形”，它的盛行期已经快要过去了（见图29.2）。南昌出土镜的形制和图纹说明，东晋时佛像夔凤镜衰落，佛像的纹样退化，使人难以识别（见图29.2，6）。这就无怪研究者对此镜的佛像视而不见，认不出它们是莲座上的佛爷了。

2. 7枚发掘出土的佛像夔凤镜所由出土的地点分别为浙江省的杭州、武义、金华，江苏省的南京，江西省的南昌，湖北省的鄂城，湖南省的长沙。因此，可以肯定，夔凤镜在地域上的分布虽遍及全中国，但佛像夔凤镜的分布主要是在长江中下游的江南地区，即三国时代吴国境内的最发达地区。由于东京国立博物馆藏镜等4枚传世镜的形制和图纹与上述的发掘出土镜相似，所以它们应该也是长江中下游江南地区的产品。承蒙日本东京国立博物馆西田守夫先生相告，经东京国立文化财研究所化学研究室马渊久夫先生等对前述该博物馆所藏佛像夔凤

① 水野清一：《中国における佛像のはじまり》，《中国の佛教美术》，1968年版，第27页。

镜作铅的同位素分析[①]，可以认为该镜所含的铅属中国南方的铅矿。这就为判定佛像夔凤镜的产地在长江中下游的江南地区提供了旁证。总之，佛像夔凤镜是中国三国时代的吴镜，它盛行于吴的中期和后期，西晋时继续流行，但已是盛极而衰，开始出现了“变形”，东晋时大为衰落，虽偶有残余，也早已面目全非了。

3. 与吴和西晋时代流行于长江中下游地区的饰有佛像的陶瓷谷仓罐和铜带具等器物相联系[②]，可以证明，用佛像作器物的图纹和装饰是三国、西晋时代江南吴地特有的风习。根据考古调查发掘的许多资料，不难判定，这种风习大约开始盛行于吴的中期，经吴的后期，以迄西晋，而东晋以后就骤然衰退。结合中国古代佛教史，我要作出以下的推论：佛像夔凤镜等饰有佛像的器物之在长江中下游地区出现，无疑是佛教在吴地流行的结果。当时，佛教虽已逐渐流行，但还没有进一步深入发展，佛教的教义及各种仪礼制度都还没有正规化。对于吴国统治者和吴地人民来说，佛教是一种新奇的宗教，但影响不大，威信不高。因此，来自外国的佛像与中国传统的东王父、西王母等神仙像一样，被工匠们用作器物上的图纹和装饰，而没有任何“不敬”之嫌。但是，东晋以后，尤其是到了南朝，随着佛教在社会上的进一步盛行，特别是由于统治阶级的提倡和维护，佛教的仪礼渐趋正规，佛像也越来越显得庄重、尊严，不得任意亵渎，从而使得用佛像作日常生活用品纹饰的风习反而衰退了。

4. 据文献记载，在三国时代的魏的境内，佛教也已逐渐流行。但是，从考古

---

① 据西田守夫氏1983年1月5日来信所告，因测定数据尚未公开发表，故本文暂不披露。关于马渊久夫氏等对各种汉式镜所含铅的同位素比率的测定，请参见《古文化财に關する保存科学と人文・自然科学（昭和55、56年度報告書）》（1981年3月、1982年3月），《MUSEUM——東京国立博物館美術誌》（1982年1月号、1983年1月号）等。

② 吴地陶瓷器饰有佛像的，首推当时在长江中下游地区流行的“谷仓罐”，它们在江苏省的南京、江宁、吴县和浙江省的绍兴、萧山、武义等地的吴和西晋墓中多有发现。见南京博物院：《中华人民共和国南京博物院展》，总说第120页，图第50（南京博物院、名古屋博物院，1981年）；金华地区文管会：《浙江武义陶器厂三国墓》，第378页，图第5（《考古》1981年第4期）；金琦：《南京甘家巷和童家山六朝墓》，第304页，图版第叁（2），（《考古》1963年第6期）；吴县文管会：《江苏吴县狮子山四号晋墓》，第708页，图版第捌（1），（《考古》1983年第8期）。此外，在浙江省绍兴等地发现的青瓷器皿上也有用佛像作装饰的。参见小山富士夫：《古越磁について》，第224页，图第162（《世界陶磁全集》第8卷，1955年）。饰有佛像的铜带具发现于湖北省武昌莲溪寺的吴墓，见湖北省文物管理委员会：《武昌莲溪寺东吴墓清理简报》（《考古》1959年第4期）；程欣人：《我国现存古代佛教最早的一尊造像》（《现代佛学》1964年第2期）。

调查发掘工作来说，至今没有在以黄河流域为主的中国北方地区发现三国、西晋时代用佛像作纹饰的任何器物，这与上述长江中下游地区的情形构成鲜明的对照。因此，用佛像作图纹和装饰的各种器物之在吴地大量流行，固然与佛教的流行有着不可分割的关系，但和北方的各种器物相比，则毋宁说这是吴地手工业工艺的特点之一。就铜镜而论，在中国的出土镜中，用佛像作镜的图纹的，除了佛像夔凤镜之外，还有所谓画文带佛兽镜①，它们都是三国时代的吴镜或晋代在吴的故地所作之镜。因此，我完全有理由可以明确地说，用佛像作图纹是吴镜的一个重要的特点。

如所周知，在日本奈良县新山古坟，冈山市天神山（一号坟）古坟，群马县赤城塚古坟，京都府椿井大塚山古坟、寺户大塚古坟、园部垣内古坟和京都市百百池古坟等古坟中，出土了含有佛像的三角缘神兽镜，即所谓“三角缘佛兽镜”②。长期以来，日本学者把仅限于日本出土的300余枚所谓“舶载的”三角缘神兽镜当作中国的魏镜。但是，从中国的考古调查发掘工作的实情看来，可以断言，包括三角缘佛兽镜在内的三角缘神兽镜绝不是中国的魏镜。如我在多篇论文中所指出，它们虽然也不是中国的吴镜，但系东渡的吴的工匠在日本所做③，从而不妨看成是广义的吴镜。要之，仅就以佛像为器物的图纹和装饰的工艺传统而论，也足以否定三角缘神兽镜为中国的魏镜。

5. 有关三国时代佛教的文献记载不少，但多出于后代的书籍④。至于当时的实物资料，那更是极为寥寥。中华人民共和国成立以来，由于发现了以佛像为纹饰的陶瓷谷仓罐、铜带具和铜镜等许多遗物，这就为研究吴的佛教增添了新资料。佛像夔凤镜上有关佛教的图纹丰富而详细，尤其弥足珍贵。根据这许多新资料，我们能够确切地知道，在当时的吴地，佛像已经相当齐全。就坐佛而言，既有结跏趺坐像，也有半跏思惟像（见图29.1，1~5；图29.2，2~6）；就

---

① 王仲殊：《关于日本的三角缘佛兽镜》，《考古》1982年第6期，第634页，图版拾贰（2）（3）。

② 王仲殊：《日本三角缘神兽镜综论》，《考古》1984年第5期，第470、477页，注释第83。

③ a. 王仲殊：《关于日本三角缘神兽镜的问题》，《考古》1981年第4期。
b. 王仲殊：《关于日本的三角缘佛兽镜》，《考古》1982年第6期。
c. 王仲殊：《日本三角缘神兽镜综论》，《考古》1984年第5期。
d. 王仲殊：《景初三年镜和正始元年镜的铭文考释》，《考古》1984年第12期。
e. 王仲殊：《景初三年镜和正始元年镜铭文补释》，《考古》1985年第3期。

④ 汤用彤：《汉魏两晋南北朝佛教史》上册，中华书局1955年版，第121~152页。

立像而言，既有独立的佛像（见武昌吴墓出土的铜带具图纹），也有主尊两旁的胁侍（见图29.1，2、3、5）。此外，还有凌空飞舞、姿态各异的飞天像（见图29.1，2~6；图29.2，1；图29.3，1~5）。佛龛已有相当的规模，莲座则有多种的形制（见图29.1，1~5；图29.2，2~6）。侍者所持的曲柄伞，便是当时统治者所用的华盖，也被用来为佛像服务了（见图29.1，1；图29.2，2~4）。但是，从另一角度来看，因为当时佛教仍属初期阶段，所以从佛像的服装、发式到有关的设施和道具之类，都还缺乏既定的格式，没有统一的制度。

6. 我在《关于日本的三角缘佛兽镜》的论文中曾经说过，中国的早期佛教是与方士们祠祀神仙之类混合在一起的，佛教的推行往往依附于神仙道术。就中国的画文带佛兽镜和日本的三角缘佛兽镜来说，佛像与东王父、西王母等神仙像并存于同一枚镜的图纹上，特别是有的佛像被戴上神仙的帽子，正说明了佛教与道术的混合。在佛像夔凤镜的图纹中，虽然不见上述神佛混淆的现象，但从长沙出土镜的图纹中可以看出，在趺坐于莲座上的主佛的两侧，代替左右胁侍的，是两个经常侍候东王父和西王母的“羽人”[①]，这也不能不说是神佛混杂的一种表现（见图29.2，5）；更确切地说，这是按照神仙图像的旧方式来表现新的佛教的图像。至于被我称为“变形佛像夔凤镜”的金华出土镜，把孔夫子和子路、子贡、颜渊三个大弟子打扮成佛爷，那更可以说是“儒佛结合”了（见图29.5）。当然，神佛混淆是出于早期佛教与道教的依附关系，有其真实的社会背景和思想背景；至于把孔子及其弟子与佛像混淆起来，那恐怕只是由于个别工匠的别出心裁，说它是“儒佛结合”，则无非是我的一句玩笑话。不过，如若允许我作一点限度以外的推想，那么，这也许或多或少地反映了晋代“名僧与名士相结合”的情形[②]。

7. 在上述所有11枚佛像夔凤镜之中，除武义出土镜以外，其他10枚铜镜都是将坐佛放置在钮座的柿蒂形内，将飞天像放置在镜缘内侧连弧纹带的弧形内。武义出土镜虽然将两个飞天放置在钮座的柿蒂形内，但镜缘内侧连弧纹带的弧形内仍然有飞天像。因为飞天是凌空飞舞的，所以各镜的连弧纹带实际上是表示天空（见图29.1，1~6；图29.2，1~3）。做镜的工匠为了充实“大空”，除飞天像（见图29.3，1~5）以外，还在各个弧形内放置“赤乌”“玉兔”和

① 关于“羽人”与东王父、西王母等神仙的关系，见曾昭燏等:《沂南古画像石墓发掘报告》，文化部文物管理局1956年版，第43页。

② 汤用彤:《汉魏两晋南北朝佛教史》上册，中华书局1955年版，第153~186页。

“蟾蜍”，以象征天空中的太阳和月亮（见图29.3，6~11）。“赤乌”往往有三足，正显示了作镜工匠的“匠心”。由于长期以来“青龙”“白虎”“朱雀”“玄武”分司四方的“四神”久为世人所熟知，特别是新莽、东汉以来的许多铜镜习惯于用“四神”作图纹，所以工匠们也用它们来充实表示天空的连弧纹带中的各个弧形（见图29.3，12；图29.4，1~5）。实际上，天空与方位往往分不开，天象图和四神图也总是联系在一起的。当然，与反映宗教意识的图纹内容相比，工匠们更为关心的是作为美术品的图纹的形式。因此，为了讲求观赏的效果，不论是太阳、月亮也好，东方、西方、南方、北方也好，统统都用动物纹样来表示。只要图纹的形式美观了，象征日、月和四方的各种动物纹样的数目是否齐全，是否重复，它们所处的位置是否适当等，那就可以不必过于计较了。这就是有些镜在连弧纹带的弧形内有“赤乌”而无“玉兔”和“蟾蜍”，有为数甚多的“青龙”“白虎”“朱雀”而无“玄武”的缘故。

8. 如我在前面所说，蟹的纹样不见于汉和魏晋时代的一般器物。恐怕可以说，在中国其他各个时代的器物图纹中，也难以找到以蟹为题材的。蟹虽可供食用，但绝不是什么祥瑞动物。在中国古代的神话传说中，也缺乏关于蟹的故事。但是，如所周知，古代巴比伦和希腊用12个图形作黄道十二宫的标志，称为“黄道十二宫图形”，其中有蟹的图形。如夏鼐先生在他论黄道十二宫的论文中所指出，大约在距今2000年前的公历纪元前后，希腊的黄道十二宫传入印度，而中国的黄道十二宫及其图形则是随着佛经的翻译由印度传入的[①]。夏鼐先生根据以往所有的资料，指出中国的黄道十二宫名称以隋代耶连提耶舍所译的《大乘大方等日藏经》中出现的为最早，黄道十二宫图形以新疆吐鲁番出土的初唐写本中所见的为最早，这是完全正确的。现在，由于在许多佛像夔凤镜的天象图中存在着蟹的图形（见图29.4，7~10），不能不使人觉得早在3世纪的三国时代，随着外来的僧人在吴地翻译佛经，黄道十二宫的图形已经由印度传入中国了。三国时代佛教传入中国，有海陆两路。就吴地的佛教而言，除陆路传入以外，自天竺至交阯、自交阯至中国的海路传入尤其值得重视。关于外来僧人自黄武年间至赤乌年间在吴的都城武昌和建业翻译佛经的记载[②]，虽

① 夏鼐：《从宣化辽墓的星图论二十八宿和黄道十二宫》，《考古学和科技史》，科学出版社1979年版，第43~47页。

② 汤用彤：《汉魏两晋南北朝佛教史》上册，中华书局1955年版，第130~139页。

然出于时代较晚的书籍而不见于《三国志·吴志》，但从吴的佛像夔凤镜的多量发现以及镜上有黄道十二宫图形的事实看来，纵使不能尽信，也确实不能不信。因为黄道十二宫是天象，所以工匠们将它的图形采纳到佛像夔凤镜上表示天空的连弧纹带的弧形内。人们会问：黄道十二宫图形有12个之多，为什么工匠们唯独对"巨蟹"感兴趣？对于这一问题，我没有很好的答案。但是，我想，当时的做镜工匠文化水平不高，对黄道十二宫更难免是一知半解，所以不应该对他们求全责备。至于对"巨蟹"的偏爱，这也许是由于吴地多蟹之故。其实，我已说过，在武义出土镜的图纹中，也还有"宝瓶"和"天秤"（见图29.4，11、12），不仅一"巨蟹"而已。当然，所谓"宝瓶"和"天秤"，只是出于我的初步推想，是否属实，须待今后继续查考。

最后，关于"巨蟹"的名称，我要稍作说明。如夏鼐先生所考证，在6世纪至9世纪的隋唐，中国所译佛经中称此宫为"蟹"，只是在10世纪末的北宋初期以后，中国佛经和其他书籍中才称为"巨蟹"①。三国时代的名称是"蟹"还是"巨蟹"，不得而知。我只是按照现今通用的名称，并为了读起来顺口、看起来醒目起见，姑且在本文中称之为"巨蟹"。

附记：

我于1950年7月从北京大学历史系毕业，同年8月分配到中国科学院考古研究所当实习研究员。1951年3月，蒙夏鼐先生担任我的导师。当时，他知道我对汉代考古学有兴趣，就多次嘱我要注意研究中国的古代铜镜。长期以来，我没有遵照他当年的指示努力去做，感到很惭愧。今天，为了纪念他从事考古工作50年，我特地选择佛像夔凤镜这一题材写论文。夏鼐先生对考古学和科技史的研究有重大的成就。我的这篇文章，也许能对他在关于黄道十二宫何时传入中国的研究方面作一点小小的补充。

（选自《中国考古学研究——夏鼐先生考古五十周年纪念论文集》，

文物出版社1986年版）

---

① 夏鼐：《从宣化辽墓的星图论二十八宿和黄道十二宫》，《考古学和科技史》，科学出版社1979年版，第46页。

黄展岳与《汉代的亵器——兼论“虎子”问题》

经典导读

黄展岳，1926 年生，福建南安人。1954 年毕业于北京大学历史系考古专业，同年进入中国科学院考古研究所工作。1956 年考取中国科学院副博士研究生，师从夏鼐，攻读汉唐考古。历任中国科学院考古研究所助理研究员、副研究员、研究员、考古编辑部副主任和《考古学报》副主编，中国社会科学院研究生院考古学系教授、厦门大学历史系兼职教授等。2010 年当选为中国社会科学院荣誉学部委员。他曾多次参加郑州、洛阳、黄河水库、西安、昆明、广州等地的田野考古工作。1958—1960 年，主持发掘汉长安城南郊礼制建筑遗址。1983 年，和麦英豪联合主持发掘广州西汉南越王墓。1972 年调回北京，负责《考古学报》的复刊工作，从此走上编辑的道路，直至退休。

黄展岳主要从事先秦两汉的考古研究工作，在秦汉都城与帝王陵墓制度、古代人牲人殉、中国早期冶铁、出土文字、岭南区域社会、秦汉物质文化史等研究领域，均做出重要贡献。专著有《中国古代的人牲人殉》（1990，日文版 2000）、《考古纪原：万物的来历》（1998）、《古代人牲人殉通论》（2004，韩文版 2011）、《西汉礼制建筑遗址》（2003）。还参与了多部报告和通史著作的编写工作，如：《洛阳烧沟汉墓》（1959）、《长沙马王堆一号汉墓》（1973，日文版 1976）和《西汉南越王墓》（1991）等。论文及简报凡 200 余篇，多已收入其论文集《先秦两汉考古与文化》和《先秦两汉考古论丛》。

《汉代的亵器——兼论“虎子”问题》一文是黄展岳对早先发表的《汉代的亵器》和《关于伏虎形器和“虎子”的问题》二文的合并改写。黄展岳在文中结合《周礼》《说文解字》《史记》《吕氏春秋》等古代文献，对汉代出土的亵器，即便溺之器和洗沐用具，进行了令人信服的考证。通过对汉代这两部分亵器的研究，可以窥见汉代人在这些方面的生活习俗。文章指出：“先秦墓中的确只有盘匜等洗沐用具，除了镇江王家山春秋墓和长沙五里牌战国墓出土的两件伏虎形器性质待定以外，确实未见便溺之器。到了汉代，先秦的一套葬俗已不适用，不但随葬洗沐用具，而且随葬便溺之器。”

此文主要是讨论伏虎形器与“虎子”的关系问题，指出“特别留意它在墓中的放置位置及其周围的现象”。文章认为先秦西汉墓出土的伏虎形器，漆木制和青铜制的占多数，造型优美，装饰华丽，不大可能用作便溺之器，用于盥洗倒是适宜的；东汉魏晋墓内的伏虎形器，至少有一部分是溺器，即“虎子”，但也有个别伏虎形器，可能仍旧充当盛水盥洗的功能。到南朝隋唐时期，包括“虎子”在内的随葬品多明器化，这时出现“虎子”明器和饮食明器的混杂埋葬。随着时间的推移和各地民俗的变化，“虎子”的形状多样化，多以圆形为主体，以伏虎形为特征的“虎子”则日渐式微。但不论器型发生什么变化，“虎子”作为溺器的俗称却一直保留下来。

—— 延伸阅读文献目录：

1. 孙桂恩：《谈谈青瓷虎子的两种用途》，《考古》1957 年第 6 期。
2. 黄展岳：《论两广出土的先秦青铜器》，《考古学报》1986 年第 4 期。
3. 黄展岳：《先秦两汉的考古与文化》，允晨文化 1999 年版。
4. 黄展岳：《先秦两汉考古论丛》，科学出版社 2008 年版。
5. 王巍主编：《考古学卷》（第一分册），钱伟长总主编：《20 世纪中国知名科学家学术成就概览》，科学出版社 2015 年版。

（陈星灿 撰）

—— 原文：《汉代的亵器——兼论“虎子”问题》

汉代的亵器
——兼论“虎子”问题

黄展岳

《周礼·天官·玉府》：“掌王之燕衣服、衽席、床笫，凡亵器。”郑注：“亵器，清器、虎子之属。”又《周礼·天官·内竖》：“及葬，执亵器以从遣车。”郑注：“亵器，振饰颒沐之器。”据此知亵器包括便溺之器和洗沐用具。然而郑玄两注所指亵器彼此不同，据唐人贾公彦疏：郑注《玉府》亵器为生前用器；注《内竖》亵器为送葬用器。清代孙诒让《周礼正义》（卷十二）进一步认为：“从葬于死者，不用清器，故为颒沐之器。”对照已发表的考古资料，先秦墓中的确只有盘匜等洗沐用具，除了镇江王家山春秋墓和长沙五里牌战国墓出土的两件伏虎形器性质待定以外，确实未见便溺之器。到了汉代，先秦的一套葬俗已不适用，不但随葬洗沐用具，而且随葬便溺之器。通过对汉代这两部分亵器的研究，可以窥见汉代人在这些方面的生活习俗。

一、洗沐用具

据许慎《说文解字》，汉代的洗沐内容包括濯发（沐）、洒面（沬）、洒身（浴）、洒手（澡）、洒足（洗）。这五种是否各有不同器型的专用器皿，恐怕很难说，依笔者看，这在很大程度上取决于每个人的地位、身份、经济条件、卫生习惯。就考古资料来说，可以证明是用于洗发的有“沐盘”，用于洗澡的有“浴盆”，但没有发现自名洗手、洗面、洗足的器物。先秦贵族洗手采用盘匜配合使用的沃盥方式，在汉代已不复存在。盘变浅腹，成为盛食器；匜呈瓢形，用于注水、酒，均不属亵器。考古报告中，常把一种平底、鼓腹、颈微敛、口微侈的容器称为“洗”，认为它就是沃盥时的承水器，徐仲舒先生、孙机先生已先后著文指谬，认为所谓“洗”，应据出土物自名为“钎”，即盂，就是汉代文献中经常提到的“杅”，为盛酒浆之器，与沃盥无关[①]。自名“沐盘”的铜器，发现于徐州石桥西汉墓和长沙汤家岭西汉墓。石桥西汉墓沐盘揕镤而成，鎏金，敞口，平折沿，直腹，圜底，腹部阴刻隶体“赵姬沐盘”四字，口径 68.5 厘米，高 15.6 厘米，重 10 公斤（见图 30.1）[②]。汤家岭西汉墓沐盘敞口，平折沿，折腹，底微圜，短圈足。腹壁有对称铺首衔环，口沿阴刻隶体“张端君沐盘”。口径 64 厘米、足径 28 厘米、高 13.5 厘米[③]。此外，满城 1 号汉墓发现铭刻“常浴”铜器 2 件，器型相似，皆揕镤而成，鎏金，敞口，外折沿，浅腹，大底微圜。腹壁有对称铺首衔环。一件（M1：4013）腹壁阴刻隶体“常浴，容廿一斗，重廿九斤”。口径 66 厘米、高 19.5 厘米，实测容量 41.82 公升，重 6.5 公斤（见图 30.1，2）。另一件（M1：4020）刻“常浴，受卢奴，容十五斗五升，重十九斤十二两”。出土时已残破，复原后口径 64.2 厘米、高 13.5 厘米[④]。按“常浴”即同出铜灯刻铭“中山宦者常浴”的简称。常通尚。《吕氏春秋·勿躬》“尚仪作占月”，《史记·历书》索隐引《系本》《律历志》作“常仪占月”可证。“尚浴”专管王宫内沐浴之事，归中山国宦者长、丞管辖。把这两件“常浴”铜器与徐州、长沙所出的“沐盘”作比较，M1：4020 器与之相近，似亦为沐盘；M1：1013 器，腹较深，容量较大，似为浴盆。总的说，沐盘浴盆的口径容积相差不大，区分并不严格，满城 1 号墓墓主中山王刘胜，身体肥大，决无法入盆坐浴，推测只能坐盆边由宫人（或宦者）醮巾洗搓。中山王的浴盆就这么大，看来汉代还没有可供入浴的大澡盆。

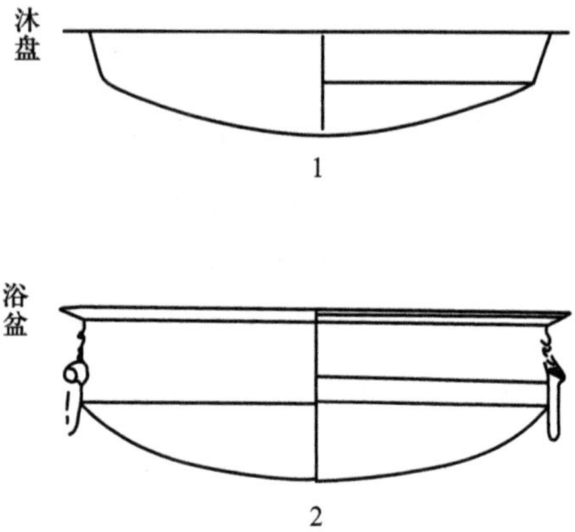

1. 徐州石桥西汉墓出土“赵姬沐盘”
2. 满城 1 号汉墓出土“常浴”盆
图 30.1　沐盘、浴盆

---

① 孙机：《汉代物质资料图说》，文物出版社 1991 年版，第 59 页。

② 徐州博物馆：《徐州石桥汉墓清理报告》，《文物》1984 年第 11 期。

③ 湖南省博物馆：《长沙汤家岭西汉墓清理报告》，《考古》1966 年第 4 期。

④ 中国社会科学院考古研究所等：《满城汉墓发掘报告》上册，文物出版社 1980 年版，第 58 页。

洗沐的供水器、温水器，在出土物中未见有自名者，估计与同类的饮食容器共用，故难确指。不过，从同出亵器中考查，或可发现一些近似器。例如北京平谷西柏店东汉墓出土的大陶缸（M1：40），与陶虎子同出棺床前头，敛口，广腹，圜底，高 45 厘米、口径 26.1 厘米、腹径 49.7 厘米[①]，有可能是为墓主安排的洗沐供水器或浣涤供水器。

二、便器

汉代的便器，最常见的是厕所，形式与现代的旧式厕所差不多，名称很多，一般称“厕窬”，又称“行清”。《史记·万石君列传》“厕牏”，裴骃集解引孟康曰：“厕，行清；窬，行中受粪者也。东南人谓凿木空中如曹谓之窬。”刘熙《释名·释宫室》：厕“或曰圂，言至秽之处，宜常修治使洁清也”。孙诒让《周礼正义》卷十二云：“盖汉时名厕为清，故谓受粪之器为清器。清器即行清，谓以木为函可移徙者，通谓之厕。”

汉代厕所皆见于汉墓中。一种是构筑于墓中的仿真厕所，另一种是刻画于画像石上的厕所图像，再一种是厕所模型器。真正的汉代厕所遗址仅见于 1955 年发掘的辽阳三道壕西汉村落居址中，残毁较甚，仅知厕所与畜圈相连，便坑设在畜圈后边，坑两侧有的还设脚踏石[②]。

仿真厕所见于徐州北洞山西汉某代楚王墓和山东沂南东汉画像石墓。北洞山汉墓的厕间设在墓前室东北角的长廊后面。并列两厕间，大小基本相同，面积 2.4 米 ×1.9 米，高 1.9 米，有门道通连走廊。厕间内中部偏西侧地面上挖一平面呈 T 形的便坑[③]。这是目前已知的厕所年代最早的实例。沂南汉墓的厕间设在中室东北角的最后一个侧室内。面积 3.4 米 ×0.94 米，高 1.48 米。厕间中部设隔墙，隔墙后置石台，石台长 70 厘米、宽 43.7 厘米、高 25 厘米。台上挖长方形便坑。便坑两侧有踏足，坑前有尿槽和两根扶手[④]（见图 30.2）。最讲究的

① 北京市文物工作队：《北京平谷西柏店和唐庄子汉墓发掘简报》，《考古》1962 年第 5 期。

② 东北博物馆：《辽阳三道壕西汉村落遗址》，《考古学报》1957 年第 1 期。

③ 徐州博物馆等：《徐州北洞山西汉墓发掘报告》，《文物》1988 年第 2 期。

④ 曾昭燏等：《沂南古画像石墓发掘报告》，插图 19，文化部文物管理局 1956 年版，第 10 页。

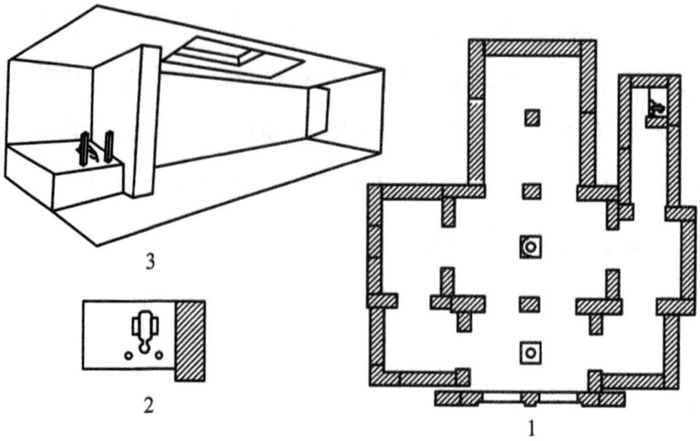

1. 墓葬平面图　2. 厕间平面　3. 厕间透视

图 30.2　沂南东汉画像石墓

厕所则是刻画在该墓画像石上的两幅图像。一幅刻在中室南壁祠堂画像后面，仅露出木构厕间的一角；另一幅刻在后室近后壁的隔墙上，象征墓主府第后院。院中有一干栏式木构厕间，四周绕以栏杆，正面有菱格窗，栏杆外有砖铺的散水。厕间前有一仆人，弯腰执帚扫地，仆人后侧有一口大水缸，前侧有一伏虎形虎子，一圆形箕状物（见图 30.3，左）[①]，或以为应是盛粪便用的行清[②]。

最常见的是厕所模型器，全国各地汉墓中几乎都有发现，而且大多带有猪圈。这种带猪圈的厕所，汉代称溷。《释名·释宫室》：厕，“或曰溷。”《急就篇》颜注：“屏厕清溷，其实一耳。”北方汉墓中的溷模型，大多单个出土，看来是在房舍外另建；南方汉墓中的溷模型，则多与房舍相通，成为居室宅院的必要设施。单独的溷，系在猪圈上架空构筑厕间。厕间一般是简易的木屋，屋顶设气窗，单扇门，门外有供出入的台阶或斜坡道。厕间内地板上留出长方形洞孔，是为便坑，下通猪圈，粪便可落入圈底，与猪粪尿混合积成圈肥。例如北京怀柔城北 1 号东汉墓出土的一件，猪圈平面长方形，四面围绕镂孔的矮墙，紧贴墙边筑一平台，台上建厕间。厕间悬山顶，正面有一门，四周有悬空的护栏，门前有设扶栏的斜坡道（见图 30.4,1）[③]，比较讲究的是男女分厕，在猪圈的两侧或对角处各建一座厕间，并在各自的厕间前筑台阶或斜坡道。河南

① 曾昭燏等：《沂南古画像石墓发掘报告》拓片 36、拓片 69，文化部文物管理局 1956 年版。

② 孙机：《汉代物质资料图说》，文物出版社 1991 年版，第 212 页。

③ 北京市文物工作队：《北京怀柔城北东周两汉墓葬》，《考古》1962 年第 5 期。

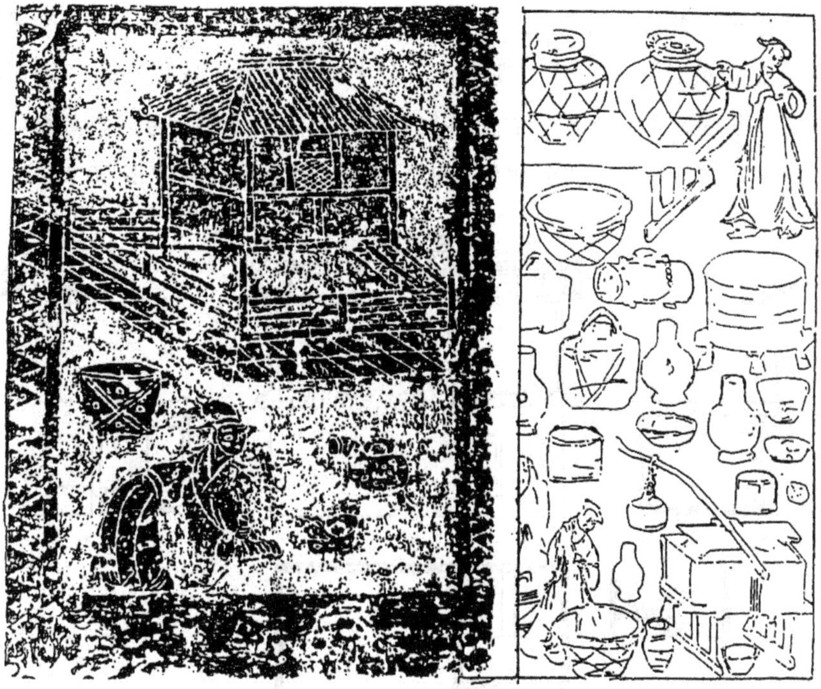

1. 沂南东汉画像石墓内的厕间浣涤图　2. 密县打虎亭东汉画像石墓内的酿造图（局部）

图 30.3　东汉画像石墓内的厕间浣涤图、酿造图

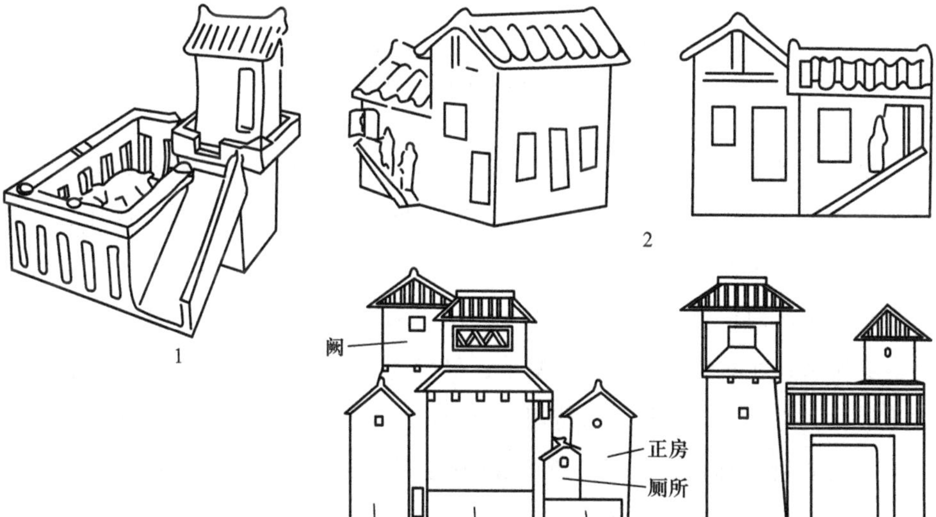

1. 怀柔东汉墓出土陶溷　2. 广州 5041 号东汉墓出土的带溷陶屋

3. 郑州南关 159 号西汉墓出土的带溷陶屋

图 30.4　陶溷、带溷陶屋

南阳杨官寺东汉墓出土的陶厕，是这类溷模型中最讲究的一座。其底部平面近方形，后部是敞棚，悬山顶，设气窗。前半部是前院，围以矮墙，正面有二门，左门通往棚后部之女厕，右门通往前院右上角之男厕。男厕与敞棚间隔以镂孔界墙。墙内为猪圈。男女厕的粪池下部均与猪圈相通（见图 30.5）[①]。

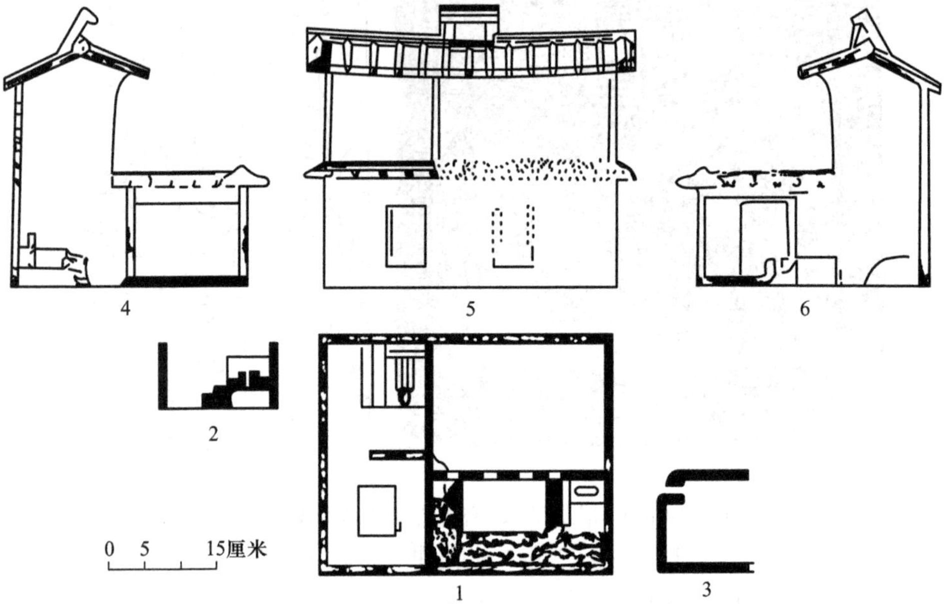

1. 底部平面 2. 左间女厕剖面 3. 右间男厕剖面 4. 左侧中间剖面 5. 正视 6. 右侧剖面

图 30.5 南阳杨官寺东汉墓出土陶溷

组合在房舍中的溷，大多发现于南方干栏式建筑中。这种建筑，底层为猪圈（畜圈），上层为居室，厕所设在居室边侧，便坑底下通猪圈。这种形式的溷，以广州出土的模型器最具典型，式样也最多，随着社会的进步、居室结构的变化，厕所的设置也渐趋合理卫生。广州从西汉中期开始出现陶屋模型。这时的厕所都设在居室的一侧，无隔墙，仅起造一个中空的厕台，台中央留出长方形洞孔，是为便坑，坑下通猪圈。随后出现坑旁或加扶手，或设板墙与居室分隔。门前设楼梯以供上下。例如 3020 号墓（西汉后期）出土的一件，下层猪圈，平面方形，四周绕以矮墙，后墙墙根处凿一圭窬，便于家畜出入，居室

① 河南省文化局文物工作队：《河南南阳杨官寺汉代画像石墓发掘报告》，《考古学报》1963 年第 1 期。

高架于前部矮墙上，屋顶悬山式，正面辟门，门两侧有直棂窗。厕间设在居室内一侧。有木板与居室分隔，另设一侧门相通。厕间中部开一长方形便坑，下通猪圈[①]。大约从西汉后期到东汉前期，上层出现一堂屋、一廊屋，布局呈曲尺形。原设在堂屋的厕所被移置于堂屋后伸展的小间即廊屋内，把住房与厕所分隔开。随后，干栏式楼居变革为平房，由原来的曲尺形楼居变为三合式房舍，即在堂屋后面伸展出左右对称的两间廊屋。堂屋人居，廊屋分别作厕所、畜舍。两廊屋连以矮墙为后院，是为畜圈。厕所与居室、畜舍严格分隔，广州5041号墓（东汉建初元年墓）所出的带溷陶屋是其典型（见图30.4，2）。地方豪富居住的城堡式楼院模型，也把厕所组合在内，例如广州4016号墓出土的一件，整组建筑已由三合院扩展成平面H形，高墙围绕，封闭严密，中央主楼特高，分上下两层，两侧有平房，中间设作坊，四角厢房组成前后院。前院建门楼，后院设圈栏、禽舍、厕间。厕间分上下层，上层设便坑，下层粪池。墙根有圭窬，供家畜出入[②]。类似的模型器在北方也有发现。例如郑州南关159号汉墓出土的一件四合院式住宅模型。由门房、仓房、阙、正房、厨房、厕间和猪圈组成。厕间位于正房西侧，分上下层，上层便坑，下层猪圈（见图30.4，3）[③]。

带猪圈的厕所，至今仍流行于中国广大农村，华北农村尤为普遍，它从一个侧面反映了以农家肥为主要来源的农业生产情景。

■ 三、溺器

溲溺用器，本名槭，汉人俗称虎子。《史记·万石君列传》裴骃集解引“贾逵解《周官》：‘槭，虎子也。’”《西京杂记》云：“汉朝以玉为虎子，以为便器，使侍中执之，行幸以从。”又云：“李广与兄射猎冥山之上，见伏虎，一矢中之，以其头为溲溺器。今人铸铜像之为溲器，示服猛也。”《西京杂记》的

① 广州市文物管理委员会等：《广州汉墓》，文物出版社1981年版，第282页，图版八六：1。

② 广州市文物管理委员会等：《广州汉墓》，文物出版社1981年版，第339页，图二〇五，图版一〇七：1。

③ 河南省文化局文物工作队：《郑州南关159号汉墓的发掘》，《文物》1960年第8、9合期。

成书年代历来有争议，但《隋书·经籍志》已著录，说明此书在隋代以前已经存在。上引《周礼》郑注把虎子与清器并提，《后汉书·献帝纪》李贤注引《汉官仪》亦云侍中"分掌乘舆服物，下至亵器虎子之属"。郑玄和《汉官仪》作者卫宏都是东汉人，说明以虎子为溺器的习俗在东汉时已经存在。虎子为伏虎形，虽不必如《西京杂记》所云，但东汉溺器作伏虎形，故俗称虎子，似无疑义。然而，考古发现的伏虎形器，比上引古籍似乎要复杂得多，先秦溺器名械，器型是不是伏虎形？在东汉人俗称溺器为虎子以前，先秦西汉墓以及部分东汉墓出土的被考古报告定名为"虎子"的伏虎形器，是不是都是溺器？这些问题似乎还有进一步探讨的必要。20世纪50年代，文物考古刊物上曾为"虎子的用途"问题发生过一场辩论，结果是问题没有解决，事后没有人再提。20世纪70年代以来，伏虎形器又有较多发现，年代上限又远在"虎子"一名出现以前，而且发现在一墓中随葬2件不同器形的"虎子"的实例，因而引起笔者的注意。

根据笔者的不完全统计，已发表的伏虎形器有500件左右，其中属于东周时器2件（见图30.6，2、3），两汉时器19件（含石刻图像1件）（见图30.7），其余为魏晋南北朝隋唐时器。从出土地域看，"虎子"流行于长江中下游及其以南地区，黄河流域及其以北地区较少见。考古资料（详见文末附表）表明，伏虎形器出现于东周，被定为两汉魏晋的"虎子"绝大多数也是伏虎形，从器体大小推测，大约都是实用器或仿真明器。各地所出的同类器，器型大小没有太大差异。到了南朝，形体趋向矮小，装饰趋向简约，有的成了明器。圆体形器最早出现于江苏高淳东吴墓（见图30.7，8）。新沂东汉墓出土的陶虎子呈前宽后窄式，腹腔较大，可视为圆体形虎子的雏形（见图30.7，6）。伏虎形"虎子"和圆体形虎子并行于魏晋南北朝。一墓只出一种一个。只有新沂东汉墓和福建浦城吕处坞西晋墓发现两种不同器形的虎子同出。

此外，福建闽侯黄土岺16号墓曾发现虎子形器1件，大口向上，扁圆腹，平底，有宽带形提把。器长8.8厘米、宽5.4厘米（见图30.6，1），与陶杯、罐、钵等饮食器同出，碳素测定并校正，年代约在公元前1300年左右①。因器体偏小，又属孤例，从同出器物分析，此器应是饮食生活用的水器，与东周以

① 福建省博物馆：《福建闽侯黄土岺遗址发掘简报》，《福建文博》1984年第1期。

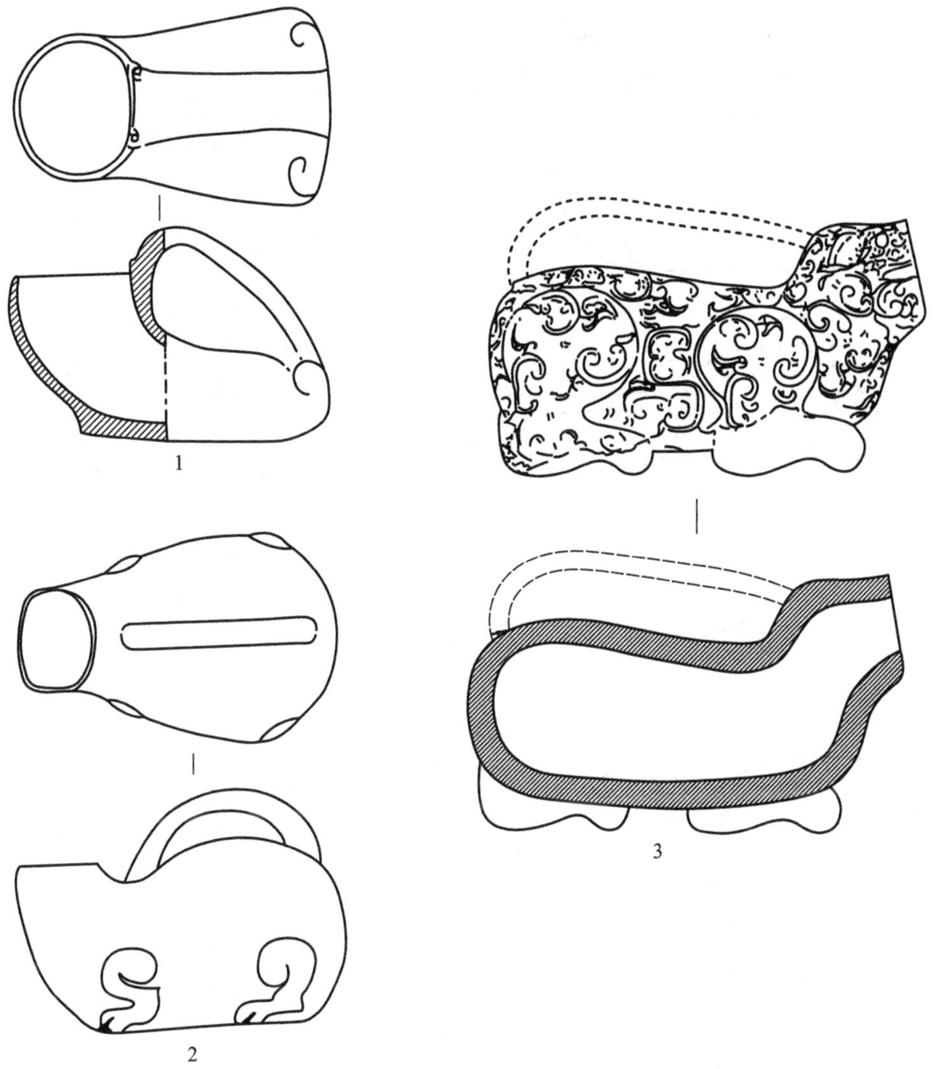

1. 闽侯黄土岺16号墓　2. 镇江谏壁王家山东周墓　3. 长沙五里牌3号楚墓

图30.6　先秦伏虎形器

后出现的“虎子”无关，可以略去不论。

由于本文主要是讨论伏虎形器和虎子的关系，所以特别留意它在墓中的放置位置及其周围的现象，力图搞清它所在的墓葬是否被盗，原来位置是否被扰动，它的旁边有无共存物，等等。所有这些，都是通过报告平面图和文字说明来判断的。先秦两汉的“虎子”资料，大部分是最近十几年来发表的，报道一般比较清楚，所以附表逐一登记。魏晋南北朝的虎子，性质大体上都可确定为

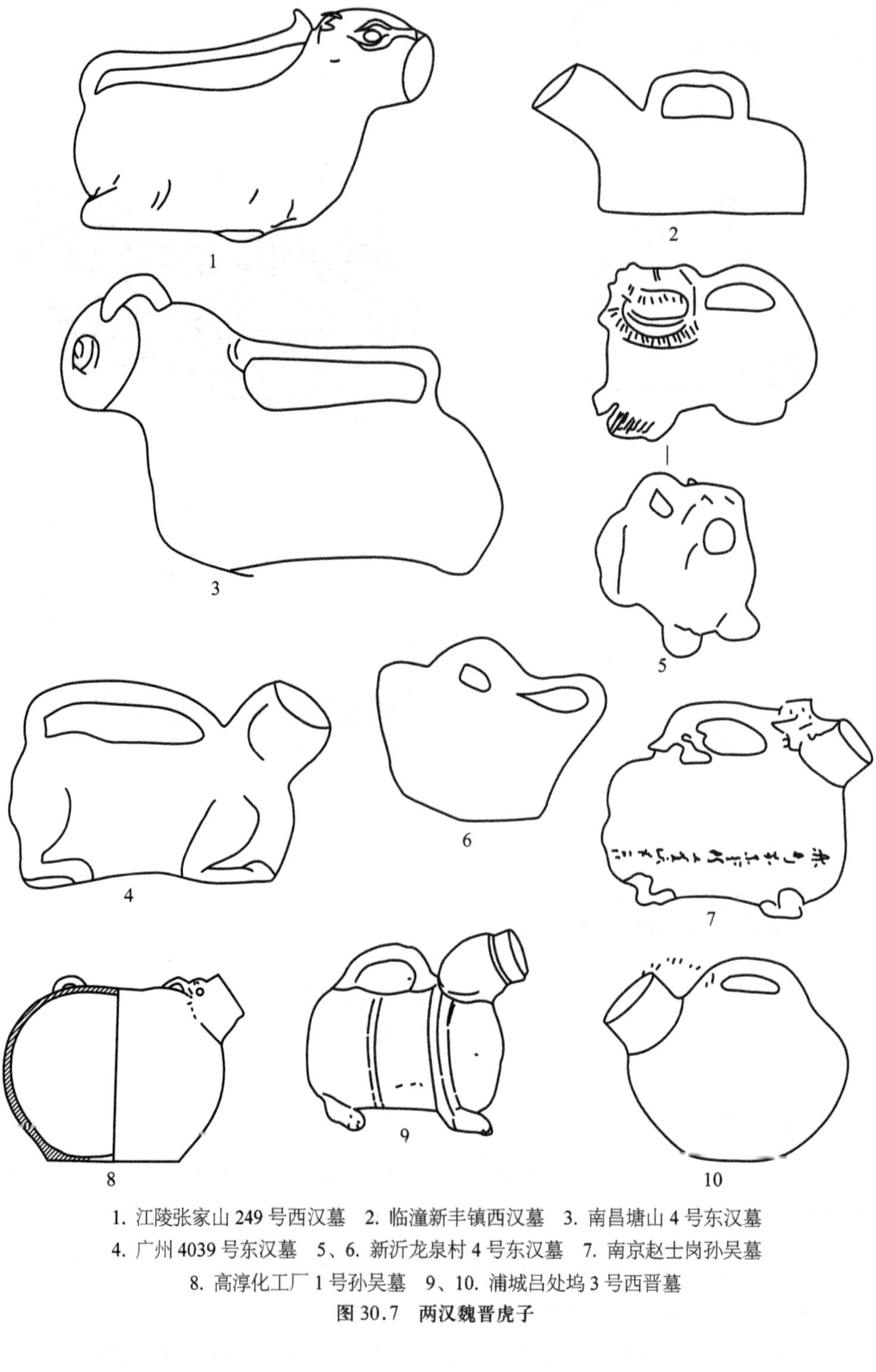

1. 江陵张家山 249 号西汉墓　2. 临潼新丰镇西汉墓　3. 南昌塘山 4 号东汉墓

4. 广州 4039 号东汉墓　5、6. 新沂龙泉村 4 号东汉墓　7. 南京赵士岗孙吴墓

8. 高淳化工厂 1 号孙吴墓　9、10. 浦城吕处坞 3 号西晋墓

图 30.7　两汉魏晋虎子

溺器，东吴、两晋和南朝墓出土居多，数量较大，但报道诸多不全（大多未附出土位置平面图，行文中也未说明），所以，附表中只选录资料齐全或含有特殊意义的几件作为参考。

据附表揭示，出土于战国西汉木椁墓中的“虎子”，原位未移动的，大都放置在边箱的头端或尾端，在它的后面或前面依次陈列杂用器和鼎敦杯盘匜等饮食器，没有发现和饮食器混杂在一起的。出土于东汉六朝砖室墓中的“虎子”，原位未移动的，大都放置在主室墙边或前室墙边，或甬道内，或棺床边，大多单独放置；也有少数在“虎子”旁边放置灯、俑、动物模型器，与饮食器大多保持一定距离。这种现象表明，“虎子”的性质不同于饮食器；饮食器中经常含有瓢形匜在内，可见“虎子”也不会是饮食用的注水器、注酒器。河南密县打虎亭1号画像石墓酿造图上有一件被定为“虎子”的器物（见图30.3，右）[①]。细看报告摹本，此器位于画面中层。圆筒形，平置，器口向上。其右侧有三足酒樽，左侧有扁壶状椑（出土铜扁壶自名“錍”）。《说文》：“椑，圆榼也，从木卑声。”“榼，酒器也，从木盍声。”《急就篇》“榼椑”颜注同。是知此器必为榼，与樽、椑并列，皆酒器，非溺器。

值得注意的是，两种不同器型的“虎子”同出于一墓中，虽然目前只见二例，但很说明问题。江苏新沂东汉墓的2件虎子并列于棺床边沿上，旁无别物；浦城吕处坞西晋墓的2件“虎子”并列于主室后壁，亦旁无别物。表明这两种虎子的性质是相同的，但用途应有所区别。以江苏新沂东汉墓所出为例。2件虎子，其中1件泥质灰陶，形体略呈前宽后窄，广腹，口扁圆，向上，有把手，长30厘米、宽18厘米、高17厘米（见图30.7，6）；另1件青瓷，伏虎形，四肢蹲屈，虎首左转，张口露齿，右耳为口流，左耳与上翘的尾巴相连成把手，通体毛髭。长25厘米、宽13厘米、高18厘米（见图30.7，5）。发掘者以现代西北地区回民家中都有专供饮食用的水器和专供便后盥洗用的水器作为佐证，推定此墓之陶虎子可能即为溺器，瓷虎子可能为与之有关的盥洗用具。笔者认为，发掘者的意见是值得重视的。溺器盥洗器均属亵器，所以它们被并排在一起，以示有别于其他随葬品。准此，浦城吕处坞西晋墓的2件“虎

---

① 河南省文物研究所：《密县打虎亭汉墓》，文物出版社1993年版，第128~134页，图一〇四、图一〇五。

子”（见图 30.7，9、10），其用途应与新沂东汉墓所出相同，即圆体形器是溺器，伏虎形器是盥洗器。

有人推测伏虎形器系由兽形铜匜演变而来[①]，似有一定道理。年代最早的镇江谏壁王家山东周墓出土的伏虎形器，无首，与兽形匜相近，似为演变初期的形式。传世的象鼻纹兽首匜、无彊匜、㝬叔有盖匜、蟠虺纹有盖匜、蟠虺纹兽首匜、兽带匜、兽首匜、王子匜[②]，以及蔡侯墓[③]、曾侯乙墓[④]、薛国东周墓出土的兽形铜匜[⑤]，其器型确与伏虎形器相近，只需把后端鋬手改为背上把手，兽首改为虎首即可。再从兽形匜的使用方式看，似亦存在变革的可能性。众所周知，东周有瓢形匜和兽形匜两种；前者是日常生活用的水器，形同现今的水瓢，持瓢打水，使用方便；后者是清除污秽的盥洗器，要同承水盘配合使用，洗一次手至少要有两个人侍候，一人执匜沃盥，一人奉盘，使用不便。伏虎形器的出现有可能是这种盥洗方式的简化。西汉时，盘匜配合使用的沃盥方式已不存在，估计是被这种伏虎形器所取代。审视先秦西汉墓出土的伏虎形器，漆木制和青铜铸制的占多数，造型优美，装饰华丽，用于溲溺，可能性似不大，用于盥洗则是适宜的。

再说先秦典籍称溺器为楲，最早见于《史记·万石君列传》集解引贾逵解《周官》：“楲，虎子也。”在这里，贾逵只说楲的性质与东汉“虎子”相同。随后，郑众、郑玄以及清代孙诒让、段玉裁均本此，皆未涉及楲的器型。笔者认为，楲是先秦溺器的通称，它可以是盆形、桶形、罐形，也可以是伏虎形，多种多样，并没有固定的器形，直到东汉才逐渐统一为伏虎形，并赋予李广射虎以其头为溺器的传闻。因其器形似伏虎，故俗称“虎子”，其原名“楲”反而被淡忘，至东汉末似已不知楲为何物。

称溺器为“虎子”，在东汉已流行，表明东汉墓内的伏虎形器至少有一部分应是溺器。南昌塘山东汉墓的铜虎子，器口带盖，可防溲味外泄，其为溺

① 孙桂恩：《谈谈青瓷虎子的两种用途》，《考古通讯》1957 年第 5 期。

② 容庚：《商周彝器通考》，燕京哈佛学社 1941 年版，第 455~458 页，图版 863~870。

③ 安徽省文物管理委员会等：《寿县蔡侯墓出土遗物》，科学出版社 1956 年版，第 9、10 页，图版拾柒：5。

④ 湖北省博物馆：《曾侯乙墓》，文物出版社 1989 年版，第 242 页，图一三九，图版八〇：2、3。

⑤ 山东省济宁市文物管理局：《薛国故城勘察和墓葬发掘报告》，《考古学报》1991 年第 4 期。

器当无疑问（见图30.7，3）。上引沂南汉墓厕间浣涤图上的伏虎形器（见图30.3，左）亦应是溺器。但任何事物的演变都有一个交替参差的过程，南京赵士岗东吴“赤乌十四年”瓷虎子（见图30.7，7），曾是“虎子”用途的争议焦点，笔者认为此器用于盛水盥洗比用为溺器似较妥。魏晋南北朝时期，制陶业、制瓷业都很发达，虎子大都采用陶瓷制造，漆铜虎子消失。陶瓷虎子的器型，除沿用伏虎形外，又有圆体形，两种不同器型的虎子并存，使用的地域更加扩大。南朝隋唐时期，包括虎子在内的随葬物大多明器化，这时出现虎子明器和饮食明器混杂埋葬，也就不足为奇了。随着时间的推移和各地民俗的差异，虎子的器型呈现多样化，各有其地方特点，然多以圆形为主体，以伏虎形为特征的虎子日渐式微。但不论器型发生什么变化，“虎子”作为溺器的俗称却流行不衰。

附表　伏虎形器与虎子统计表

出土年代	出土地点	质料	器型特征	长×高/厘米	出土情况	时代	资料出处（本文图号）
1985	镇江谏壁王家山东周吴墓	铜	伏虎形，无头，器身椭圆，流口向上，平底，背上有提梁。器身两侧铸兽足状纹，素面	26.8×21.4	墓被破坏，原位已失，据破坏者回忆，似出东侧二层台	春秋末	《文物》1987年第12期，第27页（图30.6，2）
1978	长沙五里牌M3	漆	伏虎形，昂首，圆口，黑漆地彩绘，四肢卧屈，有提梁	29.3×16.5	放边箱内前端，前有2木俑，后有陶鼎、敦、匜、漆耳杯等饮食器	战国中晚期	《湖南考古辑刊》1982年第1期，第35页（图30.6，3）
1983	江陵张家山M249	铜	伏虎形，昂首，圆口，四肢卧屈，平底，素面，有提梁	27.7×14.7	放边箱内后端，旁有竹筒，陶甑漆盘（甑、盘似已漂移）后面饮食器甚多	西汉早期	《文物》1985年第1期，第6页（图30.7，1）
1990	陕西临潼新丰镇残墓	铜	伏虎形，口上昂，平底，素面，有提梁	约26×13.2	原位已失	西汉早期	《考古与文物》1995年第5期，第37页（图30.7，2）

续表

出土年代	出土地点	质料	器型特征	长×高/厘米	出土情况	时代	资料出处（本文图号）
1991	安徽天长三角圩 M1	漆	伏虎形，昂首，圆口，黑漆地彩绘，四肢卧屈，有提梁已残	28×16.6	无平面图，无说明	西汉中期	《文物》1993年第9期，第20页
1961	南京邱家山 M2	灰陶	模制，伏虎形，塑出眼，四肢无纹饰，有提梁	26×15	放木棺外右下方，旁有铜矛镈	西汉	《考古》1963年第8期，第454页
1954	广州大元岗 M3021	陶	伏虎形，昂首，张口露齿，眼凸出，有提梁	25×13	放男棺位下方	西汉后期	《广州汉墓》第280页
1954	广州大元岗 M3031	陶	伏虎形，昂首，张口露齿，眼凸出，有提梁	23×12	放男棺足端，旁无别物	西汉后期	《广州汉墓》第280页
1954	广州东山羊山冈 M4039	铜	伏虎形，昂首，圆口，四肢蹲卧，后有短尾，有提梁，素面	28.5×14.5	放前室东北角，旁有1铜剑	东汉前期	《广州汉墓》第341页（图30.7，4）
1974	扬州东风砖瓦厂 M3	漆	伏虎形，头前视，圆口平伸，素面无纹，有提梁	30×19	放边箱内，旁无别物。墓被盗，此器似未移动	东汉早期	《考古》1980年第5期，第417页
1974	扬州东风砖瓦厂 M6	漆	器型同上	（未说明）	放边箱一端，后接陶瓿、壶、漆案，耳杯等	东汉早期	《考古》1980年第5期，第417页
1973	新沂龙泉村 M4	灰陶	前宽后窄，腹腔较大，口扁圆，平底，有提梁	30×17	这2件同放棺床边沿，因淤土挤压，出土时陶虎子掉落棺床下边。旁无别物	东汉早期	《考古》1979年第2期，第188页（图30.7，5、6）
		青瓷	伏虎形，头昂转，有须髯，右耳开口，尾上翘连接左耳而成提梁	25×18			
1952	仪征汉墓	漆	伏虎形，木胎，圆口、露齿，四肢蹲卧，酱色漆，无花纹	31.8×20.3	出汉墓中，墓被破坏，原位已失	西汉后期	《江苏省出土文物选集》，图版117
	南昌塘山 M4	铜	伏虎形，短颈，椭圆腹，底部微凹，提梁细长，口微昂，有盖，开闭自如，平素	35×19	无平面图，简报也未说明	东汉早期	《考古》1981年第5期，第426页（图30.7，3）

续表

出土年代	出土地点	质料	器型特征	长×高/厘米	出土情况	时代	资料出处（本文图号）
	金坛东汉墓	陶	酱色釉，伏虎形。圆口的左侧饰虎首，四肢蹲卧，身刻斑纹	未说明	未说明	东汉	《考古》1984年第6期，第528页
1964	徐州十里铺画像石墓	陶	伏虎形，昂首，口在前方，四足蹲屈，背有提梁	26×16.8	放前室，具体位置已失与九支灯、盘、罐同出	东汉末	《考古》1966年第2期，第66页
	宁绍地区	黑瓷	伏虎形，目圆睁，腹圆筒形，四足蹲卧，尾上翘至头顶成提梁	未说明	未说明	东汉末	《考古》1983年第12期，第1132页
1978	四川遂宁船山坡崖墓	陶	伏虎形，首上昂，扁圆腹，四足蹲屈成八字形，背有提梁，平素	26×18	出木棺外左前方，与铜钱、陶多孔器在一起	东汉中期	《考古与文物》1983年第3期，第31页
	北京顺义临河村M1	铜	伏虎形，虎头前视，两竖耳，四足蹲卧，尾上翘至头顶成提梁，平素	未说明	出前室近墙处，旁无别物。稍远处有环首刀、车马器、漆器	东汉晚期	《考古》1977年第6期，第376页
1959	北京平谷西柏店M1	陶	伏虎形，虎头刻一“王”字，尾翻卷至头顶成提梁	未说明	出主室棺床前头，旁有大陶缸1个，似为浴缸	东汉晚期	《考古》1962年第5期，第240页
1954	沂南东汉画像石墓主室后壁	石刻	伏虎形，昂首，圆口有提梁		刻于后院厕间浣涤图上	东汉晚期	《沂南古画像石墓发掘报告》第10页，图19
1955	南京赵士岗孙吴墓	青瓷	伏虎形，头端一尖角，四肢蹲卧，提梁饰奔虎纹，器身左侧刻“赤乌十四年会稽上虞师袁宜作”，右侧刻“口宜”二字，先刻后烧	20.9×15.7	放墓室一侧，旁无别物；另一侧放瓷壶、罐、四系罐各1件	孙吴	《文物参考资料》1955年第8期（图30.7，7）
	高淳化工厂M1	青瓷	圆体形，圆口微上昂，平底，背设二环钮，可穿绳提携，环钮前后饰虎头，虎尾纹	24.6×17.6	放前室前壁下，旁无别物，稍远有瓷碗、陶罐	孙吴	《考古》1984年第6期，第528页（图30.7，8）

续表

出土年代	出土地点	质料	器型特征	长×高/厘米	出土情况	时代	资料出处（本文图号）
1986	浦城吕处坞M3	青瓷	伏虎形，昂首，四肢蹲屈，背有提梁，梁上刻网纹	22.5×20.2	墓被盗、简报未交代出土情况，据知情人曾凡先生函告，二器同出主室后壁，旁无别物	西晋	《考古》1988年第10期，第921页（图30.7，9、10）
		青瓷	圆体形，口斜上，平底有提梁，梁上刻人字形，背部刻水波纹	25×17			
1970	南京象山M7	青瓷	伏虎形，圆口，四足卧伏，尾似绳，有提梁	29.5×18	放主室后边，附近有瓷灯瓷洗，盘口壶、陶牛马俑等	东晋早期	《文物》1922年第11期，第23页
1983	株洲中南林学院东晋墓	青瓷	扁圆体，平底，拱桥形提梁，圆口向上，口颈处饰虎头，提梁后饰虎尾	21.1×16.8	放通道内，旁无别物	东晋	《湖南考古辑刊》（三），第131页
1965	辽宁北票西官营北燕冯素弗墓	铜	伏虎形，管式口，鬣毛伸长及提梁，长尾，周身毛鬣纹	38×24	原位已失，简报认为大者为冯素弗所用，小者系墓中祔葬儿童所用	北燕（415年）	《文物》1973年第3期，第6页
		铜	器型同上，纹饰简化，通体有锉磨痕	16.5×11			

（选自《先秦两汉考古论丛》，科学出版社2008年版）

俞伟超与《秦汉考古学文化的历史特征》

经典导读

俞伟超（1933—2003），江苏江阴人。1950 年考入北京大学，先入博物馆专修科。1952 年参加在北京大学举办的全国考古工作人员训练班，转入历史系新成立的考古学专业。1954 年毕业后，分配到中国科学院考古研究所工作，参加并主持了黄河三门峡古栈道的勘察和陕西汉唐墓葬的发掘。1957 年至 1961 年在北京大学攻读副博士学位研究生，师从苏秉琦。毕业后留校任教，历任讲师、副教授、教授、校学术委员会委员。在苏秉琦带领下参加《战国秦汉考古》讲义编写，主讲“战国秦汉考古”课程，先后主持或指导了北京昌平雪山遗址，山东临淄齐故城，湖北黄陂盘龙城，荆州纪南城，陕西岐山扶风周原，青海循化苏志卡约文化墓地，湖北沙市周梁玉桥，甘肃甘谷毛家坪遗址，西河兰桥寺洼文化墓地，青海大通上孙家寨卡约文化墓地及汉晋墓地，湖北当阳季家湖墓地等田野考古实习。1985 年调入中国历史博物馆（今中国国家博物馆），历任副馆长、馆长、学术委员会主任。期间，从各省调入大批新出土的重要文物标本，以全新的理念主持展览的改陈，先后建立了水下考古研究室、航空遥感考古研究室，填补了学科空白。亲任队长，主持了小浪底水库班村遗址考古队，开展多学科发掘研究、探索考古学新理论新方法的试验。1994 年，任国家文物局“三峡工程库区文物保护规划组”组长，在组织对库区文物点进行大规模调查基础上，主持制订了《长江三峡工程淹没及迁建区文物古迹保护规划报告》，指导实施了库区文物的科学保护。他既重视考古实践，又重视综合研究，先后出版了《三门峡漕运遗迹》《先秦两汉考古学论集》《中国古代公社组织的考察——论先秦两汉的“单—僤—弹”》《考古类型学的理论与实践》《考古学是什么》《古史的考古学探索》等著作，讨论了从史前至历史时期考古学上的许多重大问题，既涉及考古学文化的分期、谱系演变及考古材料反映的社会结构、精神文化，又有对理论、方法、考古学发展前景乃至文化遗产保护方面的探讨，在学术界产生了广泛影响，对我国考古学科的发展做出了重大贡献。

《秦汉考古学文化的历史特征》，是在中华人民共和国成立 50 周年前夕，在考古学领域总结秦汉时期考古学进展的一篇概要式的论文，没有对秦汉时期考古发现研究情况的整体把握和深入的分析判断能力，是写不出来的。

文章在概述近代考古学传入我国以来尤其是新中国成立 50 年来秦汉考古的重大发现以后，分四个段落分别概要介绍了秦文化的兴起与对“周礼”制度的破坏以及以秦始皇帝陵建造为代表的喜好大体量的作风，汉初至武帝时逐步清除秦和六国文化遗痕和汉文化的正式形成，从武帝至东汉明、章二帝时期汉文化的繁荣及其特征的凸显，东汉和帝至汉末汉文化进入衰落阶段但历史特点却表现得更充分、汉文化也最为典型的特点。阅读此文可相对容易掌握秦汉文化发展框架和基本特征，便于深入堂奥，进一步进入秦汉考古的不同领域，开展探索研究。

—— 延伸阅读文献目录：

1. 俞伟超：《先秦两汉考古学论集》，文物出版社 1985 年版。
2. 俞伟超：《考古学是什么——俞伟超考古学理论文选》，中国社会科学出版社 1996 年版。
3. 俞伟超：《古史的考古学探索》，文物出版社 2002 年版。
4 王巍主编：《考古学卷》（第一分册），钱伟长总主编：《20 世纪中国知名科学家学术成就概览》，科学出版社 2015 年版。

（李伯谦 撰）

—— 原文：《秦汉考古学文化的历史特征》

经典原文

秦汉考古学文化的历史特征

俞伟超

北宋以来的金石学，已经对秦汉时代的铜器、碑刻、画像石、砖瓦陶文、玺印、封泥、钱币、度量衡等实物资料，做过大量著录和研究，但考古学工作要到20世纪才开始。

最初是一些外国学者，在当时中国国力虚弱、政治腐败之时，独自发掘过敦煌一带的汉代边塞遗址，掠夺走一批简牍，并对四川、山东、河南等地的汉阙、汉画像石做过调查，发掘了东北的一些汉墓。瑞典与中国合组的“西北科学考察团”，则系统调查过居延地区和罗布泊附近的汉代烽燧遗址，发掘出大量简牍。日军侵华期间，日本学者在华北调查和发掘了一些汉代遗址和墓葬。我国学者自己则在20世纪三四十年代发掘了陕西宝鸡斗鸡台的汉墓群、山东滕县的传曹王墓（东汉画像石墓）、四川彭山的东汉崖墓，还调查了乐山及重庆的一些崖墓。这些工作，引发了对于西北汉简和汉代艺术的专门研究，并对秦汉时期考古学遗存的形态特点有了概貌性的了解，但还没有能力来考虑建立秦汉考古的体系。

新中国建立后，这种情况发生了转折性变化，一系列秦汉时期的考古学遗存，得到了规模巨大的勘察和发掘。其中最重要的如：

咸阳[①]、长安[②]、洛阳[③]三大秦汉都城及其周围帝陵[④]，特别是秦始皇陵园的勘

---

① 陕西省社会科学院考古研究所渭水队：《秦都咸阳故城遗址的调查和试掘》，《考古》1962年第6期；秦都咸阳工作队：《秦都咸阳第一号宫殿建筑遗址简报》，《文物》1976年第11期。

② 俞伟超：《汉长安城西北部勘查记》，《考古通讯》1956年第5期；王仲殊：《汉长安城考古工作的初步收获》，《考古通讯》1957年第5期；王仲殊：《汉长安城考古工作收获续记——宣平城门的发掘》，《考古通讯》1958年第4期；中国科学院考古研究所汉城发掘队：《汉长安城南郊礼制建筑遗址发掘简报》，《考古》1960年第7期；中国社会科学院考古研究所：《汉长安城未央宫》，中国大百科全书出版社1996年版。

③ 阎文儒：《洛阳汉魏隋唐城址勘查记》，《考古学报》1955年第9期；中国科学院考古研究所洛阳工作队：《汉魏洛阳城初步勘查》，《考古》1973年第4期。

④ 刘庆柱、李毓芳：《西汉诸陵调查与研究》，《文物资料丛刊（6）》，文物出版社1982年版；中国社会科学院考古研究所：《汉杜陵陵园遗址》，科学出版社1993年版。

察和发掘[①]，揭示出了秦汉文明所具有的宏伟气魄，使当今世界的目睹者几乎无不感到震撼；汉时期的考古学遗存，得到了规模巨大的勘察和发掘。其中两汉诸侯王中的中山王[②]、楚王[③]、鲁王[④]、梁王[⑤]、长沙王[⑥]等陵墓区的发掘，再现了这种最高贵族惊人奢华的生活状况，表现出三代以来丧葬、礼仪制度发生的阶段性大变化；

各地发掘的其他各种等级（列侯至平民）的汉墓数以十万为计[⑦]，大致反映出了两汉时期的文化区域性、人们的等级差别、历史进程的阶段性这三大基本情况；

云梦睡虎地[⑧]与龙岗[⑨]、临沂银雀山[⑩]、长沙马王堆[⑪]、江陵张家山[⑫]与王家台[⑬]、

---

① 陕西省文物管理委员会:《秦始皇陵调查简报》,《考古》1962年第8期；陕西省考古研究所始皇陵秦俑坑考古发掘队:《秦始皇陵兵马俑坑》，文物出版社1998年版。

② 中国科学院考古研究所、河北省文物管理处:《满城汉墓发掘报告》，文物出版社1980年版；河北省文物研究所:《河北定县40号汉墓发掘简报》,《文物》1981年第8期。

③ 徐州博物馆:《徐州石桥汉墓清理报告》,《文物》1984年第11期；南京博物院:《铜山龟山二号西汉崖洞墓》,《考古学报》1985年第1期；徐州博物馆、南京大学历史系考古专业:《徐州北洞山西汉墓发掘简报》,《文物》1988年第2期；狮子山楚王陵考古发掘队:《徐州狮子山西汉楚王陵发掘简报》,《文物》1998年第8期。

④ 山东省博物馆:《曲阜九龙山汉墓发掘简报》,《文物》1972年第5期。

⑤ 河南省文物研究所:《永城西汉梁国王陵与寝园》，中州古籍出版社1996年版。

⑥ 湖南省博物馆:《长沙象鼻嘴一号汉墓》,《考古学报》1981年第1期；长沙市文物局文物组:《长沙陡壁山西汉曹撰墓》,《文物》1979年第3期。

⑦ 洛阳区考古发掘队:《洛阳烧沟汉墓》，科学出版社1959年版；中国科学院考古研究所:《长沙发掘报告》，科学出版社1957年版；广州市文物管理委员会、广州市博物馆:《广州汉墓》，文物出版社1981年版；中国社会科学院考古研究所:《陕县东周秦汉墓》，科学出版社1994年版；黄河水库考古工作队:《河南陕县刘家渠汉墓》,《考古学报》1965年第1期；湖南省博物馆、中国科学院考古研究所:《长沙马王堆一号汉墓》，文物出版社1973年版。

⑧ 睡虎地秦墓竹简整理小组:《睡虎地秦墓竹简》，文物出版社1978年版。

⑨ 湖北省文物考古研究所等:《云梦龙岗6号秦墓及出土简牍》,《考古学集刊》第8集，科学出版社1994年版。

⑩ 山东省博物馆、临沂文物组:《山东临沂西汉墓发现〈孙子兵法〉和〈孙膑兵法〉等竹简的简报》,《文物》1974年第2期；银雀山汉墓竹简整理小组:《孙膑兵法》，文物出版社1975年版。

⑪ 湖南省博物馆、中国科学院考古研究所:《长沙马王堆二、三号墓发掘简报》,《文物》1974年第7期；马王堆汉墓帛书整理小组:《马王堆汉墓帛书（壹）》，文物出版社1975年版。

⑫ 荆州地区博物馆:《江陵张家山两座汉墓出土大批竹简》,《文物》1992年第9期。

⑬ 荆州地区博物馆:《江陵王家台15号秦墓》,《文物》1995年第1期。

连云港东海尹湾[1]等地秦汉墓中出土的简牍和帛书，包含了许多已佚古籍和律令、券约、遣册等文书，大大增加了对当时政治制度、意识形态和风俗习惯的认识；

敦煌悬泉置[2]和居延甲渠候官遗址[3]发掘中新获得的大批屯戍文书，扩大了对汉代管理边塞情况的了解；

郑州古荥镇[4]、巩县铁生沟[5]、南阳瓦房庄[6]等汉代铁官遗址的发掘和各地所出汉代铁器的金相学考察，揭示出了当时居于世界前列的冶铁技术；其战国时已用液态生铁铸造农具的实例，说明汉代农业生产所以能获得大发展，正因有此新的物质条件[7]；

有此冶铁技术，再结合黄河三门峡一带和汉中褒斜道沿线古栈道的调查材料[8]，又知汉代为保证某些必要的水陆运输，已能在一些险要地段实施开山凿道的工程；

对匈奴、东胡、东夷、百越、西南夷和西域等“四裔”文化进行过广泛探

---

① 连云港市博物馆：《江苏东海县尹湾汉墓群发掘简报》，《文物》1996年第8期；连云港市博物馆、中国社会科学院简帛研究中心、东海县博物馆、中国文物研究所：《尹湾汉墓简牍》，中华书局1997年版。

② 阎渭清：《敦煌悬泉置遗址》，《中国考古学年鉴》1992，文物出版社1994年版。

③ 甘肃居延考古队：《居延汉代遗址的发掘和新出土的简册文物》，《文物》1978年第1期；甘肃省文物考古研究所、甘肃省博物馆、文化部古文献研究室、中国社会科学院历史研究所：《居延新简》，文物出版社1990年版。

④ 郑州市博物馆：《郑州古荥镇汉代冶铁遗址发掘简报》，《文物》1978年第2期。

⑤ 河南省文化局文物工作队：《巩县铁生沟》，文物出版社1962年版。

⑥ 河南省文化局文物工作队：《南阳汉代铁工厂发掘简报》，《文物》1960年第1期；河南省文物研究所：《南阳北关瓦房庄汉代冶铁遗址发掘报告》，《华夏考古》1991年第1期。

⑦ 李京华：《中原古代冶金技术研究》，中州古籍出版社1994年版。

⑧ 中国科学院考古研究所：《三门峡漕运遗迹》，科学出版社1959年版；河南省文物研究所、水利部小浪底水利枢纽建设管理局移民局：《黄河小浪底水库文物考古报告集》之六、“黄河八里胡同栈道”，黄河水利出版社1998年版；陕西省文管会、陕西省博物馆陕南调查组：《褒斜道连云栈南段调查简报》，《文物》1964年第11期；陕西省考古所：《褒斜道石门附近栈道遗迹及题刻的调查》，《文物》1964年第11期；秦中行、李自智、赵化成：《褒斜道栈道调查》，《考古与文物》1980年第4期。

索，并发掘了晋宁石寨山的滇王墓地①和广州的南越文王墓②，已大体认识到这些文化的特征及其与秦汉文化的关系，为寻找秦汉文明与中亚、东北亚、东南亚、南亚以及欧洲等地的文化联系，架起了桥梁。

这些发现，更新着对秦汉文明的认识，并逐步建立起秦汉考古学的体系。秦汉文明同三代以及三国以后的文明，有着阶段性的差别，它与罗马文明同时创造了历史上的光辉，并对以后东西方文明的发展产生重大影响，在全球的古代文明中占有同样重要的位置。这个文明有其庞大的体系，就其主体而言，在400多年内主要经历了四大阶段。

一

秦代历时仅15年，但秦文化最迟在西周中期已于甘肃东部崛起。

这本是西北某支羌戎文化融入一些北狄文化并接受了大量周文化影响后形成的。据现有发现，西周中、晚期时新形成的秦文化，其本身特点已显现出来；至春秋中期，秦人已很强大，并扩大到关中。战国中期实行商鞅变法前后，又深受魏国的文化影响，并比东方六国更彻底地抛弃“周礼”传统。在征服六国过程中，各地大受秦文化影响，并因秦人的进入而同时存在着纯粹的秦文化和原有文化同秦文化因素糅成一体的两种遗存。

在纯粹的秦文化中，原有的礼乐器虽存，但沿自“周礼”的使用制度已基本破坏，礼器的性质类同一般的日用器皿，并因其他文化影响而新出现鍪、钾（扁壶）、蒜头壶等器，有的（如鍪）大概源自巴蜀等长江流域的文化。

秦人在土木工程和手工制品方面原来就有喜好巨大体量的作风，在统一六国后更是发挥到极致。修长城、开驰道、兴建阿房宫和骊山陵墓以及众多离宫别馆等，浩大工程接连不断。许多遗迹已被发现，其阿房宫前殿基址和秦始皇

① 云南省博物馆：《云南晋宁石寨山古墓群发掘报告》，文物出版社1959年版；云南省文物考古研究所、昆明市文物管理委员会、晋宁县文物管理所：《云南晋宁石寨山第五次抢救性清理发掘简报》，《文物》1998年第6期。

② 广州市文物管理委员会、中国社会科学院考古研究所、广东省博物馆：《西汉南越王墓》，文物出版社1991年版。

陵墓的工程之巨及陪葬物之多，远远超出以往的想象，堪称古代奇迹。秦始皇陵区域内已发现的遗迹，有接近万数的比真人真马还要高大的兵马陶俑，还有尺寸约为实用车马一半左右的多辆青铜车马、同原物一样大小的大量石甲胄、众多的马厩坑和珍禽异兽坑、成片的筑陵刑徒墓、大型的寝殿基址以及纵横达1 000~2 000米的内外两道陵园围墙等，所示滥用民力的程度，是当时任何国家都不堪承担的。毋怪乎这样一个财富如此集中、军事力量空前强大的王朝，顷刻之间便土崩瓦解。当然，这也表现出当时的文化积淀已是何等深厚，因而一旦把人力集中起来，就能产生如此令人惊讶的文化奇迹！

历时数百年的东周文化，是许多地区原有文化结合周文化后的一种多元结构。其中的秦文化本有可能长期成为一种全国性的统一文化，但秦代的短促，打断了这个进程，使两汉时期的文化朝着另一种形态发展下去。

■ 二

各地方国和诸侯国经三代而至战国，都有本身的主体族群及其主体文化，如燕人、齐人、楚人、秦人和后分为韩、赵、魏的晋人及其文化等。它们既有自身的族系和文化渊源，又曾不同程度地融入他族及其文化。至于两汉的汉人及汉文化，却是综合了许多族群及其文化，在短短的六七十年间内突然形成的，源头甚为复杂。

汉初是汉人及汉文化的形成时期。原有的周人、燕人、齐人、楚人、韩人、赵人等，此时尚未称汉人，但为了区别于周边的“四裔”诸族，曾统称为“中国人”；就当时的疆域而言，其文化结构还是多元的，那时承袭秦之官制、郡县制和度量衡制度，其行政管理制度促进了各地文化统一性的加强。但许多地方还残存着列国文化的遗痕。

此时的精神领域，仍有儒家、法家等多种思想并存，但以主要是承自楚地传统的黄老思想为主流。

黄老思想的主体是《老子》。老聃，楚人，其学说多抽象的虚拟比喻，主张社会行为的原则是“无为而无不为”。楚地的原始巫术残余远比中原为重，这是产生《老子》的人文原因。近年湖北荆门郭店楚墓所出《老子》残本竹简，正说明战国时的楚地流行老子学说。

黄帝颇似宗教之神，初见于战国中期齐威王的陈侯因資敦铭文。以五帝中的轩辕氏为名，当然是依托的。齐地近海，战国中期已多入海求神州仙药之人，神仙思想发达。驺衍的五行学说和后来的太平道，亦起源于此。

这两种思想有接近之处，故能联在一起而称黄老之学。汉初民生凋敝，推行这种思想正符合休养生息的需要。而且，西汉王朝的建立者，正多三楚之人，这同当时提倡黄老思想当亦有关系。长沙马王堆汉墓出土帛书中的《老子》甲、乙本和《黄帝四经》等，表明汉初的楚地依然是老子思想盛行的地区，因而黄老之学亦比他地更发达。

在生活习俗方面，秦朝曾要求六国遗民服从秦人规矩。如在随葬品方面，六国本沿周礼传统，秦代则改用日用器皿。但一到汉代，各地无论是贵族或平民，都重新以成组礼器随葬，鼎、盛（盒形，即敦）、壶、钫是最基本的组合。六国遗风一下子就复苏了。只有一些秦人遗民，还用屈肢葬和少量日用陶器，保持着原有传统。

大约至汉武帝时，成组出现的秦和六国遗痕，已基本消失，一个完整形态的汉文化真正出现了。

三

自西汉武帝至东汉明、章二帝时期，是汉文化最繁荣的阶段。

这时期，经过汉初以来的土地兼并，大土地所有制的存在已成为一种社会现象。大批由宗法制度维系的先秦贵族，丧失了世袭特权，宗法制度失去了基础。汉初新出现的官吏集团，虽以本身的劳绩而升迁，毕竟又产生了一批世代占有土地的家族，形成了新的宗族制度。汉武帝时为稳定这些情况和国家的大统一局面，由董仲舒提出的以“天人感应”的世界观、“三纲五常”的道德观为经纬的儒家今文学派学说，成为社会的正统思想直至汉末。这也是汉文化的整体思想基础。

战国时取得的液态生铁冶炼技术已相当普及，大土地所有制发展后实行大面积耕作的需要亦日渐突出，这两方面的结合促使中原地区普遍使用铁农具和牛耕。古代农业技术中具有革命性进步意义的轮作制在北魏的《齐民要术》中已有明确记述，但汉武帝时赵过代田法的那种对成片土地实行分垄轮休的耕作技术，已经走到了产生轮作制的门槛。看来，轮作制至迟在东汉应已出现。

除简单的家庭手工业外，技术复杂的手工业，春秋时还基本在官府控制之下。战国以来，富商大贾的私工虽已迅速发展，但直到此时，官工仍占很大比重。尤如盐铁生产，因其在国计民生中的重要地位，除去从东汉光武帝至章帝初的那段时间，此时全由国家垄断。

官工还制作许多兵器和讲究的铜器、漆器以及丝织品。在中央，由考工、尚方管理；在郡县，设工官、服官管理。但私工并未衰落。据满城中山王陵出土物和传世铜器铭文，河东平阳的私工作坊，其制品自武帝至元帝时，曾销至中央官府和中山王、敬武长公主等高等贵族手中。这又暗示出商业活动更为发达。西安三桥镇出土和传世上林铜鉴、鼎、锺之铭，说明在成帝阳朔元年至鸿嘉四年这八年期间，考工的作坊铸造出这种铜器 3 349 件以上。两汉的工商业在西汉晚期发展到高峰。

城市也发展到隋唐以前的最高峰。特别是西汉都城长安，经武帝以后大加扩建，成为当时世界上规模最大、人口最多的城市。

埋葬制度进入一个新阶段。依宗法制度安排墓位的族坟墓制度，被家族茔地代替。夫妇并穴而葬变为同穴合葬。随葬品中成组礼器消失，主要是各种日用器皿和象征庄园生活乃至墓主身份的模型明器。从西汉晚期起，为更充分地反映这些内容（包括天道观和历史道德观），又日益流行壁画墓和画像石墓，用图画来表现之。

这时期汉文化遗存表现出的整体面貌，若同先秦相比，一望而知应分属两种形态。

四

自东汉和帝至汉末，汉文化进入衰落阶段，但其历史特点却表现得更充分，因而也可视为汉文化的最典型形态。

此时大土地所有制迅速膨胀，地方豪强力量扩大，各种依附关系日益发展，自然经济有所加强，商品货币关系开始走向衰落。

由这些原因引发的现象是，官工显著收缩而地方豪强经营的私工却大有发展。其突出标志就是和帝时的“罢盐铁之禁”(《后汉书·和帝纪》)，政府已把最重要的手工业让给地方豪强。不久后，和熹邓太后又大大紧缩中央至蜀郡、广汉等工官。不过，最迟创设于明帝时的今云南昭通一带的朱提、堂狼工官却大有发展，所铸双鱼纹铜盆在各地常有发现，但不见黄巾起义以后之物，此地的工官当已消失。

与官工衰落相应，此时以某氏为标记的各种私工铜器大增。多见的如蜀郡“董氏”“严氏”铜盆等，花纹以羊、鸟、鼎为主。

意识形态的变化是神仙思想正在日益成为普遍的宗教信仰。一般讲，宗教是在人间遇到难以解脱的苦恼而发达起来的。西汉晚期正逢此情，于是结合着原有的神仙信仰，太平道在齐地形成。佛教亦传入中国。在东汉，佛道始终交糅在一起而佛教信仰一直依附于道教。到顺帝后，太平道在黄河流域广为传布，关中则有缅匿法道，四川及汉中出现五斗米道。最早出现的太平道，本是在西汉晚期盛行的谶纬学说的基础上发展起来的，而此时含有多种教派的早期道教，又融入了西王母等民间信仰，再加上同传入的佛教混在一起，内容非常复杂，以至于似可统称为神仙信仰。这时，夹杂着羽人、仙禽、异兽的流云纹突然流行起来；三峡至四川等西南地区到甘、青交界处一带，又出现了很多往往含有羽人、西王母、佛像的青铜钱树；山东、苏北、河南、内蒙古、重庆、四川等地壁画墓、画像石墓、崖墓中，也屡见羽人、西王母、佛和菩萨等图像；江苏连云港孔望山的太平道东海庙故址更出现了佛道信仰并存的摩崖造像，这些都是盛行神仙信仰的产物。如果不是黄巾起义后太平道受统治者的严厉打击，三国以后宗教的发展，应当主要是道教。佛教正是因此机缘才迅速成为最主要的宗教。

正因此时大土地所有制、宗族制度、天人感应思想和神仙信仰愈益发达，埋葬习俗中又出现了多代葬于一墓和模拟庄园生活的模型明器更为完备等现象；墓葬壁画和画像石内容中的各种祥瑞图以及多种神仙图像，也更为多见了。

新中国建立后50年来秦汉考古一系列重大发现中的最重要成果，就是可以概括出上述的文化进程，周边的四裔文化亦已了解到大致的轮廓。从此，秦汉考古就可以概括出自己的框架系统了。

（原题《秦汉时代考古》，选自宿白主编：《中华人民共和国重大考古发现》，文物出版社 1999 年版）

出版说明

经典文本阅读是学术训练的基础。任何一门学科都有其必须研读的经典，作为该学科全部知识的精华，它凝聚着历代学人不间断的持续思考和深入的探索。我们组织编写的这套“现代学术经典精读”系列丛书，旨在方便和提升研究生教学水平，提高研究生的学术鉴别能力和学术素养，向需要开拓学术领域的年轻教师和研究人员提供研究读本，帮助学生和青年教师为将来的研究奠定基础。更为重要的是，通过阅读这些学术经典，读者非但可以摸清治学门径，领悟写作和研究范式，也能拓宽学术视野，见识学术研究的高下之分，在研究起始阶段即能站在学术的制高点上。

这套丛书内容涵盖文、史、哲、艺术等学科。丛书中每卷主编都是该学科领域有较大学术影响的专家。每卷的选文为该研究领域学生所应读、必读的经典论文（或经典著作的节选），时间跨越20世纪，并以读者较难获得的论著为优先；而且，这些所选论著大体上构成了该学科研究的学术史体系，展现了该学科研究的发展历程、主要代表人物以及标志性成果。在每卷前，该卷主编撰写前言，介绍该领域学术史概况及论著遴选标准等，以开放的视角和批判性的思维，对所选论著进行简要介绍和点评等，在如何阅读学术经典、如何培养问题意识等方面，也殊多新意和创见。每篇选文前的导读，使每一卷都成为一本该领域最新的核心论著，选文后列出的推荐阅读文献也是编者们精心遴选的，可作为扩展阅读和参考。

为保护知识产权，我们向尚在版权期内的选文权利人寄去了授权协议书，部分作者收到了协议书并签订了授权协议。可能由于种种原因（如联系方式变动），一些权利人没有收到协议书，希望看到本书后主动与我社取得联系。在此，先对给各位造成的不便表示道歉。

在编辑过程中，为保留选文的原貌，我们只对个别注解按编辑规范进行了改动。虽然这套丛书即将付梓，但一定还有不完善之处，希望读者们多提意见，以便重印和再版时更正。最后，向这套丛书的编者以及选文授权者表示谢意，也希望读者多提宝贵意见，以便我们今后把“现代学术经典精读”这套丛书做得更好。

高等教育出版社

2013 年 6 月